BEITRÄGE
ZUR
THEORIE DES STRAFRECHTS
UND ZUM STRAFGESETZBUCHE.

GESAMMELTE ABHANDLUNGEN

VON

DR. M. VON BURI,
REICHSGERICHTSRAT.

LEIPZIG,
VERLAG VON VEIT & COMP.
1894.

Druck von Metzger & Wittig in Leipzig.

Vorbemerkung.

Theorie und Rechtsprechung haben meine Abhandlungen aus dem Strafrecht mit Wohlwollen aufgenommen. Nach mehrseitig empfangener Anregung war ich daher veranlaßt, zur Erleichterung ihrer Benutzung die für diesen Zweck geeignetsten nebst einer Übersicht sämtlicher Abhandlungen in einem selbständigen Bande zu veröffentlichen.

Sie beruhen im allgemeinen auf der eingehenden Würdigung des Wesens, sowie der, früher kaum beachteten, absoluten Verschiedenheit von Schuld und Kausalität. Hierdurch sind sie in innere Beziehungen mit einander getreten und zu neuen Grundsätzen namentlich im Hinblick auf die Verursachung, Teilnahme, Begünstigung, den Versuch, die Unterlassung, Konkurrenz, die Konsequenzen des freien und unfreien Willens und den Handlungsbegriff geführt worden. Bei der Auslegung des Strafgesetzes mußten sich diese Grundsätze gleichfalls zur Geltung bringen. Überall sollte auch die Richtigkeit der eigenen Auffassung durch eine, bis in die letzte Zeit sich erstreckende, Kritik der mit ihr nicht übereinstimmenden Litteratur bestätigt werden. Wenn hiernach spätere Abhandlungen auf bereits in einer früheren Abhandlung beurteilte Materien zurückkommen, so geschieht dies doch nur, indem sie zugleich ergänzende Gesichtspunkte in diesen Richtungen hervorheben.

Form und Inhalt einzelner Abhandlungen habe ich bei der vorliegenden Gelegenheit geändert.

Leipzig, im April 1894.

Dr. **M.** von **Buri.**

Inhalt.

Die den einzelnen Abhandlungen in Klammern beigefügten Zahlen verweisen auf die entsprechenden Nummern der Übersicht S. 476—484.

Zu den §§ 126, 130 und 130a des Reichsstrafgesetzbuchs.

Die staatliche Rechtsordnung ist die Gewährleistung der berechtigten Interessen der Staatsangehörigen. Es wird durch dieselbe der Zustand des beruhigenden Bewußtseins, in diesen Interessen genügend geschützt zu sein und zu bleiben — der öffentliche Friede herbeigeführt. Staatliche Rechtsordnung und öffentlicher Friede sind hiernach nicht gleichbedeutend.

Die Strafe für ein begangenes Verbrechen ist nicht dadurch bedingt, daß durch dasselbe zugleich der öffentliche Friede gestört worden sei. Strafe tritt vielmehr auch dann ein, wenn eine solche Friedensstörung nicht vorgekommen ist. Und wenn mit dem Verbrechen wirklich eine Störung des öffentlichen Friedens verbunden war, so kommt dieselbe bei der Bestrafung doch nicht in selbständige Betrachtung, sie wird vielmehr nur als ein Strafzumessungsgrund innerhalb des ordentlichen Strafrahmens gewürdigt.

In einigen Paragraphen des Strafgesetzbuchs tritt jedoch der öffentliche Friedensbruch als Faktor der Strafandrohung hervor; d. h. die von ihnen bezeichneten Handlungen würden nicht mit Strafe bedroht worden sein, wenn nicht das Gesetz stillschweigend davon ausgegangen wäre, daß stets durch sie der öffentliche Friede gestört werde. Hierher gehören die §§ 85, 110 St.G.B. — der Ungehorsam selbst, zu welchem aufgefordert wird, braucht nicht einmal strafbar zu sein — 116, 127 u. s. w.

Endlich erscheint aber auch der öffentliche Friede in den §§ 126, 130 und 130a des St.G.B. dergestalt als das unmittelbare Angriffsobjekt der Handlung, daß von einer Bestrafung derselben überhaupt keine Rede sein kann, wenn durch sie nicht zugleich nachgewiesenermaßen der öffentliche Friede *in concreto* wirklich gestört oder doch gefährdet worden ist. Diesen Angriff auf das Sicherheitsbewußtsein zu bestrafen, hat der Staat das wesentlichste Interesse. Denn der hierdurch unter seinen Angehörigen herbeigeführte Zustand der Besorgnis und Unbefriedigung ist seinen Zwecken hinderlich. Aber es würde der Strafpolitik widersprechen, ein allgemeines Verbrechen der öffentlichen Beunruhigung vorzusehen, und es mußte sich darum das Gesetz auf das Verbot einzelner betreffender Handlungen beschränken.

Zu § 126. Zur Strafbarkeit wird hier eine Störung des öffentlichen Friedens verlangt. Es muß also durch die Drohung in den Bedrohten die Besorgnis erregt worden sein, daß sie durch die Rechtsordnung nicht genügend geschützt seien und bleiben würden. Ob die entstandene Besorgnis eine begründete oder unbegründete ist, erscheint gleichgültig. Anderer Meinung ist Schwarze in seinem Kommentar. Aber Strafe muß auch dann eintreten, wenn selbst die Drohung nur eine scherzhafte gewesen, es aber dem Drohenden bewußt gewesen sein sollte, sie werde als eine ernstlich gemeinte aufgefaßt werden und darum Besorgnis erregen. Dieses Bewußtsein genügt vollständig als *dolus*. Umgekehrt ist Strafbarkeit nicht begründet, wenn die Drohung zwar eine ernstlich gemeinte gewesen, sie jedoch nur als eine scherzhafte betrachtet, oder verlacht worden ist. Eine Beunruhigung ist dann in Wirklichkeit nicht herbeigeführt worden. — Wenn auch die Störung des öffentlichen Friedens die Störung des Friedens einer Mehrheit von Personen voraussetzt, so ist es doch nicht erforderlich, daß die Drohung ausdrücklich gegen mehrere ausgesprochen werden müßte. Denn die Bedrohung auch nur eines Menschen mit einem gemeingefährlichen Verbrechen enthält zugleich indirekt die Bedrohung mehrerer, wie etwa der Nachbarn bei einer Drohung mit Brandstiftung. Hat sich aber nur ein einzelner beunruhigt gefühlt, so kann dies nicht genügen, und vielmehr dann Strafe nur aus § 241 St.G.B. eintreten. Die entgegengesetzte Ansicht Schwarze's a. a. O. steht in Widerspruch mit den Motiven. — John in Holtzendorff's Handbuch zu § 126 nimmt an, unter dem öffentlichen Frieden sei der Rechtsfriede einer Friedensgemeinschaft zu verstehen. Ob durch die Drohung dieser Rechtsfriede wirklich gestört worden sei, darauf könne es nicht ankommen. Es genüge vielmehr das bloße Geeignetsein der Drohung zur Störung des Rechtsfriedens. Das ergebe sich aus § 241 St.G.B., sowie daraus, daß sich erstens eine wirklich stattgefundene Störung gar nicht beweisen lasse, indem man nicht alle Angehörigen der Gemeinde darüber vernehmen könne, ob sie sich durch die Drohung beunruhigt fühlten; und daß zweitens die Schuld des Drohenden die gleiche sei, möge in der bedrohten Friedensgemeinschaft die Majorität aus Mutigen oder Schreckhaften bestehen. Der § 126 sage hiernach, „wer eine Friedensgemeinschaft mit einem gemeingefährlichen Verbrechen bedrohe, der störe hierdurch den öffentlichen Frieden“, nicht aber „wer ein gemeingefährliches Verbrechen androhe, sei strafbar, im Falle er hierdurch den öffentlichen Frieden störe“. Aber die Berufung auf § 241 ist ohne Bedeutung. Daß in § 126 etwas Strafbareres gefunden werden soll wie in § 241, beweist schon der höhere Strafsatz. Läge beiden Paragraphen die nämliche Tendenz zu Grunde, so würde § 126 ganz überflüssig sein, da auch die Bedrohung mehrerer, einer Friedensgemeinschaft, unter § 241 subsumiert werden kann. Der Unterschied beider Paragraphen ist darum gerade darin zu suchen, daß § 126 keine Anwendung findet, wenn nicht zugleich eine wirklich stattgefundene Friedensstörung nachweisbar ist, während für § 241 ein solcher Nachweis nicht maßgebend erscheint. Ferner ist in § 126 ein Anhaltspunkt dafür nicht gegeben, daß unter dem öffentlichen Frieden derjenige einer in sich abgeschlossenen Friedensgemeinschaft zu verstehen sei. Zur Konstatierung einer stattgefundenen Störung des öffentlichen Friedens bedarf es sonach keiner Abstimmung innerhalb derselben, und es genügt vielmehr der unschwere Beweis, daß sich eine Mehrheit von Personen infolge der Drohung beunruhigt gefühlt hat. Daß, im Falle der Drohende sein Bestreben, den öffentlichen Frieden zu stören, wirklich erreicht hat, seine Handlung strafbarer erscheint, als wenn dieses Bestreben ergebnislos geblieben wäre, möchte doch als selbstverständlich betrachtet werden müssen. Hauptsächlich aber ergiebt sich endlich die Unhaltbarkeit der John'schen Auslegung, wenn man davon ausgeht, daß § 126 Vorsatz und die Herbeiführung eines vollendeten Zustandes als Voraussetzungen der Strafbarkeit aufstellt. Entweder muß dann, was nicht geschehen ist, die gesetzliche Vermutung ausgesprochen sein, daß die vorsätzliche Handlung stets die Herbeiführung des Zustandes im Gefolge habe, oder aber es muß jedesmal der Beweis geliefert werden, daß wirklich der fragliche Zustand herbeigeführt worden sei. Das konkrete Geeignetsein der Handlung zur Herbeiführung des Zustandes, welches nach John ausreichen soll, würde neben jener gesetzlichen Vermutung bedeutungslos erscheinen. Fehlt es aber an dieser Vermutung, so kann man sich mit dem bloßen Geeignetsein der Handlung nicht begnügen, weil hieraus noch nicht auf die stattgefundene wirkliche Herbeiführung des Zustandes geschlossen werden darf und bei einer solchen Unterstellung auch die *culpa* bestraft würde, im Falle der Handelnde unerachtet seiner Kenntnis von dem Geeignetsein der Handlung den Zustand doch nicht hatte herbeiführen wollen, und auch nicht eingesehen hatte, derselbe werde notwendig durch die Handlung herbeigeführt werden. Übrigens begnügt sich auch Schwarze a. a. O. mit dem bloßen Geeignetsein der Handlung. — Seine Ansicht a. a. O., daß die Androhung, das bezeichnete gemeingefährliche Verbrechen sofort in Vollzug setzen zu wollen, nicht unter § 126 zu subsumieren sei, indem, wenn die That unmittelbar nachfolge, die Drohung mit der Ausführung zusammenfalle, wenn nicht, die Drohung sich als eine leere herausgestellt habe, kann in ihrer Allgemeinheit nicht als richtig nachgegeben werden. Denn eine Bedrohung mit augenblicklicher Vollziehung ist nicht immer so zu verstehen, daß, wenn der Augenblick vorüber sei, jeder Grund zur weiteren Besorgnis wegzufallen habe. Auch hier kommt es vielmehr lediglich darauf an, ob vor der stattgefundenen oder unterlassenen Ausführung eine Besorgnis entstanden ist oder nicht. — Auffallen muß, daß lediglich die Bedrohung mit gemeingefährlichen Verbrechen es ist, welche bestraft werden soll, während doch auch die Drohung mit anderen Verbrechen den öffentlichen Frieden einer Mehrheit von Personen stören kann. Erscheint jemand mit einem Gewehre unter einer waffenlosen Menge und droht einen, unbestimmt welchen, der mehreren zu erschießen, so ergeben sich die nämlichen Wirkungen, als wenn er mit dem Vollzuge eines gemeingefährlichen Verbrechens gedroht hätte.

Zu § 130. Während § 126 den wirklich gestörten öffentlichen Frieden als strafbedingendes Moment voraussetzt, spricht § 130 von einer Gefährdung desselben. Ist der öffentliche Friede in dem Sicherheitsbewußtsein der Staatsangehörigen zu finden, und ist gerade dieses Bewußtsein das unmittelbare Angriffsobjekt für die Störung des öffentlichen Friedens, so kann seine bloße Gefährdung als Angriffsobjekt ebenfalls nur dieses Bewußtsein haben. Aber dieses Bewußtsein ist hier, anders wie in § 126, nicht das Bewußtsein individualisierter Persönlichkeiten — an welche sich die Drohung richtet — sondern das Bewußtsein eines vernünftigen Menschen *in abstracto*. Daraus ergiebt sich, daß § 130 nur dann Anwendung finden kann, wenn wirklich eine Gefahr für das Sicherheitsbewußtsein vorhanden war, und daß eine solche Gefahr nur dann vorhanden sein kann, wenn sie zugleich eine Gefahr für die Rechtsordnung in sich birgt. Damit ist jedoch nicht gesagt, daß es sonach gleichgültig sei, ob das Sicherheitsbewußtsein der Staatsangehörigen als das unmittelbare Angriffsobjekt betrachtet werde oder nicht. Die Verschiedenheit liegt vielmehr darin, daß dasselbe nur durch eine für naheliegend erachtete Gefahr für die Rechtsordnung gestört, mithin die bloße Gefährdung dieses Sicherheitsbewußtseins nicht gleichfalls eine naheliegende Gefahr für die Rechtsordnung zur Voraussetzung haben kann. Sonach muß es genügen, wenn nur die Gefahr für die Rechtsordnung als ein dunkler beachtenswerter Punkt am Horizonte erscheint, welcher unter dem Hinzutritt jetzt noch unbestimmter Ereignisse das Sicherheitsbewußtsein stören, sich zu einer naheliegenden Gefahr für die Rechtsordnung entwickeln könnte. Die Gefährdung des öffentlichen Friedens muß darum aus § 130 bestraft werden, sobald durch die Anreizung die entfernte Möglichkeit eines Bruches der Rechtsordnung herbeigeführt worden ist. Das ist aber geschehen, sobald die Anreizung geeignet ist, die Gefahr in sich schließt, eine zum Ausbruch von Gewaltthätigkeiten geneigte Stimmung hervorzurufen. Ist diese Stimmung wirklich hervorgerufen worden, so erscheint wegen der hierdurch bedingten naheliegenden Gefahr für die Rechtsordnung das Sicherheitsbewußtsein bereits als gestört. — Oppenhoff hingegen läßt hier im Gegensatze zu § 126 das Sicherheitsbewußtsein als unmittelbares Angriffsobjekt außer Betrachtung und kommt hierdurch dazu, zur Anwendbarkeit des § 130 die nachzuweisende naheliegende Möglichkeit eines Ausbruches von Gewaltthätigkeiten als Folge der Anreizung zu verlangen. Gefährdung des öffentlichen Friedens ist ihm sonach gleichbedeutend mit Störung des öffentlichen Friedens. Für seine Ansicht stützt er sich lediglich darauf, daß in den Motiven zu § 130 von einer Gefahr für die öffentliche Sicherheit die Rede sei. Das ist richtig. Allein die Motive geben in ihren weiteren Ausführungen, in welchen stets nur der öffentliche Friede erwähnt wird, keineswegs zu erkennen, daß hiermit etwas Besonderes, von § 126 Abweichendes, hat bezeichnet werden sollen. Daß in den beiden einzigen, räumlich sich so nahestehenden, Paragraphen, in welchen ursprünglich der „öffentliche Friede" besonders hervorgehoben wird, das Strafgesetzbuch diesen Ausdruck in verschiedenem Sinne habe gebrauchen wollen, dafür müßten andere Anhaltspunkte vorhanden sein, zumal auch innere Gründe gegen eine solche Annahme sprechen. Geldstrafe wäre im Vergleiche zu der ausschließlichen Gefängnisstrafe des § 126 sicherlich nicht am Platze gewesen, wenn die naheliegende Möglichkeit eines wirklichen Ausbruches von Gewaltthätigkeiten Voraussetzung für § 130 hätte sein sollen. Allerdings kommt die nämliche Strafe des § 130 auch in § 110 vor. Allein der letztere Paragraph setzt den Nachweis einer möglichen Störung des Sicherheitsbewußtseins nicht voraus und findet vielmehr auch dann Anwendung, wenn die Aufforderung in Wirklichkeit ganz ungefährlich war.

Zu § 130a. Der Passus dieses Paragraphen „in einer den öffentlichen Frieden gefährdenden Weise“ kommt auch in § 130 vor. Es soll hiermit nicht auf eine ganz besondere undefinierbare subjektive Färbung der Verkündigung oder Erörterung hingewiesen, und vielmehr nur einfach gesagt werden, „ein Geistlicher, welcher u. s. w. durch Verkündigung oder Erörterung staatlicher Angelegenheiten den öffentlichen Frieden gefährdet, wird u. s. w.“ Von den §§ 126 und 130 unterscheidet sich sonach § 130a dadurch, daß, während nach den ersteren Paragraphen eine näher bestimmte Materie für die Friedensstörung — Drohung mit einem gemeingefährlichen Verbrechen und Anreizung zu Gewaltthätigkeiten — vorgeschrieben ist, § 130a jede Friedensgefährdung durch Besprechung staatlicher Angelegenheiten bestraft, mithin nahezu einen Reat der Störung, bezw. Gefährdung des öffentlichen Friedens in seiner Allgemeinheit hinstellt, da er ihn nur der Person und dem Orte nach einschränkt. — Oppenhoff betrachtet auch hier als Angriffsobjekt nicht das Sicherheitsbewußtsein, sondern sagt in Note 11, die Worte „in einer den öffentlichen Frieden gefährdenden Weise“ habe der Reichstag statt der ursprünglich vorgeschlagenen „in einer Weise, welche den öffentlichen Frieden zu gefährden geeignet erscheint“ gewählt. Daher sei das zu § 130 Note 1 und 2 von ihm Gesagte auch hier maßgebend. Hiernach soll also auch § 130a erst dann zur Anwendung kommen können, wenn sich die naheliegende Möglichkeit einer Störung des öffentlichen Friedens ergeben hat. Allein die vermeintliche Änderung des Entwurfes durch den Reichstag hat nur gleichbedeutende Worte an die Stelle der ursprünglichen gebracht, die in keiner Weise die Schlußfolgerung Oppenhoff's rechtfertigen. Es ist vielmehr hier lediglich obige Erörterung zu § 130 über die Bedeutung des öffentlichen Friedens und dessen Gefährdung zu wiederholen. Die Ansicht Oppenhoff's widerspricht aber auch der Intention der Gesetzesstelle. Durch die nunmehr in § 130a mit Strafe bedrohten Handlungen ist gegenwärtig in so hohem Grade und in solcher Ausdehnung über Deutschland ein Geist der Auflehnung gegen die Staatsgewalt hervorgerufen worden, daß er die naheliegende Besorgnis erregt, er werde zu einem strafbaren Bruche der Rechtsordnung hinführen, und somit als friedenstörend zu betrachten ist. Der größeren Vertiefung und Übertragung desselben an andere Orte soll § 130a entgegentreten. Dieser Zweck aber würde durchaus verfehlt sein, wenn der in dem einzelnen Falle kaum zu führende Beweis als Erfordernis für die

Strafbarkeit des Geistlichen erbracht werden müßte, daß wirklich die Gemüter der Zuhörer mit diesem Geiste erfüllt worden seien — mithin die nahe Möglichkeit eines Bruches der Rechtsordnung vorliege — und sich nicht vielmehr das Gesetz mit der entfernteren Möglichkeit der Thätigkeit zur Hervorrufung der fraglichen Stimmung begnügt hätte. Zur Feststellung dieser Möglichkeit hat man die Thätigkeit nicht lediglich innerhalb ihrer lokalen Umgebung zu prüfen, sondern zugleich in Erwägung zu ziehen, daß sie als ein Teil der über Deutschland verbreiteten Gesamtagitation auftritt, und daß ebenso die Zuhörer der Geistlichen nicht als eine isolierte Mehrheit von Menschen aufzufassen sind, da sie vielmehr durch die gleichen Zwecke mit ihren übrigen Glaubensgenossen verbunden erscheinen. Sollten darum auch innerhalb des — etwa durchaus katholischen oder protestantischen — Ortes selbst die durch den Geistlichen gegen die Staatsgewalt aufgeregten Gemüter die Entstehung von Besorgnissen nicht befürchten lassen, so wird hierdurch dessen Strafbarkeit nicht beseitigt. Denn es ist nicht lediglich der Ortsfriede, sondern vorwiegend der Reichsfriede, welcher durch § 130a geschützt werden soll. Hiernach aber fällt diejenige Thätigkeit des Geistlichen als den öffentlichen Frieden gefährdend unter § 130a, welche es möglich erscheinen läßt, daß seine Zuhörer den über Deutschland verbreiteten, zum strafbaren Bruch der Rechtsordnung geneigten, Geist der Auflehnung gegen die Staatsgewalt in sich aufnehmen, bezw. denselben in sich vertiefen. Ähnlich umschreibt auch John a. a. O. den § 130a unter Bezugnahme auf § 101 des Preußischen St.G.B. dahin: ein Geistlicher, welcher u. s. w. die Einrichtungen des Staates oder die Anordnungen der Obrigkeit dem Hasse oder der Verachtung aussetzt, wird — — bestraft. — Der § 130a beschränkt übrigens die „Angelegenheiten des Staates“ nicht auf diejenigen, welche ein kirchliches Interesse darbieten. Es kann vielmehr jede staatliche Angelegenheit, gleichviel von welcher Beschaffenheit, unter § 130a subsumiert werden, insofern sie in einer friedengefährdenden Weise besprochen wird, und nicht nach einer anderen Gesetzesstelle noch höhere Strafe erkannt werden muß. Auch ist nicht erforderlich, daß der Gegenstand der Erörterung eine wirkliche Staatsangelegenheit sein müßte. Es genügt auch die Unterschiebung einer solchen, wie etwa die unwahre Behauptung, alle Kirchen und Schulen sollten geschlossen werden. Ja es muß genügen, wenn auch weiter nichts als die ganz wahrheitsgemäße Verkündigung einer sogar vielleicht wirklich verwerflichen staatlichen Verordnung stattgefunden hat, insofern dies mit dem Bewußtsein geschehen ist, daß hierdurch der öffentliche Friede gefährdet werden könne. Noch weniger kann der Beweis der Wahrheit helfen, daß die Erörterung vollständig zutreffend, im Wesen der Sache begründet und in einem provocierenden Tone nicht vorgetragen worden sei. Denn der Geistliche soll sich nach § 130a überhaupt einer jeden Erörterung oder Verkündigung staatlicher Angelegenheiten enthalten, welche geeignet ist, eine Gefahr für den öffentlichen Frieden herbeizuführen. Und wenn in den, hier sehr inhaltslosen, Verhandlungen des Reichstages manche Redner, deren Ausführungen von den Verteidigern benutzt zu werden pflegen, andere Ansichten geäußert haben, so stimmen sie mit den Worten des Gesetzes nicht überein und können nur die Bestimmung gehabt haben, dasselbe annehmbar zu machen. Selbst die Ermahnung der Zuhörer, sich demungachtet nicht zu ungesetzlichen Schritten verleiten zu lassen, kann die einmal begründete Strafbarkeit des Geistlichen nicht wieder beseitigen. Die Lage des Geistlichen, welcher es unternimmt, staatliche Angelegenheiten von der Kanzel zu erörtern, erscheint aber um so prekärer, als § 130a nicht den Vorsatz, einen zum strafbaren Bruch der Rechtsordnung geneigten Geist der Auflehnung gegen die Staatsgewalt in seinen Zuhörern hervorzurufen, für die Strafbarkeit voraussetzt, wie dies in den §§ 126 und 130 wenigstens indirekt durch den Gebrauch hierauf hinweisender Worte, geschehen ist. Wo aber das St.G.B., wie dies leider in einer größeren Anzahl von Paragraphen der Fall ist, in keiner Weise zu erkennen giebt, ob *dolus* oder *culpa* zur Strafbarkeit erfordert werde, da werden beide Schuldstufen für strafbar zu erachten sein. Der Grundsatz, *in dubio pro reo*, kann bei der Auslegung eines Gesetzes nicht entscheiden, und wenn auch selbstverständlich derjenige vorsätzlich handelt, welcher etwas zum Gegenstande einer Verkündigung oder Erörterung macht, so ist doch weiterhin in Betracht zu ziehen, ob nicht diesem Vorsatz eine *culpa* zu Grunde liegt, wie insbesondere auch derjenige nicht der vorsätzlichen, sondern der fahrlässigen Ehrenkränkung schuldig wird, welcher fahrlässig seine vorsätzliche Behauptung für wahr gehalten hatte (meine Abhandlungen aus dem Strafrecht, 1862, S. 26). Die Entschuldigung des Geistlichen, er habe nicht gewußt, daß er gerade staatliche Angelegenheiten erörtere, daß seine Erörterungen friedensgefährdend, seine Schlußfolgerungen falsch seien u. s. w., und er habe daher den § 130a nicht übertreten wollen, kann sonach nicht angenommen werden, wenn der behaupteten Unkenntnis eine *culpa* zu Grunde liegt. Als einen Versuch der Friedensstörung hat § 130a die Gefährdung des Friedens nicht betrachtet. Allerdings wird es sich kaum ereignen, daß eine Friedensgefährdung von der Kanzel anders als durch Erörterung staatlicher Angelegenheiten stattfinden sollte. Immerhin ist aber doch im Auge zu behalten, daß „staatliche Angelegenheiten“ unbedingte Voraussetzung für die Anwendbarkeit des § 130a sind. Die Vorlesung eines oberhirtlichen, im übrigen noch so provocierenden, Erlasses kann nicht bestraft werden, wenn er nicht solche Angelegenheiten zum Gegenstand hat. Ebensowenig ein inhaltsloses Raisonnieren.

Zu den §§ 221, 234 bis 241 des Reichsstrafgesetzbuchs.

Im Römischen Recht wird eine Anzahl von Verbrechen als *crimen vis* unter den allgemeinen Gesichtspunkt der gewaltsamen Begehung gestellt. Im deutschen Recht werden nur einzelne Gewaltthätigkeiten mit Strafe bedroht, ohne daß die Zusammengehörigkeit derselben besonders betont würde. Weder hier noch dort ist darauf hingewiesen, daß die Willensfreiheit des Verletzten unbedingte Voraussetzung für den Verbrechensbegriff sei. Die gemeinrechtliche Doktrin schloß sich an das Römische Recht an. Nach und nach wurden jedoch aus dem Kreise des *crimen vis* verschiedene Verbrechen ausgeschieden und zu selbständiger Bedeutung erhoben, so daß der Rest nur einen subsidiären Charakter beibehielt. Aber auch jetzt noch nicht wird Willensfreiheit des Verletzten gefordert. — Erst TITTMANN stellte den Begriff des Verbrechens gegen die Freiheit als Sammelbegriff für die in Rede stehenden Verbrechen auf. Und seit dieser Zeit hat sich denn allerdings die Ansicht mehr oder weniger zur Geltung gebracht, daß diese Verbrechen gegen die Willensfreiheit gerichtet seien. Dabei hat man sich jedoch keineswegs der Erwägung verschlossen, daß dieselben auch gegen Willensunfähige begangen werden können, da selbstverständlich auch sie wenigstens insofern frei sind, als nicht willkürlich über sie disponiert werden darf. Man ließ aber diese beiden Gesichtspunkte unvermittelt nebeneinander stehen. — Die beachtenswerte Habilitationsschrift von F. BRUCK „zur Lehre von dem Verbrechen gegen die Willensfreiheit“, Berlin 1875, gelangt zu den Ergebnissen, daß

1. die fraglichen Verbrechen, zu welchen nur Bedrohung, Betäubung, Nötigung, Freiheitsberaubung und Menschenraub gerechnet werden könnten, ausschließlich und allein gegen die Willensfreiheit gerichtet seien; daß man namentlich

2. zwei Kategorien dieser Verbrechen zu unterscheiden habe, je nachdem sie eine Verletzung der Willensfreiheit selbst enthielten, wie die Betäubung und Drohung, oder sie sich nur gegen die Verwirklichung des Willens richteten, was lediglich durch physische Gewalt — Festhalten, Einschließen u. s. w. — geschehen könne, und daß

3. diese Verbrechen von anderen Verbrechen, durch welche die Willensfreiheit beeinträchtigt werde, dadurch sich unterschieden, daß hier, wie bei dem Raube und der Erpressung, die Unterwerfung des Willens lediglich als das Mittel erscheine, um zu dem wahren Objekte der Rechtsverletzung zu gelangen, während in den vorliegenden Verbrechen die Willensfreiheit das ausschließliche Objekt darstelle.

Zu 1. Nun geht jedoch daraus, daß die fraglichen Verbrechen gerade so gut an einem willensunfähigen wie an einem willensfähigen Menschen begangen werden können, mit Notwendigkeit hervor, daß für dieselben die Willensfreiheit keine Voraussetzung ist, sie mithin ihrem Wesen nach nicht gegen die Willensfreiheit gerichtet sind. Diese Konsequenz wird auch durch die Erwägung des Verfassers nicht beseitigt: wenn diese Verbrechen an einem Willensunfähigen begangen würden, so erscheine die Menschenwürde als das Objekt des Angriffs. Denn abgesehen davon, daß nicht stets, wenn die fraglichen Verbrechen gegen einen Willensunfähigen begangen werden — im Falle etwa ein Kind aus schlechter Behandlung geraubt wird — die Menschenwürde in Frage gestellt ist, so würde doch immerhin das Resultat übrig bleiben, daß diese Verbrechen sowohl gegen die Willensfreiheit als aber auch gegen die Menschenwürde begangen werden können. Damit fällt zugleich die weitere Erwägung des Verfassers: obwohl Menschenwürde gleichmäßig den willensfreien wie den willensunfreien Menschen zukomme, so dürfe man doch nicht die fraglichen Verbrechen lediglich als Verbrechen gegen die Menschenwürde bezeichnen. Denn die Beibehaltung einer selbständigen Kategorie von Verbrechen gegen die Willensfreiheit habe einen doppelten Wert; einmal einen theoretischen, weil zur wissenschaftlichen Erkenntnis der einzelnen Verbrechensarten eine scharfe Feststellung ihres jedesmaligen Gegenstandes unumgänglich notwendig erscheine; das andere Mal einen praktischen Wert, weil der Grad der Strafbarkeit von der Bedeutung des verletzten Objekts abhänge. Es steht eben dieser Erwägung entgegen, daß die Willensfreiheit nicht der jedesmalige Gegenstand, das jedesmalige verletzte Objekt bei diesen Verbrechen ist. Ob die Verletzung eines Willensunfähigen höher oder geringer strafbar erscheint wie diejenige eines Willensfähigen, ist nur von relativem Einfluß.

Zu 2. Aber auch die Einteilung der Verbrechen gegen die Willensfreiheit in zwei Kategorien, nach welchen eine absolute Verschiedenheit unter denselben bestehe, je nachdem sie sich gegen den Willen selbst oder nur gegen die Verwirklichung desselben richteten, bezw. das angewendete Mittel in Drohung und Betäubung oder in der Ausübung eines physischen Zwangs bestehe, wird nicht als richtig nachgegeben werden dürfen. Denn wenn die Ausführung des Willens für unmöglich gehalten wird, so kann der entsprechende Wille selbst nicht zur Entstehung gelangen, und der bereits entstandene Wille kommt dann wieder zum Wegfall, weil man das Unmögliche nicht wollen kann. Es ist weiter aber auch nicht zutreffend, daß die Verhinderung der Verwirklichung des Willens nach einer bestimmten Richtung hin stets die Anwendung physischer Gewalt voraussetze. Die Drohung etwa, den Menschen, welcher zur Hausthüre herausgehen will, zu erschießen, ist gerade so gut geeignet, denselben im Hause zurückzuhalten, als wenn derselbe zu diesem Zwecke gefesselt worden wäre.

Zu 3. Hiernach erscheinen die in Rede stehenden Verbrechen als gegen die menschliche Person schlechtweg gerichtet. Sie sind die Überbleibsel der großen Gattung derjenigen Verbrechen, welche im allgemeinen eine unberechtigte Verfügung über die Person enthalten, aus der man aber einzelne Gruppen wegen der charakteristischen Verschiedenheit ihrer speziellen Richtung ausgeschieden und unter besondere Normen gestellt hat, wie die Verbrechen gegen das Leben und die Gesundheit des Menschen, dessen Ehre und bezw. dessen Vermögen. Bei dieser Ausscheidung mußte es in manchen Fällen zweifelhaft werden, ob man dieselbe vorzunehmen oder die betreffenden strafbaren Handlungen unter dem allgemeinen Begriff der unberechtigten Verfügung über die Person zu belassen habe. Dies z. B. bei dem Raube, bei welchem Verbrechen nach früheren Strafgesetzbüchern die Vergewaltigung der Person so sehr überwog, daß zur Vollendung desselben nicht einmal die Wegnahme der Sache erforderlich war. Andere Exemtionen ergaben sich, wenn man die Verfügung über die Person einem höheren idealen Gesichtspunkt unterordnete. Namentlich bei der Notzucht tritt die Vergewaltigung der Person hinter die Verletzung der Sittlichkeit zurück und erscheint eben darum nur als das Mittel, durch welches sie verletzt wird. Insoweit ist es denn auch richtig, daß bei den hier in Rede stehenden Verbrechen die Willensfreiheit —

die Person — als ausschließliches Objekt, bei den im Systeme besonders aufgeführten Verbrechen gegen die Person hingegen nur als das Mittel erscheine, um zum wirklichen Objekte der Verletzung zu gelangen. Aber ein besonderer Wert ist denn doch dieser Verschiedenheit nicht beizulegen, da sie auf willkürlicher Anordnung beruht. Gerade so gut wie man in dem Verbrechen der Notzucht nicht die Verletzung der Person, sondern die Verletzung der Sittlichkeit als das Maßgebende betrachten, in der Verhinderung eines Menschen zu wählen oder zu stimmen, ein Vergehen gegen die Ausübung staatsbürgerlicher Rechte finden will, kann man auch den Menschenraub, die Entführung, das Einsperren u. s. w. unter eine ideale Größe, etwa unter dem Titel „Verbrechen und Vergehen gegen das Vertrauen auf den persönlichen Schutz", subsumieren, welches im Falle einer öfteren Wiederholung dieser Verbrechen sicher lebhaft erschüttert wird. Dann aber würde das jetzt allerdings ausschließliche Objekt dieser Verbrechen — die Person — gleichfalls zum Mittel herabgesetzt sein.

Es ergiebt sich hieraus, daß man unter den hier fraglichen, die Person verletzenden, Handlungen diejenigen zu verstehen hat, welche überhaupt strafbar sein sollen und nicht anderweit systematisiert worden sind. Die That aber charakterisiert sich bei allen diesen von dem Strafgesetzbuch in den §§ 234—240 aufgeführten Verbrechen gleichmäßig dadurch, daß der Thäter vorsätzlich und rechtswidrig einen anderen — gleichviel ob einen willensfähigen oder willensunfähigen Menschen von sich abhängig macht, um über ihn zu verfügen, d. h. ihn körperlich oder geistig seiner Gewalt unterwirft, um ihn hierdurch zu einer Handlung, Duldung oder Unterlassung zu bringen. Die unberechtigte Verfügung über einen Menschen ohne einen vorausgegangenen Akt der Unterwerfung einer Person stellt ein anderweites Verbrechen dar, wie namentlich eine Beleidigung oder eine Körperverletzung, zu welch' letzterer auch die Herbeiführung einer dauernden oder vorübergehenden Willensunfreiheit gehört, da sie ohne eine Störung der geistigen Gesundheit nicht denkbar erscheint. Endlich soll noch darauf hingewiesen werden, daß der Unterschied des Verbrechens der Aussetzung (§ 221 St.G.B.) von den hier in Rede stehenden Verbrechen darin zu finden ist, daß bei der Aussetzung der Thäter das Verhältnis der Abhängigkeit widerrechtlich aufhebt, während er hier umgekehrt es gerade rechtswidrig herbeiführt.

Betrachtet man nach diesen Ausführungen die von dem Strafgesetzbuch im achtzehnten Abschnitt getroffenen Bestimmungen, so wird zunächst ersichtlich, daß der Titel „Verbrechen und Vergehen gegen die persönliche Freiheit" nicht glücklich gewählt ist, indem er dem wahren Sachverhalt zuwider Veranlassung zu dem Glauben geben könnte, als handle es sich um die Freiheit des Willens. Zu den einzelnen Paragraphen sodann:

§ 234. „Wer sich eines Menschen durch List, Drohung oder Gewalt bemächtigt, um ihn in hilfloser Lage auszusetzen oder in Sklaverei, Leibeigenschaft oder in auswärtige Kriegs- oder Schiffsdienste zu bringen, wird wegen Menschenraubs mit Zuchthaus bestraft."

Voraussetzung ist, daß der Thäter einen Menschen dergestalt in seine Gewalt bringt, daß er über denselben verfügen kann, und zwar in der Absicht, ihn zu einem Erdulden zu bringen. Von Willensfreiheit des Verletzten ist keine Rede; die mit Strafe bedrohten Handlungen dürften im Grunde genommen nicht einmal durch Einwilligung vollkommen straflos werden. Offenbar ist es vielmehr ausschließlich der Zustand, in welchen der Mensch versetzt werden soll, welcher die hohe Strafandrohung veranlaßt hat. Es wird aber der wirklich herbeigeführte Zustand nicht zur Vollendung verlangt und somit der Versuch zur Vollendung erhoben, die vorliegt, sobald die Bemächtigung in der fraglichen Absicht vollzogen worden ist. Darum aber ist es mißständig, daß nicht mildernde Umstände nachgelassen worden sind, um namentlich dem freiwilligen Aufgeben des Unternehmens gerecht werden zu können. Ist zwar der Akt der Bemächtigung noch nicht zum vollständigen Vollzuge gekommen, es ergiebt sich aber doch bereits aus dem Geschehnis die bestimmte vom Gesetz verlangte Absicht, so dürfte nicht einzusehen sein, warum nicht hierin ein Versuch gefunden werden soll. Zweifellos würde dies geschehen müssen, wenn die wirklich stattgefundene Herbeiführung des Zustandes zur Vollendung erfordert würde, und es kann hieran nichts ändern, daß schon die vollendete Bemächtigung in der fraglichen Absicht das vollendete Verbrechen bedingen soll. Ohne vorausgegangene Bemächtigung des Menschen ist die Ausführung des Verbrechens überhaupt nicht denkbar. Warum aber diese Bemächtigung gerade nur durch Gewalt, Drohung oder List soll bewerkstelligt werden können, ist nicht einzusehen; jede Bemächtigung, gleichviel von welcher Beschaffenheit, müßte hinreichen. Läßt sich eine volljährige schwachsinnige Person ohne Bewußtsein von der Bedeutung des Vorgangs freiwillig in Sklaverei verkaufen, so würde Strafe aus § 234 nicht eintreten können, insofern, was nicht notwendig der Fall sein muß, eine List hierbei nicht angewendet worden ist. Man würde dann höchstens von dem § 221 Gebrauch machen können. — Mit Recht wird sodann von dem Verfasser darauf hingewiesen, daß List und Drohung nicht gegen den Menschen selbst, dessen man sich bemächtigen will, ausgeübt zu werden brauchen, dieselben vielmehr als Mittel der Bemächtigung auch gegen andere gerichtet werden können. Dasselbe gilt aber auch von der Gewalt, die er hier nur darum ausschließt, weil er den entgegenstehenden Willen eines zurechnungsfähigen Menschen als Erfordernis voraussetzt. Es ist auch richtig, daß die große Verschiedenheit der Strafe in § 221 und § 234 nicht verständlich ist, daß nichts darauf ankommt, ob die Zustände der Sklaverei und Leibeigenschaft im Auslande etwa gesetzlich anerkannt sind, und daß die Zustände des § 234 nicht als erschöpfend hätten hingestellt werden sollen, da z. B. die Bemächtigung einer Person, um sie in ein Kloster oder als geistesgesund in ein Irrenhaus zu sperren, von gleicher Bedeutung erscheinen muß. — Die Bemächtigung braucht nicht gerade eine physische zu sein. § 234 kann darum auch dann zur Anwendung kommen, wenn jemand durch täuschende Vorspiegelungen einen anderen veranlaßt hat, sich selbst, ohne sein Wissen, in eine hilflose Lage, in Sklaverei oder Leibeigenschaft zu versetzen, insofern die Herbeiführung dieser Zustände bei Vornahme der Täuschung beabsichtigt war. Von einer Freiwilligkeit des Getäuschten ist hier keine Rede und sonach die Einwendung des Verfassers gegen die betreffende Bemerkung Hälschner's System III. S. 187, unhaltbar. — Was endlich die Verjährung anbelangt, so enthält § 234 ein fortdauerndes Verbrechen, und es kann darum der Lauf der Verjährung nicht beginnen, so lange noch der Thäter oder derjenige, welchen derselbe an seine Stelle gesetzt hat, die Bemächtigung aufrecht erhält, bezw. so lange die Zustände der Sklaverei u. s. w., in welche demnächst die Bemächtigung übergeht, noch nicht zur Erledigung gekommen sind. Das Versetzen in hilflose Lage hingegen muß schon mit dem Tage zu verjähren beginnen, an welchem die betreffende Handlung ausgeführt worden ist, weil alsdann die, auch auf einen Dritten nicht übertragene, Gewalt des Thäters aufhört. In diesem Sinne ist die Bemerkung des Verfassers richtig, daß der Lauf der Verjährung mit dem Zeitpunkt beginne, zu welchem die Unterwerfung des Geraubten unter fremden Willen aufhöre.

§ 235. „Wer eine minderjährige Person durch List, Drohung oder Gewalt ihren Eltern oder ihrem Vormund entzieht, wird mit Gefängnis und, wenn die Handlung in der Absicht geschieht, die Person zum Betteln oder zu gewinnsüchtigen oder unsittlichen Zwecken oder Beschäftigungen zu gebrauchen, mit Zuchthaus bis zu zehn Jahren bestraft."

Das Entziehen bedeutet wie die Bemächtigung das Herbeiführen eines auf eine gewisse Stabilität berechneten Zustandes, in welchem die minderjährige Person der Gewalt des Thäters unterworfen sein soll. Wird ohne Befugnis lediglich ein Spaziergang mit derselben unternommen, so liegt hierin noch keine Entziehung. Es ist deshalb auch das Entziehen eine Bemächtigung der Person, um über dieselbe zu verfügen, insonderheit dieselbe zu einer Duldung — der Ertragung des widerrechtlichen abhängigen Zustandes, zu bringen. Ob die minderjährige Person willensfähig oder willensunfähig ist, erscheint so sehr gleichgültig, daß sogar, wenn die Einwilligung der Eltern oder des Vormundes vorliegt, es auf deren Widerspruch gar nicht ankommt und die alleinige Zustimmung derselben, sich in fremde Gewalt bringen zu lassen, die Strafe nicht beseitigen kann. Diese Zustimmung ist rechtlich bedeutungslos und somit auch die auf diese Zustimmung gestützte Entziehung und Verfügung über den Minderjährigen diesem und dem Berechtigten gegenüber als eine widerrechtliche Bemächtigung und Gewaltausübung anzusehen. Übrigens muß doch immerhin das durch die mit Zustimmung des Minderjährigen stattgefundene Entziehung begründete Verhältnis dasjenige einer Abhängigkeit sein. Ohne dies würde nur die Anstiftung oder Unterstützung eines straflosen Weglaufens vorliegen. Warum die Entziehung gerade mittels List, Drohung oder Gewalt gegen die minderjährige Person bezw. deren Eltern oder Stellvertreter vollzogen worden sein müsse, ist auch hier nicht ersichtlich. Statt der Entziehung aus der Gewalt der Eltern oder Vormünder hätte wohl besser die Entziehung aus der Gewalt der gesetzlichen Vertreter — zu welchen auch die Obervormundschaft gehört — in Aussicht genommen werden sollen. Denn es könnte sich ereignen, daß der Minderjährige zur Zeit weder Eltern noch Vormünder hat. Es hätte auch das besondere Anführen des Bettelns in § 235 wohl unterbleiben können, weil es mit den „gewinnsüchtigen Zwecken" zusammenfällt. Über Versuch und Verjährung gilt das zu § 234 Gesagte. Auffallend ist, daß nur eine minderjährige Person, nicht also namentlich eine volljährige willensunfähige Person Objekt des Verbrechens soll sein können. — Verfasser behauptet, § 235 enthalte zwar gleichfalls einen Menschenraub, aber nicht notwendig ein Verbrechen gegen die Willensfreiheit, da nicht der Wille des unmittelbar angegriffenen Minderjährigen, sondern der Wille der Eltern und Vormünder desselben entscheide. Bei dieser Ansicht aber müßte § 235 unter allen Umständen von den hierher gehörigen Verbrechen ausgeschlossen werden, da von einer Willensfreiheit des Minderjährigen nach der in Frage stehenden Richtung überhaupt nicht die

Rede sein kann. Übrigens würde, selbst wenn man die Verletzung der Willensfreiheit als das Maßgebende betrachten wollte, für dieses Verbrechen doch wenigstens dann § 235 — und nicht § 240 — anwendbar sein, wenn die Entziehung mittels einer gegen die Eltern oder Vormünder unmittelbar gerichteten Gewalt, List oder Drohung vollzogen worden ist.

§ 236. „Wer eine Frauensperson wider ihren Willen durch List, Drohung oder Gewalt entführt, um sie zur Unzucht zu bringen, wird mit Zuchthaus bis zu 10 Jahren und, wenn die Entführung begangen wurde, um die Entführte zur Ehe zu bringen, mit Gefängnis bestraft. Die Verfolgung tritt nur auf Antrag ein."

§ 237. „Wer eine minderjährige, unverehelichte Frauensperson mit ihrem Willen, jedoch ohne Einwilligung ihrer Eltern oder ihres Vormundes, entführt, um sie zur Unzucht oder zur Ehe zu bringen, wird mit Gefängnis bestraft. Die Verfolgung tritt nur auf Antrag ein."

§ 238. „Hat der Entführer die Entführte geheiratet, so findet die Verfolgung nur statt, nachdem die Ehe für ungültig erklärt worden ist."

Die Entführung wird von dem Verfasser von den hierher gehörigen Verbrechen ausgeschlossen, weil sie gegen die Sittlichkeit gerichtet sei und somit die Verletzung der Willensfreiheit nur als das Mittel, um zu dem wahren Objekte der Rechtsverletzung zu gelangen, lediglich als ein Merkmal im Thatbestande dieses Verbrechens erscheine. Nun ist aber die Entführung zum Zweck der Herbeiführung einer Ehe nicht gerade gegen die Sittlichkeit im Sinne des St.G.B. gerichtet, und im übrigen ist bereits erörtert worden, daß diese Erwägung überhaupt bedeutungslos erscheint. — Auch hier wieder hat das Gesetz die Bemächtigung einer Person, den Zustand der Abhängigkeit, in welchen sie versetzt wird, um über sie zu verfügen, insonderheit sie zur Unzucht oder zur Ehe — also zu einer Duldung oder Handlung — zu bringen, im Auge. — Daß die Entführung gerade durch List, Drohung oder Gewalt bewerkstelligt werden müsse, würde auch hier nicht erforderlich sein. Darum bedurfte es aber auch nicht der Trennung in die §§ 236 und 237, je nachdem die Entführung gegen oder mit dem Willen der Entführten stattfindet. Denn die Entführung einer minderjährigen Person ohne Einwilligung der Eltern oder Vormünder ist, auch wenn sie mit deren Willen geschieht, stets rechtswidrig. Es ist diese Unterscheidung nur wegen der Verschiedenheit der Strafandrohung von Bedeutung, aber auch nach dieser Richtung hinfällig, weil Zuchthausstrafe auch für die Entführung einer einwilligenden minderjährigen Person, um sie zur Unzucht zu bringen, angemessen sein kann, und auch hier mildernde Umstände, welche Gefängnisstrafe möglich erscheinen ließen, nachgelassen werden sollten. — Ersichtlich ist auch nicht, warum nur eine Frauensperson und zwar im Falle des § 237 nur eine minderjährige — nicht auch eine volljährige willensunfähige — die unverehelicht ist, soll entführt werden können. Kann eine minderjährige Frau ohne Einwilligung ihrer gesetzlichen Vertretung nicht über sich disponieren, so ist ihre Zustimmung gleichfalls bedeutungslos; anderenfalls versteht sich die Straflosigkeit von selbst. — Die Entführung des § 237 wird, obwohl die Wortbedeutung hiermit nicht übereinstimmt, auch dann anzunehmen sein, wenn mit Einwilligung der Minderjährigen zur Erreichung des angegebenen Zwecks die Eltern oder der Vormund durch Täuschung zur Abreise veranlaßt wurden, der Thäter mit der Minderjährigen aber am Platze geblieben ist. — Übrigens ist es auch in § 237 erforderlich, daß unerachtet der Einwilligung die Minderjährige in ein Verhältnis der Abhängigkeit zu dem Entführer tritt. Ist sie der betreibende Teil, so liegt eine Bemächtigung derselben nicht vor, und es könnte vielmehr der andere als der Entführte erscheinen. — Ergiebt sich nach stattgefundener Bemächtigung die entführte Frauensperson freiwillig der Unzucht oder zur Ehe, so wird hierdurch die Strafbarkeit des bereits mit dem Akte der Bemächtigung vollendeten Verbrechens nicht beseitigt. Das „Bringen“ deutet nicht darauf hin, daß nach dem Akte der Bemächtigung noch weitere Gewalt angewendet werden, oder daß es auch nur von vornherein darauf abgesehen gewesen sein mußte, auch noch nach vollzogenem Akte der Bemächtigung gegen den Willen der Entführten zu handeln. Auch der Abschluß einer Ehe macht das Verbrechen nicht straflos. Aber es soll doch nur auf Antrag zur Bestrafung gezogen werden und dies auch dann erst, wenn die Ehe für ungültig erklärt worden ist.

§ 239. „Wer vorsätzlich und widerrechtlich einen Menschen einsperrt oder auf andere Weise des Gebrauchs der persönlichen Freiheit beraubt, wird mit Gefängnis bestraft.“

Auch dieser Paragraph hat nicht ein schnell vorübergehendes Ereignis, etwa das Wegziehen einer Person auf einige Schritte vom Platze, das Einsperren in den Abtritt mit dem Bewußtsein, daß alsbald die Befreiung eintreten werde, sondern die Herbeiführung eines Zustandes der Unfreiheit von einiger Dauer zur Voraussetzung. Während der Andauer dieses Zustandes ist der Vergewaltigte zu einem Erdulden gezwungen, zu welchem er durch die Bemächtigung gebracht werden sollte. Von den vorausgegangenen Paragraphen unterscheidet sich § 239 nach dieser Richtung nur dadurch, daß der Zustand der Unfreiheit wirklich eingetreten sein muß, wenn von der

Vollendung des Verbrechens die Rede sein soll. Rechtlich notwendig erscheint jedoch diese Verschiedenheit nicht, und man hätte darum den § 239 gleichfalls dahin abfassen können, „wer sich widerrechtlich eines — willensfähigen oder willensunfähigen — Menschen körperlich oder geistig bemächtigt, um ihn in den Zustand der Unfreiheit zu versetzen.“ Dann würde es sich von selbst verstanden haben, daß die Bemächtigung zum Zwecke des Einsperrens, welches jetzt nur vereinzelt hervorgehoben wird, hierunter zu bringen sein müsse. Beide Momente — die Bemächtigung der Person zum Zwecke des Einsperrens und das Einsperren selbst — würden übrigens zusammenfallen können. — Erfolgt das Einsperren u. s. w. in einer Weise, daß der Eingesperrte hierdurch nicht in der ferneren Gewalt des Thäters oder desjenigen, für welchen derselbe das Einsperren vollzieht, verbleibt, so kann hierin ein Aussetzen in hilflose Lage gefunden werden. — Auffallend muß es erscheinen, warum die Schärfungen des § 239, nach welchen, wenn der Zustand der Unfreiheit über eine Woche gedauert hat, oder eine schwere Körperverletzung des der Freiheit Beraubten durch die Freiheitsentziehung oder die von ihm, während derselben erlittene Behandlung verursacht worden ist, Zuchthaus bis zu zehn Jahren, und wenn der Tod in dieser Weise erfolgt ist, Zuchthaus nicht unter drei Jahren eintreten soll, nicht auch für die vorausgegangenen Paragraphen, namentlich nicht für den Menschenraub, vorgesehen worden sind. Der Verfasser bemerkt zu diesem Paragraphen, ein Einsperren liege vor, wenn eine Person in einem derart umschlossenen Raum festgehalten werde, daß ein Entkommen entweder gar nicht oder doch nur mit Überwindung erheblicher Schwierigkeiten zu bewerkstelligen sei. Aber es kann auch ein solches Einsperren in einen offenen Raum mittels Bedrohen des Verlassens desselben stattfinden, und im übrigen wird die Sicherheit des Raumes nicht lediglich nach seiner objektiven Beschaffenheit, sondern vorwiegend mit Berücksichtigung der Persönlichkeit des Eingesperrten zu bestimmen sein, der vielleicht die Überwindung eines Widerstandes für unmöglich hält, welchen ein anderer spielend beseitigen würde. — Daß die Freiheitsberaubung, welche infolge wissentlich falscher Anzeige eintritt, nicht unter § 239 falle, dürfte, insofern die Herbeiführung der Verhaftung des Denunzianten beabsichtigt war, nicht gerechtfertigt sein. Denn ob die Bemächtigung und die Verfügung über eine Person selbst vorgenommen oder durch einen anderen bewerkstelligt wird, ist als gleichgültig anzusehen. Der von dem Verfasser für seine entgegengesetzte Ansicht angeführte Grund, daß § 164 zur Anwendung kommen müsse, weil seine Strafe die höhere sei, erscheint offensichtlich, wenn die Schärfungen des

§ 239 in Erwägung gezogen werden, als unhaltbar. — Warum nicht eine fahrlässige Freiheitsberaubung gerade nach seiner eigenen Theorie begründet zu werden vermöchte, hat der Verfasser nicht näher entwickelt. Findet man jedoch das Wesen der hier einschlägigen Verbrechen in der Bemächtigung eines Menschen in einer bestimmten Absicht, so erscheint die Fahrlässigkeit selbstverständlich ausgeschlossen. Richtig hingegen ist wieder die Bemerkung, daß ein Vertrag in betreff der Freiheitsentziehung keine bindende Kraft hat, daß, wie einmal § 239 lautet, der Versuch einer nicht qualifizierten Einsperrung nicht strafbar erscheint, daß eine vollendete — aber auch unvollendete — Freiheitsberaubung durch die bei Begehung derselben vorwaltende Absicht, zu töten oder schwer zu verletzen, in den Versuch eines Mordes oder einer schweren Körperverletzung übergehen kann, daß für die einfache Freiheitsentziehung zur Verminderung von Härten der Gefängnisstrafe Geldstrafe hätte substituiert werden sollen, und daß die vorgesehenen Strafschärfungen möglicherweise in dem größten Mißverhältnis zu der subjektiven Verschuldung stehen können. Für die geringeren Fälle des § 239 wäre ein offizielles Verfahren kaum erforderlich gewesen. — In betreff der Behauptung, daß auch der Versuch einer qualifizierten Freiheitsberaubung nicht möglich sei, mag indessen darauf hingewiesen werden, daß von vornherein die Absicht, den herbeigeführten Zustand der Unfreiheit über eine Woche bestehen zu lassen, vorgelegen haben kann, in welchem Falle dann allerdings der Versuch begründet sein würde.

§ 240. „Wer einen anderen widerrechtlich durch Gewalt oder durch Bedrohung mit einem Verbrechen oder Vergehen zu einer Handlung, Duldung oder Unterlassung nötigt, wird mit Gefängnis bis zu einem Jahre oder mit Geldstrafe bis zu 200 Thalern bestraft. Der Versuch ist strafbar. Die Verfolgung tritt nur auf Antrag ein.“

Endlich setzt auch § 240 die widerrechtliche Bemächtigung eines Menschen, gleichviel ob eines zurechnungsfähigen oder willensunfähigen, mittels körperlicher oder geistiger Einwirkung voraus, um denselben durch seine Abhängigkeit zu einer Handlung oder Unterlassung zu bringen. Von den vorhergehenden Paragraphen unterscheidet er sich in dieser Beziehung gerade so wie § 239 nur dadurch, daß zur Vollendung die wirklich stattgefundene Handlung oder Unterlassung des Genötigten verlangt wird. Es hätte jedoch auch hier, zumal der Versuch strafbar sein soll, diese Abweichung unterbleiben können. Ob die Nötigung durch Gewalt und Bedrohung mit einem Verbrechen oder Vergehen, oder in einer beliebigen anderen Weise geschieht, müßte auch hier als gleichgültig erscheinen, denn die Drohung mit einer Übertretung oder sogar mit einer straflosen Handlung kann weit wirksamer sein als die Drohung mit einem Verbrechen oder Vergehen. Jede Drohung müßte vielmehr für strafbar gehalten werden, wenn nicht die Handlung, mit welcher gedroht wird, erlaubt ist, und man nicht zugleich einen Anspruch auf das erzielte Ergebnis hat. Die Gewaltanwendung oder auch die Drohung mit Gewalt, kann hingegen niemals straflos sein. Besteht das Ergebnis, welches erreicht werden soll, in einem widerrechtlichen Vermögensvorteil, so liegt Erpressung vor, für welche nach § 253 eine bedeutend höhere Strafe vorgesehen ist. Immerhin aber kann der Zwang des § 240 weit unerträglicher sein als ein Geldopfer, z. B. die Nötigung, eine ekelhafte Speise zu genießen, sich den Bart abzuschneiden u. s. w. — Versuch des Vergehens liegt vor, sobald die entsprechende Absicht, zu nötigen, aus dem Geschehnis erkennbar ist. In betreff der Vollendung bemerkt Verfasser sehr richtig, es sei nicht erforderlich, daß der Genötigte die von ihm erzielte Thätigkeit oder Unthätigkeit in ihrem ganzen Umfange erfüllt habe, es genüge vielmehr, daß derselbe die Bedingung zu erfüllen begonnen, von deren Nichterfüllung der Nötiger die Begehung des angedrohten Verbrechens oder Vergehens abhängig gemacht habe. Dies Erfordernis wird zugleich auch zu gelten haben, wenn man den Thatbestand des Vergehens lediglich in der Bemächtigung eines Menschen erblickt, um denselben zu einer Handlung, Duldung oder Unterlassung zu bringen. Denn ob die Drohung einen solchen Eindruck hervorgerufen habe, daß sich der Bedrohte in Abhängigkeit von dem Nötiger versetzt fühlt, wird sich erst aus einem entsprechenden Verhalten desselben erkennen lassen. Wenn aber der Verfasser weiter behauptet, die Nötigung durch Gewalt lasse keinen Versuch zu, so wird nicht zugestimmt werden können. Die sofort zurückgewiesene Gewalt kann vielmehr nur einen Versuch enthalten, da die Abwehr selbstverständlich nicht als eine von dem Nötiger erstrebte Handlung anzusehen ist. — Endlich meint der Verfasser: Jeder dürfe an der Begehung strafbarer oder auch nur unsittlicher Handlungen selbst durch Entziehung der Freiheit straflos gehindert werden, denn ein hierauf gerichteter Wille habe kein Anrecht auf staatlichen Schutz und der Nötiger sonach nicht das Bewußtsein der Widerrechtlichkeit seiner Handlungsweise. Es wird jedoch diese Ansicht nur insoweit gebilligt werden dürfen, als zugleich eine Berufung auf Notwehr oder Notstand begründet ist. Eine weitere Ausdehnung der Berechtigung würde zu einem unerträglichen Eingriff in die fremde Rechtssphäre führen. Insonderheit werden darum die bloß unsittlichen Handlungen außer Betracht bleiben müssen. Wie will man jemand zwingen, seine Unehrerbietigkeit gegen seine Eltern aufzugeben? Und wenn sich Mann und Frau nicht vertragen, so werden sie doch nicht selten mit vereinten Kräften dem Einspringenden seine mangelnde Legitimation zum klaren Bewußtsein bringen. Erfolgt aber Widerstand, soll dann der Nötiger sein Vorhaben mit Gewalt durchführen und sich zu diesem Ende auf gerechte Notwehr berufen dürfen? Die Befugnis, beliebig unsittliche Handlungen zu verhindern, welche zugleich die Befugnis in sich schließen würde, jeden zur Vornahme sittlicher Handlungen zu zwingen, würde ein Recht sein, welches in dieser Ausdehnung nicht einmal der Staat selbst besitzt. Es ist auch nicht jedermann Wächter der Sitte und öffentlichen Ordnung, so daß ihn eine Verletzung derselben zum Einschreiten berechtigen könnte, sondern nur der Staat und die Organe, welchen derselbe diese Befugnis übertragen hat. Der besondere Schutz, welcher in § 113 denjenigen verliehen wird, welche zur Unterstützung von Beamten zugezogen waren oder als Mitglieder einer Gemeinde-, Schutz- oder Bürgerwehr thätig sind, wäre anderenfalls kaum erforderlich gewesen. Besteht aber hiernach das fragliche Verhinderungsrecht nicht in der vermeintlichen Ausdehnung, so ist es selbstverständlich, daß auch die Berufung auf das mangelnde Bewußtsein der Widerrechtlichkeit der Handlung nicht so schlechthin zulässig sein kann. — Übrigens können es allerdings auch noch andere Gesichtspunkte sein, welche eine betreffende Handlung straflos erscheinen lassen. Wer z. B. einen Menschen vom Selbstmord abhält, einen Betrunkenen, der auf offener Straße verfolgt wird, zu seiner eigenen Sicherheit in Verwahrung nimmt, kann sich mit Recht darauf berufen, daß er hierbei dessen nachträgliche Zustimmung für unzweifelhaft gehalten habe. Überhaupt wird der Richter in vorkommenden Fällen die vernünftige Regel des Lebens zu berücksichtigen haben. Man darf aber hierbei nicht so weit gehen, wie dies vom Verfasser geschieht.

§ 241. „Wer einen anderen mit der Begehung eines Verbrechens bedroht, wird mit Gefängnis bis zu sechs Monaten oder mit Geldstrafe bis zu Einhundert Thalern bestraft. Die Verfolgung tritt nur auf Antrag ein."

Die Drohung wird hier nicht als das Mittel, sondern selbst als formales Vergehen aufgefaßt. Geht die Absicht des Drohenden dahin, den Bedrohten in einen dauernden Zustand der Beunruhigung zu versetzen, ihn also zu einer Duldung zu bringen, so würde die Anwendbarkeit des § 240 begründet sein können. Ob die Drohung ernstlich gemeint war oder nicht, ist ohne Bedeutung, es genügt vielmehr das Bewußtsein, daß sie der Bedrohte als eine ernstliche betrachten und sie Beunruhigung desselben erregen werde. Der Strafantrag kann auch dann gestellt werden, wenn die Beunruhigung nicht eingetreten war. Bei dieser lediglich formalen Natur der Drohung würde das vernünftige Maß überschritten worden sein, wenn auch die Drohung mit einem Vergehen, einer Übertretung oder überhaupt mit einer nachteiligen Handlung in § 241 unter Strafe gestellt worden wäre. Solche Drohungen sind vielmehr, insofern nicht § 240 oder der Gesichtspunkt der Ehrenkränkung zutrifft, mit Recht straflos. Eine versuchte Drohung würde nur insofern denkbar sein, als die bereits vollständig erkennbare Drohung noch nicht zur Kenntnis des Bedrohten gelangt ist. Strafbar ist aber ein solcher Versuch nicht allein darum nicht, weil eine Bestimmung des Gesetzes hierüber fehlt, sondern auch weil das Vergehen nur auf Antrag gestraft werden soll, bevor jedoch der Antrag gestellt werden kann, der Bedrohte notwendig von der Drohung Kenntnis erhalten haben, dieselbe also bereits zur Vollendung gekommen sein muß. Auch hier endlich ist es, wie auch in § 240, nicht erforderlich, daß der Bedrohte eine willensfähige Person sein muß. Weiß aber der Drohende, daß der Bedrohte gar nicht in der Lage sei, die Drohung zu erkennen, so hat die betreffende Äußerung nicht den Charakter einer Drohung.

§ 221. „Wer eine wegen jugendlichen Alters, Gebrechlichkeit oder Krankheit hilflose Person aussetzt, oder wer eine solche Person, wenn dieselbe unter seiner Obhut steht, oder wenn er für die Unterbringung, Fortschaffung oder Aufnahme derselben zu sorgen hat, in hilfloser Lage vorsätzlich verläßt, wird mit Gefängnis nicht unter drei Monaten bestraft. Wird die Handlung von leiblichen Eltern gegen ihr Kind begangen, so tritt Gefängnisstrafe nicht unter sechs Monaten ein."

Daß das Vergehen möglicherweise eine Verletzung der Gesundheit oder die Lebensberaubung des Ausgesetzten zur Folge haben kann, rechtfertigt noch nicht die Stellung desselben unter die Verbrechen und Vergehen wider das Leben. Die nämliche Möglichkeit zeigt sich auch in den §§ 178, 239, 251, 307 u. s. w., ohne daß hierauf hinsichtlich der Rubricierung der fraglichen Handlungen ein besonderes Gewicht gelegt worden wäre. Der richtigere Platz für das Vergehen dürfte vielmehr in dem achtzehnten Abschnitt des St.G.B. sein. Denn auch hier hat man es mit einer rechtswidrigen Verfügung über einen Menschen, gleichviel von welcher geistigen Beschaffenheit, zu thun, die sich von den strafbaren Handlungen der §§ 234 bis 240, wie schon angedeutet, nur dadurch unterscheidet, daß hier ein Verhältnis der Abhängigkeit widerrechtlich begründet.

bei der Aussetzung aber ein solches bereits rechtlich bestehendes Verhältnis der Abhängigkeit widerrechtlich aufgelöst wird. Nur ist die betreffende Vorschrift des § 221 unklar, indem es nicht zweifellos erscheint, ob der Mißbrauch eines bereits rechtlich bestehenden Verhältnisses der Abhängigkeit oder auch die widerrechtliche Herbeiführung eines solchen Verhältnisses zum Zweck der Aussetzung hiermit gemeint sei. Letzteren Falls würde die Bestimmung in Anbetracht des § 234 überflüssig erscheinen. — Zweckmäßig würde es übrigens gewesen sein, wenn in § 221 zugleich auch noch die Zulassung der Vornahme unzüchtiger Handlungen an der hilflosen Person mit Strafe bedroht worden wäre. Für das Einsperren, Verschwindenlassen solcher Personen, bedurfte es hingegen einer besonderen Strafbestimmung nicht, weil, insoweit hier überhaupt von Bestrafung die Rede sein kann, stets eine nach dem siebzehnten oder achtzehnten Abschnitt des St.G.B. strafbare Handlung vorliegen wird.

Zum Begriffe der Ehrenkränkung.

Bruhns hat Gerichtssaal Bd. XXVII in zutreffender Weise dargelegt, daß gegen juristische Personen eine Ehrenkränkung nicht begangen werden könne (s. meine Abhandlungen 1862, und hiermit übereinstimmend Dochow in v. Holtzendorff's Handbuch). Denn die Ehre sei ein Attribut sittlicher Eigenschaften und nur der einzelne sei im Stande, zu überlegen, zu wollen und zu handeln. Ist hiernach der sittliche Wert einer Person, welcher ohne Willensfähigkeit nicht bestehen kann, Voraussetzung für die Ehre, so begreift man nicht, warum sodann weiter in dem Anhang von Bruhns die, wenn auch jetzt allgemein gebilligte Begriffsbestimmung der Ehrenkränkung als unanwendbar erklärt wird, welche Hälschner, System, S. 244 mit den Worten gegeben habe: „Ehrenkränkung ist die rechtswidrige Handlung, welche den sittlichen Wert der Person durch die Kundgabe seiner Nichtanerkennung antastet“. Da nun aber dieser Begriff nicht von Hälschner, sondern von mir herrührt, so soll er den vorgebrachten Einwendungen gegenüber nochmals erörtert werden.

In meinen citierten Abhandlungen wird ausgeführt, daß jedes Gemeinwesen, um überhaupt bestehen zu können, ein gewisses Maß inneren Wertes von jedem einzelnen mit solcher Bestimmtheit fordere, daß er nur unter der Voraussetzung der Erfüllung dieser Bedingung als ein vollgültiges Mitglied angesehen werden solle. Habe er aber die Bedingung für seine Vollgültigkeit erfüllt, so sei er auch zu dem Verlangen berechtigt, daß das Vorhandensein seines inneren Wertes anerkannt, bezw. da eine aktive

Bethätigung dieses Anerkenntnisses nicht zugemutet werden könne, dieser innere Wert ihm wenigstens nicht abgesprochen, er nicht durch ein solches Absprechen als unvollgültig bezeichnet und behandelt werde. Hiernach bestehe die Ehre in dem Besitz des zur Vollgültigkeit des einzelnen als Mitglieds der menschlichen Gesellschaft erforderlichen Maßes von innerem Wert und die Ehrenkränkung in der Nichtanerkennung dieses Maßes von innerem Wert. Etwas Weiteres besagt auch die angeführte Definition Hälschner's nicht. Namentlich kann es, wie ihm dies imputiert wird, nicht wohl seine Meinung sein, als erleide die Ehre selbst durch das „Antasten" eine Einbuße. Er hat es nur versäumt, die Grenze anzugeben, bis zu welcher eine Anerkennung des sittlichen Wertes verlangt werden kann und bezw. über welche hinaus ein solcher Anspruch nicht besteht.

In der Abhandlung von Bruhns wird nun zunächst behauptet, man müsse das Bestreben aufgeben, eine Rechtsformel für den Begriff der Ehre zu finden, welche das Wesen und den Inhalt derselben darstellen solle. Es wiederholt sich hiermit ein Verlangen, welches sich gegenwärtig, wenn man nicht gleich mit einem Begriffe fertig werden kann, nur allzuhäufig geltend macht, wie namentlich bei dem Versuche, der Teilnahme u. s. w., und schließlich zu einer Auflösung des ganzen Strafrechts in eine sich überall im Prinzip widersprechende Anbequemung an die bloße Nützlichkeit führen muß. Begründet wird diese Meinung des Verfassers lediglich damit, daß das Objekt der Beleidigung nicht weniger der Mensch selbst sei, wie er auch das Objekt der Tötung sei, wenn auch in jenem Falle der Angriff auf seine Ehre in diesem auf sein Leben oder vielmehr auf die Organe seines Lebens erfolge. So gut der Leib des Menschen außerhalb der Rechtssphäre vorhanden sei und einer Bestimmung durch juristische Definition nicht bedürfe, ebensogut existiere die Ehre unabhängig vom Recht in der Vorstellung der Menschen, sei jedoch aus diesem Grunde insofern der Einwirkung des Rechts und der Rechtsübung zugänglich, als letztere gar mächtige Motive für das Denken der Menschen seien. Was diese Ausführung bedeuten soll, dürfte schwer begreiflich erscheinen. Denn wenn es auch sofort klar ist, was Leib und Leben bedeutet, so handelt es sich bei der Ehre darum, gerade erst nachzuweisen, was nach allgemeiner menschlicher Vorstellung unter derselben zu verstehen, und ob diese Vorstellung in ihrem ganzen Umfang für das Strafgesetz maßgebend sei. Aus den Erörterungen des Verfassers scheint nur hervorzugehen, daß er den Ehrbegriff in der Geltung des Individuums in den Augen anderer begründet findet, ohne zu bedenken, daß auch in Wirklichkeit durchaus ehrlose Menschen nach außenhin in größter Geltung stehen können und umgekehrt (s. meine Abhandlungen S. 17).

Daraus wird aber gerade ersichtlich, daß die äußere Geltung eines Menschen nicht als dessen Ehre betrachtet werden und ein Angriff auf diese Geltung nicht als Ehrenkränkung strafbar sein kann, wenn nicht zugleich der innere Wert des Menschen dieser äußeren Geltung desselben adäquat ist; und daß darum überhaupt die äußere Geltung nicht als Bedingung für die Ehre und den strafbaren Angriff auf dieselbe angesehen werden, vielmehr umgekehrt die berechtigte äußere Geltung nur als eine Folge der Ehre und bezw. deren Anerkennung auftreten darf.

Die Behauptung, die Definition Hälschner's sei nicht immer verwendbar, umfasse nicht alle Fälle der strafbaren Beleidigung, ist ohne Begründung gelassen worden. Zur Klarstellung wäre hier jedenfalls der Nachweis erforderlich gewesen, in wie fern eine Beleidigung vorliegen könne, im Falle die betreffende Äußerung eine Nichtanerkennung des erforderlichen inneren Wertes nicht und vielmehr sogar im Gegenteil eine Anerkennung desselben enthalte. Auch Schimpfworte und Thätlichkeiten geben wenigstens in ihrer symbolischen Bedeutung genugsam zu erkennen, daß man die Vollgültigkeit des Angegriffenen wegen eines Mangels an sittlichem Wert nicht anerkenne; und wo sie dies nicht thun, liegt auch keine strafbare Ehrenkränkung vor.

Der innere Wert des Individuums kommt rechtlich gerade nur so weit in Betracht, als derselbe von ihm von der Allgemeinheit zu ihrem Bestehen verlangt werden muß. Besitzt es einen über dieses Maß hinausreichenden inneren Wert, so ist insoweit hierbei die Allgemeinheit nicht interessiert und eben darum kann auch insoweit das Individuum einen Anspruch auf Anerkennung bezw. Nichtaberkennung dieses höheren Wertes nicht erheben. Erreicht der innere Wert des Individuums nicht das geforderte Maß, so braucht es auch, insoweit dasselbe fehlt, nicht als vollgültig anerkannt zu werden, bezw. es muß statthaft sein, dieses Fehlen des inneren Wertes zu konstatieren und die Anerkennung des inneren Wertes auf das wirklich vorhandene Maß desselben zu beschränken. Besitzt endlich das Individuum gar keinen inneren Wert, fehlt es ihm also an der Willenstähigkeit, so kann es auch kein Objekt für eine Ehrenkränkung sein. Es läßt sich nicht einsehen, welche Bedeutung für die Ehre etwa gegen einen Säugling ausgestoßene Schimpfworte, oder die Behauptung, es sei von ihm ein Verbrechen begangen worden, haben sollten. Es ist ja freilich selbstverständlich, daß auch der Unzurechnungsfähige gerade so gut Anspruch auf Rechtsschutz hat, wie der Zurechnungsfähige, aber doch nur in betreff solcher Güter, die er wirklich besitzt. Darum wird eine demselben zugefügte Mißhandlung zwar strafbar sein, aber nicht als thätliche Ehrenkränkung. Die Behauptung, der Mensch schlechtweg habe Anspruch auf Schutz gegen Ehrenkränkung, kann hiernach nicht richtig sein.

Welches Maß inneren Wertes von dem einzelnen verlangt wird, kann mit bestimmten Worten nicht ausgedrückt werden. Nur die allgemeine, in jedem einzelnen Fall zu ergründende Überzeugung des einzelnen Volkes giebt vielmehr darüber Auskunft. Wer aber immer das von ihm verlangte Maß inneren Wertes erfüllt, hat eine vollkommene Ehre und demgemäß Anspruch auf äußere Geltung. Insofern ist der Ehrbegriff für alle Personen derselbe. Allein es wird von allen nicht dasselbe Maß inneren Wertes verlangt. Es gestalten sich vielmehr die desfallsigen Ansprüche nach Bildung, Beruf, Geschlecht, Alter, Stand verschieden, und insofern giebt es eine Verschiedenheit der Ehre, die sich dadurch kennzeichnet, daß dasjenige Individuum die höhere Ehre hat, an welches höhere, von ihm erfüllte, Ansprüche von der Allgemeinheit gemacht werden (s. meine Abhandlungen). Immerhin bestimmt sich das Maß des geforderten inneren Wertes nicht nach dem einzelnen Individuum, sondern gleichmäßig für alle, welche sich mit ihm in gleicher Lage befinden. Daher giebt es auch keinen besonderen, durch die Persönlichkeit bedingten, Anspruch auf Anerkennung inneren Wertes. Es ist vielmehr auch dieses Recht, adäquat der erfüllten Pflicht, für alle in der nämlichen Lage befindlichen Individuen das nämliche. Und somit erscheint auch die Bemerkung von Bruhns ohne Bedeutung, es wäre zu viel von einem gewissenhaften Menschen verlangt, wenn er jedes Individuum auf seinen sittlichen Wert prüfen müßte, um ihm das richtige Maß von Achtung zu gewähren und eine geradezu unsittliche Heuchelei, wenn man jedermann den gleichen sittlichen Wert zuschreiben müßte.

Beruht die berechtigte äußere Geltung des Individuums auf der Anerkennung des von ihm von der Allgemeinheit verlangten inneren Wertes, so muß dasselbe auch diesen inneren Wert — welcher übrigens bis zum Beweise des Gegenteils zu vermuten ist (s. meine Abhandlungen) — wirklich besitzen, bevor es einen rechtlichen Anspruch auf äußere Geltung erheben kann. Bruhns hingegen behauptet, ob das Individuum den von ihm verlangten inneren Wert wirklich besitze, sei gleichgültig; nicht weil der Beleidigte diesen Wert habe, werde der Beleidiger gestraft, sondern weil derselbe diesen Wert haben solle. Denn der Staat müsse die gleiche Geltung seiner Angehörigen schützen, um ihnen die Möglichkeit zu gewähren, den von ihm geforderten sittlichen Wert zu erlangen und zu erhalten. Abgesehen nun davon, daß man kaum eines besonderen staatlichen Schutzes benötigt sein wird, um sich den fraglichen inneren Wert anzueignen, so würde hiernach das Individuum zu einem Anspruch auf äußere Geltung, also zum Verlangen der Anerkennung seines inneren Wertes berechtigt sein, wenn es auch einen solchen gar nicht haben sollte; das Absprechen des inneren Wertes würde gestraft werden müssen, wenn sogar das Fehlen desselben feststände.

Das Maß des inneren Wertes, welches das Individuum nach den Anforderungen der Allgemeinheit besitzen muß, scheint endlich nicht das ausschließliche Gebiet, auf welchem überhaupt nur die Ehrenkränkung sich bewegen kann, bilden zu sollen. Denn die Geltung jedes einzelnen bestimme sich nach dem, was er in seiner Lebensstellung nach der vom Rechte nicht gemißbilligten Ansicht seiner Genossen sein solle. Insofern nun nicht dennoch durch die Berufung auf die Billigung des Rechts auf den Standpunkt der Allgemeinheit zurückgegriffen wird, so würden hiernach auch Standesvorurteile, welche von der Allgemeinheit nicht anerkannt werden, als maßgebend erscheinen. Eine Dame aus den besseren Ständen könne durch Handlungen beleidigt werden, welche für die Bauersfrau indifferent seien, nicht weil bei ersterer ein höherer innerer Wert vorausgesetzt würde, sondern weil es gewiß sei, daß die Mitglieder der höheren Stände nach ihrer Denkungsart und Umgangsform die Handlung als eine Beleidigung ansähen und deshalb jene Dame in ihrer Geltung bei ihresgleichen durch sie geschädigt werde. Der Grund für die Strafbarkeit soll also zunächst darin liegen, daß eine Schädigung der äußeren Geltung stattgefunden habe. Abgesehen aber davon, daß es ganz unberechtigt sein würde, ein Individuum infolge einer demselben zugefügten unberechtigten Beleidigung in seiner äußeren Geltung sinken zu lassen, so würde dieser Satz dahin führen, daß überall da, wo infolge der Beleidigung der Beleidigte in den Augen vernünftiger Menschen an seiner Geltung nicht verloren hat, die Beleidigung nicht gestraft werden könnte. Sodann aber ist nicht einzusehen, wie durch die Denkungsart und Umgangsform der höheren Stände die Mitglieder der niederen Stände dergestalt gebunden sein könnten, daß sie sogar Strafe erleiden sollen, wenn sie dieselben nicht anerkennen. Allerdings kann einem höheren Stand gegenüber eine Handlung eine Beleidigung enthalten, welche gegenüber den niederen Ständen eine Beleidigung nicht enthält. Aber gerade nur insoweit als die Allgemeinheit — und somit auch der niedere Stand selbst — von dem höheren einen höheren Grad von innerem Wert verlangt, welcher dem einzelnen Mitglied desselben durch die betreffende Handlung der Wahrheit zuwider abgesprochen wird.

Begünstigung und Hehlerei.

In dem Römischen Rechte wird ein durchgreifendes Prinzip in betreff der Begünstigung nicht aufgestellt. Vorzugsweise nur die Verheimlichung des Diebes oder Räubers und die Aufnahme oder das Ansichbringen des gestohlenen und geraubten Gutes wird in dem früheren Rechte unter dem Gesichtspunkt, daß der Hehler gerade so schlimm sei wie der Verbrecher selbst, mit der Strafe des Hauptverbrechens bedroht. „Alle, welche wissentlich eine gestohlene Sache aufgenommen oder verhehlt haben, machen sich des heimlichen Diebstahls schuldig. § 4, J. IV, 1. Nicht allein den Räubern und Dieben soll nachgestellt, sondern es sollen auch deren Hehler gezüchtigt werden, ohne welche die Straßenräuber nicht länger verborgen bleiben können, l. 13, pr. D. 1, 18. Nicht bloß, wer etwas geraubt, sondern auch, wer etwas arglistiger Weise an sich genommen hat, haftet nach dem Edikt, weil der Hehler so gut ein Verbrechen begeht wie der Räuber l. 3, § 3, D. 47, 9. Ein verworfenes Geschlecht ist das der Hehler, ohne die niemand lange verborgen bleiben kann. Sie sind ebenso zu bestrafen, wie die Straßenräuber l. 1, D. 47, 16. Wer für den Dieb den Hehler abgegeben hat, wird angesehen, als sei er wegen offenbaren Diebstahls verurteilt worden und wird infamiert, l. 6, §. 2, D. 48. 13." Die Hehler der Viehdiebe sollen jedoch geringer gestraft werden als die Diebe selbst, l. 3, pr. §. 3, D. 47, 14. Es ist übrigens nicht ausschließlich die Begünstigung nur bei Eigentumsverbrechen strafbar. Denn die wissentliche Aufnahme eines fliehenden Feindes wird mit besonderer Strafe belegt, l. 40, D. 48, 19; und im Falle der l. 3,

§ 12, D. 29, 5 findet sich der Begünstiger gleich dem Sklaven, der seinem ermordeten Herrn nicht beigestanden hatte, mit der Todesstrafe für das Aufnehmen und Verbergen des nach dieser Unterlassung Entflohenen bedroht. — Immerhin fehlt es nicht ganz an Gesichtspunkten von allgemeiner Bedeutung. In verschiedenen der citierten Gesetzesstellen wird hervorgehoben, daß die strafbare Begünstigung wissentlich begangen worden sein müsse. Namentlich sagt l. 3, § 3, D. 47, 9, wer etwas an sich genommen habe, ohne davon zu wissen, oder um es zu bewahren und demjenigen zu erhalten, der es verloren habe, hafte keinesfalls. Die Diebstahlsklage findet Anwendung, wenn jemand den, der das Gestohlene in Gegenwart von Zeugen suchen will, hieran verhindert hat, § 4, J. IV, 1. Ein Verwandter oder Verschwägerter, welcher den Straßenräuber versteckt hat, darf weder freigesprochen, noch aber auch sehr hart bestraft werden. Denn ihr Vergehen ist keineswegs dem derer gleich, die sie nichts angehende Straßenräuber verstecken, l. 2, § 7, D. 47, 16. Endlich wird in l. 1 a. a. O. auch noch gesagt, ebenso seien diejenigen wie Straßenräuber zu bestrafen, welche Straßenräuber hätten ergreifen können, dieselben aber gegen Empfang von Geld oder eines Teiles des Geraubten hätten laufen lassen. Es wird also in dieser Stelle nicht sowohl nur die Verbergung des Thäters, sondern die eigennützige Unterlassung der Handfestmachung desselben mit Strafe bedroht und kein Unterschied darin gefunden, ob der Eigennutz durch Annahme einer Bezahlung oder eines Teiles des durch das Verbrechen gewonnenen Gutes seine Befriedigung gefunden hat.

Im Codex wird die Unterlassung der Bekanntmachung des Thäters bestimmter Verbrechen und der Auslieferung desselben an den Richter selbst dann bestraft, wenn sie nicht aus eigennützigem Motiv stattgefunden hatte, l. 3, C. 5, 5, l. 9, C. 9, 18: Wer einen Zauberer betroffen hat, soll ihn sofort ans Licht ziehen. Der Unterlassende wird bestraft, weil er den Zauberer der Strenge des Gesetzes und der peinlichen Frage entzogen hat. Ferner l. 1, C. 9, 39, woselbst die fragliche Unterlassung bedroht wird, wenn ihr eine wissentliche Aufnahme des Straßenräubers vorausgegangen war. — Besonders bezeichnend ist l. 1, C. 9, 39, weil hier ohne Beschränkung auf Raub und Diebstahl ganz allgemein für alle Verbrechen der Satz aufgestellt wird, daß diejenigen, welche dadurch, daß sie eines sie selbst nicht treffenden Verbrechens Schuldige versteckt, sich mit ihnen verbündet haben, die gleiche Strafe wie den Schuldigen selbst erwarten soll. Demgemäß soll auch derjenige, welcher wissentlich die von dem Statthalter unterschlagenen Gelder von demselben angenommen hat, gleichfalls die Kapitalstrafe erleiden, l. un. C. 9, 28;

und nach l. 1, C. 12, 46 scheint der Verhehler des Deserteurs sogar noch strafbarer zu sein, als der Deserteur selbst. Dagegen werden in l. 9, C. 9, 12 für einander nicht unähnliche Verbrechen erklärt Raub und die Aufbewahrung der geraubten Sachen für den Räuber um das Verbrechen wissend. Die Gleichstellung der beiden Verbrechen scheint hier ins Schwanken gekommen zu sein. Es werden denn auch diejenigen, welche den Räuber *(virginum)* aufgenommen haben, nicht mit dem Vermögensverlust bestraft, l. un. § 2, C. 9, 13. Nach l. 3. C. 5, 5 soll für die Verhehlung der That eine Konfiskation des Vermögens nicht eintreten, und nach l. 1, C. 9, 39, die wissentliche Aufnahme des Straßenräubers mit körperlicher Strafe oder Vermögenskonfiskation bestraft werden.

Eine besonders strenge Ansicht in betreff der Strafbarkeit der Begünstigung enthält auch das Germanische Recht. Namentlich herrscht auch hier der Grundsatz, daß der Hehler so gut sei wie der Stehler. Durchgreifende Prinzipien finden sich aber begreiflich auch hier nicht. Erst späterhin brachte sich, vielleicht veranlaßt durch die Erscheinung, daß in manchen der citierten Römischen Gesetzesstellen die begünstigenden Handlungen unter Handlungen der Hilfeleistung als von gleicher Bedeutung mit denselben aufgeführt erscheinen, die Ansicht zur Geltung, daß die Begünstigung als eine Art von Teilnahme geringer strafbar sei, als die Hauptthat. Als eine Art von Teilnahme nach der That wurde denn auch die Begünstigung bis in die neuere Zeit betrachtet. Man hat es hierbei im allgemeinen nicht weiter gebracht als zu einer Spezialisierung derjenigen Handlungen, welche als Begünstigung angesehen werden sollen, und hierunter namentlich die Vereitelung der gerichtlichen Bestrafung des Thäters, die Sicherung der Vorteile der That für denselben und die Anteilnahme an diesen Vorteilen begriffen, ohne daß es jedoch gelungen wäre, für diese Einzelnhandlungen eine gemeinschaftliche Grundlage zu finden und das Verhältnis derselben zur Teilnahme in ein wirklich klares Licht zu stellen. Eine eingehendere Kritik der Ausführungen der neueren Rechtslehrer siehe in meiner Teilnahme und Begünstigung 1860. — Dieser Vorwurf wird denn auch von Villnow in seiner beachtenswerten Schrift über Raub, Erpressung, Begünstigung und Hehlerei, Breslau 1875, erhoben. Er fährt dann fort: „Andere, namentlich von Buri, Zur Lehre von der Teilnahme, S. 85 ff., haben es versucht, das Verhältnis der Begünstigung zur Teilnahme aufzuklären. Die Teilnahme solle an der Rechtsverletzung stattfinden, die nach der Begehung des Verbrechens noch fortdauere und die das eigentliche Objekt der Teilnahme auch für den Urheber und Gehilfen bilde. S. 95. Die Begünstigung bestehe in einer Förderung der Fortdauer der Rechtsverletzung. Es werde aber hierbei die Rechtsverletzung in einer ganz materiellen Weise aufgefaßt. Bei Diebstahl solle sie lediglich in dem Behalten der gestohlenen Sache bestehen. Hierin liege jedoch ein Verkennen der durch ein Verbrechen erzeugten Rechtsverletzung, die vielmehr in der durch das Verbrechen bewiesenen Schuld bestehe.“ Meine in meiner citierten Schrift ausgesprochene Ansicht ist denn auch hiermit richtig referiert worden. Daß sie vor derselben aufgestellt und verteidigt worden wäre, habe ich nicht ermitteln können. Nach derselben aber hat sie Anerkennung gefunden und nur die Erweiterung erfahren, welche jetzt in ähnlicher Weise von Villnow hervorgehoben wird. (Schütze, Lehrbuch. Geyer in v. Holtzendorff's Handbuch; Merkel, ebendaselbst S. 735 ff.; John, Entwurf; Hälschner, Preußisches Strafrecht III, 559.) Ich muß jedoch noch fernerhin diesen unsicheren und schwankenden Ausführungen gegenüber lediglich dabei stehen bleiben, daß die Begünstigung nur gerade in betreff der verursachten realen Rechtsverletzung möglich ist, mit welcher sie in Kausalzusammenhang tritt (meine Kausalität 1873).

Villnow sagt, die durch ein Verbrechen erzeugte Rechtsverletzung bestehe in der durch das Verbrechen bewiesenen Schuld, und diese Schuld bestehe einmal in dem Bestehen des widerrechtlichen Willens an sich, alsdann in der in der Handlung enthaltenen Verletzung des Rechts überhaupt und dem etwa dadurch verletzten Rechte der Individuen. (Welcker, Die letzten Gründe von Recht, Staat und Strafe, S. 252 ff.; v. Wächter, Handbuch, S. 67 ff.) Diese Schuld solle durch die Strafe und den civilrechtlichen Ersatz, wo er möglich sei, getilgt werden. Das eine oder das andere oder beides suche der Begünstiger zu hindern und damit die Schuld ganz oder teilweise aufrecht zu erhalten. Das heißt denn aber: Aufrechterhaltung der Schuld — also die Begünstigung — ist gleich 1) Aufrechterhaltung des Bestehens des widerrechtlichen Willens an sich, 2) Aufrechterhaltung der Verletzung des Rechts überhaupt, und 3) Aufrechterhaltung der verletzten Rechte der Individuen — zu 1) und 2) durch Verhinderung der Bestrafung, zu 3) durch Verhinderung des civilrechtlichen Ersatzes. Und bedeutet weiter: 4) daß ohne vorhandene Schuld des Verbrechers selbst von einer strafbaren Begünstigung nicht geredet werden kann (S. 61. 63).

Zu 1. Nach vollendetem Verbrechen hat der auf dieses konkrete Verbrechen gerichtet gewesene Wille seine Erledigung gefunden. Ein auf die Erreichung eines bereits erreichten Zieles gerichteter Wille besteht dann gar nicht mehr und kann darum auch in seinem Bestehen nicht aufrecht erhalten werden. Eine solche Aufrechterhaltung ist dann vielmehr nur denkbar, insoweit der Thäter sich in dem durch die verbrecherische Handlung herbeigeführten Zustand zu behaupten gedenkt (s. unten). Sagt man, die ganze Willensfähigkeit sei infolge des begangenen Verbrechens schadhaft geworden und bedürfe darum einer Reparatur durch die Strafe, damit sie sich nicht abermals verbrecherisch erweise, so ist das doch nur im allgemeinen zutreffend, für den einzelnen Fall aber stets nur eine Fiktion. Denn ob der unbestrafte verbrecherische Wille abermals mit dem Strafgesetzbuch in Konflikt geraten werde, bezw. daß der bestrafte verbrecherische Wille die Neigung zu abermaligem gesetzwidrigem Handeln verloren habe, kann für den einzelnen Fall niemals mit Bestimmtheit behauptet werden. Darum kann man aber auch niemals sagen, daß der Begünstiger eines bestimmten konkreten Verbrechens durch Verhinderung der Bestrafung gerade dieses Verbrechers wirklich dessen verbrecherischen Willen aufrecht erhalten habe.

Zu 2. Auch hier ist es zwar wohl im allgemeinen zutreffend, daß durch die Bestrafung des Verbrechers die angerichtete Verletzung des Rechtes überhaupt ausgeglichen werde. Ob aber auch in dem einzelnen Fall wirklich dieser Effekt herbeigeführt worden sein würde, wenn eine Bestrafung des Verbrechers stattgefunden hätte, ob namentlich infolge des konkreten Verbrechens und des Unterbliebenseins seiner Bestrafung das Ansehen des Gesetzes so sehr bei anderen gesunken ist, daß auch bei ihnen hierdurch die Neigung zu Verbrechen hervorgerufen wird, bezw. daß diese Neigung nicht entstanden sein würde, wenn das konkrete Verbrechen bestraft worden wäre, läßt sich auch hier niemals mit Bestimmtheit behaupten. Darum kann auch hier im einzelnen Falle niemals gesagt werden, es sei durch die Verhinderung der Bestrafung die Verletzung des Rechtes überhaupt aufrecht erhalten worden.

Ist es aber hiernach nicht möglich, die Begünstigung durch Verhinderung der Bestrafung in ihrer Wirkung gerade für die konkrete Rechtsverletzung in Betracht zu ziehen, so steht sie auch in keinem Zusammenhang mit dieser konkreten Rechtsverletzung und der in ihr enthaltenen Schuld. Sie kann vielmehr nur nach ihrer formellen Seite als unmittelbar gegen das Gesetz (l. 9, C. 9, 18) und somit gegen die Justizhoheit gerichtet in Erwägung gezogen werden.

Die Ansicht Villnow's würde dahin führen, daß, im Falle die betreffende Handlung — die Beförderung der Flucht aus der Untersuchungshaft, eine Verwischung der Spuren des Verbrechens oder Vertilgung der Beweismittel — vor Erlaß des Urteiles stattgefunden hätte, als Erfordernis der Strafbarkeit der Nachweis erbracht werden müßte, daß anderenfalls eine Bestrafung des Thäters eingetreten sein würde. Und die Fluchtbegünstigung nach stattgefundener Bestrafung würde straflos sein, wenn der Begünstiger von der Unschuld des Verurteilten überzeugt gewesen wäre — etwa sogar den Beweis für die Unschuld liefern könnte. Hierauf ist Villnow nicht aufmerksam geworden. Er meint sogar (S. 88), die Fluchtbegünstigung aus der Untersuchungshaft sei nicht strafbar, wenn hierdurch der Verbrecher nicht zugleich der künftigen Bestrafung habe entzogen werden sollen. Daß aber in diesen Fällen wirklich Strafe eintreten muß, wenn man die Begünstigung hier als gegen die mit der Handhabung des Gesetzes betraute Justizhoheit gerichtet ansieht, daß dann namentlich auch kein Spielraum für willkürliche Unterstellungen des Begünstigers gegeben ist, bedarf keiner weiteren Ausführung.

Muß nun auch die Verhinderung der Bestrafung des Verbrechers als ein besonderes mit der angerichteten Rechtsverletzung außer Zusammenhang stehendes Vergehen gegen die Justizgewalt aus dem Kreise der Begünstigung ausgeschieden werden, so ist damit nicht ausgeschlossen, daß doch die Größe der Strafe für dieses Vergehen von der Schwere der angerichteten Rechtsverletzung beeinflußt wird. Denn je schwerer die Rechtsverletzung, desto größer ist der Anspruch des Gesetzes auf Strafe, welcher ihm durch die Verhinderung der Bestrafung entzogen werden soll.

Gegen die Ansicht, daß die Verhinderung der Bestrafung nicht als Begünstigung, sondern als ein Vergehen gegen die Justizgewalt anzusehen sei, führt nun Villnow aus (S. 62, 63): es ließen sich Rechtsverletzungen denken ohne eine gleichzeitige Verletzung des Staats. Denn das Recht sei schon vor dem Staate vorhanden. Aber in Ermangelung eines Gesetzes oder eines anderweit fixierten Gemeinwillens dürfte doch kaum von Recht und Rechtsverletzung geredet werden können. Auch das angerufene Völkerrecht kann hier nicht verwendet werden. Haben zwei Staaten einem Schiedsrichter überlassen, zu befinden, ob den Unterthanen des einen oder denjenigen des anderen eine Verletzung des Völkerrechts zur Last falle, und eine Strafe hierfür festzusetzen, so liegt allerdings kein Vergehen gegen die Justizgewalt des anderen Staates vor, wenn die Schuldigen von den Leitern ihres Staates unterstützt werden, sich der Strafe zu entziehen. Sicher sind aber auch diese Leiter nicht als Begünstiger strafbar. Die Strafe kann eben nicht freiwillig übernommen und ein desfalls abgelegtes Versprechen jeder Zeit zurückgezogen werden. — Auch die Rücksicht, daß in der Verhinderung der Bestrafung eines Verbrechens kein Staatsverbrechen im eigentlichen Sinne des Wortes zu finden sei, ist zur Unterstützung der Ansicht VILLNOW's untauglich. Denn die Auffassung des Vergehens der Begünstigung als gegen die Justizgewalt gerichtet, hat in keiner Weise den Charakter desselben als eines eigentlichen Staatsverbrechens zur Voraussetzung. — Endlich ist auch der Hinweis darauf ohne Bedeutung, daß, wenn man die Verhinderung der Bestrafung als gegen die Justizgewalt gerichtet ansehe, man in Anbetracht, daß der Thäter selbst, welcher sich der Bestrafung entziehe, sich einer strafbaren Handlung nicht schuldig mache, eine Beihilfe zu einer an sich straflosen Handlung begründe. Von einer Beihilfe könnte jedoch höchstens dann die Rede sein, wenn der Thäter selbst in dieser Richtung thätig gewesen — nicht also, wenn etwa ohne dessen Wissen die Spur des Verbrechens verwischt worden, durch Gewalt oder Zureden das Vorhaben desselben, sich selbst dem Gericht zu stellen, verhindert worden wäre. Aber angenommen selbst, die betreffende Thätigkeit erwiese sich als unterstützend für eine vom Thäter zu seiner Entziehung vor der Strafe unternommene Handlung, so ist doch die Strafbarkeit der Unterstützung einer nur aus gewissen Rücksichten straflos gelassenen Handlung nichts außergewöhnliches. Bei der Kuppelei ist das nämliche der Fall. Ist übrigens die unterstützte Handlung straflos, so kann die unterstützende Handlung nicht Beihilfe sein, sie müßte vielmehr Urheberschaft nach sich ziehen, da Beihilfe nur im Verhältnis zu einem vorausgesetzten strafbaren Urheber denkbar erscheint.

Die früheren Rechtslehrer, welche die Verhinderung der Bestrafung zur Begünstigung rechnen, haben eine Rechtfertigung dieser Ansicht nicht unternommen. Erst in neuester Zeit tritt der von VILLNOW besonders betonte Gesichtspunkt hervor, auf dessen Unzulässigkeit eventuell bereits in meiner citierten Schrift hingewiesen wurde.

Zu 3. Das Hereinziehen des civilrechtlichen Gesichtspunktes der Ersatzleistung in die Begünstigung scheint mir ein Irrtum zu sein, der sich gleichfalls erst in neuester Zeit zur Geltung gebracht hat (MERKEL und GEYER a. a. O.). Bis daher war man jedenfalls der Ansicht, daß die kriminelle Schuld des Verbrechers schon allein durch die Strafe getilgt werde, die Ausgleichung des durch das Verbrechen etwa begründeten Civilanspruchs aber dem Civilrecht zustehe. Die Unterlassung der Ersatzleistung, wenn der entwendete Gegenstand zu Grunde gegangen war, ist wohl noch niemals so angesehen worden, als werde hierdurch die kriminelle Schuld des Verbrechers auch noch nach erstandener Strafe, erfolgter Begnadigung oder abgelaufener Verjährungszeit aufrecht erhalten. Man hat auch bis daher gewiß denjenigen, welcher den Verbrecher zur Unterlassung der Ersatzleistung etwa für eine ausgeführte Tötung durch Zureden bewogen, ihm die hierzu bestimmten Mittel weggenommen hat, nicht als einen strafbaren Begünstiger angesehen. Es würde nach dieser neuen Ansicht die kriminelle Schuld des Verbrechers perpetuiert sein, wenn er in Ermangelung von Zahlungsmitteln einen Ersatz nicht leisten könnte; sie würde dann nicht verjähren können, was namentlich bei dem Rückfall von Bedeutung wäre. Es würde ferner der Räuber oder Dieb die gewonnene Sache nicht *in natura* zurückzugeben brauchen, und der Ankäufer solcher Sachen würde straflos sein, wenn der dafür gegebene Preis zum Ersatz für den durch das Verbrechen Verletzten bestimmt gewesen war — einerlei, ob dann auch derselbe diesen Ersatz erhalten hätte oder nicht. Gehört die Ersatzleistung zur Tilgung der kriminellen Schuld, so kann denjenigen, welcher nach stattgefundener Rückgabe der Sache die Flucht des Verbrechers begünstigt hat, nur die halbe Strafe treffen. Und wenn der Dieb auch noch nach dem Urteile durch Rückgabe der gestohlenen Sache den entsprechenden Teil seiner Schuld tilgt, so würde ihm ein Abzug an der Strafe rechtlich bewilligt werden müssen. Es würde dann auch die Strafbehörde prozessualisch mit der Zufriedenstellung des Verletzten befaßt sein. Man könnte am Ende sogar behaupten, die Pflicht zur Ersatzleistung und somit ein Teil der Schuld des Erblassers gehe auf den Erben über, und es sei somit auch den Erben gegenüber eine Begünstigung in der fraglichen Richtung möglich. — Weder von Geyer, Merkel, noch von Villnow ist denn auch die Ansicht, daß der Begünstiger den civilrechtlichen Ersatz hintertreibe, irgendwie nach der civilrechtlichen oder strafrechtlichen Seite hin näher untersucht worden. Man hat es eben hier lediglich mit einer nackten Behauptung zu thun, die sich als eine falsche Auffassung des wirklich bei der Begünstigung vorliegenden Rechtsverhältnisses (s. unten) charakterisiert.

Zu 4. Wenn die Begünstigung in der Aufrechterhaltung der Schuld des Verbrechers bestehen soll, so muß natürlich auch zur Zeit der begünstigenden Handlung noch eine gegenwärtige kriminelle Schuld des Verbrechers vorhanden sein. Nach stattgefundener Straferstehung, Begnadigung, Verjährung, nach erfolgtem Tode des Verbrechers könnte sonach eine strafbare Begünstigung nicht mehr vorkommen. Es wäre eine straflose Handlung, wenn nach erstandener Strafe jemand dem Diebe das vorher von demselben versteckte gestohlene Geld in Sicherheit bringen hilft. Und wenn der mit dem gestohlenen Gute heimkehrende Dieb in der folgenden Nacht sterben sollte, so würde am anderen Morgen sein Erbe mit vollem Bewußtsein des Geschehenen straflos beliebig über dasselbe verfügen dürfen; nach stattgefundener Verjährung des Verbrechens dürfte der entwendete Gegenstand straflos in die Hände von Hehlern übergehen.

Seine Ansicht resümiert dann VILLNOW S. 66 dahin: Bei dem Begünstiger zeige sich in den an sich ebenso wie bei dem Verbrecher selbst straflosen Handlungen ein auf das fortdauernde Bestehen der Schuld gerichteter Wille. Nicht das was gefördert, unterstützt werde, nämlich die zwar pflichtwidrigen, aber straflosen Handlungen des Verbrechers selbst, verleihe der Begünstigung den strafbaren Charakter, sondern das was begünstigt und auch bei dem Verbrecher bestraft werde, nämlich die Schuld aus dem begangenen Verbrechen. — Die Schuld des Begünstigers soll hiernach aus der Schuld des Verbrechers erwachsen, indem letztere durch sie aufrecht erhalten, durch deren Einwirkung in ihrer Fortdauer verlängert werde. Es wird hierbei zweifelhaft gelassen, ob unter der Schuld des Verbrechers seine subjektive Verschuldung oder das Ergebnis dieser Verschuldung gemeint sei. Daß eine Aufrechterhaltung der verbrecherischen Schuld, insoweit dieselbe durch die Herbeiführung des verbrecherischen Zustandes erwachsen ist, nicht möglich erscheint, wurde bereits erörtert. Aber auch die subjektive Verschuldung, welche in der bloßen Behauptung des herbeigeführten verbrecherischen Zustandes sich erweist, kann in ihrer Strafbarkeit nicht aufrecht erhalten werden. Denn auch diese Schuld hat sich bereits mit der vollendeten Herbeiführung des verbrecherischen Zustandes erfüllt. Der Räuber, Dieb, Unterschlager u. s. w. wird dafür gestraft, daß er in der Absicht, den von ihm in Aussicht genommenen rechtswidrigen Zustand bestehen zu lassen, denselben herbeigeführt hat. Läßt er denselben dann wirklich fortbestehen, so kann hierin keine weitere strafrechtliche Schuld gefunden werden, weil der dieses Fortbestehen begleitende Wille bereits als ein den rechtswidrigen Zustand begründendes Moment voll und ganz in Anschlag gebracht worden ist und darum nicht nochmals in strafrechtliche Erwägung gezogen werden darf. Ist aber das Fortbestehenlassen des herbeigeführten rechtswidrigen Zustandes für den Verbrecher straflos, so kann auch die Aufrechterhaltung seines straflosen Willens nicht strafbar sein. Nur die Aufrechterhaltung des strafrechtswidrig herbeigeführten Zustandes selbst vermag darum die Strafbarkeit des Begünstigers zu begründen.

Wenn die Strafbarkeit des Begünstigers nur aus der Schuld des Verbrechers hergeleitet werden könnte, so müßte, da selbstverständlich die Aufrechterhaltung der eigenen Schuld durch einen anderen ohne den eigenen Willen nicht denkbar erscheint, der Begünstigung stets ein Einverständnis zwischen dem Begünstiger und dem Thäter zu Grunde liegen; es würde die Schuld des Begünstigers nicht zu begründen sein, im Falle der fahrlässig herbeigeführte Zustand dolos aufrecht erhalten worden wäre oder umgekehrt; man würde ratlos sein, wenn etwa auf Seite des Verbrechers eine reale Konkurrenz bestände, der Begünstiger aber nur durch eine Handlung oder fortgesetzt thätig geworden wäre. — Endlich würde aber auch in Anbetracht, daß die verbrecherische Schuld nicht allein durch Bestrafung getilgt wird und vielmehr Begnadigung, Verjährung und Tod von dem nämlichen Effekte sind, auch derjenige als Begünstiger bestraft werden müssen, welcher die verbrecherische Schuld durch Hintertreibung der Begnadigung, des Zeitablaufs oder durch Wiederherstellung des Erkrankten aufrecht erhalten hat. Die Absicht, den Verbrecher durch dieses Verhalten der Bestrafung zuzuführen, ist hiermit nicht untrennbar verbunden.

Das Wesen der Begünstigung besteht hiernach in der Aufrechterhaltung des gegenwärtigen durch eine strafbare Handlung herbeigeführten rechtswidrigen Zustandes. Der Käufer einer gestohlenen Sache setzt an der Stelle des Diebes den von demselben geschaffenen Zustand des rechtswidrigen Entzogenseins der Sache fort, unerachtet dieser Zustand als nichtig durch Zurückführung der Sache in ihr früheres rechtswidrig aufgehobenes Verhältnis wieder beseitigt, das frühere Verhältnis wieder hergestellt werden müßte. — Hieraus ergiebt sich:

1) Die Begünstigung ist hinsichtlich derjenigen durch strafbare Handlungen herbeigeführten Zustände ausgeschlossen, welche eine Zurückführung in den alten rechtswidrig aufgehobenen Zustand nicht zulassen. Eine zivilrechtliche Ersatzleistung ist zwar auch hier überall denkbar, aber es würde durch eine solche Ersatzleistung der frühere Zustand nicht wieder hergestellt und vielmehr nur ein neuer rechtsgemäßer Zustand an dessen Stelle gesetzt werden. Die Begünstigung ist darum namentlich ausgeschlossen in betreff der Vernichtung eines Lebens. Aber auch bei stattgefundenem Angriff auf die Gesundheit, die Freiheit, Ehre, die Sittlichkeit, bei der Sachbeschädigung, den gemeingefährlichen und fortdauernden Verbrechen kann eine Begünstigung nicht vorkommen, weil hier durch die Aufrechterhaltung des geschaffenen rechtswidrigen Zustandes die Momente für die Entstehung desselben lediglich reproduziert werden würden. Als vorzugsweises, wenn auch nicht ausschließliches, Gebiet für die Begünstigung ergeben sich sonach die gegen den Eigentümer gerichteten strafbaren Handlungen des Raubs, Diebstahls und der Unterschlagung; ebenso diejenigen, welche sich lediglich auf Ent-

ziehung des Besitzes beschränken, wie die Beiseiteschaffung, Unterdrückung u. s. w. Es charakterisieren sich diese Verbrechen dadurch, daß die Entziehung der Sache bei ihnen als ein Erfordernis für die Herbeiführung des verbrecherischen Zustandes selbst erscheint. Die strafrechtswidrige Entziehung einer Sache kann aber auch mittels Betrugs, Fälschung, Meineids, Mords bewerkstelligt werden, für welche Verbrechen die Entziehung einer Sache nicht als Thatbestandsmoment aufgefaßt wird. Daß auch hier — in dieser Richtung — eine strafbare Begünstigung möglich ist, wird nicht zu bezweifeln sein. Denn auch hier ist das Entzogensein der Sache als zu dem durch die strafbare Handlung herbeigeführten rechtswidrigen Zustand gehörig zu betrachten und somit die Aufrechterhaltung des Entzogenbleibens strafbar. Endlich giebt es aber auch eine Reihe von strafbaren Handlungen, durch welche die Entziehung einer — beweglichen — Sache überhaupt nicht bewerkstelligt wird, hinsichtlich deren jedoch die durch sie herbeigeführten rechtswidrigen Zustände eine Wiederherstellung der früheren Zustände — also auch eine Aufrechterhaltung, Begünstigung, zulassen. Es ist das namentlich der Fall durch Verhinderung der Wiederherstellung der früheren Zustände in den §§ St.G.B. 81, 90 (§ 106 kann unter Umständen lediglich als eine Begünstigung von § 105 erscheinen) 108, 134, 140, 141, 168, 169, 288, 289. Nach der Theorie Villnow's würde hier, wenn man von der Verhinderung der Bestrafung des Thäters absieht, von einer strafbaren Begünstigung überall kaum die Rede sein können.

Der herbeigeführte rechtswidrige Zustand kann demnächst die Eigenschaft der Rechtswidrigkeit verlieren, sei es, daß der zum Widerspruch gegen das Fortbestehen des Zustandes berechtigte Wille im Laufe der Zeit zum Wegfall kommt, oder er sogar späterhin seine Genehmigung erteilt. Alsdann ist auch eine strafbare Begünstigung nicht mehr denkbar. Die Billigung des Berechtigten braucht nicht einmal ausdrücklich erteilt worden zu sein; es genügt schon, wenn sie nur aus genügender Veranlassung unterstellt gewesen war. Handelt es sich darum um die Entziehung von Fungibilien und ist bereits dem Bestohlenen statt des entwendeten Brodes oder Geldes eine gleich große Quantität und Qualität zurückerstattet worden, so wird ein dritter nicht gestraft werden können, wenn er dann die wirklich entwendeten Gegenstände an sich bringt. Er wird sogar straflos sein, im Falle damals eine derartige Zufriedenstellung des Bestohlenen noch nicht stattgefunden hatte, er aber mit Zuverlässigkeit annehmen konnte, daß dies noch geschehen werde. Die Schuld des Thäters wird durch solche Ereignisse nicht berührt. Und wenn darum diese Schuld maßgebend wäre für diejenige des Begünstigers, so müßte derselbe auch in diesen Fällen bestraft werden. — Aber auch noch andere Gesichtspunkte können hier maßgebend sein, im Falle z. B. die Zustände des § 81 durch den Friedensschluß saniert worden waren, oder im Falle die nach § 134 abgerissene Proklamation lediglich für den gerade im Gange befindlichen Tumult Bedeutung haben sollte. Nach dem Friedensschluß, nach Beendigung des Tumults vorgenommene, auf Verhinderung der Wiederherstellung der früheren Zustände gerichtete Handlungen würden dann nicht mehr als Begünstigung strafbar erscheinen. —

Diejenigen Momente, welche lediglich für die Herbeiführung des strafrechtswidrigen Zustandes von Bedeutung waren, für die Fortdauer dieses Zustandes aber wesenlos sind, können bei Beurteilung der Begünstigung nicht in Betracht kommen. Für die Rückkehr der entzogenen Sache in ihr früheres rechtmäßiges Verhältnis erscheint es ohne Bedeutung, ob sie durch Raub, Meineid, qualifizierten oder nicht qualifizierten Diebstahl dem Berechtigten entzogen worden waren. Darum erscheint es auch unzulässig, die Strafe der Begünstigung abzustufen, je nachdem die betreffenden Zustände durch ein Verbrechen oder Vergehen herbeigeführt worden sind, wenn schon die Art und Weise der Entstehung des Zustandes bei Ausmessung der Strafe innerhalb des nämlichen Strafrahmens zur Erwägung gezogen werden kann. Nur die rechtliche Bedeutung des aufrecht erhaltenen Zustandes selbst kann hier maßgebend sein (s. meine citierte Schrift). Es ist auch dieser Gedanke in § 259 St.G.B. zum Ausdruck gekommen. Auch hier aber würde man zu dem gegenteiligen Ergebnis gelangen, wenn die Schuld des Thäters für die Bestrafung des Begünstigers bestimmend wäre.

Die Beförderung der Flucht des Verbrechers, die Anteilnahme an den Vorteilen der That kann nur insoweit als Begünstigung aufgefaßt werden, als hierin zugleich eine Aufrechterhaltung des betreffenden Zustandes zu finden, der Dieb also etwa mit den gestohlenen Sachen entflohen ist. Wenn ein dritter aus dem gestohlenen Buche nur seine Kenntnisse bereichert, so kann hierin eine Begünstigung nicht erblickt werden.

2) Die Aufrechterhaltung des durch eine strafbare Handlung herbeigeführten rechtswidrigen Zustandes geschieht dadurch, daß der Begünstiger Bemühungen, welche die Wiederherstellung des früheren rechtmäßigen Zustandes zum Zwecke hatten, wirklich vereitelt, oder daß er sich doch in die Lage versetzt und in derselben erhält, solchen eventuell möglichen Bemühungen wirksam begegnen zu können. Sind solche auf Wiederherstellung des früheren Zustandes

gerichtete Bemühungen definitiv unmöglich geworden, so kann auch von einer strafbaren Begünstigung nicht länger die Rede sein. Eine strafbare Begünstigung ist es daher auch nicht, wenn die Sache nur darum vom Diebe gekauft wurde, um sie dem Eigentümer zurückzugeben (l. 3, § 3, D. 47, 9) oder sie doch lediglich so lange in bloßer Aufbewahrung zu behalten, bis nach derselben von dem Berechtigten werde gefragt werden. Erst wenn der Aneignungswille hinzugetreten ist, kann mit Fug behauptet werden, der Begünstiger habe einer etwaigen Rückforderung der Sache gegenüber eine befestigte auf Vereitelung der Wiederherstellung des früheren Zustandes gerichtete Position bezogen. Die Erwägung, ob denn auch die Rückkehr der Sache in das frühere Verhältnis bewerkstelligt worden sein würde, wenn sie der Begünstiger nicht in eine andere Lage gebracht hätte, ist für dessen Schuld ohne Bedeutung. Die bloße Aufrechterhaltung des durch die That selbst der Wiederherstellung des früheren Zustandes bereiteten Hindernisses genügt. Kenntnis der rechtlichen Bedeutung des aufrecht erhaltenen Zustandes ist erforderlich. Kenntnis der Art und Weise, in welcher dieser Zustand herbeigeführt worden ist, aber nur dann, wenn hierdurch der Charakter des Zustandes selbst. bestimmt wird. Die strafbare Begünstigung der z. B. nach den §§ 134 und 288 St.G.B. herbeigeführten Zustände setzt die Kenntnis davon voraus, daß die betreffende Bekanntmachung böswillig abgerissen worden ist, der Schuldner in der Absicht, die Befriedigung des Gläubigers zu vereiteln, sein Vermögen bei Seite geschafft hat. Ist dies nicht der Fall, handelt es sich namentlich um ein Eigentumsvergehen, bezw. um die Rückkehr einer durch ein solches Vergehen entzogenen Sache in ihr früheres Verhältnis, so ist die Art und Weise, in welcher die Sache entzogen worden ist, wie schon erwähnt, für den konstituierten Zustand gleichgültig, und es braucht der Begünstiger darum auch nur überzeugt zu sein, daß durch irgend eine, gleichviel welche, der gegen das Eigentum gerichteten nach dem St.G.B. überhaupt möglichen strafbaren Handlungen der Zustand herbeigeführt worden sei. — Kenntnis der Person des Thäters braucht hingegen der Begünstiger niemals zu haben, da er mit demselben in keiner strafrechtlichen Beziehung steht.

3) Was insbesondere die Begünstigung im engeren Sinne und die Hehlerei anbelangt, so besteht zwischen beiden keinerlei begründete Verschiedenheit. Die hervorgehobenen Erfordernisse der Begünstigung gelten vielmehr gleichmäßig für beide und keine von beiden trägt besondere Erfordernisse in sich. Insonderheit entsteht keine rechtliche Verschiedenheit, je nachdem der strafrechtswidrige

Zustand dadurch aufrecht erhalten wird, daß man einem anderen den fortdauernden rechtswidrigen Besitz der Sache ermöglicht oder sich selbst diesen Besitz aneignet; je nachdem der Begünstiger, bezw. Hehler, für seine Unterstützung mit Geld oder einem Teile der entwendeten Sache belohnt worden ist (l. 1, § 7, D. 47, 16). Gleichgültig erscheint es überhaupt für die Aufrechterhaltung eines strafrechtswidrigen Zustandes, ob der betreffenden Handlung die Absicht, einen Vorteil zu erreichen, zu Grunde liegt oder nicht. Denn der Effekt bleibt in beiden Fällen der nämliche. Darum mag es zwar wohl gerechtfertigt sein, die eigennützige Begünstigung wegen des schlechteren Motivs innerhalb des Strafrahmens etwas höher zu bestrafen wie die uneigennützige; ungerechtfertigt aber muß es erscheinen, wenn man auf dieser Verschiedenheit eine Verschiedenheit der Strafstufen aufrichten will. — Namentlich auch die gewerbsmäßige Hehlerei besitzt keine spezifischen Eigenheiten; sie geht insonderheit nicht in Beihilfe über, wie KÖSTLIN, System, annimmt. Es ist ja richtig, daß derjenige, welcher dafür bekannt ist, daß er gestohlene Waren gewerbsmäßig ankaufe, Veranlassung zur Begehung eines Diebstahls werden kann. Aber dieses von ihm hervorgerufene Zutrauen, welches in gleichem Maße überhaupt jeder Mensch erwecken kann, der sich stets zu allen Schlechtigkeiten bereit gezeigt hat, ist noch keine Beihilfe. Müßte dies angenommen werden, so würde die Strafe für Beihilfe sogar dann einzutreten haben, wenn die von dem Thäter erwartete begünstigende Hilfeleistung ihm demnächst verweigert werden würde (meine Teilnahme S. 98 ff.). Immerhin mag es jedoch kriminalpolitisch gerechtfertigt sein, die gewerbsmäßige Begünstigung unter einen besonderen Strafrahmen zu stellen (s. unten).

4) Nach dem Begriffe der Aufrechterhaltung des gegenwärtigen Zustandes (s. 2 oben) muß die betreffende Handlung des Begünstigers von einem wirklichen Effekte begleitet gewesen sein, wenn von einer vollendeten Begünstigung soll geredet werden können. Bleibt dieser Effekt aus, so liegt nur Versuch vor. Ob ein solcher Versuch unter Strafe gestellt werden soll, ist wieder eine kriminalpolitische Frage, welche, damit das Strafgebiet nicht allzuweit ausgedehnt werde, vielleicht zu verneinen sein dürfte. Jedenfalls wird in Ansehung derjenigen Rechtsverletzungen, hinsichtlich deren Herbeiführung der Versuch ausgeschlossen ist, auch die bloß versuchte Aufrechterhaltung des betreffenden herbeigeführten Zustandes straflos gelassen werden müssen. — Die Begünstigung eines Versuchs kann in Ermangelung eines aufrecht erhaltbaren Zustandes nur in der Form einer Sicherung des Thäters vor der Strafe denkbar sein.

Gerade so gut wie eine versuchte Begünstigung ist es auch denkbar, daß die fragliche Wirkung nicht allein dolos, sondern auch fahrlässig herbeigeführt werden kann. Doch auch hier dürften überwiegende praktische Gründe für die Straflosigkeit der fahrlässigen Begünstigung jedenfalls dann sprechen, wenn auch die Herbeiführung des betreffenden Zustandes nur dolos stattfinden kann.

5) Auch die Begriffe von Urheberschaft und Beihilfe sind anstandslos auf die Begünstigung anwendbar. Im allgemeinen wird sich hier sagen lassen, daß derjenige, welcher einen anderen in der Aufrechterhaltung des strafrechtswidrigen Zustandes unterstützt (Begünstigung), lediglich als Gehilfe anzusehen ist, derjenige aber, welcher die Sache selbst aus der Hand des Diebes u. s. w. an sich bringt (Hehlerei), als Urheber erscheint. Doch auch hier dürfte es praktisch vorzuziehen sein, die Unterscheidung zwischen Urheberschaft und Beihilfe in betreff der Begünstigung fallen zu lassen und sämtliche Personen, welche zur Aufrechterhaltung des strafrechtswidrigen Zustandes mitgewirkt haben, unter dem nämlichen Strafrahmen zur Aburteilung zu bringen. Ob die Begünstigung durch physische oder intellektuelle Kräfte vollzogen wird, ist gleichgültig. Auch derjenige erscheint strafbar, welcher durch Zureden oder Drohung die vom Diebe beabsichtigte Zurückgabe der Sache hintertrieben oder etwa durch die falsche Vorspiegelung, der Eigentümer habe seine Zustimmung dazu erteilt, den Verkauf der Sache an einen dritten zuwege gebracht hat. — Namentlich aber wirft sich hier die bereits in meiner Teilnahme S. 104 berührte Frage auf, ob diese Beihilfe und Urheberschaft in betreff der durch Verbrechen gegen das Eigentum herbeigeführten Zustände absolut als Begünstigung aufgefaßt werden muß, oder die betreffende Thätigkeit nicht vielmehr unter einem anderen strafrechtlichen Gesichtspunkt betrachtet werden kann. Derjenige, welcher den Dieb bei dem Absatz der gestohlenen Sache an einen anderen, der sich in *bona fide* befindet, unterstützt, dürfte sich einer Beihilfe zum Betruge, im Falle einer *mala fides* aber einer Beihilfe zur Unterschlagung, und derjenige, welcher sich die Sache *animo sibi habendi* übertragen läßt, einer Unterschlagung schuldig machen. Freilich nicht, wenn man den § 246 des St.G.B. für maßgebend betrachtet, denn derselbe setzt ursprüngliche *bona fides* und dann hinzutretende *mala fides* für die Unterschlagung voraus. Wohl aber nach richtiger theoretischer Anschauung. Köstlin, Abhandlungen aus dem Strafrecht S. 335, versteht unter Unterschlagung die Aneignung einer fremden beweglichen Sache, ohne daß sie der Aneignende aus dem Besitz des Berechtigten in diebischer Absicht in seine Detention erlangt habe, sei es, daß die Sache dem Thäter

von dem Berechtigten irgendwie anvertraut, oder daß sie von ihm gefunden worden, oder durch Zufall, Irrtum, Übertragung von seiten eines Unberechtigten oder selbst durch einen unrechtmäßigen, wenn nur nicht diebischen, Akt in seine Detention gelangt sei. Ist diese Ansicht richtig, dann kann es nicht zweifelhaft sein, daß derjenige, welcher vom Diebe *mala fide* kauft, als Unterschlager und derjenige, welcher hierbei seine Unterstützung darbietet, als Gehilfe der Unterschlagung anzusehen ist. In der That dürfte nicht einzusehen sein, warum nicht die Besitzergreifung der fremden Sache und die auf Aneignung derselben gerichtete *mala fides* bei der Unterschlagung in einen Akt sollen zusammenfallen können. Bei dem sogenannten Funddiebstahl wird dies häufig geschehen. Wenn derjenige, welcher sich bei der Besitzerwerbung in *bona fide* befunden — etwa von einem Unzurechnungsfähigen gekauft — dann aber *mala fide superv.* das Gekaufte konsumiert hat, als Unterschlager betrachtet wird, so müßte dies sogar noch in höherem Grade der Fall sein, wenn *mala fides* schon von vornherein vorhanden war. Scheidet aber hiernach Betrug und Unterschlagung aus dem Gebiet der Begünstigung aus, dann wird dasselbe im wesentlichen auf diejenigen Handlungen zurückgeführt, welche dem Diebe u. s. w. selbst das Behalten der entwendeten Sachen ermöglichen sollen. Denn hier kann von Beihilfe zum Betrug und Unterschlagung nicht geredet werden. — So gut die vom Diebe entwendete Sache nochmals gestohlen werden kann, so wenig würde hiergegen die Einwendung begründet sein, daß ja dann die nämliche Sache dem Eigentümer gestohlen und dann nochmals unterschlagen werde.

6) Auch in der Beurteilung der Konkurrenz und der Fortsetzung nimmt, wie schon erwähnt, die Begünstigung einen unabhängigen durch die Form, in welcher die Rechtsverletzung zur Erscheinung gekommen ist, nicht bedingten Standpunkt ein. Begründet die Aufrechterhaltung eines strafrechtswidrigen Zustandes zugleich ein besonderes Verbrechen — ist z. B. die Aufrechterhaltung des betreffenden Zustandes darin gelegen, daß die gestohlene Sache dem Diebe von einem dritten gestohlen wurde — so wird lediglich dieses Verbrechen ohne Konkurrenz mit Begünstigung zur Bestrafung heranzuziehen sein.

Die nämliche Unabhängigkeit der Begünstigung findet sich auch in der Beurteilung der Verjährung derselben. Auch noch nach stattgefundener Verjährung des Verbrechens selbst bleibt der durch dasselbe geschaffene Zustand seiner Entstehung nach ein strafrechtswidriger, welcher in seiner Fortdauer aufrecht erhalten werden kann. Darum kann auch jetzt noch, wie eine Unterschlagung, so auch eine strafbare Begünstigung stattfinden. Der strafrechtswidrige Zustand verjährt nicht und kann vielmehr nur in der oben näher angegebenen Weise saniert werden.

7) Was die Bestrafung der Begünstigung anbelangt, so wird man die unter den gegenwärtigen Zeitverhältnissen nicht mehr zutreffende Ansicht aufgeben müssen, daß der Hehler so gut sei wie der Stehler. Es wird vielmehr die Herbeiführung des strafrechtswidrigen Zustandes im allgemeinen für strafbarer erachtet werden müssen, als die Aufrechterhaltung desselben, und demgemäß die Strafe des Begünstigers — abgesehen von der gewerbsmäßigen Begünstigung und von persönlichen Zumessungsgründen, die sich lediglich auf der Seite des Thäters vorfinden möchten — nicht allein der Art oder dem Maße nach, sondern auch für den konkreten Fall nicht höher ausfallen dürfen, wie diejenige des Thäters.

8) Die vielfach erörterte Frage, welche Stellung im Systeme des Strafrechts die Begünstigung einzunehmen habe, dürfte sich dahin beantworten lassen, daß sie sowohl wie die Hehlerei nicht als besonderes Verbrechen, sondern als eine kausale Beteiligung an der durch eine andere strafbare Handlung verursachten Rechtsverletzung nach deren Entstehung anzusehen und demgemäß im allgemeinen Teil des Strafrechts hinter die Teilnahme zu stellen sei.

9) Nach diesen Ausführungen wird endlich die Begünstigung als solche, sowie als Hehlerei unter die Formel zu bringen sein: wer vorsätzlich einen durch eine strafbare Handlung herbeigeführten rechtswidrigen Zustand aufrecht erhält oder zu dessen Aufrechterhaltung mitwirkt, wird als Begünstiger mit Geld oder Haft bestraft, insofern die Herbeiführung des Zustandes nur mit diesen Strafen bedroht ist. Anderenfalls trifft den Begünstiger Gefängnisstrafe. Nur wenn lediglich auf Seite des Thäters besondere die Strafe mindernde oder mildernde Umstände vorliegen sollten, kann die Strafe des Begünstigers diejenige des Thäters übersteigen.

Das St.G.B. unterscheidet Begünstigung und Hehlerei. Erstere bedeutet den dem Thäter oder Teilnehmer nach Begehung eines Verbrechens oder Vergehens wissentlich geleisteten Beistand, die Hehlerei aber begeht derjenige, welcher seines Vorteils wegen Sachen, von denen er weiß oder den Umständen nach annehmen muß, daß sie mittels einer strafbaren Handlung erlangt sind — — — an sich bringt. — Die Begünstigung zerfällt wieder in die uneigennützige und eigennützige, und die eigennützige wird noch ganz besonders in ihrem Verhältnis zu dem einfachen Diebstahl und der Unterschlagung, sowie in noch höherem Grade zu dem schweren Diebstahl und dem Raub hervorgehoben. Die gewerbsmäßige Hehlerei aber erscheint am strafbarsten. Einer jeden dieser Verschiedenheiten in der Erscheinung der Begünstigung und Hehlerei entspricht ein besonderer Strafrahmen, so daß das ganze System zu einem höchst komplizierten gestaltet worden ist. — Warum das St.G.B. Begünstigung und Hehlerei als Spezialdelikte unter die gegen das Eigentum gerichteten strafbaren Handlungen aufgenommen, und dieselben nicht vielmehr in den allgemeinen Teil verstellt hat, dafür ist es jede Begründung schuldig geblieben. Auf der anderen Seite erkennt es aber doch auch wieder, wie VILLNOW richtig ausführt, die Konsequenzen nicht durchaus an, welche die Auffassung der Begünstigung als eines selbständigen Deliktes nach sich ziehen müßte. Wäre nämlich die Begünstigung wirklich ein Spezialdelikt, so müßte der Thäter oder Teilnehmer, welcher nach herbeigeführter Rechtsverletzung auch noch eine Handlung der Begünstigung zur Aufrechterhaltung derselben unternommen hat, wegen Konkurrenz bestraft werden. Das St.G.B. ist jedoch anderer Ansicht. Die Bestimmung des § 257 „die Begünstigung ist als Beihilfe zu bestrafen, wenn sie vor der Begehung der That zugesagt worden ist", ist zwar — in Anbetracht der durch die Zusage begründeten intellektuellen Mitwirkung zur Herbeiführung des rechtswidrigen Zustandes und der in der Strafe für diese Mitwirkung zugleich enthaltenen Strafe für die Beförderung der Fortdauer des herbeigeführten Zustandes — selbstverständlich. Sie erscheint sogar falsch, wenn in der vorherigen Zusage eine Anstiftung zu finden wäre oder dieselbe einen Einfluß auf die Herbeiführung der Rechtsverletzung, weil ihr etwa kein Wert beigelegt wurde, nicht gehabt hätte. Denn dann könnte natürlich nicht von bloßer Beihilfe oder doch nicht von einer vollendeten Beihilfe die Rede sein. Aber es wird doch wenigstens hierdurch der der Begünstigung durch ihre Stellung im System beigelegte selbständige Charakter wieder abgestreift. Und zwar nicht lediglich für den gerade hervorgehobenen Fall der Beihilfe — der vorher zugesagten Begünstigung. Es kann vielmehr die in Rede stehende Bestimmung nur als ein Ausfluß des allgemeinen Prinzips angesehen werden, daß eben die Mitwirkung zur Entstehung zugleich die Mitwirkung zur Aufrechterhaltung in sich schließt, und es ist dieselbe darum auch im Falle jeder anderweiten Mitwirkung zur Herbeiführung der Rechtsverletzung dergestalt anwendbar, daß dann die Aufrechterhaltung der Rechtsverletzung nicht noch obendrein besonders in Betracht gezogen werden darf. — Wird die Verhinderung der Bestrafung des Verbrechens als ein selbständiges Vergehen gegen die Justizgewalt aufgefaßt, so ist das Sachverhältnis natürlich ein anderes. Die vor der Begehung der die Rechtsverletzung herbeiführenden Handlung erteilte Zusage, demnächst die Flucht befördern zu wollen, ist dann als Mitwirkung strafbar, einerlei ob später die Zusage erfüllt wird oder nicht. Wird sie aber erfüllt, so muß hierin ein Moment gefunden werden, welches die Strafbarkeit für Herbeiführung des rechtswidrigen Zustandes nicht beseitigt und eben darum eine materielle Konkurrenz zwischen Teilnahme am Verbrechen und dem stattgefundenen Eingriff in die Rechtspflege bedingt. — Die Unterstützung, welche sich die mehreren Teilnehmer an einem Verbrechen zu ihrer Sicherstellung vor der Strafe gegenseitig gewähren, wird nicht bestraft werden können, weil hier bezüglich aller der Gesichtspunkt zutrifft, welcher auch die Straflosigkeit des einzelnen nach sich zieht.

Soll eine Rechtsverletzung nur auf Antrag strafbar sein, so muß sie natürlich bis zur Erhebung des Antrags als straflos erscheinen. Die Behauptung, die nur auf Antrag strafbare Rechtsverletzung sei bis zur Erhebung des Strafantrags objektiv strafbar, solle aber (subjektiv) vorerst nicht gestraft werden, würde einen Widerspruch in sich enthalten. Erscheint der Strafantrag hiernach als ein notwendiges Erfordernis für die Strafbarkeit, so kann auch bei allen Antragsdelikten vor Erhebung des Strafantrags von einer strafbaren Begünstigung nicht die Rede sein, da sie eben in der Aufrechterhaltung einer strafbaren Rechtsverletzung besteht. Darum und in Anbetracht, daß für die Begünstigung selbst ein Strafantrag nicht vorgesehen worden ist, erweist sich die Bestimmung des § 63, daß der erhobene Strafantrag auch die Strafbarkeit des Begünstigers bedinge, daß also vor erhobenem Strafantrag die Begünstigung straflos sei, als selbstverständlich. Ebensowenig kann die daselbst vorgesehene Unteilbarkeit des Strafantrags beanstandet werden. Denn die von mehreren herbeigeführte und aufrecht erhaltene Rechtsverletzung ist unteilbar, und es würde somit einen Widerspruch enthalten, wenn der Verletzte behaupten wollte, er sei zwar verletzt und verlange auch, daß hierfür Strafe eintrete, aber der eine oder der andere der mehreren habe ihn nicht verletzt. Wollte man eine solche Behauptung beachten, so würde hiermit dem Verletzten ein Begnadigungsrecht eingeräumt werden, welches mit der Antragsberechtigung, die ihm nur die Befugnis einräumt, das Strafverfahren von seiner sonst unbeachtlichen Erklärung, er sei verletzt, abhängig zu machen, nicht verwechselt werden darf. Von diesen Grundsätzen des St.G.B. macht nun aber § 247 (289) eine, auf § 263 nicht zu übertragende Ausnahme. Denn hiernach soll der Begünstiger einer straflosen, oder doch nur auf Antrag zu bestrafenden Rechtsverletzung strafbar sein, wenn selbst ein Strafantrag nicht eingebracht worden ist. Prinzipiell richtig könnte diese Ansicht nur dann erscheinen, wenn der Angehörige u. s. w. den Diebstahl nicht allein, sondern mit Miturhebern oder auch nur Gehilfen ausgeführt hätte. Denn dann würde die verursachte Rechtsverletzung *ex officio* strafbar sein. Villnow meint nun, es ergäbe sich auch hier aus den betreffenden Bestimmungen des St.G.B., daß dasselbe unerachtet der selbständigen Stellung, welches es der Begünstigung eingeräumt, dieselbe doch nicht als ein selbständiges Verbrechen habe behandeln wollen, da sie in diesem Falle stets ohne Rücksichtnahme auf einen solchen Strafantrag unter Strafe habe gestellt werden müssen. Ich kann jedoch diese Schlußfolgerung nicht für zutreffend halten, weil die Begünstigung überall (man mag sie als selbständiges Verbrechen auffassen oder nicht) — wie sich dies auch aus dem Anfang des § 257 ergiebt — eine nicht lediglich in *abstracto* — unter anderen als den vorliegenden Verhältnissen — sondern eine *in concreto* in strafbarer Weise — mit wirklicher konkreter Schuld — herbeigeführte Rechtsverletzung voraussetzt und eben darum überall nicht strafbar sein kann, bevor der erforderliche Strafantrag in betreff der Herbeiführung der Verletzung selbst erhoben worden ist. Es ist auch in der That legislatorisch nicht einzusehen, warum, wenn die Herbeiführung des Zustandes nur auf Antrag strafbar sein die Beförderung der Fortdauer dieses Zustandes *ex officio* bestraft werden soll.

So gut in betreff der Herbeiführung einer Rechtsverletzung Urheber und Gehilfen als hierzu Mitwirkende unterschieden und beide als Urheber im weiteren Sinne bezeichnet werden können, so gut läßt sich auch (s. oben) in betreff der bloßen Aufrechterhaltung der Rechtsverletzung eine Verschiedenheit zwischen Urheberschaft und Beihilfe unter dem gemeinschaftlichen Begriff der Begünstigung konstruieren. Und zwar würde nach den Definitionen des St.G.B. Urheber der Begünstigung — der Thäter dieses Vergehens — derjenige sein, welcher wissentlich nach Begehung eines Verbrechens dem Thäter oder Teilnehmer desselben Beistand leistet, und Gehilfe derjenige, welcher ihm hierbei mit Rat und That wissentlich an die Hand geht. Entzieht man jedoch der Begünstigung ihre selbständige Stellung, so kann von dieser Unterscheidung keine Rede sein, weil nach § 49 St.G.B. die Beihilfe nur einem Thäter geleistet wird. Die Ansicht Villnow's, Beihilfe sei nach dem St.G.B. bei der Begünstigung nicht denkbar, weil darin stets eine Begünstigung der Hauptthat liege, ist nicht durchschlagend. Auch die Beihilfe zur Urheberschaft ist stets zugleich eine Mitwirkung zur Herbeiführung der Rechtsverletzung selbst.

Dagegen kann allerdings von einer Begünstigung der Begünstigung keine Rede sein, wenn man die Begünstigung als die

Aufrechterhaltung eines strafrechtswidrigen Zustandes betrachtet. Denn eine andere Stufe im Verlaufe der Rechtsverletzung als Entstehung und Fortdauer derselben ist nicht unterscheidbar — es giebt keine dritte Stufe, welche zu der Aufrechterhaltung der Rechtsverletzung in dem Verhältnis stände wie diese zur Herbeiführung derselben. Das aber müßte der Fall sein, wenn die Begünstigung der Begünstigung als eine besondere verbrecherische Erscheinung und nicht lediglich selbst wieder als eine Begünstigung mit der Wirkung der Aufrechterhaltung der Rechtsverletzung sollte betrachtet werden können. Sieht man aber in der Begünstigung ein selbständiges Vergehen und rechnet man dazu namentlich auch die Fluchtbegünstigung, so kann nichts im Wege stehen, denjenigen, welcher die Flucht des Begünstigers befördert, oder demselben nach Vollziehung seiner begünstigenden Thätigkeit anderweiten Beistand — etwa bei der Sicherung der durch die Begünstigung erlangten Vorteile — leistet, als den Begünstiger des Begünstigers zu bezeichnen und entsprechend zu bestrafen. War die Begünstigung der Begünstigung vor der That der Begünstigung zugesagt worden, so hat man hierin eine intellektuelle Mitwirkung zu der Begünstigung. — Die Behauptung VILLNOW's, daß das St.G.B. eine strafbare Begünstigung der Begünstigung nicht zulasse, kann hiernach nicht als richtig anerkannt werden. Der Wortlaut des § 257 spricht keineswegs dagegen. Es ist namentlich nach diesem Paragraphen nicht einzusehen, warum nicht aus Eigennutz oder auch uneigennützig einem Begünstiger Beistand geleistet werden könnte. Der § 258 hingegen schließt freilich die Begünstigung der Begünstigung aus, weil er voraussetzt, daß der Begünstigte den Diebstahl, Raub u. s. w. selbst begangen hat, was bei einem Begünstiger natürlich niemals der Fall sein kann. Es ist endlich nach dem St.G.B. auch möglich, daß der Begünstiger eines Diebstahls einen anderen Begünstiger dieses Diebstahls begünstigen, sich also in Konkurrenz mit dem Vergehen der Begünstigung des Diebstahls auch noch einer Begünstigung der Begünstigung schuldig machen kann. Es sind dies eben Erscheinungen, die sich als Einwendungen gegen die Selbständigkeit des Vergehens der Begünstigung geltend machen, die aber als Konsequenzen betrachtet werden müssen, wenn man einmal die Begünstigung als selbständiges Vergehen ansehen zu müssen glaubt. Im übrigen ist jedoch auch noch darauf hinzuweisen, daß nach dem St.G.B. die Begünstigung der Begünstigung sogar mit der Strafe der Begünstigung belegt werden muß, da eine besondere Strafe für sie nicht vorgesehen worden ist.

Ein Versuch der Begünstigung endlich soll darum nicht angenommen werden können, weil der im Versuche enthaltene Wille ganz der nämliche sein würde, wie er in der Vollendung zur Erscheinung komme, und weiter auch die Versuchshandlung keine geringere objektive Bedeutung haben würde, als die Vollendung. Fordert jedoch das St.G.B. von der Begünstigung einen wirklichen Effekt, so kann nach obigen Ausführungen selbstverständlich die Möglichkeit eines Versuchs nicht bestritten werden.

Müsse nun, meint Villnow, nach diesen Ausführungen angenommen werden, daß unerachtet der selbständigen Stellung der Begünstigung das St.G.B. dieselbe doch nicht als ein selbständiges Vergehen auffasse, so sei hingegen diese Selbständigkeit unbedingt bei der Hehlerei des § 259 anzunehmen und hier auch zu billigen. Hier sei jede Zusammengehörigkeit mit einem vorausgegangenen Verbrechen und dem Thäter oder Teilnehmer an demselben abgewiesen, und es genüge zur Strafbarkeit schon das Bewußtsein, daß eine strafbare Handlung, gleichviel von welcher Beschaffenheit, vorausgegangen sei. Das ist denn auch nach dem St.G.B. richtig, theoretisch aber, wie schon erörtert, die Unterscheidung zwischen Begünstigung und Hehlerei unrichtig. Eine nähere Prüfung des § 259 wird dies noch besser an das Licht ziehen.

Hebt man den Zusammenhang des § 259 mit der angerichteten Rechtsverletzung auf, verkennt man den fördernden Einfluß der hierin bedrohten Handlung auf die verursachte Rechtsverletzung, so ist der Grund, warum überhaupt diese Handlung gestraft werden soll, nicht ersichtlich; die bloße Immoralität einer Handlung kann die Strafbarkeit derselben nicht rechtfertigen, wenn sie keine Rechtsverletzung enthält. Wollte sich die Praxis streng an den § 259 gebunden halten, so würde sie zu den absurdesten Ergebnissen gelangen. Es müßte Strafe aus diesem Paragraphen den Ankauf einer bereits vor Jahrhunderten gestohlenen Sache treffen, wenn schon dieselbe inzwischen herrenlos geworden wäre. Hat der Erbe den Erblasser auch nur culpos getötet, so würde derjenige gestraft werden müssen, welcher sich eine Rechnung mit ererbtem Gelde von demselben bezahlen läßt. Der Ankauf der Sache vom Diebe in der Absicht, sie gegen Erstattung des Kaufpreises und zugleich gegen eine Belohnung dem Eigentümer zurückzugeben, wäre strafbar, sollte dies sogar im Auftrag des Eigentümers geschehen sein. Das versprochene Geschenk, welches dem physischen Urheber für die ausgeführte That von dem Anstifter gemacht wird, ist mittels einer strafbaren Handlung erlangt, und es würde somit der Ankauf dieses Geschenks als strafbar erscheinen. Wäre eine nach § 259 unternommene Handlung vorher zugesagt worden, so würde ein Konkurrenzfall angenommen werden müssen. Es würde eine Konkurrenz sogar dann begründet sein, wenn der Dieb die noch in seinem Besitze befindliche Sache den eingetretenen Nachforschungen gegenüber verheimlicht. Mit der Behauptung, es könne niemand sein eigener Hehler sein, ist der Selbständigkeit des Deliktes gegenüber nicht aufzukommen. Auf der anderen Seite würde derjenige straflos sein, welcher nach dem Tode des Thäters oder Teilnehmers die durch Zufall an ihn gelangten gestohlenen Sachen nicht um eigenen Vorteils willen, etwa um der Familie des Thäters die Schande zu ersparen, verheimlicht, sollte er selbst wissen, daß denselben nachgespürt wird. — Die Handlung des § 259 wird kaum anders vorkommen können, als daß zugleich eine Beistandleistung im Sinne des § 257 darin enthalten ist. Ebenso wird diese Beistandleistung vorwiegend nur in den Formen des § 259 auftreten, der darum nur als eine Exemplifikation des § 257 anzusehen ist. Sind aber sonach die Hehlerei des § 259 und die eigennützige Begünstigung dergestalt identisch, daß die Begünstigung, im Falle die Kenntnis des Thäters von dem speziell begangenen Verbrechen oder Vergehen nicht nachweisbar erscheint, doch als Hehlerei bestraft werden kann, so steht um so weniger etwas im Wege, das nach § 257 erforderliche Requisit der Kenntnis des Begünstigers von dem Thäter und dem begangenen Hauptverbrechen zu beseitigen, als das St.G.B. nicht einmal eine Verschiedenheit der Strafe davon abhängig macht, je nachdem diese Kenntnis vorgelegen hatte oder nicht. Mit diesem Wegfall der Verschiedenheit zwischen eigennütziger Begünstigung und Hehlerei würde sodann der § 259 überhaupt überflüssig. — Die Bemerkung Villnow's, wenn in einer nach § 259 vorgenommenen Handlung objektiv ein Beistand enthalten sei, so dürfe der Hehler die Sicherung der Vorteile der That, bezw. die Sicherstellung vor der Strafe nicht beabsichtigen, weil in diesem Falle § 257 zur Anwendung gebracht werden müsse, erscheint unrichtig und auch bedeutungslos. Denn wenn der Hehler weiß, daß seine Handlung objektiv sich als Beistandleistung erweisen werde, so kann er nicht beabsichtigen, diesen Beistand nicht zu leisten. Ob aber die nämliche Strafe nach dem einen oder dem anderen Paragraphen erkannt wird, muß, wenn man nicht sogar daran festhalten will, daß ein Konkurrenzfall vorliege, als gleichgültig betrachtet werden. Von thatsächlicher Bedeutung wäre diese Komplikation nur, im Falle neben § 259 die Anwendung des § 258 pos. 2 in Frage käme, mit der betreffenden Handlung des § 259 also zugleich Kenntnis der Hauptthat und Beistandleistung verbunden wäre. Dann müßte freilich die Strafe nach § 258, 2 als dem härteren bemessen werden. Daß der eine oder der andere

Paragraph der speziellere wäre, kann nicht behauptet werden, da sie durch das Vorhandensein, bezw. das Fehlen der Kenntnis der Hauptthat sich als grundverschieden charakterisieren sollen. — Allerdings besteht noch die Verschiedenheit zwischen § 257 und 259, daß sich nur der letztere auf Übertretungen bezieht. Diese Verschiedenheit ist jedoch keine prinzipielle. Keinesfalls erscheint hier die Argumentation VILLNOW's richtig: wenn die Handlung des § 259 in betreff einer Übertretung mit der auf Beistandleistung gerichteten Absicht vorgenommen worden sei, und sonach § 257 zur Anwendung gebracht werden müsse, so beseitige sich hiermit deren Strafbarkeit. Es wäre eigentümlich, wenn die größere Verschuldung mit einer solchen Prämie belohnt werden müßte. — Die Ansicht SCHWARZE's, Gerichtssaal 1872, Heft 5, es charakterisiere sich die Verschiedenheit des § 259 von 257 dadurch, daß ersterer eine Verfügung des Hehlers über die Sache zum Gegenstand habe, durch welche sie weiter geschafft, der Verfolgung entzogen und insbesondere aus dem Besitz des Diebes u. s. w., der vielleicht polizeiliche Recherchen zu fürchten habe, entfernt werde, ist zwar durchaus zutreffend, aber schwerlich diejenige des St.G.B. Denn der hervorgehobene Gesichtspunkt würde gleichmäßig zur Geltung gebracht werden müssen, der betreffenden Handlung möchte Eigennutz oder Uneigennützigkeit zu Grunde liegen. Das St.G.B. aber betrachtet die uneigennützige Hehlerei nach § 257 als Begünstigung.

Nun schiebt sich aber auch noch zwischen den § 257 und 259 die hehlerische Begünstigung ein. Mit der Hehlerei des § 259 hat sie nur gemein, daß auch sie des eigenen Vorteils wegen unternommen wird. Namentlich setzt § 258 Kenntnis des Hauptverbrechens voraus, was bei § 259 nicht zutrifft. Dennoch bezeichnet § 258 die betreffenden Handlungen als Hehlerei, und zwar nicht lediglich nach ihrer Richtung als Beistandleistung, um die Vorteile der That zu sichern, sondern auch als Beistandleistung, um den Thäter der Bestrafung zu entziehen. Also der Fluchtbegünstiger ist im Falle des § 258 ein Hehler; d. h. Gegenstand der Hehlerei sind nicht allein Sachen, sondern auch Personen. Es ist das wiederum ein Beweis dafür, daß sich das St.G.B. einer wirklichen, in Wirklichkeit auch nicht bestehenden, bedeutungsvollen Verschiedenheit zwischen Begünstigung und Hehlerei nicht bewußt ist. — Lag denn nun aber überhaupt ein haltbarer Grund dafür vor, die hehlerische Begünstigung gesetzlich besonders auszuzeichnen? Man wird dies schon angesichts der Thatsache verneinen müssen, daß die eigennützige Begünstigung vorzugsweise gerade bei denjenigen Verbrechen vorkommen wird, welche nach § 258 die hehlerische Begünstigung begründen sollen. Die pos. 1 des § 258 unterscheidet sich von der eigennützigen Begünstigung überhaupt nur dadurch, daß bezüglich ihrer die Bestimmung des § 257, die Strafe des Begünstigers dürfe der Art und dem Maße nach keine schwerere sein, als die auf die Handlung selbst angedrohte, keine Anwendung finden soll. Warum jedoch gerade bei Diebstahl und Unterschlagung nicht, warum, während die Unterschlagung nur mit Gefängnis bis zu drei Jahren bedroht ist, ein Fluchtbeförderer hier mit Gefängnis bis zu fünf Jahren soll bestraft werden könne, dürfte schwer begreiflich sein. Ebenso ist die pos. 2 des § 258 nur in betreff ihres Strafinhaltes von § 257 verschieden. Aber sie geht doch sicher mit ihrer Androhung von Zuchthausstrafe bis zu fünf Jahren über jedes vernünftige Ermessen hinaus. Mit Recht hat der Reichskanzler bei der Beratung der Revision des St.G.B. im Reichstage hervorgehoben, daß die strenge Bestrafung der gegen das Eigentum gerichteten Verbrechen im Vergleich zu den für die Körperverletzung u. s. w. vorgesehenen Strafen nicht zu verstehen sei. Und warum soll diese exorbitante Strafe des § 258 nur bei der eigennützigen Begünstigung des schweren Diebstahls und Raubes angemessen erscheinen, nicht aber auch bei den übrigen Verbrechen von der gleichen und noch schwereren Bedeutung, dem Meineid, dem Morde? Die grundlose eigennützige Zeugnisverweigerung müßte nach § 258, 2 mit Zuchthaus bis zu fünf Jahren bestraft werden, während sie bei den übrigen Verbrechen nur nach § 257 beurteilt werden könnte. — Sind aber, wie oben ausgeführt, die §§ 257 und 259 identisch und liegt ein Grund für eine besondere Auszeichnung des § 258 gegenüber dem § 257 nicht vor, so erscheint nicht allein § 259, sondern auch § 258, letzterer auch in seinen etwaigen Beziehungen zu § 259, als überflüssig.

Aber es tastet auch § 257 eben wegen der mangelnden Einsicht in das richtige Prinzip im Dunkeln. Er läßt zwar erkennen, daß die Begünstigung ein eigenes Delikt darstelle. Im übrigen bleibt es jedoch, wie schon angedeutet, unklar, ob wirklich alle Konsequenzen aus der Selbständigkeit des Delikts gezogen werden sollen oder nicht, ob wirklich namentlich eine Konkurrenz zwischen Fluchtbegünstigung und Sicherstellung der Vorteile der That, demgemäß auch eine Konkurrenz zwischen §§ 257 und 258, oder auch zwischen §§ 257 und 259 anzunehmen, ob wirklich zwischen Urheberschaft und Beihilfe bei der Begünstigung zu unterscheiden sei. — Es läßt der § 257 nicht weniger zweifelhaft, ob die Beistandleistung zu einem Ergebnis geführt haben muß, oder ob schon die bloße auf Beistandleistung gerichtete Handlung das Vergehen begründen, ob also ein Versuch strafbar sein soll oder nicht. — Man weiß aber auch nicht, was unter einer Beistandleistung zu verstehen, inwiefern etwa nur eine Beistandleistung anzunehmen sei, wenn sich der Thäter an der Sicherstellung der Vorteile der That gar nicht beteiligt, er etwa die Sache zurückgeben will, ein anderer ihm aber vorspiegelt, der Berechtigte habe auf die Sache verzichtet und ihn hierdurch zu dem ferneren Behalten derselben veranlaßt. — Man weiß nicht, was die Sicherstellung der Vorteile der That bedeuten soll. Ist ein Brand in dem Hause des Diebes ausgebrochen und hilft ihm jemand bei der Rettung gestohlener Sachen, fertigt jemand dem Dieb einen Kassenschrank, damit ihm das gestohlene Geld nicht wieder gestohlen werde, kuriert jemand das gestohlene Pferd, oder repariert er die gestohlene Uhr u. s. w., so wird hier überall eine Sicherung der Vorteile der That, schwerlich aber eine Begünstigung vorliegen. — Man weiß endlich nicht, was unter den Vorteilen der That zu verstehen sei. Die erlangte Belohnung für ein ausgeführtes Verbrechen ist ein Vorteil der That, die Sicherstellung dieser Belohnung vor etwaigen Nachforschungen aber gewiß keine Begünstigung. Ebensowenig wird es Begünstigung sein, wenn jemand den Dieb das gestohlene Buch lesen lehrt. Überall wird hier vielmehr der Gesichtspunkt entscheiden müssen, daß derartige Handlungen straflos sind, wenn sie sich nicht zugleich als eine Aufrechterhaltung des strafrechtswidrigen Zustandes erweisen.

Die Inkonvenienzen des St.G.B. vermehren sich aber noch weiter durch die §§ 260, 261, 262. Die Hehlerei wird in diesen Paragraphen noch ganz besonders in Betracht gezogen als gewohnheits- und gewerbsmäßige, als Hehlerei im Rückfall und als den Verlust der Ehrenrechte, bezw. die Zulässigkeit von Polizeiaufsicht bedingend. Das ist sicher, daß die uneigennützige und auch die eigennützige Begünstigung des § 257 von der Anwendbarkeit dieser Paragraphen ausgeschlossen bleiben soll. Aber für die besondere Auszeichnung der gewerbsmäßigen Hehlerei kann lediglich die Befürchtung maßgebend sein, daß sie sich sogar für die Herbeiführung von Rechtsverletzungen wirksam erweisen möge, und es ist darum nicht zu verstehen, warum dieser Begriff hinfällig werden soll, im Falle zu der Handlung des § 259 noch das Erfordernis der Beistandleistung und Kenntnis der Hauptthat aus dem § 257 hinzutritt, oder auch die Hehlerei überhaupt eine eigennützige nicht ist. — Ob sodann die §§ 260—262 sich auf den § 258 beziehen oder nicht, wird zwar nach allgemeinen Grundsätzen bejahend entschieden werden müssen, nach dem St.G.B. aber zweifelhaft erscheinen. Für die Bejahung der Frage spricht lediglich die Thatsache, daß der

Begünstiger in § 258 als Hehler bezeichnet wird; für die Verneinung hingegen mit überwiegendem Gewicht der Umstand, daß § 258 von den nämlichen Voraussetzungen beherrscht wird, wie die eigennützige Begünstigung in § 257, und daher anzunehmen sein wird, daß, wenn dieselben die Anwendbarkeit des § 260 auf 257 nicht zulassen, diese Anwendbarkeit auch bei § 258 ausgeschlossen sein muß. Man müßte denn gerade der Ansicht sein, daß das St.G.B. in betreff anderer Verbrechen als Diebstahl, Unterschlagung und Raub überhaupt eine Hehlerei nicht habe konstituieren wollen, was aber durch den in dieser Beziehung ganz allgemein lautenden § 259 widerlegt würde. Dann sinkt aber doch wieder in Gemäßheit des § 261 die Wagschale zu Gunsten der Bejahung der in Rede stehenden Frage. Denn wenn § 261 die Strafe des Rückfalls eintreten läßt, im Falle die abermals begangene Hehlerei auf einen schweren Diebstahl, einen Raub oder ein dem Raube gleich zu bestrafendes Verbrechen sich bezieht, so wird nicht allein die Eigennützigkeit der That, sondern auch die Kenntnis der Hauptthat hierbei als Erfordernis festgestellt und somit auf § 258, 2 verwiesen. Das Erfordernis der Beistandleistung wird zwar ncht erwähnt, da aber die Anwendbarkeit des § 258 zugleich hierdurch bedingt erscheint, so kann, im Falle es fehlen sollte, von der Rückfallsstrafe des § 261, erster Absatz, keine Rede sein. — Es ist jedoch hier noch auf eine Verschiedenheit hinzuweisen. § 258 setzt voraus, daß der Begünstigte selbst den Diebstahl, Raub u. s. w. begangen hat, und findet sonach keine Anwendung, wenn die Begünstigung demjenigen geleistet wird, in dessen Hände bereits die etwa gestohlene Sache vom Diebe übertragen worden wäre. Dieses persönliche Verhältnis läßt aber § 261 fallen, indem sich hiernach die Hehlerei nur auf einen schweren Diebstahl, Raub u. s. w. zu beziehen braucht, was auch dann noch der Fall ist, wenn die gestohlene Sache bereits in die zweite Hand übergegangen war. Es liegt dann eigentlich die Begünstigung einer Begünstigung vor, und es würde somit im Grunde genommen auch § 257 in den Kreis der Hehlerei gezogen. — Der zweite Absatz des § 261 betrachtet den Fall, daß sich die Hehlerei auf eine andere strafbare Handlung als schweren Diebstahl, Raub u. s. w. bezieht. Es kann hiermit nur § 259 und 258, 1 gemeint, § 257 aber muß auch hier ausgeschlossen sein. — Daß endlich nur im Falle der Hehlerei und nicht auch im Falle der eigennützigen Begünstigung des § 257 nach § 262 Ehrverlust und Polizeiaufsicht zulässig sein soll, dürfte nicht einzusehen sein.

Es wären dann schließlich noch einige Bemerkungen zu den einzelnen Paragraphen des St.G.B. nachzuholen.

Zu den §§ 257 und 258.

Die öfters besprochene Frage, ob in der Erwirkung einer Begnadigung durch falsche Bescheinigung eine Begünstigung enthalten sei, wird, wenn man überhaupt die Begünstigung auf dieses Gebiet ausdehnen will, wohl zu bejahen sein (Merkel a. a. O.) — Wird die Geldstrafe für einen anderen bezahlt, so kann hierin eine Begünstigung nicht gefunden werden, weil es jedermann freistehen muß, das Vermögen eines anderen durch Zuwendungen zu vermehren. — Abgesehen von §§ 120 und 347 würde die Bemühung, einen Gefangenen zu befreien, der sich aber nicht befreien lassen will, als versuchte Begünstigung strafbar erscheinen.

Hält man dafür, daß der Begünstiger nicht die Rechtsverletzung befördere, sondern dem Thäter Beistand leiste und sonach die Strafe des Thäters für das von ihm begangene Verbrechen auch für die Bestrafung des Begünstigers maßgebend sei, so ist es selbstverständlich, daß der Begünstiger Kenntnis von dem Verbrecher — wenigstens seiner Identität nach — und dem begangenen Verbrechen haben muß und seine Haftbarkeit nicht weiter reicht als diese Wissenschaft, er also für ihm unbekannt gebliebene Qualifikationen des Diebstahls nicht einzustehen hat. Es kann dann zwar auch der Begünstiger *ex dolo eventuali* strafbar sein. Aber man darf sich hier keiner Verwechslung mit der Fahrlässigkeit schuldig machen (meine Kausalität 1873). Die Bemerkung Villnow's, wenn der Begünstiger zwar zunächst nicht eine strafbare Handlung oder doch nicht ein Verbrechen oder Vergehen begünstigen wolle, er sich aber sagen müsse, daß sich seine Thätigkeit leicht als eine begünstigende erweisen könne, und er dennoch dieselbe vornehme, so falle ihm ein *dolus eventualis* zur Last, dürfte doch wohl nicht richtig sein, und vielmehr hier lediglich Fahrlässigkeit vorliegen. Auch der Irrtum des Begünstigers muß dann in Berücksichtigung gezogen werden. Und wenn ein anderes Verbrechen begangen worden ist, als welches er zu begünstigen vermeinte, so fällt ihm, sollte selbst das begangene Verbrechen von gleicher Strafbarkeit mit dem von ihm gemeinten sein und seine Handlung auch einen begünstigenden Effekt herbeigeführt haben, doch nur ein Versuch der Begünstigung des von ihm gemeinten Verbrechens zur Last. Es verhält sich hier überall wie bei der Beihilfe zur Herbeiführung einer Rechtsverletzung. — Von dem St.G.B. wird dieses Prinzip nicht streng durchgeführt. Denn es hat die Strafe der Begünstigung nicht, wie dies bei der Beihilfe geschehen ist, nach der Strafe der Hauptthat abgestuft, sondern dieselbe als selbständiges Vergehen nur ganz allgemein zwischen einem Maximum und Minimum unter Strafe gestellt, hiermit aber den Zusammenhang der Begünstigung mit der Hauptthat gelockert. Darum wird es jedoch auch dem Richter gestattet sein, das Merkmal der Wissenschaft des Begünstigers von dem Thäter und der Hauptthat nicht so wörtlich zu nehmen und sich vielmehr in dieser Richtung zu begnügen, wenn nur das von dem Begünstiger irrtümlich gemeinte und das von demselben wirklich begünstigte Verbrechen von der gleichen Gattung sind, namentlich also bei den gegen das Eigentum gerichteten Verbrechen den Irrtum des Begünstigers, er habe es mit einer Unterschlagung zu thun, während ein Diebstahl oder Betrug begangen und von ihm befördert worden ist, unbeachtet zu lassen, bezw. ihn nur bei der Strafausmessung innerhalb der Strafgrenzen geeignet in Berücksichtigung zu ziehen. Die Verschiedenheit des § 257 von § 259 wird hierdurch freilich noch hinfälliger.

Villnow behauptet mit Recht, daß, wenn die Angehörigen begünstigt haben, nicht allein um den Thäter der Bestrafung zu entziehen, sondern zugleich auch um ihm die Vorteile der That zu sichern, sie sich auf die ihnen im § 257 zugestandene Straflosigkeit nicht berufen können, wäre selbst ohne gleichzeitige Sicherung der Vorteile der That die Sicherung des Thäters vor der Strafe gar nicht ausführbar gewesen. Denn es liegt kein Grund vor, warum gerade bei der Begünstigung der allgemeine Satz, daß auch eine an sich erlaubte Handlung unterbleiben muß, wenn sie zu einem strafbaren Erfolg hinführen würde, keine Anwendung finden sollte. — Unter den „Vorteilen", auf deren Sicherstellung für den Thäter die Begünstigung gerichtet ist, nicht weniger wie unter den Vorteilen, wegen deren der Begünstiger thätig wird, können nach der Auffassung des St.G.B. a. a. O. nur Vermögensvorteile verstanden werden (Merkel a. a. O.). Man würde, wenn man hiervon absehen wollte, durch allzuweite Ausdehnung des Gebietes der Strafbarkeit in das Schrankenlose fallen; man würde genötigt sein, bloße Liebhabereien, Neigungen und Affektionen hierunter zu begreifen. — Daß allerdings die Strafe des Begünstigers *in concreto* höher ausfallen kann als diejenige des Thäters oder Gehilfen — daß es also gewissermaßen vorteilhafter ist, die Begünstigung stets vorher zuzusagen, um nur als Gehilfe bestraft werden zu können — spricht für die Prinziplosigkeit des Gesetzes. Denn, wie schon erörtert, die die Rechtsverletzung herbeiführende Thätigkeit, sei es auch nur eine beihelfende, muß an und für sich betrachtet, als die weitaus strafbarere erscheinen. — Der zweite Absatz des § 257 unterscheidet nicht, ob der von den Angehörigen geleisteten Begünstigung ein eigennütziges Motiv zu Grunde liegt oder nicht, und es wird darum auch derjenige straflos sein, welcher eine ihm von dem Begünstigten oder auch von einem dritten zu gewährende Belohnung für seine Thätigkeit in Aussicht genommen hatte. Ebenso gewiß ist es aber nach § 258, daß das eigennützige Motiv des begünstigenden Angehörigen seine Strafbarkeit nach sich ziehen muß. Die Argumentation VILLNOW's, daß die Bestimmung des § 258 zugleich auch für § 257 maßgebend sei, weil in beiden Paragraphen die auf Erreichung eines Vorteils gerichtete Absicht in Berücksichtigung gezogen werde, könnte eher für zutreffend zu erachten sein, wenn nicht noch so manche andere Unbegreiflichkeit bei der Begünstigung im Gesetze vorkäme. So aber wird man der Erforschung des gesetzgeberischen Willens lediglich den Wortlaut der beiden Gesetzesstellen zu Grunde legen dürfen. — Die Bestimmung des § 257, die Strafe dürfe der Art und dem Maße nach keine schwerere sein, als die auf die Handlung selbst angedrohte, kann nur innerhalb der beiden fixierten Strafrahmen für die uneigennützige Begünstigung von Geldstrafen bis zu 200 Thaler oder von Gefängnisstrafe bis zu einem Jahre, und für die eigennützige Begünstigung von Gefängnisstrafe allein bis zu fünf Jahren berücksichtigt werden, aber nicht dahin führen, außerhalb des für die eigennützige Begünstigung vorgesehenen Strafrahmens hinauszugreifen und Geldstrafe oder gar Festungsstrafe in denselben für den Fall hineinzuziehen, daß die begünstigte That selbst nur mit diesen Strafen bedroht ist. Es bleibt hier vielmehr nichts anderes übrig, als den Begünstiger allerdings der Art und dem Maße nach höher zu bestrafen wie den Begünstigten. Die entgegengesetzte Ansicht VILLNOW's ist nicht begründet. Richtig dagegen ist dessen Ansicht, daß die betreffende Bestimmung des § 257 auf § 258 überhaupt keine Anwendung finden könne. Der Grund hiervon liegt aber einfach darin, daß eben diese Bestimmung im § 258 nicht aufgenommen worden ist, obwohl dies hätte geschehen sollen. Die Behauptung MERKEL's, daß die betreffende Bestimmung aus dem § 257 in den § 258 herübergezogen werden müsse, ist unhaltbar. — Da endlich nach § 258, abweichend von § 257, die Strafe der Begünstigung in Rücksicht gerade auf die ausgeführte That festgesetzt wird, so muß hier ein Irrtum des Begünstigers in dem oben angegebenen Maße berücksichtigt werden.

Zu § 259.

Betrachtet man die Begünstigung als die Aufrechterhaltung eines strafrechtswidrigen Zustandes, so ist immerhin, auch wenn Immobilien den Gegenstand der Hauptthat bilden, eine entsprechende Einwirkung des Begünstigers denkbar. Es erscheinen darum die

Immobilien von § 259 nicht ausgeschlossen; noch weniger natürlich wenn man sich lediglich auf den Standpunkt des St.G.B. stellt. Daß einzelne der in § 259 erwähnten Weisen der Ausführung auf Immobilien keine Anwendung zulassen, steht nicht entgegen. — Hält man den untauglichen Versuch für strafbar, so kann es nicht bezweifelt werden, daß, wenn der Käufer u. s. w. bei seiner Thätigkeit irrig annahm, die betreffende Sache sei durch eine strafbare Handlung erlangt worden, ihm ein solcher Versuch zur Last fällt. — Villnow behauptet unter Bezugnahme auf Schwarze, Kommentar, 3. Aufl., S. 652: Die strafbare Handlung müsse das Mittel sein, durch welches die Sachen erlangt worden seien, und zwar müsse derjenige sie mittels einer strafbaren Handlung erlangt haben, von welchem der Hehler sie beziehe. „Aus diesem Grunde genüge es nicht, daß die Sachen irgend einmal durch eine strafbare Handlung erlangt worden seien, und daß der jetzige Erwerber dies wisse.“ Es sei keine Hehlerei, wenn jemand Inhaberpapiere, die dem rechtmäßigen Besitzer gestohlen worden seien, mit Kenntnis hiervon von dem gutgläubigen Erwerber kaufe. Aber davon, daß die Hehlerei nur in unmittelbarem Verhältnis zu dem Thäter begangen werden, daß daher von einer strafbaren Hehlerei nicht mehr die Rede sein könne, wenn die Sache von dem Thäter bereits in die zweite und dritte Hand gelangt sei, steht in dem § 259 kein Wort. Es lag auch gar kein Grund für denselben vor, das Ankaufen u. s. w. der gestohlenen Sache von dem zweiten, dritten u. s. w. Besitzer nicht als Hehlerei zu betrachten. Sicher nicht, wenn die in die Mitte getretenen Erwerber sämtlich bösgläubige gewesen waren, aber auch nicht, wenn ein gutgläubiger Erwerber in der Reihe steht. Denn wenn auch bei diesem, obgleich auch er den strafrechtswidrigen Zustand aufrecht erhält, wegen seiner *bona fides* von einer Strafbarkeit keine Rede sein kann, so trifft doch dieser subjektive Gesichtspunkt nicht zu, wenn dann von ihm die Sache auf einen bösgläubigen Erwerber übergeht. Davon daß, wie Schwarze, Gerichtssaal a. a. O. meint, durch den in der Mitte liegenden gutgläubigen Erwerb das *vitium rei inhaerens* wieder beseitigt werde, kann keine Rede, und wird vielmehr das Wiederaufleben dieses, in der Hand des gutgläubigen Besitzers nur ruhenden, Vitiums in der Hand des nachfolgenden bösgläubigen Erwerbers anzunehmen sein. Noch weniger ist die Argumentation Villnow's gerechtfertigt, da er ohne alle Begründung den Satz hinstellt, es müsse derjenige die Sache durch eine strafbare Handlung erlangt haben, von welchem der Hehler sie beziehe, und dann fortfährt „aus diesem Grunde genügt es nicht u. s. w.“ Aber freilich gerade hier tritt die Systemlosigkeit der Begünstigung, insofern man sie nicht als Aufrechterhaltung der Rechtsverletzung in Kausalzusammenhang mit derselben bringt, so prägnant zu Tage, daß man unter allen Umständen Abhilfe schaffen muß. Denn allerdings giebt es in betreff des § 259 keine Verjährung — die überhaupt von VILLNOW bei seiner Darstellung unbeachtet bleibt — und es enthält somit dieser Paragraph eine Verewigung, die man nur von dem richtigen Prinzipe aus, wie oben näher erörtert wurde, zu beseitigen vermag. — Richtig ist aber wieder die Bemerkung VILLNOW's, man dürfe nicht fordern, daß die Sachen unmittelbar oder allein durch eine strafbare Handlung vom Thäter erlangt worden seien. Zweifelhaft hingegen kann es erscheinen, ob die Bedeutung des Wortes „erlangen" wirklich einen dritten voraussetzt, von welchem der Thäter die Sachen erlangt hat, und deshalb das Ankaufen von dem Thäter fabrizierter falscher Münzen eine Hehlerei nicht sein könne. SCHÜTZE, Lehrbuch, hält eine derartige Hehlerei für möglich. Die von VILLNOW gegebene Erklärung der Worte „verheimlicht, ankauft, zum Pfande nimmt, oder sonst an sich bringt oder zu deren Absatze bei anderen mitwirkt —" dürfte als überall zutreffend angesehen werden. Namentlich überträgt sich die Heimlichkeit nicht auf den Kauf. Geht aber durch den Kauf die Sache nicht auf den Käufer über, hat derselbe etwa die bereits bezahlte Sache vorerst noch in dem Besitz des Diebes gelassen, so kann hierin zwar wohl nach dem St.G.B. eine Hehlerei gefunden werden, aber nicht nach dem richtigen Prinzip. Es müßte denn infolge des Ankaufes eine längere Aufbewahrung durch den Dieb bewerkstelligt worden sein, was nicht anzunehmen wäre, wenn er etwa gleichzeitig die Sache an mehrere gegen sofortige Bezahlung verkauft, sie aber dann nur einem überliefert hätte.

Daß die Begünstigung der richtigen Theorie nach auch fahrlässig begangen werden könne, ist bereits in meiner Teilnahme und Begünstigung 1860 hervorgehoben, dann namentlich von SCHÜTZE, Lehrbuch, GEYER in VON HOLTZENDORFF's Handbuch, SCHWARZE, Gerichtssaal, bestritten, zuletzt aber von MERKEL a. a. O. und MEYER, Lehrbuch, gebilligt worden. Auch VILLNOW fordert für die Hehlerei ausschließlich Dolus, ohne sich jedoch auf eine Begründung seiner Behauptung, daß sie in der Gestalt der Fahrlässigkeit nicht auftreten könne, einzulassen. Seine Meinung, daß in § 259 die fahrlässige Hehlerei nicht bestraft werde, ist jedenfalls hinfällig. Er glaubt, man müsse fragen „lagen die Umstände so, daß nach ihnen der Hehler glauben mußte, die Sachen seien durch eine strafbare Handlung erlangt worden?" Nicht so: „Mußte nach den vorliegenden Umständen ein ordentlicher Mensch sich sagen, daß die Sachen durch eine strafbare Handlung erlangt seien.“ Das ist denn auch ganz richtig, denn der *bonus pater familias* hat im Strafrecht keine Berechtigung; es ist hier vielmehr lediglich auf die Persönlichkeit des Beschuldigten zu reflektieren. Aber wenn nun nach dieser Eigentümlichkeit seiner Person der Hehler bei nur einigem Nachdenken zu der Überzeugung hätte kommen müssen, die von ihm gekaufte Sache sei durch eine strafbare Handlung erlangt worden, er aber dennoch bei deren Ankauf dieses Nachdenkens, welches man von ihm erwarten mußte, aus Leichtsinn sich entschlagen hatte, so würde ihm doch nur eine Fahrlässigkeit zur Last fallen. Ist hiernach die Fahrlässigkeit allerdings nach § 259 strafbar, so erscheint es mißständig, daß die fahrlässige Hehlerei mit der nämlichen Strafe bedroht wird, wie die vorsätzliche und auffallend, daß die Strafe für Fahrlässigkeit nicht wenigstens auch in § 258 vorgesehen worden ist. Praktisch sollte man sich wohl, wie gesagt, bei der Bestrafung der Hehlerei auf den *dolus* und *dolus eventualis* beschränken.

Daß die Strafe der Hehlerei absolut härter ist als die Strafe der uneigennützigen Begünstigung, wird nicht gebilligt werden dürfen, da letztere, namentlich wenn man die Fahrlässigkeit bei der Hehlerei unter Strafe stellt, sogar höher strafbar erscheinen kann als diese. Ebensowenig kann es gerechtfertigt sein, daß die Hehlerei einer Übertretung stets mit Gefängnis gestraft werden muß, wenn auch auf die Übertretung selbst nur Geldstrafe angedroht ist.

Zu § 260.

Wie schon erwähnt, so kann der Grund für die besondere Auszeichnung der gewerbsmäßigen Hehlerei nur in der Befürchtung liegen, daß hierdurch verbrecherische Handlungen in unbestimmter Zahl und Ausdehnung hervorgerufen werden möchten. Sieht man hiervon ab, so erscheint die Erhebung der Hehlerei in der Gestalt der Gewerbsmäßigkeit zu einem Spezialverbrechen als überflüssig. Weit eher wäre es dann erforderlich gewesen, den gewerbsmäßigen Diebstahl u. s. w. besonders unter Strafe zu stellen. Hält man aber diese Basis für die gewerbsmäßige Hehlerei fest, so ist es im Grunde genommen unrichtig, darauf Gewicht zu legen, daß die gewerbsmäßige Hehlerei aus Eigennutz stattfinden, daß sie also gerade eine gewerbsmäßige sein müsse. Denn wenn auch die zu der fraglichen Befürchtung Veranlassung gebende Hehlerei vorzugsweise in der Gestalt der Gewerbsmäßigkeit in die Erscheinung treten wird, so kann doch diese Befürchtung sich auch an eine einmalige, uneigennützige, gewohnheitsmäßige Hehlerei anschließen, wie überhaupt an jeden Betrieb der Hehlerei, welcher in anderen die Vermutung zu erregen vermag, daß sie bei dem Hehler auch ohne vorheriges Einverständnis Unterstützung nach Ausführung eines Verbrechens finden würden. Immerhin ist es, wie man es ja hier überhaupt lediglich mit einem Gebilde der Kriminalpolitik (s. oben) zu thun hat, praktisch empfehlenswert, hierbei lediglich die Hauptform der Erscheinung — die Richtung auf den Erwerb — in das Auge zu fassen, die übrigen Möglichkeiten des Vorkommens aber außer acht zu lassen, bezw. insoweit den Standpunkt der einfachen Hehlerei festzuhalten. Das gilt namentlich auch von der Gewohnheitsmäßigkeit. Denn sie wird kaum anders als in der Richtung auf Erwerb vorkommen und die Gewerbsmäßigkeit ist zugleich Gewohnheitsmäßigkeit. Man glaubt die Verschiedenheit zwischen diesen beiden Erscheinungen dahin bestimmen zu sollen, daß im Falle der Gewerbsmäßigkeit der Hehler von vornherein die Verübung einer größeren Anzahl von Hehlereien in Aussicht nehme, während der gewohnheitsmäßige Hehler sich nur von Fall zu Fall entschließe. Für die Sache selbst — die oben hervorgehobene Befürchtung — ist jedoch diese Unterscheidung bedeutungslos und in sich überhaupt kaum haltbar, da auch bei der Gewohnheit das eigentliche Moment des Entschlusses schon von vornherein, den — nachdem sich einmal die Gewohnheit herausgebildet hatte, noch nachfolgenden Hehlereien zu Grunde liegt. Umsomehr wird man sich im Interesse der durch den Begriff der Gewohnheitsmäßigkeit nicht selten in Verwirrung gesetzten Praxis entschließen können, diesen Begriff über Bord zu werfen, als überall sonst das St.G.B. die Hehlerei nur in ihrer Richtung auf den Erwerb charakterisiert. Dann wird man auch nicht genötigt sein, mit Merkel a. a. O. die Möglichkeit einer ideellen oder gar realen Konkurrenz zwischen gewerbs- und gewohnheitsmäßiger Hehlerei anzunehmen. — Sollte sich wirklich einmal eine nicht zugleich auf Erwerb gerichtete gewohnheitsmäßige Hehlerei ergeben, so wird man stets Gelegenheit zur Bestrafung wegen Rückfalls haben, dessen Wesen ohnehin in hohem Grade beeinträchtigt wird, wenn man neben ihm die Gewohnheit noch besonders unter Strafe stellt.

Die Bezeichnung „gewerbsmäßig“ ist für das, worauf es hier allein ankommt, insoweit durchaus zutreffend, als es zum Wesen eines jeden gewerbsmäßigen Betriebes gehört, daß andere denselben ohne weiteres auch für sich in Aussicht nehmen können. Ein strafbarer gewerbsmäßiger Betrieb der Hehlerei liegt also dann vor, wenn er geeignet ist, einen solchen Glauben in anderen hervorzurufen, und der Hehler das Bewußtsein hiervon hatte, bezw. — im Falle man hier auch die Fahrlässigkeit unter Strafe stellen will — bei einiger Überlegung hätte haben können. Und zwar darf dieses

Bewußtsein sich nicht lediglich als eine leere Vermutung darstellen, welcher es an jeder Begründung fehlt. Es wird vielmehr, wie auch bei den gemeingefährlichen Verbrechen — mit welchen die gewerbsmäßige Hehlerei die größte Ähnlichkeit besitzt — wenigstens einige Wahrscheinlichkeit hierfür verlangt werden müssen. Ist dieses Bewußtsein nicht vorhanden gewesen, so kann auch von einer strafbaren gewerbsmäßigen Hehlerei nicht geredet werden, die einzelnen Hehlereien mögen noch so zahlreich sein. Dieses Moment scheint seither nicht die ihm gebührende Beachtung gefunden zu haben. Denn man nimmt im allgemeinen (Merkel a. a. O., Villnow a. a. O.) die gewerbsmäßige Hehlerei schon dann als gegeben an, wenn bei Vornahme der einzelnen Handlungen der Wille auf die Verübung von der Zahl und Zeit nach unbestimmter weiterer Delikte der fraglichen Art und auf einen hierdurch zu erreichenden Erwerb gerichtet war. Es bleibt aber hierbei gerade das Wesen der Gewerbsmäßigkeit — daß andere sich hierauf verlassen können — unberücksichtigt. Im Vergleich hierzu tritt die auf die Begehung unbestimmt vieler einzelner Hehlereien von vornherein gerichtete Absicht des Hehlers so sehr in den Hintergrund, daß er der höheren Strafe auch dann schuldig sein müßte, wenn er sich nur von Fall zu Fall entschlossen hat, ihm aber bewußt war, daß andere, verleitet durch die von ihm bereits unternommene größere Anzahl von einzelnen Hehlereien zu dem Glauben an die Gewerbsmäßigkeit seiner Hehlerei veranlaßt werden könnten.

In betreff der Frage, ob die Gewerbsmäßigkeit der Hehlerei schon in einer einzigen Hehlerei zur Erscheinung kommen könne, sind die Rechtslehrer geteilter Ansicht. Manche fordern, ohne nähere Begründung, eine Mehrheit einzelner Hehlereien, andere, wie Merkel und Villnow a. a. O., glauben, daß für die Gewerbsmäßigkeit schon eine einzelne Hehlerei ausreichend sein könne. Denn daß die Absicht auf die Verübung demnächstiger weiterer Hehlereien zum Zwecke des Erwerbs gerichtet sei, könne auch schon in einer einzigen Handlung zu genügendem Ausdruck gelangen (Villnow S. 103). Das ist denn auch richtig, aber die Konstruktion wird doch kaum gebilligt werden dürfen. Soll eine einzige Hehlerei an und für sich noch keine gewerbsmäßige sein und nur durch den Hinzutritt der Absicht, künftighin noch weitere Hehlereien zu verüben, zu einer gewerbsmäßigen gestempelt werden können, so verleiht lediglich die auf die Zukunft gerichtete Absicht der Handlung die sie auszeichnende höher strafbare Qualität. Diese Absicht aber hat sich noch nicht als That erwiesen, und es würde darum lediglich die noch nicht bethätigte Absicht als Vollendung des Verbrechens bestraft werden (Kausalität 1885,

S. 90 ff.). Das geht offenbar nicht an. Man wird vielmehr von diesem Standpunkt aus fordern müssen, daß sich diese lediglich auf die Zukunft gerichtete Absicht auch so oft verwirklicht haben müsse, daß aus dem bereits wirklich Geschehenen, also aus der Mehrheit der bereits verübten Hehlereien, entnommen werden könne, sie seien von vornherein in unbestimmter Weise beschlossen gewesen. Anderenfalls würde es kaum eine Hehlerei geben, die nicht als eine gewerbsmäßige bestraft werden könnte. In der That wird nur eine einmalige Hehlerei niemals einen Gewerbebetrieb repräsentieren; ein Geschäftsmann, welcher nach Eröffnung seines Ladens nur ein Pfund Zucker verkauft, dann aber seinen Laden wieder geschlossen hat, wird nicht behaupten können, ein Gewerbe betrieben zu haben. Darum wird auch nach dem St.G.B., da es nun einmal die Gewerbsmäßigkeit als das hier entscheidende Merkmal hingestellt hat, eine Mehrheit von Hehlereien zur Herstellung dieses Begriffs gefordert werden müssen, wenn schon allerdings auch bereits eine einmalige Hehlerei die fragliche Befürchtung hervorrufen kann. Ob nicht aus einer einzigen zur Bestrafung vorliegenden Hehlerei geschlossen werden könne, daß derselben eine Mehrheit anderer in ihren Einzelheiten unbekannt gebliebener Hehlereien vorausgegangen sei, und ob dann die Strafe der Gewerbsmäßigkeit verhängt werden könne, ist eine andere — zu bejahende Frage.

Weiter wird die Frage, wenn auch ohne nähere Begründung, erwogen (Merkel a. a. O.), ob für die gewerbsmäßige Hehlerei schon die Einlassung mit einem Verbrecher genüge, oder ob sich der Hehler mit verschiedenen Verbrechern eingelassen haben müsse. Die Frage wird in dem ersteren Sinne zu bejahen sein. Denn das Merkmal der gewerbsmäßigen Hehlerei — die Erregung einer unbestimmten Gefahr — kann auch schon einem einzigen Verbrecher gegenüber begründet erscheinen. Dagegen würde wohl in dem praktisch gewordenen Falle — eine Nachbarin hatte von einem Sohne mehrmals Wäsche gekauft mit dem Bewußtsein, daß dieselbe von dem geringen Vorrate dessen Mutter entwendet worden und unter der begründeten Annahme, daß, wenn der Vorrat erschöpft sei, der Sohn weitere Diebstähle nicht mehr ausführen werde — eine gewerbsmäßige Hehlerei nicht angenommen werden können, weil eben die erregte Gefahr nicht als eine unbestimmte erschienen war. Es würde hier eigentümlich gewesen sein, wenn die Hehlerin eine höhere Strafe getroffen haben würde, als wenn sie sogar den Sohn jedesmal zu seinen Diebereien angestiftet, oder die Diebstähle selbst begangen hätte.

Das versteht sich endlich von selbst, daß, wenn mehrere einzelne

Hehlereien als gewerbsmäßiger Betrieb der Hehlerei bestraft werden sollen, nicht zugleich eine reale Konkurrenz unter denselben angenommen werden kann. Aber es fragt sich, ob, im Falle eine oder mehrere zur Bestrafung vorliegende Hehlereien an und für sich eine Gewerbsmäßigkeit nicht repräsentieren, andere bereits bestrafte, verjährte oder im Auslande straflos begangene Hehlereien zur Herstellung dieses Begriffes herangezogen und ob nach einer stattgefundenen Bestrafung wegen gewerbsmäßiger Hehlerei frühere, damals noch unbekannt gewesene, Einzelfälle der Hehlerei noch unter Strafe gestellt werden können. Ich glaube, daß hiervon keine Rede sein darf. Ein bereits durch Verjährung oder Bestrafung erledigter Straffall ist in seiner ganzen Eigentümlichkeit als erloschen zu betrachten. Er kann in keiner Weise nochmals in strafrechtliche Erwägung, gezogen werden, sollte er selbst bei seiner Bestrafung nicht zur richtigen Beurteilung gekommen sein. Ein als einfacher Diebstahl bestrafter Reat kann nicht nochmals, auch nicht als Zusatz zu der früher ausgesprochenen Strafe, bestraft werden, wenn sich auch hintendrein herausstellen sollte, daß er in qualifizierter Weise ausgeführt worden sei. Es wäre aber nichts anderes, wenn man bereits erledigte Reate benutzen wollte, um nachfolgenden Reaten eine Eigenschaft zu verleihen, welche sie an und für sich nicht besitzen. — Betrachtet ferner das St.G.B. die gewerbsmäßige Hehlerei als ein selbständiges Verbrechen, also als eine strafbare Handlung, so erscheinen die einzelnen Hehlereien lediglich als einzelne, ihrer Selbständigkeit entkleidete Teile dieser einen Handlung. Und zwar nicht allein diejenigen einzelnen Hehlereien, welche speziell durch die Bestrafung der gewerbsmäßigen Hehlerei zur Erledigung gebracht worden sind, sondern alle, deren sich der Hehler bis zu diesem Zeitpunkt überhaupt schuldig gemacht hat. Wäre es anders, so würde es statthaft erscheinen, von einer Mehrheit zur Bestrafung vorliegender Hehlereien einen Teil unter den Gesichtspunkt der gewerbsmäßigen Hehlerei zusammenzufassen und den anderen, zur Herstellung dieses Begriffs der Gewerbsmäßigkeit nicht weiter erforderlichen, Teil entweder gleichfalls als eine anderweite mit der ersteren reell konkurrierende gewerbsmäßige Hehlerei zu qualifizieren, oder auch die einzelne Hehlerei dieses anderen Teiles noch neben der Strafe für gewerbsmäßige Hehlerei mit Einzelstrafen zu bedenken. Aus Gewalt und Diebstahl bildet das Gesetz den Raub. Ist aber einmal ein solcher Raub durch Bestrafung erledigt worden, so kann auf denselben nicht mehr zurückgegriffen werden, wenn auch demnächst ermittelt werden sollte, daß bei dieser Gelegenheit dem Beraubten noch andere Sachen abgenommen und noch andere Gewaltthätigkeiten zugefügt worden waren, als solche das bereits erlassene Urteil umfaßt hatte. —

Die in § 260 angedrohte Zuchthausstrafe mag zwar für vorsätzlich gewerbsmäßige Hehlerei unbeanstandet bleiben. Da jedoch dieser Paragraph auch den § 259 und somit auch die fahrlässige Hehlerei umfaßt, so hätte für diese Gefängnisstrafe angedroht, bezw., da diese Strafe bereits in vollem Umfang in § 259 für die einfache fahrlässige Hehlerei vorgesehen ist, die Strafe des § 260 als nur für die vorsätzlich gewerbsmäßige Hehlerei bestimmt bezeichnet werden sollen. — Fahrlässige Hehlereien können natürlich nicht zur Herstellung des Begriffes einer vorsätzlich gewerbsmäßigen Hehlerei verwendet und vielmehr hier die vorsätzlichen Hehlereien, wenn sie nicht für sich allein schon den Begriff der Gewerbsmäßigkeit erfüllen, nur als Einzeldelikte bestraft werden. Neben vorsätzlich gewerbsmäßiger Hehlerei kann von einer Bestrafung fahrlässiger Hehlereien überhaupt keine Rede sein. Ebensowenig von einer Strafe für einzelne vorsätzliche Hehlereien, wenn zugleich ein fahrlässig gewerbsmäßiger Betrieb der Hehlerei gestraft werden soll.

Zu § 261.

Hier soll nur darauf hingewiesen werden, daß der Rückfall in die gewerbsmäßige Hehlerei nicht allein eine vorausgegangene zweimalige Bestrafung gerade für gewerbsmäßige Hehlerei, sondern weiter auch voraussetzt, daß das neuerdings zu bestrafende Delikt auch wieder an und für sich schon als gewerbsmäßige Hehlerei erscheint. Anderenfalls liegt zwar ein Rückfall in die Hehlerei, aber nicht in die Gewerbsmäßigkeit derselben vor.

Zur Kausalitätsfrage.

Durch die vortrefflichen systematischen Arbeiten von Berner, Hälschner und Köstlin war man zu dem Satze gelangt, daß alle Kräfte, aus welchen der verbrecherische Erfolg besteht, gleich wesentlich für denselben sind und keine einzige Kraft aus dem Erfolge ausgeschieden werden kann, ohne ihn in seinem konkreten Dasein in Frage zu stellen. Hieraus glaubte ich als Konsequenz ableiten zu sollen, daß jede Mitwirksamkeit den ganzen Erfolg verursacht. Die seitherige Theorie, welche den Erfolg in wesentliche und außerwesentliche Bestandteile zerlegte, hierauf ihre Unterscheidung zwischen Urheberschaft und Beihilfe stützte, Teilnahme und Komplott aber lediglich als das Mittel für die Zusammenhäufung aller Teile des Erfolges auf die Person jedes einzelnen betrachtete, wodurch eben die Haftbarkeit jedes einzelnen für den ganzen Erfolg begründet werde, konnte hiernach nicht richtig sein. Es mußte sich vielmehr ergeben, daß der Gehilfe schon an und für sich gerade so den ganzen Erfolg verursache wie auch der Urheber, mithin die Unterscheidung zwischen Urhebern und Gehilfen nur eine rein subjektive sein könne; daß aber auch die Schuldformen der Teilnahme, der Anstiftung und des Komplotts nicht allein überflüssig, sondern auch durchaus hinfällig seien, da vielmehr die Strafbarkeit jedes einzelnen nur seiner eigenen Wirksamkeit und seiner eigenen Verschuldung entnommen werden könne, nicht aber der Wirksamkeit und Verschuldung eines anderen. Diese Ansicht wurde eingehend erörtert in meiner Teilnahme und Begünstigung (1860), meinen Abhandlungen aus dem Strafrecht (1862); in Goltdammer's

Archiv 1864, 1869, 1876; Gerichtssaal 1867, besonders 1870, 1873, 1876, und in meiner Kausalität 1873. Namentlich wurde hierbei darauf hingewiesen, daß auch die sogenannte Haupthandlung keinen sie vor anderen Handlungen auszeichnenden objektiven Wert besitze und nur darum von dem Gehilfen nicht verübt werden dürfe, weil hierdurch die Abhängigkeit seines Willens von demjenigen des Urhebers, durch welche gerade seine charakteristische Verschiedenheit von dem Urheber begründet werde, zum Wegfall kommen müsse.

Wenn nun aber schon die mitwirkende Ursache den ganzen Erfolg verursacht, so schien auch die Haftbarkeit für diesen Erfolg selbstverständlich zu sein, im Falle nur die mitwirkende Ursache den Erfolg hatte herbeiführen sollen. Dieser Gedanke wurde ausgeführt in meiner Abhandlung, GOLTDAMMER's Archiv 1863.

Mit Recht hat aber GEYER daselbst 1865 nachgewiesen — ohne freilich selbst zu einem haltbaren Resultate zu gelangen — daß diese Ansicht nicht richtig sein könne, da sie zu unrichtigen Ergebnissen führe. Denn es erscheine hiernach derjenige, welcher einen anderen *an. necandi* verletzt habe, des vollendeten Verbrechens auch dann schuldig, im Falle der Verletzte, welchem als Rekonvalescent zur Stärkung Rotwein verordnet worden sei, sich hierdurch an das Trinken gewöhne und demnächst am *Delirium tremens* sterbe; oder im Falle der in der Auswanderung nach einem fremden Weltteil begriffen gewesene Verletzte nach seiner Wiederherstellung in Europa durch einen vom Dache herunterfallenden Ziegelstein erschlagen werde.

Aus derartigen Beispielen mußte entnommen werden, daß, wenn auch der Kausalzusammenhang so weit reiche wie die Verknüpfung von Thatsachen überhaupt, doch die Verantwortlichkeit für den Kausalzusammenhang sich nicht stets mit Notwendigkeit über den ganzen Verlauf desselben zu erstrecken brauche, daß also Kausalität und Verantwortlichkeit für dieselbe unterschieden werden müsse; daß hiernach aber auch die Frage, ob Kausalität vorliege, in keiner Weise durch das Vorhandensein oder Fehlen eines strafbaren Willens bedingt erscheine, ebensowenig wie eine Verantwortlichkeit für Kausalität bestehen könne, wenn eine solche in Wirklichkeit nicht existiere. Diese Notwendigkeit einer Unterscheidung des Kausalzusammenhanges und der Zurechnung desselben wurde zuerst der damaligen Theorie gegenüber in meiner Abhandlung, GOLTDAMMER's Archiv 1866, dargelegt, sodann aber in meiner Schrift über Kausalität und deren Verantwortung, 1873, im Angriff auf die inzwischen erschienene Schrift des Prof. v. BAR, „Die Lehre vom

Kausalzusammenhang, 1871", welche von dieser Unterscheidung absah, noch eingehender nachgewiesen, daß, wenn der Erfolg als Vollendung zur Schuld solle zugerechnet werden können, nicht allein ein Kausalzusammenhang, sondern auch ein den ganzen Kausalzusammenhang durchziehender Willenszusammenhang zwischen der Absicht und dem eingetretenen Erfolg vorhanden sein müsse. Eine von dem verbrecherischen Willen nicht umfaßt gewesene Mitwirksamkeit müsse hiernach als nicht gewollt aus dem Erfolge ausgeschieden, und es könne dann dem Handelnden nur ein Versuch zur Last gesetzt werden, weil die Existenz des Erfolges durch das Vorhandensein aller der Mitwirksamkeiten, aus welchen er sich ergeben habe, bedingt sei.

Nun scheint jedoch ein Widerspruch darin enthalten zu sein, daß die bloße Mitwirksamkeit den ganzen Erfolg verursache, dennoch aber sämtliche Mitwirksamkeiten zu seiner Herbeiführung erforderlich waren. Freilich konnte ja nun auch die bloße Mitwirksamkeit als alleinstehende den Erfolg nicht verursachen, und es sind daher sämtliche Mitwirksamkeiten als vereinzelte als totes Material anzusehen, welches erst durch das Zusammentreffen aller zur Lebenskraft gelangt. Das kann aber nur dadurch geschehen, daß in dieser Vereinigung jede einzelne Mitwirksamkeit allen übrigen Mitwirksamkeiten die Kausalität verleiht, sie selbst jedoch auch von ihnen die Kausalität empfängt. Darum führt die gesamte Wirksamkeit auf jede einzelne Mitwirksamkeit zurück, wie es aber auch ebenso richtig ist, daß sämtliche Einzelwirksamkeiten zur Herbeiführung des Erfolges erforderlich waren und zur Aufrechterhaltung desselben dergestalt vereinigt bleiben müssen, daß ihn auch das Ausscheiden nur einer von ihnen in seinem Dasein beseitigen würde.

Was aber die Haftbarkeit für den Erfolg anbelangt, so weiß der Handelnde zwar, daß seine Wirksamkeit als alleinstehende, den beabsichtigten Erfolg nicht herbeiführen werde, aber er will, daß sie anderen Wirksamkeiten die Lebenskraft verleihen und sich sonach aus der ganzen Zahl dieser Mitwirksamkeiten der Erfolg ergeben solle. Tritt diese Voraussetzung ein, so erscheint der Erfolg als das Ergebnis der eigenen, von dem eigenen Willen belebten, Kausalität. Nur dann jedoch kann angenommen werden, daß der Handelnde den fremden Kräften die Kausalität habe verleihen wollen, wenn auch sie von seinem Willen umfaßt waren. Das ist selbstverständlich jedesmal der Fall, wenn der Handelnde die fremden Kräfte zum voraus besonders in Berechnung gezogen hatte, kann aber auch dann infolge des der eigenen Thätigkeit zu Grunde liegenden Generalwillens, daß alle möglichen, bekannte wie unbekannte, fremden Kräfte für die Herbeiführung des Erfolges sich mitwirksam erweisen möchten, nicht geleugnet werden, wenn der Handelnde bei einiger Aufmerksamkeit diese Mitwirksamkeit auch nur als möglich bevorstehend erkannt haben würde. Weitergehend wird aber noch zu behaupten sein, daß der der eigenen Thätigkeit zu Grunde liegende Generalwille auch diejenigen fremden Kräfte umfaßt, welche der Handelnde zwar überhaupt nicht hatte voraussehen, die er aber in seinen Willen besonders hätte aufnehmen können, wenn er daran gedacht hätte, ob sich nicht etwa der Kausalzusammenhang in der Weise, in welcher er später wirklich eingetreten ist, entwickeln werde. Nur diejenigen fremden mitwirksam gewesenen Kräfte würden sonach von seinem Willen ausgeschlossen sein, welche ihm, wenn er auch an ihre etwaige Mitwirksamkeit gedacht hätte, nach seiner Erfahrung doch so unwahrscheinlich erschienen sein würden, daß er sie nicht besonders hätte wollen können. Denn das anscheinend Unmögliche oder auch nur für durchaus unwahrscheinlich Gehaltene kann man nicht erreichen wollen — auch nicht für den Fall seines Eintrittes, denn der ist gerade das Unwahrscheinliche — sondern nur wünschen (Kausalität 1885, S. 24). Darum kann aber auch, wenn sich derartige Kräfte als mitwirksam erwiesen haben, nicht angenommen werden, daß der Handelnde ihnen durch seine eigene Wirksamkeit die Kausalität habe verleihen wollen, sie müssen darum als von seinem Willen nicht umfaßt, wie gesagt, aus dem Erfolge ausgeschieden werden, so daß eben nur ein Versuch verantwortet zu werden braucht, sollte auch ein Erfolg von der nämlichen gesetzlichen Beschaffenheit eingetreten sein wie der gewollt gewesene (Kausalität 1873, S. 19; Hälschner, Strafrecht, S. 285. 286).

Das hier in betreff der Kausalität und der Verantwortung derselben Gesagte gilt gerade so gut, es mag sich um die Verursachung und die Verantwortlichkeit einer oder mehrerer Personen handeln. Denn auch die Mitwirksamkeit anderer Personen empfängt die Kausalität erst durch die eigene auf Herbeiführung des Erfolges gerichtete Wirksamkeit.

Prof. v. Bar hatte seiner citierten Kausalität den Satz zu Grunde gelegt, daß man hinsichtlich des Kausalzusammenhanges scharf Bedingung von Ursache unterscheiden und hierbei zu verschiedenen Resultaten kommen müsse, je nach dem Zweck, welcher mit dieser Unterscheidung erreicht werden solle. Sodann aber trat weiter als Prinzip seiner Erörterungen hervor: wer der Regel des Lebens gemäß handle, hafte für den durch die Handlung herbeigeführten Erfolg nicht, selbst wenn er ihn vorausgesehen habe, denn es bestehe hier kein Kausalzusammenhang. Wer aber der Regel des Lebens zuwiderhandle, der hafte für den verursachten Erfolg, insofern der Kausalverlauf ein regelmäßiger geblieben sei, sollte er auch die hinzugetretenen regelmäßigen Zwischenursachen nicht vorhergesehen haben. Sei hier hingegen der Kausalverlauf ein regelwidriger gewesen, so müßten, wenn Haftbarkeit für den eingetretenen Erfolg begründet sein solle, die hinzugetretenen unregelmäßigen Zwischenursachen wenigstens einigermaßen vorhergesehen gewesen sein, da anderenfalls der Kausalverlauf von ihnen unterbrochen werde.

Hiergegen habe ich dann in meiner Kausalität näher begründet, daß man Bedingung und Ursache eines Erfolges nicht unterscheiden könne, weil beide von der nämlichen Wirksamkeit seien; und daß sich auch ein Kausalzusammenhang — also die Verkettung von Thatsachen — nicht, wie v. Bar meine, juristisch oder moralisch untersuchen lasse. — Was man unter einer der Regel des Lebens entsprechenden Handlung zu verstehen habe, werde nicht angegeben, und man erfahre namentlich nicht, inwiefern daneben auch noch Dolus und Culpa als Quellen der Schuld bestehen könnten. Ebensowenig erhelle, was unter einer regelmäßigen und unregelmäßigen Zwischenursache zu begreifen sei. — Ursache und Verantwortlichkeit für die Ursache bedeute für v. Bar das nämliche, also nicht allein: wenn keine Ursache vorliegt, ist auch keine Verantwortlichkeit für dieselbe begründet, sondern zugleich auch: wenn keine Verantwortlichkeit besteht, ist auch keine Verursachung vorhanden. — Wenn behauptet werde, daß die unregelmäßigen Zwischenursachen wenigstens einigermaßen vorhergesehen gewesen sein müßten, so müsse man das nämliche auch in betreff der regelmäßigen Zwischenursachen verlangen. Endlich releviere auch nicht die Berufung v. Bar's auf die römischen Quellen, denn das Strafrecht habe es lediglich mit dem Individuum zu thun, weshalb der *bonus pater familias* als abstrakter Mustermann für dieses Recht keine Bedeutung beanspruchen könne.

Gegen meine Kausalität, sowie gegen betreffende Aussprüche Binding's in den Normen Bd. I richtet sich nun die Abhandlung in der österreichischen Zeitschrift von Grünhut, Bd. IV, 1877, unter dem Titel: „Zur Lehre von der Culpa und dem Kausalzusammenhang im Straf- und Civilrecht", in welcher v. Bar seine Theorie unter Berufung auf eine inzwischen angeblich stattgefundene Billigung Wharton's aufrecht erhält — unerachtet des, wie die Abhandlung selbst zugiebt, lebhaft gegen dieselbe von der deutschen Strafrechtswissenschaft erhobenen Widerspruches.

Direkt gegen meine Theorie wird lediglich ausgeführt S. 55: „so sei und bleibe notwendig der Schuldbegriff der modifizierte

Kausalbegriff, und es erscheine ganz unzulässig, die rechtliche Schuld und den äußeren Kausalzusammenhang, soweit er rechtlich in Betracht kommen solle, getrennt von einander zu denken. Denkbar und wissenschaftlich erforderlich sei freilich eine abgesonderte Betrachtung über den Zustand eines Individuums, in welchem ein von ihm ausgehender Impuls seinem Willen solle zugerechnet werden können, mit anderen Worten eine abgesonderte Untersuchung über die Zurechnungsfähigkeit des Individuums. Allein sobald man anfange, von dieser Möglichkeit der Zurechnung auf das Gebiet der Wirklichkeit der Zurechnung überzugehen, da sei es eben der im Begriff der Wirklichkeit liegende Zusammenhang von Ursache und Wirkung, den man als maßgebend für die Zurückführung der letzten in Betracht kommenden Wirkung, des sogenannten Erfolges, für die Zurechnung auch rechtlich anerkennen müsse; und nur darum könne es sich handeln, diesen wirklichen Zusammenhang, der wegen des unendlichen Zusammenhanges aller Dinge unendlich weit sich erstrecke und verzweige, nach rechtlichen Gesichtspunkten zu beschränken. Wolle man das nicht und glaube man vielmehr den Kausalzusammenhang abstrahierend von aller rechtlichen Erwägung rein objektiv, natürlich, fassen und die Schuld allein auf das Individuum basieren zu können, so bleibe einerseits für den Kausalzusammenhang kein anderer Begriff als der des Bedingtseins übrig, d. h. der Kausalzusammenhang erstrecke sich unendlich weit — alles, was meine Thätigkeit bedinge, durch eine noch so sonderbare Verkettung der Umstände durch meine Thätigkeit mit herbeigeführt werde, sei meine Schuld — und andererseits für die Schuld nur die innere Übereinstimmung des Individuums mit dem wirklich Geschehenen, d. h. die Freude, die Billigung des Geschehenen, sofern es sich um Dolus, das individuelle Vorhersehen, sofern es sich um Culpa handle, maßgebend. Und wirklich sei dies der Standpunkt v. Buri's."

Erscheint nun aber eine getrennte Betrachtung des Kausalzusammenhanges und der Verantwortlichkeit für denselben denkbar und wissenschaftlich erforderlich — womit übrigens v. Bar im Gegensatz zu seiner Schrift über Kausalität ein Zugeständnis macht — so muß sich dieselbe unbedingt auch im Leben durchführen lassen können. Das Recht vermag zwar die Grenzen, innerhalb welcher für den Kausalzusammenhang gehaftet werden muß, zu bestimmen, aber daß es auch den Kausalzusammenhang selbst einschränken, daß es sagen könnte, es solle ein Kausalzusammenhang nicht vorliegen, wo derselbe an sich nicht geleugnet werden darf, ist undenkbar. Daß sich der Kausalzusammenhang sehr weit in die

Vergangenheit und Zukunft erstrecken kann, steht richtig; aber wenn er auch bis zu den Stammeltern des Menschengeschlechts zurückreicht, so schadet das nichts, da er rechtlich doch nur so weit in Betracht kommt, als er sich in dem Bewußtsein des Thäters reflektiert hatte. Und im Falle in der Gegenwart eine Handlung unternommen wird, welche nach abermals 6000 Jahren den Erfolg herbeiführt, so muß der Thäter doch *sp. sp.* demnächst dafür gestraft werden können, wenn er den ganzen Kausalverlauf bis dorthin übersehen hatte. Wie aber kann sodann v. Bar, da er selbst eine getrennte Betrachtung von Kausalzusammenhang und Schuld für richtig hält, zu der Behauptung kommen, der Thäter müsse dann auch für die unerwartetste Entwickelung des Kausalzusammenhanges unter allen Umständen als für seine Schuld einstehen? In seiner Kausalität fragt er, ob man den Arzt, welcher durch eine fehlerlose Operation den von ihm als wahrscheinlich bevorstehend vorausgesehenen Tod des Kranken herbeigeführt habe, der Tötung schuldig sprechen wolle. Ich habe hierauf in meiner Kausalität erwidert: sicherlich nicht; aber ebenso gewiß erscheine hier der Arzt als Urheber (Ursacher) des Todes. Hierbei hätte es v. Bar wohl bewenden lassen können. Endlich bedarf die Behauptung, daß nach meiner Theorie schon die Freude, die Billigung des Geschehenen für den Kausalverlauf haftbar mache, kaum einer Widerlegung, da sie ausdrücklich den dolos oder fahrlässig auf die Verursachung des Erfolges gerichteten Willen als die Quelle der Haftbarkeit für denselben voraussetzt.

Nach dem Gesagten erscheint es geradezu selbstverständlich, daß der Kausalzusammenhang ganz der nämliche ist, es mag demselben ein doloser oder fahrlässiger Wille zu Grunde liegen. Hierdurch werde es aber, meint v. Bar S. 57, unmöglich, die Haftung im Falle des Dolus weiter auszudehnen wie im Falle der Culpa. Zum Beweise der Richtigkeit seiner hierin enthaltenen Ansicht wird erörtert, wenn der Dienstbote doloser Weise die Hausthüre offen stehen lasse, damit sein Dienstherr ermordet werde, so erscheine er als Gehilfe; im Falle ihm aber nur Fahrlässigkeit zur Last falle, könne er nicht wegen fahrlässiger Tötung bestraft werden. War jedoch der Dienstbote in, wie er selbst annahm, glaubhafter Weise aufgefordert worden, die Thüre in der folgenden Nacht offen stehen zu lassen, damit sein Herr ermordet und beraubt werden könne, er vergaß aber dann, noch obendrein vielleicht unerachtet einer ausdrücklichen Weisung seines Herrn, die von demselben zu seinem Schutze verschlossene, von ihm selbst dann aber zur Besorgung des Haushaltes wieder geöffnete Thüre, wieder zu verschließen, so dürfte denn doch wohl seine Strafbarkeit für fahrlässige Tötung nicht zu bezweifeln sein. Jedenfalls ist nicht ersichtlich, wie das mitverursachende Offenstehen der Thüre ein anders gestaltetes sein könnte, je nachdem demselben Dolus oder Culpa zu Grunde liegt. Namentlich aber soll diese von mir am schärfsten vertretene Theorie für das Civilrecht unanwendbar sein. Dagegen ließe sich jedoch erwidern, daß das Strafrecht keine Sorge für das Civilrecht zu tragen habe, und ich denke noch den Beweis zu liefern, daß diese Behauptung nicht einmal richtig ist.

Gegenüber der mit dieser Ausführung verbundenen Bemerkung, die Unbefangenheit, mit welcher ich die erschreckendsten Konsequenzen aus meiner Theorie gezogen habe, könne immerhin vielleicht als ein wissenschaftliches Verdienst, wenn auch vielleicht negativer Art, betrachtet werden, genügt ja wohl die Hinweisung auf den Ausspruch Binding's in der Rezension meiner Kausalität, Jenaer Litteraturzeitung 1874 Nr. 47, die erwähnte Schrift v. Bar's sei so unmethodisch und flüchtig gearbeitet, daß eine nähere Beschäftigung mit derselben die Mühe nicht lohne. Die fernere Behauptung v. Bar's, daß Geyer mit Recht auf meine Theorie den Spruch angewendet habe, „an ihren Früchten sollt ihr sie erkennen", ist unrichtig. Denn die betreffende Bemerkung hat derselbe im Angriff auf meine citierte Abhandlung, Goltdammer's Archiv 1863, vorgebracht — mir jedoch dann auf die Erwiderung, daselbst 1866, keine Antwort mehr erteilt — nicht aber gegen meine Kausalität von 1873. An diese aber hätte sich v. Bar halten sollen, da sie sich speziell gegen ihn wendet.

Auf die materielle Widerlegung der in meiner Kausalität gegen seine Theorie erhobenen Einwendungen, hat sich v. Bar nicht eingelassen. Er meint nur (Nr. 25), meine Polemik beruhe nur darauf, daß ich Beispiele aufgestellt und dann behauptet habe, er müsse dieselben nach seiner Theorie falsch entscheiden. Wie hätte aber dann Binding (a. a. O.) diese Polemik für schlagend erklären können? Und wenn S. 59 behauptet wird, die von mir aufgestellten Fälle seien erdichtet und darum nicht beweisend, so wäre zu bemerken, daß die wenigen von mir besprochenen Fälle vorzugsweise solche sind, welche er selbst in seiner Kausalität aufgestellt hat. In Nr. 25 wird mir zugleich ein weiterer Vorwurf von v. Bar gemacht. Er habe in seiner Kausalität ausgeführt: ein Wirt, welcher seinem zurechnungsfähigen Gaste schwer verdauliche Speisen vorsetze und ihn auffordere, dieselben zu genießen, sei nicht verantwortlich, wenn sich derselbe durch den Genuß dieser Speisen eine Krankheit zuziehe, er brauche den Gast nicht zu warnen. Ich aber habe unbemerkt an die Stelle des Wirtes den Arzt gesetzt, dessen Verantwortlichkeit natürlich aus anderem Gesichtspunkt beurteilt werden müsse. Auch hier aber muß ich wieder behaupten, daß das unrichtig ist. Ich habe vielmehr ganz offen zu diesem und anderen Beispielen (S. 74) gesagt, sicherlich hafte in solchem Falle der Arzt. So verhalte es sich aber auch in allen von v. Bar aufgeführten Beispielen, wenn nur wirklich eine Fahrlässigkeit vorliege. D. h. also für den konkreten Fall, wenn der Wirt gewußt habe, daß bei der schwächlichen Konstitution des Gastes demselben die von ihm vorgesetzten Speisen eine Krankheit verursachen könnten — namentlich wenn ihm etwa die Unverdaulichkeit der Speisen und die schwächliche Konstitution des Gastes besser als diesem selbst bekannt gewesen wären. Entspricht es denn etwa der Regel des Lebens, daß ein boshafter Wirt ruhig mit zusehen dürfte, daß die seinen Gästen vorgesetzten Speisen dieselben schädigen möchten? Und wenn das sicherlich der Fall nicht ist, so hätte gerade v. Bar am wenigsten Ursache, die Haftbarkeit des Wirtes hier in Abrede zu stellen. Es ist eben eine Eigentümlichkeit der von ihm in seiner Kausalität vorgeführten Beispiele, daß sie nach ihrer besonderen faktischen Beschaffenheit das Gesagte zu unterstützen scheinen, weil in dem konkreten Fall, wie gerade bei dem besprochenen Wirte, das Gegenteil nicht leicht angenommen werden kann. Wollte man aber *a priori* die Haftbarkeit in solchen Fällen leugnen, so würde hier auch eine Strafbarkeit für Dolus nicht konstruierbar sein. — Diesen Vorwürfen gegenüber habe ich die Art und Weise zu charakterisieren, wie v. Bar selbst bei seiner Polemik verfährt. In meiner Kausalität (S. 10) habe ich gesagt: angenommen ein Reisender stehe bei Nacht auf einem Scheidewege. Der eine Weg führe zu seinem Ziele, der andere in einen Abgrund. Dann könne, während er noch unentschieden sei, wie er sich aus der Verlegenheit helfen solle, niemand auch nur annähernd vorher wissen, ob derselbe demnächst den richtigen oder den falschen Weg einschlagen werde. Bezeichne ihm nun ein anderer den falschen Weg als den richtigen, damit er in den Abgrund stürzen und dann beraubt werden solle, so werde denn doch behauptet werden müssen, daß derselbe, obwohl sich „nicht" sagen lasse, er habe einen regelmäßigen Verlauf von Erscheinungen abgeändert, den hierdurch herbeigeführten Tod strafbar verursacht habe. Man erkennt, daß durch dieses Beispiel das von v. Bar aufgestellte Prinzip, nur derjenige hafte für den Erfolg, welcher den regelmäßigen Verlauf von Erscheinungen abgeändert habe, als unzulänglich nachgewiesen wird, und es hätte darum von ihm aufmerksam geprüft werden müssen. Aber er referiert dasselbe gerade umgekehrt dahin (Nr. 25), ich habe behauptet, es müsse in dem vorliegenden Falle angenommen werden, der Raterteilende habe den regelmäßigen Verlauf von Erscheinungen abgeändert. Wenn sodann zu diesem Beispiel gefragt wird, wie ich entscheiden würde, im Falle der betreffende Rat nicht dolos, sondern nur culpos erteilt worden wäre, so antworte ich einfach: jede culpose Wirksamkeit macht strafbar, und es würde darum auch in dem vorliegenden Falle die Strafbarkeit nicht zu bezweifeln sein, wenn der Raterteilende die Befolgung seines Rates als möglich hätte unterstellen müssen. Daß das Civilrecht nur den dolosen Rat für schadenersatzpflichtig erklärt, beruht auf einer Anschauung, welche das Strafrecht nicht interessiert.

Endlich behauptet v. Bar S. 42, ich habe bei vielen der von mir gezogenen Resultate schon sehr erheblichen Widerspruch erfahren — wovon in betreff meiner Kausalität das Gegenteil der Fall ist — und mich unbemerkt vielfach genötigt gesehen, auf die Regel, das Regelmäßige in den Folgen einer Handlung, das entscheidende Gewicht zu legen — ein Anerkenntnis, mit welchem man sich zufrieden geben könne. Zum Beweise dieser letzteren Behauptung wird lediglich auf S. 88 ff. meiner Kausalität verwiesen. Aber ich glaube, es geht hier v. Bar wie dem Richter, welcher sich an einen formellen Verstoß klammert, um nur ja nicht das Materielle der Sache prüfen zu müssen. Verständlicher hätte ich mich allerdings ausdrücken sollen. An der betreffenden Stelle wird zu §§ 52, 54 des St.G.B. gesagt: innerhalb seiner Definitionen stütze sich, wie dies auch gar nicht anders sein könne, das St.G.B. auf die Regel des Lebens. Was unter einer unwiderstehlichen Gewalt, einer nicht abwendbaren gegenwärtigen Gefahr, einem nicht zu beseitigenden Notstand verstanden werden müsse, dafür werde der geeignete Maßstab „unter Berücksichtigung der Individualität" nur in der Feststellung gefunden werden können, wie andere standhafte Menschen unter gleichen Verhältnissen gehandelt haben würden. Und das ist auch unzweifelhaft richtig. Denn der Richter muß zunächst ermitteln, welche Ansprüche das Gesetz überhaupt erhebt, bevor er zu der Prüfung übergeht, ob diesen Ansprüchen *in concreto* Genüge geleistet sei. Findet er, daß dies nicht geschehen, so hat er aber dann noch die weitere Prüfung vorzunehmen, ob das betreffende Individuum auch im stande gewesen sei, die erhobenen Ansprüche zu erfüllen, also die Regel des Lebens zu befolgen. Darum ist es aber auch die besondere Beschaffenheit des Individuums, welche hier den Ausschlag giebt, und nicht (s. unten) die Regel des Lebens im Sinne v. Bar's.

Die eigene Theorie v. Bar's geht in seiner citierten Abhandlung wiederholt von der Identität der Schuld des *bonus pater familias* mit der kriminalistischen Schuld aus, und ich muß wiederholt entgegnen, daß diese Gleichstellung — obwohl der Kausalzusammenhang selbst für Civilrecht und Strafrecht natürlich der nämliche ist — nicht zulässig erscheinen kann. Hat jemand durch einen anderen einen Schaden erlitten, so fragt das Civilrecht, ob ihm derselbe ersetzt werden soll oder nicht, ob also er oder der Schadenstifter den Schaden zu tragen habe. Mag es nun hierbei auch gegenwärtig für selbstverständlich erachtet werden, daß die von einem Unzurechnungsfähigen, einem Wahnsinnigen etwa, angerichtete Beschädigung von dem Beschädigten als Zufall zu tragen ist, so kann doch weiterhin die Frage, wer den Schaden tragen soll, nicht von der besonderen Individualität des Schadenstifters abhängig gemacht werden. Denn der Beschädigte ist ohne alle Schuld an der geringen Einsicht desselben, die ihn die Unverträglichkeit seiner Handlung mit den Interessen eines Nebenmenschen nicht erkennen ließ. Es erscheint darum, da nun einmal die betreffende Frage mit Notwendigkeit entschieden werden muß, zweifellos angemessener, demjenigen den Schaden aufzubürden, welcher ihn verursacht hat — auch im Falle ihn dieserhalb eine Schuld im Sinne des Strafrechts nicht treffen sollte. Auf der anderen Seite hat jedoch auch das Civilrecht zu berücksichtigen, daß die Handlungsfähigkeit des Individuums, der menschliche Verkehr überhaupt, geradezu unmöglich gemacht werden würde, wenn jede verursachte Beschädigung, auch die außer aller Berechnung gelegene, ersetzt werden müßte. Es hat sich daher aus diesen beiden Erwägungen der Satz festgestellt, daß die Handlung eines *bonus pater familias*, eines besonnenen Mannes, für den dennoch herbeigeführten Schaden nicht haftbar zu machen sei. Insoweit tritt also an die Stelle der Person des Schadenstifters die aufgestellte Regel, die abstrakt gedachte Persönlichkeit des *bonus pater familias*, nach welcher beurteilt werden soll, wer den Schaden zu tragen habe. Nun wird aber der *bonus pater familias* anstandslos jede Handlung vollziehen, von welcher er die Beschädigung eines anderen nicht als möglich vorhersehen kann, und es beruht daher die Qualität desselben mit Notwendigkeit auf der Vorhersehbarkeit und bezw. der Nichtvorhersehbarkeit der Beschädigung.

Die Regel, daß die Handlung eines *bonus pater familias* nicht schadensersatzpflichtig mache, giebt zugleich darüber Auskunft, wie es sich verhalte, wenn eine demselben nicht angemessene Handlung Schaden gestiftet hat. Denn insolange man sich von einer Prüfung der besonderen Individualität des Schadenstifters entbinden will, kann von ihm keine größere Fähigkeit vorausgesetzt werden, als eben ein *bonus pater familias* besitzt. Daraus aber ergiebt sich denn wohl im allgemeinen, daß das der abstrakten Regel zuwiderhandelnde Individuum nur dann und nur insoweit für den angerichteten Schaden verhaftet ist, wenn und insoweit denselben ein *bonus pater familias*, im Falle er an dessen Stelle gestanden hätte, als möglich vorhergesehen haben würde; daß das Individuum namentlich also nicht haftet, im Falle die Beschädigung aus besonderen Komplikationen der Verhältnisse oder in größerem Umfang erwachsen ist, wie solches von der Vorhersehbarkeit eines *bonus pater familias* umfaßt gewesen sein konnte.

Nun kann es aber durch die Aufstellung der Regel, daß jedermann wenigstens so viel Fähigkeit für das Rechtsleben besitzen müsse wie ein *bonus pater familias*, weil ihm ein Besitz geringerer Fähigkeiten nur zu eigenem Nachteil gereichen solle, im allgemeinen nicht untersagt sein, einen Schadenstifter auf seine wirkliche Individualität zu untersuchen und ihn, im Falle er mit seinen Fähigkeiten einen *bonus pater familias* überragt, er also eine Schadensstiftung als Folge seiner Handlung mit einiger Aufmerksamkeit da vorausgesehen haben würde, wo sie demselben verborgen geblieben wäre, für haftbar zu erachten. Denn es läßt sich nicht begreifen, warum der durch unterlassene Anwendung seiner hervorragenderen Fähigkeiten von dem Schadenstifter zugefügte Schaden dem Beschädigten nicht ersetzt werden soll, und man würde anderenfalls auch nicht zur Begründung einer besonderen Haftbarkeit für Dolus gelangen können.

Insoweit tritt dann das Civilrecht unter gleiche Beurteilung mit dem Strafrecht in Ansehung der Culpa sowohl wie des Dolus. In betreff des Umfanges der Ersatzverbindlichkeit für den angerichteten Schaden freilich ist es für das Civilrecht gleichgültig, ob demselben Dolus oder Culpa zu Grunde liegt. Auch darin stimmt wohl die civilistische Culpa mit der strafrechtlichen überein, daß die Haftbarkeit des Fahrlässigen durch eine hinzugetretene, von ihm als möglich vorausgesehene, oder ihm doch voraussehbar gewesene Culpa eines dritten nicht beseitigt wird. Daß aber im Falle einer konkurrierenden, dem Schadenstifter sogar voraussehbar gewesenen, Culpa des Beschädigten sich diese Haftbarkeit nicht allein, wenn lediglich die Regel des *bonus pater familias* in Frage kommt, sondern auch wenn es sich um persönliche Culpa handelt, beseitigen soll, beruht auf dem für die Rechtsverletzung im Strafrecht nicht verwendbaren Gesichtspunkt, daß in diesem Falle der Beschädigte seinen Schaden durch Unterlassen seiner fahrlässigen Thätigkeit hätte vermeiden können, daß er ihn also durch die Vornahme dieser Thätigkeit selbst verschuldet hat und darum keinen Ersatz verlangen kann. Es erscheint wohl mehr als eine moralische Würdigung des Sachverhaltes, daß das Gleiche unterschiedslos bei Dolus auf Seiten des Schadenstifters nicht der Fall sein soll. Denn das Moment der Verursachung wird hierdurch nicht abgeändert. Nur im Falle der Dolose die Fahrlässigkeit des Beschädigten ausdrücklich oder stillschweigend in Berechnung gezogen hätte, würde streng genommen seine Haftbarkeit nicht als beseitigt angesehen werden dürfen.

Nach strafrechtlicher Auffassung handelt es sich hingegen in keiner Weise um die Frage, wer den Schaden tragen soll, und liegt eine ideale Rechtsverletzung überhaupt erst dann vor, wenn sie ihre Quelle in der individuellen Verschuldung findet. Ist dies nicht der Fall, so mag immerhin ein Schaden gestiftet worden und der Thäter hierfür auch nach der Regel des *bonus pater familias* ersatzpflichtig sein, Strafe aber kann unter keinen Umständen eintreten. Denn für die Verschuldung eines Individuums giebt es keinen allgemeinen Maßstab, sie läßt sich nicht nach der Persönlichkeit eines anderen, nicht nach einem Normalmenschen ermessen. Nur aus seiner eigenen Persönlichkeit heraus kann beurteilt werden, ob es so gehandelt hat, wie es hätte handeln sollen und können, ob dasselbe überhaupt Strafe treffen und wie hoch dieselbe eventuell innerhalb des Strafrahmens gegriffen werden soll. Darum kann auch der *bonus pater familias* des Civilrechtes für das Strafrecht keine Anwendung finden, während allerdings die Schuldstufen der Culpa und des Dolus für beide Rechte gemeinsam sind, da hier auch das Civilrecht nicht die abstrakte Rechtsregel, sondern lediglich die Persönlichkeit des Individuums in Betracht zieht. — Der gegen mich (Note 43a) in dieser Richtung erhobene Vorwurf, die römischen Quellen unrichtig beurteilt zu haben, führt v. Bar zu der Behauptung, die Culpa werde nach römischem Sprachgebrauch geleugnet, nicht allein im Falle es an dem erforderlichen Kausalzusammenhang fehle, sondern auch im Falle die Handlung überhaupt tadelfrei sei — als wenn sich dies etwa gegenwärtig anders verhielte. Daß insonderheit nach Römischem Rechte durch die konkurrierende Culpa des Beschädigten der Kausalzusammenhang selbst nicht aufgehoben, sondern nur die Verantwortlichkeit für denselben beseitigt wird, ist auch von dem Oberhandelsgericht (Bd. II, S. 387, Note) unter der ganz richtigen Bezugnahme darauf ausgesprochen worden, daß sich anderenfalls die Haftbarkeit für dolose Beschädigung bei konkurrierender Culpa des Beschädigten nicht erklären lassen würde.

Von v. BAR aber wird im Gegensatz zu diesen Ausführungen angenommen, daß die Entscheidungsnorm für die Annahme oder Nichtannahme einer Culpa — einerlei ob der civilistischen oder strafrechtlichen — nicht in der Möglichkeit eines Vorhersehens des schädlichen Erfolges, sondern in dem Verhalten zu finden sei, welches ein sorgsamer Mann, der *bonus pater familias*, unter den fraglichen Umständen zu beobachten pflege. Übersehen wird hierbei sofort, daß, wie gezeigt, die Qualität des *bonus pater familias* doch auch nur von der ihm möglichen Voraussehbarkeit der schädlichen Folgen seiner Handlung abgeleitet werden kann. Wäre es aber auch ausführbar, die Regel des *bonus pater familias* im Absehen von dieser Voraussehbarkeit festzustellen, so würde doch hiermit zugleich gesagt werden, daß für die civilistische Ersatzpflicht diese Voraussehbarkeit der Folgen überhaupt bedeutungslos erscheine und somit hier auch die Anwendbarkeit der Formen der persönlichen Verschuldung durch Culpa und Dolus durchaus entfalle. Bezw. es könnten diese Schuldstufen außer allem Zusammenhang mit dem Erfolge nur in der unentschuldbaren oder sogar vorsätzlichen Nichtbeachtung der Regel des Lebens gefunden werden, dergestalt, daß die entschuldbare Nichtbeachtung befreiend wirken müßte, womit man denn allerdings auch mit v. BAR zu dem Satze gelangen würde, wer der Regel des *bonus pater familias* entsprechend gehandelt habe, sei für den dennoch herbeigeführten Erfolg nicht verhaftet, sollte derselbe sogar auch von ihm vorhergesehen gewesen sein. Für seine Meinung, es müsse eine Voraussehbarkeit der Folgen in betreff der Culpa bedeutungslos erscheinen, beruft sich v. BAR darauf, daß man anderenfalls von der Anlegung von Eisenbahnen u. s. w. absehen müsse, weil dann der Unternehmer solcher Anlagen für alle schädlichen Folgen haftbar sei. Denn die Statistik lehre, daß sich auf jeder Eisenbahn Unglücksfälle ereigneten, und es seien darum dieselben auch dem Unternehmer von vornherein mit einiger Wahrscheinlichkeit voraussehbar gewesen. Es wird jedoch hierbei außer Beachtung gelassen, daß es im Strafrecht eine solche Generalculpa, die jeder menschlichen Handlung unterliegen müßte, nicht giebt, daß vielmehr bezüglich eines jeden einzelnen Unglücksfalles untersucht werden muß, ob gerade er bei einiger Aufmerksamkeit hätte vorausgesehen werden können. Darum haftet sogar derjenige nicht ohne weiteres für alle schädlichen Folgen, welcher ohne die vorgeschriebene Erlaubnis der Verwaltungsbehörde — also der Regel des Lebens zuwider — gefährliche Anlagen errichtet, insofern nur die Anlage fehlerlos, also anzunehmen war, daß schädliche Folgen vermieden werden könnten. Es releviert daher auch nicht das von v. BAR angeführte Beispiel: ein störriges und oft schlagendes Pferd wird an einen Omnibus eingespannt. Die Sache ist hundertmal gut gegangen, nun aber schlägt das Pferd ein Brett aus dem Omnibus heraus und eine in demselben sitzende Person wird beschädigt. Die kriminelle Haftbarkeit soll hier zweifellos sein, weil die Unwahrscheinlichkeit des schädlichen Erfolges nicht als Entschuldigung für das einem *bonus pater familias* nicht angemessene Verhalten betrachtet werden könne. In Wirklichkeit wird jedoch das Strafrecht sehr bestimmt in Erwägung ziehen, ob der Kutscher, als er das Pferd zu der unglücklich ausgefallenen Fahrt einspannte, bei gehöriger Aufmerksamkeit den Erfolg mit einiger Wahrscheinlichkeit hatte voraussehen können. Und wenn schon hundertmal vorher ein Schaden nicht eingetreten war, so wird sich eine kriminelle Fahrlässigkeit kaum annehmen lassen, weil hiermit der Verdacht, daß das Pferd störrig sei oder schlage, überhaupt beseitigt wäre. Auch ein *bonus pater familias* würde sich hier kaum besinnen, ob er ein solches Pferd einspannen dürfe. Endlich ist auch die Schlußfolgerung v. Bar's sicher hinfällig, hätte man es bei der Culpa nicht mit einem abstrakten Maßstab zu thun, so würde man der Entschuldigung Wirksamkeit beilegen müssen, daß auch ein sorgsamer Mann ausnahmsweise weniger sorgsam verfahre.

„Siegesgewiß, aber wie oft ohne Begründung", fährt v. Bar in § 2 fort, es sei auch für das Strafrecht unmöglich, auf die persönliche Fähigkeit, auf das Maß der Erfahrung, Besonnenheit und Umsicht, welches dem einzelnen zu Gebote stehe, Rücksicht zu nehmen. Eine solche Jurisprudenz müsse von den traurigsten Folgen für die Sicherheit der Personen und des Eigentums, ja die gesamte geistige und sittliche Entwickelung des Volkes begleitet, es würde der Willkür Thür und Thor geöffnet, dem Strafrecht alle Wirksamkeit versagt sein, und der Begriff der Culpa sich in unfaßbaren Nebel verflüchtigen. Nur der Einsichtige würde die Folgen seiner Handlung zu fürchten haben, der Unwissende rechtlicher Unverantwortlichkeit sicher sein, obgleich doch in der Mehrzahl der Fälle behauptet werden könne, daß der Dumme und Unerfahrene früher, wenn er nur ernstlich gewollt hätte, ein besseres Maß von Einsicht und Verstand sich hätte verschaffen können. Es lautet diese Erörterung gerade so, als wenn sich der Dumme und Unerfahrene lediglich darum in seinem Besitzstande erhalte, um sich nicht strafrechtlich verantwortlich zu machen, als sei die Furcht vor krimineller Strafe ein Bildungsmittel für den Intellekt, und sie wird um so unverständlicher, weil dann dennoch die geminderte Zurechnungsfähigkeit für berücksichtigenswert erklärt wird. Da hätte man jedenfalls von v. Bar erfahren sollen, wo die bloße Dummheit und Unerfahrenheit aufhört und die geminderte Zurechnungsfähigkeit anfängt. Und wenn es richtig ist, daß die volle Zurechnungsfähigkeit sich in unmerklichen Abstufungen nach und nach bis zum Nullpunkt abschwächen kann, so läßt sich eine solche Grenze von vornherein gar nicht bestimmen. — Die Frage, ob es denn auch vom allgemeinen rechtsphilosophischen und vom strafrechtlichen Standpunkt aus gerecht erscheine, nur auf die äußeren Umstände, nicht aber auf die persönliche Fähigkeit des Handelnden Rücksicht zu nehmen, sei von Wharton nicht beantwortet worden — man begreift darum auch nicht, wie sich v. Bar für die Richtigkeit seiner strafrechtlichen Theorie auf diesen Schriftsteller berufen kann — sie müsse aber verneint werden. Dennoch wird sofort weiter behauptet, möge es auch hin und wieder vorkommen und vorkommen müssen, daß in der That ein geistig zurückgebliebener Mensch für einen Erfolg strafrechtlich verantwortlich gemacht werde, welchen eine absolute Gerechtigkeit nicht auf dessen Rechnung setzen würde, so sei das eine notwendige Unvollkommenheit menschlicher Justiz, die man in den Kauf nehmen müsse. (!)

Ebensowenig, meint v. Bar, wie die geringere Befähigung dem Individuum nütze, so wenig könne aber auch aus einer größeren, diejenige des *bonus pater familias* übersteigenden, Befähigung ein besonderer Anspruch gegen dasselbe hergeleitet werden. Aus dieser nicht näher begründeten Behauptung wird dann der Satz gefolgert, als eine besonders schwere Fahrlässigkeit könne es nicht angesehen werden, wenn der Handelnde sich die Möglichkeit eines schädlichen Erfolges vorgestellt gehabt, gleichwohl aber in der unbegründeten Hoffnung, der Erfolg werde nicht eintreten, die culpose Thätigkeit vorgenommen habe. Dieser Satz ist denn auch bezw. an sich richtig, aber die Herleitung desselben aus der Erwägung, es sei ganz gleichgültig für die Culpa, ob der Erfolg als möglich vorausgesehen gewesen wäre, oder ob ihn der Handelnde nicht als möglich hätte voraussehen können, falsch. Daß die Luxuria nicht stets eine größere Verschuldung repräsentiere als die Culpa, habe ich bereits in meiner Teilnahme und Begünstigung, 1860, S. 27 (s. auch meine Abhandlung, Gerichtssaal 1870, S. 14) der damaligen Theorie gegenüber — noch Köstlin, System, fand in der Luxuria sogar eine Zwischenstufe zwischen Dolus und Culpa — von dem Gesichtspunkt aus dargelegt, daß für die Bemessung des höheren Grades der Fahrlässigkeit die Voraussicht des Erfolges nicht allein maßgebend erscheine, sondern hierbei gerade auch die für begründet gehaltene Möglichkeit, denselben abwenden zu können, als die Möglichkeit seines Eintretens ganz oder doch teilweise paralysierend, in Betracht gezogen werden müsse, sonach aber der Vorwurf, den Erfolg nicht als möglich vorausgesehen zu haben, sogar eine größere Fahrlässigkeit enthalten könne. Als Beispiel hierfür war aufgestellt worden: Ein Postillon sieht einen anderen betrunkenen Postillon sich entgegenfahren. Er erwägt, daß, wenn er schnell zufährt, ein Zusammenstoß der Wagen erfolgen kann. Dennoch, vielleicht von der Zeit gedrängt, thut er es im Vertrauen, daß es ihm bei seiner oft bewährten Geschicklichkeit möglich sein werde, dem anderen Wagen auszuweichen. Allein, obgleich er die Zügel fest in die Hand nimmt, erfolgt doch der Zusammenstoß und Verletzung der Reisenden. Daß der Postillon hier strafbarer sein sollte, als wenn er mit dem Bewußtsein der Betrunkenheit des anderen sich die Möglichkeit eines Zusammenstoßes der Wagen nicht klar gemacht hätte, und deshalb, ohne sich darauf zu rüsten, diesem Unglücksfalle vorzubeugen, auf den anderen Wagen zugefahren wäre, dürfte schwer begreiflich sein. — Bei den hochgespannten Anforderungen, welche an und für sich schon an den *bonus pater familias* gemacht werden, wird es im Civilrecht regelmäßig allerdings nicht zur Berücksichtigung einer individuellen Culpa kommen; wohl aber wird dieser Gesichtspunkt bei Sachverständigen zu berücksichtigen sein. Und daß denselben auch von v. Bar eine höhere Verantwortlichkeit am Schlusse des § 2 zugemessen wird als die gewöhnliche, beweist trotz aller Bemäntelung einen Abfall von der Behauptung, daß lediglich das Prinzip des *bonus pater familias* und der Bedeutungslosigkeit einer Voraussehbarkeit des Erfolges entscheidend sei.

In § 3 giebt jetzt v. Bar eine interessante Auffassung der Regel des Lebens. Es geht jedoch auch aus dieser Schilderung, namentlich aus den späterhin mit bezug auf Wharton angeführten Beispielen — in welchen es öfters ganz willkürlich ist, ob man die betreffende Regel als befolgt ansehen will oder nicht — zugleich unzweifelhaft hervor, daß man dieselbe wegen ihrer Kompliziertheit und Verschwommenheit für das Strafrecht nicht verwenden kann. Denn ein durchaus verzeihlicher Irrtum des Handelnden müßte ja nach der Ansicht v. Bar's hierbei ganz unberücksichtigt bleiben.

Als ein Zugeständnis gegenüber seiner Kausalität wird es ferner bezeichnet werden müssen, daß in absolut philosophischem Sinn die Ursache einer Erscheinung nichts anderes als der Inbegriff oder die Summe aller Bedingungen dieser Erscheinung sei, und man daher in diesem Sinne nicht zwischen Ursache und Bedingung unterscheiden könne. Aber für die praktische Verwertung des Rechtes müsse Bedingung von Ursache unterschieden werden. Und zwar müsse man zu diesem Behufe eine von den verschiedenen Bedingungen der

Erscheinung herausnehmen und dieselbe im Gegensatz zu den übrigen Bedingungen als Ursache bezeichnen. Es sei aber Ursache einer Erscheinung diejenige Bedingung derselben, „welche wir uns denken als unterbrechend den sonst von uns vorausgesetzten regelmäßigen Verlauf von Erscheinungen“, unter welcher Erörterung (No. 24a) verstanden werden soll, daß diejenige den regelmäßigen Verlauf der Erscheinungen unterbrechende Bedingung Ursache sei, und darum im Gegensatz zu den Bedingungen ausschließlich die Haftbarkeit für den Erfolg nach sich ziehe, welche der *bonus pater familias* nicht als wahrscheinlich vorausgesehen haben würde. Abgesehen nun davon, daß nunmehr hier dennoch für die Regel des *bonus pater familias* auf die Voraussehbarkeit und bezw. Nichtvoraussehbarkeit der Folgen der Handlung reflektiert wird, so muß ich bei der Gleichwertigkeit aller Bedingungen für die Entstehung einer konkreten Erscheinung auch noch fernerhin dabei beharren, daß die Behauptung von Stuart Mill, es sei ein willkürliches Verfahren, eine von diesen Bedingungen herauszuwählen und sie als Ursache über die anderen zu stellen, durchaus richtig ist. Es ist nicht begreiflich, wie einer mit anderen objektiv gleichwertigen Bedingung dadurch ein höherer objektiver Wert als den anderen Bedingungen erwachsen könnte, daß die Vorhersehbarkeit derselben einem *bonus pater familias* unmöglich war, und daß durch eine solche nicht voraussehbar gewesene Bedingung der Kausalzusammenhang, also die bloße Verknüpfung von Thatsachen, unterbrochen würde — wie also die Subjektivität, die auch mit dem *bonus pater familias* untrennbar verknüpft ist, eine solche Macht über die Objektivität besitzen sollte. — Weiter wird von v. Bar behauptet, meine Ansicht, man könne einen Kausalzusammenhang nicht juristisch oder moralisch untersuchen, müsse dahin führen, daß auch der Mörder nicht als Ursache des Todes des Gemordeten angesehen werden dürfe, mithin die juristische Imputation ganz entfalle. Das könnte jedoch nur dann richtig sein, wenn man sich mit ihm die Verschuldung und den Kausalverlauf als eine Einheit vorstellt. — Daß nicht jede Bedingung Ursache sei, glaubt v. Bar damit beweisen zu können, daß niemand auf die Frage nach der Ursache der Niederlage einer Heeresabteilung die Antwort erteilen werde, weil die Feinde von ihren Waffen Gebrauch gemacht hätten, obwohl doch allerdings physisch betrachtet die Niederlage durch den Waffengebrauch der Feinde verursacht worden sei. Aber die Gleichwertigkeit dieses Waffengebrauches mit etwa der unterlassenen Wachsamkeit der Geschlagenen kann dadurch unmöglich beseitigt werden, daß man allerdings, da es bei einer solchen Antwort natürlich nicht auf eine

Erschöpfung des ganzen Gegenstandes ankommt, die erstere Bedingung als selbstverständlich nicht besonders betonen wird. Wären etwa die Feinde mit Hinterladern, die Geschlagenen aber nur mit schlechten Gewehren bewaffnet gewesen, so würde die Antwort wohl anders ausfallen. — Binding hatte mit Recht hervorgehoben, nach der Theorie v. Bar's könne ein Mensch nur Ursache einer dem regelmäßigen Verlauf nicht entsprechenden Erscheinung werden. Diese Einwendung sucht v. Bar mit dem Zugeständnis zu beseitigen, daß sich der ganze Gegensatz nur auf das Denken beziehe; im physischen Sinne sei allerdings der Zimmermann die Ursache der Existenz des Hauses. Mit dieser letzteren Untersuchung aber habe man es nicht zu thun, da lediglich festgestellt werden solle, wie weit jemand für einen Schaden rechtlich in Anspruch genommen werden könne. Das ist nun auch ganz richtig, der Fehler besteht aber darin, daß v. Bar den Kausalzusammenhang nicht als das betrachtet, was er ist — als eine physische Erscheinung, daß er also der Frage nach der Verantwortlichkeit für einen Schaden nicht eben diese physische Erscheinung als physische zu Grunde legt und vielmehr sie hierbei gleichfalls als eine rechtliche in Betracht zieht (s. jedoch No. 60 „die Frage des abstrakten Kausalzusammenhanges ist gar keine Rechtsfrage“). An und für sich betrachtet kommt es ja nun wohl auf das nämliche heraus, man mag sagen, der Kausalzusammenhang umfasse den ganzen Verlauf der thatsächlichen Ereignisse, erlange jedoch nur insofern rechtlich Bedeutung, als eine Verantwortlichkeit für denselben existiere; oder ob man sagt, der Kausalzusammenhang reiche nur so weit, als er von einer rechtlichen Verantwortlichkeit begleitet sei. Aber diese letztere Anschauung v. Bar's muß, wie ich dies in meiner Kausalität näher nachgewiesen habe, zu unrichtigen Ergebnissen gerade in betreff der Frage führen, inwieweit der Kausalzusammenhang zu verantworten sei, namentlich wenn hierbei ein Zusammenhandeln mehrerer stattgefunden hat. Im Falle des Zusammentreffens einer dolosen und culposen Mitwirksamkeit mehrerer etwa würde der nämliche Kausalzusammenhang bezüglich des einen als unterbrochen, bezüglich des anderen aber als nicht unterbrochen betrachtet werden müssen. — Allerdings fühlt und sieht man einen Kausalzusammenhang nicht, und es ist darum richtig, daß man ihn nur durch das Denken begreifen kann. Aber seine physische Eigenschaft muß denn doch hierbei anerkannt bleiben, da man anderenfalls zu dem Resultate kommen würde, daß ein neu entdeckter Kausalzusammenhang vorher noch nicht bestanden habe.

Bei seinen Ausführungen, daß es nicht gerechtfertigt erscheinen könne, jemanden für Culpa zu bestrafen, wenn sein culposes Handeln durch die hinzutretende Culpa, oder gar durch Dolus, eines anderen zu dem Erfolge hingeführt worden sei — woraus sich die Anwendbarkeit des Prinzipes der Kompensation der Culpa auch für das Strafrecht ergeben soll — übersieht v. Bar auch jetzt wieder, daß ich den Thäter nur dann für die Mitwirksamkeit eines anderen haften lasse, wenn sie von seinem Willen umfaßt gewesen war. In diesem Falle aber liegt für das Strafrecht auch kein Grund vor, von seiner Strafbarkeit abzusehen, weil eben der Kausalzusammenhang durch diese Mitwirksamkeit nicht abgebrochen wird. Der als Beispiel von v. Bar für seine Ansicht angeführte Hohenheimer Student (No. 60), welcher einem Büchsenmacher ein geladenes Gewehr zur Reparatur übergeben hatte, ohne ihn von dieser Thatsache in Kenntnis zu setzen, würde allerdings für die von dem Büchsenmacher mit dem Gewehre sodann fahrlässig verursachte Tötung seines Knechtes haftbar sein, wenn er diese Fahrlässigkeit als bevorstehend hätte voraussehen können. Er ist aber gerade dadurch entschuldigt, daß er eine solche Fahrlässigkeit bei einem Büchsenmacher nicht voraussehen konnte.

In § 8 wird gesagt, im Falle der Thäter den eingetretenen Erfolg beabsichtigt gehabt habe, erweitere sich seine Haftbarkeit für denselben gegenüber derjenigen eines Fahrlässigen. Denn der Handelnde habe hier die sonst unwahrscheinliche oder der Regel des Lebens nicht entsprechende Folge zur Grundlage seiner Thätigkeit genommen, mit in Berechnung gezogen und müsse sie darum als in sein Ziel, seinen Willen mit aufgenommen auch gegen sich gelten lassen. Diese Erörterung bedeutet zunächst: regelwidrige Erscheinungen unterbrechen den Kausalzusammenhang, wenn dies aber der Handelnde nicht haben will, so unterbrechen sie ihn nicht! Sodann führt diese Ansicht zur Annahme der Strafbarkeit für das vollendete Verbrechen auch in den oben angeführten Fällen, obgleich sich sicherlich nicht behaupten läßt, das Herunterfallen des Ziegelsteines, die Angewöhnung des Verletzten an das Trinken sei in Berechnung gezogen, in den Willen des Thäters aufgenommen gewesen. Es kommt auch v. Bar hier in Widerspruch mit seiner citierten Ausführung S. 55. Das Ungenügende dieser Theorie ergiebt sich sofort bei der Erörterung, welche das Totbeten in § 10 gefunden hat. Es müßte dasselbe von v. Bar ohne weiteres als strafbar erachtet werden, da hier eine unregelmäßige Folge dolosen Handelns in Frage steht. Der Vorwurf, den er mir hier macht, ich müsse Strafbarkeit für vollendete Tötung annehmen, wenn nur der Tod gewollt gewesen und ein Kausalzusammenhang nachgewiesen sei, trifft also ihn selber. In No. 45 behauptet v. Bar, er citiere meine eigenen Worte. Ich habe jedoch in meiner Kausalität ausdrücklich noch weiter darauf hingewiesen, daß nebenbei auch noch ein Willenszusammenhang zwischen Absicht und Erfolg bestehen müsse, daß aber dann auch, im Falle also etwa der durch das Totbeten hervorgerufene tötende Schrecken in Berechnung gezogen gewesen sei, an der Strafbarkeit für vollendeten Mord nicht gezweifelt werden dürfe. Es stimmt hiermit v. BAR in No. 46 sogar vollständig überein, indem er die Möglichkeit dieser Haftbarkeit annimmt, wenn sich der Gegner des Totbetenden in einer schweren Krankheit befunden habe, und er hier doch wohl einen Unterschied zwischen einer körperlichen und einer geistigen Krankheit — den zum Tode führenden Aberglauben — nicht wird machen wollen. Schwer verständlich ist es sonach, wie v. BAR seine Deduktion mit dem Satze schließen konnte, käme ein solches gegen B. gerichtetes Totbeten seitens des A. vor, so wäre das Verhalten (der Schrecken) des B. eine solche abnorme Thorheit, daß dieselbe jedenfalls nicht als regelmäßige Folge des Lebens betrachtet werden könnte, ja daß das Rechnen auf den Eintritt derselben eben deshalb auch bei einem vernünftigen Menschen ausgeschlossen wäre, also nicht einmal der Dolus den Kausalzusammenhang erweitern könnte. Denn es sollen ja im Falle einer dolosen Thätigkeit auch die unwahrscheinlichen, also unberechenbaren Folgen als dennoch in den Willen aufgenommen, verantwortet werden müssen. Und schließlich erscheint es gar nicht einmal richtig, daß diese unregelmäßige Folge des Totbetens nicht in Berechnung gezogen werden könnte. Denn da, wo das Totbeten vorkommt, kann selbst ein *bonus pater familias* von der Wirksamkeit desselben überzeugt sein, und eben darum auch der Totbetende diese Überzeugung als die Quelle für den tötenden Schrecken in Aussicht nehmen. Es hat hiernach v. BAR das Beispiel vom Totbeten wiederum als an sich unsinnig nicht nachgewiesen, sondern die Lösung desselben nur umgangen.

Zur Natur der Vermögensstrafen.

Unter diesem Titel ist eine gut geschriebene Schrift von Dr. STOOSS, Bern 1878, erschienen. Sie geht davon aus, daß jede Strafe bezwecke, den Bestraften mittels zwangsweiser Entziehung oder Minderung ihm zustehender Rechte in einen Zustand des Leidens zu versetzen, dessen er sich als durch seine That selbst verschuldet bewußt werden solle. Darum werde der Vollzug der Strafe durch den Tod des Bestraften und dessen inzwischen eingetretenen unheilbaren Wahnsinn unmöglich, und vorübergehender Wahnsinn müsse den Strafvollzug aufschieben. Die Geldstrafe aber sei eine Strafe wie jede andere auch und dürfe darum nur unter den nämlichen Gesichtspunkten betrachtet werden. Man kann hiermit vollständig einverstanden sein, und es ergiebt sich hieraus, wie die Schrift mit Recht annimmt, die Unrichtigkeit der Ansicht, daß das rechtskräftige Urteil die Geldstrafe zu einer Geldschuld qualifiziere, welche eben darum auch aus dem Nachlaß des rechtskräftig Verurteilten bezahlt werden müsse. Denn gerade so, und nicht anders, wie die rechtskräftig gewordene Freiheitsstrafe lediglich die Verbindlichkeit des Bestraften zur Erstehung derselben begründet, ist dies auch bei der rechtskräftig gewordenen Geldstrafe der Fall. Und gerade so wenig als die rechtskräftig gewordene Freiheitsstrafe als dem Vollzug derselben gleichstehend erachtet werden darf, kann diese Ansicht in betreff der Geldstrafe Geltung beanspruchen. Freilich empfindet derjenige, welcher eine Geldschuld kontrahiert hat, sofort die ihm bevorstehende Verminderung des Vermögens, aber auch derjenige, welchem der Vollzug einer Freiheitsstrafe erst noch bevorsteht, befindet sich bereits in einem Zustande des Leidens. Dieses Leiden jedoch kann hier wie dort nicht als dasjenige betrachtet werden, welches durch den Vollzug der Strafe herbeigeführt werden soll. Wäre die rechtskräftig gewordene Geldstrafe weiterhin nicht mehr eine Strafe, sondern eine Geldschuld, so würde, wie dies die citierte Schrift hervorhebt, eine Wiederaufnahme eines durch rechtskräftiges Urteil geschlossenen Verfahrens, eine Verjährung der Strafe und eine Begnadigung des Bestraften nicht denkbar sein. Es würde dann aber auch die Verwandlung der Geldstrafe in Freiheitsstrafe entweder unstatthaft erscheinen oder aber die Erlöschung der Geldschuld nach sich ziehen müssen, obgleich doch eine Geldforderung durch Zahlungsunfähigkeit des Schuldners nicht sofort untergeht. In der That gehört überdies zum Wesen der Geldstrafe lediglich, daß der Bestrafte durch den Vollzug derselben eine Einbuße an seinem Vermögen erleiden, daß er also hierdurch ärmer werden soll, als er vorher war. Daß einem dritten, namentlich also dem Staat, ein Anspruch auf die Bezahlung der Geldstrafe an ihn erwachsen soll, erscheint hingegen durchaus nebensächlich. Das dem Verurteilten abgenommene Geld könnte dazu bestimmt sein, zerstört oder in das Wasser geworfen zu werden, und das Wesen der Geldstrafe bliebe hierdurch unberührt. Muß aber einem anderen aus der Geldstrafe ein Anspruch auf Bezahlung des Geldes nicht erwachsen, so entfällt natürlich auch der Gesichtspunkt einer durch das rechtskräftige Urteil herbeigeführten Umwandlung der Geldstrafe in eine Geldschuld, und es tritt hiermit zugleich um so deutlicher hervor, daß die Verminderung des Vermögens des Verurteilten erst durch den Vollzug der Strafe, also erst durch die wirkliche Wegnahme des Geldes herbeigeführt wird.

Der Vollzug der Strafe ist zwar dazu bestimmt, ein psychisches Leiden in dem Bestraften hervorzurufen. Ob jedoch dieser Effekt auch wirklich erzielt wird, liegt außerhalb des Wesens der Strafvollstreckung. Betrachtet der Verurteilte die Strafvollstreckung nicht als ein Übel, weil sie ihm etwa die Glorie des Märtyrers verleiht, so kann das nicht geändert werden. Aus diesem Gesichtspunkt darf die Strafe weder höher gegriffen, oder auf längere Zeit, etwa bis zum Eintritt wirklicher Besserung, zum Vollzuge gebracht, noch auch andererseits von dem Vollzuge derselben abgesehen werden. Darum kann aber auch derjenige nicht strafbar erscheinen, welcher es bewirkt, daß der Bestrafte den Strafvollzug nicht als ein Übel empfindet, indem er ihm etwa für den Fall des Vollzuges der Freiheitsstrafe — natürlich aber nicht vor Begehung der That — ein so reichliches Geldgeschenk in sichere Aussicht stellt, daß der Strafvollzug geradezu den Wünschen des Verurteilten entspricht, und eine Begnadigung darum unwillkommen sein würde. Namentlich liegt dann eine Begünstigung keineswegs vor. Denn der Strafvollzug selbst wird ja nicht verhindert. Auch in betreff der Geldstrafe kann es nicht beachtet werden, ob sich der Verurteilte die Vollstreckung derselben zu Herzen nimmt oder nicht. Daraus ergiebt sich, daß eine strafbare Handlung nicht vorliegt, wenn jemand dem Verurteilten, welcher seine Strafe bereits bezahlt hat, hintendrein Ersatz leistet, sei es selbst infolge eines der Zahlung der Strafe vorausgegangenen — der Begehung der That aber nachgefolgten — Versprechens. Denn eine Verminderung des Vermögens des Verurteilten hatte hier wirklich stattgefunden, und daß diese Verminderung eine bleibende sein müsse, kann nicht verlangt werden. Eine Verminderung des Vermögens des Verurteilten tritt aber auch dann ein, wenn ihm vor der Bezahlung der Strafe eine der Strafe gleichstehende Summe, sei es auch ausdrücklich zu dem Zwecke einer Ermöglichung der Bezahlung der Strafe, geschenkt worden war. Denn durch das Geschenk war der Verurteilte bereichert worden, und er erleidet darum in der That eine Einbuße an seinem Vermögen, wenn er nunmehr mit dem Geschenk seine Strafe abführt. Und wenn endlich auch das Geschenk gar nicht einmal in die Hand des Verurteilten übertragen worden wäre, der Schenker vielmehr direkt selbst die Strafe bezahlt hätte, so würde gleichwohl der Gesichtspunkt einer eingetretenen Vermögensverminderung des Verurteilten nach vorausgegangener Vermögensvermehrung desselben nicht unzutreffend sein — ganz abgesehen davon, daß, wenn man hier die Strafe der Begünstigung eintreten lassen wollte, dieselbe lediglich durch eine leere Formalität bedingt erscheinen würde. — Nur in dem einzigen Falle ließe sich etwa eine Begünstigung auf der Seite des dritten, welcher die Strafe für den Verurteilten bezahlt hat, annehmen, wenn dies von ihm mit dem Bewußtsein geschehen ist, daß er dem Willen des Verurteilten zuwider handle. Eine Vermehrung des Vermögens des Verurteilten hätte dann nicht stattgefunden, darum aber auch keine Verminderung desselben. Sonach würde dann allerdings der dritte, — wenn er zugleich auch in dem Empfänger des Geldes den Glauben hervorgerufen oder unterhalten hatte, es werde ihm die Strafe des Verurteilten bezahlt — die Vermögensverminderung des Verurteilten und somit den Strafvollzug verhindert haben.

Es darf hiernach nicht als richtig nachgegeben werden, daß die citierte Schrift die unmittelbare und sogar auch die mittelbare Bezahlung der Geldstrafe für den Verurteilten ausnahmslos als eine strafbare Begünstigung betrachtet. Freilich kann man zu dieser

Ansicht leicht durch die anscheinende Analogie mit der Begünstigung eines zu Freiheitsstrafe Verurteilten verleitet werden. Wer sich für einen solchen Verurteilten ausgiebt und sich der Freiheitsstrafe desselben unterzieht, macht sich der Begünstigung schuldig. Also, könnte man meinen, macht sich auch derjenige der Begünstigung schuldig, welcher die Geldstrafe des Verurteilten bezahlt. In Wirklichkeit ist aber die Freiheit ein Gut, welches vor der Strafverbüßung nicht vermehrt, und für welches nach der Strafverbüßung ein gleichartiger Ersatz nicht geleistet werden kann, während diese beiden Gesichtspunkte für das Vermögen zutreffen. Darum erscheint aber auch das Unterbringen beider Strafen unter den nämlichen Gesichtspunkt ausgeschlossen. Mit anderen Worten, der Umstand, daß nach der inneren Natur des Gutes, welches durch die Verbüßung einer Freiheitsstrafe gemindert wird, ein dieser Verbüßung vorausgehender oder derselben nachfolgender gleichartiger Ersatz nicht möglich erscheint, kann nicht zur Folge haben, daß ein solcher gleichartiger Ersatz bei der Geldstrafe für strafbar erachtet werden müßte. Gewiß kann die Leistung eines ungleichartigen Ersatzes für eine verbüßte oder noch zu verbüßende Freiheitsstrafe nicht beanstandet werden. Darum muß aber jedenfalls wenigstens die Leistung eines solchen ungleichartigen Äquivalents auch in betreff der Geldstrafe unbeanstandet bleiben. Man wird schwerlich das geringste Bedenken tragen, denjenigen straflos zu lassen, welcher einem anderen einen Gegenstand zugestellt hat, damit er denselben verkaufe und aus dem Erlöse seine Geldstrafe bezahle; oder welcher dem Verurteilten unentgeltlich notwendige Dienste geleistet hat, damit er den hierdurch ersparten Lohn zur Bezahlung seiner Geldstrafe verwende. Noch weniger wird von Bestrafung die Rede sein können, wenn von einem anderen dem Verurteilten das zur Bezahlung seiner Geldstrafe erforderliche Geld dargeliehen worden ist, und ein dritter sich für die Rückzahlung des Darlehns als Bürge verpflichtet hat. Warum da aber gestraft werden soll, wenn jemand in liberaler Weise dem Verurteilten gerade Geld zur Bezahlung seiner Strafe gegeben hat, ist nicht einzusehen. Die deutsche Gesetzgebung spricht sich nicht direkt darüber aus, ob hierin eine strafbare Handlung gefunden werden soll oder nicht. Da jedoch das Preßgesetz in § 16 die öffentliche Aufforderung mittels der Presse zur Aufbringung der wegen einer strafbaren Handlung erkannten Geldstrafe verbietet, so wird indirekt hieraus zu entnehmen sein, daß die in anderer Weise stattgefundene Bezahlung der Geldstrafe für einen Verurteilten nicht strafbar erscheinen soll. Die Bestimmungen des § 111 St.G.B. wären anderenfalls vollkommen ausreichend gewesen.

Weiterhin ist der Unterschied zwischen Geldstrafe und Schadensersatz von der citierten Schrift zutreffend festgestellt worden. In der That erscheint hier die schärfste Unterscheidung geboten. Der Ersatz für eine durch eine strafbare Handlung zugefügte Beschädigung hat mit der Strafbarkeit der Handlung gar nichts zu thun und muß vielmehr lediglich nach den Regeln des Civilrechtes beurteilt werden. Es kommt daher bei dem Schadensersatz in keiner Weise darauf an, daß durch die Leistung desselben ein psychisches dem Thäter als von ihm selbst verschuldet fühlbares Leiden herbeigeführt werden solle. Aus diesem Grunde entfällt hier aber namentlich auch die Konsequenz, daß der Vollzug des Urteiles einen lebenden zurechnungsfähigen Menschen voraussetzt. Und nicht weniger erscheint es daher unbegreiflich, wie man in neuerer Zeit die Verhinderung des Eintrittes reiner Civilfolgen einer strafbaren Handlung für strafbare Begünstigung hat erklären können.

Die Buße des deutschen Strafgesetzbuchs ist von der Praxis wohl von Anfang an (meine Abhandlung über Buße, Gerichtssaal 1876) als ein reiner Schadensersatz aufgefaßt worden, der von dem Maße der Verschuldung in keiner Weise bedingt sei und vielmehr bei größerer Verschuldung geringer, bei geringerer Verschuldung höher festgesetzt werden könne — stets nach dem wirklichen Betrag des angerichteten Schadens. Auch in der Doktrin scheint gegenwärtig dieser Gesichtspunkt der herrschende geworden zu sein (Sonntag, Dochow, Geyer, Schwarze, Kommentar, Berner, Lehrbuch, Meyer, Lehrbuch). Die citierte Schrift meint nun aber, das deutsche Strafgesetzbuch enthalte keine Andeutung darüber, daß nur das Maß des angerichteten Schadens für die Größe der Buße bestimmend sein solle, es sage vielmehr nur, daß die Erkennung der Buße einen weiteren Schadensersatz ausschließe; und bei dem Versuch der Körperverletzung sei die Zuerkennung einer Buße statthaft, obwohl hier nicht die geringste Schadenszufügung verursacht worden sei. Darum biete das Institut der Buße sowohl pönale als Ersatzmomente dar, vereinige also sich widersprechende Momente unter den nämlichen Gesichtspunkt, was in betreff der Folgen zu Inkonsequenzen führen müsse. Aber gerade dadurch, daß das Strafgesetzbuch einen über den Betrag von 2000 Thalern hinaus verlangten Entschädigungsanspruch als einen weiteren Entschädigungsanspruch bezeichnet, giebt es genugsam zu erkennen, daß auch die Buße bis zu 2000 Thalern nur eine Entschädigung sei. Und daß der bloße Versuch einer Körperverletzung zu einem Entschädigungsanspruch berechtige, ergiebt sich keineswegs aus § 231, da zu dessen Erklärung § 188 herangezogen werden muß, überdies auch der zweite Absatz des

§ 231 mit Bestimmtheit auf die Voraussetzung einer stattgefundenen Beschädigung hinweist. Daß der Richter die Buße nicht zuerkennen muß, sondern nur zuerkennen kann, wenn er dies für zweckmäßig findet, spricht gleichfalls dagegen, daß die Buße als eine Privatstrafe aufgefaßt werden dürfte. Hätte aber wirklich das Strafgesetzbuch in dem Institut der Buße pönale und Ersatzmomente vereinigt, so würde hierin nicht notwendig eine Vereinigung sich widersprechender Gesichtspunkte gefunden werden müssen. Denn der Richter könnte ja, um üblen Konsequenzen vorzubeugen, denjenigen Teil der von ihm auferlegten Buße, welcher als Entschädigung dienen soll, als solchen und den anderen als Privatstrafe bezeichnen.

Daß die Konventionalstrafe keine pönale Strafe ist, ergiebt sich einfach daraus, daß eine öffentliche Strafe aus einer privaten Verabredung nicht erwachsen kann.

Was nun endlich die Konfiskation anbelangt, so geht die citierte Schrift von der richtigen Anschauung aus, daß dieselbe ohne Grund schlechtweg als Strafe bezeichnet werde, indem sie in polizeiliche, civilrechtliche und pönale Gestaltungen zerfalle. Zur richtigen Erkenntnis der Konfiskation als Strafe müsse absolut eine Ausscheidung der beiden ersten Gesichtspunkte stattfinden. Dann würden auch die angeblichen Ausnahmen von der Anwendung strafrechtlicher Grundsätze bei der Beurteilung der strafrechtlichen Natur der Konfiskation verschwinden. Diese Ausscheidung wird denn auch von der Schrift vollzogen. Aber sie konnte nicht vollständig zutreffend ausfallen, weil der Polizei hierbei eine Machtbefugnis beigelegt worden ist, die ihr, wie ich glaube, nicht zukommt. Es soll nämlich die Polizei zur Konfiskation von Gegenständen befugt sein, wenn die Persönlichkeit des Besitzers einen gefährlichen Mißbrauch derselben befürchten lasse. Das geht wohl zu weit.

Die Polizei darf vielmehr das Verhältnis des Individuums zur Sache ihrer Erwägung nicht unterbreiten, weil hierin die Beurteilung einer Schuld gefunden werden müßte. Es kann sich daher die Berechtigung zur polizeilichen Konfiskation lediglich aus der Existenz von gefährlichen Gegenständen herleiten. Eine polizeiliche Konfiskation kann also nur eintreten, wenn ein Gegenstand absolut das gemeine Wohl gefährdet, oder doch wenigstens diese öffentliche Gefahr besteht, im Falle der Gegenstand unter besonderen, nicht individuellen, Verhältnissen angetroffen wird. Der Existenz des Coloradokäfers darf polizeilich zum Zwecke der Vernichtung bis in den Privatbesitz eines durchaus Unschuldigen nachgespürt, pestkrankes Vieh kann ohne weiteres dem Eigentümer polizeilich weggenommen und getötet werden. Es steht auch nichts im Wege, gefälschte oder verdorbene

Lebensmittel, welche auf dem Markte ausgeboten, falsche Geldstücke, welche in Cirkulation, ungeeichte Gläser, welche in Schenkstuben angetroffen werden, polizeilich zu konfiszieren, der Eigentümer mag eine Schuld tragen oder nicht. Denn schon die bloße Existenz solcher Gegenstände unter diesen bestehenden Verhältnissen ist geeignet, den öffentlichen Verkehr durch erwachsendes Mißtrauen zu schädigen. Auch herrenlos angetroffene Gegenstände, etwa zur Münzfälschung taugliche Werkzeuge, welche bei beliebiger Okkupation einen Mißbrauch befürchten lassen, unterliegen der polizeilichen Konfiskation. Diese polizeilichen Konfiskationen bedürfen keiner richterlichen Bestätigung — wiewohl zugleich eine Strafbarkeit begründet sein kann — und sind definitive, die auch, von besonderen Gesetzen abgesehen, nicht zur Entschädigung verpflichten. Im Falle jedoch ein Gegenstand sich nur darum als besorgniserregend erweist, weil er sich in den Händen gerade eines bestimmten Individuums befindet, dem sich ein Mißbrauch desselben zutrauen läßt, darf sich die polizeiliche Thätigkeit nur als verhindernd erweisen. Die Polizei darf also etwa einem Jungen, welcher auf öffentlicher Straße mit einem geladenen Gewehr spielt, dasselbe wegnehmen, muß es aber dann seinen Eltern abliefern. Daß sich thatsächliche Schwierigkeiten in der Beurteilung der Frage ergeben können, ob man es mit einem polizeilich konfiszierbaren Gegenstand zu thun habe oder nicht, erscheint selbstverständlich.

Handelt es sich nun im Unterschied von der polizeilichen um die gerichtliche Konfiskation, so kann zunächst natürlich nichts im Wege stehen, dem Gerichte, wenn es einmal mit der Sache befaßt ist, auch die polizeilichen Funktionen zu übertragen. Aber es können dann diese Befugnisse, als polizeiliche, von dem Gerichte nicht in größerem Umfange ausgeübt werden, als in welchem sie auch der Polizei selbst zustehen würden. Namentlich erscheint die Thatsache, daß eine strafbare Handlung begangen worden ist, zu einer Erweiterung der lediglich polizeilichen Machtsphäre für das Gericht nicht geeignet.

Im übrigen kann die gerichtliche Konfiskation nur als eine Strafe betrachtet werden, weil sie, wie jede andere Strafe auch, eine vorher stattgefundene Verschuldung voraussetzt. Als diese Verschuldung aber erweist sich ausschließlich der dem Willen zurechenbare Einfluß, welchen die betreffende Sache auf die Verursachung des Verbrechens ausgeübt hat. Hält man für die gerichtliche Konfiskation auch den Gesichtspunkt für maßgebend, daß der einmal stattgefundene Mißbrauch der Sache den wiederholten Mißbrauch derselben befürchten lasse und sie darum eingezogen werden müsse, so liegt darin, ähnlich wie bei der Polizeiaufsicht, eine eigentümliche Erweiterung des strafrechtlichen Prinzipes, daß man nur für dasjenige gestraft werden darf, was man bereits wirklich gethan hat, nicht aber auch für dasjenige, dessen Ausführung erst noch, wenn auch mit einiger Wahrscheinlichkeit, bevorsteht. Jedenfalls kann aber diese Erweiterung des strafrechtlichen Prinzipes, weil auch sie, als auf einer vorausgegangenen Verschuldung beruhend, subjektiv individueller Natur ist, nur einen strafrechtlichen, nicht einen polizeilichen, Charakter haben. Wäre die gerichtliche Konfiskation wegen befürchteten wiederholten Mißbrauches der Sache polizeilicher Natur, so würde für dieselbe ein strafgerichtliches Urteil nicht nötig sein, man könnte vielmehr eine jede solche Konfiskation nach einmal vorausgegangener Bestrafung, also etwa die im Urteil vergessene, der Polizei übertragen. Wie wenig zutreffend aber überhaupt die fragliche Erweiterung des strafrechtlichen Prinzipes ist, wie wenig sie Bürgschaft dafür leistet, daß nicht der Verbrecher in Zukunft seine strafbare That wiederhole, ergiebt sich aus der Erwägung, daß die Neigung und Fähigkeit zum Verbrechen nur ausnahmsweise an den Besitz eines bestimmten als Werkzeug tauglichen Gegenstandes geknüpft sein wird. Was hilft es für die Sicherstellung fremder Jagdbezirke vor wiederholten unberechtigten Eingriffen, wenn dem Wilderer sein Gewehr weggenommen wird, im Falle er noch ein zweites oder das zum Ankauf eines neuen erforderliche Geld besitzt. Konsequent müßte ihm daher auch sein zweites Gewehr und all sein Geld weggenommen werden, welches er zum Ankauf eines neuen verwenden könnte.

Erweist sich aber sonach der Gesichtspunkt einer Sicherstellung der Zukunft für die Berechtigung der gerichtlichen Konfiskation als mehr oder weniger unhaltbar, so tritt hiermit der Charakter derselben als einer reinen Strafe um so prägnanter hervor. In der That ist die Wegnahme einer Sache mittels gerichtlicher Konfiskation lediglich eine Vermögensstrafe. Der Vollzug derselben vermindert das Vermögen, und es soll derselbe als ein selbstverschuldetes Übel empfunden werden. Sie könnte ihrem Wesen nach als eine selbständige Strafe ausgesprochen werden, charakterisiert sich aber, da sie nun einmal die Gesetze nur in Verbindung mit einer gleichzeitig ausgesprochenen anderen Strafe zulassen, als Nebenstrafe. Von der Geldstrafe unterscheidet sie sich nur dadurch, daß das Konfiskat eine vertretbare Sache nicht ist, oder doch nicht zu sein braucht, und wegen seiner Unteilbarkeit dem Grade der Verschuldung nicht so genau angepaßt werden kann, wie dies bei der Geldstrafe möglich erscheint. Wenn es aber kein Geld gäbe, so würde jede Vermögensstrafe diese Natur der Konfiskation an sich tragen. Daß neben der Freiheitsstrafe und neben der Geldstrafe überhaupt noch auf gerichtliche Konfiskation und nicht vielmehr auf eine entsprechende und bezw. erhöhte Geldstrafe erkannt werden soll, hat wohl vorwiegend eine sinnbildliche Bedeutung. Es soll offenbar durch die gerichtliche Konfiskation zu besonders prägnantem Ausdruck gebracht werden, daß der Verbrecher gerade denjenigen Gegenstand einbüßen müsse, mit welchem er delinquiert, bezw. für dessen Erwerbung er die strafbare That ausgeführt hat.

Was nun endlich den Vollzug der gerichtlichen Konfiskation anbelangt, so ergiebt sich aus der Strafnatur derselben, daß er in den Nachlaß eines verstorbenen Verurteilten und gegen einen inzwischen wahnsinnig Gewordenen nicht stattfinden kann, mag auch ein rechtskräftiges Urteil vorliegen. Das gilt auch, im Falle es sich in dem erlassenen Urteil um Sicherstellung der Zukunft gehandelt hatte. Denn auch hier besitzt, wie erwähnt, die gerichtliche Konfiskation ausschließlich den Charakter einer Strafe. Nur dann darf also die gerichtliche Konfiskation in den Nachlaß oder gegen einen Wahnsinnigen vollstreckt werden, wenn zugleich die oben hervorgehobenen polizeilichen Gesichtspunkte dergestalt zutreffen, daß auch ohne alle Verschuldung des Individuums die betreffenden Sachen durch die Polizei hätten eingezogen werden können.

Daß der Vollzug der gerichtlichen Konfiskation nur die Sache zum Gegenstand haben kann, welche wirklich konfisziert worden ist, daß also auch der Verurteilte zur Anbietung einer anderen Sache an deren Stelle nicht berechtigt erscheint, muß für selbstverständlich betrachtet werden. Kann aber die konfiszierte Sache nicht beigebracht werden, weil sie, sei es auch sogar schon vor dem Urteil, irgendwie zu Grunde gegangen, veräußert worden, oder überhaupt in dem Besitze des Verurteilten nicht anzutreffen ist, so kann an und für sich nichts im Wege stehen, das Äquivalent derselben in Geld aus dem Vermögen des Verurteilten beizutreiben und bezw. im Falle dessen Unzulänglichkeit an deren Stelle die entsprechende Freiheitsstrafe treten zu lassen. Auf die lediglich polizeiliche Konfiskation trifft jedoch dieser Gesichtspunkt nicht zu. Dem polizeilichen Interesse ist vielmehr schon dann vollständig Genüge geschehen, wenn der absolut gefährliche Gegenstand überhaupt nicht mehr existiert. Und handelt es sich um einen Gegenstand, welcher lediglich unter besonderen Verhältnissen gefährlich erscheint, so darf die Polizei ihn eben nur unter diesen noch bestehenden Verhältnissen wegnehmen, nicht aber, wenn dieselben gegenwärtig nicht mehr zutreffen, unter der Berufung darauf, daß er sich früher in anderen Verhältnissen befunden habe. Die vom Markte bereits weggebrachte gefälschte Milch unterliegt nicht mehr der polizeilichen Konfiskation.

Wird das Konfiskat nötigenfalls in sein Äquivalent von Geld- oder Freiheitsstrafe verwandelt, so erscheinen hiermit die strafrechtlichen Prinzipien des Strafvollzuges erschöpfend gewahrt. Namentlich kann, wenn ein solcher Strafvollzug stattgefunden hat, nicht hintendrein nochmals zur Konfiskation geschritten werden, im Falle demnächst das, sei es auch böswillig verheimlicht gewesene, Konfiskat wieder zum Vorschein kommen sollte. Auch von einem Anspruch des Fiskus auf das Konfiskat darf dann nicht länger die Rede sein, weil er diesen Anspruch nur aus dem Strafvollzug herleiten kann, dieser aber eben anderweit so vollständig zur Erledigung gekommen ist, daß die Einziehung des Konfiskates einen nochmaligen Vollzug der nämlichen Strafe bedeuten würde. Die etwaigen polizeilichen Beziehungen des konfiszierten Gegenstandes werden jedoch durch einen derartigen Strafvollzug nicht zur Erledigung gebracht. Hat jemand das Äquivalent des Konfiskates bezahlt oder in Freiheitsstrafe verbüßt, so ist es ihm hiermit keineswegs gestattet, nunmehr im Besitze desselben zu bleiben, wenn seine Existenz polizeilich nicht geduldet werden kann. Wäre umgekehrt die polizeiliche Konfiskation bereits vollzogen gewesen, bevor es zum Vollzuge der gerichtlichen Konfiskation kommen konnte, so würde auch hier die Unabhängigkeit beider Konfiskationen von einander bestehen bleiben und sich sonach der Vollzug der gerichtlichen Konfiskation auf das Äquivalent zu erstrecken haben. Denn die polizeiliche Konfiskation ist keine Konfiskation zur Strafe. Da jedoch immerhin auch sie einen Vermögensnachteil unter der Autorität des Staates zufügt, der auch als solcher empfunden wird, mithin Wirkungen der Strafe nach sich zieht, so dürfte hier von einer Erstreckung der gerichtlichen Konfiskation auf das Äquivalent abgesehen werden können.

Zu anderen Resultaten gelangt man, wenn man bei der gerichtlichen Konfiskation den Gesichtspunkt der Strafe fallen und das fiskalische Interesse maßgebend sein lassen will. Man geht dann davon aus, daß dem Fiskus aus der kriminell schuldvollen Begangenschaft ein civiles Recht auf die *instrumenta* und *quaesita sceleris* erwachse, welches zu seiner Realisierung lediglich der Feststellung der Schuld des Thäters bedürfe. Diese Feststellung aber müsse, da die kriminelle Schuld nur ein Gegenstand des Strafverfahrens sein könne, durch den Strafrichter erfolgen. Die Zuerkennung des betreffenden Gegenstandes an den Fiskus, sowie die Beitreibung des Konfiskates aus dem Vermögen des Thäters wäre dann nicht als

Auferlegung einer Strafe und als Strafvollzug zu betrachten, sondern würde lediglich die civilrechtliche Bedeutung haben, dem Fiskus zu seinem civilen Rechte zu verhelfen. Gerade darum würde das die Konfiskation aussprechende Urteil des Strafrichters nicht einmal zu Lebzeiten des Thäters erlassen werden müssen, es könnte vielmehr auch noch nach dessen Tode erfolgen, wenn nur vorher noch die Gelegenheit zur Verteidigung in allen Instanzen erschöpfend gewährt worden war. Jedenfalls würde strenge genommen mit der Rechtskraft des Urteiles die Thätigkeit des Strafrichters ihr Ende erreicht haben, weil es sich weiterhin, wie gesagt, nicht um einen Strafvollzug, sondern um einen Vollzug nach civilrechtlichen Grundsätzen handelte. Aus dieser civilrechtlichen Natur der Konfiskation würde es sich aber auch erklären, daß dieselbe nicht allein in den Nachlaß eines Verstorbenen und gegen einen wahnsinnig Gewordenen vollstreckt werden könnte, sondern daß auch dem Fiskus gegen den Thäter oder gegen dritte, die etwa den zu konfiszierenden Gegenstand, sei es auch noch vor dem Erlaß des Urteiles, böslich beschädigt oder vernichtet haben sollten, ein Anspruch auf Entschädigung zustünde, wie denn auch unter Umständen das Verlangen der Herausgabe des betreffenden Gegenstandes gegen gutgläubige dritte zur Geltung gebracht werden dürfte. Bösgläubige Besitzer wegen Beseitigung des zu konfiszierenden Gegenstandes und hierdurch beigeführter Unmöglichkeit der Exekution strafrechtlich als Begünstiger zu behandeln, würde nicht möglich sein, weil eben ein Strafvollzug hier nicht in Frage wäre. — Nun wird jedoch die Beitreibung des Konfiskates dem Strafrichter wenigstens insoweit überlassen, als es ihm gelingen sollte, dasselbe in Natur aus dem Vermögen des Thäters herbeizuschaffen. Gerade hierdurch gewinnt dann aber diese Exekution den Anschein eines Strafvollzuges, während sie in Wirklichkeit mit demselben nichts gemein hat; und es sieht sich der Eingriff des Strafrichters in den Nachlaß eines Verurteilten, sowie seine Beitreibung des konfiszierten Gegenstandes von einem wahnsinnig Gewordenen so an, als habe man es hierbei mit besonderen Eigentümlichkeiten eines Strafvollzuges zu thun, obgleich hier nur die der Konfiskation beigelegte civilrechtliche Bedeutung zur Erklärung dieser Vorgänge herangezogen werden kann.

Meiner Ansicht nach hat man nur die Wahl: entweder man betrachtet die gerichtliche Konfiskation als eine wirkliche Vermögensstrafe und den Vollzug derselben als einen wirklichen Strafvollzug, so daß sich dann die Umwandlung des Konfiskates in seinen Wert und bei vorhandener Unzulänglichkeit des Vermögens in Freiheitsstrafe, auf der anderen Seite aber auch die Unmöglichkeit einer

Strafvollstreckung in den Nachlaß oder gegen einen wahnsinnig Gewordenen von selbst versteht; oder man erblickt in der gerichtlichen Konfiskation lediglich die Legalisierung eines Civilanspruches des Fiskus, in welchem Falle man sich dann aber auch zu allen Konsequenzen desselben bekennen muß. Eine Durchführung beider Prinzipien neben einander erscheint schon darum unthunlich, weil eine strafbare Handlung zwar wohl Strafe und zugleich die Pflicht zur Entschädigung, aber doch nicht Strafe und zugleich die Begründung eines civilrechtlichen Anspruches nach sich ziehen kann, welcher mit einer Entschädigung nichts gemein hat; und weil ferner, wie schon gesagt, der Anspruch des Fiskus auf das Konfiskat entfallen müßte, wenn an dessen Stelle sein Äquivalent in Geld- oder Freiheitsstrafe getreten wäre.

Das deutsche Strafgesetzbuch hat nun, wie es scheint, einen Mittelweg zwischen beiden Prinzipien eingeschlagen. Als Regel für die Konfiskation wird in § 40 ausgesprochen, daß die fraglichen Gegenstände eingezogen werden können. Hiermit erscheint der Gesichtspunkt ausgeschlossen, daß der Fiskus bereits durch die That selbst einen civilrechtlichen Anspruch auf die *instrumenta* und *quaesita sceleris* erlange. Denn anderenfalls müßte der Richter jedesmal im Falle der festgestellten Schuld des Thäters die Konfiskation verhängen. Steht aber hiernach dem Fiskus ein civilrechtlicher Anspruch aus der strafbaren Begangenschaft selbst nicht zu, so kann auch dieser Anspruch nur aus dem Gesichtspunkt einer stattgefundenen Bestrafung des Thäters hergeleitet werden. Die Konfiskation ist also eine wirkliche Strafe, und wo sie als solche nicht verhängt werden kann, kann sie überhaupt nicht ausgesprochen werden. Die Verhängung der Konfiskation ist daher nicht möglich, wenn der Thäter vor Erlaß des Urteiles, sei es auch erst nach vollständig erschöpfter Gelegenheit zu seiner Verteidigung, gestorben oder wahnsinnig geworden sein sollte. Es muß vielmehr das Urteil dem Thäter publiziert worden sein, und es versteht sich von selbst, daß, so lange dasselbe nicht rechtskräftig geworden ist, also noch in weiteren Instanzen eine Rechtsverteidigung vorgebracht werden könnte, ein definitiver Anspruch für den Fiskus nicht erwächst. Es ergiebt sich weiter hieraus, daß, im Falle die zu konfiszierende Spezies, sei es auch schuldvoll, vernichtet worden sein sollte, die Konfiskation ausgeschlossen ist. Denn das Äquivalent soll (s. unten) als Strafe nicht an die Stelle des Konfiskates treten, die Verhängung der Konfiskation im Urteil würde also nach dieser Richtung ohne Wert sein. Nur zur Erhaltung eines etwaigen Entschädigungsanspruches des Fiskus könnte sie sich dienlich erweisen und würde hier auch, im

Falle man der Konfiskation eine lediglich civilrechtliche Bedeutung beilegt, geboten erscheinen. Aber nach der Auffassung des Strafgesetzbuchs erwächst, wie gesagt, der fiskalische Anspruch erst aus der Strafe und es liegt sonach vor Erlaß des Urteiles ein solcher Anspruch, welcher erhalten werden könnte, überhaupt nicht vor.

Betrachtet nun aber auch das Strafgesetzbuch die Konfiskation als eine Strafe, so hat es sich doch nicht näher über die Natur dieser Strafe ausgesprochen. Die Motive sagen, die Einziehung sei nicht als eine Vermögensstrafe aufgefaßt worden, vielmehr als eine Nebenstrafe, welche zur Sicherung des Strafzweckes dienen und insbesondere zur Verhütung fernerer strafbarer Handlungen mitwirken solle. Nebenstrafe ist nun allerdings die Konfiskation, weil sie ohne eine anderweite Strafe überhaupt nicht verhängt werden kann. Aber auch als Nebenstrafe muß sie doch, wie jede andere Strafe, die Schmälerung irgend eines Gutes bezwecken, da keine Strafe ohne solche Vermittelung direkt treffen kann. Leben, Freiheit und Ehre liegen der Konfiskation natürlich ferne, und so kann es eben nur das Vermögen sein, welches durch die Konfiskation betroffen wird. Ohne Verminderung des Vermögens erscheint sie nicht ausführbar. Ist die Konfiskation eine Vermögensstrafe, so entfällt dieser Gesichtspunkt natürlich auch nicht durch die besondere Betonung in den Motiven, daß sie zur Verhütung fernerer strafbarer Handlungen gereichen solle. Es entfällt hiermit weder, wie schon ausgeführt, der Gesichtspunkt der Strafe überhaupt, noch derjenige der Vermögensstrafe insbesondere. Denn die vermeinte Sicherung der Zukunft kann eben auch nur durch eine Verminderung des Vermögens, sei es durch Wegnahme des betreffenden Gegenstandes für den Fiskus oder durch Vernichtung desselben herbeigeführt werden.

Was nun endlich den Vollzug der im Urteile zur Strafe verhängten Konfiskation anbelangt, so schweigt das Strafgesetzbuch davon, daß an die Stelle des Konfiskates sein Äquivalent in Geld- oder Freiheitsstrafe treten könne. Darum aber erscheint auch eine solche Umwandlung unzulässig, und es muß sogar, wie ich glaube, wenn im Gebiete einer Landesgesetzgebung eine solche Umwandlung vorgesehen, es etwa gestattet sein sollte, an Stelle des nicht mehr vorhandenen Gewehres des Jagdfrevlers, oder irgend eines anderen abhanden gekommenen Konfiskates, dessen Wert zu substituieren, diese Bestimmung als im Widerspruch mit der Reichsstrafgesetzgebung stehend, zum Wegfall kommen. Denn die Konfiskation ist eine Materie, für welche das Strafgesetzbuch die Prinzipien offenbar erschöpfend zur Erledigung bringen will. Mit diesem Ausschluß der Möglichkeit einer Umwandlung des Konfiskates in Geld- oder

Freiheitsstrafe wird nun aber zugleich der Charakter des Vollzuges der verhängten gerichtlichen Konfiskation als eines wirklichen Strafvollzuges in das Vermögen beseitigt, und es liegt mithin der Sachverhalt in dem Strafgesetzbuch so, daß zwar die Konfiskation als eine im Urteil ausgesprochene wirkliche Strafe anzusehen ist, daß aber sodann der Vollzug des Urteiles in betreff der Konfiskation sich nach civilrechtlichen — oder auch nach polizeirechtlichen — Gesichtspunkten richtet, mithin einen wirklichen Strafvollzug nicht enthält. Daraus erklärt es sich, daß, wenn auch das Strafgesetzbuch darüber schweigt, das Konfiskat auch aus dem Nachlaß des Verurteilten und von einem inzwischen wahnsinnig Gewordenen beigetrieben werden kann, wenn nur das Urteil rechtskräftig geworden war, so lange noch der Verurteilte sich in der Lage befand, die gegen ihn als Strafe ausgesprochene Konfiskation als solche zu begreifen. Ebensowenig erteilt es darüber Auskunft, inwieweit das Strafverfahren überhaupt in den Dienst der Realisierung des dem Fiskus aus dem Strafurteil erwachsenen Anspruches gestellt worden ist. Nach allgemeinen strafprozessualischen Rechtsprinzipien wird man jedoch annehmen dürfen, daß, wie schon erwähnt, die Thätigkeit des Strafrichters ihr Ende erreicht hat, sobald die faktische Unmöglichkeit einer Herbeischaffung des Konfiskates aus dem Vermögen des Verurteilten festgestellt erscheint, daß sich aber jedenfalls der Strafrichter auf einen eigentlichen Civilprozeß mit dritten wegen Herausgabe des betreffenden Objektes oder sogar wegen Anspruches auf Ersatz für Beschädigung oder Vernichtung desselben nicht einzulassen hat. Der bereits hervorgehobene Gesichtspunkt, daß man gegen dritte nicht wegen etwaiger Begünstigung durch Verheimlichung u. s. w. des Konfiskates prozedieren kann, weil nach der vorliegenden Auffassung es sich nicht um einen Strafvollzug handelt, trifft auch auf das Strafgesetzbuch zu.

Was die Einzelbestimmungen des Strafgesetzbuchs im allgemeinen Teil anlangt, so verordnet:

§ 40. „Gegenstände, welche durch ein vorsätzliches Verbrechen oder Vergehen hervorgebracht, oder welche zur Begehung eines vorsätzlichen Verbrechens oder Vergehens gebraucht oder bestimmt sind, können, sofern sie dem Thäter oder Teilnehmer gehören, eingezogen werden. — Die Einziehung ist im Urteile auszusprechen.“

Daß die Konfiskation aus Veranlassung einer civilen Berechtigung des Fiskus von § 40 ausgeschlossen erscheint, wurde schon hervorgehoben. Die Konfiskation des § 40 ist aber auch nicht die polizeiliche. Denn letztere tritt, wie bereits ausgeführt, ein, sobald ein Objekt durch seine Existenz absolut, oder weil es sich gerade unter besonderen objektiven Verhältnissen befindet, das öffentliche Wohl gefährdet. Gleichgültig aber erscheint es hierbei, ob eine Verschuldung stattgefunden hat oder nicht, und ob das Objekt diesen oder jenen gehört, während hierin gerade wesentliche Voraussetzungen für die Konfiskation des § 40 zu finden sind. Endlich scheint jedoch sogar der allein noch als möglich übrig bleibende Gesichtspunkt einer in der Konfiskation des § 40 zu erblickenden Strafe nicht durchaus zuzutreffen. Ist die Konfiskation eine Strafe für eine vorausgegangene Verschuldung, so müßte sie, da diese Verschuldung in Beziehung auf das mißbrauchte Objekt stets die nämliche ist, ausnahmslos in allen Fällen einer betreffenden Verschuldung verhängt werden, und dürfte nicht von dem richterlichen Ermessen abhängig sein. Daß die nämliche Handlung, je nach dem richterlichen Gutbefinden strafbar oder straflos sein soll, findet sich wohl nur noch in § 199 St.G.B. — nicht aber etwa in betreff der Aberkennung der bürgerlichen Ehrenrechte, weil allerdings die nämliche Handlung je nach der Beschaffenheit der Subjektivität aus ehrloser Gesinnung entspringen kann oder auch nicht. Bei der Auffassung, welche die Konfiskation in dem Strafgesetzbuch findet, war freilich diese Bezugnahme auf das richterliche Ermessen nicht zu umgehen. Denn es kann sich ja ereignen, daß der Gegenstand, welcher konfisziert werden müßte, einen so hohen Wert besitzt, daß dessen Einziehung außer allem Verhältnis mit der zu Grunde liegenden Verschuldung stehen würde. Darum mußte bei der Unteilbarkeit einer zu konfiszierenden Spezies von einer Einziehung in solchen Fällen ganz abgesehen werden, was aber wiederum zu der Konsequenz führt, daß eine Strafe überhaupt nicht ausgesprochen werden kann, obwohl sie doch immerhin verdient wäre. Hätte etwa jemand einen beleidigenden Brief mit einer höchst kostbaren Feder geschrieben, so würde im Falle einer unbedingt gebotenen Konfiskation die Feder konfisziert werden müssen, sollte sie auch 1000 wert sein, während die für die Beleidigung verhängte Geldstrafe nur 5 betrüge, mithin die Nebenstrafe von höherer Bedeutung erschiene als die Hauptstrafe. Diese Inkonsequenz, daß es dem Richter überlassen worden ist, ob er die an sich verdiente Strafe der Konfiskation verhängen will oder nicht, wäre einfach durch die Anordnung zu beseitigen, daß die Sache selbst oder deren Wert bezw. ein Teil deren Wertes der Konfiskation unterzogen werden solle. Dann würde die Möglichkeit gewährt sein, in jedem Falle ohne Ausnahme eine angemessene Konfiskationsstrafe verhängen zu können. Allerdings aber konnte gerade das Strafgesetzbuch diesen Gesichtspunkt nicht festhalten, weil es den Schwerpunkt der Konfiskation nicht in dem verschuldeten Mißbrauch des Gegenstandes, sondern in der Befürchtung einer künftigen Wiederholung des Deliktes mittels des nämlichen Gegenstandes findet, welche Befürchtung selbstverständlich durch eine Substitution des Wertes der zu konfiszierenden Sache nicht beseitigt worden wäre.

Immerhin fragt es sich jedoch, unter welchen Bedingungen sich der Richter nach der Absicht des Strafgesetzbuchs zur Konfiskation entschließen soll. Die Motive sagen, wie erwähnt, die Konfiskation solle zur Sicherung des Strafzweckes dienen und insbesondere zur Verhütung fernerer strafbarer Handlungen mitwirken. Jedenfalls soll hiernach diese Verhütung nicht die ausschließliche Veranlassung zur Konfiskation sein. Der Zweck der Strafe kann unmöglich ausschließlich in der Sicherstellung der Zukunft gefunden werden. Aber welche Gesichtspunkte außer dieser Verhütung zukünftiger Verbrechen noch weiter für die Konfiskation maßgebend sein sollen, kann aus der „Sicherstellung des Strafzweckes" nicht mit Bestimmtheit entnommen werden. Darum kann jedoch auch der Richter die Konfiskation einzig und allein wegen des stattgefundenen Mißbrauches bezw. der verbrecherischen Entstehung der Sache verhängen, sollte es ihm auch nicht entfernt wahrscheinlich sein, daß es anderenfalls zu einem wiederholten Verbrechen kommen werde. Handelte es sich etwa um eine Entführung mittels eines Fuhrwerkes, so würde es sonderbar aussehen, wenn man letzteres auf den Grund hin konfiszieren wollte, daß es ja demnächst nochmals zu einer anderen Entführung von dem Thäter benutzt werden könne. Bei lebenslänglicher Freiheitsstrafe und Todesstrafe aber würde die Konfiskation ganz ausgeschlossen sein, wenn für sie die Befürchtung für die Zukunft ausschließlich hätte maßgebend sein sollen. — Wie aber dann hier, wie schon angedeutet, der allzugroße, mit der Geringfügigkeit der Verschuldung in keinem Verhältnis stehende Wert der Sache in Widerstreit mit dem Gesichtspunkt treten kann, daß doch der stattgefundene Mißbrauch der Sache nicht ganz ungeahndet bleiben dürfe, so kann sich der nämliche Widerstreit auch ergeben, wenn man die Befürchtung für die Zukunft zur Erwägung heranzieht. Angenommen, die Verschuldung sei eine geringfügige, die Befürchtung einer Wiederholung des geringfügigen Deliktes jedoch nicht ausgeschlossen und der mißbrauchte Gegenstand ein höchst wertvoller, soll dann konfisziert werden oder nicht? Wenn ja, so würde sich die Konfiskation von der stattgefundenen Verschuldung ganz loslösen, und man würde dann überhaupt keinen anderen Maßstab für sie haben, als die höchst unsichere Berechnung eines zukünftigen Ereignisses. Wenn nein, so würde auch die Befürchtung für die Zukunft nicht maßgebend sein. In der That ergiebt sich wohl hieraus, daß die Befürchtung für die Zukunft überhaupt nicht als ein selbständiger Grund für die Konfiskation betrachtet und vielmehr nur als von einigem Einfluß für die Beantwortung der Frage in Erwägung gezogen werden sollte, ob aus Veranlassung einer vorliegenden Verschuldung durch stattgefundenen Mißbrauch eines Gegenstandes zur Ausführung einer strafbaren Handlung dieser Gegenstand bezw. das Produkt der letzteren *in natura* oder nur dessen voller oder teilweiser Wert zu konfiszieren sei.

Daß die Konfiskation nur stattfinden soll, wenn ein vorsätzliches Verbrechen oder Vergehen — nicht also wenn eine Übertretung ausgeführt oder aus Fahrlässigkeit strafbar gehandelt worden ist, läßt sich nur aus dem Gesichtspunkt rechtfertigen, daß man das Gebiet dieser Nebenstrafe möglichst einschränken will. Denn an und für sich trifft der Grund der Konfiskation, wenn man ihn namentlich in einer Sicherstellung der Zukunft findet, auch bei Übertretungen und der Fahrlässigkeit zu. Es ist nicht einzusehen, warum dem Thäter sein Giftvorrat gelassen werden soll, wenn er mit demselben bereits in höchst fahrlässiger Weise einen Menschen getötet hat.

Die Vorsätzlichkeit ist nun aber offenbar nicht bloß ein Erfordernis für die Begehung des Verbrechens oder Vergehens, sondern es muß auch gerade das Produkt des Verbrechens selbst ein vorsätzlich hervorgebrachtes, sowie auch das Mittel ein vorsätzlich gebrauchtes gewesen sein. Daraus ergiebt sich zugleich, daß sich nicht allein das *instrumentum sceleris* ursachlich erweist, sondern nicht weniger auch das vorsätzliche Produkt der strafbaren Handlung. Denn sie wird gerade um dieses Produktes willen unternommen, und es hat sonach dasselbe einen intellektuellen Einfluß auf den Willen geäußert. Wäre es nicht die Absicht des Thäters gewesen, ein Falsifikat zuwege zu bringen, so würde die Fälschung überhaupt nicht unternommen worden sein. Auch der vorher zugesagte oder gegebene Lohn wäre unter diesem Gesichtspunkt zu konfiszieren, es scheint jedoch diese Konfiskation nach dem Wortlaut des § 40 nicht statthaft zu sein. Übrigens schließt das bei dem bloßen Versuche stehen gebliebene Unternehmen die Möglichkeit einer Konfiskation des Mittels nicht aus, insofern wirklich ein reeller Gebrauch von demselben gemacht worden war. Daß das Mittel lediglich zum Gebrauche bestimmt gewesen war, würde die Konfiskation noch nicht rechtfertigen, und es scheint, daß in § 40 das Wort „bestimmt“ auf den Versuch mit wirklich stattgefundenem Gebrauche des betreffenden Gegenstandes, das Wort „gebraucht“ aber auf die vollendete strafbare Handlung hinweisen soll.

Aus dem Gesichtspunkt der Strafe erscheint es selbstverständlich, daß die einem unschuldigen dritten gehörige Sache nicht eingezogen werden kann, daß mithin auch jeder, welcher sich an einem Verbrechen beteiligt haben soll, schuldig befunden worden sein muß, bevor zur Konfiskation der gerade ihm gehörigen Sachen geschritten, und daß der Schuldbefund lediglich durch Urteil festgestellt werden kann, eine im Urteil vergessene Konfiskation mithin nicht noch nachträglich verhängt werden darf. Angenommen, es habe etwa ein Gehilfe eine dem Thäter oder Anstifter gehörige Sache ohne deren Vorwissen zur Ausführung der That benutzt, so würde theoretisch die Konfiskation dieser Sache nicht stattfinden dürfen. Denn die Strafe kann sich nicht weiter erstrecken wie die Schuld, die Schuld des Thäters oder Anstifters aber umfaßt hier nicht das Konfiskat. Nach der Fassung des § 40 scheint indessen in solchem Falle die Konfiskation allerdings zulässig zu sein.

§ 41. „Wenn der Inhalt einer Schrift, Abbildung oder Darstellung strafbar ist, so ist im Urteil auszusprechen, daß alle Exemplare, sowie die zu ihrer Herstellung bestimmten Platten und Formen unbrauchbar zu machen sind. — Diese Vorschrift bezieht sich jedoch nur auf die im Besitz des Verfassers, Druckers, Herausgebers, Verlegers oder Buchhändlers befindlichen und auf die öffentlich ausgelegten oder öffentlich angebotenen Exemplare. — Ist nur ein Teil der Schrift, Abbildung oder Darstellung strafbar, so ist, insofern eine Ausscheidung möglich ist, auszusprechen, daß nur die strafbaren Stellen und derjenige Teil der Platten und Formen, auf welchen sich diese Stellen befinden, unbrauchbar zu machen sind."

Lautete § 41 statt „im Urteil auszusprechen" urteilsmäßig auszusprechen, und wäre nicht die Anordnung des § 42 getroffen worden, so würde kein Zweifel dagegen aufkommen können, daß man es in § 41 weder mit einer civilrechtlichen Konfiskation zu thun hat — denn es soll ja niemand einen Anspruch auf das Konfiskat erhalten — noch überhaupt mit einer Konfiskation zur Strafe, sondern ausschließlich mit der polizeilichen Konfiskation. Es wäre dann der ganz richtige Gedanke zum Ausdruck gekommen, daß derartige Schriften, Abbildungen und Darstellungen im Verkehr oder auch im Besitze des Buchhändlers u. s. w. nicht geduldet werden dürfen, weil sie unter diesen besonderen Verhältnissen, unter welchen sie sich befinden, eine öffentliche Gefahr bedingen. Diese polizeiliche Konfiskation aber würde dem Gerichte zur Ausführung übertragen worden sein, weil sie an das Erfordernis eines strafbaren Inhaltes der Schrift u. s. w. geknüpft ist. Es würde weiter durch Al. 2 darauf hingewiesen worden sein, daß die Bestimmung des Gesetzes im Falle eines Privatbesitzes der fraglichen Gegenstände nicht eintreten solle, weil dann eine öffentliche Gefahr nicht begründet erscheine, wie es denn überhaupt nur unter dieser Voraussetzung begriffen werden kann, warum sich die Konfiskation hier auf ein schonendes Unbrauchbarmachen beschränken soll. Dadurch aber, daß die Worte „im Urteil auszusprechen“ auf Al. 2 des § 40 hinweisen und die polizeiliche Konfiskation erst in § 42 zur näheren Erwägung kommt, scheint es allerdings unzweifelhaft zu sein, daß § 41 an § 40 anknüpfen und sonach lediglich eine Exemplifikation desselben darstellen soll. Unmöglich jedoch kann § 41 seine polizeiliche Natur ganz verleugnen, und so charakterisiert sich derselbe scheinbar als eine Zusammensetzung aus der Konfiskation zur Strafe und der polizeilichen Konfiskation. Aus dem ersteren Gesichtspunkt setzt § 41 voraus, daß der strafbare Inhalt der Schrift u. s. w. auf dem Wege eines vorsätzlichen Verbrechens oder Vergehens entstanden sei, und daß desfalls auch wirklich die Bestrafung eines Thäters oder Teilnehmers stattfinde — obwohl die Strafbarkeit des Inhaltes nicht stets von einer solchen Vorsätzlichkeit oder auch nur einer Fahrlässigkeit abzuhängen braucht, und die öffentliche Gefahr die nämliche bleibt, sollte auch etwa der an sich strafbare Inhalt von einem Unzurechnungsfähigen herrühren oder überhaupt ein Thäter oder Teilnehmer nicht zur Strafe gezogen werden können. Hingegen tritt wieder der Gesichtspunkt der Strafe hinter denjenigen der polizeilichen Konfiskation darin zurück, daß, wie gesagt, die Konfiskation des § 40 nicht so weit ausgedehnt wird, wie dies geboten wäre, wenn sie zur Strafe verhängt werden sollte, vielmehr schon dann vollständig erledigt erscheint, wenn nur der Zweck der rein polizeilichen Konfiskation erreicht worden ist; und daß es bei dieser Konfiskation nicht darauf ankommt, ob die betreffenden Gegenstände dem Thäter oder Teilnehmer gehören, dieselben vielmehr auch bei dritten ergriffen werden dürfen, die keine Thäter oder Teilnehmer zu sein brauchen und sogar ganz unbeteiligt sein können — ohne daß ihnen auch nur Gelegenheit zu ihrer Verteidigung gegeben wird. Da nun aber die Konfiskation zur Strafe unmöglich einen Unschuldigen treffen kann und vielmehr mit Notwendigkeit voraussetzt, daß der Gegenstand, an welchem sie vollzogen werden soll, einem Schuldigen gehöre, so ergiebt sich in Wirklichkeit, daß die Vorschrift des § 41 die Natur einer Strafe nicht besitzt, und daß eben darum die aus § 40 herzuleitenden Erfordernisse für denselben, als die polizeiliche Konfiskation unzulässiger Weise einengend, wegfallen müssen. Nur die Frage könnte aufgeworfen werden, ob es statthaft erscheine, auf dem Wege der lediglich polizeilichen Konfiskation auch dem

Verfasser die betreffenden Exemplare wegzunehmen, da doch sein Besitz ein Privatbesitz sei und somit das öffentliche Wohl nicht gefährde. Wollte man diese Frage verneinen, so würde der Verfasser unter § 40 subsumiert werden müssen. Dahin gehört er aber auch, und es erscheint bezw. die Wegnahme der betreffenden Exemplare aus dem Privatbesitz des Verfassers ganz ungerechtfertigt, wenn zumal die Veröffentlichung gar nicht beabsichtigt gewesen, etwa die Schrift nur als Manuskript gedruckt worden war.

Ersichtlich ist überdies die weitere Verschiedenheit des § 41 von § 40, daß sich in demselben das „Können" des Richters in ein Müssen verwandelt. Die innere Zusammengehörigkeit der §§ 40, 41 wird hierdurch um so hinfälliger. — Es scheint, als wenn durch das Herüberziehen der Erfordernisse des § 40 in den § 41 die Legitimation zu der in § 41 angeordneten polizeilichen Konfiskation geschaffen werden sollte, obwohl doch ihre Zulässigkeit nicht durch dieselben bedingt sein kann.

§ 42. „Ist in den Fällen der §§ 40, 41 die Verfolgung oder die Verurteilung einer bestimmten Person nicht ausführbar, so können die daselbst vorgeschriebenen Maßnahmen selbständig erkannt werden."

Handelt es sich also um Gegenstände, welche durch ein vorsätzliches Verbrechen oder Vergehen hervorgebracht, oder welche zur Begehung einer solchen strafbaren Handlung gebraucht oder bestimmt sind, so sollen dieselben, insoferne natürlich das konkrete Vorhandensein dieser Voraussetzungen, sei es durch Urteil oder auch durch einfache Entscheidung, festgestellt wird, konfisziert werden dürfen, wenn auch die Bestrafung eines Thäters oder Teilnehmers, gleichviel aus welchem Grunde, nicht ausführbar erscheint. Ersichtlich erleidet hiernach der von der Konfiskation Betroffene den ihm aus derselben erwachsenden Nachteil nicht als Strafe, weil die Bestrafung ein nach vollständig erschöpfter Verteidigung erfolgendes Strafurteil notwendig voraussetzt. Ebensowenig enthält aber § 42 die civilrechtliche Konfiskation, natürlich nicht in dem Sinne, daß dem Fiskus aus der Bestrafung ein Anspruch auf das Konfiskat erwüchse — denn von einer Bestrafung ist ja hier eben nicht die Rede. Aber auch nicht aus dem Gesichtspunkt, daß der Fiskus bereits durch die Begehung der That einen civilen Anspruch auf die *instrumenta* und *quaesita sceleris* erwerbe. Denn in diesem Falle würde, wie schon ausgeführt, der Richter zur jedesmaligen Verhängung der Konfiskation verpflichtet sein. Endlich umfaßt aber auch § 42 nicht die polizeiliche Konfiskation, weil für sie die Zugehörigkeit des betreffenden Gegenstandes zu dem Vermögenskreise des Thäters oder Teilnehmers gleichgültig erscheint. Überdies treffen auch die Voraussetzungen der polizeilichen Konfiskation nicht stets in den Fällen des § 40 zu. Treffen sie aber zu, so muß auch die Konfiskation vollzogen und darf nicht dem Ermessen anheim gegeben werden. Daß im Falle des § 42 die Vorschrift des § 41 nicht ausgeführt werden muß, sondern nur ausgeführt werden darf, ermangelt jeder Rechtfertigung. —

Nach welchen Grundsätzen nun der Richter im Falle des § 42 sein „Können“ beurteilen soll, bleibt im Dunkeln. Und doch stehen verschiedene Konsequenzen in Frage. Erfolgt die Konfiskation, um lediglich dem Schuldigen einen Nachteil zuzufügen, so wird sie sich, wenn schon sie keine Strafnatur besitzen kann, doch in betreff der Verjährung, des Todes, der Begnadigung u. s. w. nach den dieserhalb für die Strafe bestehenden Vorschriften richten müssen, und gegen dritte nicht ausführbar erscheinen. Erfolgt sie lediglich im Interesse des Fiskus, so kann die Verjährung eine andere sein, sie kann dann auch gegen dritte zur Ausführung gebracht werden und es können Ansprüche auf Entschädigung aus derselben erwachsen; Begnadigung würde unzulässig sein. Wird sie aber aus polizeilichem Interesse verhängt, so entfällt natürlich die Verjährung und die Begnadigung; das absolut gefährliche Objekt wird ergriffen, wo man seiner habhaft wird, das nur relativ gefährliche Objekt hingegen entzieht sich der Ergreifung, wenn es, sei es auch erst nach dem Urteil, in andere Verhältnisse gekommen ist, welche es nicht länger gefährlich erscheinen lassen. Die verhängte Konfiskation von Schriften, um sie unbrauchbar zu machen, erscheint nicht ausführbar, wenn sie in Privatbesitz übertragen worden sind, so lange sie in demselben bleiben. Der Richter sollte sich daher im Falle des § 42 stets darüber aussprechen, aus welchem Gesichtspunkt er die Konfiskation verhänge.

Im speziellen Teil des Strafgesetzbuchs sind es die §§ 152, 295, 335, 360, 367 und 369, welche sich mit der Konfiskation beschäftigen.

Die besondere Bestimmung des § 152 war erforderlich, weil sie abweichend von § 40 die Konfiskation nicht in das richterliche Ermessen stellt, dieselbe verhängt werden soll, wenn auch ein Gebrauchmachen von den betreffenden Gegenständen noch nicht stattgefunden hat, es nicht darauf ankommt, ob dieselben einem Thäter oder Teilnehmer gehören, und die Bestrafung eines Schuldigen keine Voraussetzung für die Anwendbarkeit der gegebenen Vorschrift ist. Einzige Voraussetzung hierfür ist vielmehr lediglich die Feststellung, daß die betreffenden Gegenstände zum Zweck eines Münzverbrechens angeschafft oder angefertigt worden sind — dann müssen sie auch eingezogen werden. Wenn aber die betreffenden Gegenstände schon vor dem Urteil, oder auch erst nach demselben, bevor es vollstreckt werden konnte, in unverdächtigen Privatbesitz, etwa als Kuriosität in ein Museum, übergegangen waren, soll auch in solchen Fällen Konfiskation stattfinden? Dem Wortlaut der §§ 151, 152 scheint dies zu entsprechen, denn durch die Art und Weise ihrer jetzigen Aufbewahrung wird selbstverständlich die Thatsache ihrer vitiösen Entstehung nicht beseitigt. Dem Geiste der Vorschrift wird jedoch die Annahme angemessen sein, daß unter solchen Verhältnissen die Konfiskation unterbleiben bezw. beruhen soll, bis etwa die konfiszierten Gegenstände unter andersartigen Verhältnissen wieder zum Vorschein kommen — daß also die Konfiskation nur dann und nur insolange vollzogen werden soll, als die betreffenden Gegenstände des ihnen ursprünglich beigelegten Zweckes noch nicht thatsächlich entkleidet worden sind. Die Konfiskation des § 152 erschöpft sich sonach in dem polizeilichen Gesichtspunkt der relativen Gefährlichkeit des Objektes für das öffentliche Wohl; auch den nach § 151 wirklich Schuldigen trifft in dieser Richtung kein weiterer Nachteil.

Daß nach § 295 das Jagdgerät auch dann eingezogen werden soll, wenn es dem Verurteilten nicht gehört, scheint in keiner Hinsicht gerechtfertigt zu sein. Weder aus dem Gesichtspunkt der Strafe — denn es handelt sich nicht um das Vermögen des Schuldigen, wenn schon derselbe infolge der stattgefundenen Konfiskation vielleicht ersatzpflichtig werden kann; noch aus polizeilicher Rücksicht — denn die betreffende Befugnis der Polizei erwächst nicht schon daraus, daß eine strafbare Handlung stattgefunden hat; noch endlich in Betracht eines fiskalischen civilrechtlichen Anspruches — da der Eigentümer der Sache sein Eigentum an derselben nicht verloren haben kann. In der That enthält § 295 die Bestrafung des schuldlosen Eigentümers, die dadurch nicht beseitigt wird, daß er vielleicht Ersatz von dem Schuldigen verlangen kann. Ist dem Forstschützen sein Gewehr von dem Wilderer gewaltsam abgenommen und mit demselben dann ein Stück Wild erlegt worden, so muß nach § 295 die Konfiskation erfolgen. Wenn die Motive zur Rechtfertigung dieser Vorschrift des Gesetzes darauf hinweisen, daß anderenfalls dieselbe namentlich von gewerbsmäßigen Jagdfrevlern, welche sich gegenseitig die Gewehre leihen, umgangen werden könne, so würde dieser Befürchtung leicht abgeholfen gewesen sein, wenn man der Konfiskation eventuell den Wert des Konfiskates unterbreitet hätte, statt ausschließlich den Gedanken vorherrschen zu lassen, daß durch die Wegnahme des Gewehres in Natur künftigen Jagdfreveln vorgebeugt werden müsse. Keinesfalls liegt aber in dieser Befürchtung die Berechtigung zur Bestrafung Unschuldiger.

Die in § 335 vorgeschriebene Konfiskation des Empfangenen rechtfertigt sich schon aus sich selbst dadurch, daß sich dasselbe intellektuell wirksam erwiesen hatte. Nach §§ 331, 332 soll nun die Konfiskation aber auch dann erfolgen, wenn das Empfangene mit der vorgenommenen Handlung in keiner ursachlichen Beziehung gestanden, also erst nach Vornahme der Handlung als eine nicht vorausgesehene Belohnung stattgefunden hatte. Im Grunde genommen steht jedoch hier nur eine disziplinäre Verfehlung in Frage, und es liegt darum keine eigentliche Ausnahme von dem Prinzip vor, daß das Konfiskat, wenn es zur Strafe solle eingezogen werden können, ursachlich gewirkt haben müsse. Eine Konfiskation der vor der Begehung der That weder versprochenen noch hingegebenen Belohnung, die also von keinerlei Wirksamkeit für die Entstehung der Strafthat gewesen ist, wird strafrechtlich kaum begründet werden können. Es dürfte sich dies klar ergeben, wenn man unterstellt, der Verbrecher habe die Belohnung erst nach Jahren nach Begehung der That, oder auch erst nach verbüßter Strafe erhalten. — Die Konfiskation des § 335 erfolgt zur Strafe, aber die Vollstreckung derselben bedingt keinen Strafvollzug. Denn wenn das Empfangene konsumiert worden ist und der Wert desselben von dem Verurteilten nicht beigetrieben werden kann, so widerfährt dem Schuldigen kein weiterer Nachteil. Dieser Mißstand wird besonders erkenntlich, wenn von zwei gleichmäßig zur Konfiskation verurteilten Beamten der eine das Empfangene restituiert, der andere nicht. — Hat man es aber hiernach im Falle des § 335 lediglich mit einer civilrechtlichen Exekution zu thun, so kann sie auch in den Nachlaß eines Verurteilten, gegen einen inzwischen wahnsinnig Gewordenen und unter besonderen Verhältnissen auch gegen einen dritten vollzogen werden.

Die Konfiskationen der Pos. 1, 2, 4, 5, 6, 14 des § 360 erklären sich dadurch, daß die betreffenden Gegenstände vorsätzlich durch die strafbare Handlung hervorgebracht werden, bezw. die auf dem Spieltische oder in der Bank befindlichen Gelder als Mittel zum Betriebe des verbotenen Spieles anzusehen sind. Daß die Konfiskation vollzogen werden soll ohne Unterschied, ob die betreffenden Gegenstände dem Verurteilten gehören oder nicht, ist mit dem Gesichtspunkt der Strafe unvereinbar und wird nur aus der Besorgnis für das öffentliche Wohl erklärlich. Darum wird aber auch, wie schon erwähnt, die Konfiskation unterbleiben müssen, wenn diese Gegenstände, bevor sie ergriffen werden konnten, in unverdächtigen Privatbesitz übergegangen waren. Übrigens kann hier auch die

Vorschrift des § 42 zur Anwendung kommen, und es wird die selbständige Thätigkeit der Polizei da nicht ausgeschlossen, wo sie überhaupt zulässig erscheinen würde.

Die Konfiskation der Pos. 7 und 8 des § 367 ist polizeilicher Natur, da die zu konfiszierenden Gegenstände relativ das öffentliche Wohl gefährden. Hingegen unterliegt das in Pos. 8 noch weiter erwähnte Schießen, sowie die Pos. 9 einer individuellen Beurteilung. Die Konfiskation erscheint darum hier als Strafe, und es sollten eben darum die Gegenstände der Pos. 9 nur dann konfisziert werden dürfen, wenn sie dem Schuldigen gehören. Die Konfiskation der Schießwerkzeuge der Pos. 8 kann überhaupt nicht verhängt werden.

Auch die Konfiskation der Pos. 2 des § 369 bezieht sich auf Gegenstände, die unter den Verhältnissen, unter welchen sie betroffen werden, das öffentliche Wohl gefährden. Wegen dieser relativen Gefährlichkeit würde die Konfiskation auch derjenigen Gegenstände, welche dem Verurteilten nicht gehören, zulässig sein, und es ist im Hinblick auf §§ 360, 367 auffallend, daß eine derartige Konfiskation nicht stattfinden soll.

Nach diesen Ausführungen sollte, wie ich glaube, die gerichtliche Konfiskation ausschließlich als eine Strafe am Vermögen über solche Gegenstände, welche in ursachlichem Zusammenhange mit der Strafthat stehen, verhängt und dann auch als Vermögensstrafe mit allen ihren Konsequenzen vollzogen werden. Neben dieser Bestrafung, dieselbe ergänzend oder auch, im Falle sie nicht ausgesprochen oder vollzogen werden könnte, an deren Stelle tretend, würde dem Strafrichter die Befugnis zur polizeilichen Konfiskation der betreffenden Gegenstände innerhalb der Grenzen einzuräumen sein, welche von der Polizei selbst eingehalten werden müssen. Die fiskalische Berechtigung aber würde als selbständige Veranlassung zur strafrichterlichen Konfiskation wegzufallen haben und bezw. von dem Strafrichter nur insofern zu beachten sein, als dies der Strafvollzug der Vermögensstrafe von selbst mit sich bringt. Einer weiteren Handhabe für die Strafgewalt, namentlich zur Verhütung fernerer Verbrechen, dem Gesetze selbst dann durch die Konfiskation Genüge zu verschaffen, wenn aus zufälligen Umständen die Verfolgung oder Verurteilung einer bestimmten Person nicht erfolgen kann (Motive zu § 42), scheint es hingegen nicht zu bedürfen. Denn im Falle in Ansehung der fraglichen Gegenstände, die von einem Schuldigen nicht beigebracht werden können, nicht einmal der Gesichtspunkt der Gefährlichkeit zutrifft, welche deren polizeiliche Konfiskation rechtfertigen würde, hat die gemeinte Handhabe zur Sicherstellung der Zukunft kaum eine praktische Bedeutung. Im übrigen sind die Gegenstände, welche von einem Schuldigen nicht beigebracht werden können, in der Zeit vor Erlaß des Urteiles entweder bereits von dem Gerichte ergriffen worden, oder sie befinden sich bei einem dritten. Im ersten Fall braucht das Gericht spätere Dispositionen des Schuldigen über dieselben nicht anzuerkennen, es bleibt vielmehr in deren Besitz, mag sich auch der Erlaß des Urteiles noch so lange, etwa infolge der Flucht des Schuldigen, hinausziehen. Zur Herausgabe an dritte und bezw. die Erben wird das Gericht nur dann verpflichtet sein, wenn die fraglichen Gegenstände schon vor der Begangenschaft einem anderen gehört haben, oder, bevor sie in die Hand des Gerichtes gelangten, von einem anderen redlich erworben worden waren, oder aber endlich vor Erlaß des Urteiles die Untersuchung durch den Tod oder Wahnsinn des Schuldigen erledigt worden ist. Dann jedoch würde auch der Grund für die Annahme beseitigt erscheinen, daß ein wiederholter Mißbrauch der fraglichen Gegenstände zu strafbaren Handlungen zu befürchten stehe. Das aber wird auch zutreffen, wenn im zweiten Fall der Besitz des dritten ein redlicher wäre. War er hingegen ein unredlicher, so würde der dritte sofort als Begünstiger zu behandeln sein. Gerade darum ist aber auch die Meinung, daß in Ermangelung einer besonderen gesetzlichen Vorsorge der Schuldige zum Schein die fraglichen Gegenstände auf andere übertragen könne, nicht von Erheblichkeit.

Notstand und Notwehr.

Von zweien seiner Interessen, welche dergestalt kollidieren, daß das eine nur durch Vernichtung des anderen erhalten werden kann, wird der Staat das geringere opfern. Sind hingegen die kollidierenden Interessen gleichwertig, so wird derselbe keine Veranlassung haben, das in Sicherheit befindliche Interesse zu Gunsten des gefährdeten preiszugeben. Und wenn dieselben gefährdet sind, ohne daß sich entscheiden läßt, welches demnächst das untergehende bezw. das obsiegende sein werde, so kann er zur Entscheidung des Konfliktes durch Vernichtung des einen der beiden Interessen eingreifen; er kann aber auch dem Verlaufe des Ereignisses ruhig mit zusehen. Denn der Untergang des einen oder des anderen derselben bedeutet für ihn das nämliche.

Wenn der Staat zum Schutze seines Interesses sich nicht in der Lage sieht, namentlich selbst es nicht verhindern kann, daß sich in dem Kampfe zweier kollidierender Interessen das geringere auf Unkosten des höheren erhalte, so befindet er sich in einem Notstand. Notstand aber ist eine Lage, welche gegen den Willen eintritt und nur widerwillig ertragen wird. Darum handelt derjenige, welcher in solchem Falle das geringere Interesse zur Rettung des höheren vernichtet, dem Willen des Staates gemäß. Bei bestehender Gleichwertigkeit der kollidierenden Interessen aber wird für den Staat keine Veranlassung vorliegen, die Übertretung des allgemeinen Verbotes, daß man ein öffentliches Interesse verletze, zu gestatten. Hiernach wird der Kassenbeamte nicht strafbar erscheinen, welcher den Dieb, dessen er sich nicht erwehren kann, bestimmt, statt der seinigen die Kasse seines Kollegen auszuleeren, wenn er weiß, daß in derselben, sei es auch nur in geringer Differenz, weniger Geld enthalten ist, als in seiner eigenen. Bei gleichem Bestande der beiden Kassen würde er hingegen eine derartige Befugnis nicht haben.

Eine weitere Erwägung bringt sich jedoch zur Geltung, im Falle die kollidierenden Interessen menschlichen Individuen zustehen. Insoweit sie von dem Staat als berechtigt anerkannt werden, befinden sie sich unter dessen Schutz und sind darum allerdings zugleich öffentliche Interessen. Aber es darf hier das öffentliche Interesse zur Entscheidung des Konfliktes nicht ausschließlich in den Vordergrund geschoben werden. Wollte der Staat von zweien solcher gleichwertiger kollidierender Interessen das eine zu Gunsten des anderen vernichten, so würde er sich einer willkürlichen Begünstigung des geretteten schuldig machen. Aber auch im Falle nur ein geringeres Interesse mit einem höheren kollidiert, versteht sich die Vernichtung des ersten zu Gunsten des letzten nicht so kurzer Hand von selbst. Es wird dann vielmehr noch weiter zu berücksichtigen sein, ob man denn auch dem Träger des geringeren Interesses die Opferung desselben zu Gunsten des höheren zumuten könne. Denn wenn auch der Staat für seine Zwecke jedes Opfer von seinen Angehörigen zu verlangen berechtigt ist, so darf doch immerhin dasselbe nicht im Mißverhältnis zu dem Zwecke stehen. Hiernach aber scheint es denn doch, als ob die Wertdifferenz zwischen dem geringeren und dem größeren Interesse eine sehr bedeutende, bezw. die Erhaltung des höheren Interesses im Vergleich zu dem Untergang des geringeren eine dem Staate besonders wünschenswerte sein müsse, bis dem Träger des geringeren Interesses die Aufopferung desselben zur Rettung des größeren zugemutet werden darf. Insonderheit im Falle der Kollision von Vermögensrechten unter sich wird es einleuchtend sein, daß weit eher von dem Träger des höheren Interesses ein Verzicht als von demjenigen des geringeren Interesses ein Opfer zu verlangen ist. Die Organe des Staates sind zwar befugt, die Einfriedigung einer fremden Hofraite zusammenzureißen, wenn dies zur Rettung eines brennenden Hauses erforderlich erscheint, sollte auch keinerlei Gemeingefahr zu befürchten stehen. Hingegen wird, wenn A dem B zwei Fensterscheiben einzuschlagen droht, im Falle nicht dem C eine eingeschlagen werde, der Polizeidiener nicht berechtigt sein, die eine Fensterscheibe zur Sicherstellung des größeren Interesses zu zertrümmern, während er anstandslos ein fremdes Fenster einschlagen darf, im Falle dies zur Rettung eines Menschenlebens geboten sein sollte.

Insoweit nun der Staat die Aufopferung des geringeren Interesses zu Gunsten des höheren verlangen würde, darf auch ein dritter im Falle des Notstandes das geringere Interesse vernichten. Ebenso handelt aber auch der dritte unerlaubt, wenn er da ein fremdes Interesse vernichtet, wo sich der Staat hierzu nicht befugt erachtet.

Aber es fragt sich, ob eine jede solche unerlaubte Handlung unter Strafe gestellt werden soll. Die Strafe wird angedroht für die Verletzung eines öffentlichen Interesses, und es gilt als Rechtsregel, daß jede solche Verletzung bei Strafe zu unterbleiben habe. Kommt es nun vor, daß die Befolgung dieser Rechtsregel zugleich die Verletzung eines berechtigten, also öffentlichen, Interesses nach sich ziehen würde, so steht zur Erwägung, daß der Staat seine Unterthanen nicht als fehlerlose Menschen betrachten, darum aber dann nicht strafen darf, wenn nach allgemeiner Überzeugung unerachtet des vorliegenden Unrechtes eine Strafe nicht am Platze ist, die Allgemeinheit mithin auf Strafschutz verzichtet. Daraus erklärt es sich, daß, im Falle die Rechtsregel zu Konsequenzen führt, in welchen nach allgemeiner Überzeugung eine strafbare Verletzung des öffentlichen Interesses fernerhin nicht mehr erblickt werden soll, der Staat eine Ausnahme von derselben vorsehen muß. Das aber ist namentlich dann der Fall, wenn das eigene, an und für sich als berechtigt anerkannte, Interesse dergestalt in Konflikt mit der Rechtsregel gerät, daß man dem Träger desselben nicht zumuten kann, dasselbe ungeschützt zu lassen, wenn er auch, indem er es schützt, die Rechtsregel übertritt (meine Kausalität 1873, S. 94).

Unter diesen hervorgehobenen Gesichtspunkten dürfte vielleicht die Handlung im Notstand und in der Notwehr hinsichtlich ihrer etwaigen Straflosigkeit zu beurteilen sein.

I. Notstand.

Die Entwickelung der Lehre vom Notstande wird in den neuerdings erschienenen beiden Schriften: Stammler, „Die strafrechtliche Bedeutung des Notstandes, Erlangen 1878“ und Janka, „Der strafrechtliche Notstand, daselbst 1878“, eingehend und sorgfältig dargestellt. Es läßt sich hieraus im allgemeinen so viel entnehmen, daß das römische, kanonische und ältere deutsche Recht nur geringe Ausbeute darbieten. Die Karolina erkannte den strafbefreienden Notstand nur bei dem in rechter Hungersnot stattgefundenen Diebstahl an. Die auf die Karolina gestützte gemeinrechtliche Theorie erweiterte dieses Prinzip dahin, daß man zur Rettung seines Lebens in jeder Beziehung straflos in fremdes Eigentum eingreifen dürfe. Dann wurde durch Kant und Hegel der Notstandsbegriff auf die Kollision zwischen Leben und Leben ausgedehnt, bis endlich neuere Schriftsteller zu der Ansicht gelangen, daß nicht nur Leib und Leben, sondern überhaupt jedes Rechtsgut in Notstand geraten und in demselben straflos durch Vernichtung fremder Rechtsgüter verteidigt werden könne. — Die letzte Ansicht wird auch von STAMMLER und JANKA als die richtige behauptet.

Was nun aber die Begründung der Straflosigkeit der im Notstande begangenen Handlung anbelangt, so wird wohl zunächst die Ansicht, daß jeder, der im Notstand handle, unzurechnungsfähig sei, zurückgewiesen werden müssen. Denn lag wirklich Unzurechnungsfähigkeit vor, so ist die Straflosigkeit selbstverständlich, lag sie aber nicht vor, so darf sie auch nicht fingiert werden. Auch die Ansicht, daß zur Ertragung eines Notstandes ein solcher Heroismus nötig sei, wie er von der menschlichen Natur nicht gefordert werden könne, wird als richtig nicht zugegeben werden dürfen. Denn die Erfahrung lehrt, daß ein solcher Heroismus wirklich vorkommt, ja sogar verlangt wird, und es giebt Notstandsfälle, in welchen es sich um einen hohen Grad desselben gar nicht handelt. Ebensowenig ist die Ansicht haltbar, daß die Notstandshandlung unter dem Einfluß eines unwiderstehlichen Zwanges vorgenommen werde, sowie auch die Meinung nicht durchaus gebilligt werden kann, daß der Wille des im Notstande Handelnden nicht auf eine Entgegensetzung gegen das Gesetz gerichtet sei. Abgesehen nun von diesen Ansichten, welche gemeinsam, wie es scheint, die Straflosigkeit des Thäters im Notstande aus seiner Deliktsunfähigkeit, also aus der Beschaffenheit seiner Subjektivität, herleiten, so stehen sich zwei Meinungen gegenüber, je nachdem objektiv die Notstandshandlung eine der Rechtsidee entsprechende oder aber der Rechtsidee zwar widersprechende aber vollständig zu entschuldigende sein soll. Wie man aber durch eigene Not ein Recht zur Verletzung eines anderen erlangen könne, ist bis jetzt wenigstens von der ersten Ansicht nicht zu begründen vermocht worden. Und wenn die zweite Ansicht sich auf die Unwirksamkeit und Erfolglosigkeit einer Strafdrohung für die Notstandshandlung beruft, so könnte dieses Argument doch nur dann verwendet werden, wenn man einen Notstand nur bei der Kollision des Lebens mit einem anderen Rechtsgut anerkennen wollte. — Diese entgegengesetzten Standpunkte nehmen denn auch die beiden citierten Schriften ein. STAMMLER hält die Notstandshandlung für eine wirklich nach allen Richtungen rechtmäßige; JANKA hingegen bezeichnet sie als eine rechtswidrige aber straflose.

STAMMLER begründet seine Ansicht lediglich durch Bezugnahme darauf, daß das geringere von zwei kollidierenden Rechtsgütern zur Rettung des höheren vernichtet werden dürfe, weil der Staat an der

Erhaltung des höheren Rechtsgutes ein größeres Interesse habe als an derjenigen des geringeren. Er läßt also die oben hervorgehobene Modifikation, welcher diese an und für sich ja ganz richtige Ansicht unterzogen werden muß, außer Beachtung. In dieser Weise wird dann freilich ein Recht in dem Maße sogar konstruiert, daß es auch dann praktisch anerkannt werden müßte, wenn das Gesetz die Straflosigkeit der Notstandshandlung nicht besonders festgestellt hätte. Denn die im Notstand vollzogene Tötung, Sachbeschädigung u. s. w. wäre keine rechtswidrige. Dafür sind aber auch die Konsequenzen dieses Rechtes unhaltbar. Abgesehen davon, daß von Straflosigkeit niemals geredet werden könnte, wenn das höhere Interesse zur Rettung eines geringeren vernichtet worden ist, so würde der Träger des höheren Interesses stets schon dann zur Vernichtung des geringeren berechtigt sein, wenn die Wertdifferenz der kollidierenden Rechtsgüter auch nur eine minimale wäre. Es würde also derjenige, welchem zwei Pfennige abgenommen werden sollen, wenn er nicht einem anderen einen abnehme, das Recht haben, dem anderen seinen Pfennig abzunehmen und darum im Falle des Widerstandes straflos sogar einen Raub oder Totschlag vollziehen dürfen — selbst dann, wenn er sicher wäre, für das ihm rechtswidrig abgenommene Geld Entschädigung zu erhalten. Schon auf den ersten Blick muß das als unrichtig erscheinen. In der That liegt hier nicht die geringste Veranlassung zur Gewährung von Straflosigkeit vor. Denn die Durchbrechung der Regel, daß man andere straflos nicht verletzen soll, durch Gestattung einer nicht dringend gebotenen Ausnahme ist ein Übel für den Staat, da hierdurch die Autorität der Regel selbst immerhin geschädigt wird. Darum ergeht mit Recht seine Aufforderung an den Träger des höheren Interesses, lieber den geringen Nachteil zu ertragen, als denselben auf einen anderen abzuwälzen. Angenommen, es wäre ein Richter bei dem Vollzuge des fraglichen Ereignisses zugegen, so würde er schwerlich das von Stammler für das höhere Interesse in Anspruch genommene Recht demselben zuerkennen. — Noch weniger billigenswert aber kann es erscheinen, daß überall der Träger des geringeren Interesses der an ihn gestellten Zumutung nicht einmal Widerstand soll entgegensetzen dürfen, daß ich also verpflichtet sein soll, mir gutwillig einen Finger abschneiden zu lassen, um einem anderen die Hand zu retten. — Und daß ich nicht allein ruhig mit zusehen soll, wenn mir ein anderer meine Wiese abgrast, um seinem hungernden Pferde Futter zu verschaffen, sondern daß dies auch geschehen darf, ohne daß mir ein Anspruch auf Entschädigung erwachsen soll, entspricht denn doch sicherlich nicht der Rechtsidee.

Diese Begründung der Straflosigkeit der Vernichtung des kollidierenden geringeren Interesses durch das höhere scheint für die Kollision zweier gleichwertiger Interessen nicht verwendbar zu sein. Stammler meint indessen, in diesem Falle müsse nach dem thatsächlichen Ergebnisse des Kampfes, nach der Stärke der für das Recht theoretisch gleichwertigen Güter gemessen werden, wessen Erhaltung dem Rechte am wertvollsten gewesen sei. Das in einem Notstandskonflikt zweier gleichwertiger Rechtsgüter besiegte Rechtsgut sei mit rechtlicher Billigung unterlegen, da es sich als das thatsächlich schwächere und daher als das für das Recht weniger wertvolle herausgestellt habe. Auch in diesem Falle geschehe die Verletzung im Notstande gemäß dem Rechte, nicht gegen das Recht. Gegen diese Begründung bringen sich nun zunächst die soeben hervorgehobenen Erwägungen noch zur größeren Geltung, und es ist wohl auch überhaupt nicht richtig, daß von zwei rechtlich gleichwertigen Interessen das mit der größeren physischen Stärke ausgerüstete, also etwa das Leben des stärkeren Menschen, dem Rechte wertvoller sei als das Leben des schwächeren. Man dürfte vielmehr wohl umgekehrt behaupten, daß der Staat seinem Berufe nach dem Schwächeren einen größeren Schutz zu verleihen habe als dem Stärkeren. Es würde auch bei dieser Auffassung ein zum Tode Verurteilter oder ein unheilbar Kranker selbst als der physisch Stärkere gegenüber einem Gesunden nicht in berechtigten Notstand hinsichtlich seines Lebens gelangen können. Sodann aber scheint dieselbe darum unmöglich zu sein, weil, wenn es nicht schon vor Beginn des Kampfes feststeht, welches Recht das stärkere, und welches das schwächere ist, dieser Kampf um die Vernichtung überhaupt nicht angefangen werden dürfte, ohne daß bezüglich beider Interessenten ein Versuch anzunehmen wäre, für welchen auch beide bestraft werden müßten, im Falle der Kampf etwa unentschieden bleiben sollte. Denn nur die Vernichtung des geringeren Interesses soll ja straflos geschehen können, und es muß mithin von vornherein feststehen, welches das geringere sei. Oder soll es etwa erst durch das Ergebnis des Kampfes festgestellt werden, welcher der beiden Interessenten sich strafbar an ihm beteiligt hat? Damit würde gesagt werden, daß derselbe an und für sich, so lange die Entscheidung noch nicht gefallen sei, straflos erscheine, für den endlich Unterliegenden aber rückwärts strafbar werde, weil ihm die physische Kraft zur Sicherstellung seines Rechtes gemangelt habe. Bezw. es würde, wenn man umgekehrt den Kampf von vornherein für beide Interessenten als strafbar erachten wollte, der strafbare Versuch des Obsiegenden rückwärts wegen seiner größeren physischen Stärke wieder straflos werden. Und wenn der eine der beiden Interessenten, um deren Leben es sich handelt, von der größeren physischen Stärke des anderen überzeugt wäre, so müßte er von vornherein jede Verteidigung unterlassen; er würde darum selbst dann des Versuches schuldig sein, wenn er hintendrein dennoch den Sieg erlangen sollte. Denn er hatte sein Recht für das weniger wertvolle und sich sonach für unberechtigt zum Schutze desselben gegenüber dem wertvolleren Rechte seines Gegners halten müssen. Hiernach kann aber auch die Behauptung nicht richtig erscheinen, daß im Falle der Gleichwertigkeit der beiden kollidierenden Rechtsgüter sich jeder der beiden Interessenten in strafbefreiendem Notstande befinde, wenn er sich zur Wehre setze. Denn wenn das Ergebnis des Kampfes gegen den einen oder den anderen ausfällt, so soll ja hierdurch der Beweis erbracht sein, daß er zum Schutze eines dem Staate weniger wertvollen Rechtsgutes das wertvollere vernichtet oder beschädigt hat.

Die Theorie, daß der Staat unbedingt ein höheres Interesse an der Erhaltung des größeren Rechtsgutes als an derjenigen des geringeren habe, und darum im Falle einer Kollision der Inhaber des höheren Rechtsgutes zur Vernichtung des geringeren im Interesse des Staates berechtigt erscheine, führt aber nebenbei noch zu einer anderen Folgerung. Es ist nämlich nicht allein nicht einzusehen, warum nur der Inhaber des größeren Rechtsgutes zur Vernichtung des geringeren berechtigt, und warum nicht vielmehr auch jeder dritte dieses Recht haben, sondern es bleibt auch unerklärlich, warum dieses Handeln im Interesse des Staates überhaupt an die Existenz einer Kollision privater Rechtsinteressen als Voraussetzung gebunden sein soll. Es müßte vielmehr auch ohne das Bestehen einer solchen Kollision jeder dritte das unbedingte Recht besitzen, das gefährdete Interesse des Staates, im Falle seiner Unfähigkeit zur Wahrung desselben, sicher zu stellen. Im Falle also etwa eine Blutschande vollzogen werden soll, oder jemand die Straße vor seinem Hause nicht reinigen wollte, so würde jedermann berufen sein, die Unterlassung des Verbrechens bezw. die Vornahme der Handlung zu erzwingen.

Janka meint hingegen, die Notstandshandlung erscheine jedesmal strafbar, sobald sich nur der Handelnde ihres Widerspruches mit dem Strafgesetze, also etwa mit der Satzung: Du sollst nicht töten, bewußt gewesen sei. Nur das Gesetz könne sonach ihre Straflosigkeit begründen. Zu diesem Ende könne es auf die Erwägung hin, daß es im Interesse des Staates liege, wenn das höhere

Rechtsgut auf Unkosten des geringeren erhalten werde, der Notstandshandlung insoweit die Eigenschaft eines Rechtes beilegen. Aber dieser Auskunft stehe im Wege, daß durch die Zulassung einer Ausnahme von der Regel der jedesmaligen Strafbarkeit der Verletzung eines fremden Rechtsgutes die Regel überhaupt in ihrer Autorität geschädigt werde. Und so bleibe dem Gesetze nur übrig, die Notstandshandlung für ein strafloses Unrecht zu erklären. Daß aber das Strafgesetz durch die Bewilligung der Straflosigkeit die Notstandshandlung nicht zu einem Rechte erhebe, sondern in ihr demungeachtet ein Unrecht erblicke, wird bestritten werden müssen. Denn da es sie nicht etwa lediglich von Fall zu Fall, nach vorliegenden Umständen, durch den Richter für verzeihlich erklären lassen will, sondern ihre Straflosigkeit als Ausnahme von der Regel von vornherein ganz allgemein anordnet, so räumt es auch geradezu eine Befugnis zu derselben ein. Eine vom Gesetze eingeräumte Befugnis kann jedoch nichts anderes als ein Recht sein, mag sie auch von der Rechtsidee als ein Unrecht betrachtet werden. Aber das eingeräumte Recht ist nicht weiter ein Recht, als es das Strafgesetz als solches betrachten will; es ist kein schrankenloses Recht. Daher erklärt es sich, daß die nach dem Strafgesetz berechtigte Handlung nach Civilrecht eine unberechtigte zur Entschädigung verpflichtende sein kann. Auch übernimmt das Strafgesetz nicht unter allen Umständen (s. unten) den Schutz des eingeräumten Rechtes, und es erscheint darum die berechtigte Gegenwehr des durch eine berechtigte Notstandshandlung Angegriffenen nicht ausgeschlossen. Freilich, wenn ich das Recht habe, zu meiner Rettung einen anderen totzuschlagen, dieser andere aber nicht verpflichtet ist, mein Recht anzuerkennen, und vielmehr zu seiner Rettung vor meinem Angriff mich totschlagen darf, so steht eine Berechtigung gegen die andere. Man hat die Möglichkeit eines solchen Widerstreites von Recht und Recht bestritten. Aber wenn das Gesetz aus praktischen Erwägungen geradezu gezwungen ist, ein begriffliches Unrecht für ein Recht zu erklären, auf der anderen Seite aber durch Entziehung eines wirklichen Rechtes kein Unrecht zufügen will, so kann das Ergebnis mit Notwendigkeit kein anderes sein, als die gesetzliche Billigung der Gewalt. Das ist auch schon die Ansicht Fichte's, nur daß derselbe die Sanktion der Gewalt aus einem vorstaatlichen Zustand statt aus dem Gesetze herleitet. Übrigens wird kaum ein praktischer Unterschied erfindlich sein, man mag die Handlung im Notstand für ein Recht mit den gedachten Einschränkungen oder aber für ein strafloses Unrecht erklären. Jedenfalls aber erscheint die Ausführung Janka's ungenügend, daß die Rechtsregel in ihrer Autorität Schaden leide, wenn die Notstandshandlung von dem Gesetze als ein Recht betrachtet werde. Denn den nämlichen Schaden leidet sie auch dann, wenn an und für sich strafbares Unrecht ausnahmsweise nicht gestraft werden soll.

Wie groß muß nun aber ein gefährdetes Interesse sein, wenn es durch Vernichtung eines fremden Interesses sich retten darf, bezw. wie groß muß dem gefährdeten Interesse gegenüber ein anderes Interesse sein, bis es nicht mehr zur Rettung des ersten in Anspruch genommen werden kann? Die geschichtliche Entwickelung des Notstandes beweist eine Steigerung der Wertschätzung eigener Interessen, bezw. eine Minderung der Achtung vor fremden Interessen. Gegenwärtig aber scheint die bedenkliche Neigung vorzuherrschen, die Berechtigung des Notstandes stets anzuerkennen, wenn auch nur eine geringe Wertdifferenz zwischen dem größeren Interesse und dem kleineren, welches geopfert werden soll, besteht. Es kann sich jedoch auch in vielleicht nicht allzu ferner Zeit die Ansicht wieder mehr befestigen, daß denn doch die gesetzliche Regel nicht so leichthin soll durchbrochen werden dürfen und dem Gefährdeten vielmehr zugemutet werden könne, dem öffentlichen Interesse schon ein bedeutendes Opfer zu bringen, so daß also der drohende Verlust schon ein recht ansehnlicher sein müßte, bis es statthaft erschiene, denselben durch Vernichtung eines fremden Rechtsgutes von sich abzuwenden. Hieraus aber ergiebt sich, daß das Maß der Notstandsberechtigung nicht prinzipiell und noch weniger mathematisch festgestellt werden, daß es vielmehr seine Begründung lediglich in der allgemeinen, in schneller Folge vielleicht wechselnden, Überzeugung von der Größe des Opfers, welches dem öffentlichen Interesse gebracht werden müsse, finden kann. Es ist also der Umfang der Notstandsberechtigung eine Kulturfrage, aus welchem Grunde auch der Zeit nach weit zurückliegende Anschauungen anderer Kulturepochen nicht bestimmend erscheinen können. Überdies sind groß und klein relative Begriffe, einen objektiven Maßstab giebt es für dieselben nicht. Der nämliche drohende Verlust kann für den Armen groß, für den Reichen aber klein sein. Und es erhellt die bloße Relativität des Umfanges der Notstandsberechtigung noch deutlicher, da auch (s. unten) die anderweit notwendigen Voraussetzungen für diese Berechtigung nur relativer Natur sein können. Daher wird aber auch eine durchaus zutreffende Umgrenzung der fraglichen Berechtigung zu den Unmöglichkeiten gerechnet werden müssen.

Frühere desfallsige Versuche müssen als gescheitert betrachtet werden, und auch der Versuch JANKA's giebt zwar leitende Gesichtspunkte, führt aber doch im Grunde genommen auf das vernünftige Ermessen als entscheidend zurück. Wo das geschädigte Interesse als Gemeininteresse oder Einzelinteresse ein höheres sei als das zu errettende, dort werde das Recht, im Falle nicht besondere Gründe für eine Ausnahme vorlägen, zur Unterlassung der Bestrafung nicht geneigt sein. Ebensowenig wenn beide Interessen als gleichwertig erschienen. Das Unglück müsse derjenige tragen, dessen Person oder Gut es treffe. Stehe jedoch die ganze Existenz des Bedrängten in Gefahr, dann dürfe von ihm auch das gleichwertige und höherwertige Rechtsgut eines anderen zur eigenen Rettung geopfert werden. Denn die Selbsterhaltung sei oberstes Gesetz der Natur. Die Existenzfrage aber umfasse nicht allein das Leben, sondern auch die wesentliche Integrität des Körpers, das Augenlicht, Arme und Beine, das Geschlechtsglied. Bei solchen Verlusten habe der menschliche Körper aufgehört, menschlicher Körper in seiner Vollbedeutung zu sein. Ebenso gehöre hierher die Beraubung der Freiheit für immer oder doch für längere Zeit und die geschlechtliche Integrität der Frau. Zur Rettung dieser Güter dürfe überall sogar ein fremdes Leben geopfert werden. Bei Gefahr für den Leib oder die Freiheit in geringerem Umfang, bei Gefahr für die bloße Schamhaftigkeit oder die äußere Ehre, das Vermögen oder überhaupt für jedes andere Rechtsgut dürfe hingegen straflos nur ein weniger wertes fremdes Interesse preisgegeben werden. Und zwar müsse der Wertunterschied ein bedeutender sein.

Hiernach ist freilich die bei Gefahr für das Leben, der Entmannung, der Beraubung der Freiheit für immer, der Notzucht von JANKA eingeräumte Notstandsberechtigung eine absolute. Aber sollte wirklich straflos ein Unschuldiger getötet werden dürfen, wenn der mit Entmannung Bedrohte nicht mehr zeugungsfähig, oder die mit Notzucht bedrohte Frau eine Hure war, der nun aber gerade einmal der letzte Bewerber um ihre Gunst nicht gefiel? Und wenn hier wohl von Straflosigkeit nicht die Rede sein kann, welches andere Übel darf dann in diesen Fällen einem dritten zugefügt, darf er geblendet, ihm der Arm zerschlagen werden? Tritt schon hiermit die Relativität der Notstandsberechtigung hervor, so wird sie hinsichtlich aller übrigen Rechtsgüter, für welche sie Anwendung finden soll, noch einleuchtender. Was unter der wesentlichen Integrität des Körpers verstanden werden soll, läßt sich mit unzweifelhafter Bestimmtheit nicht feststellen. Kann man allerdings die Unversehrtheit der Sprache, beider Augen, beider Beine, beider Arme hierher rechnen, so weiß man doch nicht, wie es sich verhalten soll, wenn nur eines von

Doppelgliedern, das Gehör, die Erregung bloßer Schmerzen, eine für immer oder doch für längere Zeit drohende bloße Krankheit in Frage steht. Und wenn man auch zur Rettung vor dem Tode einen anderen töten darf, so möchte es doch in Zweifel zu ziehen sein, ob man denn auch für die zur Erhaltung der wesentlichen Integrität des Körpers verursachte Tötung straflos bleiben müsse. — Am deutlichsten aber zeigt sich die bloße Relativität der Notstandsberechtigung, im Falle eine Gefahr für das Leben oder die wesentliche Integrität des Körpers nicht vorlag und vielmehr nur eine Kollision anderer Interessen. Nur das geringere Rechtsgut soll hier straflos zur Rettung des eigenen geopfert werden dürfen. Aber ein solches Wertverhältnis wird nicht immer abgeschätzt werden können. Wie verhält sich etwa eine arbeitskräftige Hand zu dem gelähmten Arme eines anderen, oder bis zu welchem Umfang darf ich fremdes Vermögen zur Rettung meiner Hand opfern? Sodann scheint jedoch auch die Bestimmung der Wertdifferenz nicht lediglich eine objektive sein zu dürfen, sondern auch das Verhältnis der beiden Subjekte zu ihren Rechtsgütern in Betracht gezogen werden zu müssen. Daher kommt es denn aber, daß unter Umständen auch das gleichwertige und sogar das höherwertige fremde Rechtsgut zur Rettung des eigenen straflos vernichtet werden darf. Habe ich in der einen Hand einen eigenen und in der anderen Hand einen fremden Geldbeutel und kann nur einen erhalten, so werde ich den fremden von mir werfen, mag auch der Inhalt desselben ein wertvollerer sein — namentlich wenn der Verlust des eigenen Geldes für mich ein bedeutender gewesen sein würde, während der andere den ihm zugefügten Verlust mit Leichtigkeit ertragen kann. Besitze ich einen Gegenstand, an dessen Erhaltung mir besonders gelegen ist, so wird mir zur Rettung desselben die Vernichtung eines fremden wertvolleren Gegenstandes straflos gestattet sein, im Falle ich einen vertragsmäßigen Anspruch auf Herausgabe desselben habe. Überdies kann es sein, daß der gerettete Gegenstand zwar an und für sich einen geringeren Wert hat als der vernichtete, indirekt aber mir der Verlust desselben — etwa eines integrierenden Teiles einer kostbaren Maschine — einen bedeutenderen Schaden zugefügt haben würde. Das Prinzip des, sei es auch hervorragenden, Wertunterschiedes führt nicht weniger dahin, daß der Reiche zur Rettung von zehn Pfennigen dem Armen einen Pfennig wegnehmen darf, denn der Wertunterschied beträgt hier das Zehnfache. Das kann schwerlich richtig sein, und es erscheint darum die Formulierung Janka's, daß man die Notstandsberechtigung für begründet zu halten habe, „insofern das Mißverhältnis zwischen der abgewendeten Beschädigung und der zugefügten Verletzung ein offenliegendes sei", schwerlich durchaus anstandslos. Hierzu kommt endlich, daß die nämliche im Notstand vorgenommene Handlung, je nach den einschlägigen Verhältnissen, strafbar oder straflos sein kann. Wer zur Rettung seiner Hand einem anderen den Arm zerschlägt, wird nicht straflos bleiben dürfen. Ist es aber der Vater, der seine Hand zur Ernährung seiner Familie notwendig braucht, und gehört der Arm, den er zerschlägt, seinem nichtsnutzigen, auf das Verderben derselben bedachten, Sohne, so wird er wohl mit Strafe zu verschonen sein.

Es bedarf hiernach keiner weiteren Ausführung, daß die Frage, ob eine zur Rettung eines berechtigten Interesses vorgenommene, an und für sich strafbare, Handlung unter den vorliegenden Verhältnissen strafbar oder straflos sei, lediglich durch das vernünftige Ermessen des Richters beantwortet werden kann, und daß desfallsige gesetzliche Vorschriften nur den Wert einer allgemeinen Anleitung zur richtigen Entscheidung haben sollten. Die gesetzliche Formulierung des Notstandes wird darum, abgesehen von seinen näheren Voraussetzungen, meines Erachtens nur dahin lauten können: eine Handlung ist nicht strafbar, welche zur Rettung eines erheblichen Rechtsgutes vorgenommen wird, insofern nicht der drohende Verlust nach der Beschaffenheit seines Verhältnisses zu der verursachten Rechtsverletzung hätte ertragen werden sollen. Es ist mit dieser Formulierung gewahrt, daß man nicht um geringen Nachteiles willen eine strafbare Handlung straflos vornehmen, zugleich aber auch darauf hingewiesen, daß das subjektive Verhältnis der Interessenten zu ihren Rechtsgütern bei Entscheidung der Frage nicht außer Betracht bleiben dürfe. Immerhin muß jedoch von dem Gesetz noch weiter beachtet werden, daß eine Notstandshandlung, wenn sie auch nicht straflos bleiben darf, doch nahe an der Grenze der Straflosigkeit stehen kann, und es muß darum überall die Herabsetzung der ordentlichen Strafe bis zu ihrem gesetzlich überhaupt zulässigen Minimum ermöglichen.

Als Bedingung für die berechtigte Notstandshandlung wird allgemein eine gegenwärtige Gefahr gefordert. Man hat es auch hier wieder mit einem relativen Begriff zu thun. Die Gefahr kann größer oder kleiner sein, je nachdem die Verwirklichung derselben mit größerer oder geringerer Wahrscheinlichkeit bevorsteht. Diese Relativität wird dadurch nicht beseitigt, daß die Gefahr eine gegenwärtige sein soll. Denn auch das gegenwärtig ist relativ. Die Gegenwart kann nicht ausgeschlossen sein, würde sich die Gefahr auch erst in der nächsten Sekunde, Minute, Stunde realisiert haben, insofern sie nicht beseitigt worden wäre. Überhaupt scheint das „gegenwärtig“ keine glückliche Ausdrucksweise zu sein. Angenommen, es stehe mit voller Sicherheit fest, daß mich in drei Tagen ein schweres Übel treffen werde, wenn ich nicht gerade jetzt die geeignete Vorkehrung zur Beseitigung der Gefahr treffe, so kann die Notstandshandlung, wo sie überhaupt zulässig ist, nicht unerlaubt erscheinen. Der Ausdruck „dringende Gefahr“ dürfte darum vorzuziehen sein (meine Abhandlungen, Gerichtssaal 1878, S. 26, Beilageheft). Je größer aber die Rechtsverletzung ist, durch welche man die Gefahr beseitigen will, desto dringender wird sie sein müssen, obwohl andererseits auch wieder in Berücksichtigung gezogen werden muß, daß, je wichtiger das gefährdete Rechtsgut ist, um so weniger zugemutet werden kann, daß man sich durch Zuwarten die Möglichkeit der Rettung vielleicht abschneide. Einen auf mich losstürzenden fremden Ochsen darf ich aus größerer Entfernung totschießen, als einen mir in feindseliger Absicht sich nahenden Menschen, immerhin aber meine Vorkehrungen zur Rettung schon treffen, bevor letzterer bereits Hand an mich gelegt hat. Das Anbringen von Selbstschüssen u. s. w. findet hierin seine Berechtigung (Kausalität 1873). — Die gegenwärtige Gefahr muß aber auch in anderer Weise nicht abwendbar gewesen sein. Auch dieser Begriff ist wieder relativ. Denn es kann sein, daß die zu Gebote stehende anderweite Abwendung der Gefahr selbst wieder mehr oder minder gefährlich, kostspielig u. s. w. ist. Gewiß muß ich vor der Gefahr die Flucht ergreifen, wenn sie mir möglich ist. Aber bis in die entferntesten Gegenden werde ich nicht zu fliehen brauchen. — Nicht weniger endlich enthält die Voraussetzung, daß der Notstand ein unverschuldeter sein müsse, eine Relativität. Natürlich wird mir die ordentliche Strafe zu Teil, wenn ich mich dem Notstande ausgesetzt habe, um unter diesem Vorwand eine strafbare Handlung vorzunehmen, oder wenn ich auch nur bei einiger Aufmerksamkeit zu der Überzeugung hätte gelangen müssen, daß dies infolge meiner Handlungsweise so kommen könne. Denn nicht allein ein doloser oder fahrlässiger Wille (Stammler und Janka), sondern zugleich auch eine dolose oder fahrlässige Kausalität liegt dann von vornherein vor (meine Abhandlungen a. a. O. S. 106). Daß aber, wenn *dolus* und *culpa* in dieser Weise nicht zutreffen, stets die Notstandsstraflosigkeit auch dann begründet sein soll, wenn auch der Notstand als ein im allgemeinen verschuldeter erscheine (Stammler und Janka), wird denn doch so bedingungslos nicht zu billigen sein. Es mag ja wohl zugegeben werden, daß der schlechte Schwimmer, welcher sich leichtsinnig in das tiefe Wasser gewagt hat, der in das

Wasser hineingefallene Fischdieb nicht gestraft werden sollen, wenn sie zu ihrer Rettung ein anderes Leben opfern. Aber wenn sich jemand, um einen recht großen Gewinn zu machen, in eine Gefahr begiebt mit dem Bewußtsein, daß er sein Vermögen oder sogar sein Leben aufs Spiel setze, dann sollte er auch den ihm drohenden Verlust nicht auf einen anderen abwälzen dürfen und vielmehr, wie ich glaube, nicht von aller Strafe befreit werden, wenn er zur Rettung des eigenen Vermögens fremdes oder zur Rettung seines eigenen Lebens ein anderes vernichtet.

Die Relativität der für die Notstandsberechtigung erforderlichen Voraussetzungen ist besonders auch darin ersichtlich, daß bei der Beurteilung, ob eine dringende, anders nicht abwendbare und unverschuldete Gefahr vorgelegen habe, von der subjektiven Auffassung des Bedrohten nicht abgesehen werden darf. War auch in Wirklichkeit ein Notstand nicht vorhanden gewesen, der Handelnde hatte aber aus verzeihlichem Irrtum unterstellt, er befinde sich in solchem — hatte er also etwa die Gefahr überschätzt, sie mit Unrecht als eine gegenwärtige betrachtet, das anderweite Mittel zur Beseitigung derselben nicht wahrgenommen — so bleibt er außer Verantwortung. Gegenwärtig zweifelt man nicht mehr an der Straflosigkeit eines derartigen entschuldbaren Irrtumes, aber es ist noch nicht so lange her (meine Abhandlung, Archiv für praktische Rechtswissenschaft, 1860), daß man unerachtet eines solchen Irrtumes die nur vermeintliche Notwehr- und bezw. Notstandshandlung nicht für straflos, also zur Straflosigkeit das wirkliche Vorhandensein der fraglichen Voraussetzungen für erforderlich hielt. Als strafbaren Prätext bezeichnete man nicht etwa das dem Thäter als wahrheitswidrig bewußte Berufen auf seine bedrängt gewesene Lage, sondern eben den von ihm aus Irrtum unterstellten, in Wirklichkeit aber nicht vorhanden gewesenen Notstand. — Hatte hingegen der Thäter aus unverzeihlichem Irrtume angenommen, er befinde sich im Notstand, oder in solchem Irrtum mehr gethan, als zur Beseitigung der Gefahr geboten war, so ist ihm die verursachte Rechtsverletzung als eine fahrlässige aufzurechnen. Namentlich trifft ihn die Strafe der Fahrlässigkeit aber auch dann, wenn er aus übertriebener Wertschätzung seines gefährdeten Interesses da zur Rettung desselben ein fremdes Interesse vernichtete, wo er den ihm drohenden Verlust hätte ertragen sollen. Wenn Stammler es dem Strafgesetzbuch zum Vorwurf macht, daß es den culposen Exzeß des Notstandes nicht straflos gelassen habe, obgleich doch auch für den Notstand die für die Notwehr getroffene Bestimmung „die Überschreitung der Notwehr ist nicht strafbar, wenn der Thäter aus Bestürzung, Furcht oder

Schrecken über die Grenzen der Verteidigung hinaus gegangen ist", am Platze sei, so übersieht er, daß in dieser Bestimmung eine rein willkürliche Begünstigung gefunden werden muß, die um so ungerechtfertigter erscheint, im Falle man unterstellt, es habe in Wirklichkeit ein Zustand der Not gar nicht vorgelegen, derselbe sei vielmehr nur irrtümlich angenommen gewesen (meine Kausalität, 1873, S. 92).

Stammler erörtert, da der Notstand ein wirkliches Recht verleihe, zur Rettung des eigenen höherwertigen das geringere fremde Gut opfern zu dürfen, so sei der Angriff auf dasselbe kein rechtswidriger, und es stehe darum dessen Inhaber auch nicht das Notwehrrecht gegen diesen Angriff zu. Umgekehrt behauptet Janka, da die Notstandshandlung keine berechtigte Handlung sei, sondern nur straflos gelassen werden solle, so könne dem mit derselben Angegriffenen das Recht der Notwehr nicht abgesprochen werden. Wenn mir also mein Finger abgehauen werden soll, um einem anderen die Hand zu retten, so muß ich (nach Stammler), wie schon gesagt, stille halten; bezw. wenn sich jemand aus der Flut auf mein Gelände retten oder sich nachts vor der Kälte in meinen Stall flüchten will, so darf ich ihn (nach Janka) in das Wasser oder in die Kälte zurückstoßen, sei es auch mit dem Bewußtsein, daß er nunmehr zu Grunde gehen müsse; und wenn sich jemand an meinem Strick aufgehängt hat, so darf ich mich dem Zerschneiden desselben widersetzen, mag auch bei schleuniger Hilfe Rettung noch möglich sein. Diese Konsequenzen beweisen wohl, daß es gleichmäßig unrichtig sein muß, sowohl dem im Notstand Angegriffenen das Notwehrrecht unbeschränkt zu verweigern, als auch demselben dies Recht unbeschränkt zuzusprechen. Es wurde oben bereits darauf hingewiesen, daß bei bedeutender Differenz der kollidierenden Interessen der Staat unter Umständen die Zumutung erheben kann, daß sich das geringere opfern lasse, damit ihm das höhere erhalten bleibe, daß also z. B. der Polizeidiener berechtigt sein kann, zur Rettung eines Menschenlebens eine fremde Fensterscheibe einzuschlagen. Wo nun dieser Gesichtspunkt zutrifft, da kann dem Inhaber des geringeren Rechtsgutes eine Verteidigung desselben nicht gestattet werden. Und wenn er demungeachtet einen solchen Eingriff in sein Rechtsgut mit Gewalt zurückweisen wollte, so würde hierin ein rechtswidriger Angriff, der zur Notwehr berechtigt, zu finden sein. Das Recht des im Notstand Befindlichen schließt also hier das Recht des von ihm Angegriffenen zur Notwehr aus. Ist jedoch das Verhältnis der beiden Rechtsgüter so gestaltet, daß der Staat zwar die Aufopferung des gefährdeten Gutes nicht verlangt, auf der anderen Seite aber auch dem Inhaber des kollidierenden Rechtsgutes nicht zumutet, dasselbe zur Rettung des gefährdeten hinzugeben, so kann auch letzterem das Recht der Notwehr nicht versagt sein. Diese bedeutsame Verschiedenheit zwischen beiden Fällen führt denn aber dahin, daß ich, wenn mich jemand verhindern will, mich zu meiner Rettung in seinen Stall zu flüchten, den mir geleisteten Widerstand nötigenfalls mittels Totschlages überwinden darf. Befinde ich mich jedoch in einer Lage, in welcher es mir zwar gestattet ist, zur Rettung meines Eigentumes straflos fremdes Eigentum zu vernichten, die Gegenwehr des von mir zu diesem Ende Angegriffenen aber nicht ausgeschlossen erscheint, so muß ich auf die Sicherung meines Rechtsgutes verzichten, im Falle ich den mir geleisteten berechtigten Widerstand nur mittels einer Beschädigung der Person des anderen oder gar nur mittels Tötung desselben überwinden kann. Ist mir mein neuer Cylinderhut vom Winde in ein Kornfeld gejagt worden, so giebt mir STAMMLER die Befugnis, mir denselben von dem fremden Acker wieder holen zu dürfen. Angenommen aber, der Eigentümer des Ackers widersetze sich dem Betreten desselben, so darf ich seinen Widerstand nicht beseitigen, indem ich ihn totschlage. — Freilich hat man es auch hier wieder mit einer Relativität zu thun. Denn die Grenze, an welcher die Notstandsberechtigung die Notwehr ausschließt, läßt sich nicht von vornherein bestimmen.

Weil die Notstandshandlung berechtigt sei, so verleiht STAMMLER auch jedem dritten die unbeschränkte Befugnis, diese Handlung für den im Notstand Befindlichen vorzunehmen. Wenn er sich aber zugleich auch zur Rechtfertigung dieser Ansicht auf die moralische Pflicht beruft, einen Nebenmenschen aus dringender Gefahr zu retten, so muß denn doch erwidert werden, daß es der Moral nicht entsprechen kann, einen Unbeteiligten zum Zwecke dieser Rettung zu töten. — JANKA hingegen will da, wo die Straflosigkeit der Notstandshandlung nur in der Rücksicht auf die bedrohte Existenz des Gefährdeten wurzelt, dem dritten nur dann die Notstandsberechtigung einräumen, wenn zwischen ihm und dem Gefährdeten eine Personeneinheit bestehe — während jeder beliebige dritte notstandsberechtigt sei, wenn die Straflosigkeit in der Erwägung beruhe, daß das geringere Interesse zur Erhaltung des höheren geopfert werden dürfe. Dieser letztere Gesichtspunkt ist denn auch für die Fälle der Kollision zutreffend, in welchen der Staat verlangt, daß sich das geringere

Rechtsgut für die Erhaltung des höheren opfern müsse, mithin das öffentliche Interesse, welches er selbst an der Erhaltung des höheren Rechtsgutes besitze, gewahrt werden solle. Denn hier muß es gleichgültig erscheinen, ob das öffentliche Interesse von dem privaten Inhaber desselben oder von jedem dritten geschützt wird. Die Frage der Perforation wird hiernach zu entscheiden sein. Aber wenn auch der Staat erklärt, daß er die Aufopferung des gefährdeten Interesses nicht verlange, ebensowenig jedoch auch die Preisgebung eines fremden geringeren Gutes zu dessen Erhaltung fordere und sonach die Entscheidung der Kollision der Privatgewalt anheimgeben wolle, wird dem dritten die Notstandsberechtigung nicht abgesprochen werden dürfen. Es muß willkürlich erscheinen, diese Berechtigung nur bei angeblich vorhandener, in Wirklichkeit aber nicht bestehender, Personeneinheit einzuräumen, zumal das Band der Freundschaft stärker sein kann, als dasjenige der Verwandtschaft. Denn indem der Staat auf die Privatgewalt hinweist, spricht er selbst aus, daß das physisch stärkere Interesse den Sieg davontragen solle, und es kann nicht geleugnet werden, daß dasjenige Interesse das physisch stärkere ist, welches nicht allein von seinem Inhaber, sondern zugleich auch von dritten zur Geltung gebracht wird. Daß dritte namentlich auch bei Kollision von Leben und Leben von der Notstandsberechtigung nicht ausgeschlossen sein können, dürfte sich mit Notwendigkeit ergeben, wenn ein Unzurechnungsfähiger einen lebensgefährlichen Angriff macht; das Verhältnis so liegt, daß die beiden kollidierenden Leben zu Grunde gehen würden — hier wird selbst der Polizeidiener als Organ des Staates zur Vernichtung des einen Lebens, gleichviel welches es sei, berechtigt erscheinen —; wenn nicht ein Leben vernichtet wird, müssen mehrere zu Grunde gehen. Auch möchte nicht zu bezweifeln sein, daß, wenn von zwei Notstandsberechtigten der stärkere bereits einen Angriff auf den schwächeren gemacht hat, letzterem geholfen werden darf. Anderenfalls würde schon die geringste Beistandleistung strafbar sein, und sich am Ende sogar noch der im Notstand Befindliche der Anstiftung schuldig machen können, wenn er um Hilfe ruft. — Selbstverständlich entfällt jedoch diese Berechtigung des dritten, wenn der Gefährdete den Notstand lieber ertragen, als sich auf Kosten eines anderen retten will. Kollidieren das Leben der Mutter und dasjenige des Kindes, und entschließt sich die Mutter, sich für ihr Kind zu opfern, so darf dasselbe zu ihrer Rettung von einem dritten nicht getötet werden. Einer ausdrücklichen Bevollmächtigung des dritten durch den Gefährdeten zur Ausübung der Notstandsberechtigung bedarf es indessen nicht, insoweit, wie dies gewöhnlich der Fall sein wird, seine Einwilligung zu vermuten steht. Sollte darum auch der im Notstand Befindliche gar nicht einmal wissen, daß er gefährdet sei, so würde hierdurch die Notstandsberechtigung des dritten nicht an und für sich ausgeschlossen werden.

Das deutsche Strafgesetzbuch stellt zunächst in § 52 die unwiderstehliche Gewalt und die Drohung unter den nämlichen Gesichtspunkt zusammen und kommt hierdurch zu einer Unterscheidung des Notstandes, je nachdem er durch menschliche Thätigkeit oder durch anderweite Ereignisse (§ 54) herbeigeführt worden ist. Aber die unwiderstehliche Gewalt gehört gar nicht in den § 52. Denn war sie wirklich unwiderstehlich, so versteht sich die Straflosigkeit der erzwungenen Handlung schon nach allgemeinen Grundsätzen von selbst, und es bedurfte dann keiner besonderen Billigung dieser Straflosigkeit als einer vermeintlichen Ausnahme von der Regel. War aber die angewendete Gewalt nicht unwiderstehlich, so kann sie nur durch die Erregung der Furcht vor ihrer Fortsetzung einen Einfluß äußern und sie fällt dann unter die Drohung, welche im übrigen § 52 zum Gegenstand hat. Nun muß jedoch die Beschaffenheit des Ereignisses, durch welches die Befürchtung erregt wird, für die Beschaffenheit der Befürchtung selbst, sowie für die Beschaffenheit des Willens, mit welchem die zur Beseitigung der Gefahr erforderliche Handlung unternommen wird, ganz gleichgültig erscheinen, und es ist darum die Trennung des Notstandes in die §§ 52, 54 unverständlich. In der That unterscheiden sich denn auch diese beiden Paragraphen ihrem Wortlaut nach lediglich dadurch, daß § 54 einen unverschuldeten Notstand verlangt, während § 52 dieses Erfordernis nicht enthält. Aber diese Unterscheidung ist unzutreffend, denn es muß auch hier wieder für ganz gleichgültig erachtet werden, ob die Verschuldung gegenüber einer Drohung oder gegenüber einem anderen gefährdenden Ereignis zur Last fällt. — Während der Regel nach die Handlungen, welche die §§ 52, 54 in Betracht ziehen, strafbar sind, erklärt das Gesetz ausnahmsweise diese Handlungen, insofern sie unter den Voraussetzungen dieser Paragraphen unternommen werden, für straflos. Ausdrücklich umfaßt aber das hiernach eingeräumte Recht nur die Straflosigkeit der Notstandshandlung, und es erscheint darum das Recht der Notwehr gegen dieselbe, sowie die Verpflichtung zur Ersatzleistung nicht ausgeschlossen. — Daß die fraglichen Handlungen nur zum Schutze von Leib oder Leben sollen vorgenommen werden dürfen, ist ungenügend. Denn wenn sich auch mit einigem Zwange der Schutz der Freiheit und der weiblichen Ehre unter „Leib oder Leben“ begreifen lassen, so ist hiervon das Vermögen unter allen Umständen ausgeschlossen. Aber auch der Ausdruck „Leib oder Leben“ selbst bleibt trotz aller Erklärungsversuche höchst mißständig. Sagt man, der dem Leib drohende Nachteil müsse ein hochgradiger sein, so berechtigt ein geringerer solcher Nachteil nicht einmal zu einem Eingriff in fremdes Vermögen. Und sagt man, dem Wortlaute des Gesetzes entsprechend brauche der drohende Nachteil keineswegs ein hochgradiger zu sein, so autorisiert man die Tötung eines Unschuldigen, um etwa eine Tracht Prügel von sich abzuwenden. — Auf der anderen Seite ist aber auch wieder die Meinung, daß das Gesetz die Straflosigkeit auch auf den Schutz des Eigentumes und beliebiger anderer Rechte ausdehnen müsse, insolange unberechtigt, als es ohne Unterscheidung daran festhält, die Notstandshandlung gestatte die Vernichtung auch des höchsten fremden Rechtsgutes. Denn es war hiernach zu einer Einschränkung der Rechtsgüter, welche im Notstand geschützt werden dürfen, genötigt, um nicht ein unerträgliches Mißverhältnis zwischen ihnen und den zu ihrem Schutze vernichteten fremden Rechtsgütern aufkommen zu lassen. Würde hingegen das Prinzip angenommen, daß überall im Falle eines angemessenen Verhältnisses zwischen den bedrohten und den fremden Rechtsgütern — und nur in diesem Falle — letztere vernichtet werden dürfen, so würde diese relative Erweiterung der berechtigten Notstandshandlung nicht zu beanstanden sein. Daß gegenwärtig derjenige, welcher, um eine Million zu retten, einen ihm auf seiner Flucht zufällig in den Weg tretenden Menschen auf die Seite stößt, gestraft werden muß, wird schwerlich gerechtfertigt erscheinen. Auch mag vielleicht die Vorschrift des § 54 St.G.B., daß nur ein Angehöriger dem Notstandsberechtigten zur Hilfe kommen darf, nur eine Folge der ihm zu Grunde liegenden Auffassung sein, welche zur Erschwerung der Notstandshandlung aufforderte. Aber es hat doch die Entscheidung einer Strafsache, in welcher ein fremder Hund zum Schutze eines von ihm in lebensgefährlicher Weise angepackten Kindes von einem Vorübergehenden getötet wurde, welcher kein Angehöriger des Kindes war, einige Schwierigkeit bereitet. Wäre der Hund ein Mensch gewesen, so hätte er ohne Zweifel getötet werden dürfen.

II. Notwehr.

In betreff der Notwehr hebt Stammler nur hervor, daß sie ein erlaubter Akt der Selbsthilfe sei, durch welchen das Recht gegen das Unrecht verteidigt werde, während im Notstand Recht mit Recht in Kollision trete. Gegen einen Unzurechnungsfähigen finde daher nicht Notwehr, sondern Notstand statt. Durch einen rechtswidrigen thatsächlichen Angriff oder auch durch Drohung könne man aber zu einem dritten in das Verhältnis des Notstandes gesetzt werden. Der rechtswidrig Angegriffene könne zu seinem Schutze jedesmal unbeschränkt die äußersten Mittel anwenden, insofern sie hierzu erforderlich seien; er brauche nicht erst noch einen Versuch zu machen, dem Unrecht auszuweichen, sondern er dürfe sich ohne weiteres gegen dasselbe zur Wehre setzen.

Eingehender wird die Notwehr von Janka behandelt. Zunächst verwirft er mit Recht die Ansicht, daß sich die Straflosigkeit der Notwehrhandlung aus der Unzurechnungsfähigkeit des Handelnden herleite, und daß die Notwehr darum kein Recht sei, weil Gewalt niemals ein Recht begründen könne, wohl aber als Vergeltung straflos zu bleiben habe. Letzterer Ansicht insonderheit wird entgegen zu halten sein, daß sich die Vergeltung stets auf die Vergangenheit bezieht, daß man also niemals einem drohenden Angriff zuvorkommen und einem bereits erlittenen Angriff niemals vorauseilen dürfte, mithin das drohende Übel schließlich sich definitiv ungehindert vollziehen müßte. Die eigene Meinung Janka's wird aber dahin festgestellt: das Recht will die Wahrung des gemeinen Wohles. Dasselbe ist gegeben in den gemeinsamen Interessen. Das Interesse der Gesammtheit ist auch Interesse des einzelnen, andererseits wird jedes vom Recht anerkannte Einzelinteresse Gemeininteresse. Das Recht erzwingt seine Geltung gegenüber dem Unrecht, welches sich ihm mißachtend entgegenstellt. Der Staat selbst nimmt die Rechtspflege und somit den Rechtsschutz in Anspruch, weil der einzelne keine sichere Gewähr für das rechte Maßhalten in der Anwendung des entsprechenden Zwanges darbietet. In dem rechtswidrigen Angriff auf ein Rechtsgut ist das Unrecht bereits zur Existenz gekommen und droht fortzuschreiten. Das Recht aber kann dies in keiner Weise nachgeben. Der widerrechtliche Angriff muß darum mit allen Mitteln zurückgeschlagen, ein rechtliches Hindernis darf der Verteidigung eines angegriffenen Rechtsgutes nicht in den Weg gelegt werden, denn sonst würde das Recht aufhören, Recht zu sein. Wo der Staat den Rechtsschutz nicht selbst gewähren kann, da muß das Recht hiernach die Eigenmacht zulassen. — Die Notwehr ist Durchsetzung des Rechtes und somit selbst Recht, darum aber, sobald nur das Unrecht des Angreifers und die Not des Angegriffenen — die Widerrechtlichkeit und Unmittelbarkeit des Angriffes — vorhanden sind, und soweit das Erfordernis der Verteidigung eingehalten wird, unabhängig sowohl von der qualitativen oder quantitativen Eigenschaft des angegriffenen Gutes als auch von der Person, durch welche der Schutz geleistet wird. Deshalb auch giebt es keine Notwehr gegen Notwehr und sind alle Beschränkungen der Notwehr, insbesondere die Forderung eines unverschuldeten oder unvorhergesehenen Angriffes, ein bestimmtes Verhältnis zwischen der Bedrohung und der zur Abwehr zugefügten Rechtsverletzung, und daß es dem Angegriffenen nicht möglich gewesen sei, den Angriff zu vermeiden oder sich demselben zu entziehen, zu verwerfen.

Es wird nicht geleugnet werden können, daß für den Umfang dieses Notwehrrechtes nichts zu wünschen übrig bleibt. Wenn ich mir nicht anders helfen kann, so darf ich denjenigen, welcher im Begriffe steht, mir ein Fenster einzuschlagen, oder über mein Grundstück zu laufen, totschießen; ebenso den Angetrunkenen, der mir drohend zuruft, aus dem Wege zu gehen, wenn ich auch weiter nichts zu befürchten habe, als daß er mich, im Falle ich stehen bleibe, im Vorübergehen leicht anstoßen werde; auch den Dieb, welcher mit den mir entwendeten zerrissenen Hosen wegeilt und den auf meinem Baume sitzenden Schuljungen, welcher soeben eine abgebrochene Birne anbeißen will (Kausalität, 1873, S. 93). Hiermit aber wird zugleich dargelegt, daß die vorgetragene Theorie Janka's nicht durchaus richtig sein, daß namentlich dem Satz, man dürfe in der Notwehr das geringste beliebige Gut mit den äußersten Mitteln erhalten, nicht so unbedingt nachgegeben werden kann. Er sagt denn auch selbst, das Notwehrrecht sei kein ursprüngliches, sondern ein vom Staate abgeleitetes, und es ergiebt sich hieraus, daß der Gegenstand des rechtswidrigen Angriffes auf ein Rechtsgut stets das öffentliche Interesse ist. Darum darf aber auch zum Schutze desselben, wenn nicht gerade die bereits zum Notstand erörterte Rücksichtsnahme auf den privaten Träger des öffentlichen Interesses zutrifft, nicht mehr geschehen, als von dem Staate selbst geschehen würde. Nun ist es aber keineswegs richtig, daß derselbe durch seine Organe das entstehende Unrecht stets mit allen nur möglichen Mitteln verhindert haben wollte. Er muß vielmehr in Betracht nehmen, ob ihm nicht aus der Anwendung des Mittels zur Verhinderung des Unrechtes — also des rechtswidrigen Angriffes — ein größeres Übel erwachsen werde, als wenn er sich dasselbe vollziehen lasse. Denn er betrachtet den rechtswidrigen Angreifer nicht als rechtlos, erkennt also an, daß auch er rechtswidrig verletzt werden, mithin auch in seiner Verletzung eine Verletzung des öffentlichen Interesses enthalten sein könne. Der Polizeidiener ist gewiß nicht berechtigt, den in einiger Entfernung von ihm sich befindenden Menschen, der in der Ausführung eines Diebstahles begriffen ist, totzuschießen, sollte er auch in anderer Weise den Diebstahl nicht verhindern können. Dieses Erschießen müßte der Staat als das dem öffentlichen Interesse widerfahrende größere Übel und sonach als ein dem rechtswidrigen Angreifer rechtswidrig zugefügtes Unrecht betrachten. Darum darf aber auch nicht allein nicht der Polizeidiener, sondern auch nicht der neben ihm stehende Eigentümer die fragliche Handlung vornehmen. Von ihm wird vielmehr hier verlangt, daß er auf sein Interesse verzichte und sich mit der für ihn aus der Bestrafung erwachsenden Genugthuung und der ihm zu leistenden Entschädigung begnüge.

Es sollen aber die für die Notwehr in Anspruch genommenen „weit reichenden“ Befugnisse aus der Verschuldung des Angreifenden herzuleiten sein. Sie gerade soll es als begründet erscheinen lassen, daß, während im Notstand im allgemeinen nur das geringere Rechtsgut zur Erhaltung des gefährdeten höheren Rechtsgutes geopfert werden dürfe, in der Notwehr auch das höchste Rechtsgut des Angreifers zur Erhaltung des geringsten Rechtsgutes des Angegriffenen preisgegeben sei. Allein schon Köstlin hat ausgesprochen, Notwehr sei nicht, wie die Strafe, Reaktion gegen ein Verbrechen, sondern Abwehr der der Persönlichkeit mit einer Rechtsverletzung drohenden Gefahr. Diese aber erscheine als die gleiche, sie möge durch einen Unzurechnungsfähigen oder einen Zurechnungsfähigen herbeigeführt worden sein. Nicht die subjektiv verbrecherische Eigenschaft des Angreifers sei daher entscheidend; Notwehr erscheine vielmehr von der Frage der Schuld des Angreifers vollkommen unabhängig. Es ist denn auch in der That nicht einzusehen, inwiefern aus der Verschuldung des Angreifers besondere Rechte für den Notwehrberechtigten erwachsen könnten. Sein Interesse besteht ausschließlich darin, daß er das ihm in dem Angriffe drohende Übel abwende, und der Umfang der ihm zu diesem Zwecke zu Gebote gestellten Mittel kann daher nur nach der objektiven Beschaffenheit des Angriffes bemessen werden. Wollte man in dieser Richtung die Verschuldung des Angreifers als maßgebend betrachten, so würde man die Lage des Notwehrberechtigten sogar entschieden verschlechtern. Denn in dem drohenden oder auch bereits begonnenen Angriff ist noch keine volle Schuld enthalten. Die Schuld schreitet vielmehr mit dem sich entwickelnden Angriff vorwärts, bis sie sich endlich erst vollendet. Soll das Notwehrrecht aus der Schuld entspringen, so würde man hiernach zu der bereits hervorgehobenen Theorie der Vergeltung gelangen. Wollte man aber auch die volle Schuld schon in dem drohenden oder bereits begonnenen Angriff enthalten finden, so muß doch auch wohl hier der Satz zur Anwendung kommen, daß die Schuld kein größeres Übel nach sich ziehen darf, als sie verdient, und ihr sonach auch die Objektivität nicht in einem weiteren Umfange aufgerechnet werden kann, als in welchem sie von ihr umfaßt war. Hiernach dürfte aber auch der Angriff insoweit nicht abgewendet werden, als die bereitete Gefahr die Schuld des Angreifers überstiege. Es dürfte ferner der objektiv Bedrohte von dem Notwehrrechte nicht eher Gebrauch machen, als bis er die feste Überzeugung erlangt hätte, daß der Angriff zugleich ein subjektiv verschuldeter sei. Und es müßte endlich eine Unterscheidung in dem Maße der Notwehrberechtigung gemacht werden, je nachdem die Schuld des Angreifers eine dolose oder nur eine fahrlässige wäre. Nur für die eigene Person, sei es des Angreifers oder des Bedrohten, erscheint sonach die Frage der Verschuldung insofern von Bedeutung, als sie die Haftbarkeit für strafbare vorsätzliche oder fahrlässige Verursachung nach sich ziehen kann (Kausalität, 1873, S. 93).

Die Notwehrhandlung unterliegt hiernach der nämlichen rechtlichen Beurteilung wie die Notstandshandlung. Die Notstandshandlung ist die berechtigte Abwendung eines drohenden Übels, welche in dem Gewande des Angriffes auftritt, und das trifft auch auf die Notwehrhandlung zu. Daß letztere sich nur gegen den wendet, von welchem das Übel droht, kann nicht von Bedeutung erscheinen, wenn die Verschuldung des Angreifers keine Voraussetzung für die Notwehr ist. Denn der schuldlose Angriff eines Menschen bietet keine rechtliche Verschiedenheit dar von dem Angriffe eines Tieres oder einer Naturgewalt, und es ist darum in der Notwehr, gerade so wie in dem Notstand, lediglich das objektiv drohende Übel, welches beseitigt werden soll. Immerhin kann natürlich der zur Notwehr berechtigende Angriff ein verschuldeter sein, allein es kann auch im Notstande dem Angriffe sowohl wie der Gegenwehr eine Verschuldung zu Grunde liegen. Die dem Notstande eigentümliche Erscheinung, daß dem berechtigten Angriff eine berechtigte Abwehr gegenüber stehen kann, erscheint auch bei der Notwehr nicht ausgeschlossen und läßt sich bei ihr wenigstens in der Gestalt denken, daß der Angreifer oder auch der Angegriffene aus verzeihlichem Irrtum von der in Anspruch genommenen Berechtigung überzeugt ist. Die Erscheinungen sind dann ganz die nämlichen, wie sie sich auch zeigen, wenn sich zwei wirkliche Rechte gegenüber stehen. Insbesondere hat aber sowohl für die Notwehrhandlung wie für die Notstandshandlung das Prinzip Geltung zu beanspruchen, daß sie regelmäßig kein größeres Übel zufügen dürfen, als dasjenige ist, welches sie abwenden sollen. Dieses Prinzip erweist sich auch dann in seiner Gültigkeit, wenn die berechtigte Abwehr eines unberechtigten Angriffes auf unberechtigte Gegenwehr stößt. Den Schuljungen darf ich nicht von dem Baume herunterschießen, aber den Menschen, welcher mir mein Eigentum entwenden will, darf ich zurückstoßen. Wollte er mir nunmehr eine Körperverletzung zufügen, so bin ich berechtigt, zur Abwehr dieses drohenden Übels ihn selbst an seinem Körper zu verletzen. Und wollte er mich töten, so dürfte ich, ihm zuvorkommend, ihn selbst töten, würde ich mich auch, im Falle ich mein Eigentum preisgebe, ohne weiteres in Sicherheit befinden. Den Injurianten, welcher im Begriffe steht, dem ersten Schimpfwort ein zweites nachfolgen zu lassen, darf ich wohl zur Verhütung desselben auf den bereits geöffneten Mund schlagen, und es müßte hier derselbe für jede thätliche Gegenwehr bestraft werden. Wollte ich ihn aber in Ermangelung anderer Mittel zu diesem Zwecke töten, so würde ich hierfür nicht allein strafbar und ersatzpflichtig sein, sondern es würde auch derselbe die Berechtigung haben, mich selbst zu töten. Wo die Grenze herzieht, bis zu welcher Notwehr mit Ausschluß der Gegenwehr gestattet, oder aber jenseits welcher sie gestraft werden soll, läßt sich freilich auch hier wieder einmal nicht von vornherein für alle möglichen Vorkommnisse feststellen.

Der Gegensatz, Notwehr sei Recht, weil ihm das Unrecht gegenüberstehe, während im Notstande das Recht mit dem Rechte in Kollision gerate, wird hiernach in der gemeinten absoluten Geltung nicht haltbar sein. Die Notwehrlage ist vielmehr gleichfalls ein Notstand. Hätte man sich nicht das Notwehrrecht des rechtswidrig Angegriffenen vorwiegend als eine reine Privatberechtigung vorgestellt, sondern in genügende Berücksichtigung gezogen, daß der rechtswidrige Angriff gegen das in der Person des Angegriffenen konzentrierte öffentliche Interesse ausgeübt wird — daß also stets nur das öffentliche Interesse sich im Notstand und in der Notwehrlage befinden kann, so würde man nicht verkannt haben, daß die Frage der Notwehr, gerade so wie bei Notstand, nur dahin lauten kann, inwieweit das öffentliche Interesse zu seiner Aufrechterhaltung den Eingriff in fremde Rechtsgüter, die gleichfalls ein öffentliches Interesse darbieten, gestatte. Es würde dann auch nicht die Notwehr mit Befugnissen ausgerüstet worden sein, durch welche in den gesellschaftlichen Verhältnissen, die nun einmal nicht so glatt zu verlaufen pflegen, daß ein Aufeinanderstoßen verschiedener Interessenten eine Seltenheit wäre, in welcher sich nun einmal der eine in den anderen schicken muß, und das Erfordernis der Nachgiebigkeit auch bei strengem Rechte nicht schlechtweg ausgeschlossen werden darf, der Totschlag geradezu in bedenklicher Weise gerechtfertigt wird (meine Kausalität a. a. O.). Es werden denn auch in der Rechtsprechung der Gerichte die nicht selten nur mit einigen volltönenden Worten begründeten Extreme der Theorie keineswegs als maßgebend angesehen.

Die Behauptung Janka's, der im Notstand Angegriffene habe überall das Recht der Notwehr, führt zu der Konsequenz, daß schon ein so geringfügiges Unrecht, daß es gar nicht einmal bestraft werden kann, die weitgehenden Befugnisse, welche er durch den subjektiv verschuldeten Angriff begründet werden läßt, die äußersten Mittel zur Verteidigung selbst des geringsten Gutes rechtfertigt. Und wenn Stammler nicht allein die Notwehr, sondern auch die Notstandshandlung für ein Recht, letztere aber zur Vernichtung des geringeren und des gleichwertigen fremden Rechtsgutes befugt erklärt, so würde von Notwehr nur dann geredet werden können, wenn es sich um die Vernichtung eines größeren fremden Rechtsgutes handelte.

Was aber sodann die Voraussetzungen der Notwehr anbelangt, so können sie nicht absolut von denjenigen der Notstandshandlung verschieden sein, wenn beide der nämlichen rechtlichen Beurteilung unterliegen. Aber es erscheint selbstverständlich, daß man einem verschuldeten Angriff gegenüber — sei er ein Angriff im Notstand oder in der Notwehr — zu einer relativen Erweiterung der einzuräumenden Befugnisse geneigt sein wird. Dieselben werden jedoch vielfach in ungehöriger Weise so sehr ausgedehnt, daß die gemeinsame Grundlage einer jeden Gegenwehr — die Absicht durch dieselbe ein drohendes Übel abzuwenden — verschwindet, und der Anschein erwächst, als sei die Gegenwehr gegen einen verschuldeten Angriff etwas ganz anderes, als die Gegenwehr gegen einen unverschuldeten Angriff. Gerade hierdurch wird man dann aber dahin geführt, nur aus dem verschuldeten Angriff die Notwehr entstehen zu lassen und ihr in absoluter Verschiedenheit den Notstand an die Seite zu stellen, ohne zu bedenken, daß hierdurch die Beurteilung der Gegenwehr gegen denjenigen Angriff unmöglich wird, welcher weder im Notstand erfolgt, noch ein verschuldeter ist. Die Frage, ob ich mich einem unzurechnungsfähigen oder einem aus verzeihlichem Irrtum gutgläubigen Angreifer gegenüber in Notstand oder Notwehr befinde, kann dann überhaupt nicht entschieden werden. Eine Verschuldung fällt ihnen nicht zur Last, und sie selbst sind es, gegen welche sich die Abwehr richtet.

Stehen die subjektive Verschuldung des Angreifers und die Not des Angegriffenen fest, so soll demselben nach Janka das

Recht zur Verteidigung, wie gesagt, in vollstem Umfange gewährt, und er insbesondere auch dann nicht genötigt sein, seine gewaltsame Gegenwehr zu unterlassen, wenn er über andere Mittel zu seiner Rettung verfügen kann. Aber sollte ich wirklich meinen Angreifer totschlagen dürfen, im Falle ich nicht allein von meiner vollen Sicherheit, sondern auch davon überzeugt bin, es werde überhaupt zu einer Tötung desselben nicht kommen, wenn ich einen in der Nähe befindlichen Polizeidiener auf die sich für mich entwickelnde Gefahr aufmerksam mache? Und ebensowenig kann es dem öffentlichen Interesse entsprechen, daß ich meinen Angreifer, von welchem ich weiß, daß er mich mit seinem Gegner verwechsele, töte, obgleich ich nicht bezweifele, ich werde mich in voller Sicherheit befinden, wenn ich demselben nur meinen Namen nenne. Es zielen die betreffenden Behauptungen dahin, daß ich vor einem mir drohenden schuldvollen Angriff eine schimpfliche Flucht nicht zu ergreifen brauche. Das ist denn auch richtig. Aber es muß hier vor einer ungehörigen Übertreibung gewarnt werden. Droht mir, im Falle ich auf meinem Platze stehen bleibe, ein schuldvoller lebensgefährlicher Angriff, dem ich mit Bestimmtheit entgehen werde, wenn ich nur einige Schritte auf die Seite trete, so werde ich den Angreifer nicht töten dürfen. Und wenn ein Angetrunkener drohend auf mich zukommt, werde ich noch einige Schritte zugeben müssen; noch mehr aber, wenn ich weiß, daß mir nur ein fahrlässiger Angriff droht, sei es, daß mich der mir Entgegenkommende gegen seinen Willen anstoßen werde, oder auch absichtlich, aber in der unentschuldbaren Unterstellung, es drohe ihm von mir ein rechtswidriger Angriff, dem er zuvorkommen müsse. Das kann aber einer Flucht schon sehr ähnlich sehen. Jedenfalls wird, indem man eine schimpfliche Flucht hier nicht für erforderlich hält, ein absoluter Unterschied zwischen Notwehr und Notstand nicht begründet. Denn auch vor einem fremden bissigen Hunde brauche ich zum Gelächter der Umstehenden die Flucht nicht zu ergreifen.

Das Recht der freien Bewegung brauche ich mir freilich durch einen drohenden Angriff nicht abschneiden zu lassen. Aber auch hier müssen die Grenzen eines vernünftigen Ermessens eingehalten werden. Erfahre ich in meiner Wohnung, daß mir ein Angriff droht, wenn ich gerade jetzt auf die Straße gehe, und habe ich keinen zureichenden Grund, mich dorthin zu begeben, so liegt für mich vorerst noch keine gegenwärtige Gefahr vor. Ich werde darum, wenn ich den Angriff aufsuche, dem Vorwurfe nicht entgehen, daß ich denselben habe herbeiführen wollen, um eine Gelegenheit zur Verletzung meines Gegners zu erhalten, daß ich also nicht gegen, sondern mit meinem Willen in die Notlage geraten sei. Dieselbe ist dann von mir verschuldet worden, und diese Verschuldung läßt auch die Handlung, mit welcher ich nunmehr das drohende Übel abwenden will, als eine verschuldete erscheinen. Der schuldvolle Angreifer wird hier natürlich nicht straflos, aber es ist doch auch nicht zu erkennen, inwiefern dessen Schuld zur Folge haben könnte, daß meine ihm schuldvoll zugefügte Verletzung nicht sollte gestraft werden dürfen.

Unter keinen Umständen kann von dieser Straflosigkeit die Rede sein, wenn es sich um einen schuldlosen Angriff handelte. Dem drohenden Angriff eines Unzurechnungsfähigen oder eines Menschen, welcher sich aus verzeihlichem Irrtum zu seinem Angriff für berechtigt hält, indem er sich etwa von mir für bedroht erachtet, stehe ich gerade so gegenüber, als wenn sich derselbe im Notstande befände. Darum darf ich insbesondere den mir drohenden Angriff nicht geradezu aufsuchen, und muß der hereingebrochenen Gefahr möglichst mit anderen Mitteln als demjenigen der Gewaltanwendung begegnen. Es kann daher von mir sogar verlangt werden, daß ich mir ein geringfügiges Übel zufügen lassen müsse, statt es durch Verletzung des Angreifers von mir abzuwenden. Wenn ich überzeugt bin, daß ich meine Sache unversehrt wieder erhalten werde, so werde ich sie mir wohl von einem Unzurechnungsfähigen abnehmen lassen müssen, insofern ich mich seiner nur durch Tötung erwehren könnte. Das gilt um so mehr, wenn ich den schuldlosen — oder auch den schuldhaften — Angriff durch Provokation oder in anderer Weise sogar verursacht haben sollte.

So verhält es sich endlich auch bezüglich der bestrittenen Frage, ob zur Abwendung der Gefahr eines drohenden Angriffes ein an der Entstehung derselben unbeteiligter dritter verletzt werden dürfe. Daß hier der Bedrohte wegen Dolus oder Culpa haftet, insofern er den Angreifer hätte treffen können, es aber ohne jede Veranlassung oder aus übertriebener Furcht vor demselben vorzog, sich gegen den dritten zu wenden, oder er aus zurechenbarer Ungeschicklichkeit statt des Angreifers den dritten verletzte, erscheint selbstverständlich. Fällt ihm aber keine Verschuldung zur Last, so wird die dem dritten zu seiner Rettung zugefügte Verletzung als eine straflose Notstandshandlung angesehen werden dürfen. Nur sollte hierbei dann auch hervorgehoben werden, daß die gleichzeitig bestehende Notwehrlage keine größeren Berechtigungen verleihen kann, als durch den Notstand selbst begründet werden, die Voraussetzungen desselben mithin in vollem Umfange vorliegen müssen. Ob der Angriff, zu dessen Abwehr dem dritten eine Verletzung zugefügt werden soll, ein schuldvoller ist oder nicht, erscheint hiernach ohne Bedeutung, und kann es vielmehr nur auf das drohende Übel ankommen, welches objektiv in dem Angriffe enthalten ist. — Dieses Nebeneinanderstehen von Notwehr und Notstand kann sich aber auch noch in anderer Weise gestalten. Der Angegriffene, welcher die Schuld des Angreifers unterstellt, ist zur Notwehrhandlung berechtigt, während sein mit der *bona fides* des Angreifers bekannter Freund ihm nur mit der Notstandshandlung zur Hilfe kommen darf. Und wenn jemand das Kind der Mutter zu töten droht, im Falle sich dieselbe nicht von einem gutgläubigen dritten gebrauchen lasse, so können Mutter und Kind die Notwehrberechtigung gegen den Drohenden ausüben. Zugleich befindet sich aber auch die Mutter, wenn schon sie sich für ihr Kind opfern wollte, dem dritten gegenüber im Notstand. Denn diese Aufopferung wäre doch nur eine erzwungene. Ein zur Hilfe eilender vierter würde daher die Notwehrberechtigung gegen den Drohenden und die Notstandsberechtigung gegen den dritten haben. Gegen ihn würde hingegen der dritte, welcher sich rechtswidrig angegriffen glaubt, zur Notwehr berechtigt sein. Die nämliche Befugnis würde die Mutter gegenüber dem vierten zum Schutze ihres Rechtes, sich freiwillig hingeben zu dürfen, besitzen. Im Falle endlich der vierte das Preisgeben der Mutter gehindert hätte, und infolgedessen das Kind getötet worden wäre, würde sich vielleicht sogar die Frage aufwerfen, ob er nicht den Tod eines Menschen strafbar verursacht habe. Noch schwieriger könnten sich die Verhältnisse gestalten, wenn der vierte der Ehemann wäre, welcher lieber sein Kind als seine Frau geopfert haben wollte.

Nach diesen Erörterungen glaube ich, daß eine absolute Verschiedenheit zwischen Notstand und Notwehr nicht begründet ist, und vielmehr nur eine relative Verschiedenheit in den Befugnissen besteht, je nachdem man sich einem schuldvollen oder schuldlosen Angriff gegenüber befindet, mag demselben Notstand zu Grunde liegen, oder er zur Notwehr berechtigen. In beiden Richtungen kann nur die auf vernünftigem Ermessen beruhende Erwägung entscheiden, inwiefern man ein drohendes Übel durch eine an und für sich strafbare Handlung von sich abwenden dürfe. Diese Frage hat aber auch noch eine das Gebiet des Notstandes und der Notwehr überschreitende Tragweite. Denn in engster Beziehung zu ihr steht die weitere Frage, inwiefern man eine an und für sich erlaubte Handlung nicht vornehmen dürfe, wenn man erkennt, daß sie mit Bestimmtheit oder möglicherweise zu einem strafbaren Erfolg hinführen werde. Darf ich mich aus meiner Wohnung nicht entfernen, wenn ich weiß, daß jemand auf meinen Weggang wartet, um einem abwesenden Mitbewohner des Hauses eine Fensterscheibe einzuschlagen? Und muß ich nicht zu Hause bleiben, wenn ich erfahren habe, daß es sich um einen Mord handelt, welcher gewiß werde ausgeführt werden, im Falle ich mich entferne? Diese Frage scheint seither weder in der Gesetzgebung noch in der Doktrin genügend berücksichtigt worden zu sein und sie setzt darum nicht selten die Rechtsprechung in Verlegenheit.

III. Notstand und Notwehr bei Unterlassungen.

Seither war davon die Rede, inwiefern Notstand und Notwehr zur Vornahme einer an und für sich strafbaren Handlung berechtigen. Es fragt sich aber auch, inwiefern Notstand und Notwehr eine sonst strafbare Unterlassung straflos machen, inwiefern man also eine gebotene Handlung nicht vorzunehmen braucht, weil man sich in Notstand oder Notwehr befindet. Ist der meinem Rechtsgut, und somit dem öffentlichen Interesse, für den Fall der Vornahme der Handlung drohende Nachteil größer oder gleichgroß, wie der dem öffentlichen Interesse aus der Unterlassung erwachsende Nachteil, so brauche ich die Handlung nicht vorzunehmen, mag es sich um ein rein öffentliches Interesse oder um ein solches Interesse handeln, welches einen einzelnen zum Träger hat. Ist aber der aus der Unterlassung dem öffentlichen Interesse erwachsende Nachteil größer wie der mir infolge der Vornahme der Handlung in Aussicht stehende Nachteil, so darf ich die Handlung nicht unterlassen. Doch tritt auch hier wieder zur Erwägung, ob und inwieweit mir hatte zugemutet werden können, mein Rechtsgut dem öffentlichen Interesse zum Opfer zu bringen. Insoweit das nicht der Fall ist, darf ich unterlassen und bezw. Gegenwehr leisten, wenn ich demungeachtet zur Vornahme der Handlung gezwungen werden soll. Ob der mir drohende Nachteil aus einem schuldvollen Angriff erfließt oder nicht, ob ich mich also in Notwehr oder im Notstand befinde, erscheint hier überall gleichgültig. Unterlassen müßte ich aber die gebotene Handlung, wenn ich sie auch vornehmen wollte, im Falle durch die Ermöglichung derselben das öffentliche Interesse schwerer geschädigt würde, als durch die Unterlassung. Hierbei tritt denn auch wieder die relative Verschiedenheit in dem Maße dessen, was ich thun darf, hervor, je nachdem das sich der Handlung entgegenstellende Hindernis in einem schuldvollen Angriff oder in einem sonstigen Ereignis besteht (Abhandlungen 1878, S. 139 ff.).

Fortgesetztes Verbrechen.

Der gegenwärtige Stand der Lehre von dem fortgesetzten Verbrechen kann kaum als ein erfreulicher bezeichnet werden. Köstlin, John, Berner fordern für dasselbe Einheit des Entschlusses und zugleich eine besondere Beschaffenheit des Objektes. Schwarze und Merkel hingegen stützen dasselbe lediglich auf das objektive Moment, während Schütze und Meyer in ihren Lehrbüchern an jedem wissenschaftlichen Kriterium für dasselbe verzweifeln und lediglich an den praktischen Takt des Richters appellieren. Überdies gehen aber auch noch, was die geforderte besondere Beschaffenheit des Objektes anbelangt, die Ansichten auseinander.

Allgemein zugegeben wird, daß jeder einzelne Akt des fortgesetzten Verbrechens, an und für sich betrachtet, als ein Verbrechen mit vollem Sub- und Objektivgehalt anzusehen sei, daß also jeder einzelne Akt des fortgesetzten Verbrechens einen besonderen Entschluß und einen besonderen materiellen Bestand verlange. Aber man meint, daß im Falle ein Generalentschluß zum voraus gefaßt gewesen sei, successive mehrere Rechtsverletzungen vorzunehmen, durch diesen Generalentschluß die mehreren Entschlüsse und die mehreren materiellen Gehalte der einzelnen Akte zu einer unteilbaren subjektiven und bezw. objektiven Einheit, daher aber zu Einem Verbrechen verbunden würden.

Ein Generalentschluß, welcher sich unteilbar über die mehreren Akte des fortgesetzten Verbrechens erstrecken soll, wird indessen schwerlich konstruiert werden können. Ein stehendes Beispiel für dieses Verbrechen ist der Ehebruch. Angenommen nun, es habe jemand zum voraus den Generalentschluß gefaßt, mehrfach mit der nämlichen fremden Ehefrau den Beischlaf auszuüben und dies bereits zum erstenmal gethan, so würde hiermit der Generalentschluß, da er wegen seiner Unteilbarkeit nicht zum Teil, sondern nur in seinem vollen Umfang bethätigt werden kann, so durchaus zur Erledigung gekommen sein, daß, wenn nunmehr auch der zweite Akt vorgenommen werden soll, es an einem Entschlusse ganz fehlen würde. Da dies aber unmöglich erscheint, so muß man zugeben, entweder, daß für den zweiten Akt ein selbständiger Entschluß gefaßt wird, welcher mit dem früheren nichts gemein hat, oder daß der Generalentschluß allerdings teilbar ist. Das letztere könnte nur in dem Sinne richtig sein, daß in dem angeblich unteilbaren Generalentschluß so viele einzelne Entschlüsse nebeneinander liegen, als der Verbrecher Akte des fortgesetzten Verbrechens auszuführen zum voraus sich entschließt. Das heißt also, der Thäter, welcher sich zum voraus entschließt, mehrere Rechtsverletzungen (gleichzeitig oder) nach einander auszuführen, hat nicht einen unteilbaren Generalentschluß, sondern für jede einzelne der von ihm beschlossenen Rechtsverletzungen einen besonderen Entschluß gefaßt, und es wird nur von ihm die Ausführung eines jeden dieser mehreren gefaßten Entschlüsse bis zu dem geeigneten Zeitpunkt aufgeschoben. Bis zu diesem Zeitpunkt, also bis zur Vornahme des zweiten, dritten u. s. w. Aktes, tritt der besondere Entschluß nicht zu Tage, und wird vielmehr jedesmal erst mit dem folgenden Akte von dem Verbrecher bethätigt. Wäre der Generalentschluß unteilbar oder auch nur in dem Sinne teilbar, daß man sich desselben bruchstückweise entledigen könnte, so müßte im Falle jemand sich einer Mehrheit wertvoller Gegenstände gegenüber sah, die Entwendung aller beschloß und bereits den ersten eingesteckt hatte, als er ergriffen wurde, angenommen werden, er habe sich nicht eines vollendeten Diebstahls schuldig gemacht, sondern nur einen Versuch der Entwendung des Gesamtkomplexes der Wertgegenstände bewerkstelligt, auf welche sein unteilbarer Generalentschluß gerichtet war. Und zwar würde dieser Versuch sogar straflos sein, wenn sich der Thäter mit dem weggenommenen einen Gegenstand begnügt und sonach freiwillig auf die Wegnahme der übrigen verzichtet hätte. Es müßte auch im Falle der allen Akten zu Grunde liegende Generalentschluß unteilbar wäre, derselbe sich stets bei allen Akten gleich bleiben, und es könnte also, wenn der Generalentschluß ein vorbedachter war, keiner der nachfolgenden Akte im Affekt oder aus Fahrlässigkeit vorgenommen werden. Denn die Möglichkeit einer späteren Veränderung des Generalentschlusses schließt die Annahme seiner Unteilbarkeit aus. Sonach ist es namentlich aber auch nicht ein Festhalten an dem zum voraus gefaßten unteilbaren Generalentschluß, wenn nach

Vornahme des ersten Aktes der Thäter zu den folgenden Akten schreitet, sondern lediglich ein Festhalten an dem für jeden einzelnen dieser Akte zum voraus gefaßten besonderen Entschlusse und bezw., es liegt vielmehr dann ein selbständiger neugefaßter Entschluß in betreff eines jeden ferneren Aktes vor.

Ebensowenig wie die subjektive Einheit des Generalentschlusses läßt sich behaupten, daß durch denselben eine Einheit des Objektivgehaltes der mehreren Akte hergestellt werde, indem der Objektivgehalt der nachfolgenden Akte stets demjenigen des ersten Aktes zuwachse, woraus dann nur Eine Rechtsverletzung mit erweitertem Objektivgehalt entstehe. Oft wird ein solches Zuwachsen gar nicht möglich sein. Wer heute den Beischlaf mit einer fremden Ehefrau vollständig ausgeübt hat, der hat den Gegenstand des Verbrechens so gründlich erschöpft, daß demselben gar nichts mehr zuwachsen kann, und vielmehr notwendigerweise, wenn morgen der Beischlaf wieder vollzogen wird, eine völlig neue Erscheinung zu Tage treten muß. Es wird sich auch nicht einsehen lassen, welche objektive Einheit durch den Generalentschluß hergestellt werden sollte, wenn heute ein Hund und morgen ein Pferd gestohlen wird. Und wo denn auch der Beschaffenheit des Objektes nach ein Zusammenrechnen stattfinden könnte, da darf es nicht geschehen. Hat jemand heute fünfzig Mark und morgen fünfzig Mark gestohlen, so hat er zwar im ganzen hundert Mark gestohlen, aber er hat die hundert Mark nicht auf einmal, sondern auf zweimal gestohlen. Es liegen zwei selbständige gesetzliche Thatbestände vor. Nur das Gesetz selbst kann aus zwei an und für sich selbständigen Thatbeständen eine Einheit bilden, indem es dieselben unter einen höheren Gesichtspunkt stellt, oder doch, wo es dies nicht thut, mit Bestimmtheit erkennen läßt, daß die mehreren selbständigen Thatbestände nur einer Bestrafung zu unterziehen seien. Dem Belieben des Thäters aber kann es unmöglich anheim gegeben werden, sich selbst einen solchen höheren Gesichtspunkt für die mehreren Rechtsverletzungen aufzusuchen, und noch weniger kann es natürlich von seinem Willen abhängen, daß zwei eins sein soll, daß also die mehreren gesetzlichen Thatbestände, welche sich schon an und für sich nicht zu einer höheren Einheit qualifizieren lassen, dennoch nur als ein einziger strafrechtlich in Betracht gezogen werden sollen. — Als unrichtig muß weiter aber auch die Ansicht derjenigen bezeichnet werden, welche sich für das fortgesetzte Verbrechen mit der Einheit des Objektes begnügen und durch die Vielheit der Absichten dasselbe nicht beseitigt werden lassen. Denn es muß sich doch diese Einheit des Objektes, wenn sie für charakteristisch gehalten werden soll, in einer entsprechenden, mithin einheitlichen, Absicht reflektieren.

Hiernach können denn aber auch die Rechtslehrer, welche sich bemühen, die Einheit der mehreren Akte des fortgesetzten Verbrechens nachzuzeigen, notwendigerweise hierbei gerade nur so weit im Rechte sein, als ihre Anschauungen im Gesetze begründet sind.

Die Worte KÖSTLIN's (System 1855, S. 540 ff.), „das Objekt des Verbrechens nicht wachsen machen", sind nicht verständlich. Betrachtet man als Angriffsobjekt des Ehebruchs die eheliche Treue, so wächst dieselbe natürlich nicht durch ihre öftere Verletzung. Man ist also genötigt, die betreffenden Worte auf die Verletzung zu beziehen. Aber, wenn durch den ersten Ehebruch die eheliche Treue bereits so sehr verletzt ist, daß sie nicht weiter verletzt werden kann, die nachfolgenden Akte mithin ein Objekt der Verletzung nicht mehr vorfinden, so müßten sie auch durchaus straflos sein. Es liegt hier offenbar eine Verwechslung des privaten mit dem öffentlichen Standpunkte vor. Wenn einmal eine Frau sich vieler Ehebrüche schuldig gemacht hat, so mag es schließlich allerdings für das Interesse des Ehemannes einerlei sein, ob sie den vorausgegangenen noch weitere Ehebrüche folgen läßt. Denn sie ist dann schließlich so tief gesunken, daß sie nicht noch weiter sinken kann. Aber der Anspruch des Ehemannes auf Treue ist hiermit keineswegs beseitigt, und es erscheint darum auch derjenige strafbar, welcher mit einer sogar in einem öffentlichen Hause sich aufhaltenden fremden Ehefrau den Beischlaf vollzieht. — Wie die Ansicht gerechtfertigt erscheinen soll, daß, im Falle ein Beamter mehrmals in die ihm anvertraute Kasse greife, das Objekt der Verletzung nicht wachse, und daß, wenn derselbe in zwei ihm anvertraute Kassen gegriffen, oder jemand mit zwei Personen Blutschande getrieben habe, ein fortgesetztes Verbrechen nicht angenommen werden könne, da dasselbe die nämliche Kasse und nämliche Person voraussetze, ist nicht begründet worden und unerfindlich. Es müßte nach dieser Ansicht als maßgebend bezeichnet werden, je nachdem die Sodomiterei an dem nämlichen oder einem anderen Tiere wiederholt worden ist. Einen Widerspruch enthält es auch, daß das Vorzeigen des gefälschten Passes bei verschiedenen Behörden ein fortgesetztes Verbrechen darstellen soll. Ein noch größerer Widerspruch ist aber darin zu finden, daß die Totalität der mehreren Objektivgehalte nicht in dem Belieben des Thäters begründet sein dürfe, sondern sich unabhängig hiervon an dem Objekt vorfinden müsse, und daß doch eine solche Totalität nicht soll angenommen werden können, wenn er sich nicht

„mit Fug“ die mehreren Akte als Eine Unternehmung habe denken können. Denn wenn wirklich die mehreren Akte sich schon an und für sich als eine Totalität des Objektes darstellen, so muß es ganz gleichgültig erscheinen, ob der Thäter einen Generalentschluß zum voraus gefaßt, sich die Totalität des Objektes vorgestellt hatte, oder nicht. Es liegt dann vielmehr diese objektive Totalität sogar gegen seinen Willen vor. Und umgekehrt, wenn diese Totalität sich nicht schon an und für sich an dem Objekte vorfindet, dann kann sie demselben auch nicht durch das subjektive Belieben des Thäters verliehen werden.

Die Begründung der objektiven Einheit, welche Schwarze giebt (Fortgesetztes Verbrechen, 1857), ist im Grunde genommen nur eine weitere Ausführung und bezw. Modifizierung der vorigen Ansicht. Er hat zwar erkannt, daß die juristische Unteilbarkeit des Objektes nur eine gesetzliche sein könne. Aber er legt dann, indem er sich willkürlich Angriffsobjekte für sein fortgesetztes Verbrechen herausbildet und aus deren Einheit die Einheit der Mehrheit der Einzelverletzungen herleitet, auf das Gesetz kein weiteres Gewicht. Daß der Beruf, der Bruch des Gehorsams, das Gebundensein einer Frauensperson, das fleischliche Vergehen des Vormundes mit seiner Mündelin, die *universitas* u. s. w. dergestalt von dem Gesetze als eine Unteilbarkeit angesehen würden, daß eine in den größten Zwischenräumen erfolgte Wiederholung des Aktes nur als eine gesetzliche Einheit betrachtet werden dürfe, wird sich schwerlich behaupten lassen. Wäre dies der Fall, so würde natürlich sogar durch eine in der Mitte der mehreren Akte liegende Bestrafung diese Unteilbarkeit nicht beseitigt werden können. Aber das Gegenteil wird freilich stets ohne alle weitere Prüfung als selbstverständlich angenommen. — Warum eigentlich die gemeinte Unteilbarkeit sich bei den Verbrechen gegen Gesundheit, Ehre und Freiheit nicht vorfinden soll, ist nicht ersichtlich, denn durch jede einzelne Beleidigung wird die ganze Ehre, durch eine noch so kurze Einsperrung die ganze Freiheit verletzt und auch durch jede Krankheit die ganze Gesundheit alteriert. Soll aber, wie es scheint (§ 30), der Unterschied zwischen diesen Verbrechen und dem Ehebruch u. s. w. darin gefunden werden, daß „im Falle des Ehebruchs bereits durch den ersten Akt eine irreparable Verletzung der Treue angerichtet worden sei, während in den ersteren Fällen eine Wiederherstellung in den alten Zustand und darum eine selbständige Wiederholung der Verletzung möglich erscheine“, so würde die Folge hiervon sein, daß gegen einen noch im Zustande des Verletztseins befindlichen oder bereits irreparabel verletzten Gegenstand ein erster selbständiger Akt überhaupt nicht unternommen werden könnte. Wer einem noch kranken Menschen oder einem Menschen, dem ein Auge fehlt, eine Wunde zufügt, ein windschiefes Haus demoliert, einer griechischen, soeben mit abgebrochenem Arm aufgefundenen Statue die Nase und dann den anderen Arm wegschlägt, würde gleich bei dem zweiten Akte anfangen, weil eben der erste Akt einen noch unversehrten Gegenstand zur Voraussetzung hätte. Es müßte ganz gleichgültig sein, ob die bereits bestehende Verletzung durch einen dritten oder eine Zufälligkeit verursacht worden wäre, weil lediglich der Zustand des Objektes für die Theorie SCHWARZE's Voraussetzung sein würde. — Endlich muß die Ansicht, daß durch die Kontinuität mehrerer rechtsverletzender Handlungen die fragliche Unteilbarkeit hergestellt werden könne, bestritten werden. Denn es mögen die mehreren Rechtsverletzungen noch so schnell auf einander folgen, so hat doch jede einzelne ihren selbständigen Ob- und Subjektivgehalt, anderenfalls sie überhaupt nicht als Rechtsverletzung betrachtet werden könnte Es ist die betreffende Behauptung wohl nur ein Ausdruck der Verlegenheit, weil die Theorie SCHWARZE's auf Diebstahl und Eigentumsbeschädigung keine Anwendung finden kann und gerade hier für eine Abhilfe gesorgt werden mußte.

Umgekehrt wie SCHWARZE verlangt JOHN (Fortgesetztes Verbrechen, 1860), für das fortgesetzte Verbrechen ein teilbares Rechtsobjekt, und muß er sonach dasselbe überall gerade da annehmen, wo SCHWARZE Realkonkurrenz anerkennt. — Nach seiner Ansicht läßt jeder Thatbestand eines Verbrechens, dessen Objekt in Teilen verletzt werden kann, sowohl die Möglichkeit einer Realkonkurrenz als auch diejenige eines fortgesetzten Verbrechens zu (67). Hatte der Thäter von vornherein beschlossen, durch mehrere Handlungen mehrere Teile des teilbaren Rechtsobjektes zu vernichten, so verlieren die einzelnen Teile durch diesen Generalentschluß ihre Selbständigkeit, vereinigen sich zu einem Ganzen, und es ist dann das fortgesetzte Verbrechen begründet. Anderenfalls liegt Realkonkurrenz vor. Diese Theorie JOHN's scheint nun aber, zumal er auch die Existenzberechtigung der Idealkonkurrenz leugnet, eine bedenkliche Lücke darzubieten, im Falle das nämliche unteilbare Rechtsobjekt mehrmals verletzt wird. Ist z. B. eine Frauensperson zu verschiedenen Zeiten mehrfach genotzüchtigt worden, so hat man es zweifellos mit einem Angriff auf das nämliche Recht und zugleich mit einem unteilbaren Rechte zu thun. Denn der Anspruch der Frauensperson auf geschlechtliche Unversehrtheit kann durch noch so oft wiederholte Angriffe nicht vernichtet werden. Es ist hier also weder ein fortgesetztes Verbrechen begangen worden, noch liegt eine Realkonkurrenz vor, weil letztere, wenn es sich nicht um die mehreren Teile eines teilbaren Rechtsobjektes handelt, neben der Mehrheit der Absicht und Mehrheit der Handlung „mehr als ein angegriffenes Recht“ voraussetzt. Von einer einzigen Handlung, einem einzigen Verbrechen kann aber auch keine Rede sein, mag nun ein Generalentschluß vorgelegen oder namentlich auch nicht vorgelegen haben. — Dann aber erscheint die Theorie JOHN's darum unrichtig, weil den einzelnen objektiv an und für sich selbständigen Teilen des angegriffenen teilbaren Rechtsobjektes diese Selbständigkeit dadurch nicht entzogen werden kann, daß sie der Thäter als unselbständig betrachten will. Eine solche Macht über die Objektivität besitzt der Wille nicht, und es kann darum auch ein gefaßter Generalentschluß eine solche Wirkung nicht äußern. Ist z. B. das Reitpferd des Eigentümers ein selbständiger Teil seines Vermögens, so verliert es diese Selbständigkeit dadurch nicht, daß jemand beschließt, dem Eigentümer heute das Pferd und morgen Geld zu stehlen. Sollten aber umgekehrt die Teile eines ganzen Vermögens objektiv an und für sich unselbständig sein, so bedürfte es zur Herstellung dieser Unselbständigkeit keines zum voraus gefaßten Generalentschlusses. Das heißt, wenn auch ohne solchen Generalentschluß dem Eigentümer heute das Pferd und morgen Geld gestohlen wird, so müßte dennoch ein fortgesetztes Verbrechen angenommen werden. Man weiß überhaupt nicht, von welchem Ganzen die Teile hergeleitet werden sollen, über welche sich nach der Ansicht JOHN's das fortgesetzte Verbrechen erstreckt. Ist dieses teilbare Ganze das Vermögen des Bestohlenen in seinem vollen Umfang, also ein ideelles Ganzes, oder soll dasselbe ein materielles sein, also ein Gegenstand, etwa Wein, von welchem jeder einzelne Teil den Charakter des Ganzen erkennen läßt? In beiden Fällen würde die objektive Selbständigkeit eines jeden Teiles unerachtet eines vorliegenden Generalentschlusses nicht geleugnet werden können, und sonach das fortgesetzte Verbrechen ausgeschlossen sein. Richtig könnte nur die letztere Annahme erscheinen, denn wenn von dem Diebstahl von Teilen geredet wird, so muß doch wohl auch das Ganze gestohlen werden können. Der juristische Begriff „Vermögen“ oder auch „*universitas*“ kann aber nicht gestohlen werden. Wird eine Herde gestohlen, so richtet sich die Strafe nicht nach dem Begriffe Herde, sondern nach der Anzahl der einzelnen Stücke, welche die Herde bilden. Kann man hiernach als das Ganze des Teiles nur ein materielles Ganzes betrachten, so erscheint der Teil nur dann als unselbständig, wenn er für sich als ein selbständiges Ganzes nicht angesehen werden kann, wenn er also vermöge seiner Beschaffenheit auf die Zugehörigkeit zu einem anderen Gegenstande hinweist. In diesem Falle würde wohl schon an und für sich regelmäßig das Ganze unteilbar sein, und darum ein fortgesetztes Verbrechen nicht zulassen. Aber abgesehen hiervon, so müßte doch auch in diesem Falle der Teil strafrechtlich als ein selbständiges Ganzes behandelt werden. Hat jemand einen notwendigen Bestandteil einer komplizierten Maschine gestohlen, so kann sich die Bestrafung wegen Diebstahls doch nur allein nach diesem unselbständigen Teile richten, während der Schaden, der im übrigen dem Eigentümer durch die Unbrauchbarmachung der Maschine zugefügt worden ist, nicht als Diebstahl, sondern nur als Beschädigung abgeurteilt werden dürfte. Wenn jemand generell zum voraus beschließt, ein Ganzes in Teilen zu stehlen, er läßt es aber bei dem Diebstahl des ersten Teiles bewenden, so muß doch der Teil selbständig sein, denn sonst wäre gar nichts, was bestraft werden könnte, vorhanden. — Jedenfalls erscheint es ohne Bedeutung, ob die mehreren Teile in der Hand des Diebes ein Ganzes bilden oder nicht. Es kann dies sein, wenn er die beiden gestohlenen Weinquantitäten zusammengießt, es kann aber auch, ohne auf das Wesen der Sache einen Einfluß auszuüben, nicht sein, wenn er etwa die erste Weinquantität bereits getrunken hatte, ehe er die zweite entwendete. Nur darauf kann es im Sinne John's ankommen, ob das Ganze, von welchem einzelne Teile entwendet worden sind, in der Hand des Bestohlenen ein teilbares Ganzes bildete. Damit aber würde man zu dem Schlusse gelangen, daß, wenn jemand aus verschiedenen Fässern Wein entwendet hat, ein fortgesetztes Verbrechen nicht vorliegen würde, weil die mehreren Fässer ein teilbares Ganzes nicht darstellen.

Ich glaube hiernach, daß die Teilbarkeit und bezw. Unteilbarkeit des Objektes des Angriffs durchaus keinen Einfluß auf die Frage, ob fortgesetztes Verbrechen oder Realkonkurrenz vorliegt, zu äußern vermag. Und daß dies richtig ist, beweisen wohl zur Genüge die von John selbst konstruierten Beispiele. Vorzugsweise die Eigentumsverbrechen, mit welchen er sich in der That auch hauptsächlich beschäftigt, kann er bei seiner Theorie im Auge gehabt haben. Denn was das teilbare Ganze der Gesundheit, der Freiheit, der Ehre seinem Umfang nach sein könnte, wird sich schwerlich mit Worten ausdrücken lassen. Um aber seine Theorie namentlich für den Diebstahl verwendbar zu machen, mußte John den mit der allgemeinen Überzeugung in Widerspruch stehenden Satz aufstellen, daß, wenn die Sachen mehrerer Eigentümer gestohlen würden, stets Realkonkurrenz anzunehmen sei, weil es sich dann nicht um das nämliche verletzte teilbare Recht, sondern um verschiedene verletzte Rechte handle. Aber hierbei entsteht denn doch eine besondere Schwierigkeit. Hat nämlich jemand mit einem Griff einen Gegenstand eingesteckt, welcher mehreren gehörte, so hat er auch durch diese eine untrennbare Kausalität mehrere Rechte verletzt. Und da JOHN jede Handlung, durch welche mehrere Rechte verletzt werden, als eine Mehrheit von Handlungen betrachtet (4), so müßte man zu dem Ergebnis gelangen, daß die eine Sache mehrmals gestohlen worden sei. — Wenn jemand mehrere dem nämlichen Gläubiger gehörige Forderungen von mehreren Schuldnern einkassiert, oder dessen bei verschiedenen Personen deponierten Gegenstände sich einhändigen läßt, indem er sich in täuschender Weise für den Beauftragten ausgiebt, so wird doch wohl, sollten selbst die betreffenden Personen nicht ersatzpflichtig sein, Realkonkurrenz angenommen werden müssen, obgleich nur das Recht der nämlichen Person verletzt worden ist. Ebenso, wenn der Dienstknecht aus Rache die drei Häuser seines Dienstherrn, die sich in verschiedenen Ortschaften befinden, anzündet. JOHN hingegen mußte hier überall fortgesetztes Verbrechen annehmen. Das Objekt, gegen welches sich der Meineid richtet, kann gewiß durch noch so häufige Wiederholung nicht vernichtet werden, ist also unteilbar. Die Art und Weise, in welcher hier von JOHN das fortgesetzte Verbrechen begründet wird, ist darum hinfällig, und giebt, wie es scheint, auch keine Auskunft darüber, wie es sich verhalte, wenn sich der nämliche Meineid auf mehrere Beweisthemata bezieht. Der vorgeführte Fall des unzüchtigen Lehrers rubriziert sich unter zwei nebeneinander liegende Gesichtspunkte, die amtliche Stellung des Lehrers als Ganzes und die Mehrheit der verletzten Rechte der Kinder, und es ist nicht erfindlich, warum der zweite auf Unkosten des ersten für maßgebend erklärt wird. Überdies steht hiermit der Fall des Arztes in einigem Widerspruch, weil hier gerade auf die Totalität der Amtspflicht Bezug genommen wird. Zudem dürfte denn doch auch wohl behauptet werden, daß die Amtspflicht nicht ein teilbares Objekt repräsentiere, und vielmehr derjenige, welcher sich mehrfach hat bestechen lassen, in jedem einzelnen Falle seine ganze Amtspflicht verletzt hat.

Gegen den MERKEL'schen unteilbaren Totaleffekt (Fortgesetztes Verbrechen, 1862), habe ich bereits in meinen Abhandlungen 1862, S. 100 ff. hervorgehoben: ein Hindernis stehe der Ausscheidung einer einzelnen Wirksamkeit aus der Gesamtwirksamkeit an und für sich nicht im Wege. Denn warum solle sich, unbeschadet der Unteilbarkeit der betreffenden Objekte, nicht ermessen lassen, um wie viel die durch die erste Verletzung herbeigeführte Krankheit durch eine weitere Verletzung gesteigert, um wie viel das durch eine erste

Ehrenkränkung hervorgerufene Gefühl, verletzt zu sein, durch eine zweite Ehrenkränkung erhöht worden sei? Es sei aber auch diese Ausscheidung unter Umständen geradezu absolut geboten. Denn der Totaleffekt könne sich aus vorsätzlich und fahrlässig, oder auch nur zufällig, verursachten Wirksamkeiten zusammensetzen, und dann müsse es unzulässig erscheinen, denselben in seiner vermeintlichen Unteilbarkeit zur Bestrafung zu bringen. Anderenfalls müsse derjenige, welcher mit einer fremden Ehefrau den Beischlaf ausgeübt habe, auch die früheren Ehebrüche derselben verantworten. Denn die Entstehung des Totaleffektes in betreff des stattgefundenen Bruches der ehelichen Treue sei nicht durch den Beischlaf der Ehefrau mit einem und dem nämlichen Manne bedingt. Ebenso sei die Trennung des Totaleffektes dann geboten, wenn die Ausführung der einen der mehreren Rechtsverletzungen unter besonderen, ihr allein angehörigen, Umständen stattgefunden habe, wie im Falle des Zusammentreffens eines qualifizierten mit einem einfachen Diebstahl. Nicht weniger müsse die Strafbarkeit eines Versuches von der Teilwirksamkeit hergeleitet werden, welche das vollendete Verbrechen dem Totaleffekt zugeführt haben würde. Wenn endlich der Verwundete zur Zeit des Hinzutretens der von einem anderen zugefügten zweiten Körperverletzung bereits der Genesung nahe gewesen sei, so sei es mit der Bestrafung der vereinten Wirkung der nachfolgenden Verletzung und des Restes der ersten Verletzung nicht gethan. Es müsse vielmehr bei der Bestrafung derjenige Teil der Wirkung der ersten Verletzung, welcher zur Zeit des Zusammentreffens der beiden Wirksamkeiten beseitigt gewesen sei, aus der ersten Verletzung zu einer besonderen Bestrafung ausgeschieden werden. — Dagegen hat Merkel in seinem alsbald daraut erschienenen Nachtrag zu seinem Fortgesetzten Verbrechen auf S. 161 in der Note erwidert: man werde sich unter Umständen der mißlichen Forderung gegenübersehen, das Unteilbare so gut es gehen möge, zu teilen. Aus der Möglichkeit, in solch mißliche Lage versetzt zu werden — die sich übrigens ausnahmslos bei allen in Rede stehenden Verbrechen ergeben kann — folge aber natürlich nicht, daß wir uns auch da freiwillig in dieselbe zu versetzen hätten, wo eine Nötigung der fraglichen Art nicht gegeben sei. Als Prinzip ist hiermit, wie es scheint, die Unteilbarkeit des Totaleffektes fallen gelassen worden. Und es haben auch die Ausführungen in Holtzendorff Handbuch, B. II, S. 575 ff. dem fraglichen Gesichtspunkt den Charakter eines überall durchgreifenden Prinzips nicht verliehen.

Endlich ist noch Stemann (Gerichtssaal 1872, S. 25 ff.) als der neueste Vertreter des fortgesetzten Verbrechens in Betracht zu ziehen.

Er erörtert unter Hinweisung auf Hälschner, Sytsem: wenn eine Mehrheit von Absichten sich ins Reale übersetze, so liege eine Mehrheit von Handlungen, Rechtsverletzungen vor, möge auch die äußere Thätigkeit nur in einem einzigen Akte bestehen. Wo dagegen Eine Absicht vorhanden sei, da erscheine das dieser Absicht entsprechende Verhalten des Menschen als Eine Handlung, gleichviel, ob dies Verhalten einen oder mehrere zeitlich geschiedene Thätigkeitsakte darstelle. Sei das letztere der Fall, und enthalte jeder einzelne von den zeitlich geschiedenen Akten alle zum Thatbestand desselben Verbrechens gehörigen Momente, so sei ein fortgesetztes Verbrechen anzunehmen. Denn man habe hier nur Einen Kausalzusammenhang bei mehrfacher Thätigkeit, wie man in dem ersteren Falle einen mehrfachen Kausalzusammenhang bei einfacher Thätigkeit habe. Unter welchen Umständen nun aber die Existenz nur Einer Absicht bei mehreren aufeinander folgenden Rechtsverletzungen angenommen werden könne, das erfährt man nur beiläufig aus dem zweitfolgenden Satze: „Das Produkt der Denkfähigkeit, welches wir Absicht nennen, das in der menschlichen Seele entworfene Bild, welches die Richtung des Willens auf einen bestimmten Erfolg, auf die durch ein gegenwärtiges Interesse bedingte Änderung in der Außenwelt anzeigt, kann nur solche Thätigkeiten umfassen, welche als dienliche Mittel zur Erreichung des als Ganzes gedachten Erfolges erscheinen, und nicht bloß im schließlichen Erfolge soll die Absicht sich kund geben, sondern ebenso sehr in der Beschaffenheit der Thätigkeit selbst (34. 35)". Daß bei dieser Auffassung durch eine unteilbare Kausalität eine Realkonkurrenz, also die mehrmalige Bestrafung für die nämliche Kausalität bedingt sein kann, und daß jede Rechtsverletzung eine Handlung im Sinne des Strafrechtes voraussetzt, nicht aber als eine bloße Thätigkeitsäußerung aufgefaßt werden darf, daher notwendig mehrere Rechtsverletzungen auch mehrere Absichten erheischen, soll nicht wiederholt werden. Es interessiert hier vielmehr ausschließlich das fortgesetzte Verbrechen.

Daß jeder der verschiedenen Akte dieses Verbrechens, an und für sich betrachtet, ein selbständiges Verbrechen darstellt, wird auch von Stemann nicht geleugnet. Aber es sollen die mehreren Akte diese Selbständigkeit verlieren, wenn sich der Thäter den Erfolg derselben zum voraus als ein Ganzes gedacht habe. Nun kann es ja allerdings sein, daß die Wirksamkeit der mehreren Akte in einander fließen. Dann hat man den Merkel'schen unteilbaren Totaleffekt, und es kommt dann auf die Beschaffenheit der zum voraus gefaßten Absicht gar nicht an. Oder aber die Wirksamkeiten der mehreren Akte bleiben nebeneinander liegen, dann kann man sich auch, wenn man sich nicht willkürlich einen höheren Gesichtspunkt konstruiert, unter welchen sich die Mehrheit als eine Einheit subsumieren läßt, keinen Erfolg derselben als ein Ganzes denken. Daß mehrere Rechtsverletzungen nach dem Belieben des Thäters bald als ein Ganzes, bald als mehrere Ganze in Betracht gezogen werden könnten, ist, wie schon gesagt, nicht möglich. In beiden Fällen aber ist der als ein Ganzes gedachte Erfolg jedenfalls lediglich ein Abstraktum, welches auf die Beurteilung der konkreten Verhältnisse nicht bestimmend einwirken kann. Diese konkreten Verhältnisse muß der Thäter vielmehr gerade so verantworten, wie er sie schuldvoll herbeigeführt, nicht aber so, wie er sich dieselben gedacht hat. Es ist sogar ganz unmöglich, daß er, wenn sich die konkreten Ereignisse seinem Willen entsprechend vollzogen, sie sich anders, wie sie sich vollzogen haben, gedacht haben könnte. Hieraus aber geht auch für den ersten Fall hervor, daß er sich zwar den Erfolg der mehreren Akte als ein Ganzes gedacht haben mag, daß er aber dann, wenn er noch weiter daran dachte, er könne das Ganze als solches nicht herbeiführen, seine auf Herbeiführung des Ganzen gerichtete Absicht fallen lassen, und dieselbe vielmehr auf die Herbeiführung von Teilerfolgen richten, sonach aber seine Eine Absicht teilen, bezw. mehrere Absichten fassen muß. Wer 50 Malter Korn stehlen will und weiß, daß es nicht ausführbar erscheint, dieselben auf einmal wegzuschaffen, richtet seine diebische Absicht nicht auf das Ganze, sondern von vornherein auf Teilentwendungen. Zu sagen, der Thäter wolle das Ganze als Ganzes und zugleich, er wolle das Ganze in Teilen herbeiführen, würde einen Widerspruch enthalten. Er will vielmehr gerade so, wie er handelt, und wenn er nebenbei noch eine andere Absicht hat, so ist dieselbe für die Beurteilung des Geschehenen einflußlos. Das heißt der Thäter weiß, und will sonach, daß jeder der einzelnen Akte einen vollen Ob- und Subjektivgehalt haben, darum aber dem Gesetz gegenüber ein selbständiges Verbrechen repräsentieren werde, und kann darum nicht beabsichtigen, daß dies nicht der Fall sein solle. — Liegt das fortgesetzte Verbrechen vor, sobald der Erfolg der mehreren Akte als ein Ganzes gedacht worden war, so würde das weitere Erfordernis, daß die einzelnen Akte stets das nämliche Verbrechen darstellen müssen, unhaltbar sein. Angenommen, der Eigentümer besitze ein Ganzes in zusammengehörigen Teilen und der Thäter beschließe, sich das Ganze durch verbrecherische Aneignung der einzelnen Teile zu verschaffen, so würde ein fortgesetztes Verbrechen gegeben sein, wenn er sich den einen Teil durch Diebstahl, den anderen durch Unterschlagung, den dritten durch Betrug, Raub, Erpressung u. s. w. aneignet. Es liegen hier „Thätigkeiten vor, welche als dienliche Mittel zur Erreichung des als Ganzes gedachten Erfolges erscheinen.“ Würde der Wächter totgeschlagen und dann das Haus nach und nach ausgeplündert, so würde das nämliche der Fall sein. Erwidert man, daß man verschiedene verbrecherische Thatbestände nicht in einer Absicht zusammenfassen könne, so läßt sich entgegnen, daß, wenn sonach die gesetzliche Anordnung für maßgebend erachtet werde, man auch nach dem Gesetz selbständige, obschon gleichartige, Thatbestände nicht als unselbständige behandeln dürfe. Das Gesetz selbst kann natürlich bestimmen, daß gleichartige oder auch ungleichartige Akte, welche isoliert einer selbständigen Bestrafung zu unterziehen wären, gerade infolge ihres Nebeneinanderstehens ihre Selbständigkeit verlieren und zusammen als etwas anderes bestraft werden sollen, als was jeder von ihnen darstellt. Daß aber der Gesetzgeber bei seinen Anordnungen die Einheit der Absicht, wie sie von Stemann dem fortgesetzten Verbrechen zu Grunde gelegt wird, notwendig berücksichtigen und sonach überall das fortgesetzte Verbrechen annehmen müsse, wo diese Einheit der Absicht von dem Thäter hergestellt worden sei (34), wird um so anfechtbarer erscheinen, als ja die fragliche Einheit selbst erst durch das Gesetz herausgebildet werden muß. — Handelt es sich bei der Einheit des gedachten Erfolges um ein Abstraktum, welches als Ganzes nicht verwirklicht werden kann oder soll, so darf natürlich auch nicht von einem Kausalzusammenhang zwischen der einzelnen Thätigkeit und dem abstrakten Ganzen geredet werden. Denn dieser Kausalzusammenhang müßte dann gleichfalls nur ein gedachter sein. — Da zugegeben wird, daß das einheitliche Verbrechen, welches, wie der Mord, durch mehrere Verletzungen ausgeführt wird, die Einheit der Absicht mit dem fortgesetzten Verbrechen gemein habe, so wird keine wesentliche Verschiedenheit zwischen beiden Verbrechen angenommen werden können. Denn gerade so wie bei dem Morde die einzelnen Verletzungen in ihrem Totaleffekt etwas anderes darstellen, als sie selbst sind, so stellen auch die Teile des fortgesetzten Verbrechens in ihrer Gesamtheit etwas anderes vor, als sie selbst sind, nämlich das vermeintliche Ganze. Hiergegen kann die Erwägung Stemann's nicht in Betracht kommen, jeder Akt des fortgesetzten Verbrechens stelle in sich das nämliche Verbrechen dar wie die Gesamtheit der Akte, während dies bei dem Morde durch mehrere Körperverletzungen nicht zutreffe. Denn diese Verschiedenheit ist für die Herausbildung der einheitlichen Absicht, welche die mehreren Akte des einheitlichen und fortgesetzten Verbrechens zu einem Ganzen zusammenfassen soll, unwesentlich. — Wenn der Thäter aus Reue nach Ausführung des ersten Aktes den noch weiter vorher beschlossen gewesenen zweiten Akt unterläßt, hierauf aber denselben dennoch ausführt, so soll wegen der stattgehabten Unterbrechung der Absicht Realkonkurrenz anzunehmen sein. Denn das fortgesetzte Verbrechen verlange ein beharrliches Festhalten an der ursprünglichen Absicht. Also soll die empfundene Reue dem Thäter zu einer härteren Strafe verhelfen. Auch wird es schwer begreiflich sein, daß selbst wider den Willen des Handelnden seine Absicht durch eine in der Mitte der Akte liegende Bestrafung oder Verzeihung des beleidigten Ehegatten unterbrochen werden soll (37). Offenbar kann derselbe vielmehr, wie schon erwähnt, beharrlich an der ursprünglichen Absicht festhalten, wenn diese in der Mitte liegenden Ereignisse keinen Eindruck auf ihn hervorgebracht haben.

Die nunmehr von Stemann vorgeführten Beispiele beweisen die Willkür, mit welcher die Einheit der Absicht konstruiert wird. Wenn jemand im Verlauf des Wortwechsels sich gegen den anderen verschiedener Schimpfworte bedient, so liegt fortgesetztes Verbrechen vor, sollte auch jedes einzelne Schimpfwort nicht einem Generalentschluß, sondern einem ganz neuen Entschluß entsprungen sein. Das einheitliche Streitverhältnis bedingt die Eine Absicht. Ebenso ist es, wenn A dem B in dem nämlichen Raufhandel zwei Verwundungen zufügt, die Einheit des Raufhandels, welche die Einheit der Absicht erzeugt. — Beschließt jemand, einem anderen hundert gewaltsam abzunehmen und ihn, für den Fall er diesen Betrag nicht voll bei ihm antreffen werde, demnächst noch einmal zu berauben, so liegt, wenn dies geschieht, ein fortgesetztes Verbrechen vor, weil die ursprüngliche Absicht festgehalten worden sei. Also die Einheit der Absicht bedarf gar nicht einmal eines einzigen definitiven Entschlusses, sondern kann sich aus einem definitiven und zugleich einem eventuellen Entschluß zusammensetzen. — Die Ehefrau, welche sich mit mehreren unverheirateten Personen einlasse, begehe ein fortgesetztes Verbrechen. Hat aber die eheliche Treue durch den Beischlaf der nämlichen Ehefrau mit verschiedenen unverheirateten Mannspersonen nur Eine Verletzung erlitten, so muß auch für die mehreren Mannspersonen ein fortgesetztes Verbrechen angenommen werden. Denn wenn sie mehrere Verletzungen angerichtet haben, so muß dies auch seitens der Frau geschehen sein. Will man dies leugnen, so entzieht man dem fortgesetzten Verbrechen jede objektive Bedeutung und findet dasselbe ausschließlich in der Beschaffenheit des Subjektes begründet. — Die Blutschande durch Beischlaf mit dem nämlichen Verwandten soll ein fortgesetztes Verbrechen sein. Aber wie sich hier der Thäter die mehrmalige Befriedigung seiner fleischlichen Begierde, das in den mehreren Akten enthaltene Maß an Wollust, als ein Ganzes hätte denken können, dürfte schwer begreiflich sein. — Wer ein Zimmer nach und nach ausleere, begehe ein fortgesetztes Verbrechen, sollten auch die mehreren Gegenstände verschiedenen Eigentümern gehört haben — wahrscheinlich weil sich die mehreren Gegenstände unter dem Gesichtspunkt „Vermögen“ zu einer Einheit zusammenfassen lassen. Hatte es aber der Dieb hierbei noch ganz besonders auf die Benachteiligung eines der verschiedenen Eigentümer abgesehen, so tritt diese spezielle Entwendung aus der Einheit heraus, und es liegen mehrere Diebstähle vor. Unmöglich kann jedoch ein bloßes Motiv eine solche objektive Wirksamkeit äußern. — Ein einfacher und ein qualifizierter Diebstahl können nicht aus Einer Absicht hergeleitet werden. Aber es bleibt doch die vermögensrechtliche Einheit des Betrages beider Diebstähle hier bestehen. Ist die Thüre eines Zimmers erbrochen worden, so soll sich die Qualifikation über sämtliche Entwendungen, welche nunmehr im Laufe der Zeit in dem Zimmer vorgenommen werden, erstrecken, denn die den früheren Akt begleitende Qualifikation diene auch den nachfolgenden Akten. An dieser objektiven Wirksamkeit der Qualifikation würde sich jedoch auch dann nichts ändern können, wenn der Dieb zum voraus nur Einen Akt hatte ausführen wollen, später sich aber noch zu weiteren verleiten ließ, oder er seine ursprüngliche Absicht aufgegeben und dann wieder von neuem gefaßt hatte. Sonach aber liegt das Band der Einheit der Absicht lediglich in der Qualifikation — das heißt ein objektives Moment bestimmt die Einheit der Absicht, wenn auch das Subjekt eine solche Einheit nicht in sich hergestellt hatte. — Bei vorhanden gewesener Einheit des Gewahrsams, Einheit des Objektes, wobei es häufig genüge, daß die Gegenstände nur im Verkehr als ein zusammengehöriges Ganzes angesehen würden, des Gesindeverhältnisses u. s. w. könne der Erfolg als ein Ganzes gedacht werden. Allein ich vermag doch nicht zu erkennen, wie es möglich wäre, sich einen Hund und ein Pferd lediglich darum als ein Ganzes vorzustellen, weil sie sich in demselben Stalle, oder eine Katze und eine Maus, bevor letztere gefressen ist, weil sie sich auf dem nämlichen Speicher befinden. Die Einheit des Gewahrsams, des Gesindeverhältnisses kann nicht gestohlen werden und darum auch nicht Gegenstand eines Diebstahls sein. — Werden mehrere unabhängig von einander anvertraute Sachen unterschlagen, so sei das fortgesetzte Verbrechen ausgeschlossen, weil mehrere besondere Pflichtverhältnisse verletzt erschienen. Der Gesichtspunkt der vermögensrechtlichen Einheit wird also hier geopfert. — Bei der Veruntreuung des Kassebeamten an Geldern derselben Kasse konkurrierten das einheitliche Pflichtverhältnis und die Eigenschaft der Kasse als eines in Teile zerlegbaren Rechtsobjektes, um die Schlußfolgerung auf die Einheit der Absicht zu begründen. Ist jedoch die Versicherung des Beamten, daß er bei jedem widerrechtlichen Eingriff in die Kasse die Absicht gehabt habe, es bei diesem einen Male bewenden zu lassen, keine leere Ausflucht, so müsse Realkonkurrenz angenommen werden. Aber es sind doch auch in diesem Falle die Einheitlichkeit des Pflichtverhältnisses und die Teilbarkeit der Kasse die nämlichen geblieben. — Bei dem Betruge ist die Identität des Getäuschten erforderlich, wenn man sich das Ergebnis der mehreren Akte als ein Ganzes soll denken können. Dann aber kann man auch denselben, wenn man vorher die Summe von 500 Thaler in Aussicht genommen hatte, bis zu diesem Belaufe so oft betrügen, als man will. Die hier zugleich geforderte Gleichartigkeit der Täuschungsakte wird doch wohl außerwesentlich sein, da es für die Vorstellung der einzelnen Wirksamkeiten als Ganzes nicht in Betracht kommt, ob man die Täuschung durch Vorspiegelung der nämlichen oder aber verschiedener Thatsachen bewerkstelligen wolle. — Die Fälschung durch Gebrauch einer falschen Urkunde setzt nicht einmal Identität des Getäuschten voraus, weil die Einheit des Mittels meistens zum Beweise der Einheit der Absicht genügen werde. Ebensowenig die fortgesetzte Benutzung verschiedener falscher Maße und Gewichte, weil hier der öffentliche Verkehr die Einheit der Absicht vermittele. Bei der Münzfälschung erwächst die Einheit der Absicht daraus, daß das Publikum gleichsam als Personeneinheit erscheine und der Thäter sich die einzelnen Verletzungen als Eine Verletzung der Rechtsordnung denke. Dasselbe gelte vom Meineid als einer Verletzung der *fides publica*, möchten auch verschiedene Personen durch ihn geschädigt worden sein. Habe der Zeuge einen falschen Eid geschworen und sodann unter Berufung auf diesen Eid noch eine falsche eidesstattliche Versicherung abgegeben, so werde regelmäßig die Absicht des Verbrechers von vornherein darauf gerichtet sein, durch die mehrfachen Akte der falschen Eidesleistung das in ihn vom Richter gesetzte Vertrauen auf seine Eidesleistung zu verletzen. Hat jemand an verschiedenen Stellen einer großen Stadt Feuer angelegt, so soll er sich nur darauf zu berufen brauchen, er habe die ganze Stadt einäschern wollen, um nur einmal bestraft zu werden. Denn die Einheit der Stadt vermittele die Einheit der Absicht. Er würde daher nur einen Versuch zu verantworten haben, wenn ein Teil der Stadt stehen geblieben wäre. Im Falle er sich aber nicht gedacht hätte, daß er die ganze Stadt einäschern wolle, sondern nur die mehreren von ihm besonders angezündeten Gebäude, so würde ihm Realkonkurrenz und somit eine schwerere Strafe zur Last fallen.

Es ist leicht ersichtlich, daß in den vorstehenden Beispielen die Einheit der Absicht vorwiegend aus Verhältnissen hergeleitet wird, welche mit dem Thatbestande der betreffenden Verbrechen nichts zu thun haben und gesetzlich nicht gebilligt sind. Das aber darf unmöglich zugelassen werden, denn sonst könnte sich der Verbrecher einfach die Rechtsordnung selbst als das Ganze denken, welches durch die verschiedenartigsten seiner Verbrechen, als einzelner Akte, verletzt würde, und er würde dann stets nur für ein fortgesetztes Verbrechen strafbar sein. — Wie es sich endlich verhalte, wenn der Erfolg als ein Ganzes gedacht gewesen war, der erste Akt aber zur Vollendung, der zweite zum Versuch geführt hat, wird nicht gesagt, und dürfte als ein unlösbares Rätsel angesehen werden müssen.

Nach diesen Ausführungen aber läßt sich wohl behaupten, daß jedes einzelne zur Begründung des fortgesetzten Verbrechens vorgebrachte Moment bei näherer Betrachtung unter den Händen verschwindet, sonach aber das Chaos, welchem es abhelfen soll, noch bis auf den heutigen Tag existiert. Es ist schon mehrfach anerkannt worden, es solle das fortgesetzte Verbrechen zu einer geringeren Bestrafung führen, als sie im Wege der Konkurrenz festgestellt werden müßte. Aber nicht einmal zur Erreichung dieses Zweckes ist der eingeschlagene Weg dienlich. Denn der Generalentschluß tritt zu dem in jedem einzelnen Akt enthaltenen Einzelentschluß hinzu und bedingt sonach eine Vermehrung des Schuldmomentes, welches in demselben zur Erscheinung gekommen ist. Schwarze hat hier das Richtige mit der Bemerkung getroffen, daß kein Verbrecher eingestehen werde, er habe die mehreren von ihm begangenen Verbrechen sämtlich schon zum voraus beschlossen gehabt, obwohl doch eine solche Behauptung in seinem Interesse liegen müßte. Und was die objektive Seite des fortgesetzten Verbrechens anbelangt, so kann der Gesamteffekt mehrerer Rechtsverletzungen gleichfalls eine schwerere Rechtsverletzung darstellen, als wenn dieselben unabhängig von einander zur Beurteilung gebracht würden. Aber wie man, im Falle das fortgesetzte Verbrechen und die ideale Konkurrenz, deren Hinfälligkeit ich bereits in meinen Abhandlungen 1862 nachzuweisen versucht habe, preisgegeben werden, zu passenden Ergebnissen gelange, das gerade ist die noch nicht definitiv entschiedene Frage (s. die nachfolgende Abhandlung zur Konkurrenzfrage).

Zu §§ 240, 242, 193 des Strafgesetzbuchs.

§ 240.

In seinen Bemerkungen zu Entscheidungen des Reichsgerichts im ersten Band der Zeitschrift für die gesamte Strafrechtswissenschaft bezieht Professor JOHN das Wort widerrechtlich auf „nötigt“. Denn wenn es in Verbindung mit Gewalt und Bedrohung gebracht werde, so müsse man annehmen, der Gesetzgeber habe sich die Sache so gedacht: es giebt eine widerrechtliche Gewalt, und es giebt auch eine nicht widerrechtliche Gewalt; es giebt eine widerrechtliche Bedrohung mit einem Verbrechen oder Vergehen, und es giebt auch eine nicht widerrechtliche Bedrohung mit einem Verbrechen oder Vergehen. Eine nicht widerrechtliche Bedrohung mit einem Verbrechen oder Vergehen sei aber undenkbar, weil die Drohung mit einer „strafbaren“ Handlung notwendig widerrechtlich sein müsse. Passe sonach das Wort widerrechtlich nicht zu Bedrohung mit einem Verbrechen oder Vergehen, so könne es auch nicht auf die Gewalt bezogen werden, weil Gewalt und Bedrohung von dem Gesetze auf eine Linie gestellt worden seien (S. 225—227).

Man wird jedoch dieser Deduktion nicht beistimmen dürfen. Der § 240 des Strafgesetzbuchs sagt vielmehr einfach: es ist strafbar, wenn jemand einen anderen mittels Gewalt oder Bedrohung mit einem Verbrechen oder Vergehen nötigt, ohne ein Recht hierzu zu haben. Hat aber jemand ein Recht nicht allein zur Nötigung, sondern zugleich auch zum Vollzuge derselben mittels Gewalt oder Bedrohung mit einem Verbrechen oder Vergehen, so soll die betreffende Handlung straflos sein, wie auch die widerrechtliche Nötigung nicht strafbar erscheint, wenn sie ohne Gewaltanwendung oder mittels Bedrohung mit einer Übertretung vollzogen wird.

Weitere Konsequenzen lassen sich aus § 240 nicht ziehen. Insbesondere sagt derselbe nicht, die Nötigung sei widerrechtlich und strafbar, wenn sie mittels Gewalt oder Bedrohung mit einem Verbrechen oder Vergehen begangen werde, und ebensowenig, wer nötigen dürfe, der dürfe auch zur Nötigung Gewalt oder Bedrohung mit einem Verbrechen oder Vergehen anwenden. Auch wird keine Auskunft darüber gegeben, unter welchen Voraussetzungen überhaupt genötigt werden darf, ob namentlich das Recht auf die betreffende Handlung, Duldung oder Unterlassung auch das Recht zur Nötigung sogar mittels Gewalt oder Bedrohung verleiht. Es muß vielmehr aus anderen Rechtsquellen entnommen werden, ob jemand nötigen, und ob er zugleich gerade auch mittels Gewalt oder Bedrohung mit einem Verbrechen oder Vergehen nötigen darf. Nur wenn das Recht zur Nötigung nach diesen beiden Richtungen hin besteht, kann keine Rede von der Anwendung des § 240 sein. Daraus ergiebt sich, daß die Verschiedenheit keine Beachtung findet, je nachdem jemand einen Anspruch auf die betreffende Handlung, Duldung, Unterlassung hatte oder nicht, und bezw. er zwar nötigen durfte, aber nicht mittels Gewalt und Bedrohung mit einem Verbrechen oder Vergehen — obwohl allerdings dieselbe bei Normierung der Strafe des § 240 zum Ausdruck hätte gebracht werden sollen (meine Abhandlungen aus dem Strafrecht, Beilageheft zum Gerichtssaal 1878, S. 79).

Der von John hervorgehobene Gesichtspunkt, welcher beweisen soll, daß sich das widerrechtlich nur auf das Nötigen beziehen könne, steht dieser Auslegung des § 240 nicht im Wege, und ist überhaupt bedeutungslos. Es muß vielmehr das widerrechtlich mit Notwendigkeit auch die Gewalt und Bedrohung umfassen. Denn ist die Nötigung widerrechtlich, so muß selbstverständlich auch die Gewalt und Bedrohung, mit welcher die widerrechtliche Nötigung bewerkstelligt wird, widerrechtlich sein, und ist die Gewalt und Bedrohung widerrechtlich, so ist auch die Nötigung widerrechtlich, da sie gerade in der Anwendung von Gewalt und Bedrohung besteht. Das Gesetz hätte darum gerade so gut, wie es sagt, wer einen anderen widerrechtlich mit Gewalt oder Bedrohung nötigt, auch sagen können, wer einen anderen mit widerrechtlicher Gewalt oder Bedrohung nötigt. Aber es ist auch der von John gemeinte Widersinn, im Falle man das widerrechtlich nicht lediglich auf die Nötigung beziehe, in dem § 240 nicht enthalten. Der Gesetzgeber braucht keineswegs, wenn er das widerrechtlich auch auf Gewalt und Bedrohung bezogen haben wollte, von dem Gegensatze ausgegangen zu sein, also gebe es auch eine rechtliche Bedrohung mit einem „strafbaren“

Verbrechen und Vergehen. Sein Gegensatz kann vielmehr auch dahin lauten: wer widerrechtlich mit einer Handlung droht, welche ein Verbrechen oder Vergehen darstellt — und wer dies rechtlich thut. Die Worte Verbrechen und Vergehen bedeuten dann nicht die konkrete Strafbarkeit der angedrohten Handlung, im Falle sie vollzogen würde, sondern nur die abstrakte Charakterisierung derselben nach den Begriffen, wie sie das Strafgesetzbuch enthält. Dafür, daß auch die Bedrohung mit einem Verbrechen oder Vergehen eine widerrechtliche oder auch rechtliche im Sinne des § 240 sein könne, je nachdem ein Recht auf den Vollzug der angedrohten Handlung bestehe oder nicht, spricht gerade, daß auch die Gewalt, welche mit der Bedrohung auf gleiche Linie gestellt ist, in diesem doppelten Sinne verstanden werden kann. Überdies ist es überhaupt (s. unten) die Frage, ob eine Bedrohung stets eine widerrechtliche sei, wenn der Vollzug der angedrohten Handlung als ein *in concreto* strafbares Verbrechen oder Vergehen bezeichnet werden müßte.

Der § 240 giebt, wie erwähnt, die Voraussetzungen, unter welchen genötigt und sogar mittels Gewalt oder Bedrohung mit einem Verbrechen oder Vergehen genötigt werden darf, nicht an, und sagt vielmehr nur, wenn ein Recht zur Nötigung mittels Gewalt oder Bedrohung mit einem Verbrechen oder Vergehen nicht besteht, dann soll die betreffende Handlung bestraft werden. John meint indessen, es sei ein Zweifel darüber nicht vorhanden, daß § 240 zum Schutze der Willensfreiheit gereichen solle. Aber einen die Rechtsordnung verletzenden Willen habe das Gesetz nicht schützen wollen, und es sei darum die Nötigung eines Willens zur Vornahme einer rechtsgemäßen Handlung und bezw. zur Unterlassung einer rechtsverletzenden Handlung keine widerrechtliche — somit aber eine straflose Handlung, weil § 240 nur die widerrechtliche Nötigung für strafbar erkläre. Der Begriff der „rechtswidrigen“ Nötigung bleibe darum ausgeschlossen, wo der Genötigte eine strafbare Handlung oder Unterlassung gewollt, oder der Nötigende ein Recht auf die Handlung, Duldung oder Unterlassung gehabt habe. Werde in diesen Fällen die Nötigung mittels einer nach dem Gesetz strafbaren Handlung vollzogen, so sei zwar diese Handlung strafbar, nicht aber die Nötigung (232). Wenn daher jemand, um sich Sicherheit für ein Darlehn zu verschaffen, einem anderen die Büchse gewaltsam abnehme, so sei das, weil diese Nötigung nicht widerrechtlich erscheine und zum Vollzuge derselben eine nach dem Strafgesetzbuch strafbare Handlung nicht ausgeführt worden sei, lediglich straflose Eigenmacht (238 N. 3).

Doch auch diese Erörterung darf keine Billigung finden. Die

§§ 234 ff. des Strafgesetzbuchs sollen keineswegs ausschließlich zum Schutze der freien Willensbestimmung gereichen und vielmehr auch den willensunfreien Menschen vor widerrechtlichen Eingriffen in seine Persönlichkeit sicher stellen. Darum kann die Tendenz derselben auch nur auf die Verhinderung und Bestrafung der widerrechtlichen Verfügung über einen Menschen seinem Körper oder seiner Seele nach gerichtet sein. Daraus aber ergiebt sich, daß die Behauptung, der § 240 schütze nur die rechtmäßige freie Willensbestimmung, versage aber seinen Schutz der widerrechtlichen, nicht richtig erscheint. Denn bei einem Unzurechnungsfähigen kann selbstverständlich von einer rechtlichen oder widerrechtlichen freien Willensbestimmung keine Rede sein. An und für sich schon muß aber doch auch die Meinung Bedenken erregen, daß nicht etwa ausschließlich nur das Gesetz, sondern jedermann nach Belieben, jeden anderen von einer rechtswidrigen Willensbestimmung abzuhalten bezw. zu einer rechtsgemäßen Willensäußerung, etwa zu der polizeilich gebotenen Reinigung der Straße, mit Zwang anzuhalten, berufen sei (meine Abhandlung zu §§ 221, 234—241 des Strafgesetzbuchs, Gerichtssaal 1875, s. oben S. 21, 121).

Allerdings definiert das Strafgesetzbuch kein selbständiges Delikt der strafbaren Eigenmacht. Damit ist aber noch nicht gesagt, daß die zwangsweise Nötigung eines anderen zu der von demselben geschuldeten Handlung, Duldung, Unterlassung auch nicht einmal rechtswidrig, sondern rechtsgemäß sei. Wäre letzteres der Fall, und es würde derjenige, welchem seine Büchse zur Sicherheit für ein gegebenes Darlehen gewaltsam abgenommen werden soll, den Nötigenden gewaltsam zurückweisen, so würde hierin ein rechtswidriger Angriff zu finden sein, der zur Notwehr und demgemäß unter Umständen sogar zur Tötung ermächtigte.

Auf der anderen Seite ist es aber auch nicht richtig, daß zur Verwirklichung eines bestehenden Rechtes auf Nötigung niemals eine Handlung verwendet werden dürfte, welche sich als eine nach dem Strafgesetzbuch *in abstracto* strafbare Handlung charakterisiert. Zweifellos wird es vielmehr dem Vater gestattet sein, seinen Sohn einzusperren, um ihn hierdurch zur Befolgung seiner Gebote zu zwingen, obwohl das Strafgesetzbuch die Freiheitsberaubung als ein strafbares Delikt bezeichnet. Wäre die Behauptung zutreffend (232), daß der zur Vindikationsklage Berechtigte, welcher den Verpflichteten mittels Androhung eines Verbrechens zur Herausgabe der Sache nötigt, nicht nach § 240 strafbar erscheine, weil seine Nötigung eine rechtsgemäße sei, wohl aber nach § 241 gestraft werden müsse, da derselbe die Bedrohung mit einem Verbrechen unter Strafe stelle, so würde allerdings die Befürchtung des Verfassers (223), daß er sich als Rektor der Universität Göttingen einer strafbaren Handlung durch die Bedrohung zweier Studenten mit Relegation, für den Fall sie ein beabsichtigtes Duell vollziehen würden, schuldig gemacht habe, nicht unbegründet sein. Denn wenn er auch zur Unterlassung des Duells nötigen durfte, so durfte er doch zu diesem Behufe nicht mit der Begehung eines Verbrechens — der Beugung des Rechts (§ 336 des Strafgesetzbuchs), welche in dem Vollzug der Relegation enthalten gewesen sein würde — drohen. Der § 241 des Strafgesetzbuchs würde also Anwendung auf ihn finden. In Wirklichkeit aber ergiebt sich, daß dieser Paragraph nur dann Geltung beansprucht, wenn mit der Drohung eine Nötigung nicht verbunden war, daß also zur Entscheidung des vorgeführten Falles die Frage beantwortet werden muß, ob der Rektor, wie er zur Nötigung berechtigt war, auch das Recht zur Androhung der Relegation hatte, wenn schon er dieselbe nicht vollziehen durfte.

Von der Beantwortung der Frage, ob eine Drohung berechtigt sein kann, wenn auch die Vollziehung derselben eine unberechtigte sein würde, scheint denn wohl auch die Richtigkeit oder Unrichtigkeit der von dem Verfasser besprochenen Entscheidung des Reichsgerichts abzuhängen. Der Angeklagte traf in dem in seinem Miteigentum stehenden Walde zwei Leute, welche mit Schlitten durch eine Schonung fuhren. Er rief ihnen zu, stehen zu bleiben, und, als diesem Gebote nicht Folge geleistet wurde, rief er von neuem „steht oder ich gebe Feuer“, worauf die Leute in dem Glauben an die Ernstlichkeit der Drohung stehen blieben und ihnen sodann auf Geheiß des Angeklagten von dessen Leibjäger eine Axt weggenommen wurde. Die Entscheidung erging nun dahin, daß, möge auch der Angeklagte ein Pfändungsrecht besessen, oder er auch die Leute in der Ausführung einer strafbaren Handlung betroffen haben, er auf dieselben nicht habe schießen dürfen, von ihm also widerrechtlich zum Behufe der Nötigung mit einem Vergehen gedroht worden und sonach seine Strafbarkeit nach § 240 des Strafgesetzbuchs begründet sei. Diese Entscheidung wird von dem Verfasser mißbilligt. Denn vorausgesetzt, die betreffenden Leute hätten eine strafbare Handlung ausführen wollen, so hätten sie von dem Angeklagten zur Unterlassung derselben genötigt werden dürfen. Die Nötigung des Angeklagten sei dann also keine widerrechtliche gewesen, und er habe sich auch zum Vollzuge derselben einer nach dem Strafgesetzbuch strafbaren Handlung nicht schuldig gemacht, da nach § 241 nur die Bedrohung mit einem Verbrechen, nirgends aber die Bedrohung mit einem Vergehen bestraft werde (232). Nur dann also, wenn der Angeklagte den Leuten zugerufen hätte, „steht oder ich schieße euch tot,“ würde er nach dieser Auffassung zwar nicht nach § 240, aber doch nach § 241 zu bestrafen gewesen sein, weil in diesem Falle seine Bedrohung auf die Begehung eines Verbrechens gerichtet gewesen wäre. Daß diese Ausstellung des Verfassers an dem Erkenntnis des Reichsgerichts nicht zutrifft, ergiebt sich aus vorstehenden Ausführungen. Wohl jedoch hätte vorliegend zunächst die Frage untersucht werden sollen, ob der Angeklagte überhaupt ein Recht zur Nötigung hatte, und dann, ob dieses Recht auch die Bedrohung mit Schießen umfaßte. In letzterer Richtung aber würde zu berücksichtigen gewesen sein, daß in dem Strafgesetzbuch nirgends behauptet wird, die Drohung sei stets da eine widerrechtliche, wo die Vollziehung derselben eine widerrechtliche gewesen sein würde. Der Vater überschreitet schwerlich das ihm zustehende Erziehungs- und Züchtigungsrecht, wenn er seinem Sohne droht, er schlage ihm Arme und Beine entzwei, im Falle er wiederholt ungehorsam sein werde, obwohl er strafbar sein würde, wenn er dies wirklich gethan hätte. Und ebensowenig kann überall dann ein Exceß berechtigter Notwehr angenommen werden, wenn die Vollziehung der zur Abwehr des widerrechtlichen Angriffes ausgestoßenen Drohung als Exceß strafbar gewesen sein würde.

In dem ferneren Verlaufe seiner Erörterungen behauptet der Verfasser, die Meinung sei unrichtig, daß auch die Nötigung zu einer Duldung durch *vis absoluta* von § 240 umfaßt werde; nur durch *vis compulsiva* könne vielmehr zu einer Duldung genötigt werden. Da aber das Gesetz eine Unterscheidung zwischen diesen beiden Richtungen der Gewalt nicht macht, und die „Gewalt“ dem Wortlaut des § 240 nach auch auf die Duldung zu beziehen ist, so könnte diese Behauptung nur dann zutreffen, wenn die Duldung der Natur der Sache nach unmöglich durch absolute — physische — Gewalt zu erzielen wäre, oder ein zutreffender Grund für die Absicht des Gesetzes spräche, daß demungeachtet diese Art der Gewalt von dem Gebiete des § 240 ausgeschlossen sein solle. Beides ist nicht der Fall. Denn wenn unzweifelhaft sogar ohne alle Gewalt zu einer Duldung genötigt werden kann, so natürlich noch viel mehr mit absoluter Gewalt. Wer mir versprochen hat, mich rechtzeitig zum Frühzuge zu wecken, der nötigt mich, wenn er dies unterläßt, und ich infolge seiner Zusicherung mich verschlafe, zu der Duldung, nicht abreisen zu können. Und wer einem gelähmten Menschen seine Krücken gewaltsam wegnimmt, der nötigt denselben zu der Duldung, hilflos am Boden liegen bleiben zu müssen. Von einer *vis compulsiva* ist hier nicht die Rede, aber auch nicht einzusehen, welche Veranlassung vorliegen sollte, die gewaltsame Wegnahme der Krücken straflos zu lassen, während doch derjenige gestraft werden müßte, welcher durch kompulsive Gewalt bezw. durch die Bedrohung mit einem Verbrechen oder Vergehen den Gelähmten verhindert hat, sich von seinem Platze entfernen zu können. Der Verfasser nimmt zur Unterstützung seiner Ansicht darauf Bezug (244), die Gewalt werde von dem Gesetze nicht anders behandelt wie die Drohung, die Drohung aber könne sowohl in Verbindung mit den Begriffen der Handlung, der Unterlassung und der Duldung gebracht werden, und es müsse darum von der Gewalt das Gleiche gelten. Das lasse sich aber nur von der *vis compulsiva*, nicht aber von der *vis absoluta* behaupten, welche letztere vielmehr für die Begriffe der Handlung und Unterlassung nicht verwendbar sei, daher aber auch als gesetzlich auf den Begriff der Duldung nicht anwendbar erklärt werden müsse. Es ist indessen in § 240 kein Anhaltspunkt dafür zu finden, daß wie die Drohung auf die drei in ihm enthaltenen Begriffe anwendbar sei, so auch nur diejenige Gewalt, welche diese dreifache Anwendung gestatte, gemeint, die *vis absoluta* also ausgeschlossen sein solle. Im Gegenteil, es ergiebt sich, daß wie die Drohung mit dem Begriffe der Duldung unvereinbar ist, so ausschließlich nur die *vis absoluta* mit ihm in Verbindung gebracht werden kann. Die Nötigung zu einer Duldung soll selbstverständlich etwas anderes sein, wie die Nötigung zu einer Handlung und Unterlassung. Die Nötigung zu einer Handlung und Unterlassung enthält aber zugleich die Nötigung zu einer Duldung — der Duldung nämlich, daß ich handeln muß, obwohl ich unterlassen möchte, und unterlassen muß, obwohl ich handeln möchte — und es kann sonach die Verschiedenheit zwischen dieser Duldung und der Duldung schlechtweg nur darin bestehen, daß erstere auf einem, wenn auch abgenötigten, Entschlusse beruht, während der letzteren ein Entschluß nicht zu Grunde liegen darf. Von der Fassung eines Entschlusses kann aber nur da die Rede sein, wo auch etwas anderes beschlossen werden könnte, in betreff der Nötigung also nur da, wo die Möglichkeit einer Wahl nicht ausgeschlossen erscheint. Das trifft jedoch nur zu bei der Bedrohung und der körperlichen kompulsiven Gewalt, die aber hier auch keine andere Bedeutung hat als die einer Drohung mit ihrer Fortsetzung und etwaigen Steigerung. Die Ausübung körperlicher Gewalt an und für sich kann hingegen einen Entschluß gerade so wenig erzielen, wie andererseits die Drohung nur mittels eines Entschlusses des Genötigten sich wirksam zu erweisen vermag (meine Abhandlungen aus dem Strafrecht 1878, S. 1 ff.). Wird hiernach eine Frauensperson mit unwiderstehlicher Gewalt festgepackt und ihrer Haare beraubt, so wird ihr eine Duldung auferlegt, da hier bei der Unmöglichkeit des Widerstandes ein Entschluß, denselben zu leisten oder auch nicht zu leisten, nicht gefaßt werden kann. Wird sie hingegen durch Drohung oder *vis compulsiva* genötigt, sich die Haare abschneiden zu lassen, so ist dieses Dulden ein Unterlassen, weil es auf einem Entschlusse beruht, der seinerseits aus der Erwägung entspringt, daß eine Widerstandsleistung zwar zu ermöglichen sei, aber von unangenehmeren Folgen begleitet sein könne, als das Abschneiden der Haare nach sich ziehe. Für diese Auffassung des § 240 spricht auch dessen Entstehungsgeschichte, welche der Verfasser umgekehrt für seine Meinung anruft. Das preußische Strafgesetzbuch bezeichnete als Nötigung das Zwingen zu einer Handlung oder Unterlassung durch Bedrohen mit einem Verbrechen oder Vergehen. Voraussetzung für die Nötigung war also ein Entschluß des Genötigten. Wenn nun in dem entsprechenden § 240 des Strafgesetzbuchs die Gewalt und die Duldung in die Formulierung des preußischen Strafgesetzbuchs eingefügt worden sind, so hat diese Ergänzung nicht wohl anders als in der Erkenntnis stattgefunden, daß eine Nötigung auch ohne Vermittelung durch einen Entschluß des Genötigten, also eben durch absolute Gewalt im Gewande der Duldung herbeigeführt werden könne. Daß demungeachtet in § 240 die Gewalt nicht ausschließlich auf die Duldung bezogen wird, erklärt sich daraus, daß sich der Gesetzgeber der Einsicht nicht verschloß, die Gewalt könne in ihrer Eigenschaft als Drohung auch einen kompulsiven Einfluß hinsichtlich des Handelns und Unterlassens äußern.

Nicht weniger unhaltbar ist endlich aber auch die Erörterung des Verfassers, Erpressung und Nötigung stimmten, abgesehen von dem Motive bei der ersteren, in ihrem Begriffe überein, die Erpressung umfasse aber nur die *vis compulsiva*, mithin könne auch nur diese Gewalt Gegenstand der Nötigung sein. Daß die Erpressung nur die *vis compulsiva* begreife, ergebe sich aber daraus, daß sie anderenfalls auch den Thatbestand des Raubes in sich schließen würde. Die Erpressung zwar sei hiernach ein spezieller Fall der Nötigung, nicht jedoch der Raub. Gesetzlich unterscheiden sich aber Raub und Erpressung nur dadurch, daß der Raub lediglich in der Wegnahme einer fremden Sache besteht, keineswegs jedoch dadurch, daß die Gewalt bei dem Raube nur *vis absoluta*, bei der Erpressung hingegen stets *vis compulsiva* wäre. Denn wenn auch durch so unwiderstehliche Gewalt, daß ihr gegenüber von einer Entschließung des Genötigten keine Rede sein kann, die Hand desselben als Werkzeug zum Schreiben einer Quittung benutzt wird, so liegt gleichwohl nicht

Raub, sondern Erpressung vor (meine Abhandlungen 1878). Ebenso kann aber umgekehrt der Raub auch mittels kompulsiver physischer Gewalt vollzogen werden, im Falle sich der Angefallene der gegen ihn ausgeübten Gewalt, obwohl er ihr jetzt noch widerstehen könnte, fügt, weil er es nicht zum äußersten kommen lassen will. Wäre der Raub kein spezieller Fall der Nötigung, so könnte auch die mittels unwiderstehlicher körperlicher Gewalt vollzogene Notzucht nicht als Nötigung zur Duldung des Beischlafes betrachtet werden.

§ 242.

Daß der Gläubiger, welcher eigenmächtig dem Schuldner eine Sache wegnimmt, um sie zum Pfande zu haben, sich die Sache nicht zueigne und sich darum auch des Diebstahls derselben nicht schuldig mache, ist natürlich anzuerkennen. Aber dem Rechte nach erwirbt er durch seine Eigenmacht keineswegs ein Pfandrecht an der weggenommenen fremden Sache, und es wird sonach auch die Veräußerung dieser Sache zum Zwecke der Befriedigung für eine bestehende Forderung nicht zu einer berechtigten, sondern sie enthält eine widerrechtliche Zueignung derselben. Diese Zueignung aber würde, wenn die Absicht schon bei der Wegnahme der Sache auf deren Veräußerung gerichtet war, Diebstahl, anderenfalls Unterschlagung sein.

Ist aber die eigenmächtige Wegnahme einer fremden Sache, um sie zum Zwecke der Befriedigung für eine bestehende Forderung zu veräußern, eine rechtswidrige Zueignung derselben, so muß das nämliche auch für den Fall behauptet werden, daß der Wegnehmende die Sache nicht hatte veräußern, sondern sie zum Zwecke seiner Befriedigung mit Ausschluß des Eigentümers als seine Sache hatte behalten wollen. Auch diese Wegnahme ist sonach Diebstahl und, wenn sie gewaltsam stattfindet, Raub. Mochte sogar ein Anspruch des Wegnehmenden auf eine Sache von gleicher Qualität und Quantität wie die weggenommene bestanden haben, so würde hierdurch der Begriff des Deliktes nicht beseitigt werden. Es würde Raub einer Geldsumme vorliegen, wenn auch der Anspruch des Wegnehmenden eine gleich große Geldsumme umfaßt hatte. Denn auch die Geldstücke sind Sachen, welche sich hinsichtlich ihrer Identität von anderen Geldstücken unterscheiden, und es muß mithin ein Anspruch des Wegnehmenden auf deren Substanz bestanden haben, wenn er straflos soll bleiben können. Im anderen Falle mag er sich zwar in dem civilrechtlichen Irrtum befunden haben, daß ihm ein Anspruch gerade auch auf die Geldstücke zustehe, die er wegzunehmen beabsichtigt, und er würde dann straflos sein. Nicht aber wird diese Straflosigkeit darin begründet gefunden werden dürfen, daß es dem Überwältigten auf die konkreten Geldstücke nicht angekommen sei, da vielmehr sein geleisteter Widerstand hinreichend bewies, er wolle sich gerade das Geld, welches ihm abgenommen werden sollte, nicht abnehmen lassen.

Allerdings würden jedoch hier die Begriffe des Diebstahls und des Raubes zum Wegfall kommen können, wenn es richtig wäre, daß der Diebstahl eine beabsichtigte Vermehrung des Vermögens des Wegnehmenden, bezw. eine Verminderung desselben auf der anderen Seite voraussetzte. Denn es würde dann auf keiner Seite eine Veränderung in dem Bestande des Vermögens stattgefunden haben. Der Verfasser meint auch, daß durch die rechtswidrige Zueignung der Sache das fremde Vermögen verletzt werden müsse, welches Erfordernis, wenn auch nicht ausdrücklich, so doch stillschweigend in der Definition des von § 242 gegebenen Begriffes enthalten sei, da der Diebstahl zweifellos als ein Delikt gegen das Vermögen erscheine. Aber die Verletzung eines fremden Vermögens braucht nicht ausschließlich in dessen Verminderung zu bestehen, sondern sie kann auch schon in einer Verletzung des Rechtes, die zum Vermögen gehörigen Gegenstände haben und behalten, bezw. andere von dieser Berechtigung ausschließen zu dürfen, gefunden werden, und es läßt sich daher nicht behaupten, das Gesetz könne nur die durch rechtswidrige Zueignung stattgefundene Verminderung eines fremden Vermögens als Diebstahl haben bezeichnen wollen. Überdies widerspricht der Wortlaut der in § 242 gegebenen Definition dieser Auffassung des Verfassers, und die Gerichte sind an das Gesetz gebunden, mag auch eine Änderung desselben erwünscht sein.

Wie hiernach ein Diebstahl keineswegs geleugnet werden darf, wenn jemand unter Zurücklassung des entsprechenden Wertes in Geld einem anderen ein Gemälde wegnimmt, von dem er nicht unterstellen kann, daß es derselbe veräußern wolle, so fällt auch das weitere für den Diebstahl von dem Verfasser aufgestellte Erfordernis, daß der Gegenstand desselben eine wertvolle Sache sein müsse, weg. Wohl aber hat man der Behauptung, wenn auch in modifizierter Form, zuzustimmen, daß im Falle der Wegnehmende als zweifellos vorausgesetzt habe, der Eigentümer der Sache sei mit seiner Wegnahme derselben einverstanden, diese Wegnahme sich nicht zum Diebstahl qualifiziert. Denn alsdann ist der Wegnehmende davon ausgegangen, daß ihm gegenüber der Eigentümer ein Gebot, nur er selbst solle mit Ausschluß aller anderen die Sache als seine eigene behandeln dürfen, nicht erlassen habe. Wäre indessen der Wegnehmende sich bewußt gewesen, daß die Wegnahme der Sache der Gesinnung des Eigentümers zuwider laufe, so würde die Wegnahme auch dann als Diebstahl betrachtet werden müssen, wenn selbst die Gründe für die Verweigerung derselben noch so unanständig sein sollten. Ein objektiver Maßstab für die Straflosigkeit der Wegnahme einer fremden Sache darf der Dispositionsfreiheit des Eigentümers gegenüber in der Unanständigkeit der Verweigerung derselben nicht gefunden werden. Daß die betreffenden Entscheidungen des Reichsgerichts unrichtig seien, kann hiernach nicht zugegeben werden.

§ 193.

Der Verfasser geht bei der Interpretation dieses Paragraphen von den Sätzen aus: es ist nicht möglich, daß ich mich einer Beleidigung schuldig machen könnte, wenn ich nur das thue, was zu thun, ich ein Recht habe. Aber ich kann die Ausübung meines Rechtes zur Beleidigung eines anderen „mißbrauchen". Aus diesen Sätzen ergiebt sich für ihn das Verständnis des § 193 dahin: es kann keinem Zweifel unterliegen, daß man zu tadelnden Urteilen, der Vorgesetzte seinen Untergebenen gegenüber zu Vorhaltungen und Rügen, „und jedermann berechtigt ist, dasjenige zu äußern, was er zur Ausführung und Verteidigung wirklicher oder vermeintlicher Rechte für notwendig erachtet" (282). Habe ich aber dieses Recht, so kann auch § 193 nicht haben sagen wollen, betreffende Äußerungen, welche etc. sowie zur Ausführung und Verteidigung von Rechten stattfinden, sind zwar Beleidigungen, ihre Strafbarkeit soll aber ausgeschlossen sein, sondern er kann nur gesagt haben, die betreffenden Äußerungen, mögen sie auch in der Behauptung von Thatsachen bestehen, von welchen § 186 spricht, sind keine Beleidigungen, denn berechtigte Handlungen können niemals als Delikte erscheinen. Aber „insofern" diese Verteidigung auch Beleidigung ist, soll die aus solcher Veranlassung begangene Beleidigung natürlich auch bestraft werden (281, 282). Der Inhalt des § 193 sei hiernach zwar ein sich von selbst verstehender, aber es habe der Gesetzgeber aus kriminalpolitischen Gründen darauf aufmerksam machen wollen, daß dasjenige, was ich zur Verteidigung meiner Rechte sagen darf, unter anderen Voraussetzungen eine Beleidigung sein könne, und daß dann diese Beleidigung durch § 193 nicht gedeckt werde (283).

Es kann aber § 193 auch nicht einmal an der Hand der Kriminalpolitik die selbstverständliche Vorschrift haben erlassen wollen, wenn unabhängig von der Äußerung die Formen und Umstände derselben eine Beleidigung enthielten, so solle diese selbständig dastehende Beleidigung gestraft werden, sondern es kann nur gesagt worden sein, die Äußerung solle bestraft werden, insofern sich aus ihren Formen und Umständen ergebe, daß sie eine Beleidigung enthalte. Nun wird zwar auf S. 298 von dem Verfasser erörtert, zur Beleidigung gehöre der *animus injuriandi*, unter welchem zu verstehen sei, daß derjenige, welchem eine Beleidigung zur Last gelegt werde, die von ihm begangene Handlung als eine „Beleidigungshandlung" gewollt haben müsse. Aber man erfährt nicht, was denn eine Beleidigung ist, und wird darum auch nicht über die Voraussetzung belehrt, unter welcher der mit „insofern" beginnende Nachsatz des § 193 wegen Mißbrauches des Rechtsschutzes zur Anwendung gebracht werden soll.

Geht man davon aus, daß das Wesen jeder Beleidigung darin zu finden ist, daß in irgend einer Weise, insbesondere durch eine Äußerung, einem anderen der innere Wert abgesprochen wird (s. oben S. 25 ff.), so muß man sich überzeugen, daß dieses Delikt, gerade so wie jedes andere auch und in keinerlei Verschiedenheit von demselben, einen objektiven und einen subjektiven Thatbestand hat. Und zwar besteht hier der objektive Thatbestand in einer Äußerung, welche einem anderen den inneren Wert abspricht, der subjektive Thatbestand aber in dem Willen, diesen inneren Wert abzusprechen. Einen *animus injuriandi* mit besonderer rechtlicher Eigentümlichkeit giebt es nicht (Abhandlungen aus dem Strafrecht 1862). Hiernach müssen aber auch, wie überall, beide Thatbestände vorhanden sein, bevor eine strafbare Beleidigung angenommen werden kann. Es ist darum keine Beleidigung, wenn zwar der Äußernde den inneren Wert eines anderen absprechen wollte, seine Äußerung aber in Wirklichkeit einen wertabsprechenden Inhalt nicht hat, oder umgekehrt die Äußerung zwar wertabsprechend ist, der Äußernde aber einen inneren Wert nicht hatte absprechen wollen, da etwa aus den Umständen zu entnehmen ist, daß sie nur eine scherzhafte war. Wie aber bei der Tötung eine auf Herbeiführung des tödlichen Erfolges gerichtete Absicht nicht erforderlich ist, und vielmehr das Bewußtsein der Notwendigkeit dieses Erfolges der Handlung zur Strafbarkeit derselben genügt, so muß es auch zur Strafbarkeit der Beleidigung genügen, wenn jemand mit dem Bewußtsein der notwendig wertabsprechenden Qualität seiner Äußerung dieselbe gethan hat. Die ernstliche Behauptung, A. hat mir meine Uhr gewaltsam abgenommen und sich zugeeignet, muß sonach eine Beleidigung sein, auch wenn sie einer gegen A. erhobenen Klage auf Herausgabe derselben zu Grunde gelegt wird. Denn die Ernstlichkeit der wertabsprechenden Äußerung bezw. der Wille, daß sie für eine ernstlich gemeinte gehalten werden solle, entfällt nicht etwa durch die Betretung des Rechtsweges, sondern wird im Gegenteil hierdurch bestätigt. Es darf auch nicht bezweifelt werden, daß eine derartige Behauptung, weil sie eine Beleidigung enthält, auch als solche strafbar erscheinen müßte. Denn es existiert kein allgemein gültiger Rechtssatz, daß man sich zur Geltendmachung seiner Rechte einer an und für sich strafbaren Handlung straflos bedienen dürfe. Der unschuldig wegen Mordes Angeklagte wird, wenn er sich zur Verteidigung seines Lebens den Beweis eines Alibi in der Form des § 267 St.G.B. fälscht, der dort vorgesehenen Strafe nicht entgehen. Soll es also gestattet sein, zum Zweck der Geltendmachung seiner Rechte eine an und für sich als Beleidigung strafbare Behauptung straflos vorzubringen, so bedarf es hierzu einer besonderen gesetzlichen Sanktion. Diese Sanktion will § 193 des Strafgesetzbuchs dahin erteilen, daß er einer Handlung, welche anderenfalls eine strafbare Beleidigung sein würde, Straflosigkeit zusichert. Aber diese Begünstigung soll zum Wegfall kommen, wenn sich aus der Form der Äußerung oder aus den Umständen, unter welchen sie geschah, das Vorhandensein einer in der Äußerung enthaltenen Beleidigung ergiebt.

Nimmt man nun Beleidigung gleich Wertabsprechung, so würde hiermit gesagt sein, der Inhalt der Äußerung dürfe einem anderen den inneren Wert absprechen, also eine Beleidigung enthalten, aber aus den Formen und Umständen der Äußerung dürfe sich nicht ergeben, daß sie eine Beleidigung enthalte, also wertabsprechend sei. Das aber würde unverständlich erscheinen. Denn wenn der Inhalt der Äußerung eine Beleidigung durch das Absprechen inneren Wertes enthalten darf, so ist nicht ersichtlich, welcher relevante Unterschied bestehen soll, je nachdem die Äußerung durch sich selbst, durch ihren Inhalt, zu erkennen giebt, daß sie wertabsprechend ist, oder ob diese nämliche wertabsprechende und sonach beleidigende Qualität der Äußerung zwar nicht direkt aus ihrem Inhalt erkennbar ist, wohl aber indirekt aus derselben entnommen werden kann, wenn man ihre Formen und Umstände in Betracht zieht. Darum muß § 193 mit Notwendigkeit davon ausgegangen sein, es könne durch die Formen und Umstände der wertabsprechende, also beleidigende, aber straflose Inhalt der zum Rechtsschutze vorgebrachten Äußerung zu einer rechtlich anders gearteten, strafbaren Beleidigung umgestaltet, die straflos gelassene Äußerung also strafbar werden, wenn sie der Äußernde in gewissen Formen und unter besonderen Umständen vorbringe. Nun ist es jedoch ersichtlich, daß unerachtet aller möglichen Formen und Umstände der wertabsprechende Inhalt der Äußerung, also der objektive Thatbestand der Beleidigung, stets der nämliche bleiben muß, und darum die vom Gesetz gemeinte, durch die Formen und Umstände bewirkte rechtliche Veränderung des Charakters der Äußerung sich nur an deren subjektiven Thatbestand vollziehen kann. Damit ergiebt sich die Meinung des Gesetzes dahin, daß der wertabsprechende Inhalt einer zum Rechtsschutze vorgebrachten Äußerung straflos oder strafbar sei, je nach der Beschaffenheit des ihr zu Grunde liegenden Willens. Wenn aber überhaupt innerhalb des strafrechtlichen, auf ein bestimmtes Ziel gerichteten, Willens eine Verschiedenheit angenommen werden soll, so kann es nur diejenige sein, welche zwischen Vorsatz und Absicht besteht, und es würde sonach § 193 die Bestimmung enthalten: wer vorsätzlich zum Rechtsschutze eine Äußerung vorbringt, deren Inhalt wertabsprechend, also beleidigend ist, bleibt straflos, wenn sich nicht aus den Formen und Umständen der Äußerung ergiebt, daß der Äußernde die Absicht gehabt hatte, seinen Gegner mit derselben zugleich zu beleidigen. Nun muß aber die Absicht auch den Vorsatz enthalten, und sie kann sich darum von demselben nur im Hinblick auf ihre Entstehung, also nur im Hinblick auf das ihr zu Grunde liegende Motiv unterscheiden. An und für sich ist es ja allerdings für den Thatbestand der strafbaren Handlung gleichgültig, aus welchem Motive sie ausgeführt wurde, wenn nur überhaupt der Wille auf ihre Ausführung gerichtet gewesen war. Allein das Gesetz kann, wie namentlich bei den Verbrechen gegen das Eigentum, Veranlassung haben, eine Handlung nur in dem Falle zu bestrafen, daß sie aus einem besonderen Motive begangen worden war. Und ebenso kann es die Vorschrift für gerechtfertigt halten, daß eine sonst überall strafbare Handlung straflos bleiben solle, wenn ihr ein von ihm besonders in Betracht gezogenes Motiv zu Grunde liege. Sonach sollen aber die Äußerungen des § 193 St.G.B., obwohl sie an und für sich strafbare Beleidigungen enthalten, nicht gestraft werden, wenn sie zum Rechtsschutze vorgebracht worden sind. Immerhin kann eine beleidigende Äußerung sowohl zum Rechtsschutze als auch in der besonderen Absicht, zu beleidigen, stattgefunden haben, und aus dieser Erwägung mag die Vorschrift erfolgt sein, daß, im Falle § 193 St.G.B. überhaupt anwendbar erscheine, diese besondere Absicht eine Strafe nur dann begründen solle, wenn sie sich in äußeren Formen und Umständen offenbart habe.

Das ist denn auch die Ansicht des Reichsgerichts, welche es in seinen von dem Verfasser beanstandeten Entscheidungen zu erkennen gegeben hat. Insbesondere wird mit Unrecht denselben der

Vorwurf gemacht, daß von ihnen die Möglichkeit objektiver Beleidigungen, von Äußerungen, welche an sich als Beleidigungen sich darstellten, angenommen werde. Denn wie, im Falle ein Mensch von einem anderen Menschen getötet worden ist, das Verbrechen seinem objektiven Thatbestande nach vorliegt, und es darum nur noch auf die Beschaffenheit des mit der Tötungshandlung verbunden gewesenen Willens ankommt, um Strafe eintreten lassen zu können, so giebt es zweifellos auch Äußerungen, welche ihrem Inhalte, also ihrem objektiven Thatbestande nach, wertabsprechend, mithin beleidigend sind und für deren Gestaltung zum Delikte darum nur noch die Willensbeschaffenheit in Betracht zu ziehen ist, in welcher sie der Äußernde vorbrachte.

Daß § 193 St.G.B. kein Recht auf eine wissentlich falsche Äußerung der fraglichen Art erteilen könne, wird von dem Verfasser zwar behauptet (285), jedoch unbegründet gelassen. Gerade aber bei dieser Frage zeigt sich, daß nicht allein seine Theorie, sondern auch das Prinzip des § 193 beanstandet werden muß, weil nach beiden Theorien das Recht auch zu wissentlich falschen Äußerungen nicht bestritten werden kann, während sich doch schon das gesunde Gefühl gegen eine solche Berechtigung ausspricht. Denn es läßt sich nicht behaupten, daß mit der wissentlich falschen Äußerung die besondere auf Beleidigung gerichtete Absicht, bezw., was im Grunde das nämliche bedeutet, eine „Beleidigungshandlung“ stets mit Notwendigkeit verbunden sein müsse. Es kann vielmehr auch in diesem Falle dem Äußernden dergestalt lediglich und ausschließlich auf seinen Rechtsschutz ankommen, daß er es sogar bedauert, durch diese Rücksicht zu der betreffenden Behauptung genötigt zu werden, daß er also in seinem Inneren mit der äußerlich im Gewande der Ernstlichkeit kund gegebenen Nichtanerkennung des Wertes seines Gegners nicht einverstanden ist und im Gegenteil denselben in vollem Maße anerkennt. Sagt man, wer von einem anderen wissentlich falsch eine ehrenrührige Thatsache behaupte, der könne gar keine andere Absicht gehabt haben, als denselben zu beleidigen, so läßt sich hiernach nicht einsehen, warum dasselbe nicht auch von demjenigen gelten soll, welcher dies im Zweifel, ob die Thatsache wahr sei oder nicht, oder in leichtsinnigem Glauben an die Wahrheit derselben thut. Ja sogar, wer in entschuldbar gutem Glauben einem anderen eine ehrenrührige Thatsache nachsagt, kann dies nur mit dem Willen thun, ihn zu beleidigen, das heißt ihm den inneren Wert abzusprechen. Es ist eben der § 193 eine Folge der Zwangslage, in welche das Strafgesetzbuch dadurch geraten ist, daß es dem verzeihlich guten Glauben, obwohl doch derselbe bei allen übrigen

Delikten Straflosigkeit begründen muß, gerade bei der Beleidigung nicht berücksichtigt, und sonach ohne weiteres jede ihrem Inhalte nach beleidigende Äußerung bestraft, wenn nicht der Beweis der Wahrheit erbracht werden kann. Die Unhaltbarkeit dieser Auffassung mußte aber in den von § 193 erwähnten Verhältnissen mit besonderer Schärfe hervortreten, und man sah sich daher hier zu einer Ausnahme von dem Prinzipe veranlaßt, ohne zu bedenken, daß dieselbe nicht allein die leichtsinnigste, sondern auch die geradezu wissentlich falsche Beleidigung straflos mache (meine Abhandlung zu § 193 St.G.B. Gerichtssaal 1874). Selbst im Civilprozesse erscheint diese Nachsicht nicht gerechtfertigt. Jedenfalls hätte aber die Unklarheit am Schlusse des § 193 vermieden und vielmehr gesagt werden sollen: sind nur insofern strafbar, als aus der Form der Äußerung oder aus den Umständen, unter welchen sie geschah, hervorgeht, daß die in ihr enthaltene Beleidigung eine beabsichtigte gewesen ist.

Dagegen wird der Ansicht des Verfassers zuzustimmen sein, daß die nicht wissentlich falsche, aber falsche, Anschuldigung im Sinne des § 164 St G.B. nicht als Beleidigung nach § 186 St.G.B. in Betracht gezogen werden dürfe, dieselbe vielmehr schon an und für sich und ganz unabhängig von § 193 St.G.B. straflos erscheine. Zutreffend wird hier die Begründung darauf gestützt, daß die Erhebung von Anzeigen ein Recht sei. Wer aber sich eines Rechtes zu bedienen vermeint, der kann, im Falle sich sein Rechtsanspruch als unbegründet erweist, nur dann bestraft werden, wenn er hierbei fahrlässig gehandelt hat. Eine Bestrafung der Fahrlässigkeit ist jedoch in § 164 St.G.B. nicht vorgesehen worden, und es ergiebt sich daraus, daß derjenige nicht strafbar sein kann, welcher in der, wenn auch fahrlässigen, Überzeugung von der Wahrheit seiner unwahren Bezichtigung die Anzeige erhoben hat. Es soll sogar nur die wissentlich falsche Anzeige strafbar sein, und es wirft sich darum die, hier nicht weiter zu erörternde, Frage auf, ob derjenige, welcher zweifelt, ob seine Anzeige begründet sei oder nicht, und sie dennoch als begründet ausgiebt, von der Strafbestimmung des § 164 St.G.B. getroffen wird. Jedenfalls kann es, wenn die Erhebung von Anzeigen ein Recht ist, nicht darauf ankommen, ob von diesem Rechte aus Haß, Rachsucht oder sonst einem unlauteren Motive Gebrauch gemacht wird, und dies aus den Formen und Umständen der Anzeige zu entnehmen ist. Die Formen und Umstände der §§ 192, 193 St.G.B. finden keine Anwendung auf § 164 St.G.B., und es darf darum die Anzeige nur dann Veranlassung zu einer Bestrafung wegen Beleidigung geben, wenn neben der Bezichtigung der strafbaren Handlung noch anderweite Beleidigungen in ihr enthalten sind, mag es auch nach den Formen und Umständen feststehen, daß die mit der Bezichtigung selbst verbundene Beleidigung eine besonders beabsichtigte gewesen war. — Zur Unterstützung der Ansicht, daß die nicht wissentlich falsche, aber falsche, Anzeige sich nicht als Beleidigung nach § 186 St.G.B. qualifiziere, wird auch noch darauf hingewiesen werden können, daß das Delikt des § 164 St.G.B., obgleich es aus einer Verleumdung im Sinne des § 187 St.G.B. besteht, oder wenigstens bestehen kann, doch *ex officio* strafbar ist. Denn daraus ergiebt sich, daß nach der Auffassung des Gesetzes die wissentlich falsche Verleumdung, welche in der Gestalt der Anzeige einer strafbaren Handlung bei einer Behörde vorgebracht wird, nicht als Beleidigung in Betracht gezogen werden soll. Was aber von der an sich strafbaren wissentlich falschen Verleumdung gilt, das wird wohl auch bezüglich der strafbaren nur falschen Verleumdung Geltung zu beanspruchen haben.

Versuch.

Gestützt auf Feuerbach, nahm die Doktrin einen zwischen dem Versuche und der beabsichtigten Vollendung bestehenden Kausalzusammenhang an. Unter dieser Voraussetzung ist es erklärlich, wie im Versuche ein Anfang der Ausführung der That, eine angefangene That, mit anderen Worten ein Teil der Vollendung erblickt werden konnte. Willkürlich aber war es, daß die Vorbereitung als nicht zur That gehörig von dem Versuche ausgeschieden wurde. Denn ist das Gewehr geladen und mit demselben der Gegner getötet worden, so bildete das Laden des Gewehres einen Teil der Verursachung. Darum muß dasselbe, auch im Falle es nicht zum Schusse gekommen war, als zur That gehörig betrachtet werden, wenn wirklich der bezeichnete Kausalzusammenhang dadurch hergestellt wird, daß der Thäter sich einen Erfolg vorstellt und zur Erreichung desselben eine Handlung ausführt. Es hat denn auch niemals gelingen wollen, eine objektive Verschiedenheit zwischen der Vorbereitungs- und Versuchshandlung nachzuweisen. Ein zwischen dem Versuch und der Vollendung vorhandener Kausalzusammenhang ist noch bis in die neuere Zeit behauptet worden. Hälschner (System des preußischen Strafrechts 1858, S. 190) verlangte für den Versuch die unvollständige Verwirklichung der Absicht, von welcher nur dann geredet werden könne, wenn zwischen dem beabsichtigten Erfolg und der zur Verwirklichung desselben unternommenen Thätigkeit Kausalzusammenhang bestehe. Und auch noch Geyer (Zeitschrift 1881, S. 52) spricht von einem in dem Versuche enthaltenen Stück verbrecherischer Thätigkeit, welches als Glied des bis zur Vollendung herabreichenden Kausalzusammenhanges fungiere. Man wird sich jedoch wohl nicht länger der Einsicht verschließen dürfen, daß der Kausalzusammenhang die objektive Wirklichkeit ist, die lediglich in der Vorstellung des Handelnden bestehende Verbindung zwischen Versuch und Vollendung mithin nur auf Abstraktion beruhen kann. Besteht aber kein Kausalzusammenhang zwischen Versuch und Vollendung, so kann auch das im Versuche Geschehene kein objektiver Teil der Verkörperung der in der gesetzlichen Definition enthaltenen unteilbaren Idee sein. Betritt jemand ein Haus und sucht dort in Kisten und Kasten nach Geld, so liegt hierin ein objektiv für das Strafrecht bedeutungsloses Ereignis. Strafrechtlich bedeutungsvoll erscheint diese Handlung nur, wenn sie mit der Absicht rechtswidriger Zueignung verbunden war. Unmöglich aber kann dieser subjektive Hinblick auf die lediglich vorgestellte Vollendung dem objektiv bedeutungslosen Ereignis den Charakter eines objektiv bedeutungsvollen Ereignisses verschaffen. Es setzen vielmehr objektive Teile des Ganzen ein wirklich bestehendes Ganzes voraus, mit dem sie sich in einer materiellen Verbindung befinden. Der Bildhauer, welcher den Kopf eines Menschen in Marmor herausgearbeitet hat, hat nicht einen objektiven Teil seiner auf die Darstellung einer ganzen menschlichen Figur gerichteten Idee verwirklicht, und man hat es substantiell vielmehr eben nur mit einem Kopfe zu thun. Allerdings läßt derselbe die Schlußfolgerung auf die in der Idee bestehende ganze Figur zu, die Wirklichkeit wird jedoch hierdurch nicht geändert. Wollte man aber auch die Teilqualität des Kopfes nachgeben, so dürfte doch im Versuche das Gleiche nicht geschehen. Denn der menschliche Kopf erweist sich dann vermöge seiner Substanz als einen Teil der menschlichen Figur ganz unabhängig von dem auf die Darstellung der ganzen Figur gerichteten Willen und sogar gegen denselben, im Falle etwa die Darstellung einer göttlichen Figur beabsichtigt gewesen war. Im Versuche hingegen kann von dieser selbständigen, von dem Willen unabhängigen Bedeutung der Substanz nicht die Rede sein und sonach erst, wenn sich die Vollendung ergeben hat, eine Teilqualität des vor ihr Geschehenen angenommen werden. Dann aber war es auch vom Beginne des Kausalverlaufes an bis zum Eintritt der Vollendung in keinem Augenblick zum Versuche gekommen. Daß jede Versuchshandlung gerade so wie überhaupt jede andere Handlung eine kausale Wirkung hervorrufen muß, ist ja selbstverständlich, aber diese Kausalität besteht nur zwischen der Handlung und ihrem natürlichen Ergebnis, nicht jedoch zwischen der Handlung und dem Ergebnis, welches sie nach der irrigen Vorstellung des Handelnden herbeiführen werde. Trifft die Kugel statt den Gegner einen in seiner Nähe befindlichen Baum, so bestand Kausalzusammenhang nur zwischen dem Schusse und dem Baume, in keinem Augenblicke aber zwischen dem Schusse und dem Menschen. Es läßt sich auch nicht etwa annehmen, der Kausalverlauf habe doch wenigstens anfänglich die Richtung nach dem gewollten Erfolge hin eingeschlagen gehabt, bis er dann durch ein neuerdings eingetretenes Ergebnis von demselben abgelenkt worden sei, und es erscheine darum das bis dahin Geschehene als ein Teil des gewollten Erfolges. Denn der Kausalverlauf war unter den Verhältnissen, wie sie gerade vorlagen, ein notwendiger, und es erscheint daher jeder Hinblick auf die Möglichkeit, daß es unter diesen Verhältnissen auch anders hätte kommen können, ausgeschlossen. Ist endlich der objektive Thatbestand des Versuches als solcher ohne rechtliche Bedeutung, so muß jede Bemühung, innerhalb dieser Bedeutungslosigkeit eine größere oder geringere Bedeutungslosigkeit zu unterscheiden und von diesem Gesichtspunkt aus die objektive Seite des Versuches herzuleiten, als aussichtslos erscheinen. Mag darum auch ein gesetzliches Merkmal der Vollendung sich im Versuche entsprechend vorfinden, in dem obigen Falle also sogar ein Kasten erbrochen worden sein, so könnte auch hieraus die Qualität des Geschehenen als eines objektiven Teiles der Vollendung nicht hergeleitet werden, weil auch hier seine rechtliche Bedeutung den auf die Vollendung gerichteten Willen zur notwendigen Voraussetzung haben würde.

Es kann hier nicht in eine nähere Erörterung der Art und Weise, in welcher der Versuch von der objektiven Theorie behandelt worden ist, eingetreten werden. Zum Vorwurfe muß es ihr aber jedenfalls gereichen, daß sie, freilich mehr oder weniger unbewußt, sich auf die Teilqualität des im Versuche Geschehenen stützt, dennoch aber keinen Nachweis liefert, wie denn ein solcher Teil und somit ein rechtlich bedeutsamer objektiver Thatbestand des Versuches nach dem Wesen der Kausalität zu konstruieren sei. Was sie in dieser Richtung vorbringt, sind vielmehr nur Wiederholungen aus der früheren Theorie, die sie, wie dies auch früher in Ermangelung eines Einblickes in das Wesen der Kausalität geschah, auch jetzt noch unbegründet läßt. Das gilt insbesondere von der stets wiederkehrenden Behauptung, im Versuche habe die Absicht ihre teilweise Verwirklichung gefunden. Diese Ausdrucksweise ist nur darum bestechend, weil sie den im Versuche unausgleichbaren Gegensatz zwischen der bedeutungslosen Objektivität und der Vorstellung des Handelnden verschleiert, indem sie eine Unklarheit zu Tage fördert. Die Absicht bedeutet in dieser Definition die subjektive Vorstellung, ihre teilweise Verwirklichung aber die gewollte Handlung, und so könnte man, wenn man die formale

Handlung und ihr Ergebnis als gleichbedeutend ansieht, meinen, daß die Harmonie zwischen der Vorstellung und der Objektivität im Versuche hergestellt sei. Eine nähere Erwägung ergiebt jedoch, daß die Absicht des Handelnden in Übereinstimmung mit dem gesetzlichen Verbrechensbegriff stehen muß, und der Versuch daher, wenn die Absicht in ihm teilweise verwirklicht sein soll, einen Teil des gesetzlichen Verbrechensbegriffes darstellen, denselben zum Teile konkretisieren würde, was, wie gezeigt, niemals der Fall sein kann. Auch die hergebrachte und seither beharrlich als Grenzbestimmung zwischen Vorbereitung und Versuch festgehaltene Definition des Versuches als eines Anfanges der Ausführung der That besteht nur in Worten, deren Verständnis im Zweifel bleibt. Denn warum nicht auch die Vorbereitung zum Anfang der Ausführung der That gehören, oder warum umgekehrt der Versuch in seinem ganzen Verlaufe nicht eine bloße Vorbereitung der Vollendung darstellen, ob der Anfang der Ausführung gleichbedeutend sein soll mit einem Teile der Vollendung, und worin derselbe bestehe, ob die Ausführungshandlung für gleichbedeutend zu halten sei mit derjenigen Handlung, welche im Falle der eingetretenen Vollendung als Ausführungshandlung bezeichnet wird, ob diese Handlung auch abgesehen von ihrer vermeintlichen Wirkung eine objektive Verschiedenheit von der Vorbereitungshandlung aufzeige, oder ob endlich die ganze Definition nur eine subjektive Bedeutung in dem Sinne habe, daß es lediglich von der Vorstellung des Handelnden abhänge, ob er sich in der Vorbereitung oder in der Ausführung der That befinde — ist nicht zu erkennen. Die objektive Theorie erleidet aber auch noch die unhaltbare Einschränkung, daß Versuch nur dann angenommen werden dürfe, wenn sich die Möglichkeit unterstellen lasse, es würde ohne die eingetretene Unterbrechung des Geschehenen der Erfolg herbeigeführt worden sein. Im Falle hingegen diese Möglichkeit ausgeschlossen erscheine, solle auch das Geschehene die Qualität eines objektiven Teiles der Vollendung nicht an sich tragen. Wird jedoch wirklich ein Kausalzusammenhang zwischen Versuch und Vollendung dadurch begründet, daß der Handelnde seine Thätigkeit auch nur in seiner Vorstellung mit dem erstrebten Erfolge in Verbindung gebracht hat, so muß auch zwischen dem absolut untauglichen Versuche und der eingebildeten Vollendung ein Kausalzusammenhang bestehen und sonach auch in diesem Versuche ein objektiver Teil der Vollendung erblickt werden. Das wurde denn aber doch für allzu unfaßlich gehalten, und so gelangte man mit dem Argumente, was nicht vollendet werden könne, könne auch nicht angefangen werden, zur Konstruktion der Verschiedenheit zwischen dem absolut untauglichen und dem tauglichen, oder auch, wenn man lieber will, dem relativ untauglichen Versuch. Falsch war dieses Argument in seiner allgemeinen Bedeutung. Falsch war es aber auch insofern, als die nur gedachte Wirksamkeit einer Handlung keine Wirksamkeit derselben, sondern lediglich Abstraktion ist. Ist das Verbrechen beim Versuche stehen geblieben, so war, wie schon erwähnt, von vornherein jede Möglichkeit ausgeschlossen, auf dem eingeschlagenen Wege zur Vollendung zu gelangen. Es hätte ja vielleicht das Ziel erreicht werden können, wenn ein anderer Weg eingeschlagen worden wäre. Aber nicht, was hätte geschehen können, darf der Bestrafung zu Grunde gelegt werden, sondern nur das, was wirklich geschehen ist, und das Geschehene ist in jedem Versuche, mag er der absolut untauglichste oder der relativ tauglichste sein, von gleicher Bedeutungslosigkeit. Die bloße Möglichkeit, daß es auch anders hätte kommen können, welche überdies auch die Möglichkeit des Gegenteiles in sich schließt, kann diese bedeutungslose Wirklichkeit gerade so wenig in eine bedeutungsvolle umwandeln, als sie geeignet erscheint, einer bedeutungsvollen Wirklichkeit den Charakter der Bedeutungslosigkeit beizulegen.

Besteht nun aber zwischen Versuch und Vollendung kein Kausalzusammenhang, und ist darum das im Versuche Geschehene im Hinblick auf die Vollendung objektiv ohne Bedeutung, legt aber auch das Gesetz der hiernach lediglich verbleibenden Versuchshandlung eine rechtlich bedeutungsvolle Form, wie etwa dem Meineide, nicht bei, so kann doch mit Notwendigkeit nicht anders angenommen werden, als daß das einzige in der Versuchshandlung zur Erscheinung kommende strafrechtliche Moment der verbrecherische Wille sei. Der Wille aber kann nur dann gestraft werden, wenn er sich von dem Handelnden losgelöst und sonach in der Handlung nebst den Nebenumständen, unter welchen gehandelt worden ist, zur vollen erkennbaren Darstellung gebracht hat. Darum wurde (Abhandlungen 1862, S. 53 ff.) jeder Kausalzusammenhang zwischen Versuch und Vollendung entschieden in Abrede gestellt und die Strafbarkeit des Versuches ausschließlich in dem in der Außenwelt verkörpert enthaltenen verbrecherischen Willen gefunden. Von einer bloßen Cogitation kann hier keine Rede mehr sein. Die Einwendung, daß dann durch das Geständnis jede beliebige Handlung zu einer verbrecherischen qualifiziert werde, trifft nicht zu, weil es eine Vergegenständlichung des Willens nicht bewerkstelligen kann. Es ist ferner nicht richtig, daß dann auch das Wahnverbrechen strafbar sei, indem die Strafbarkeit eine Thatsache ist, welche in dem irrigen Glauben an sie keine Begründung findet. Auch ist nicht etwa der im Versuche zur Erscheinung gekommene Wille nur als eine Beweisfrage zu betrachten. Gewiß kann hiervon, im Falle die Vollendung eingetreten ist, nicht geredet werden. Gerade so muß aber auch im Versuche der Dolus erst in dem Geschehenen vorhanden sein, bevor es sich dann um dessen Nachweis handeln kann. Muß aber das Vorhandensein des verbrecherischen Willens in dem Geschehenen eine Thatsache sein, so beruht auch die subjektive Versuchstheorie nicht auf einer *praesumtio doli.* Und wenn endlich die objektive Theorie den Vorwurf erhebt, die subjektive Theorie müsse auch die Vorbereitungshandlungen bestrafen, so könnte man sich auf die Erwiderung beschränken, daß sie noch niemals im stande war, die Straflosigkeit derselben nachzuzeigen. Das werden wohl die Ausstellungen sein, welche der subjektiven Theorie vorgehalten worden sind. Von ihrem Fundamente aus, namentlich unter dem Gesichtspunkt, daß nur allein sie möglich ist, wenn zwischen Versuch und Vollendung Kausalzusammenhang nicht besteht, hat man sie aber noch nicht zu widerlegen gesucht. Zu dieser Widerlegung würde unbedingt der nicht zu erbringende Beweis erforderlich sein, daß der Versuch einen vom Willen unabhängigen objektiven Thatbestand habe.

Daß der mit untauglichen Mitteln oder, was das nämliche bedeutet, gegen ein untaugliches Objekt unternommene Versuch nach der subjektiven Theorie strafbar sein muß, kann nicht zweifelhaft sein. Denn wenn auch, für je untauglicher Mittel und Objekt zu halten sind, desto schwieriger der verbrecherische Wille zur erkennbaren objektiven Darstellung gelangen kann, so erscheint dieselbe doch jedenfalls nicht ausgeschlossen. Die Angriffe auf den untauglichen Versuch aber entheben sich stets des Beweises, daß, wenn er geleugnet wird, überhaupt noch von einem Versuche geredet werden kann (Gerichtssaal 1867, 1868, 1876, 1880; Goltdammer's Archiv 1877, S. 265 ff.).

Die hauptsächlichste der subjektiven Versuchstheorie entgegenstehende Schwierigkeit, die indessen immerhin leichter überwunden werden kann wie die Unmöglichkeit der objektiven Unterscheidung zwischen Vorbereitung und Versuch, ist die Bestimmung der Grenze, an welcher der Versuch beginnt. Natürlich kann sie diese Grenzbestimmung nur von dem in dem Geschehenen zur Erscheinung gekommenen Willen abhängig machen, und es fragt sich also, von welcher Beschaffenheit derselbe sein muß, wenn seine Bestrafung zulässig erscheinen soll. Liegt das vollendete Verbrechen vor, so kann die Strafbarkeit des in ihm enthaltenen Willens nicht darin begründet gefunden werden, daß er sich kausal erwiesen hat. Denn seine kausale Folge läßt sein Wesen unberührt. Daher setzt die Bestrafung für das vollendete Verbrechen nicht allein den vollendeten objektiven Thatbestand, sondern noch weiter voraus, daß auch der subjektive Thatbestand vollendet war, bevor sich ersterer an denselben anschloß. Angenommen nun, es sei sich der Handelnde, als er die erste Handlung mit dem auf Verursachung des Erfolges gerichteten Willen ausführte, bewußt gewesen, daß sein Eintritt nicht zu erwarten stehe, wenn er nicht derselben noch weitere Handlungen hinzufüge, so kann er die Fassung eines definitiven Entschlusses bis zur Vornahme derjenigen nachfolgenden Handlung verschieben, von welcher er sich sagen werde, daß nach deren Vornahme der Eintritt des Erfolges nicht mehr von seinem freien Wollen und Nichtwollen abhänge (Goltdammer's Archiv 1877, S. 268). Es würde dies der Fall sein, wenn sich jemand zur Ausführung eines Mordes Pulver und Blei gekauft, sein Gewehr geladen und es auch bereits auf seinen Gegner in Anschlag gebracht hat, insofern dies unter dem Vorbehalt geschah, daß er das Abdrücken desselben erst noch in nähere Erwägung ziehen wolle. Die bis dahin vorgenommenen Handlungen würden dann lediglich Vorbereitungshandlungen in subjektivem Sinne gewesen sein, und es würde daher der Handelnde, wenn sich der Erfolg gegen Erwarten an die letzte Handlung anschließen sollte, höchstens für fahrlässige Verursachung haften. Wäre er hingegen bei Vornahme einer Handlung fest entschlossen gewesen, demnächst Bedenken gegen die Ausführung seines Vorhabens nicht in sich aufkommen zu lassen, so würde diese Handlung einen definitiven Willen aufzeigen, sollte er sich auch bei ihrer Vornahme bewußt gewesen sein, daß nach derselben die Herbeiführung des Erfolges noch von seinem freien Willen abhängig sei (Gerichtssaal 1880, S. 3). Würde dann dieser feste Wille späterhin dennoch wieder aufgegeben, so könnte hierdurch die durch seine stattgefundene Vergegenständlichung bereits begründete Strafbarkeit nicht wieder beseitigt werden. Nun ist aber das Hinausschieben der Fassung eines definitiven Entschlusses bis zur Vornahme derjenigen Handlung, welche nach der Meinung des Handelnden seinen freien Willen binden solle, ein unwillkürliches und sonach das regelmäßige Vorkommen. Darum muß, wenn bereits in einer Handlung, durch deren Vornahme der Handelnde seinen freien Willen noch nicht gebunden hatte, ein definitiver Entschluß gefunden werden soll, aus besonderen Umständen erkannt werden können, daß derselbe demungeachtet seinen Willen für einen in sich abgeschlossenen betrachtet und sonach nicht mehr auf eine weitere definitive Gestaltung desselben reflektiert habe. Diese Annahme wird im Beginne einer Handlungsreihe noch nicht zulässig erscheinen und vielmehr voraussetzen, daß der Handelnde bereits, seiner Meinung nach, der Vollendung seines Vorhabens nahe gerückt war. Je näher er der Vollendung zu stehen glaubte, desto leichter wird sich diese Annahme ermöglichen. Aber ein bestimmter Zeitpunkt, von welchem ab sie gerechtfertigt erscheine, läßt sich innerhalb einer Handlungsreihe nicht feststellen, und man hat es darum hier mit einer bloßen Thatfrage zu thun. Der Anfang der Ausführungshandlung ist nicht mit Notwendigkeit ein Versuch, und die Versuchsqualität der sogenannten Vorbereitungshandlungen nicht mit Notwendigkeit ausgeschlossen, wenn sie auch regelmäßig einen definitiven Willen nicht zur Erscheinung bringen werden. Findet jemand unerwartet eine schnell vorübergehende Gelegenheit zur Ausführung eines Giftmordes, und er beschließt, Zug um Zug das Gift zu mischen, an das Bett seines bewußtlosen Gegners heranzutreten und ihm dasselbe einzuflößen, lassen auch die Umstände keinen Zweifel daran, daß das Vorhaben in dieser Weise geplant war, so ist nicht einzusehen, warum der strafbare Versuch nicht bereits mit dem Mischen des Giftes begonnen haben soll. Stellt jemand eine vergiftete Speise auf den Tisch, um dann erst seinen Gegner zum Genusse derselben einzuladen, so liegt im Sinne der objektiven Theorie eine straflose Vorbereitungshandlung vor, und auch die subjektive Theorie kann als möglich zugeben, daß diese Handlung noch nicht strafbar ist. Ist aber die vergiftete Speise in der Erwartung auf den Tisch gestellt worden, der Gegner werde sie unaufgefordert ergreifen und genießen, so muß die subjektive Theorie, wenn die Erwartung nicht in Erfüllung geht, einen strafbaren Versuch annehmen. Denn sie wird zu erwägen haben, daß die Vornahme einer Handlung, von welcher eine kausale Folge erwartet wird, einen definitiv gefaßten Entschluß mit Notwendigkeit voraussetzt. Die objektive Theorie wird hingegen auch hier einen strafbaren Versuch nicht annehmen können. Denn ist die nämliche Handlung vermöge ihrer objektiven Beschaffenheit im ersten Falle eine Vorbereitungshandlung, so muß sie dies auch im zweiten Falle sein, weil die in demselben hervorgetretene Verschiedenheit der Absicht an dieser objektiven Beschaffenheit der Handlung nichts ändern kann. Freilich wird auch die objektive Theorie im zweiten Falle ohne Bedenken einen strafbaren Versuch unter dem Vorwande annehmen, es stehe hier eine Ausführungshandlung in Frage, aber ihre Konstruktion ist hierbei zweifellos eine subjektive. Das zeigt sich namentlich auch bei der Begründung der Strafbarkeit der Beihilfe. Die beihelfenden Handlungen sind regelmäßig solche, welche die objektive Theorie, im Falle sie von dem Urheber vorgenommen worden wären, als straflose Vorbereitungshandlungen bezeichnen würde. Auf die objektive Beschaffenheit solcher Handlungen kann es aber nicht von Einfluß sein, ob sie von einem Urheber oder Gehilfen, in urheberischer oder beihelfender Absicht begangen worden sind, und es würde darum auch der Gehilfe für solche Handlungen nicht bestraft werden können. Die subjektive Theorie hingegen, welche die Beschaffenheit des Willens nicht durch die objektive Beschaffenheit des Geschehenen bestimmt werden läßt, sondern umgekehrt die strafrechtliche Bedeutung des Geschehenen von der Beschaffenheit des Willens herleitet, wird auch in der Handlung des Gehilfen einen definitiv auf die Herbeiführung des Erfolges gerichteten Willen und sonach auch einen strafbaren Versuch der Verursachung desselben erkennen, wenn sie in der Erwartung begangen worden war, ihre kausale Folge werde nunmehr durch den Urheber verwertet werden. Aus diesen Ausführungen aber wird zu entnehmen sein, daß sich der Wille mit einer besonderen Energie zur Geltung gebracht haben muß, bevor das Geschehene als Versuch bestraft werden darf, und daß es nicht gerechtfertigt erscheinen kann, wenn gegenwärtig die Praxis jede beliebige erkennbare Willensentäußerung als Versuch bestrafen zu müssen glaubt.

Die sogenannten untauglichen Versuchshandlungen.

Die unter diesem Titel in der Zeitschrift für die gesamte Strafrechtswissenschaft 1881 erschienene Abhandlung Geyer's muß schon darum berücksichtigt werden, weil sie sich mit scharfer Betonung gegen die bekannte Plenarentscheidung des Reichsgerichts vom 24. Mai 1880 wendet.

Das Reichsgericht ist bei dieser Entscheidung von der Ansicht ausgegangen, auf den Unterschied zwischen Handlungen mit absolut untauglichen Mitteln und mit nur relativ untauglichen Mitteln könne die Straflosigkeit oder Strafbarkeit des Versuches nicht gegründet werden. Denn wenn der Erfolg ausbleibe, so sei die Handlung jedesmal kausalitätslos gewesen, und ebenso könne von keiner einzigen Handlung behauptet werden, daß sie unter allen Umständen ungeeignet erscheine, den beabsichtigten Erfolg hervorzurufen. Stets habe auch der Thäter das gethan, was von ihm als zur Verwirklichung seines verbrecherischen Entschlusses geeignet angesehen worden sei, und damit seine Auflehnung gegen die Rechtsordnung bethätigt. Auch sei jedesmal der Grund des Nichteintrittes des Erfolges darin enthalten, daß der Thäter die das Ausbleiben desselben bewirkenden Umstände bei seinem Plane zur Verwirklichung des gefaßten Entschlusses nicht richtig in Anschlag gebracht habe, also jedesmal in seinem Irrtum zu finden. In dem geäußerten verbrecherischen Willen allein sei darum das Wesen des Versuches enthalten (s. oben S. 182, 183).

Die Polemik Geyer's beginnt nun mit dem Zugeständnis, daß allerdings die Unterscheidung zwischen relativer und absoluter Untauglichkeit unhaltbar und unfaßbar sei. Daraus folgt mit Notwendigkeit, daß das Mittel nur entweder tauglich oder untauglich ist. Tauglich aber war das Mittel nur dann, wenn sich die Vollendung ergeben hat. Denn bleibt sie aus, so liegt darin der Beweis seiner Untauglichkeit. Mithin umfaßt jeder Versuch ein untaugliches Mittel, und man hat daher nur die Wahl, entweder jeden Versuch zu strafen, oder aber man muß den Versuch überall straflos lassen. Strenge genommen kann man sogar von einem untauglichen Mittel gar nicht reden, weil die Untauglichkeit der Gegensatz zu dem Mittel ist. Der Versuch enthält sonach überhaupt kein Mittel, sondern nur ergebnislos gebliebene Bemühungen, zur Vollendung zu gelangen. Dies ist die Ansicht, welche das Reichsgericht in seiner Entscheidung ausgesprochen hat, und es würde sonach GEYER insoweit mit derselben übereinstimmen. Aber er zieht die betreffende Konsequenz aus seiner Prämisse nicht und kehrt vielmehr auf einem Umwege zu der Unterscheidung zwischen absoluter und relativer Untauglichkeit zurück. Einen Gegenstand, welcher nach seiner objektiven Beschaffenheit an und für sich ein Mittel wäre, soll es hiernach nicht geben. Man müsse vielmehr feststellen, ob und in welcher Weise jemand sich den Gegenstand als Mittel habe dienstbar machen wollen (S. 34. 35). Ein Mittel soll also jeder, gleichviel ob tauglicher oder untauglicher, Gegenstand sein, welchen der Thäter zur Erreichung eines bestimmten Zweckes benutzt. Im Widerspruch hiermit heißt es aber dann weiter (S. 39), das zu der untauglichen Versuchshandlung benutzte Mittel sei nur ein gewolltes, aber kein wirkliches, und es giebt sonach dennoch Gegenstände, welche unabhängig von dem auf ihre Benutzung gerichteten Willen vermöge ihrer objektiven Beschaffenheit Mittel sind. Mit diesen Gegenständen, welche, sei es nach dem bloßen Willen des Thäters, sei es nach ihrer objektiven Beschaffenheit, Mittel sind, wird nun entweder der Erfolg herbeigeführt — dann sind sie taugliche Mittel, oder es wird der Erfolg „ganz verfehlt (S. 52)“ — dann sind sie untaugliche Mittel, oder es wäre möglich gewesen, mit denselben den Erfolg zu erzielen, in welchem Falle Versuch vorliegen soll (S. 43) — dann müssen sie doch weder taugliche noch untaugliche, also relativ taugliche, bezw., was keine Verschiedenheit begründet, relativ untaugliche gewesen sein. Dieser Abfall GEYER's von seiner Prämisse ist aber ungerechtfertigt. Denn er übersieht, daß ein Gegenstand weder durch den bloßen Willen, noch durch seine objektive Beschaffenheit, noch durch die bloße Vereinigung des Willens mit dieser objektiven Beschaffenheit, sondern allein durch die Art und Weise seiner Anwendung zum Mittel wird, dergestalt daß, im Falle eine zweckwidrige Anwendung stattgefunden hat, etwa Arsenik in mörderischer Absicht dem Gegner in die Haare gestreut wurde, der benutzte Gegenstand überhaupt kein Mittel, keine Vermittelung war, einerlei, ob er eine fragliche

Verwendung seiner objektiven Beschaffenheit nach nicht zuließ, oder der Thäter ihn nur ungeschickt zur Erreichung des Erfolges verwendete. Zwischen der untauglichen Anwendung eines tauglichen Mittels und der Anwendung eines untauglichen Mittels kann kein Unterschied bestehen.

Geyer kennt aber noch eine ganz besondere Art von Vermittelung, welche zwar den Erfolg herbeigeführt hat, dennoch aber nicht als Mittel zu bezeichnen ist, wenn *in abstracto* behauptet werden müsse, daß eine Wirkung mit demselben unmöglich erzeugt werden könne. Zur Widerlegung der Ansicht des Reichsgerichts, daß es im allgemeinen keine untauglichen Handlungen gebe, womit es bezeichnen wollte, daß jede beliebige Handlung *in abstracto*, wenn man sich also die konkreten Verhältnisse nach Wunsch zusammen stellen dürfe, zu jedem beliebigen Erfolg hinführen könne, hat er nämlich auf das Totbeten hingewiesen. Und zwar behauptet er, so lange die Naturgesetze in Geltung seien, könne unmöglich durch das Totbeten der Tod eines Menschen herbeigeführt werden. Zweifellos sei es allerdings, daß der abergläubische B vor Entsetzen erkranken und sterben könne, wenn A, welchem dessen Aberglaube und Nervenschwäche bekannt sei, es zu veranstalten wisse, daß derselbe Zeuge einer angeblich gegen ihn gerichteten, mit dem gehörigen furchterregenden mystischen Apparat in Scene gesetzten, Behexung werde, und es sei auch A wirklich Mörder, im Falle er hierdurch seiner Intention entsprechend den Tod des B herbeigeführt habe. Aber nicht darum, weil er den B habe totbeten, sondern nur, weil er durch seine Einwirkung auf dessen Gemüt und Nervensystem denselben habe töten wollen. Es handle sich hier nicht um einen Versuch mittels Totbetens, sondern um einen Versuch mittels Erregung einer tödlichen Gemütserschütterung. Nun muß man jedoch, wie überall, auch bei dem Totbeten den Kausalzusammenhang von der Frage nach der Verantwortlichkeit für denselben getrennt halten. Daß aber in dem von Geyer vorgeführten Falle ein in Bewegung gesetzter Naturkausalismus, ein wirklicher Kausalzusammenhang zwischen dem Aussprechen der Worte des Gebetes und dem Tode des B vorliegt, A also wirklich Dolche gesprochen hat, darum aber auch in diesem Aussprechen ein taugliches Mittel gefunden werden muß, kann unmöglich bezweifelt werden. Selbstverständlich aber ist dieser hervorgetretene Naturkausalismus in keiner Weise dadurch bedingt, ob der Thäter denselben gerade so, wie er hervorgetreten war, in Aussicht genommen hatte, oder ob derselbe von dem Aberglauben und der Nervenschwäche seines Gegners keine Kenntnis besaß und vielmehr in voller Überzeugung an die mystische Wirksamkeit seines Gebetes dasselbe an ein höchstes Wesen gerichtet hatte. Denn liegen in dem letzten Falle die nämlichen konkreten äußeren Verhältnisse vor, wie in dem ersten, so muß der Tod des Gegners mit derselben Notwendigkeit eintreten, wie er in diesem eingetreten war. Darum war denn auch in beiden Fällen das Aussprechen der Gebetesworte das wirkliche, taugliche Mittel zur Herbeiführung des Todes, nur daß der Thäter in dem einen Fall eine Vorstellung von dem bevorstehenden Kausalverlauf hatte, in dem anderen nicht. Diese Verschiedenheit kann jedoch an der Beschaffenheit des Mittels nichts ändern und vielmehr ausschließlich nur darauf von Einfluß sein, ob eine Verantwortlichkeit für die Tötung begründet erscheine oder nicht. Geyer verkennt diese maßgebenden Gesichtspunkte um so mehr, als doch der getötete B nur darum gestorben ist, weil er an die mystische Kraft des Totbetens glaubte. Der durch die Worte des Gebetes in Wirksamkeit gesetzte Aberglaube des B war also das Mittel, dessen sich A bewußt oder unbewußt zu seiner Tötung bedient, keineswegs aber war diese Tötung von der Meinung abhängig, welche A von dem Totbeten hatte (s. oben S. 89). Ein ungeladenes Gewehr ist ein durchaus untaugliches Mittel zu dem Erschießen eines Menschen. Wenn daher jemand ein solches Gewehr auf seinen, einen schmalen Weg entlang gehenden Gegner in Anschlag bringt, dieser sich wirklich gefährdet hält und aus Schrecken in den Abgrund stürzt, so muß man nach der Auffassung Geyer's sagen, der Tod des Gestürzten sei nicht durch das Anschlagen des Gewehres verursacht worden.

Enthält hiernach nur die Vollendung ein taugliches Mittel, der Versuch aber kein wirkliches Mittel, so ist das gerade die Ansicht des Reichsgerichts, nach welcher in dem Versuche nur ein vermeintliches Mittel zur Anwendung gekommen ist, das Wesen des Versuches also lediglich in dem Willen, ein Mittel zur Anwendung zu bringen, besteht. Darum läßt sich nicht begreifen, was ihm gegenüber die Vorwürfe bedeuten sollen, man dürfe nicht sagen, weil das von dem Thäter angewendete Mittel, in einer anderen Weise gebraucht, möglicherweise den gewollten Erfolg habe herbeiführen können, sei es ein taugliches Mittel für seinen Zweck gewesen (S. 34); es sei das Recht des Thäters, daß man ihm nichts unterschiebe, woran er nicht gedacht habe, ja vielleicht nicht einmal habe denken können (S. 35); die neue Lehre laute, wenn der Thäter ein Mittel wähle, welches in irgend einer, von seiner Handlungsweise verschiedenen Weise angewendet, denkbarerweise den von ihm gewollten Erfolg herbeiführen könne, so solle dieses Mittel für ein taugliches gelten. Wohl jedoch ergiebt sich aus diesen Äußerungen eine für

Geyer bedenkliche Hinneigung zu dem von dem Reichsgericht eingenommenen subjektiven Standpunkt. Denn wenn dem Thäter nichts unterschoben werden darf, was von seiner Absicht nicht umfaßt war, im Versuch jedoch das Geschehene im Widerspruch mit dieser Absicht steht, dennoch aber der Versuch zugerechnet werden soll, so kann es eben ausschließlich der im Versuche zu Tage getretene Wille und nicht das Geschehene sein, worin die Verantwortlichkeit für denselben begründet ist.

Nun soll freilich der Nachweis erbracht werden, daß auch im Versuche, so weit er wirklich strafbarer Versuch sei, Wille und That in Übereinstimmung stehen. (S. 36 ff.) Allein dieser Nachweis ist verfehlt. Die entscheidende Frage soll hiernach die sein, ob der Thäter das, was er gethan hat, so gethan hat, wie es von ihm gewollt worden war. Nur in diesem Falle liege Versuch vor. Wo aber etwas zwar zur Verwirklichung einer verbrecherischen Absicht unternommen worden sei, jedoch nichts von dieser Verwirklichung enthalte, da könne das Geschehene nicht auf den Willen zurückgeführt und somit auch nicht zum Versuche zugerechnet werden. Wenn daher die auf Tötung gerichtete Handlungsweise den Tod nicht herbeiführen könne, der Thäter also statt Arsenik Zucker verabreiche, so sei die Absicht nicht verwirklicht worden, möge nun der Thäter der Ansicht gewesen sein, Zucker sei Gift, oder er sich auch nur in den beiden Mitteln vergriffen haben. Was er gewollt habe, habe er nicht gethan, und was er gethan habe, habe er nicht gewollt. Habe er aber wirkliches Gift in einer zu der bezweckten Tötung hinreichenden Quantität gemischt, so habe er seinem Willen entsprechend gehandelt. Es müsse ihm darum das Geschehene als Versuch zugerechnet werden, möge dann auch durch die Gegenwirkung des Arztes der Tod abgewendet worden sein. Wenn bekannte Theorieen, welchen sich das Reichsgericht anschließe, meinten, überall, wo ein bloßer Versuch vorliege, sei ein dem Thäter unterlaufener Irrtum anzunehmen, so sei dies ein fadenscheiniges Argument, denn nur dann liege ein Irrtum vor, welcher dem Thäter seine Handlungsweise in einem verfälschten Lichte zeige, wenn er statt Arsenik Zucker gemischt habe. Hier erscheine aber auch die Annahme eines Versuches ausgeschlossen. Habe er hingegen wirkliches Gift gemischt, so habe er sich auch nicht geirrt und sich eben darum des Versuches schuldig gemacht. Im Falle dann hintendrein der Versuch dennoch an einer Gegenwirkung scheitere, die von dem Thäter in Aussicht genommene, ihm günstige Kombination der Umstände sich nicht verwirkliche, so liege kein Irrtum vor, sondern es seien nur seine Wünsche nicht erfüllt worden.

Der dieser Erörterung zu Grunde liegende, bereits von Berner im Gerichtssaal 1865 S. 81 ff. ausgesprochene, Gedanke geht dahin: das Mittel muß der Qualität und Quantität nach tauglich sein, an die Anwendung und bezw. den Kausalverlauf des Mittels ist aber diese Anforderung nicht zu stellen. Versuch ist vielmehr auch bei zweckwidriger Anwendung des tauglichen Mittels gegeben. Geyer kleidet nur diesen Gedanken in die Form ein, daß nur im Falle der Thäter sich hinsichtlich der Beschaffenheit des Mittels irre, ein wirklicher Irrtum vorliege, die vermeintlich zutreffende, in Wirklichkeit jedoch nicht zum Ziele führende Anwendung des Mittels hingegen einen Irrtum nicht enthalte. Eine Verschiedenheit ist aber hier nicht erfindlich. Zunächst ist die Unterscheidung zwischen dem Mittel und seiner Anwendung ganz unzulässig, weil, wie gesagt, erst durch die zweckmäßige Anwendung ein Gegenstand seine Qualität als Mittel empfängt. Sodann wird der Thäter bezüglich der von ihm bewußt vorgenommenen Handlung niemals getäuscht. Er weiß, daß er den Stoff, welchen er mischt, zum Zwecke der Tötung mischt, daß er durch das Abdrücken des auf seinen Gegner in Anschlag gebrachten Gewehres denselben töten will. Daß der Stoff kein Gift, das Gewehr nicht geladen war, sind Umstände, welche nicht zur Handlung gehören und vielmehr nur die gewollte Wirksamkeit der Handlung verhindern. Es ergiebt sich dies deutlich bei der Unterstellung, das ergriffene, scharf geladene Gewehr sei in einer falschen Schußrichtung in Anschlag gebracht und abgefeuert worden. Von einer der Handlung nachgefolgten Gegenwirkung kann hier keine Rede sein. Der Grund des Fehlschusses liegt vielmehr in der Vornahme der Handlung selbst. Die Handlung aber wurde durch den Irrtum, das Gewehr richtig in Anschlag gebracht zu haben, dem Thäter in einem verfälschten Lichte gezeigt, und es erschiene sonach derselbe wegen Versuches nicht strafbar. Ferner ist die Annahme, daß der durch die zweckwidrige Anwendung des Mittels bedingte, die Erwartung täuschende Kausalverlauf nicht auf einem Irrtum des Thäters beruhe, unhaltbar. Überall geht der Thäter, mag er auch zweifelhaft sein, ob er sein Ziel erreichen werde, von der Unterstellung der Wirksamkeit seiner Handlung aus, und wenn die gegenwärtigen oder zukünftigen Voraussetzungen, welche für ihn bei derselben maßgebend waren, sich nicht seiner Vorstellung gemäß gestalten, so hat er sich eben hinsichtlich dieser Voraussetzungen ganz in dem nämlichen Irrtum befunden, welcher ihn auch statt Arsenik Zucker ergreifen ließ. Daß man sich hinsichtlich der Zukunft nicht irren könne, wird gewiß nicht behauptet werden dürfen. Wären sogar die Ereignisse, an welchen nach beendigter Handlung der Versuch scheiterte, dem Thäter ganz unvoraussehbar gewesen, wie die Rettung des Vergifteten durch den Arzt, so liegt gleichwohl ein Irrtum hinsichtlich seiner Annahme vor, daß die Handlung unter den Umständen, wie er sich dieselben, als durch sie bedingt, vorstellte, wirksam sein werde. Noch mehr natürlich, wenn er der als möglich gedachten Gegenwirkung hatte vorbeugen wollen, er etwa der Meinung war, er habe den Arzt so sicher eingesperrt, daß er dem Vergifteten nicht zu Hilfe kommen könne. Wie bedeutungslos endlich aber auch überhaupt die gemeinte Verschiedenheit zwischen einem richtigen Irrtum und der angeblich nur stattgefundenen Täuschung der Hoffnungen des Thäters ist, ergiebt sich daraus, daß in beiden Fällen gleichmäßig die gewollte Wirksamkeit der Handlung ausbleibt, und in beiden Fällen der verbrecherische Wille von der nämlichen Beschaffenheit ist. Und sollte wirklich kein Versuch des Mordes zur Bestrafung gezogen werden können, im Falle die zur Tötung bestimmte Kugel vor den Füßen des Gegners zu Boden fiel, weil der Thäter eine kleine Quantität Pulver zu wenig geladen hatte? Wollte sich Geyer hier zu der Ausrede wenden, daß doch an und für sich ein scharf geladenes Gewehr zur Tötung geeignet sei, so würde er in Widerspruch mit seiner Behauptung geraten, man dürfe der Bestrafung einer verübten Übelthat nicht irgend einen abstrakt ausgedachten, erklügelten Thatbestand zu Grunde legen, sondern nur das Geschehene in seiner gegebenen Gestaltung (S. 34). Wenn er überdies die behauptete Verschiedenheit zwischen einem die Haftbarkeit für Versuch beseitigenden Irrtum und der nur getäuschten Hoffnung des Thäters damit zu rechtfertigen sucht, daß derselbe seine Handlung unterlassen werde, im Falle man ihn darüber aufkläre, daß er statt Arsenik Zucker in der Hand habe, so genügt wohl zur Widerlegung dieses Argumentes die Bemerkung, daß überhaupt jeder Versuch unterbleiben würde, wenn der Thäter wüßte, daß er nicht zur Vollendung gelangen könne. Ebenso hinfällig ist die Verweisung darauf, daß doch derjenige nicht wegen Versuches der Tötung bestraft werden dürfe, welcher statt des vermeintlichen Giftes ein heilsames Arzneimittel verabreiche. Denn der Satz: wer das Böse will, aber das Gute schafft, ist kein Rechtssatz, nach welchem das Gewollthaben des Bösen straflos gelassen werden müßte. Wer ein fremdes bereits krankes Tier boshafterweise tötet, muß gestraft werden, würde es auch, wenn am Leben geblieben, den ganzen Stall des Eigentümers infiziert haben; ebenso derjenige, welcher auf hoher See ein Schiff anbohrt, um es zum Versinken zu bringen, und dasselbe hierdurch gezwungen hat, einen Hafen aufzusuchen, während es, wenn dies nicht geschehen wäre, auch in unbeschädigtem Zustand zu Grunde gegangen sein würde.

Auf folgenden Gesichtspunkt wird noch hinzuweisen sein. Angenommen, es habe sich jemand zur Tötung seines Gegners ein so großes Quantum Gift angeschafft, daß unbedingt die Tauglichkeit desselben zur Tötung eines jeden Menschen zugegeben werden müßte, der Gegner besitze aber eine so außerordentliche Widerstandskraft gegen Gift, daß der ihm beigebrachte Stoff auch nicht die allergeringste nachteilige Einwirkung auf seinen Organismus ausüben konnte; oder umgekehrt, die Quantität des Giftes sei so gering gewesen, daß, bevor dasselbe verabreicht wurde, unbedingt hätte verneint werden müssen, dasselbe könne den Tod des Gegners nach sich ziehen, wegen der außerordentlich geringen Widerstandskraft desselben gegen Gift, trete aber dennoch sein Tod ein: dann muß doch wohl die anfängliche Annahme als eine irrige aufgegeben werden und lediglich das Resultat der Anwendung des Mittels entscheidend sein. Ein derartiger Irrtum ist bei jedem Versuche möglich, und man übersieht daher, wenn man ein Mittel, bevor das Resultat seiner Anwendung vorliegt, als ein taugliches bezeichnet, daß diese Annahme keine Gewißheit enthält, weil sie auf einem Irrtum beruhen kann. Was insbesondere den Giftmord mittels mehrerer Dosen, welche der Thäter nach und nach verabreichen will, anbelangt, so war er bei der Verabreichung des ersten Quantums überzeugt, dasselbe sei zur Herbeiführung des Todes zu gering. Er würde darum, im Falle der Tod dennoch verursacht wurde, nicht einmal des versuchten Mordes schuldig sein, weil ihm sein Mittel in einem durch seinen Irrtum verfälschten Lichte gezeigt worden wäre. Die Absicht, demnächst noch weitere Giftdosen folgen zu lassen, kann keinesfalls für das Bewußtsein des Thäters die Tauglichkeit des bereits verabreichten Mittels zur Herbeiführung des Todes begründen.

Das Wesen des Versuches soll in der teilweise verwirklichten Absicht bestehen, die aber bereits in dem vorbereitenden Anschaffen der erforderlichen Werkzeuge gefunden werden müsse. Die Vorbereitung gehört mithin zum Versuche und ist unbedingt strafbar, da Geyer einen strafbefreienden Rücktritt vom Versuche nicht zuläßt (Gerichtssaal 1866, S. 25 ff.). Aber abgesehen hiervon und von der Behauptung, daß zwischen dem Versuche und der Vollendung Kausalzusammenhang bestehe (S. 51), der also auch schon zwischen der Vorbereitung und der Vollendung bestehen müßte, so kommt hiermit die in betreff des Mittels vorgetragene Ansicht ins Schwanken. Denn angenommen, es habe sich jemand ein zur Vergiftung eben zureichendes Quantum Arsenik angeschafft, verschütte aber einen Teil desselben bei dem Einmischen in die Speise, so daß das Mittel seiner Quantität nach untauglich werde, so müßte er dennoch bestraft werden, da die vor dem Einmischen des Giftes bereits durch die Vorbereitung begründete Strafbarkeit nicht mehr in Wegfall gebracht werden konnte. Durch die Hinweisung Geyer's darauf, daß das Gesetz aus praktischen Erwägungen die Vorbereitung straflos lasse, wird die Unzulänglichkeit dieser Theorie nicht gedeckt.

Geyer meint nun, ohne sich freilich um die nähere Begründung zu bekümmern, wenn die möglicherweise zum Ziele führende Bahn beschritten worden, sei auch die Absicht teilweise verwirklicht (S. 43). Der Versuch soll also strafbar sein, wenn er die Möglichkeit, die Gefahr (S. 48, 50) der Vollendung enthält. Aber auch in diesem Gewande kann die Theorie der teilweise verwirklichten Absicht nicht als richtig zugegeben werden. Daß die gemeinte Möglichkeit eine konkrete sein muß, hat zwar Geyer nicht im Zweifel gelassen. Aber die Möglichkeit besteht nur in der Ungewißheit, ob nicht ein gegenwärtiger Zustand, der, wenn er so bliebe, wie er ist, keine Gefahr in sich schließen würde, sich demnächst infolge des Hinzutretens künftiger Ereignisse zu einer anderen Wirklichkeit umgestalten werde. Geschieht dies, so war allerdings schon in dem gegenwärtigen Zustand ein Keim der Kausalität, mithin ein Teil der Vollendung enthalten, gerade darum aber auch die Annahme eines bloßen Versuches unberechtigt. Geschieht dies jedoch nicht, so war das Gegenteil der Fall. Da man aber, so lange der Thäter noch im Handeln, bezw. die von ihm angeregte Kausalität noch im Laufe begriffen ist, nicht weiß, ob sich das eine oder das andere ereignen werde, ob also in dem Geschehenen bereits eine Kausalität enthalten sei oder nicht, so kann auch nicht behauptet werden, daß die Möglichkeit im Versuche eine Wirklichkeit sei. Unzulässig würde es sein, wenn man sich mit seiner Beurteilung des gescheiterten Versuches in die Zeit des Beginnes desselben versetzen und Schlüsse auf die Zukunft ziehen wollte. Denn man müßte hierbei mit gedachten Faktoren, die sich nicht ereignet haben, rechnen, die wirklich vorgelegenen Verhältnisse aber unbeachtet lassen, und es würde sonach die Wirklichkeit der Möglichkeit nicht die konkrete, sondern eine abstrakte sein. Angenommen aber, der eiserne Schrank, in welchem sich auch Geld befindet, sei so einbruchssicher, daß sich der im Nebenzimmer befindliche Eigentümer an den vergeblichen Bemühungen des Diebes, denselben mit Hammer und Brechstange zu öffnen, ergötzt, so würde eine konkrete Möglichkeit der Vollendung niemals bestanden und der Dieb Anspruch auf Straflosigkeit haben. Ein Dolchstich gegen eine durch einen Panzer geschützte Brust würde nicht zur Bestrafung gezogen werden können, denn der Gegner war in keinem Augenblick gefährdet. Hier läßt sich auch nicht behaupten, wenn auch der Gegner gegen die Vollendung geschützt gewesen sei, so sei er doch als lebender Mensch ein taugliches Objekt der Tötung gewesen; der Versuch aber verlange nur ein zum Versuche, nicht aber ein zur Vollendung taugliches Mittel und Objekt. Denn auch hier geht man, indem man sich den *in concreto* bestehenden Schutz gegen das Getötetwerden wegdenkt, von einer abstrakten Unterstellung aus.

Auch die Art und Weise, in welcher sich Geyer auf die Kausalität bezieht, kann seiner Theorie der teilweise verwirklichten Absicht nicht zur Stütze gereichen. Er behauptet, in jeder von dem Verbrecher zur Vollendung des Verbrechens unternommenen kausalen Thätigkeit sei ein Stück verbrecherischer Thätigkeit, also ein Versuch, enthalten. Was jedoch der Thäter in Ausführung seines Planes einmal ganz Verfehltes unternommen habe, so daß dies nicht eingegriffen habe in den Kausalzusammenhang, kein Glied in der Kette bilde, die bis herab zum Erfolge reiche, das falle ganz und gar aus der verbrecherischen Thätigkeit heraus und müsse darum straflos bleiben (S. 52). Wie aber zwischen dem Versuche und der nicht eingetretenen Vollendung die Kette eines wirklichen Kausalzusammenhanges bestehen könne, als deren Glied die im Versuche enthaltene Möglichkeit anzusehen sei, das muß für unbegreiflich gehalten werden. Denn die gemeinte Kette besteht doch nur in der Idee des Thäters, während die Kausalität die Wirklichkeit ist. Gerade im Hinblick auf die von ihm angegriffene Entscheidung des Reichsgerichts und die Theorie, welche sich neuerdings in der Lehre des Kausalzusammenhanges zur Geltung gebracht hat, durfte Geyer seine betreffende Behauptung nicht ganz unbegründet lassen. Es ist aber auch überhaupt nicht ersichtlich, warum der Versuch in der konkreten Möglichkeit der Vollendung bestehen soll, wenn es gestattet ist, in der abstrakten Vorstellung eine Kausalität erblicken zu dürfen.

Daß der Versuch die teilweise verwirklichte Absicht enthalte, soll endlich auch darin seine Bestätigung finden, daß, wenn A zwanzig Schritte nach einer bestimmten Richtung gehen wolle, er doch gewiß diese Absicht zum Teil verwirklicht habe, wenn von ihm einige Schritte nach der fraglichen Richtung hin zurückgelegt worden seien. Läßt man zunächst die „Richtung“ aus dem Beispiel weg, so ergiebt sich, was im Versuche so wenig zutrifft, daß regelmäßig von ihm keine Rede sein kann, wo das Gesetz nur die Handlung bedroht, ein nur auf die Begehung der Handlung gerichteter Wille, welcher auf einen Erfolg derselben nicht reflektiert. Da kann man dann freilich sagen, daß, im Falle jemand zwanzig Schritte habe gehen wollen, und bereits zehn Schritte zurückgelegt habe, er die Hälfte von dem gethan habe, was er habe thun wollen. Denn zehn ist die Hälfte von zwanzig. Der Handelnde braucht gar nicht einmal beabsichtigt gehabt zu haben, zwanzig Schritte zu gehen, da er dennoch nach zurückgelegtem zehnten Schritte die Hälfte von zwanzig Schritten gegangen sein würde, wie auch derjenige, welchem es gelungen ist, bis fünfzig zu zählen, die Hälfte von hundert gezählt hat, mag er bis dahin haben zählen wollen oder nicht. Aber auch derjenige hat die Hälfte von dem gethan, was er hatte thun wollen, wenn von ihm bereits die Hälfte von dem für Arsenik gehaltenen Zucker, dessen er sich zur Vergiftung hatte bedienen wollen, in die Speise gemischt worden war, und es trägt darum der von Geyer hervorgehobene Gesichtspunkt auch zur Unterscheidung des tauglichen von dem untauglichen Versuche nichts bei. Zieht man nun die „bestimmte Richtung" des Gehens in das Beispiel herein, so liegt demselben die Voraussetzung zu Grunde, daß die eingeschlagene Richtung wirklich diejenige war, welche der Gehende hatte einschlagen wollen. Unter dieser Voraussetzung läßt sich dann freilich auch wieder behaupten, daß derjenige, welcher nach der Richtung, die er hatte einschlagen wollen, einige Schritte gegangen ist, einen Teil dessen gethan hat, was von ihm hatte geschehen sollen. Allein im Versuche hat ja gerade der Thäter diejenige Richtung nicht eingeschlagen, welche er hatte einschlagen wollen. Das Nämliche ist aber endlich auch dann der Fall, wenn man annimmt, das Beispiel wolle beweisen, derjenige, welcher einen zwanzig Schritte von ihm entfernten Ort habe erreichen wollen, habe einen wirklichen Teil seiner Absicht realisiert, im Falle von ihm bereits einige Schritte nach diesem Orte zu zurückgelegt worden seien. Denn auch hier liegt die, im Versuche niemals zutreffende, Voraussetzung zu Grunde, der Gehende werde mit Bestimmtheit an dem zwanzig Schritte entfernten Orte anlangen. Anders aber muß sich die Sache verhalten, wenn es auf die konkrete Wirksamkeit der Handlung ankommt, und es zweifelhaft erscheint, ob sich dieselbe aus ihr ergeben werde. Das tritt sofort hervor, im Falle man statt der zehn und zwanzig Schritte zehn und zwanzig Stunden annimmt. Dann wird sich ergeben, daß, wenn nach zurückgelegten zehn Stunden mir die Kräfte versagen, und ich mit einem mir entgegenkommenden Fuhrwerk nach Hause zurückkehren muß, oder wenn jetzt erst die Mühseligkeiten des Weges beginnen, schwierige Passagen überwunden, breite Einschnitte im Terrain übersprungen, Flüsse durchschwommen werden müssen, keineswegs behauptet werden kann, daß bereits ein halbes Hinkommen an diesen Ort stattgefunden habe, etwa der Flüchtling schon halb gerettet erscheine. Wer sein Ziel nicht erreicht, der ist im Verlaufe seiner Thätigkeit nicht ihm, sondern nur der Resultatlosigkeit seiner von Anfang an unfruchtbaren Bemühungen näher gekommen. Die Berufung GEYER's auf das in großen Städten übliche ziel- und planlose Herumbummeln kann sonach die von ihm vorgetragene Ansicht nicht bestätigen.

Daß die von ihm angegriffene Entscheidung des Reichsgerichts auch gegen das Strafgesetzbuch verstoße, wird von GEYER lediglich aus dessen § 46 Z. 2 hergeleitet. Denn wenn der Versuch nicht die Möglichkeit der Vollendung enthalten könne, so müsse es auch als unmöglich erscheinen, einen Erfolg desselben abzuwenden. Aber eine nur mögliche Vollendung kann nicht abgewendet werden, weil sich nicht behaupten läßt, dieselbe würde sich ohne die auf die Abwendung gerichtete Thätigkeit ergeben haben. Der von GEYER hervorgehobene Widerspruch, daß derjenige, welcher wirkliches Gift verabreicht habe, den Erfolg durch Gegengift abwenden und sich hierdurch Straflosigkeit sichern könne, während der weniger gefährliche Verbrecher, welcher statt Arsenik Zucker eingegeben habe, wegen der hier vorliegenden Unmöglichkeit der Abwendung eines Erfolges unter allen Umständen strafbar sei, ergiebt sich ganz in der nämlichen Weise, wenn man unterstellt, die mörderische Kugel sei an dem Gegner vorüber geflogen, oder aber derselbe werde zwar verletzt, jedoch durch den Thäter vor dem Tode errettet. Daß übrigens § 46 St.G.B. überhaupt inkonsequent und unhaltbar erscheint, ist bereits in meiner Abhandlung, GOLTDAMMER's Archiv 1877, S. 290 ff., nachgewiesen worden.

Erscheint aber hiernach GEYER's Theorie, insoweit sie das Wesen des Versuches in der teilweise verwirklichten Absicht findet, hinfällig, so bleibt für dieselbe nur die Behauptung übrig, strafbarer Versuch liege vor, wenn das Geschehene die „Möglichkeit" der Vollendung enthalte (S. 43), an welche Behauptung sich ohne weitere Vermittelung die Bemerkung anschließt, der Versuch müsse die „Gefahr" der Vollendung der Übelthat in sich tragen (S. 48). Möglichkeit und Gefahr werden darum wohl als gleichbedeutend zu nehmen sein. Aber es ist hier die Meinung, das Gesetz dürfe nur denjenigen Versuch zur Strafe ziehen, aus welchem eine konkrete Erschütterung des bestehenden strafrechtlich geschützten Rechtszustandes entspringe, nur insoweit nachzugeben, als der ergebnislos gebliebene, und darum zu einer wirklichen Erschütterung unfähige Versuch allerdings unter Umständen die Befürchtung hervorrufen kann, daß es zu einer Verletzung des geschützten Rechtsgutes kommen werde. Diese Befürchtung kann jedoch auch ein durchaus untauglicher, die Möglichkeit der Vollendung nicht in sich schließender Versuch herbeiführen, wie aber auch andererseits ein tauglich gewesener Versuch von diesem Effekte nicht begleitet zu sein braucht. Das Anschlagen eines ungeladenen Gewehres auf einen Menschen kann denselben erzittern machen, wenn er es für geladen hält, das unerwartete Vorüberfliegen einer Kugel an dem Kopf desselben aber keinen Einfluß auf dessen konkretes Sicherheitsgefühl äußern, weil mit dem Bewußtsein, daß er bedroht gewesen sei, sich zugleich das Bewußtsein der glücklich überstandenen Gefahr verbindet. Man wird aber doch auch nur dafür gestraft, daß etwas geschehen ist, nicht dafür, daß möglicherweise etwas anderes, als das Geschehene, hätte geschehen können. Geschehen nach der subjektiven Theorie aber ist im Versuche die Handlung und, als deren Ergebnis, die Verkörperung des auf die Herbeiführung der Vollendung gerichteten Willens in der Außenwelt. Dasselbe ist auch nach der objektiven Theorie der Fall, nur legt sie auf dieses Geschehnis kein Gewicht. Das von ihr an dessen Stelle in das Auge gefaßte Ergebnis der Handlung erscheint aber bedeutungslos. Denn daß die Kugel an einem Menschen vorbei flog, kann nicht als ein Geschehnis von strafrechtlicher Bedeutung betrachtet werden, und daß der Mensch hätte getroffen werden können, ist überhaupt kein Geschehnis. Aber angenommen, man dürfe die Möglichkeit als ein Geschehnis anerkennen, so könnte doch immerhin die Strafbarkeit derselben nur aus der Handlung erfließen. Darum muß es unzulässig erscheinen, die Frage nach der Möglichkeit von der Handlung loszulösen, sie also etwa dahin zu richten, ob ein lebender Mensch getötet werden könne, oder auch ob man mit Gift einen Menschen töten könne. Man muß vielmehr die Frage dahin beantworten, ob in der Handlung des Thäters die Möglichkeit eines strafrechtlichen Ergebnisses enthalten gewesen sei. Nun gehören jedoch mit Notwendigkeit zur Handlung die äußeren Umstände, unter welchen gehandelt worden ist. Denn eine Handlung ohne äußere Umstände, unter welchen sie stattfindet, ist undenkbar. Hiernach aber ergiebt sich dann die zu stellende Frage dahin, ob unter den äußeren Umständen, unter welchen die Handlung vollzogen wurde, das Ergebnis möglich gewesen wäre, welche Frage indessen im Versuche stets ihre Verneinung findet. Man müßte also zur Rettung der Möglichkeit die Frage dahin fassen, ob unter anderen als den vorgelegenen Umständen die Handlung möglicherweise ein Ergebnis haben oder gehabt haben würde. Damit aber würde man nicht allein nicht zur Unterscheidung zwischen tauglichem und untauglichem Versuche gelangen, weil eben jede Handlung unter abstrakt gedachten Verhältnissen zum Erfolge geführt werden kann, man würde nicht allein die Strafbarkeit des Thäters von der Fiktion herleiten, die gedachten Verhältnisse seien wirkliche, sondern man würde zugleich die Identität der Handlung beseitigen. Denn eine Handlung, welche unter anderen Umständen, als den *in concreto* vorgelegenen stattfindet, ist nicht die nämliche. Die abstrakt gedachten Verhältnisse setzen vielmehr auch eine abstrakt gedachte Handlung voraus. Die Theorie der Möglichkeit straft hiernach die begangene Handlung nicht darum, weil sie begangen worden ist, nicht um ihrer selbst willen, sondern wegen ihrer Eigenschaft, sich in eine andere umwandeln zu lassen. Ob die Möglichkeit der Herbeiführung des Erfolges eine nähere oder entferntere war, der Handelnde sich diese Möglichkeit vorgestellt hatte oder nicht, kann hieran nichts ändern. Maßgebend erscheint vielmehr überall gegen die Theorie der Möglichkeit die Einwendung, daß die Annahme der konkreten Möglichkeit im Versuche stets sich als ein Irrtum erweist, aus einem Irrtum aber die Strafbarkeit des Thäters nicht hergeleitet werden darf, während allerdings die Annahme der abstrakten Möglichkeit, weil sie eben nur eine in die Wirklichkeit nicht übersetzte Abstraktion ist, zwar durch die Wirklichkeit nicht als eine irrige nachgewiesen werden kann, die Frage, ob nicht ein Irrtum anzunehmen sei, also offen läßt, dafür aber auch unberechtigt erscheint. Nur vermöge besonderer gesetzlicher Billigung, wie sie bei den gemeingefährlichen Verbrechen vorliegt, darf sonach die Strafbarkeit des Thäters aus der abstrakten Möglichkeit, daß seine Handlung zu einem Ergebnis hätte hinführen können, hergeleitet werden. Nur das Gesetz könnte die Konstruktion berechtigen: das Anbringen des Explosionsstoffes, mit welchem der Thäter den Vieruhrzug hatte zertrümmern wollen, war zwar *in concreto* in keinem Augenblick gefährlich, weil schon vor demselben die Direktion das Ausfallen dieses Zuges beschlossen hatte. Da aber im allgemeinen zugegeben werden muß, daß in der bethätigten Weise ein Zug beschädigt werden kann, so ist Versuch anzunehmen, obgleich der Thäter nicht die Abstraktion, sondern die Ausführung eines konkreten Vorhabens zum Gegenstand seiner Vorstellung gemacht hatte. Zugleich ergiebt sich aber gerade aus der Theorie der gemeingefährlichen Verbrechen, daß der gefahrlose Versuch strafbar erscheint. Denn da hier das Moment der Gefahr in den Thatbestand der Vollendung aufgenommen ist, so kann der strafbare Versuch nur in der Vornahme einer ungefährlichen Handlung bestehen, oder er muß ganz ausgeschlossen sein.

Hält man daran fest, daß die Strafbarkeit des Thäters nur aus seiner konkreten Handlung und den konkreten Verhältnissen, unter welchen sie stattgefunden hat, erwachsen kann, so kann auch das Urteil des obersten Gerichtshofes in Wien vom 6. Dezember 1880 (Österreichische Gerichtszeitung vom 8. Februar 1881, Nr. 11) nicht richtig sein. Es handelte sich darum, daß ein dem Kolonel P. gehöriger Check mit dessen falscher Unterschrift von einem Unberechtigten in so schülerhafter Weise versehen worden war, daß sie nicht die mindeste Ähnlichkeit mit der dem Handlungshause Rothschild wohlbekannten echten Unterschrift des P. aufzeigte und darum bei der Präsentation des Checks daselbst zur Zahlung sofort als falsch erkannt werden mußte. Die auf die Annahme, daß der falsche Check zur Täuschung an sich nicht geeignet gewesen sei, gestützte Freisprechung des Angeklagten in erster Instanz wurde mit der Erwägung aufgehoben: die Strafbarkeit des Versuches gründe sich darauf, daß er die Absicht, ein Delikt zu begehen, auf eine die Rechtsordnung gefährdende Weise zu Tage bringe. Eine solche Gefährdung lasse sich nur dort verneinen, wo die Versuchshandlung mit zur Erreichung des Zweckes völlig und unbedingt (*in abstracto*) untauglichen Mitteln unternommen worden sei. Habe hingegen die Ursache des Mißerfolges nur in der Ausführungsweise der That, oder in der konkreten Beschaffenheit oder Thätigkeit des dienlichen Objektes (also bei dem Betruge desjenigen, dessen Täuschung geplant gewesen sei) gelegen, dann sei strafbarer Versuch anzunehmen. Daß sich aber die Fertigung einer falschen Privaturkunde zum Betruge eigene, sei schon durch den Wortlaut des Gesetzes bejahend entschieden. Nun ist jedoch ersichtlich, daß vorliegend, wie in jedem Versuche, die wirkliche Handlung des Angeklagten „völlig und unbedingt“ zur Herbeiführung des Erfolges untauglich, die Freisprechung mithin nach der Theorie der Möglichkeit durchaus gerechtfertigt war. Wenn demungeachtet diese Freisprechung durch den obersten Gerichtshof beseitigt wurde, so ist derselbe hierbei, im Falle er nicht die faktische Möglichkeit mit der rechtlichen verwechselt hat, von der Unterstellung ausgegangen, daß eine Handlung, welche sich einer Urkunde mit vortrefflich vollzogener Fälschung zur Täuschung bediene, oder auch von einer Urkunde mit schlecht vollzogener Fälschung jemandem gegenüber Gebrauch mache, der nicht im stande sei, die stattgefundene Fälschung zu erkennen, zur Herbeiführung der beabsichtigten Täuschung geeignet erscheine — ohne jedoch hierbei bemerklich zu machen, wie man berechtigt sein könne, der *in concreto* stattgefundenen Handlung eine lediglich gedachte zu substituieren, hiernach aber die Strafbarkeit nicht aus der Wirklichkeit, sondern lediglich aus der Welt der Einbildung zu entnehmen.

Ist hiernach die von GEYER aufgestellte Theorie des Versuches nach allen Richtungen unhaltbar, so ergiebt sich zugleich, daß auch die hieraus hergeleiteten Angriffe auf die Entscheidung des Reichsgerichts hinfällig sein müssen. Das gilt auch von den wiederholten Äußerungen mehr allgemeiner Natur, welche gegen diese Entscheidung gerichtet sind, insbesondere von der Behauptung, es wäre pure Laune und Willkür, wenn die Norm das Handeln verböte, sofern es nur in einer schlimmen Absicht geschähe, gleichviel ob es eine Inswerksetzung dieser Absicht wäre, oder ihr nicht entspräche, gleichviel ob es eine Gefahr für das betreffende Gut in sich schließe oder nicht; ein solches Glaubensgericht zu halten, zieme dem modernen Staate nicht (S. 47); ein Mensch mit bösen Gesinnungen könne vielleicht gefährlich erscheinen, und die Polizei aufgefordert sein, seine Handlungsweise zu überwachen, die Handlung mit untauglichen Mitteln aber sei ungefährlich wie ein Scherz oder ein Kinderspiel harmloser Art und müsse darum dem Gerichte der öffentlichen Meinung überlassen bleiben (S. 49, 50). Denn es wird hier die doch nahe gelegene Erwägung übersehen, daß im Falle es gestattet wäre, seine ernstlich gemeinte Feindschaft gegen das Gesetz durch Handlungen zu bethätigen, welche dasselbe verletzen sollen, es um dessen Aufrechterhaltung, infolge hiervon aber auch um die Überzeugung der Gesamtheit, sowie insbesondere desjenigen, auf welchen der fehlgeschlagene Angriff stattgefunden hatte, in dem ruhigen Besitz ihrer Rechtsgüter geschützt zu sein, schlimm bestellt sein würde, und daß eben darum die Bestrafung des untauglichen Versuches, da in ihm diese Feindschaft gegen das Gesetz gerade so gut an den Tag tritt, wie in dem tauglichen Versuch, keineswegs eine „barbarische Ungerechtigkeit", sondern ein unbedingtes Gebot der Notwendigkeit ist. Die von GEYER angerufene öffentliche Meinung würde sich schwerlich bei ihrem „eigenen Gerichte" beruhigen, wenn etwa der Dieb, welcher den von ihm angefertigten falschen Schlüssel in ein fremdes Schloß eingeführt hatte, das aber unmöglich mit demselben geöffnet werden konnte, straflos bleiben müßte, weil er nur „sittlich verwerflich" sei, oder auch die Strafe des Versuches nicht ausgesprochen werden könnte, wenn die auf Erpressung gerichtete Drohung auf einen so unerschütterlichen Menschen traf, daß der Drohende den kürzeren zog, oder wenn derjenige, welcher betrogen werden sollte, die Unwahrheit der vorgespiegelten Thatsache bereits kannte, oder das Gift erst nach der bereits erfolgten Abreise des Gegners hingestellt wurde, oder auch der angebrachte Explosionsstoff nicht gerade absolut untauglich, aber doch so fehlerhaft konstruiert gewesen war, daß sich aus demselben zur rechten Zeit eine Wirksamkeit unmöglich ergeben konnte — weil in allen diesen Fällen während des ganzen Verlaufes der Thätigkeit eine wirkliche Gefahr nicht bestanden habe. Aus diesen Beispielen aber ergiebt sich zur Genüge, daß sich GEYER auf der „abschüssigen Ebene“ befindet, welche mit der Straflosigkeit des Versuches überhaupt ihr Ende erreicht. Das würde er wohl selbst erkannt haben, wenn er es nicht unterlassen hätte, das Resultat seiner Theorie auch nach anderen Richtungen, als nach dem Giftmord hin, in Betracht zu ziehen. Nur darum führt dieselbe nicht zu den verzweifeltsten Ergebnissen, weil er mit der früheren Ansicht, daß die Möglichkeit nur eine abstrakte zu sein brauche, gebrochen und die konkrete Möglichkeit als Erfordernis für den Versuch verlangt hat. Dieser Bruch mit der Vergangenheit aber und das gleichzeitige Beharren auf dem Erfordernis der konkreten Tauglichkeit des Versuches verträgt sich nicht mit einander, und es hätte vielmehr die Abwendung von der früheren Theorie eine vollständige sein müssen. Dieser Gesichtspunkt ist für die subjektive Theorie, welcher sich das Reichsgericht angeschlossen hat, der maßgebende, und sie hat es sich hierdurch ermöglicht, im Versuche das zu bestrafen, was wirklich geschehen ist.

Hinzuweisen ist aber auch noch auf die Äußerung GEYER's: zweifellos, wie sehr man auch diesen Gedanken abzuwehren suche, gelange man mit der Theorie des Reichsgerichts zu einer modernen Auflage der Hexenprozesse (S. 36), und: wenn man keinen Unterschied zwischen der tauglichen und untauglichen Versuchshandlung mache, so müsse man so konsequent sein wie das Reichsgericht und moderne Scheiterhaufen errichten für Zauberer, Wahrsager und Kartenschlägerinnen — mit welchen Äußerungen insbesondere auf das nach der subjektiven Theorie strafbare Totbeten hingewiesen werden soll. Nun war aber die Tendenz der Hexenprozesse auf die Bestrafung des persönlichen Umganges mit dem Teufel gerichtet, und der Schaden, welcher herbeigeführt worden war, überhaupt nicht oder doch nicht der absolute Maßstab für die Strafe; die Hexe wurde verbrannt, wenn ihr auch nur zur Last fiel, daß sie die Krankheit einer Kuh verursacht habe. Von einem Versuche der Hexerei aber wird wohl keine Rede gewesen sein. Dieser Gesichtspunkt ist selbstverständlich nicht derselbe, aus welchem auch jetzt noch das Totbeten bestraft werden kann, darum aber auch die aus der Theorie des Reichsgerichts gezogene Konsequenz unhaltbar. Zweifelt man doch auch nicht daran, daß Schatzgräber und Kartenschlägerinnen bestraft werden können, die es auf einen Betrug abgesehen haben. Inwiefern das Totbeten eine wirkliche Strafthat enthalte, habe ich schon so vielfach erörtert, daß ich mir hier eine Wiederholung ersparen kann. Erwägt man, daß die subjektive Theorie einen ernsten Willen voraussetzt, welcher sich einige Vorstellung von dem bevorstehenden Kausalverlauf der Handlung gemacht hat — weil anderenfalls zwar wohl von einem Wunsche aber nicht von einem Willen geredet werden könnte — und daß sich dieser so geeigenschaftete Wille in der Außenwelt dergestalt verkörpert haben muß, daß er ganz unabhängig von einem Geständnis erkenntlich vorliegt, so wird es kaum jemals zu einer Bestrafung des Totbetens und ähnlicher unsinniger Handlungen kommen können. Zu dem Ende braucht man gar nicht einmal darauf zu reflektieren, daß sich auch aus der Unsinnigkeit der Handlung die Unzurechnungsfähigkeit des Thäters ergeben kann, wie etwa im Falle er einen Verstorbenen wieder lebendig hatte beten wollen. Die Gegner der subjektiven Theorie lassen freilich diese Gesichtspunkte durchgängig unberücksichtigt, und es wird insbesondere von ihnen die naheliegende Frage nicht erörtert, wie denn ein wesentlicher Unterschied bestehen könne zwischen der zweckwidrigen abergläubischen Anwendung eines tauglichen Mittels und der abergläubischen Anwendung eines untauglichen Mittels.

Zu den Gegnern der citierten Entscheidung des Reichsgerichts ist in der neuesten Zeit auch v. Liszt insofern hinzugetreten, als er zwar zugiebt, jeder Versuch, der taugliche wie der untaugliche, sei normwidrig und könne darum gestraft werden, aber der Meinung ist, nur der Versuch solle gestraft werden, welcher eine Gefahr herbeigeführt habe. Daß der Begriff der Gefahr ein relativer, sei kein Einwand gegen die Richtigkeit des aufgestellten Satzes, der sich bemühe, das in uns allen vorhandene Rechtsgefühl zur Klarheit eines rechtlichen Gedankens zu erheben (Reichsstrafrecht S. 137, 138). Da er sich indessen bezüglich des Wesens der Gefahr nur dahin ausspricht, sie liege vor, wenn sich seither auch nur in einem kleinen Prozentsatz von ähnlichen Fällen der Erfolg ergeben habe (daselbst S. 8, N. 1), so wird sich nicht behaupten lassen, daß der betreffende Gedanke mit besonderer juristischer Schärfe herausgearbeitet worden sei. Auch die Kritik des Cohn'schen Versuches giebt über diesen Begriff der Gefahr keine weitere Auskunft und setzt denselben vielmehr als bereits in dem Reichsstrafrecht erschöpfend behandelt voraus. Hervorzuheben ist hier nur die Bemerkung, bei Stellung der nachträglichen Prognose müsse man von all dem absehen, was uns der konkrete Kausalverlauf erst gelehrt habe. Die Frage, ob das Verscharren eines toten Kindes geeignet sei, dessen Tod herbeizuführen, sei falsch gestellt. Wie aber hierdurch eine absolute Verschiedenheit zwischen dem strafbaren und dem straflosen Versuch begründet werden könne, wird nicht angegeben. Es würde auch eine Handlung, welche sich erst während ihres Verlaufes als eine gefährliche erwiesen hat, als ungefährlich nicht bestraft werden können, sonach aber für die zu stellende Frage die Zeit vor dem Beginn der Handlung bezw. der Beginn der Handlung dergestalt maßgebend erscheinen, daß die im Verlaufe der Handlung sich zur Geltung bringende Überzeugung, man habe sich in seiner ursprünglichen Ansicht geirrt, bedeutungslos sein müßte. Wäre der Gegenstand, welchen der Thäter hatte erschießen wollen, als er sein Gewehr in Anschlag brachte, allgemein für einen Menschen gehalten worden, während sich nach dem Schusse herausstellte, daß die Kugel nach einem Baumstamme geflogen oder der Sumpf, in welchen der Gestoßene fiel, nur knietief war, so müßte angenommen werden, daß man es mit einer gefährlichen Handlung und sonach mit einem Versuche zu thun habe. Das Umgekehrte aber würde der Fall sein, wenn sich der allgemein — nur nicht vom Thäter — für einen Baumstamm gehaltene Gegenstand späterhin als einen Menschen herausstellte. In solchen Fällen würde man sich dann genötigt sehen, den Standpunkt der Prognose zu verlassen und das Geschehene von hinten nach vorne der Prüfung auf seine Gefährlichkeit zu unterziehen. Nur der eine oder der andere Standpunkt könnte jedoch der richtige sein. Wenn man aber den zweiten Standpunkt als den richtigen betrachtet, so würde sich ergeben, daß man, weil die Handlung keine gefährliche war, Versuch nicht annehmen dürfte, wenn das aus dem Fenster geworfene Kind auf eine bereits vorhandene weiche Unterlage fiel, mochte auch der Thäter von diesem Vorhandensein keine Kenntnis gehabt haben. Fiel hingegen das Kind auf das Straßenpflaster, aber so glücklich, wie dies kaum angenommen werden könnte, wenn es ein zweites Mal geschähe, so ließe sich zwar behaupten, daß das Kind, während es fiel, gefährdet gewesen sei. Immerhin aber würde diese Behauptung auf einem Absehen von den konkreten Verhältnissen, wie sie sich wirklich vollzogen haben, beruhen. Der Urteilende würde mit seiner Beurteilung sich nicht an das Ende des Kausalverlaufes stellen, sondern mit derselben in den Kausalverlauf an irgend einem Punkte hineintreten und von da ab nicht mit den konkreten, sondern mit abstrakt gedachten Verhältnissen rechnen, was dann aber auch geschehen müßte, im Falle der allgemein für einen Menschen gehaltene Baumstamm getroffen wird. Hieraus aber geht hervor, daß nur dann von einer wirklich existent gewesenen Gefahr die Rede sein kann, wenn der Gefährdete wirklich darin umgekommen ist. Es enthält aber auch einen Widerspruch, daß v. Liszt die subjektive Theorie zwar billigt, dennoch aber den ungefährlichen Versuch nicht bestraft haben will. Denn die Strafbarkeit auch dieses Versuches liegt so sehr in ihrem Wesen, daß sie ohne dieselbe gar nicht bestehen kann. Endlich setzt sich v. LISZT mit seinen Ausführungen auch in einen Widerspruch mit dem Strafgesetzbuche, indem er glaubt, dasselbe habe die Strafbarkeit des untauglichen Versuches weder bejaht noch verneint, und es habe darum der Richter hier für eine dem Rechtsbewußtsein entsprechende Beurteilung freien Raum. Denn entweder hat das Strafgesetzbuch die objektive oder die subjektive Versuchstheorie vorgeschrieben, oder es hat dem Richter zwischen beiden Theorieen die Wahl gelassen. Keinesfalls aber hat es demselben gestattet, bald die eine, bald die andere derselben zur Anwendung zu bringen. Die reine Willkür würde die Folge einer derartigen Erlaubnis sein. Freilich meint v. LISZT, das Gesetz verlange nicht, daß man sich so strenge an ein von ihm vorgeschriebenes Prinzip halten solle, und wenn es daher auch als Regel ausgesprochen habe, der Versuch sei strafbar, so brauche man doch den ungefährlichen Versuch nicht zu bestrafen, obwohl er als ein wirklicher Versuch unter die Regel falle. Das ist aber doch ein höchst bedenklicher Satz, der, wenn er angenommen würde, von dem übelsten Einfluß auf die Praxis sein müßte. Hiernach versteht man aber auch nicht, was denn eigentlich sein gegen das Reichsgericht erhobener Vorwurf, daß es nicht einen Rechtssatz — den der Gefährlichkeit? — geschaffen habe, bedeuten soll.

Wenn endlich GEYER und v. LISZT auch noch auf die geringe Neigung der Wissenschaft hinweisen, sich dem Spruche des Reichsgerichts anzuschließen, so darf man denn doch billig fragen, was denn dieselbe bisher in der Lehre vom Versuch geleistet habe. GEYER sagt es selbst im Beginne seiner Abhandlung — eine, scheinbar endlose, Kontroverse. Die Versuchstheorie GEYER's wird so etwa zwei Dezennien alt sein, aber er wird schwerlich versichern können, daß sie auch nur von einem seiner Kollegen unbedingt angenommen worden sei. Überhaupt werden kaum zwei hervorragende Vertreter der Wissenschaft in der Lehre vom Versuche übereinstimmen. Neuerdings hat COHN ausgesprochen, daß die in der Lehre vom Versuche seit Jahrhunderten geleistete Geistesarbeit durchweg eine vergebliche gewesen sei, muß jedoch bereits die Wahrnehmung machen, daß seine eigene Meinung von v. LISZT in zutreffendster Weise widerlegt worden ist. v. LISZT selbst hingegen bezweifelt sogar die Fähigkeit der Zukunft, zu einem gedeihlichen Ziele zu gelangen. Bietet aber hiernach das Gesamtergebnis der Wissenschaft der Praxis keine Befriedigung für ihre Bedürfnisse dar, wollte aber auch auf der anderen Seite das Reichsgericht nicht änger den aus der Materie des Versuches herantretenden Fragen mit den in der Rechtsprechung hergebrachten Redewendungen ausweichen, so blieb demselben nur der Anschluß an eine der beiden im Gange befindlichen und überhaupt möglichen Versuchstheorieen übrig. Daß hierzu gerade die subjektive Theorie erkoren und hierdurch die Kontroverse ganz „nett und rund“ (S. 33) entschieden, hiermit zugleich aber auch der vollständige Bruch mit der objektiven Theorie offen und ehrlich vollzogen wurde, wird schwerlich ohne die eingehendste Prüfung des Wertes der beiden Theorieen für die Praxis und nicht mit leichtem Herzen geschehen sein. Denn der Widerspruch der objektiven Theorie ließ sich voraussehen. Dabei wird wohl die Intention des Reichsgerichts keineswegs dahin gegangen sein, durch seinen Spruch die Wissenschaft zu binden. Es wird sich vielmehr freuen, wenn es derselben endlich doch noch gelingen sollte, den richtigen Rechtssatz zu ermitteln. Hierzu werden aber wohl ganz andere Wege eingeschlagen werden müssen, als die seither von der objektiven Theorie betretenen, und es kann darum vorerst noch das Reichsgericht den Angriffen dieser Theorie auf seine Plenarentscheidung mit Ruhe entgegen sehen.

Der Behauptung, daß die Wissenschaft keine Sympathie für die Plenarentscheidung des Reichsgerichts habe, ist der Widerspruch derselben in dem soeben erschienenen gemeinen deutschen Strafrecht Hälschner's auf dem Fuße gefolgt. Er hat zwar diese Entscheidung nicht ausdrücklich in Betracht gezogen, aber ihre Richtigkeit ergiebt sich mit Notwendigkeit aus der von ihm vorgetragenen Lehre des Versuches. Bereits in seinem System des Preußischen Strafrechts, Bd. 1, S. 190 hatte er behauptet, die Thätigkeit im Versuche müsse so gestaltet sein, daß trotz der fehlenden Vollendung das volle Wesen der Absicht aus ihr selbst zu erkennen sei. Da jedoch noch weiter für den Versuch die, wenn auch unvollständige, Verwirklichung der Absicht verlangt wurde, von welcher nur dann geredet werden könne, wenn zwischen dem beabsichtigten Erfolg und der zur Verwirklichung desselben vorgenommenen Thätigkeit Kausalzusammenhang stattfinde (daselbst), so ergab sich, daß das Wesen des Versuches nicht lediglich in der äußeren Gestalt des Willens, sondern in diesem Willen und zugleich in der Kausalität beruhe, mithin das erste Erfordernis in seiner Geltung durch das zweite beeinträchtigt wurde und hinsichtlich des zweiten die gegen die objektive Theorie überhaupt gebotenen Einwendungen vorgebracht werden mußten. Nunmehr ist jedoch von ihm nicht allein die Unrichtigkeit des Erfordernisses eines zwischen Versuch und Vollendung bestehenden Kausalzusammenhanges, sondern auch die Unrichtigkeit des Erfordernisses, der Versuch müsse die Möglichkeit der Vollendung darbieten, zutreffend nachgewiesen worden.

Über die Kausalität der Unterlassung.

In direktem Gegensatz zu der früheren Theorie, welche in der Unterlassung ausnahmslos die reine Unthätigkeit erblickte und ihr darum die Fähigkeit, kausal zu werden, absprach, scheint in neuerer Zeit nach dem Vorgang meiner Abhandlung im Gerichtssaal 1869 die Ansicht anerkannt zu werden, daß, im Falle sich Impulse zur Geltung bringen, welche ein Handeln verlangen, dieselben aber unterdrückt werden und infolge dieser Unterdrückung eine Unterlassung des Handelns sich ergiebt, diese Unterlassung als das Resultat einer Handlung zu betrachten sei. Daß sonach durch diese Handlung die Unterlassung verursacht wird, erscheint nicht zweifelhaft. Wohl aber besteht noch keine Übereinstimmung darin, ob und inwiefern in der verursachten Unterlassung selbst eine Kausalität für den Erfolg enthalten sei. Meine oben erwähnte Abhandlung geht hier von der Erwägung aus: jede beliebige Handlung kann unter Hinzutritt besonderer Ereignisse strafrechtliche Erfolge herbeiführen. Das ist jedermann bekannt, und es entschließt sich darum der Handelnde bei Vornahme einer Handlung stets zur Abwendung solcher Erfolge, mag er auch zu dieser Zeit nicht entfernt wissen können, daß sich dieselbe demnächst wirklich in dieser Richtung kausal erweisen werde. Dieser gefaßte Entschluß, einen etwaigen strafrechtlichen Erfolg seiner Handlung abwenden zu wollen, ist aber ein dem Eintritt dieses Erfolges entgegenstehendes Hindernis. Wenn daher später mit dem Bewußtsein, daß jetzt wirklich die Handlung kausal zu werden drohe, dieser ursprüngliche Wille, den Erfolg abzuwenden, in sein Gegenteil umgewandelt wird, so bedeutet diese Umwandlung die Beseitigung eines dem Erfolge entgegenstehenden Hindernisses, welche eine schuldhafte Mitwirksamkeit für denselben enthält und ihn sonach in strafbarer Weise verursacht. Dieser Ansicht, der schuldlos Handelnde fasse stets den ausdrücklichen Entschluß, einen etwa drohenden strafrechtlichen Erfolg seiner Handlung abzuwenden, konnte der Vorwurf nicht erspart bleiben, daß sie sich auf eine Fiktion stütze, und es scheint darum zutreffender zu sein, wenn Hälschner in seinem Strafrecht 1881, S. 240, 241 erörtert, derjenige, welcher einen strafrechtlich bedeutungslosen Erfolg herbeiführen wolle, sei stillschweigend von vornherein entschlossen, alle möglichen dem Eintritte dieses Erfolges sich etwa in den Weg stellenden Ereignisse zu überwinden, mithin namentlich aber auch solche Ereignisse, welche den Kausalverlauf seiner Handlung von dem ursprünglich gewollten Erfolge ab zu einem strafrechtlichen Erfolge hinlenken würden. Werde dann angesichts des Bevorstehens eines strafrechtlichen Erfolges die auf Abwendung eines jeden anderen als des ursprünglich gewollten Erfolges gerichtete Willensbestimmung aufgegeben, so trete an deren Stelle die gegenteilige, einen als rechtsverletzend erkannten Erfolg zuzulassen. Hierin liege aber eine schuldhafte Verwendung dessen, was der Unterlasser seither schuldlos gethan habe, zur Herbeiführung des Erfolges. Allein das Zulassen bedeutet ein lediglich passives Verhalten, und das Verwenden eines gegebenen Materiales ist ohne kausale Einwirkung auf dasselbe nicht möglich. Daher muß aber auch Hälschner die Kausalität der Unterlassung gerade darin begründet finden, daß durch die Umwandlung der früheren stillschweigenden Entschließung in die neue ein dem Eintritt des Erfolges entgegenstehendes Hindernis beseitigt und hierdurch der Erfolg verursacht werde, wenn schon er (234, 235, 239) behauptet, die Handlung, welche die zu einer Thätigkeit anreizenden Impulse unterdrücke, verursache lediglich die Unterlassung, nicht aber eine weitere in die Erscheinung tretende Folge.

Nun ist jedoch von Ortmann und Binding darauf hingewiesen worden, es sei zwar richtig, daß in dem bei der Vornahme der vorausgegangenen schuldlosen Handlung gefaßten Entschlusse, den etwaigen strafrechtlichen Erfolg derselben abzuwenden, ein dem Eintritt dieses Erfolges entgegenstehendes Hindernis und in dem Aufgeben des betreffenden Entschlusses eine Beseitigung dieses Hindernisses, somit aber eine Kausalität für den eintretenden Erfolg zu finden sei — dies jedoch nur dann, wenn sich der Handelnde durch seine vorausgegangene, den Erfolg fördernde, Thätigkeit zugleich zur Abwendung desselben verbindlich gemacht habe. Hiermit setze er ein den Erfolg abhaltendes Äquivalent für die vorausgegangene Förderung desselben, welches deren Wirksamkeit paralysiere, mit dessen Beseitigung sie also erst das zur Herbeiführung des Erfolges erforderliche Übergewicht über die von denselben abhaltenden Kräfte erlange und sonach kausal werde. Als charakterisierendes Beispiel wird hier der Bahnwärter angeführt, welcher seinen Dienst mit dem Willen übernehme, etwaige Unglücksfälle zu verhindern, und es unterscheidet sich hiernach diese Ansicht von der ersten lediglich dadurch, daß sie das Äquivalent gegen den Eintritt des drohenden Erfolges der Handlung nur dann entstehen läßt, wenn gerade dieser Erfolg von vornherein, zwar nicht in einer die Haftbarkeit für denselben begründenden Voraussicht, aber doch immerhin als denkbar in Betracht gezogen worden war — während die erste Ansicht dieses Äquivalent gegen den Eintritt des beliebigen Erfolges der Handlung in dem bei ihrer Vornahme gefaßten Entschluß, einen jeden, gleichviel welchen, Erfolg derselben abzuwenden, enthalten findet. Das Gebiet der Verursachung durch Unterlassung wird daher durch Ortmann und Binding eingeschränkt, und es ist sonach nicht einzusehen, wie Hälschner dieses Problem durch die Auffassung Binding's für erledigt erklären kann (240 N. a. E., 245 N. a. E.), da sie doch seiner eigenen widerspricht. Es ist aber diese, aus dem Kausalitätsbegriff Binding's hergenommene, Einschränkung darum nicht haltbar, weil auch nach ihr die schuldvolle Verursachung des Erfolges erst mit dem Augenblick der Unterlassung seiner Abwendung erwächst, und es sonach als bedeutungslos angesehen werden muß, ob von Anfang an schon an denselben gedacht worden ist oder nicht. Wenn der Bäcker jemandem, Brot zu liefern, versprochen, dieser aber sich im Vertrauen auf die Erfüllung des Versprechens von allen Lebensmitteln entblößt hat, so muß es gleichgültig sein, ob der Bäcker bereits zur Zeit des Vertragsabschlusses oder zu einer späteren Zeit in die besondere Erwägung eingetreten war, seine Unterlassung könne ein Verhungern herbeiführen. Denn die Frage, ob sein Unterlassen dieses Verhungern verursache, ist von dem früheren oder späteren Zeitpunkt, zu welchem er sich des Bevorstehens dieses Erfolges seiner vorausgegangenen Handlung bewußt wurde, in keiner Weise abhängig, aber auch die Entstehung seiner Schuld hierdurch nicht bedingt. Auch würde die widersprochene Ansicht zu dem Ergebnis führen, daß der Handelnde einen anderen Erfolg seiner Handlung, als den bei der Vornahme derselben in Betracht gezogenen, nicht zu verhindern brauchte, mochte ihm demnächst auch sein Bevorstehen zum Bewußtsein gekommen sein. Jedenfalls stimmen aber diese Ansichten darin überein, daß derjenige, welcher eine Handlung vornimmt, sich sofort entschließt, den etwaigen strafrechtlichen Erfolg derselben abzuwenden, und daß in diesem Entschlusse ein demselben entgegenstehendes, selbst gesetztes, Hindernis enthalten ist, welches durch seine Umwandlung in den Entschluß, den Erfolg nicht zu verhindern, beseitigt wird, so daß ihn nunmehr die hieraus folgende Unterlassung verursacht, wenn er anderenfalls an dem Hindernisse gescheitert sein würde.

Aber es erhebt sich sofort der Zweifel, ob wirklich in dem mit der Handlung verbundenen Entschlusse, den etwaigen Erfolg derselben abzuwenden, ein dem Eintritt desselben entgegenstehendes Hindernis enthalten sein kann, und seine Prüfung ergiebt, daß dieses selbstgesetzte Hindernis in Wirklichkeit kein Hindernis ist.

Wer eine Handlung, deren strafrechtlicher Erfolg ihm nicht voraussehbar ist, vornimmt, der kann sich zur Abwendung des dennoch demnächst etwa drohenden Erfolges entschließen; er braucht es aber auch nicht zu thun. Niemand zwingt ihn zu einem Wollen der Abwendung, und es ist darum der auf die demnächstige Abwendung gerichtete Entschluß ein durchaus freier Entschluß. Hieran ändern auch nichts die Ausführungen Hälschner's. Wenn ich mich entschließe, ein erlaubtes Ziel zu erreichen, so geschieht es keineswegs mit Notwendigkeit, daß ich mich zugleich entschließen müßte, etwaige Ereignisse, welche sich meinem Vorhaben entgegenstellen und meine Handlung zu einem anderen, insbesondere zu einem nicht voraussehbaren strafrechtlichen Erfolg hinführen würden, zu überwinden. Daß ich mich zur Verteidigung meines desfalls etwa gefaßten Entschlusses gegen alle Angriffe, zu einem widerstandsfähigen Willen, entschlossen habe, wird sich von vornherein nicht behaupten lassen. Ich kann mich aber ausdrücklich auch nur für den Fall entschließen, daß mir die Beseitigung meinem Vorhaben entgegentretender Ereignisse keine besondere Mühe machen, ich überhaupt es nicht vorziehen werde, mein ursprüngliches Vorhaben aufzugeben. Ich kann mich sogar geradezu zur Nichtverhinderung solcher Ereignisse entschließen oder auch unentschlossen bleiben. Als unanwendbar muß die Theorie Hälschner's aber auch dann erscheinen, wenn das erstrebte erlaubte Ziel bereits erreicht war, als die Ereignisse eintraten, welche die überschießende Kausalität zu einem strafrechtlichen Erfolg hinzuführen drohten, wenn ich also etwa meine Kellerthüre geöffnet hatte, um sie offen stehen zu lassen. Ich brauchte sie dann nicht wieder zu schließen, sollte auch ein blinder Mann im Begriffe stehen, in den Keller hineinzufallen. Und wenn ein Fuhrmann einen schlafenden Menschen auf seinem Wege findet, so dürfte er seinen Wagen über ihn weggehen lassen, weil er hierdurch nicht von seinem Ziele abgelenkt wird, und er sich nur zur Beseitigung solcher Ereignisse entschlossen hatte, welche ihn hindern würden, zu demselben zu gelangen.

Der Entschluß, den nicht voraussehbaren strafrechtlichen Erfolg der Handlung abzuwenden, ist hiernach ein Erzeugnis des freien Willens. Gebunden wird er jedoch durch diesen Entschluß nicht eher, als bis sich derselbe bethätigt hat. Der aus dem Wasser Gerettete darf nicht wieder in dasselbe hineingestoßen werden (Gerichtssaal 1869, S. 213 ff., Abhandlungen aus dem Strafrecht 1878, Beilage zum Gerichtssaal S. 117 ff.). So lange dies aber nicht geschehen ist, steht unerachtet des gefaßten Entschlusses, den nicht voraussehbaren strafrechtlichen Erfolg der Handlung abzuwenden, demselben in Wirklichkeit lediglich der freie Wille gegenüber. Der freie Wille aber umfaßt die Fähigkeit, sowohl zu wollen, als auch nicht zu wollen, und gerade darum kann er nicht als ein dem Erfolge entgegentretendes Hindernis betrachtet werden. Zur Begründung eines im Willen bestehenden Hindernisses würde sonach das Nichtwollen aus demselben auszuscheiden sein. Dann aber ergiebt sich das Müssen. Nicht also das vorausgegangene Gewollthaben seiner Abwendung ist ein dem Erfolge entgegenstehendes Hindernis, sondern nur das von demselben unabhängige Müssen dieser Abwendung. Gerade so wie der Entschluß, den Erfolg zu verhindern, den freien Willen erst dann bindet, wenn er sich äußerlich bethätigt hat, so ist aber auch der gefaßte Entschluß, den Erfolg nicht zu verhindern, an und für sich betrachtet ohne Bedeutung, und es kann darum der Bahnwärter, welcher diesen Entschluß gefaßt hatte, nicht strafbar sein, wenn er demungeachtet hintendrein den Erfolg abwendet.

Schwieriger ist allerdings die Beurteilung der Frage, ob auch im Falle der dem ungeschickten Schwimmer zugesagten Unterstützung, bezw. überhaupt in dem Falle der Handelnde bei Vornahme seiner Handlung das Bevorstehen eines strafrechtlichen Erfolges als deren mögliches Ergebnis erkannt hatte, der Entschluß, diesen Erfolg zu verhindern, ein frei gefaßter Entschluß sei, oder ob nicht wenigstens hier aus diesem Entschlusse ein Müssen entspringe. Aber auch hier ergiebt sich meines Erachtens das Müssen nicht aus dem Entschlusse, sondern umgekehrt der Entschluß, den Erfolg zu verhindern, aus einem Müssen, welches sich aus dem Verbote der Verursachung eines strafrechtlichen Erfolges erklärt. Der Handelnde sagt sich hier, daß er sofort strafbar sei, wenn er sich nicht zur Abwendung des Erfolges entschließe, daß er sich also zu dieser Abwendung entschließen müsse. Darum ist aber auch das nunmehr dem Eintritt des Erfolges in dem Entschlusse, denselben abzuwenden, entgegen gestellte Hindernis nicht in dem Entschlusse, sondern in dem Moment zu finden, welches den Handelnden zu diesem Entschlusse genötigt hat. Der Entschluß als solcher ist auch hier vielmehr bedeutungslos, auch hier läßt sich nicht behaupten, daß ich das, was ich einmal beschlossen habe, auch ausführen müsse. Nach Vornahme der Handlung könnte mithin der mit ihr verbunden gewesene, sie straflos machende, Entschluß, den vorausgesehenen Erfolg derselben zu verhindern, wieder aufgegeben werden, wenn das Müssen nicht hinter ihm stünde. Denn die mit dem ernstlichen Willen unternommene Handlung, den Erfolg derselben abzuwenden, ist nicht etwa nur unter der Bedingung straflos, daß auch wirklich der Entschluß ausgeführt werde, sondern sie ist, da es eine bedingte Strafbarkeit nicht giebt, definitiv straflos, und es kann sonach aus ihr ein Müssen der Abwendung des Erfolges, welches das Aufgeben des gefaßt gewesenen Entschlusses hinderte, nicht erwachsen.

Wäre das dem Eintritte des Erfolges im Wege stehende Hindernis lediglich in dem gefaßten Entschlusse, denselben abzuwenden, zu finden, so könnte wegen doloser Verursachung derjenige nicht gestraft werden, welcher den zum Scherze auf einen Menschen gehetzten Hund wieder abgerufen und in vollster Überzeugung, daß er folgen werde, den Rücken gekehrt hatte, sollte er sich auch durch das Geschrei des Angefaßten im nächsten Augenblick seines Irrtumes bewußt werden und nunmehr das nochmalige Abrufen des Hundes unterlassen; auch nicht derjenige, welcher unter gleichen Verhältnissen dem Schwimmer, den er bereits geborgen glaubte, so daß ihm unmöglich noch ein Unglück zustoßen könne, die zugesagte Hilfe nicht leistete; auch nicht der Bahnwärter, welcher in der entschuldbaren Meinung, heute passiere doch nichts mehr, sich in seine Bude zurückgezogen hatte, dann aber dennoch Steine auf die Schienen hinlegen sah und nicht einschritt. Denn das Hindernis, welches in dem Entschlusse, den Erfolg zu verhindern, dem Eintritt desselben entgegenstand, war schuldlos bereits beseitigt worden, also nicht mehr vorhanden, und konnte darum auch durch die stattgefundene Unterlassung der Abwendung des Erfolges nicht nochmals beseitigt werden. Zur Herstellung eines neuen Hindernisses durch erneuten Entschluß, den Erfolg abzuwenden, hatte aber der Unterlassende keine rechtlich zwingende Veranlassung, weil dieser Entschluß mit der vorausgegangenen fördernden Handlung soll verbunden sein müssen, nicht jedoch derselben soll nachfolgen dürfen. Der mit der vorausgegangenen fördernden Handlung verbunden gewesene Entschluß, den Erfolg abzuwenden, war jedoch, wie gesagt, mit dem Bewußtsein, daß derselbe unmöglich eintreten könne, weil er bereits abgewendet sei, in vollem Umfang zum Wegfall gekommen. Etwas, was meiner Ansicht nach nicht mehr eintreten kann, kann ich auch nicht länger verhindern wollen.

Es ist ferner auch nicht verständlich, was die Behauptung bedeuten soll, derjenige, welcher eine den Erfolg fördernde Handlung vornehme mit dem Entschlusse, denselben demnächst abzuwenden, stelle in diesem Entschlusse seiner Förderung des Erfolges ein ihn abhaltendes Äquivalent gegenüber. Denn die vorgenommene fördernde Handlung gehört der Wirklichkeit an, während die demnächstige Vornahme einer dem Entschlusse, den Erfolg abzuwenden, adäquaten Thätigkeit nur eine mögliche ist, die durch inzwischen eintretende Ereignisse verhindert werden kann. Die Möglichkeit steht aber zur Wirklichkeit nicht im Verhältnisse eines Äquivalentes. Jedenfalls müßten bei dieser Auffassung demnächst unter Beseitigung aller persönlichen Rücksichten und Interessen sämtliche zu Gebote stehenden Kräfte zur Verhinderung des Erfolges aufgewendet werden, während doch, weil eben die vorausgegangene fördernde Handlung nicht auf die Herbeiführung des Erfolges gerichtet, also eine straflose war, die Unterlassung in den Fällen der §§ 52—54 St.G.B. (meine Abhandlungen a. a. O. S. 139 f.) nicht gestraft werden darf.

Endlich würde sich aber auch noch die Frage aufwerfen, warum denn überhaupt in einem auf Abwendung eines Erfolges gerichteten Entschluß ein dem Eintritt desselben entgegenstehendes Hindernis nur dann gefunden werden soll, wenn zugleich eine eigene, den Erfolg fördernde Handlung stattgefunden hatte. Durch die Verbindung mit einer eigenen fördernden Thätigkeit erwächst diesem Entschlusse keineswegs eine besondere Bedeutung und Eigenschaft, und es ist vielmehr ganz der nämliche Entschluß, mag er durch eine eigene fördernde Handlung veranlaßt worden sein oder ohne solche aus anderen Gründen sich ergeben haben. Die eigene vorausgegangene fördernde Thätigkeit steht, wenn sie eine schuldlose ist, in keinem anderen Verhältnis zu dem Entschlusse, den Erfolg zu verhindern, wie auch eine fremde, und es muß darum die Theorie des selbstgesetzten Hindernisses dahin führen, daß überall da, wo ein Entschluß gefaßt worden war, den Eintritt des Erfolges einer eigenen oder auch einer fremden Thätigkeit, überhaupt den Eintritt eines jeden beliebigen Erfolges, zu verhindern, das Aufgeben dieses Entschlusses die schuldvolle Verursachung des Erfolges für den Unterlasser nach sich zieht. Die Einwendung, daß man im Falle einer nicht vorausgegangenen eigenen fördernden Thätigkeit den auf Abwendung des Erfolges gerichteten Entschluß ohne weiteres wieder aufgeben dürfe, weil dann der Erfolg ganz ebenso eintrete, wie er sich auch ergeben haben würde, wenn ein auf seine Abwendung gerichteter Entschluß überhaupt nicht gefaßt worden wäre, kann nicht gebilligt werden. Denn immerhin ist nicht in Abrede zu stellen, daß, wenn der Entschluß nicht wieder beseitigt worden wäre, der Erfolg an diesem Hindernis gescheitert sein würde. Sieht man hiervon ab, dann läßt sich diese Erwägung auch auf den Fall anwenden, daß der mit einer vorausgegangenen eigenen fördernden Handlung verbundene Entschluß, deren Erfolg abzuwenden, aufgegeben wird. Auch hier würde der Erfolg gerade so eingetreten sein, wie er eingetreten ist, der Entschluß, denselben abzuwenden, möchte gefaßt worden sein oder nicht. Denn es ist ja nicht Voraussetzung, daß ohne den betreffenden Entschluß die fördernde Handlung nicht vorgenommen worden sein würde.

Muß man aber den Erfolg einer Handlung abwenden, so entspricht diesem Müssen die Pflicht, Gehorsam zu leisten. Ist man sich dieser Pflicht bewußt, dann fühlt man sich unmittelbar durch dieselbe zu der ihr angemessenen Handlung aufgefordert, und es unterbleibt dieselbe nur dann, wenn diese Aufforderung zum Handeln durch den ausdrücklich hervorgerufenen Entschluß, ungehorsam sein zu wollen, unterdrückt wird. Das Pflichtbewußtsein, den Erfolg abwenden zu müssen, ist also das Hindernis, welches dem Eintritt desselben entgegensteht. Die Unterdrückung desselben oder auch nur die Inbetrachtnahme von Erwägungen, welche als Gegenwirkung gegen das Pflichtbewußtsein ein unschlüssiges Verhalten hervorrufen, ist die Handlung, durch welche dem Pflichtbewußtsein die Wirksamkeit entzogen, dieses Hindernis also beseitigt wird, und die Kausalität dieser Handlung besteht in der durch die Beseitigung eines Hindernisses, an welchem der Erfolg gescheitert sein würde, herbeigeführten Ermöglichung seines Eintrittes. Es erwächst aber dieses Pflichtbewußtsein aus dem gesetzlichen Gebote, daß man auch die Kausalität seiner schuldlosen Handlung nicht zu einem strafrechtlichen Erfolge gelangen lassen soll, es kann jedoch auch entstehen, im Falle das Gesetz die Pflicht zur Abwendung des Erfolges unabhängig von einer vorausgegangenen, den Eintritt desselben fördernden, Handlung auferlegt hat. Die Strafbarkeit der Genotzüchtigten für die Tötung des Kindes durch Unterlassung ist nur in dieser Weise zu erklären. Daß man sich dem kategorischen Imperativ des Gesetzes gegenüber nicht passiv verhalten und vielmehr die Unterlassung der ihm angemessenen Thätigkeit nur auf einem besonders gefaßten, dem Gesetz entgegengestellten, Entschlusse, ungehorsam sein zu wollen, mithin nur auf einer der Unterlassung vorausgegangenen Handlung beruhen kann, ist bereits in meinen citierten Abhandlungen S. 110 ausgeführt und jetzt auch von Hälschner (236) angenommen worden. Unmöglich ist es, daß, wie das selbstgesetzte Hindernis, so auch das Pflichtbewußtsein schuldlos beseitigt werden könnte. Es ergiebt sich vielmehr stets, sobald das Bevorstehen eines strafrechtlichen Erfolges erkannt und bezw., im Falle diese Erkenntnis wieder beseitigt gewesen sein sollte, von neuem erkannt worden ist.

Die vom Gesetze auferlegte, einem jeden bekannte, Pflicht, daß man weder durch eigene Wirksamkeit noch durch Unterlassung der unmittelbar von ihm vorgeschriebenen Thätigkeit Ursache eines strafrechtlichen Erfolges werden soll, geht aber auch dahin, daß man in jedem Augenblicke darauf zu achten und in Überlegung zu ziehen habe, ob man nicht dieses Gebot verletze. Verletzt aber wird dasselbe, wenn man sich mit anderen Vorstellungen beschäftigt, welche die Vorstellung des Pflichtbewußtseins zurückdrängen. Die Handlung besteht hier in der Beschäftigung mit anderen Vorstellungen, und die Ursachlichkeit derselben ist das Nichterkennen des Pflichtgebotes, die Möglichkeit dieses Erkennens vorausgesetzt, demgemäß die Unterlassung der zur Abwendung des Erfolges erforderlichen und ausführbaren Thätigkeit und bezw. dessen Eintritt. Darum ist denn auch hier die Strafe für fahrlässige Verursachung begründet.

Auch die Verletzung des bloß ethischen Gebotes und des entsprechenden Pflichtbewußtseins, drohende Erfolge abzuwenden, würde die Verursachung der betreffenden Erfolge und die rechtliche Verantwortlichkeit für dieselbe nach sich ziehen, wenn das Gesetz auch dieses ethische Pflichtbewußtsein als ein dem Eintritt strafrechtlicher Erfolge entgegenstehendes Hindernis betrachtete. Das ist aber nicht der Fall, und es geht hier vielmehr von der Auffassung aus, daß sich das Individuum den ethischen Pflichtgeboten mit seinem freien Willen gegenüber befinde, in welchem, wie gesagt, ein strafrechtlichen Erfolgen entgegenstehendes Hindernis nicht enthalten sein kann. Wenn aber auch sogar ein dem ethischen Pflichtgebote entsprechender Entschluß bereits gefaßt gewesen war, so würde hierdurch die Sachlage keine andere werden, weil derselbe als freier Entschluß den Willen nicht binden konnte und sonach in jedem Augenblick wieder fallen gelassen werden durfte.

Ebenso kann die Verletzung der durch civilrechtlichen Vertrag übernommenen Verbindlichkeit, Erfolge zu verhindern, keine strafrechtliche Bedeutung haben und vielmehr nur eine civilrechtliche Verantwortlichkeit begründen, im Falle nicht durch den Abschluß des Vertrages zugleich die Förderung eines strafrechtlichen Erfolges herbeigeführt worden war. Die Unterlassung der dem ungeübten Schwimmer vertragsmäßig zugesicherten Unterstützung zieht darum, weil sie den Eintritt des Erfolges förderte, allerdings eine strafrechtlich zu verantwortende Verursachung nach sich, nicht aber der Bruch des einem Verunglückten gegebenen Versprechens, ihm Hilfe aus dem nächsten Orte herbeizuschaffen, andere als civilrechtliche Folgen, insofern der Unterlasser sich für die Hilflosigkeit des Verunglückten nicht fördernd erwiesen, bezw. er durch sein Versprechen denselben nicht abgehalten hatte, sich selbst zu helfen, oder andere, die erforderliche Hilfe zu leisten (Gerichtssaal 1869 a. a. O.). Es erklärt sich dies daraus, daß das civilistische Gebot nur den Eintritt von nachteiligen vermögensrechtlichen Erfolgen, diese aber auch ohne alle Berücksichtigung des eigenen Interesses des Verpflichteten, nicht jedoch dieses Gebiet nicht berührende Erfolge verhindern will. Solche weitergehenden Erfolge werden darum aber auch von dem diesem Gebote entsprechenden Pflichtbewußtsein nicht umfaßt, und es kann sonach auch in diesem Pflichtbewußtsein ein Hindernis gegen den Eintritt solcher Erfolge nicht gefunden werden, dessen Beseitigung durch Unterlassung der Abwendung derselben denkbar wäre. Auch hier steht darum der Verpflichtete anderen als civilrechtlichen Erfolgen mit seinem freien Willen gegenüber.

Ist hiernach für die Verursachung durch Unterlassung erforderlich ein gesetzliches Gebot, zu handeln, die Fassung des Entschlusses diesem Gebote zuwider unthätig zu bleiben als Handlung und der Eintritt eines Erfolges, von dem sich mit Bestimmtheit behaupten läßt, daß er nicht eingetreten sein würde, wenn dem gesetzlichen Gebote gemäß gehandelt worden wäre, als Kausalität, so kann zwischen ihr und den sogenannten reinen Omissivdelikten (insbesondere § 139 St.G.B.) keine wesentliche Verschiedenheit bestehen. Denn auch für diese Delikte ist ein gesetzliches, die Vornahme einer Handlung verlangendes, Gebot erforderlich; auch hier ist die Nichtbefolgung dieses Gebotes nicht etwa bloße Unthätigkeit, sondern, weil man sich eben dem gesetzlichen Gebote gegenüber nicht rein passiv verhalten kann, das Ergebnis eines hierauf gerichteten, besonders hervorgerufenen Entschlusses, und auch hier würde unter Umständen der eingetretene Erfolg (Hochverrat, Mord u. s. w.) verhindert worden sein, wenn dem Gesetze gemäß gehandelt worden wäre. Daß § 139 St.G.B. (anders § 357) diese Möglichkeit unbeachtet läßt und lediglich die Unterlassung der vorgeschriebenen Thätigkeit mit Strafe bedroht, kann dem Wesen der Sache keinen Abbruch thun (meine Abhandlungen a. a. O. S. 141). Auch Hälschner bemerkt (S. 236), daß bei den Omissivdelikten das Unterlassen nicht reine Unthätigkeit, sondern das Ergebnis einer dem gesetzlichen Gebote widersprechenden Handlung sei, und es ist darum nicht erklärlich, aus welchem Grunde von ihm, im Falle der Unterlassung eine den Erfolg fördernde Thätigkeit des Unterlassers vorausgegangen ist, das Moment der Verursachung durch Unterlassung aus dieser Wirksamkeit und nicht vielmehr gleichfalls aus dem allgemein gesetzlichen Gebote hergeleitet wird, daß man die Kausalität seiner Handlung, welche zu einem strafrechtlichen Erfolge hinzuführen droht, verhindern soll. Aus der Kausalität selbst kann sich die Pflicht hierzu nicht ergeben.

Zu den §§ 223a, 201ff. des Strafgesetzbuchs.

Die Erkenntnis der Unhaltbarkeit des § 223 St.G.B. konnte nicht ausbleiben. Man mußte zu der Überzeugung gelangen, daß die leichte Körperverletzung dieses Paragraphen in der That eine recht schwere sein könne, und es mußte sich diese Überzeugung um so mehr befestigen, da die Praxis hinsichtlich der Verursachung der Verletzungen des § 224 St.G.B. strenge Anforderungen stellte, insbesondere unter dem Verluste eines wichtigen Gliedes die völlige Abtrennung desselben vom Körper verstand, obwohl doch der Verlust des Sehvermögens, des Gehörs, der Sprache oder der Zeugungsfähigkeit nicht diese Abtrennung, sondern nur die Unbrauchbarmachung der betreffenden Organe voraussetzt. Die Natur des Antragsdeliktes und der geringe Strafrahmen des § 223 St.G.B. konnte nicht als mit solchen in Wirklichkeit schweren Verletzungen vereinbar angesehen werden, und es war darum der Entwurf zur Novelle vom Jahre 1876 bemüht, eine Mittelklasse von Verletzungen mit Wegfall der Antragsbefugnis und mit erhöhtem Strafrahmen zwischen die leichten Verletzungen des § 223 und die Verletzungen des § 224 St.G.B. einzuschieben. Die Auffindung eines absoluten Unterscheidungsmerkmals zwischen dieser festzustellenden Mittelklasse von Verletzungen und den leichten Körperverletzungen nach der objektiven Bedeutung der verursachten Verletzung mußte bei der Relativität von leicht und weniger leicht, welche Relativität sich sogar auch in dem Verhältnis des § 224 zu dem § 223 des St.G.B. nicht verleugnet, als unmöglich erkannt werden. Man wollte sich aber auch nicht mit einem unsicheren, nur relativen, Kriterium für die betreffende Unterscheidung begnügen, und es wurde daher die zu diesem Behufe in Betracht gezogene Rückkehr zu der erheblichen Körperverletzung des preußischen Strafgesetzbuchs abgelehnt. Nach den Motiven soll vielmehr die Folge der Körperverletzung für diese Unterscheidung bedeutungslos und ausschließlich das besondere Mittel, dessen sich der Thäter zur Körperverletzung bedient habe, das erschwerende Merkmal sein, durch welches die härtere Bestrafung der verursachten Körperverletzung und der Wegfall der Antragsbefugnis bedingt werde. Es geben hierbei die Motive als den Grund dieser Anordnung zu erkennen, daß die Anwendung eines solchen Mittels zur Körperverletzung als eine gefährliche Begehungsart derselben angesehen werden müsse. Als solche, die leichte Körperverletzung erschwerende, Mittel bezeichnet der Entwurf die Schuß-, Stich- und Hiebwaffe, insbesondere das Messer. Die Benennung der Schuß-, Stich- und Hiebwaffe weist darauf hin, daß der Entwurf die Waffe im technischen Sinne, d. h. das Instrument, welches durch seine Form sichtbar macht, es sei ein für allemal, dauernd, zum Angriffe bestimmt, im Auge gehabt hat. Zwar ist das Messer keine technische Waffe, und es scheint daher die Verbindung desselben mit der Schuß-, Stich- und Hiebwaffe mittels des Wortes „insbesondere" die Bedeutung zu haben, daß unter diesen Waffen nicht ausschließlich technische zu verstehen seien. Immerhin ist jedoch der Ausdruck Schuß-, Stich- und Hiebwaffe ein so prägnanter, daß man, zumal bei der hervorragenden Ähnlichkeit des Messers mit einer technischen Waffe und der von den Motiven ausgesprochenen Tendenz, gerade die mittels des blanken Messers verursachte Körperverletzung mit der erhöhten Bestrafung zu treffen, berechtigt sein wird, das Wort insbesondere nur für inkorrekt zu halten und an seine Stelle das Wort „oder" zu setzen. Es sagt hiernach der Entwurf: wer mit einer technischen Waffe oder einem Messer eine Körperverletzung verursacht hat, von dem wird angenommen, daß seine Begehungsart des Deliktes eine gefährliche gewesen sei, und er wird darum wegen eines qualifizierten Deliktes bestraft. Fingiert aber der Entwurf, daß eine Gefahr *in concreto* wirklich bestanden habe, wenn die Körperverletzung mit einem der von ihm bezeichneten Mittel ausgeführt worden sei, so muß es bedeutungslos erscheinen, ob die Wirklichkeit dieser Fiktion entspricht oder nicht. Die konkrete Art und Weise der Anwendung des betreffenden Mittels kann darum so wenig in Betracht gezogen werden, daß selbst eine in Wirklichkeit durchaus ungefährliche, ja zweckwidrige, Anwendung des Mittels die höhere Bestrafung nicht beseitigt. Mag dem Angegriffenen auch nur mit der flach auf den Rücken auffallenden Klinge des Schwertes ein Schlag versetzt worden sein, so war doch immerhin das Mittel zur Körperverletzung eine technische Waffe gewesen, und es hat darum auch in solchen Fällen die bezeichnete Fiktion einzutreten. Daß von der technischen Waffe ein ihrer Natur angemessener, ein bestimmungsgemäßer, Gebrauch gemacht werden müsse, kann aus dem Entwurfe nicht entnommen werden, da nach diesem Erfordernisse bereits das Merkmal der Gefahr aus der Beschaffenheit des angewendeten Mittels, auf welche es nach dem Entwurf allein ankommen soll, in die Art und Weise seiner Anwendung verlegt werden würde. Auf der anderen Seite könnte von der erhöhten Strafbarkeit derjenige nicht betroffen werden, welcher mittels eines anderen Gegenstandes als einer technischen Waffe oder eines Messers eine gefährliche Verletzung sogar verursacht hat. Hiernach aber ist der Wert des von dem Entwurf begründeten, praktisch allerdings mit größter Leichtigkeit anwendbaren, Merkmals als ein sehr problematischer zu bezeichnen, und es wird wohl behauptet werden müssen, daß demselben die Rückkehr zu der erheblichen Körperverletzung des preußischen Strafgesetzbuchs vorzuziehen gewesen wäre. Man hätte sich hierzu um so mehr entschließen sollen, als durch dieses für die Mittelklasse der Körperverletzungen aufgestellte Merkmal der Gefährlichkeit eine systematische Abweichung von dem im übrigen beibehaltenen Standpunkt, daß die Strafbarkeit der Körperverletzung ausschließlich von der objektiven Bedeutung der verursachten Körperverletzung abhänge, herbeigeführt wird, deren innere Berechtigung nicht begreiflich erscheint. Gewiß ist es zwar ein Widerspruch, wenn eine nur relativ verschiedene Strafwürdigkeit von absolut verschiedenen Straffolgen begleitet sein soll. Aber wenn sich nun einmal eine solche Anordnung als geboten herausstellt, so entspricht es der Natur der Sache, daß das betreffende Unterscheidungsmerkmal gleichfalls nur relativ gestaltet wird. Die Entscheidungen der Gerichte werden hierbei zur Auffindung der Intention des Gesetzes besser im stande sein, als wenn eine unbeugsame Fiktion ihr Ermessen beherrscht.

Die in Frage stehende Vorschrift des Entwurfes zur Novelle ist jedoch durch die Fassung, welche sie in § 223 a des Gesetzes gefunden hat, noch bedenklicher geworden, weil hierdurch das Bereich der Mittel, deren Anwendung zur Körperverletzung die bezeichnete Fiktion der gefährlichen Begehungsart begründen soll, erheblich erweitert, die Fiktion selbst also noch unerträglicher wird. Insbesondere können nunmehr unter Waffen nicht mehr ausschließlich die technischen, sondern es müssen hierunter auch die Waffen im weiteren Sinne d. h. solche zur angriffsweisen Verletzung geeignete Gegenstände verstanden werden, welchen diese Bestimmung in dem einzelnen Falle in erkennbarer Weise beigelegt worden ist.

Zugleich ist aber auch die von dem Entwurfe mit der betreffenden Fiktion gewonnene Leichtigkeit der Feststellung, ob man es mit einer zur Mittelklasse der Körperverletzungen gehörigen Verletzung zu thun habe, beseitigt worden. Sieht man von dem Worte „gefährlich“ in § 223 a ab, so wird man sich kaum einen Gegenstand denken können, dessen Anwendung zur Körperverletzung dieselbe nicht als eine gesetzlich qualifizierte erscheinen ließe. Wollte man sonach nicht vorschreiben, daß jede mittels eines beliebigen Gegenstandes ausgeführte Körperverletzung nach § 223 a bestraft werden, unter § 223 St.G.B. mithin nur die mit der bloßen Hand verursachte Körperverletzung fallen solle, so ergab sich die Notwendigkeit einer Unterscheidung der in § 223 a bezeichneten Gegenstände, je nachdem deren Anwendung zur Körperverletzung die Bestrafung nach dieser Gesetzesstelle oder nach § 223 begründen solle. Als Merkmal für diese Unterscheidung ist nun der Begriff der Gefährlichkeit des Mittels in § 223 a angenommen worden. Hieraus aber erwächst dem Richter die Verpflichtung zur Feststellung, ob der in dem einzelnen Falle zur Körperverletzung benutzte Gegenstand ein gefährliches Mittel war. Erst wenn dies geschehen ist, tritt die Fiktion ein, daß auch die Begehungsart selbst eine gefährliche gewesen sei, während diese Fiktion nach dem Entwurfe nur durch die Feststellung bedingt war, es sei die Körperverletzung mittels einer Waffe im technischen Sinne oder mittels eines Messers verursacht worden. Was unter der Gefährlichkeit des Mittels verstanden werden soll, giebt das Gesetz nicht an. Es kann aber nicht die Möglichkeit der Verübung einer geringfügigen Körperverletzung gemeint haben. Denn eine geringfügige Körperverletzung läßt sich mit jedem Gegenstande ausführen, und ein Gegenstand mit dem nur eine geringfügige Körperverletzung ausgeführt werden kann, läßt sich nicht als ein gefährliches Mittel bezeichnen. Man sieht sich daher zur Feststellung der Gefährlichkeit des Mittels notgedrungen auf die Möglichkeit der Verursachung einer erheblichen Körperverletzung verwiesen, und es ist sonach durch die Fassung des § 223 a die Erheblichkeit der Verletzung in das Gesetz eingeführt worden, von welcher die Motive nichts wissen wollten. Zwar war die von den Motiven wegen ihrer Unbestimmbarkeit abgelehnte erhebliche Verletzung die konkrete, wirklich verursachte, während nach § 223 a die Erheblichkeit der Verletzung die durch bloße Abstraktion festgestellte ist. Immerhin aber muß sich doch der Richter, wenn er entscheiden soll, ob man mit einem bestimmten Gegenstande eine erhebliche Verletzung zufügen könne, eine Vorstellung davon machen, was er unter einer erheblichen Verletzung zu verstehen habe, und es bedingt darum für ihn die nämliche Schwierigkeit der Prüfung, mag nun von ihm die Erheblichkeit der Verletzung als eine konkrete oder als eine abstrakt mögliche in Betracht gezogen werden. Aber es wirft sich auch noch die weitere Erwägung auf, daß, sowie man mit jedem Gegenstande eine geringfügige Körperverletzung zufügen kann, es auch kaum einen Gegenstand geben wird, welcher nicht die Möglichkeit der Verursachung einer gerade so erheblichen Körperverletzung darböte, wie sie auch mit jedem anderen Gegenstande ausführbar ist. Sonach muß, wenn nicht eben ausschließlich die mit der leeren Hand zugefügten Körperverletzungen dem § 223 zugewiesen werden sollen, ein Unterscheidungsmerkmal innerhalb des Kreises der gefährlichen Gegenstände aufgefunden werden, welches von dem Maße der Erheblichkeit der möglicherweise mit demselben ausführbaren Verletzung unabhängig ist. Hier ergiebt sich aber die Verschiedenheit der betreffenden Gegenstände, je nachdem die von ihnen dargebotene Möglichkeit der Verursachung einer erheblichen Körperverletzung für die Abstraktion eine näher oder entfernter gelegene ist, je nachdem also die Abstraktion, um zu dem Begriff der Gefährlichkeit zu gelangen, zu besonderen Kombinationen von Umständen genötigt ist, unter welchen mit dem betreffenden Gegenstand eine erhebliche Verletzung zugefügt werden kann, etwa zu der Unterstellung, daß der Stoß mit dem gespitzten Bleistift den Angegriffenen gerade in das Auge trifft, oder je nachdem es solcher besonderer Kombinationen nicht bedarf. Für das richterliche Ermessen, welches hier eintreten muß, kann zwar ein Anhaltspunkt aus dem Begriffe der Waffen gewonnen werden. Man darf sagen, die Angreifer waren mit Sensen, schweren Steinen, Prügeln bewaffnet, nicht jedoch, sie hatten sich mit gespitzten Bleistiften bewaffnet. Immerhin bleibt jedoch dieses Unterscheidungsmerkmal ein bedenklich relatives. Aber es wird kaum ein anderes zu ermitteln sein. Will man hiernach den Begriff der Gefährlichkeit eines Gegenstandes mit den Worten ausdrücken, es müsse derselbe unter gewöhnlichen Umständen zur Verursachung erheblicher Verletzungen geeignet, es müsse die Verursachung einer erheblichen Verletzung die regelmäßige Wirkung des Gebrauches des Gegenstandes zur Körperverletzung sein, so wird sich dagegen nichts einwenden lassen. Nur muß man sich vergegenwärtigen, daß man es hierbei lediglich mit der Abstraktion, in keiner Weise aber mit der Wirklichkeit zu thun hat.

Hiernach wäre aber das Verständnis des § 223 a St.G.B. dahin aufzufassen: wenn jemand mittels eines der in diesem Paragraphen bezeichneten Gegenstände eine Körperverletzung verursacht hat, so entscheidet die abstrakte Erwägung, ob man mittels dieses Gegenstandes, seiner objektiven Beschaffenheit nach, einem abstrakt gedachten Menschen regelmäßig eine erhebliche Verletzung zufügen kann oder nicht, darüber, ob die verursachte Körperverletzung nach § 223 a oder nach § 223 bestraft werden muß.

Die bezeichneten üblen Konsequenzen des Entwurfes bleiben hierbei natürlich die nämlichen. Insbesondere dürfen auch nach dem Gesetze die konkreten Verhältnisse, unter welchen die Körperverletzung zugefügt wurde, zur Feststellung des Merkmales der Gefährlichkeit nicht herangezogen werden. Führt die Abstraktion dahin, daß man mit dem betreffenden Gegenstand einem Menschen regelmäßig eine erhebliche Verletzung nicht zufügen kann, so darf dem benutzten Gegenstand die ihm hiernach fehlende Gefährlichkeit nicht darum beigelegt werden, weil gerade der Verletzte infolge seiner besonderen körperlichen Beschaffenheit, etwa einer Krankheit, wirklich gefährdet und sogar wirklich erheblich verletzt worden war, mochte sich selbst der Thäter dieser konkreten Gefährlichkeit seiner Handlungsweise bewußt gewesen sein. Wollte man in dieser Richtung Konzessionen machen, so würde man sofort auf den Standpunkt der wirklichen Gefährlichkeit der Art und Weise der Anwendung des Mittels gedrängt werden, dann aber auch zugeben müssen, daß im Falle m i t t e l s des benutzten *in abstracto* für gefährlich zu haltenden Gegenstandes unter den konkreten Verhältnissen, etwa wegen des abnorm dicken Schädels des Verletzten, eine erhebliche Verletzung desselben nicht hatte herbeigeführt werden können, der § 223 a nicht zur Anwendung gebracht werden dürfe. Das aber würde dem Gesetze, welches hierin eine Abweichung von dem Entwurfe nicht erkennen läßt, widersprechen, weil es eben das betreffende Unterscheidungsmerkmal der Gefährlichkeit ausschließlich in der Beschaffenheit des zur Anwendung gebrachten Mittels begründet findet. Hätte die wirkliche Gefährlichkeit der verletzenden Handlung als bedeutungsvoll in Betracht gezogen werden sollen, so würde sich die besondere Aufzählung der gefährlichen Mittel erübrigt haben. Denn jeder in konkret gefährlicher Weise angewendete Gegenstand, auch die leere Hand, ist ein gefährliches Mittel, und es hätte darum § 223 a lediglich die gefährliche Handlung mit Strafe bedrohen müssen. Nur weil gerade nicht die wirkliche sondern nur die fingierte Gefährlichkeit als Unterscheidungsmerkmal in Aussicht genommen wurde, konnte sich die Bezeichnung der Gegenstände, an deren Gebrauch diese Fiktion geknüpft sein solle, als notwendig erweisen.

Daß das vom § 223 a aufgestellte Prinzip irgend haltbar sei, wird übrigens nicht anerkannt werden dürfen. Zunächst ist nicht ersichtlich, warum dieser Paragraph zu seiner Anwendung die wirkliche Verursachung einer Körperverletzung zur Voraussetzung haben soll. Daß die zugefügte Körperverletzung eine erhebliche sein müsse, wird nicht verlangt. Sie kann also auch eine unbedeutende sein. Dann jedoch steht sie außer allem Zusammenhang mit dem Merkmal der abstrakt gedachten Gefährlichkeit des Mittels, für dessen Konstruktion sie darum vollständig bedeutungslos erscheint. Der Gesichtspunkt, daß wegen dieser Gefährlichkeit des Mittels eine erhebliche Körperverletzung hätte zugefügt werden können und bezw. die hieran geknüpfte Fiktion der gefährlichen Begehungsart entfällt vielmehr auch dann nicht, wenn eine solche unbedeutende Körperverletzung nicht verursacht worden war, und er müßte darum auch in dem Falle zur Geltung kommen, daß ein mit einem schweren Prügel nach dem Kopfe geführter Schlag nur die Haare des Gegners gestreift hatte. Warum der Thäter hier straflos sein soll, während ihn die volle Strafe des § 223 a trifft, wenn der Prügel auch nur eine Schramme an der Kopfseite verursacht hatte, ist vom Standpunkt der fingierten Gefährlichkeit aus nicht zu begreifen. Die Zufügung einer unerheblichen Verletzung hätte vielmehr von diesem Standpunkt aus nur als Strafzumessungsgrund für die an und für sich bereits strafbare Anwendung des gefährlichen Mittels verwertet werden dürfen, wie auch bei den gemeingefährlichen Delikten die wirklich verursachte Verletzung nur als Strafzumessungsgrund in Betracht kommt. War aber die mittels des gefährlichen Gegenstandes verursachte Verletzung eine erhebliche, so hat sich die Gefahr verwirklicht, und es sollte darum in diesem Falle nicht mehr die Gefährdung, sondern das Ergebnis derselben zum Gegenstande der Bestrafung gemacht werden.

Sodann ist aber dem Prinzipe des § 223 a St.G.B. gegenüber die Erwägung zur Geltung zu bringen, daß kein Gegenstand unter allen Umständen zur Zufügung einer erheblichen Körperverletzung *in abstracto* für geeignet gehalten werden kann. Man kann nicht den Dolch ein für allemal als einen solchen Gegenstand bezeichnen. Denn wenn man sich denkt, er werde gegen eine durch einen Panzer geschützte Brust oder gegen einen ungefährlichen Körperteil gestoßen, so ergiebt sich die Verneinung des Geeignetseins. Die Bejahung desselben knüpft sich also ausdrücklich oder stillschweigend an Bedingungen, d. h. die Abstraktion sagt, im Falle der betreffende Gegenstand in dieser oder jener Weise angewendet wird, ist er zur Verursachung einer erheblichen Körperverletzung geeignet, im anderen Falle ist er hierzu ungeeignet. Macht aber die Abstraktion die Beantwortung der Frage nach dem Geeignetsein von Bedingungen abhängig, so darf dasselbe auch erst dann bejaht werden, wenn es sich herausgestellt hat, daß die von ihr für diese Bejahung vorausgesetzten Bedingungen vorhanden waren, woraus sich ergiebt, daß für die Entscheidung der Frage nur die konkrete Art und Weise der Anwendung des betreffenden Gegenstandes maßgebend sein kann. Hiernach aber würde diese Frage nicht im Hinblick auf die Zukunft, sondern nur im Hinblick auf die Vergangenheit zu beurteilen sein. Die Vergangenheit jedoch lehrt, daß, im Falle eine erhebliche Verletzung nicht wirklich verursacht worden ist, es auch an den Bedingungen für dieselbe gefehlt hat, die konkrete Anwendung des betreffenden Gegenstandes zur Körperverletzung mithin eine ungefährliche war.

Sonach würde jedoch auch das Merkmal der Gefährlichkeit kein objektives, sondern nur ein subjektives sein können. Es müßte in dem Bewußtsein des Thäters gesucht werden, daß er im Begriffe stehe, möglicherweise eine erhebliche Körperverletzung zu verursachen. Das aber ist nicht die Meinung des Gesetzes. Nach seiner Auffassung ist, wie gesagt, das Merkmal der fingierten Gefährlichkeit an den Gebrauch eines bestimmt bezeichneten Gegenstandes zur Körperverletzung gebunden, welcher Gebrauch der nämliche bleibt, der Thäter mag sich des möglichen Effektes desselben bewußt sein oder nicht. Allerdings wird in den Motiven zu dem Entwurfe gesagt, es habe von der vorgesehenen härteren Bestrafung die Roheit und Rücksichtslosigkeit der mittels Schuß-, Stich- oder Hiebwaffe, insbesondere eines Messers, verursachten Körperverletzung getroffen werden sollen. Allein dieser Standpunkt der subjektiven Gefährlichkeit ist dann wieder durch die ausschließliche Bezugnahme auf die gefährliche Begehungsart verlassen worden. Überdies stimmt auch der Standpunkt der (fingierten) objektiven Gefahr vollständig mit dem dem Delikte der Körperverletzung zu Grunde liegenden Prinzip überein. Muß der Thäter selbst für die schwerste von ihm verursachte Körperverletzung haften, wenn er nur am Körper hatte verletzen wollen, mochte er auch, ohne das Bewußtsein der Gefährlichkeit seiner Handlungsweise zu besitzen, nur eine leichte Körperverletzung beabsichtigt haben, so muß es auch für die Anwendbarkeit des § 223 a bedeutungslos erscheinen, ob er die Gefährlichkeit des von ihm zur Körperverletzung benutzten Gegenstandes kannte, oder auch nur wußte, daß er überhaupt einen von den Gegenständen dieses Paragraphen zur Körperverletzung anwende. Ein in dieser Richtung etwa unterlaufener Irrtum kann nicht berücksichtigt werden.

Als charakterisierende Merkmale, durch welche die verursachte

Körperverletzung qualifiziert werden soll, bezeichnet § 223 a außer den Waffen, Messern und gefährlichen Werkzeugen noch den hinterlistigen Überfall, die gemeinschaftliche Begehung und die lebensgefährliche Behandlung. Liegen diese Merkmale vor, so ist nach der Auffassung des Entwurfes, welcher hierin eine Abänderung durch das Gesetz nicht erlitten hat, ohne weiteres anzunehmen, daß die Begehungsart der Körperverletzung eine gefährliche gewesen war, mag auch in dem konkreten Fall die wirkliche Gefährlichkeit vollständig ausgeschlossen gewesen sein. Was den hinterlistigen Überfall anbelangt, so besitzt dieses Merkmal allerdings die besondere Eigenschaft, daß es auch auf die Subjektivität des Thäters reflektiert. Rein objektiv hingegen ist wieder das Merkmal der gemeinschaftlichen Begehung der Körperverletzung. Unter Körperverletzung versteht § 223 a nicht etwa nur die Verursachung einer einzigen bestimmten Verletzung, so daß mehrere diese nämliche Verletzung zugefügt haben müßten, wenn das Merkmal der Gemeinschaftlichkeit zutreffen soll, und es werden vielmehr in diesem Worte nur die körperliche Mißhandlung und die Beschädigung der Gesundheit aus § 223 zusammengefaßt. Das Merkmal der Gemeinschaftlichkeit der Begehung ist darum anzunehmen, wenn mehrere einen anderen gemeinschaftlich mißhandelt oder an der Gesundheit beschädigt haben. Daß diese Gemeinschaftlichkeit in dem technischen Sinne des § 47 St.G.B. zu verstehen sei, giebt das Gesetz nicht zu erkennen, und es geht vielmehr von der Auffassung aus, daß, wie die körperliche Verletzung eines anderen mittels einer Waffe u. s. w., so auch die körperliche Verletzung eines anderen mittels gemeinschaftlichen Handelns mehrerer als eine gefährliche Begehungsart des Deliktes betrachtet werden solle. Ist aber dieses gemeinschaftliche Handeln das die Fiktion wirklicher Gefährlichkeit bedingende Moment, und muß es für die Existenz dieser Gefahr bedeutungslos erscheinen, ob sie von dem Handelnden erkannt gewesen war oder nicht, ist es aber auch, wie bereits ausgeführt, zur Verantwortlichkeit des Thäters nach § 223 a nicht erforderlich, daß er die Gefahr erkannt gehabt habe, so ist es hierzu auch nicht erforderlich, daß sich die mehreren der Gemeinschaftlichkeit ihres Handelns bewußt sein müßten. Darum muß jeder der mehreren nach § 223 a bestraft werden, wenn nur die objektive Thatsache des Zusammenhandelns vorliegt, mag auch keiner derselben von dem anderen Kenntnis gehabt haben. Nur wenn der einzelne für eine Körperverletzung haftbar gemacht werden soll, welche sich nicht ausschließlich aus seiner Thätigkeit ergeben hat, und vielmehr nur, wie bei dem Zerbrechen eines Armes durch mehrere Schläge, durch das Zusammentreffen der mehreren Einzelthätigkeiten verursacht worden ist, würde eine Gemeinschaftlichkeit im Sinne des § 47 St.G.B. unter den Thätern bestanden haben müssen. Das Verhältnis des § 223 a zu § 227 St.G.B. aber besteht darin, daß unter den Voraussetzungen des letzteren Paragraphen, im Falle § 47 St.G.B. auf die Verursachung der schweren Körperverletzung oder Tötung nicht angewendet werden kann, jeder der mehreren Thäter, welchem die Verursachung einer leichten Körperverletzung nachgewiesen wird, mit der schwereren Strafe des § 223 a belegt werden muß und sich sonach eine ideale Konkurrenz zwischen diesem Paragraphen und § 227 ergiebt. — Bezüglich der lebensgefährlichen Behandlung endlich würde darauf hinzuweisen sein, daß das Gesetz die in dem Entwurf enthalten gewesenen Worte „des Verletzten" nicht aufgenommen hat, darum aber um so sicherer darauf hinweist, daß auch hier lediglich die mittels Abstraktion fingierte Gefahr in Frage steht. Mag darum auch die *in abstracto* lebensgefährliche Behandlung *in concreto* nicht lebensgefährlich gewesen sein, so wird hierdurch die Anwendung des § 223 a nicht beseitigt, wie aber auch derselbe nicht zur Anwendung gebracht werden darf, wenn die *in abstracto* nicht lebensgefährliche Behandlung nur wegen der konkreten Umstände sich lebensgefährlich erwiesen hat. Der einem anderen auf die Brust versetzte leichte Stoß, infolgedessen derselbe gegen Erwarten zur Treppe herunterfiel, wird nicht als eine lebensgefährliche Behandlung zu betrachten sein, weil zur Konstruktion derselben die konkreten Verhältnisse herangezogen werden müßten.

Im allgemeinen derselben Beurteilung wie die gefährlichen Werkzeuge des § 223 a sind auch die tödlichen Waffen des § 201 St.G.B. zu unterziehen. Daß unter diesen Waffen ausschließlich technische und unter diesen auch nur die in Deutschland üblichen Duellwaffen zu begreifen sind, ist selbstverständlich. Nicht jede tödliche Waffe im allgemeinen sondern nur die tödliche Duellwaffe hat § 201 St.G.B. zum Gegenstande. Eine tödliche Duellwaffe aber hat man anzunehmen, wenn die Abstraktion zu dem Ergebnis führt, daß man mit der wirklich benutzten Waffe im Duelle töten könne. Auf die konkrete Art und Weise der Anwendung der Waffe kann hingegen auch hier, insoweit nicht hierdurch die Ernstlichkeit des Duelles in Frage gestellt wird, nichts ankommen, und es muß daher die zum Duell benutzte Pistole als eine tödliche Waffe erklärt werden, wenn schon auch Pistolenduelle in Wirklichkeit einen tödlichen Ausgang nicht zu nehmen pflegen. Die Frage, welche hier zumeist interessiert, ist nun aber die, ob das unter Studenten herkömmliche Schlägerduell mit tödlichen Waffen vollzogen wird oder nicht.

Zweifellos führt die Abstraktion, wenn sie sich den Menschen schlechtweg als mittels des Schlägers angegriffen vorstellt, dahin, daß man auch mit dieser Waffe töten könne. Aber die Abstraktion hat sich hier in engeren Grenzen zu bewegen wie im Falle des § 223 a. Sie darf bei ihren Erwägungen sich nicht den Menschen, wie er im gewöhnlichen Leben auftritt, als den Gegenstand denken, gegen welchen die Duellwaffe zur Anwendung gebracht werden soll, sondern sie muß, da die Frage dahin gerichtet ist, ob man mit der betreffenden Waffe gerade im Duelle töten könne, die Ausnahmsstellung berücksichtigen, welche er im Duelle einnimmt. Sie muß also, wenn die Frage beantwortet werden soll, ob man mit dem Schläger im Duelle töten könne, sich die Lage derjenigen vergegenwärtigen, welche im Duelle mit Schlägern begriffen sind. Denn nur in dem Falle kann von einem Zweikampf im Sinne des Gesetzes die Rede sein, daß die vereinbarten oder hergebrachten Regeln desselben beobachtet werden (§ 207 St.G.B.). Nach den Regeln des gewöhnlichen studentischen Schlägerduelles sind aber die Gegner durch entsprechende Vorrichtungen, welche einen tödlichen Ausgang des Zweikampfes verhindern sollen, geschützt, und es müssen darum diese Vorrichtungen bei der Beantwortung der Frage, ob der Schläger *in abstracto* für eine tödliche Duellwaffe zu halten sei, berücksichtigt werden. Nun ist freilich unerachtet dieser Schutzmaßregeln ein tödlicher Ausgang auch des Schlägerduelles nicht absolut ausgeschlossen. Aber die Möglichkeit der Tödlichkeit, mit welcher die Abstraktion zu rechnen hat, ist, worauf bereits zu § 223 a hingewiesen wurde, nicht die bloße Denkbarkeit derselben. Wie vielmehr für die menschliche Auffassung, im Falle es sich um die Herbeiführung eines Erfolges handelt, der höchste Grad der Wahrscheinlichkeit der Notwendigkeit gleich steht, so muß auch der höchste Grad der Unwahrscheinlichkeit für die Unmöglichkeit gehalten werden, und man hat darum für die Möglichkeit wenigstens einige Wahrscheinlichkeit zu fordern. Diese Wahrscheinlichkeit aber liegt im allgemeinen bei dem gewöhnlichen Schlägerduell nicht vor. Selbst der denkbar beste Schlägerfechter wird bei dieser Art des Zweikampfes seine Absicht nicht auf Tötung des Gegners richten, und wenn er eine solche Absicht eingestehen sollte, so würde ihm nicht geglaubt werden können. Daß die Absicht auf Tötung gerichtet werden könne, ist aber Voraussetzung für den Zweikampf der §§ 201 ff. St.G.B.

Die Behauptung, die Tödlichkeit der Waffe sei eine objektive Eigenschaft derselben, welche ihr durch Schutzmaßregeln gegen deren konkrete Tödlichkeit nicht entzogen werden könne, wird nicht als richtig anerkannt werden dürfen. Objektive Eigenschaft des Degens ist, daß er spitz, des Säbels, daß er scharf ist. Die Tödlichkeit dieser Waffen hingegen ist nur die auf diese Eigenschaften gestützte Folgerung, daß man von ihnen im Duelle einen tödlichen Gebrauch machen — oder unter Umständen auch nicht machen könne. Die objektive Eigenschaft eines Gegenstandes aber bezeichnet einen sich gleichbleibenden Zustand desselben. Würde durch die betreffende Abstraktion der Waffe die objektive Eigenschaft der Tödlichkeit beigelegt, so müßte man diese objektive, sich stets gleich bleibende, Eigenschaft überhaupt für jeden Gegenstand ein für allemal in Anspruch nehmen, mit welchem man töten kann. Auch die Holzaxt wäre dann ohne weiteres als ein tödliches Werkzeug zu bezeichnen, mag sie auch nur zum Holzspalten verwendet werden. Ist sie aber in diesem Falle kein tödliches Werkzeug, so kann ihr auch nicht die objektive Eigenschaft der Tödlichkeit erwachsen, wenn sie als Waffe in nicht technischem Sinne benutzt worden war. Denn die ihr hier beigelegte Bestimmung ist lediglich eine bloße Äußerung des Willens, durch welche allein objektive Veränderungen nicht herbeigeführt werden können. Man spricht doch auch nicht von einem tödlichen Degen, welcher an der Wand hängt, oder von einer tödlichen Pistole, welche im Schranke liegt, wohl aber von einem tödlichen Stechen und Schießen. Darum ist aber auch kein Widerspruch darin enthalten, wenn man die nämliche Duellwaffe je nach den Umständen als eine tödliche oder auch als eine nicht tödliche bezeichnet. Auch die Pistolen würden keine tödlichen Duellwaffen sein, wenn der tödliche Ausgang des mit ihnen vollzogenen Zweikampfes auch *in abstracto* ausgeschlossen wäre. Ein Duell mit Pistolen, welche nur eine Tragfähigkeit von 20 Schritten besitzen, während die Duellanten einen Zwischenraum von 30 Schritten nicht überschreiten dürfen, wird nicht als ein Zweikampf mittödlichen Waffen zu betrachten sein, mochten auch die Duellanten ihren Waffen eine entsprechend größere Tragfähigkeit zugetraut haben.

Nunmehr handelt es sich jedoch darum, ob einem Schlägerduell, wenn es mit nicht tödlichen Waffen vollzogen wird, der Charakter eines Zweikampfes abgeht, oder ob es demungeachtet diesen Charakter beanspruchen kann.

Ist das gewöhnliche Schlägerduell kein Zweikampf, so muß es zweifellos nach den allgemein gültigen Vorschriften des Strafgesetzbuchs über Tötung und Körperverletzung beurteilt werden. Es würde sonach, im Falle nicht geradezu eine der Folgen des § 224 oder die Tötung des Gegners beabsichtigt war, das ergebnislos gebliebene Duell straflos zu bleiben haben. Straflos würde es auch in Gemäßheit der gegenseitigen Einwilligung der Duellanten, sich, wenn es so kommen sollte, am Körper verletzen zu lassen, im Falle der Verursachung einer leichten Körperverletzung sein. Oder man müßte denn gerade die Meinung für zutreffend halten, nach welcher auch die Einwilligung in eine leichte Körperverletzung bedeutungslos erscheine. Wäre aber eine Verletzung im Sinne des § 224 St.G.B. verursacht worden, so würde derjenige Duellant, welcher sie verursacht hat, mit Zuchthaus bis zu fünf Jahren oder Gefängnis nicht unter einem Jahre zu bestrafen, der andere Duellant aber straflos zu lassen sein. Wäre endlich gegen alle Voraussicht der eine Duellant getötet worden, so würde die Strafe des § 226 St.G.B. einzutreten haben. Sekundanten und Arzt würden wegen intellektueller Mitwirksamkeit zu dem Delikte bestraft werden können. Die im Zweikampf mit tödlichen Waffen verursachte schwere Körperverletzung wird hingegen nur mit Festungshaft von drei Monaten bis zu fünf Jahren und die sogar beabsichtigt gewesene Tötung des Gegners nur mit Festungshaft nicht unter drei Jahren bestraft.

Schon aus diesen Differenzen aber muß sich ergeben, daß der Gesetzgeber den Zweikampf mit nicht tödlichen Waffen nicht nach seinen Strafvorschriften über Tötung und Körperverletzung beurteilt haben will. Denn es läßt sich nicht einsehen, warum der Zweikampf, dessen lebensgefährlicher Ausgang durch Binden und Bandagen vermieden werden soll, schwerer strafbar sein sollte, als der lebensgefährliche, wie aber auch die Straflosigkeit des ergebnislos gebliebenen Zweikampfes mit nicht tödlichen Waffen nicht anerkannt werden darf.

Die Ausnahmsstellung, welche dem Zweikampf im Gesetze angewiesen wird, läßt sich strafrechtlich in keiner Weise begründen, und sie kann vielmehr nur durch die Berufung auf das Herkommen gerechtfertigt werden. An und für sich betrachtet liegt kein Grund dafür vor, warum nicht auch ein Zweikampf auf Boxen oder mit Stöcken nach §§ 201 ff. St.G.B. und vielmehr nach den allgemeinen Grundsätzen über Tötung und Körperverletzung bestraft werden soll, als eben der, daß Fäuste und Stöcke in Deutschland nicht als übliche Duellwaffen angesehen werden. Daß aber der Schläger als Duellwaffe gilt, wird nicht bezweifelt werden dürfen, zumal das Schlägerduell, wie jedes andere auch, nach vereinbarten Kampfregeln stattfindet, und die Veranlassung zu demselben ganz die nämliche sein kann, durch welche auch andere Zweikämpfe herbeigeführt werden. Die einzige Verschiedenheit besteht hier eben nur darin, daß dem Schlägerduell das Merkmal der Lebensgefährlichkeit mangelt, wenn schon dasselbe auf Zufügung ernster Körperverletzungen gerichtet ist, und sonach nicht als ein bloßes Kampfspiel erscheint. Aber es läßt sich auch aus dem Herkommen nicht nachweisen, daß das Wesen des Zweikampfes durch seine Lebensgefährlichkeit bedingt sei, und es sind vielmehr die Schlägerduelle von jeher nicht etwa als gewöhnliche Prügeleien betrachtet worden. Es scheinen auch die Worte des § 201 St.G.B. „zum Zweikampf mit tödlichen Waffen“ sagen zu wollen, daß das Gesetz auch einen Zweikampf mit nicht tödlichen Waffen anerkenne.

Ist nun aber auch der Zweikampf mit nicht tödlichen Waffen ein wirklicher Zweikampf und muß angenommen werden, daß das Strafgesetzbuch sich dem Herkommen, nach welchem der Zweikampf und bezw. die in demselben verursachte Tötung und Körperverletzung nicht als gemeine Delikte in Betracht zu ziehen sind, habe unterwerfen wollen, so bringt sich endlich zur Erwägung, ob das Strafgesetzbuch, indem es nur den Zweikampf mit tödlichen Waffen bestraft, die Straflosigkeit des Zweikampfes mit nicht tödlichen Waffen vorgeschrieben, oder es der Landesgesetzgebung anheimgestellt hat, ob ein solcher Zweikampf bestraft werden soll oder nicht. Wollte das Strafgesetzbuch die Materie des Zweikampfes erschöpfend regeln, so würde natürlich die Landesgesetzgebung innerhalb derselben ausgeschlossen sein. Allein, daß dies die Absicht des Gesetzes gewesen sei, ergiebt sich aus den §§ 201 ff. nicht und die historische Entwickelung dieser Materie spricht für die Verneinung. Denn wie schon früherhin, insbesondere auch in der preußischen Strafgesetzgebung, welcher das Reichsstrafgesetzbuch nachgebildet worden ist, die Vorschriften des Strafgesetzbuchs selbst über den Zweikampf in anderweiten Nebengesetzen ihre Ergänzung gefunden hatten, so läßt sich auch nur annehmen, daß das Reichsstrafgesetzbuch sich der Materie des Zweikampfes gerade nur soweit hat bemächtigen wollen, als dieselbe in dem preußischen Strafgesetzbuch behandelt worden war.

Zur Konkurrenzfrage.

Im Sinne des Strafrechtes wird der Erfolg als der vergegenständlichte Deliktsbegriff des Gesetzes, die Handlung aber als die durch menschliche Thätigkeit vermittelte Willensentäußerung bezeichnet werden müssen, aus welcher sich derselbe ergeben hat. Ob die Handlung aus nur einer Willensentäußerung besteht, wie in dem Abfeuern eines Schusses oder dem Aussprechen eines Schimpfwortes, oder ob sie mehrere Willensentäußerungen enthält, im Falle etwa der Dieb die Hausthüre geöffnet und die Räume durchsucht, bis er den ihm passenden Gegenstand gefunden hat, ist gleichgültig. Auch die mehreren Willensentäußerungen bilden Eine Handlung, wenn und insoweit durch sie ein bestimmter abstrakter Deliktsbegriff vergegenständlicht worden ist. Zweifellos hingegen hat man es mit mehreren selbständigen Handlungen zu thun, wenn mehrere abstrakte Deliktsbegriffe durch mehrere Thätigkeiten vergegenständlicht werden, welche dergestalt unabhängig von einander erscheinen, daß sich innerhalb derselben ein ihnen allen gemeinschaftlicher Bestandteil nicht vorfindet. Der Thäter hat dann die Strafe eines jeden der vergegenständlichten Delikte zu tragen, und es ist hier ohne Bedeutung, ob man die mehreren Strafen mit der Mehrheit der Handlungen oder der Mehrheit der vergegenständlichten Delikte rechtfertigen will. Aber es fragt sich, wie es sich verhalte, wenn die nämliche Eine Handlung, durch welche ein abstrakter Deliktsbegriff vergegenständlicht worden ist, auch noch andere Deliktsbegriffe vergegenständlicht, ob also, im Falle die Stücke der infolge des Wurfes zersprungenen Bombe den A. und den B. getötet haben, nur eine oder zwei Strafen ausgesprochen werden sollen. Eine und die nämliche Handlung liegt hier vor. Denn die Vergegenständlichung des abstrakten Verbrechensbegriffes der Tötung beruht in Ansehung des A. bereits so sehr auf dem vollen Umfang der desfalls ausgeführten Handlung, daß von einer von derselben auch nur zum Teile verschiedenen Handlung, durch welche die Tötung des B. bewirkt worden wäre, nicht geredet werden kann. Aber diese Eine Handlung besaß zwei Kausalitäten, von welchen jede den nämlichen Deliktsbegriff, oder im Falle B. nur verwundet worden wäre, jede einen anderen Deliktsbegriff vergegenständlicht hat. Hier muß man sich darum entscheiden, ob man der Bestrafung des Thäters die Einheit der Handlung oder die Mehrheit ihrer Kausalitäten zu Grunde legen, ob man also, weil nur Eine Handlung, nur die Strafe des einen der beiden Delikte, oder ob man wegen der Mehrheit der Kausalitäten der Einen Handlung die Strafe der beiden Delikte zu verhängen habe. Eine Vermittelung dieser beiden Prinzipien wird nicht ausführbar sein. Glaubt man nun, die Einheit der Handlung zum Prinzip der Bestrafung erheben zu sollen, so beruht dasselbe auf dem Gedanken, daß die nämliche Eine Handlung nicht mehrmals bestraft werden dürfe. Erwägt man aber, daß in der Einen Handlung, welche mehrere Deliktsbegriffe vergegenständlicht, mehrere Entschlüsse, von welchen jeder einem dieser Deliktsbegriffe entspricht, und mehrere Kausalitäten in ihren Keimen neben einander liegen, von welchen wiederum eine jede mit einem dieser Entschlüsse in Übereinstimmung steht, daß auch die Strafe nur von dem Willen und seiner Wirksamkeit bedingt erscheint und die Handlung den Entschluß und die Kausalität, bezw. diese mehreren Entschlüsse und Kausalitäten, nur vermittelt, nicht aber dieselben zu einer Einheit verbinden kann (meine Einheit und Mehrheit der Verbrechen S. 2, 19 ff.), so wird man wohl dem zweiten der bezeichneten Prinzipien den Vorzug zu erteilen haben.

Wenn aber hiernach auch die nämliche Eine Handlung durch die Bestrafung einer jeden ihrer mehreren Wirkungen mehrfach bestraft werden kann, so darf doch die nämliche Wirkung der Handlung selbstverständlich nicht mehrfach bestraft werden — weder ganz noch zum Teile. Besteht nun die Wirkung der Handlung in dem vergegenständlichten Deliktsbegriff, so würde die nämliche Wirkung der Handlung und bezw. der nämliche Teil dieser Wirkung dann mehrfach bestraft, wenn die mehreren Deliktsbegriffe identisch sind, oder auch nur ein jeder derselben das nur einmal vergegenständlichte Begriffsmerkmal besitzt, welches auch dem anderen eigentümlich ist, und man sämtliche Delikte bestrafen wollte. Wäre hiernach das nämliche Delikt in dem Strafgesetzbuch unter mehreren

Paragraphen mit Strafe bedroht, so würde doch nur eine von diesen Strafen ausgesprochen werden dürfen. Eine solche volle Identität der unter verschiedenen Paragraphen des Strafgesetzbuchs aufgeführten Delikte wird nun freilich kaum vorkommen, wohl aber ist es eine häufige Erscheinung, daß die unter verschiedenen Paragraphen desselben aufgeführten Delikte teilweise die nämlichen Deliktsmerkmale haben. Hat der Sohn seinen Vater getötet, so findet § 215 St.G.B. auf ihn Anwendung; es kann jedoch auch § 212 als vergegenständlicht betrachtet werden. Aber beide Deliktsbegriffe zugleich sind nicht vergegenständlicht worden, weil jedes zu dieser Vergegenständlichung das gesetzliche Merkmal verlangt, daß ein Mensch getötet worden ist, die Tötung eines Menschen jedoch nur einmal stattgefunden hat. So verhält es sich auch in der Beziehung des § 113 zu 114, 148 zu 263, 201 zu 205, 242 zu 243, 246 zu 266 oder auch 350, 267 zu 270 u. s. w. St.G.B. Und warum es anders sein soll, wenn der Bruder seine verheiratete Schwester genotzüchtigt hat, ist nicht einzusehen. Die vollzogene Geschlechtsvereinigung hat das Deliktsmerkmal vergegenständlicht, welches zur Konstruktion eines jeden der drei in Rede stehenden Delikte absolut notwendig erscheint. Aber es ist nur einmal vorhanden. Darum kann es jedoch auch nur einmal zur Verwendung kommen, und zwar natürlich nur zur Konstruktion der Notzucht. Hat es hier den Thatbestand dieses Verbrechens vergegenständlicht, so kann es nicht etwa aus demselben wieder herausgenommen und in denjenigen der Blutschande, bezw. dann in denjenigen des Ehebruches, eingefügt werden. Es würde im Falle dieser Herausnahme alsbald der vergegenständlichte Verbrechensbegriff der Notzucht und bezw. der Blutschande wieder beseitigt werden, weil das Bestehen desselben an den Verbleib des betreffenden Deliktsmerkmales in seinem Thatbestande gebunden ist. Die nämliche Geschlechtsvereinigung kann nicht zugleich ein Stück Notzucht, ein Stück Blutschande und ein Stück Ehebruch, sondern sie kann, wie bereits a. a. O. S. 1 ausgeführt worden ist, wegen ihrer Identität nur das eine oder das andere sein. Die gegen die betreffende Erörterung gerichtete Behauptung Schütze's, Zeitschrift für die gesamte Strafrechtswissenschaft Bd. III, S. 63, 64 — s. auch Hälschner, das gemeine deutsche Strafrecht S. 658, Note, und Hiller, Gerichtssaal Bd. XXXII, S. 201 ff. —, der den drei Delikten gemeinsame Beischlaf gebe, wenngleich nur einmal verübt, für jedes derselben das zum Begriffe ergänzende Merkmal her; es liege in ihm die gemeinsame Ursache mehrerer selbständiger gesetzwidriger Wirkungen: Verletzung der Geschlechtsehre und der Willensfreiheit, des verwandtschaftlichen Bandes, sowie des Ehebandes, kann nicht richtig sein. Denn man hat es hier nur mit Begriffen zu thun, und Begriffe können zwar wohl in der Idee, nicht jedoch in Wirklichkeit verletzt werden. In Ermangelung sonach eines Kausalverlaufes zwischen dem vollzogenen Beischlaf und diesen Verletzungen kann er aber auch nicht die gemeinsame Ursache für sie enthalten. Wollte man indessen sogar seine Ursachlichkeit anerkennen, so müßte dieselbe immerhin zur Konstruktion der Notzucht im vollen Umfange in deren Thatbestand aufgenommen werden, so daß zur Herstellung der Thatbestände der Blutschande und des Ehebruches nichts von ihr übrig bleiben würde. Die behauptete Gemeinschaftlichkeit der Ursachlichkeit des vollzogenen Beischlafes bedeutet darum weiter nichts, als daß man denselben zugleich in die Thatbestände der Notzucht, der Blutschande und des Ehebruches einreihen und ihn sonach dreimal als Thatbestandsmerkmal verwenden dürfe, obwohl er nur einmal vorhanden ist. Das erscheint jedoch nicht zulässig, und es ist darum hier nur eine Konkurrenz mehrerer Gesetze gegeben, die neben einander nicht zur Anwendung gebracht werden können, weil es an einer Mehrheit ihrer Mehrheit entsprechender konkretisierter selbständiger Thatbestände fehlt. Will man diese Gesetzeskonkurrenz als Idealkonkurrenz bezeichnen, so steht nichts im Wege, aber eine andere Bedeutung als diejenige einer Gesetzeskonkurrenz kann sie nicht beanspruchen. In dem erwähnten Falle der Tötung von A. und B. durch die Stücke der zersprungenen Bombe lagen hingegen unerachtet der Einheit der Handlung des Werfens mehrere Kausalitäten von vornherein dergestalt vor, daß eine jede von ihnen einen Thatbestand der Tötung vollständig verursachte, und man sonach nicht genötigt ist, zur Herstellung des einen Thatbestandes eine Anleihe bei dem anderen machen zu müssen.

Nach dem Ziele, daß der Bestrafung des Thäters die Mehrheit der Kausalitäten seiner Handlung zu Grunde zu legen sei, strebt denn auch gegenwärtig wie die Theorie so auch die Praxis. Aber es ist begreiflich, daß die Entscheidungen derselben in dem Streite zwischen ihrer besseren Einsicht und den Vorschriften des Gesetzes nicht selten unter einander im Widerspruch und mit dem Gesetze nicht in voller Übereinstimmung stehen. Die Auffassung der Anstiftung mehrerer Personen zu mehreren Verbrechen durch die nämliche Handlung, oder der Einen Äußerung, durch welche sich mehrere Personen beleidigt fühlen, als Realkonkurrenz kann nur gerechtfertigt erscheinen, wenn man die Bestrafung aus der Mehrheit der Kausalitäten der Einen Handlung, nicht jedoch, wenn man sie in Übereinstimmung mit § 73 St.G.B. aus der Einheit der Handlung herleitet. Oder sollten nicht vielleicht sogar die §§ 73, 74 St.G.B. eine andere als die seither üblich gewesene Auslegung zulassen? Der Gesetzgeber will sich im fünften Abschnitt nach der Überschrift der §§ 73 ff. mit Mehrheiten beschäftigen, und es ist ersichtlich, daß § 74 in Gegensatz zu § 73 gebracht wird. Ein Gegensatz von Mehrheiten stellt sich jedoch nicht heraus, im Falle man in § 74 die mehreren selbständigen Handlungen und in § 73 die Einheit der Handlung betont. Erwägt man aber, daß durch mehrere selbständige Handlungen mehrere selbständige, also von einander unabhängige, Delikte, welche ein nämliches gesetzliches Merkmal nicht gemeinsam haben, herbeigeführt werden müssen, so ist der Gegensatz dieser Mehrheit eine Mehrheit unselbständiger Delikte, welchen ein nämliches gesetzliches Merkmal gemeinsam ist. Diese Mehrheit aber würde durch die Worte des § 73 „mehrere Strafgesetze verletzt“ und dadurch zum Ausdruck gebracht, daß die Maximalstrafe des schwersten Deliktes nicht überschritten werden darf. Nun wird sich ja allerdings eine solche unselbständige Mehrheit vorzugsweise aus einer und derselben Handlung ergeben, aber Eine Handlung kann auch, wie gezeigt, eine Mehrheit von Rechtsverletzungen verursachen, welche unabhängig von einander sind, in deren Thatbestand sich also ein nämliches gesetzliches Merkmal nicht vorfindet. Unter § 73 St.G.B. kann eine solche Mehrheit nicht subsumiert werden, wenn er eine unselbständige Mehrheit zur Voraussetzung hat, und ebensowenig unter § 74, wenn man das Wesen desselben in der Mehrheit der Handlungen erblickt. Betont man jedoch in diesem Paragraphen die Mehrheit der selbständigen Rechtsverletzungen, so wird auch der Fall, daß durch Eine Handlung mehrere selbständige Rechtsverletzungen herbeigeführt werden, von demselben ergriffen, und es vollzieht sich die Unterordnung dieser Mehrheit unter § 74 um so anstandsloser, wenn man die, freilich unhaltbare, Fiktion Hälschner's (a. a. O. S. 672) annehmen zu können glaubt, daß die nur scheinbar Eine Handlung in Wirklichkeit so viele Handlungen in sich fasse, als selbständige Rechtsverletzungen durch sie verursacht worden seien. Jedenfalls aber ergeben sich aus § 73 St.G.B. im Gegensatz zu § 74 die Konsequenzen, daß die Erhöhung, welche der Strafe der Notzucht aus der lediglich subjektiven Erwägung erwächst, daß der Notzüchtiger gerade der Bruder und die Schwester noch obendrein verheiratet war, nicht als eine Bestrafung der Blutschande und des Ehebruches betrachtet, darum aber auch diese Bestrafung im Urteile nicht ausgesprochen, die Nebenstrafe, welche zwar mit dem minderen der ideell konkurrierenden Delikte, nicht aber mit dem schwersten vereinbar ist, nicht verhängt und demnächst ein Rückfall nicht darum angenommen werden darf, weil auch das mindere der ideell konkurrierenden Delikte bestraft, und bezw. die für dasselbe erkannte Strafe verbüßt worden sei. Zu verkennen ist hierbei allerdings nicht, daß die bezeichnete Erhöhung der schwersten Strafe die Bestrafung der Idealkonkurrenz der in § 74 St.G.B. vorgesehenen Bestrafung der Realkonkurrenz im möglichen Effekte nahe rückt, indem auch hier die Strafen der minderen Delikte nur zur Erhöhung der Strafe des schwersten Deliktes verwendet werden, wenn schon für diese Erhöhung nicht lediglich die größere Schlechtigkeit des Subjektes, sondern zugleich objektiv auch die Mehrheit der vergegenständlichten Deliktsbegriffe maßgebend erscheint.

Eine Erörterung, in welcher Weise die betreffende Frage von der neueren Doktrin behandelt worden ist, würde hier zu weit führen, und es haben darum insbesondere die hierher bezüglichen verdienstvollen Abhandlungen von LiliENTHAL in seinen Beiträgen zu der Lehre von den Kollektivdelikten und von Hiller a. a. O. unberücksichtigt zu bleiben. Nur die letzte in dieser Richtung erschienene Abhandlung von Schütze a. a. O. soll näher in Betracht gezogen werden.

Er erhebt nachdrücklichen Protest gegen den Mißbrauch des strafrechtlichen Modethemas „Kausalitätsfrage“ (S. 64), und es fragt sich darum zunächst, was er selbst von der Kausalität hält. In seinem Lehrbuche § 80 N. 9 findet sich nun die Bemerkung, Kausalität müsse angenommen werden, wenn der Tod des X. Wirkung der Handlung des A. mit Einschluß der von ihm abhängigen oder zwar unabhängigen, aber von ihm in Berechnung gezogenen, mitwirkenden Umstände gewesen sei. Sonach soll die Ursachlichkeit durch die Willensbeschaffenheit bedingt erscheinen, es soll mit anderen Worten von der Willensbeschaffenheit abhängen, ob eine Kausalität als vorhanden anzunehmen sei oder nicht. Eine weitere Erörterung der Kausalität giebt das Lehrbuch nicht. In der citierten Abhandlung aber wird (S. 65) gesagt, die Ursache bestehe in der Gesamtheit der zur Erzeugung der Wirkung erforderlich gewesenen Kräfte, und wenn sich unter diesen Kräften eine menschliche Kraft befinde, so bezeichneten wir den dieser Kraft zukommenden Bestandteil der Wirkung als den (strafbaren) Erfolg, im Falle er dem Willen des Handelnden entspreche und ihn das Gesetz zum Begriffsmerkmal erhoben habe. Diese Ausführung bedeutet: die menschliche Kraft verursacht nur einen Teil des von ihr und anderen Faktoren herbeigeführten strafrechtlichen Ergebnisses, es wird ihr aber das ganze Ergebnis aufgerechnet. Aber wer nur einen Teil des strafrechtlichen

Ergebnisses verursacht hat, der kann auch nicht für die übrigen Teile desselben und sonach auch nicht für das ganze Ergebnis haftbar gemacht werden, mag auch der von ihm verursachte Teil seinem Willen entsprechen und ein Begriffsmerkmal darstellen. Liegt nun schon in der seitherigen Ausführung SCHÜTZE's die aus dem Lehrbuch noch nicht zu entnehmende Anerkennung, daß die Kausalität und die Verantwortlichkeit für dieselbe geschieden werden müssen, so wird dann die „Verantwortlichkeitsfrage“ noch einer besonderen Erörterung unterzogen, welche, wie es scheint, die nähere Darlegung enthalten soll, daß der nur mitverursachenden menschlichen Wirksamkeit der ganze Erfolg darum aufgerechnet werden müsse, weil die übrigen außermenschlichen, gleichwie die nicht verfolgbaren menschlichen mitwirksam gewesenen Kräfte der Verantwortlichkeitsfrage entzogen seien. Verständlich ist das nun gerade nicht, daß die nur einen Teil des Erfolges verursachende zurechnungsfähige Thätigkeit dann den ganzen Erfolg verursacht haben soll, wenn die übrigen mitwirksam gewesenen Kräfte nicht straffähig sind. Aber es werden doch hierin immerhin die beiden charakteristischen Sätze des Kausalitätsbegriffes, daß die mitwirkende Ursache das Ganze verursacht, und die Kausalität die Verantwortlichkeit für dieselbe nicht in sich selbst trägt, für diese Verantwortlichkeit vielmehr lediglich die Willensbeschaffenheit bestimmend erscheint, von SCHÜTZE anerkannt, und seine eigene Theorie über die Konkurrenz strafbarer Handlungen in der citierten Abhandlung beweist auch die Unhaltbarkeit seiner Behauptung, es sei dieser Begriff zur Lösung strafrechtlicher Fragen nicht verwendbar. Die S. 54 sub 2 a. a. O. vorgeführte Komplikation „in einer That mehrere Delikte“ entspricht, da unter That die strafbare Handlung verstanden wird, der seither erörterten Frage, wie es sich verhalte, wenn durch eine Handlung mehrere Deliktsbegriffe vergegenständlicht worden sind. Hier fehlt nun zunächst die unentbehrliche Charakteristik der „Einheitlichkeit“ der Handlung. Gesagt aber wird (S. 61), jemand könne durch Einen Schuß mehrere Personen töten, durch ein Schimpfwort mehrere Personen beleidigen, und es seien dann ebensoviele, strafbare Morde und Beleidigungen anzunehmen. Wer dies leugne, der lasse einerseits dem Thäter eine ungereimte Begünstigung zu Teil werden und verfalle andererseits in einen logischen Fehler. Denn zuvörderst setze diese Ansicht eine Prämie auf die Willkür des Thäters, welcher mehrere Delikte in Eine Handlung rein äußerlich zusammenfasse. Und sodann übersehe sie, daß, gleichwie durch mehrere selbständige getrennte Thaten bald verschiedenartige, bald gleichartige strafbare Delikte begangen würden, so notwendigerweise (?) auch der Inhalt einer Handlung, welche mehrere strafbare Delikte willkürlich in sich vereinige, nicht bloß verschiedenartige, sondern auch gleichartige Delikte müsse bilden können. Ferner (S. 63): im Falle der blutschänderischen und ehebrecherischen Notzucht ergebe der diesen drei Delikten gemeinsame Beischlaf, wenn gleich nur einmal verübt, für jedes derselben das zum Begriff ergänzende Merkmal her. Nun wird sich zwar auch hier nicht behaupten lassen, daß aus dieser Erörterung der zureichende Grund dafür ersichtlich würde, daß die Eine Handlung mehrmals bestraft werden dürfe. Zweifellos aber entnimmt doch SCHÜTZE das Recht zur mehrmaligen Bestrafung derselben aus der Mehrheit, und bezw. der vermeintlichen Mehrheit, ihrer rechtsverletzenden Kausalitäten (S. 64).

Liegen hiernach mehrere Delikte vor, wenn auch nur Eine Handlung mehrere gesetzliche Deliktsbegriffe selbständig vergegenständlicht, und gilt das nämliche natürlich für den Fall, daß eine Mehrheit von Handlungen diese Vergegenständlichung der mehreren Deliktsbegriffe bewerkstelligt hat; muß aber auch der Deliktsbegriff gerade so anerkannt werden, wie er vom Gesetze aufgestellt worden ist, so rechtfertigt sich die Behauptung, daß überall, wo auch nur ein selbständig vergegenständlichter Deliktsbegriff zu erkennen, die vom Gesetze dem betreffenden Delikte angedrohte Strafe auszusprechen ist — wenn nicht das Gesetz selbst aus mehreren gleichartigen oder auch ungleichartigen Deliktsbegriffen eine Einheit konstruiert (meine Einheit und Mehrheit der Verbrechen, S. 38 ff.). Lediglich die Auslegung des Gesetzes kann die Entscheidung an die Hand geben, ob man es mit einer solchen gesetzlichen Einheit, etwa im Falle der mehreren aus Gewohnheit oder Gewerbsmäßigkeit entsprungenen Delikte, zu thun habe. In keiner Weise aber kann sich die Willkür des Thäters da eine solche Einheit bilden, wo dieselbe nicht vom Gesetze bestätigt wird. Denn eine derartige Herrschaft über die gesetzlichen Thatbestände steht ihm nicht zu. Das gilt insbesondere von dem sogenannten fortgesetzten Verbrechen, dessen Rechtfertigung aus dem Gesetze auch SCHÜTZE nicht gelungen ist. Er beruft sich nur auf den unausgesprochenen, aber nicht nachgewiesenen, Sinn des Gesetzes und den praktischen Blick des Richters, welcher die „praktische Einheit der mehreren von dem fortgesetzten Verbrechen umfaßten Delikte schon herausfinden werde. Aber mit dieser Erwägung läßt sich unmöglich wegdemonstrieren, daß jeder Akt des fortgesetzten Verbrechens die besondere selbständige Vergegenständlichung des Deliktsbegriffes und das Gesetz keine Vorschrift enthält, nach welcher diese Mehrheit vergegenständlichter Deliktsbegriffe zu einer rechtlichen Einheit zusammengefaßt werden dürfte (s. oben S. 144 f.).[1] Ebensowenig kann allerdings das durchaus willkürliche Verfahren der Theorie und namentlich der Praxis gebilligt werden, nach welchem aus mehreren selbständig vergegenständlichten Deliktsbegriffen zwar nicht eine fortgesetzte Einheit, wohl aber eine anderweite Einheit gebildet wird. Diese Einheit soll wesentlich thatsächlich, der Nachprüfung des Revisionsgerichtes also entzogen, und anzunehmen sein, wo diesen mehreren Deliktsbegriffen eine Einheitlichkeit des Willens, die unmöglich ist, und der äußeren Erscheinung, die auch nicht begriffen werden kann, zu Grunde liege. Nach einer Legitimation für diese Einheitsbildung wird man jedoch im Gesetze vergeblich suchen. Unverständlich ist aber namentlich die Meinung, welche das fortgesetzte Verbrechen verwirft, die bezeichnete Einheitsbildung jedoch für gerechtfertigt erklärt. Denn die Konstruktion derselben muß notwendig zur Konstruktion des fortgesetzten Verbrechens führen und ist nur noch verwerflicher als sie, weil sie die Zusammenfassung sogar verschiedenartiger Thatbestände zu einer Einheit zuläßt (s. auch Hälschner a. a. O. S. 668 und Note). Es ist indessen auch kaum ein praktisches Bedürfnis für diese Einheitsbildung und die Konstruktion des fortgesetzten Verbrechens vorhanden. Denn es muß für die Ermöglichung einer zutreffenden Strafzumessung nahezu bedeutungslos erscheinen, ob der aus jedem folgenden Akte erwachsende Erschwerungsgrund der Strafe unter dem Titel der Einheitsbildung und bezw. des fortgesetzten Verbrechens oder nach § 74 St.G.B. als Realkonkurrenz zur Verwertung kommt, weil in dem einen wie in dem anderen Falle die Straferhöhung nur eine minimale, nicht einmal das Minimum der betreffenden Strafart erreichende, zu sein braucht (s. bereits meine Abhandlungen aus dem Strafrechte, 1862, S. 106. 107). Bezüglich der Haft und Geldstrafe ist freilich, wie von Schütze mit Recht gerügt wird, das Prinzip des § 74 nicht durchgeführt worden, aber es ergeben sich hieraus keine Mißständigkeiten, welchen durch die Annahme des fortgesetzten Ver-

---

[1] Hälschner sagt a. a. O. S. 657 (s. auch S. 656 Note): nicht der Handelnde, sondern das Recht bestimmt, was als Eine Rechtsverletzung zu betrachten sei, und daß der Handelnde eine Mehrheit von Rechtsverletzungen in seine Absicht aufnahm und in Eine Handlung zusammenfaßte, kann nicht bewirken, daß die mehreren Rechtsverletzungen nur als Eine zu betrachten wären, kann nicht hindern, daß eine jede der mehreren Rechtsverletzungen als eine strafbare Handlung darum betrachtet wird, weil eine jede beabsichtigt und vorsätzlich verursacht war. Mit dieser Erörterung wird dem fortgesetzten Verbrechen jede Existenzberechtigung entzogen, und es stehen daher mit derselben die späteren Ausführungen, durch welche dieselbe nun dennoch nachgewiesen werden soll, im Widerspruche.

brechens und der bezeichneten Einheitsbildung abgeholfen werden müßte (meine Einheit und Mehrheit der Verbrechen, S. 116 ff.).

Muß nun jede Vergegenständlichung eines Deliktsbegriffes ihre Strafe erhalten, so fragt es sich weiter, ob nicht die Thatsache, daß mehrere Delikte begangen worden sind, von Einfluß auf die Bestrafung des einzelnen dieser mehreren Delikte sein kann, ob also die Strafe dieses einzelnen Deliktes eben wegen seines Zusammentreffens mit anderen Delikten unter Umständen nicht anders zu bemessen ist, als im Falle dasselbe isoliert zu bestrafen wäre. Schütze meint, die Zahl der Umstände, welchen ein derartiger Einfluß zugeschrieben werde, sei in rapidem Wachsen begriffen. Ich kann indessen in dieser Richtung nur die vier in meiner Einheit und Mehrheit der Verbrechen, S. 54 ff. näher erörterten Gesichtspunkte ermitteln: 1) daß die Schwere der Strafe mit ihrer Ausdehnung in geometrischer Progression wächst, weshalb die Beträge mehrerer an und für sich vollständig berechtigter Strafen nicht in vollem Umfang zusammen gerechnet werden dürfen und vielmehr eine entsprechende Kürzung an den einzelnen Strafen stattzufinden hat; 2) daß durch eine erste That die Widerstandskraft gegenüber der Versuchung, noch weitere Delikte zu begehen, abgeschwächt worden sein kann; 3) daß nach der besonderen Beschaffenheit des getroffenen Objektes ein zweites Delikt einen geringeren, aber auch einen größeren, Schaden anrichten kann, als wenn es ein erstes wäre; daß endlich 4) das nach der Auffassung des Gesetzes zwischen den einzelnen Delikten bestehende Wertverhältnis beseitigt werden würde, wenn es gestattet wäre, eine unbestimmte Anzahl von minderen Delikten gerade so hoch zu bestrafen, wie die unbestimmte Anzahl von schweren Delikten, welche Erwägung wiederum zu einer Kürzung der Strafen der zusammengetroffenen mehreren Delikte führen muß. Sind diese Gesichtspunkte berücksichtigt worden, so erscheint die rechtliche Bedeutung des Nebeneinanderstehens mehrerer selbständiger Delikte, ihrer Konkurrenz, erschöpft, und es handelt sich dann fernerhin nur noch um ein einfaches Zusammenrechnen der mehreren Strafen, eventuell nach vorheriger Umwandlung derselben in eine höhere Strafart.

Von den bezeichneten vier Gesichtspunkten läßt Schütze nur den vierten gelten, betrachtet aber die hiernach gebotene Kürzung der Einzelstrafen nur als der Billigkeit entsprechend, während sie ein rechtliches Erfordernis ist. Ein rechtliches Erfordernis ist es namentlich aber auch, daß das Gesetz gestatte, bei der Bestrafung des einzelnen von mehreren zusammengetroffenen Delikten unter das für das einzeln stehende Delikt vorgesehene Strafminimum herabzugehen (§ 74 St.G.B.), und es ist schon darum nicht zu erkennen, wie Schütze zu der Behauptung gelangen kann, die Konkurrenz mehrerer Delikte besitze eine ausschließlich prozessualische Bedeutung. Jedenfalls kann der Lehre von der Konkurrenz durch ihre bloße Übertragung in den Strafprozeß nicht zu der erforderlichen Klarheit verholfen werden.

Der Zweckgedanke im Strafrecht.

In seiner interessanten Abhandlung betreffend den Zweckgedanken im Strafrecht (Bd. III, Heft 1, S. 1 ff. der Zeitschrift für die gesamte Strafrechtswissenschaft) kommt v. Liszt zu dem Ergebnis, die Lösung des Widerstreites der absoluten und relativen Strafrechtstheorieen in der Geschichte der Strafe gefunden zu haben (S. 23). Die Strafe sei in ihrem Uranfange triebartige, durch die Zweckvorstellung nicht bedingte, Reaktion der Gesellschaft gegen äußere Störungen der Lebensbedingungen des Einzelnen wie der vorhandenen Gruppen von Einzelindividuen. Aber allmählich verändere sie ihren Charakter. Die Erfahrung erschließe das Verständnis ihrer Zweckmäßigkeit, und sie gewinne durch den Zweckgedanken Maß und Ziel (S. 6). Diese Auffassung erkenne den absoluten Ursprung der Strafe an, und bekämpfe daher die absolute Theorie nur insoweit, als sie die Weiterbildung der Strafe durch den Zweckgedanken als das Ergebnis der bisherigen Entwicklung nachweise und als Forderung der Zukunft aufstelle. Sonach enthalte sie eine Vereinigungstheorie (S. 7). Nun kann jedoch das Prinzip für die Gestaltung der Strafe von der absoluten Theorie nur aus der Vergangenheit hergeleitet werden — *quia peccatum est* —, während die relative Theorie, da sie mittels der Strafe die Verhinderung der Verbrechen bezweckt — *ne peccetur* —, ihre durch die Zukunft bedingte Zweckdienlichkeit für dasselbe maßgebend sein läßt. Besteht aber sonach eine qualitative Verschiedenheit zwischen beiden Theorieen, so kann es nicht richtig sein, daß sich die absolute Theorie „in unmerkbar kleinen quantitativen Differenzen“ im Laufe der Zeit zur relativen Theorie umgestaltet habe. Vielmehr wird in dem nämlichen Augenblick, in welchem man an die Stelle des *quia* das *ne* setzt, die absolute Theorie und mit ihr der absolute Ursprung der Strafe so vollständig beseitigt, daß von einer Vereinigung beider Theorieen nicht die Rede sein darf. Die Behauptung (S. 44), der Gegensatz zwischen dem *quia* und dem *ne* sei nur ein eingebildeter, kann nicht als zutreffend anerkannt werden. Zum Beweise derselben wird erörtert, es erscheine bedeutungslos, ob ich schwimme, weil ich in das Wasser gefallen sei, oder damit ich nicht ertrinke. Aber es gelangt hierbei die Eigentümlichkeit des *quia* und *ne* nicht zum Ausdruck, weil ein Äquivalent für die Norm nicht erkennbar gemacht wird. Der Norm würde etwa das Gebot entsprechen: Du sollst nicht in das Wasser fallen, und das Schwimmen würde die angedrohte Strafe darstellen. Falle ich dann doch hinein, so begründet es allerdings keinen Unterschied, ob ich schwimme, weil ich hinein gefallen bin, oder weil ich mich retten will. Jedenfalls aber muß ich nicht schwimmen, damit ich nicht nochmals in das Wasser falle. Die von v. Liszt erörterte Theorie kennzeichnet sich hiernach als eine ausschließlich relative, als „menschliche Erfindung", welcher es an einem Uranfang gebricht.

Es ist aber auch von v. Liszt in der Geschichte der Strafe nicht nachgewiesen worden, daß sich die absolute Theorie wirklich im Laufe der Zeit zur relativen Theorie herausgebildet habe. Die triebartige Strafe war keineswegs zwecklos, sondern instinktiv zum Schutze der Einzelnen und der vorhandenen Gruppen von Einzelindividuen bestimmt (S. 18). Mag sie darum auch erst nach und nach als eine Notwendigkeit für die Aufrechterhaltung der Rechtsordnung erkannt worden sein, so mußte doch diese Vorstellung die Umwandlung der seither triebartigen Strafe nicht zur Folge haben. Vielmehr war mit dieser Vorstellung der Gedanke durchaus vereinbar, sie entspreche ihrer instinktiven Bestimmung, und es sei darum nicht erforderlich, ihr die andere Tendenz zu unterschieben, daß sie, statt wie bisher die Verantwortlichkeit des Verbrechers lediglich aus der Vergangenheit herzuleiten und in der Bestrafung der Vergangenheit zugleich die Sicherstellung der Zukunft, insoweit sie überhaupt ausführbar erscheine, begründet zu finden, nunmehr die Begehung künftiger Verbrechen durch besondere Anpassung an diesen Zweck verhindern solle. Daß die Strafe in diesem Sinne in den Dienst des Güterschutzes getreten, das *quia* durch das *ne* ersetzt worden sei, ergiebt sich insbesondere auch nicht aus den Strafandrohungen des Gesetzes. Sie enthalten vielmehr nur die Norm, man solle das Verbrechen nicht begehen, denn wenn man es begehe, werde man von den vorgesehenen Strafen betroffen werden — weil man es begangen habe. Auch schon vor allem Strafgesetz war es bekannt, daß man sich straflos an dem Stärkeren nicht vergreifen könne. Dieses Bewußtsein mußte bereits abhaltend wirken; kam es aber zu einer Reaktion des Verletzten, so erfolgte dieselbe, weil er verletzt worden war. Die Buße, wie überhaupt die Entschädigungsnorm des Civilrechts, unterliegt der gleichen Beurteilung. Die Friedensbürgschaft aber ist weder Entschädigung noch Strafe.

Fehlt es der von v. Liszt aufgestellten Theorie an der behaupteten historischen Unterlage, so mangelt es ihr auch an der inneren Berechtigung. Es ist nach ihr zunächst ein zutreffender Maßstab dafür überhaupt nicht auffindbar, in welchem Umfange die vom Gesetze vorzuschreibenden Strafen zu bemessen seien, um von der Begehung von Verbrechen abzuhalten. Ist ferner die im Gesetze festgestellte Strafe die Strafe dafür, daß „die That nicht gethan wird“, und soll diese Strafe auf eine konkrete That angewendet werden, so würde der Thäter nicht für das gestraft werden, was er gethan hat — *quia* —, sondern er würde die Strafe dafür erhalten, daß „die That nicht gethan wird“, und bezw., da sie nun einmal geschehen ist, dafür, daß er sie nicht wieder thue — *ne.* Seine That würde also, wie von Binding, Grundriß, mit Recht bemerkt wird, nicht Grund, sondern nur Voraussetzung für die Strafe, die Strafe aber ungerechtfertigt sein, weil man für eine noch nicht begangene That nicht bestraft werden darf. Es würde in der begangenen That nur der Beweis dafür erkannt werden, daß man von dem Thäter eine Wiederholung derselben zu erwarten habe. Dann aber ist nicht ersichtlich, warum nur derjenige soll bestraft werden können, welcher eine strafbare That begangen, und es müßte vielmehr jeder zu dem Zwecke bestraft werden, daß er die That nicht thue, wenn er auch in irgend einer anderen Weise zu erkennen gegeben hat, er werde sich derselben schuldig machen. Endlich würde aber auch die Bestrafung der konkreten That nicht gerechtfertigt sein, wenn ihre Wiederholung nicht zu befürchten steht, und es müßte bezw. die Strafe stets so lange andauern, bis ihr Zweck erreicht erscheint.

Diese Einwendungen sind von v. Liszt nicht widerlegt worden. Die dritte wird überhaupt nicht in Erwägung gezogen, und gegen Binding in dieser Richtung nur vorgebracht (S. 45), es würden nur die Kranken geheilt, nicht die Gesunden. Aber derjenige, von welchem die Begehung eines Verbrechens befürchtet werden muß, gehört nicht mehr zu den Gesunden, ist vielmehr erkrankt, und seiner Bestrafung als Heilung der Krankheit würde darum so wenig im Wege stehen, wie der Bestrafung desjenigen, welcher eine strafbare That begangen hat, insofern dieselbe auf die Befürchtung ihrer Wiederholung gestützt wird.

Was aber sodann die erste Einwendung anbelangt, so meint

v. Liszt gerade umgekehrt, die absolute Theorie biete keinen Maßstab für den Umfang der Strafe dar (S. 23ff.). Seine eigenen Erörterungen dürften jedoch das Gegenteil beweisen. Denn ist die Triebartigkeit der Bestrafung ein Erzeugnis der zugefügten Verletzung, und muß sonach der auf die Bestrafung gerichtete Trieb nach der Verschiedenheit der zugefügten Verletzung, insbesondere nach ihrer größeren oder geringeren Bedeutung für den Verletzten, sich verschieden gestalten, erscheint aber auch die äußere Bethätigung des Triebes als eine notwendige (S. 10), so muß auch das leichtere oder schwerere Maß der Bestrafung ein triebartig bestimmtes sein. Und zwar kann dieses Maß der Bestrafung von Anfang an nicht etwa ein willkürliches gewesen sein, sondern es muß in der allgemeinen Anerkennung seine Begründung und Berechtigung gefunden haben, weil selbst die ursprüngliche Strafe soziale Verhältnisse zur Voraussetzung gehabt haben soll (S. 11. 18). Es ergiebt sich aber auch daraus, daß die Triebartigkeit der Bestrafung das Erzeugnis der erlittenen Verletzung ist, daß eine noch nicht eingetretene und vielmehr nur möglicherweise bevorstehende Verletzung den Straftrieb nicht erzeugen kann, daher aber auch der Befürchtung einer solchen Verletzung ein Einfluß auf das triebartig bestimmte Maß der Bestrafung nicht gestattet werden darf. Der absolute Ursprung der Strafe enthält also zugleich das absolute Strafmaß, und es ist auch das gegenwärtige Strafmaß ein absolutes, wenn es sich aus dem ursprünglichen entwickelt hat. Daß, wie v. Bar behauptet, die Tradition die Gerechtigkeit sei, dürfte darum von v. Liszt mit Unrecht beanstandet werden (S. 27). Erscheint das Bewußtsein der Notwendigkeit maßgebend dafür, welche Handlungen überhaupt mit Strafen zu belegen sind (S. 23), so ist nicht einzusehen, warum dieses Bewußtsein nicht zugleich auch die Qualität und Quantität der Strafe bestimmen sollte. Auch der Anschlag eines Rechtsgutes in Geld ist keine lediglich rechnerische Operation.

Daß hingegen die relative Theorie das richtige Prinzip des Strafmaßes an die Hand gebe, wird in folgender Weise begründet. Die Auffassung der Strafe als Rechtsgüterschutz verlange unabweislich, daß im einzelnen Falle diejenige Strafe nach Inhalt und Umfang verhängt werde, welche notwendig sei, damit durch sie die Rechtsgüterwelt geschützt werde. Die gerechte Strafe sei die notwendige Strafe. Das durch den Zweckgedanken geforderte Strafmaß könne nur durch systematische Massenbeobachtung gewonnen werden; die Kriminalstatistik nur könne uns zum Ziele führen. Wir müßten das Verbrechen als soziale Erscheinung, die Strafe als soziale Funktion untersuchen, wollten wir die rechtsgüterschützende verbrechenverhütende Wirkung der Strafe mit wissenschaftlicher Bestimmtheit feststellen (S. 31 ff.). Leider fehlt es jedoch an einer näheren Erörterung, in welcher Weise denn die Statistik zur Feststellung des gerechten Strafmaßes führe. Angenommen, es solle in vollständiger Entbindung von dem gegenwärtigen Strafensystem dieses Strafmaß festgestellt werden, so könnte sie doch nur einen Einblick in die nach allen oder einzelnen Richtungen steigende oder fallende Kriminalität und somit zwar einen Anhaltspunkt für leichtere oder schwerere Bestrafung darbieten, einen Aufschluß über den Wert des verletzten Rechtsgutes in seinem angemessenen Verhältnis zur Strafe aber nicht gewähren, und noch weniger über das Maß der Strafe, dessen Androhung zur Verhinderung von Verbrechen erforderlich ist. Man müßte also vorerst sich nur einmal probeweise zur Auswahl von Strafen und Strafrahmen entschließen. Ergiebt sich dann im Laufe der Zeit eine steigende oder auch nur eine sich gleichbleibende Kriminalität, so müßte zu höheren Strafen gegriffen werden, bis endlich das überhaupt mögliche Maß der Strafe erschöpft wäre, ohne daß davon die Rede sein könnte, der Zweck sei nunmehr erreicht. Die verbrechenverhütende Tendenz der Schutzstrafe müßte sogar bei fallender Kriminalität zu fortwährender Erschwerung der Strafen führen, weil es dann doch immer noch Menschen giebt, welche sich vom Verbrechen nicht abhalten lassen. Sonach würde aber auch die Zuhilfenahme der Statistik für die Ermittelung des gerechten Strafmaßes überhaupt bedeutungslos sein. Denn es steht ohne weiteres fest, daß die Androhung selbst der schwersten Strafe das Verbrechen nicht durchaus verhindern kann, und man würde darum die Berechtigung haben, gleich von vornherein die denkbar schwerste und nämliche Strafe für alle möglichen Delikte anzudrohen. Es läßt sich auch nicht einwenden (S. 33), die Strafe solle die Begehung von Verbrechen nicht gerade verhindern, sondern dieselbe nur erschweren, sie solle nur ein Motiv für die Unterlassung der Verbrechen schaffen. Denn wenn eine Erschwerung der Begehung von Verbrechen von geringen Strafen erwartet wird, so darf man sich der Einsicht nicht verschließen, daß sie durch härtere Strafen noch mehr erschwert werden könne, und es würde darum auch in diesem Falle eine fortdauernde Strafsteigerung die Folge sein.

Übrigens scheint es v. Liszt doch auch wieder zweifelhaft zu lassen, ob die mit allen Mitteln herbeizuführende Verhütung von Verbrechen der Zweck der Strafe sei. Er sagt zwar (S. 31), es müsse diejenige Strafe verhängt werden, welche zum Schutze der Rechtsgüterwelt notwendig sei, und er läßt, indem (S. 33) die rechtsgüterschützende und verbrechenverhütende Wirkung der Strafe als gleichbedeutend neben einander gestellt werden, erkennen, daß dieser Schutz gerade in der Verhinderung der Verbrechen bestehen soll. Aber es heißt doch auch (S. 32), es dürfe diejenige Strafe nicht erkannt werden, welche nicht unabweislich durch die Bedürfnisse der Rechtsordnung gefordert werde. Es scheint hiermit angedeutet zu werden, daß die Verhinderung der Rechtsgüterverletzung keine unbedingte sein, der den Rechtsgütern zu verleihende Schutz mithin eine Grenze haben soll. Wo aber diese Grenze gesucht werden müsse, wird nicht angegeben. Sie kann jedoch dann nur durch den Wert des verletzten Rechtsgutes bestimmt werden, und es darf sonach die Strafe diesen Wert nicht übersteigen. Nun fragt es sich aber weiter, in welchem Sinne dieser Wert aufzufassen ist, ob er eine absolute, durch sich selbst bestimmte, Größe hat, oder ob lediglich seine Bedeutung für die Rechtsordnung bei seiner Feststellung in Betracht kommt. Im Falle die gegenwärtig übliche Bezeichnung der Strafe als Rechtsgüterschutz durch Rechtsgüterverletzung etwas anderes bedeuten soll als Schutz der Rechtsordnung, ist ihre Berechtigung nicht einzusehen, und sie sollte vermieden werden, da sie immerhin den Anschein erregen kann, als wolle sie etwas ganz besonderes sagen. Namentlich scheint dieselbe zu der Auffassung geführt zu haben, daß die Strafe dem absoluten Werte des Rechtsgutes entsprechen müsse, sonach aber alle subjektiven Erwägungen bei ihrer Bemessung ausgeschlossen seien, weil von ihnen der größere oder geringere Wert des Rechtsgutes nicht abhänge. Es wird jedoch hierbei verkannt, daß das von der Rechtsordnung durch Strafe geschützte Rechtsgut diesen Schutz nicht weiter genießen kann, als seine Bedeutung für die Rechtsordnung reicht, die Strafe für die Verletzung des Rechtsgutes also nur nach der Verletzung bemessen werden darf, welche durch seine Verletzung der Rechtsordnung zugefügt worden ist. Allerdings kann nun die Rechtsordnung nur durch die Verletzung eines Rechtsgutes verletzt werden, aber beide Verletzungen sind nicht identisch. Denn während sich die Verletzung des Rechtsgutes nur nach dem objektiven Werte desselben bemißt, kommt neben diesem objektiven Gesichtspunkt für die Verletzung der Rechtsordnung die subjektive Erwägung in Betracht, daß diese Verletzung nur in der bethätigten Nichtanerkennung ihrer Geltung gefunden werden, die Intensität dieser Nichtanerkennung aber nicht ausschließlich durch den objektiven Wert des verletzten Rechtsgutes bedingt sein kann, und vielmehr für dieselbe wesentlich auch der Wille maßgebend erscheint, mit welchem die Verletzung vollzogen worden ist. Die Strafe darf darum nicht als eine bloße Assekuranz der Rechtsgüter betrachtet werden. Daß v. Liszt auf dem hier zurückgewiesenen Standpunkt der ausschließlich objektiven Strafzumessung steht, hat er zwar nicht ausdrücklich gesagt, aber es könnte scheinen, als wenn sich dies aus seiner Polemik (S. 28ff.) wider die Vergeltungsstrafe ergäbe. Er bestreitet die Richtigkeit des Verfahrens, nach welchem ein der Bedeutung des abstrakten Rechtsgutes für die Rechtsordnung entsprechender Strafrahmen festgestellt und dann innerhalb desselben die konkrete That zunächst nach dem Umfang der verursachten objektiven Verletzung, dann aber auch nach der Gestaltung des zum Ausdruck gelangten Willens beurteilt wird. Diese Vereinigung zweier sich widersprechender Gesichtspunkte verzichte auf jede absolute Wertschätzung, und es führe die Verschwommenheit des subjektiven Prinzipes auf das Gebiet des sittlichen Werturteiles, mit welchem der feste Boden unter den Füßen verloren gehe. Halt- und Ratlosigkeit der Praxis bei der Strafzumessung sei denn auch die Folge desselben gewesen. Hiernach sollte man meinen, das subjektive Prinzip, die Beurteilung der Willensverschuldung, nach welcher die Strafe den objektiven Wert des *in concreto* verletzten Rechtsgutes sowohl übersteigen kann, als aber auch denselben nicht zu erreichen braucht, müsse vollständig über Bord geworfen und die Strafe lediglich nach dem objektiven Wert des verletzten Rechtsgutes bemessen werden. Aber es wird dann doch wieder gesagt (S. 43. 44), dem Verbrecher solle vergolten werden nach seinem Werte für die Rechtsordnung; die That sei des Thäters, möge sie eine Episode in seinem Charakterleben oder der Ausdruck seines innersten Wesens sein. Sei die That erzwungen, im Wahnsinn begangen, ein Werk des spielenden Zufalls, so dürfe sie nicht zugerechnet werden. Wenn dann noch hinzugefügt wird, die herrschende Ansicht bestrafe nicht die begangene That, sondern nur den abstrakten Verbrechensbegriff, weil sie frage, was verdiene der Diebstahl, die Notzucht, der Mord, statt zu fragen, welche Strafe verdiene dieser Dieb, dieser Frauenschänder, dieser Mörder, so erscheint dieser Vorwurf zwar unbegründet, weil innerhalb des vom Gesetze für zulässig bezeichneten Strafrahmens die konkrete That dem Thäter nach seiner individuellen Verschuldung, also gerade diesem Thäter, zugerechnet wird, aber es ergeben doch diese Erörterungen, daß auch v. Liszt das subjektive Prinzip der Willensverschuldung nicht allein gleichfalls beachtet, sondern ihm sogar noch eine höhere Bedeutung beilegt, als dies von der herrschenden Ansicht geschieht. Denn während sie die Person des Thäters nur soweit in Betracht zieht, als sich seine Willensverschuldung in der That zu erkennen giebt, muß nach der Auffassung v. Liszt's die ganze Persönlichkeit dieses Thäters bestraft werden, mag sie auch im übrigen mit der

That außer allem Zusammenhang stehen. Sonach wird er kaum eine Berechtigung zu den bezeichneten Einwendungen gegen die Vergeltungsstrafe haben. Um eine Vergleichung mathematisch bestimmter Größen handelt es sich bei der Vergeltungsstrafe freilich nicht. Es ist darum sehr erklärlich, daß die Willensverschuldung nicht bis zu ihrer letzten Entstehung verfolgt werden kann, und man sich vielmehr bei ihrer Feststellung mit greifbaren Anhaltspunkten, wie sie das praktische Leben darbietet, begnügen muß. Es ist darum auch das Schwanken der Praxis bei ihren Strafzumessungen verständlich. Aber die v. Liszt'sche Theorie ist nicht im stande, diese in der Natur der Sache gelegenen Übelstände zu beseitigen oder auch nur abzuschwächen. Allerdings sucht sie sich durch die Einteilung der Verbrecher in unverbesserliche, besserungsbedürftige und Gelegenheitsverbrecher den Maßstab für eine sichere Strafzumessung zu verschaffen, allein abgesehen davon, daß diese Einteilung unmöglich zu einer absoluten Wertschätzung führen kann, so wird sich noch ergeben, daß hierbei mit unzulässigen Fiktionen gerechnet wird.

Sind aber die Erörterungen, mit welchen v. Liszt die subjektive Strafzumessung für seine Güterschutztheorie zu retten sucht, für mißlungen zu halten, so dürfte gerade hierin der Beweis dafür zu finden sein, daß sie sich mit derselben überhaupt nicht verträgt, und sie vielmehr nur eine Strafzumessung zuläßt, welcher ausschließlich der objektive Wert des verletzten Rechtsgutes zu Grunde gelegt wird. Der objektive Wert des Rechtsgutes aber bleibt sich gleich, die Subjektivität des Thäters mag beschaffen gewesen sein, wie sie will, und hätte man darum hiermit einen absoluten Maßstab von wünschenswertester Sicherheit für die Strafzumessung gewonnen. Denn man brauchte nur einen Katalog sämtlicher Rechtsgüter mit Beifügung der ihrem objektiven Werte entsprechenden verbrechenverhütenden und fest bestimmten Strafen aufzustellen, und aller Verlegenheit wäre abgeholfen. Aber freilich würde dann der fahrlässige gleich dem vorsätzlichen Thäter, und der Unzurechnungsfähige gleich dem Zurechnungsfähigen bestraft werden müssen, weil diese Verschiedenheiten den objektiven Wert des verletzten Rechtsgutes unberührt lassen. Der Unzurechnungsfähige kann möglicherweise durch die Androhung eines Übels gerade so abgeschreckt werden, wie der Zurechnungsfähige, aber er kann nicht, wie dieser, für das, was er gethan hat, bestraft werden, und es dürfte auch hierin der Beweis dafür zu finden sein, daß für die Strafe die begangene That und nicht die Zukunft als der zutreffende Maßstab angesehen werden muß. Daß aber hiernach die Theorie des Güterschutzes durch Verhinderung der Verbrechen mittels Abschreckung zur Beseitigung der Willensfreiheit führt, muß eine ernste Warnung vor derselben enthalten, zumal gerade in neuerer Zeit diese Beseitigung mehr oder minder bewußt angestrebt wird.

Was nun das von v. Liszt auf seine vorausgeschickten Erörterungen gestützte Strafensystem anbelangt (S. 33 ff.), so beruht dasselbe, wie gesagt, auf der Einteilung der Verbrecher in unverbesserliche, besserungsbedürftige und gelegentliche Verbrecher. Die Unverbesserlichen müssen unschädlich gemacht, die Besserungsbedürftigen gebessert, die nichtbesserungsbedürftigen Gelegenheitsverbrecher durch einen Denkzettel abgeschreckt werden. Als unverbesserliche Verbrecher sind diejenigen zu betrachten, welche dreimal ein Eigentums- oder Sittlichkeitsdelikt, als besserungsbedürftige und -fähige diejenigen, welche diese Delikte zum ersten und zweiten Male begangen haben, alle übrigen Verbrecher aber sind nichtbesserungsbedürftige Gelegenheitsverbrecher. Da wir köpfen und hängen nicht wollen und deportieren nicht können, so hat die Unschädlichmachung der Unverbesserlichen in Einsperrung auf Lebenszeit mit strengster Strafknechtschaft zu bestehen. Doch kann alle fünf Jahre auf Übergabe derselben an eine Besserungsanstalt angetragen werden. Die besserungsbedürftigen Verbrecher werden auf die, im Urteile nicht auszusprechende, Dauer von 1—5 Jahren einer Besserungsanstalt übergeben. Alle Jahre kann Antrag auf Entlassung der anscheinend gebesserten Sträflinge gestellt werden, nach Ablauf von fünf Jahren aber müssen sie unbedingt entlassen werden. Die Gelegenheitsverbrecher erhalten eine Freiheitsstrafe von 6 Monaten bis zu 10 Jahren.

Als erste Frage knüpft sich wohl an dieses Strafensystem die, worin denn die Berechtigung für die Annahme gefunden werden soll, daß derjenige, welcher, vielleicht nach längeren Zwischenräumen, zum dritten Male wegen Sachbeschädigung bestraft werden muß, als ein Unverbesserlicher, der zum ersten oder zweiten Male eine fremde Sache beschädigt hat, als ein Besserungsbedürftiger, der Gelegenheitsverbrecher aber niemals als ein Unverbesserlicher oder Besserungsbedürftiger anzusehen sei. Auch die zweite und dritte Sachbeschädigung kann ein Gelegenheitsverbrechen sein. Und könnte man nicht mit dem nämlichen Rechte, welches v. Liszt für sich in Anspruch nimmt, erst den vierten, fünften oder sechsten Diebstahl als die Scheidegrenze zwischen Unverbesserlichkeit und Besserungsbedürftigkeit hinstellen? Oder wäre es nicht etwa auch richtig, diese Scheidegrenze bei der Notzucht in der dritten, bei der Sachbeschädigung aber erst in der sechsten Begehung zu erblicken. Umgekehrt könnte jedoch auch die Unverbesserlichkeit schon gleich bei der ersten Bestrafung nachgewiesen erscheinen. Von Rechtswegen müßte doch jeder Verbrecher nach seiner Individualität geprüft werden, ob er sich zu der einen oder der anderen Strafe qualifiziere. Dann freilich würde die auf Kant gestützte Warnung v. Liszt's, die eigentliche Moralität der Handlung bleibe uns gänzlich verborgen, gerade auf ihn zur Anwendung gebracht werden müssen. Keinesfalls aber darf man diese unausführbare Untersuchung des Individuums durch eine Fiktion ersetzen, von welcher alle Verbrecher, unerachtet ihrer individuellen Verschiedenheit, getroffen werden sollen. Auch hier darf man sich nicht auf die Statistik berufen, denn es ist doch immer nur eine Wahrscheinlichkeitsrechnung, welche sie darbietet.

Unmöglich kann es ferner gerechtfertigt sein, für die verschiedensten Verbrechen, Diebstahl, Hehlerei, Raub, Erpressung, Betrug, Brandstiftung, Sachbeschädigung, gewaltsame Unzucht, Unzucht gegen Kinder (S. 39) die nämliche Freiheitsstrafe von 1—5 Jahren bezw. die nämliche lebenslängliche Freiheitsstrafe und für alle übrigen Verbrechen gleichmäßig die nämliche Freiheitsstrafe von 6 Monaten bis 10 Jahren vorzusehen. Oder sind etwa die verletzten Rechtsgüter stets von gleichem Wert, und können darum die unverbesserlichen Sachbeschädiger gleich strafbar sein wie die unverbesserlichen Räuber? Die getadelte Halt- und Ratlosigkeit der Gerichte bei der Strafzumessung muß durch solche Strafrahmen, von welchen man auch nicht erfährt, inwiefern gerade sie zum Güterschutz durch Abschreckung die geeigneten seien, warum gerade sie die notwendige und sonach gerechte Strafausmessung gewähren sollen, die selbst also als ganz willkürliche erscheinen und den Fundamentalsatz, daß das schwerere Verbrechen von einer schwereren Strafe getroffen werden muß als das leichtere, beseitigen, notwendigerweise nur vergrößert werden. Daß derjenige, welcher zum dritten Mal wegen Sachbeschädigung oder auch wegen Diebstahls bestraft werden muß, auf Lebenszeit eingesperrt werden soll, steht in direktem Gegensatze zu dem Ausspruche (S. 32), es lasse sich eine schwerere Versündigung gegen den Zweckgedanken gar nicht denken, als die verschwenderische Verwendung der Strafe; so sei die Herrschaft des Zweckgedankens der Schutz gegen jene grausamen Strafen früherer Zeiten. Schlägt man doch auch ein mit einem unverbesserlichen Fehler behaftetes Tier nicht gleich tot und sucht sich vielmehr seine guten Eigenschaften nutzbar zu machen, indem man seine schlimmen erträgt. Warum soll da alsbald die ethische, körperliche, nationalökonomische Existenz des Diebes vernichtet werden, der nun einmal hier und da fremde Schubkarren nicht stehen lassen konnte, im übrigen aber ein guter Hausvater war und seine Steuern bezahlte.

Die Fahrlässigkeit und die Übertretungen hat v. Liszt in sein

System nicht aufgenommen. Wenn aber die Unverbesserlichkeit das Merkmal für die lebenslängliche Einsperrung ist, so müßte dieselbe auch über den unverbesserlichen fahrlässigen Brandstifter, also über den, welcher zum dritten Mal, sei es auch ohne nennenswerte Schadenszufügung, fahrlässig einen Brand verursacht hat, sowie über die unverbesserlichen Übertreter des § 370 pos. 5 St.G.B. verhängt werden.

Es scheint aber auch einem jeden der Kriterien des aufgestellten Strafensystems an der inneren Berechtigung zu fehlen.

Unverbesserlich ist niemand, der noch einen freien Willen besitzt. Daher erklärt man denjenigen, welchen man als unverbesserlich bezeichnet, für willensunfrei und dürfte ihn sonach überhaupt nicht bestrafen. Die nun einmal aufgestellte Fiktion zwingt, auch denjenigen als unverbesserlich zu bestrafen, von dem sofort feststeht, daß er nur besserungsbedürftig ist. Wenn aber ein Unverbesserlicher nach fünf Jahren aus der Strafknechtschaft entlassen wird, so liegt darin das Anerkenntnis, daß er von Anfang an nicht unverbesserlich, die von ihm erduldete Strafknechtschaft mithin eine unverdiente war. Es ist ein schlechter Trost für den Bestraften, daß ein „Irrtum des Richters" — der aber, da es sich lediglich um die Verwirklichung einer Fiktion handelt, kaum denkbar ist — nach fünf Jahren wieder soll beseitigt werden können. Auch ist nicht einzusehen, warum die Strafknechtschaft noch länger dauern soll, wenn sich seine Besserung schon vor Ablauf von fünf Jahren herausgestellt hat. Er müßte vielmehr in diesem Falle sofort in Freiheit gesetzt und dürfte nicht erst der Besserungsanstalt zur nochmaligen Besserung übergeben werden. Es scheint aber überhaupt die Strafknechtschaft des Unverbesserlichen nicht begründet werden zu können, da seine Unschädlichmachung schon durch die bloße lebenslängliche Einsperrung erzielt wird. Rechtfertigt nicht die begangene That — *quia peccatum est* — die Strafknechtschaft, so muß sie als reine Grausamkeit betrachtet werden.

Die Besserungsbedürftigen können doch nur dann gebessert werden, wenn sie wirklich besserungsbedürftig sind. Steht es aber von vornherein fest, daß man sich von ihnen eines weiteren Deliktes nicht zu versehen hat, so würde eine Besserung derselben, die ja nur die fernere Begehung von Verbrechen verhindern soll, ganz zwecklos sein, und es würde sonach der Zweckgedanke zur Straflosigkeit des Thäters führen müssen, da auch das von ihm begangene Delikt nicht in den Kreis der für die Gelegenheitsverbrechen übrig gelassenen Delikte fällt. Es ist schon erwähnt worden, daß v. Liszt diese Konsequenz seiner Theorie unbeachtet gelassen hat. Es erscheint aber auch seine Besserungstheorie darum hinfällig, weil der ungebessert gebliebene Verbrecher jedenfalls nach fünf Jahren zu entlassen ist, während er doch in die Strafknechtschaft versetzt werden müßte. Denn es soll ja gerade verhindert werden (S. 38), daß er nach Ablauf einiger Zeit gleich einem Raubtiere auf das Publikum losgelassen werde. Von diesem Standpunkt aus ist es unerklärlich, warum mit der Überführung des für besserungsfähig gehaltenen, in Wirklichkeit aber unverbesserlichen, Verbrechers in die Strafknechtschaft gewartet werden soll, bis von ihm ein dritter Diebstahl ausgeführt worden ist. Und wenn es von vornherein feststände, daß der zum zweiten Mal zu bestrafende Dieb bereits unverbesserlich wäre, so wüßte man nicht, was mit demselben zu geschehen habe. Als unverbesserlich könnte er nicht in die Besserungsanstalt geschickt werden, aber auch nicht in die Strafknechtschaft, weil es noch an seinem dritten Diebstahl fehlte.

Auch das in Ansehung des Gelegenheitsverbrechers vorgeschlagene Verfahren erscheint unhaltbar. Er soll nicht besserungsbedürftig sein, und es begreift sich darum nicht, warum er abgeschreckt werden soll. Zu der Unterstellung, daß ein Gelegenheitsverbrecher demnächst ein Verbrechen ganz verschiedener Art von dem bereits begangenen ausführen werde, hat man überhaupt keine Veranlassung, und die Annahme, daß er das nämliche Verbrechen wiederholen werde, kann z. B. im Falle der stattgefundenen Verehelichung mit der Entführten geradezu ausgeschlossen sein. Auch für seine Bestrafung würde dann ein Grund nicht vorliegen, weil sie nicht aus der wirklich bereits verursachten, sondern aus der erst zukünftig möglichen Verletzung hergeleitet werden soll, diese Möglichkeit aber beseitigt wäre. Überdies sind zehn Jahre Freiheitsstrafe als bloßer Denkzettel etwas reichlich zugemessen. Auch läßt sich die Frage aufwerfen, warum, im Falle man durch die Bestrafung eine abschreckende Wirkung erzielen zu können glaubt, der Besserungsbedürftige gerade gebessert werden soll. Kommt es aber zu einer Bestrafung des Gelegenheitsverbrechers, von welchem eine fernere Strafthat nicht erwartet wird, so kann unmöglich der Grund für diese Strafe in dem *ne*, sondern er kann nur in dem *quia* enthalten sein. Übrigens befindet er sich im Falle seiner Bestrafung in üblerer Lage als der Besserungsbedürftige und sogar als der Unverbesserliche. Denn er muß seine Strafzeit abbüßen, während sie nach einem und bezw. fünf Jahren aus ihrer Strafhaft entlassen werden können. Sogar die bedingte Entlassung wird von v. Liszt verworfen, obgleich er selbst den zur Besserungsanstalt abgegebenen Unverbesserlichen bei schlechter Führung wieder in die Strafknechtschaft zurückversetzt haben will. Daß die sogenannten Gelegenheitsverbrecher nicht besserungsbedürftig sein sollen, wenn sie schon alle Paragraphen des Strafgesetzbuchs übertreten haben — nur nicht diejenigen, welche zur Domäne der Unverbesserlichen und Besserungsbedürftigen gehören —, warum derjenige, welcher bereits so vielfach Menschen in der schwersten Weise mißhandelt hat, daß er zu der Annahme berechtigt, er werde auch fernerhin seine Brutalität nicht zügeln, nicht sogar als ein Unverbesserlicher gerade so gut in die Strafknechtschaft soll geführt werden können, wie derjenige, welcher, um dringenden Bedürfnissen abzuhelfen, zum dritten Mal eine Mark gestohlen hat, ist nicht einzusehen. Ob der Gelegenheitsverbrecher während seiner Strafzeit zur Arbeit und zur Arbeit welcher Art soll angehalten werden können oder nicht, wird nicht angegeben. Aber es würde wohl ein empfindlicher Arbeitszwang kaum mit einem bloßen Denkzettel vereinbar sein. Auch wird es schwerlich für zutreffend gehalten werden dürfen, daß die Todesstrafe entbehrlich erscheine, sobald die Unverbesserlichen unschädlich gemacht seien. Denn der Mord gehört nicht zu den Verbrechen, deren Begehung die Unverbesserlichkeit begründet, und er würde darum nur als Gelegenheitsverbrechen mit einem Denkzettel bis zu 10 Jahren angesehen werden können, sonach aber geringer strafbar sein, als der dritte Diebstahl. Freilich dürfte es nicht leicht sein, die Todesstrafe oder auch nur die lebenslängliche Freiheitsstrafe eines Menschen, der nicht ein Unverbesserlicher ist, in das Strafensystem v. Liszt's einzureihen.

Endlich wird noch darauf hingewiesen werden müssen, daß, während die Strafen der Unverbesserlichen und der Besserungsbedürftigen im Urteil nicht sollen ausgeworfen werden dürfen, bei dem Gelegenheitsverbrecher doch wohl anders zu verfahren ist. Die Anhänger der Besserungstheorie fordern von ihrem Standpunkt aus mit vollem Rechte die Abschaffung des Strafmaßes. Denn im Falle man auch zugiebt, daß in der Unfreiheit eine Besserung überhaupt erzielt werden könne, so läßt sich doch zum voraus die Zeit des Eintrittes derselben unmöglich feststellen. Vor Eintritt der Besserung aber kann nach dem Zweckgedanken eine Entlassung nicht stattfinden, mag die Freiheitsentziehung auch noch so lange dauern. Die Besserungstheorie muß es darum als inkonsequent bezeichnen, daß v. Liszt die Ungebesserten nach fünf Jahren entlassen will, und sie kann sich vielmehr nur mit dem Verfahren einverstanden erklären, welches gegen die Unverbesserlichen stattfinden soll. Dieses Verfahren ist denn auch von dem Besserungsverfahren in keiner Weise verschieden, weil die Strafe so lange dauert, bis die Besserung eingetreten ist, und konsequent mit deren Eintritt aufhören muß. Daß nach v. Liszt die Frage, ob der Verbrecher unverbesserlich oder besserungsbedürftig sei, in dem Urteil entschieden werden soll, muß als bedeutungslos angesehen werden, weil diese Entscheidung nicht definitiv maßgebend für den Strafvollzug und sonach nur eine vorläufige ist. In Wirklichkeit beruht also das Verfahren, welches gegen die Unverbesserlichen sowohl wie gegen die Besserungsbedürftigen eingehalten werden soll, von Nebendingen abgesehen, gleichmäßig auf der Besserungstheorie. Dieser relativen Theorie aber tritt dann die Bestrafung der nicht besserungsbedürftigen Gelegenheitsverbrecher an die Seite, welche die absolute Theorie zur Grundlage hat. Daß jedoch die innere Natur der Eigentums- und Sittlichkeitsdelikte im Gegensatz zu allen übrigen Delikten diese Nebeneinanderstellung zweier verschiedener Strafprinzipien rechtfertigen könnte, wird bezweifelt werden müssen.

Die Veranlassung zu dem von ihm aufgestellten Strafensystem entnimmt v. Liszt aus der Notwendigkeit einer energischen Bekämpfung des in neuerer Zeit stets anwachsenden, gegen Eigentum und Sittlichkeit gerichteten, Gewohnheitsverbrechertums. Ob jedoch die vorgeschlagenen Mittel zur Entvölkerung der Strafanstalten führen, oder ob nicht vielmehr demnächst die Verbrecher in gleicher Zahl auf Lebenszeit eingesperrt sein und bezw. sich in den Besserungsanstalten befinden würden, erscheint doch sehr fraglich. Denn man wird sich wohl nicht verhehlen können, daß das steigende Verbrechertum vorwiegend durch die steigende Übervölkerung und die hiermit verbundene größere Schwierigkeit der Ernährung erzeugt wird, somit aber aus einer Quelle erfließt, welche durch drastische Straferhöhungen nicht verstopft werden kann. Allerdings kann dasselbe zu einer schwereren Bestrafung des einzelnen Verbrechers führen, weil er durch sein Verbrechen die Rechtsordnung um so schwerer schädigt, je zahlreichere Verletzungen derselben der seinigen vorausgegangen sind. Es mag auch gerechtfertigt werden können, den Gewohnheitsverbrecher für jede fernere Verletzung der Rechtsordnung schwerer zu bestrafen, wenn seine Handlung eine wachsende Feindschaft gegen dieselbe bethätigt. Aber ins Maßlose darf sich diese Strafsteigerung nicht ausdehnen, und sie findet ihre natürliche Grenze in dem angemessenen Verhältnis, in welchem das schwerere Verbrechen zu dem leichteren stehen muß. Mit dem Verleugnen desselben würde das Strafrecht sich selbst aufgeben. Das von v. Liszt aufgestellte Strafensystem könnte geradezu nur durch eine Notlage der staatlichen Gemeinschaft gerechtfertigt werden. Aber so liegen denn doch wohl die Verhältnisse noch nicht; vielleicht würde sich bei der Zusammenrechnung der von dem in einer Strafanstalt eingesperrten Gewohnheitsverbrechertum gestohlenen Beträge ergeben, daß es das Eigentum noch lange nicht so hoch geschädigt hat, als dies durch einen einzigen Bankerutt geschehen sein kann. Bestände bereits eine Notlage im Hinblick auf das Eigentum und die Sitte, so würde sich dieselbe zweifelsohne auch schon in den Strafzumessungen der Gerichte zu erkennen gegeben haben, die jedoch noch weit davon entfernt sind, sich den zulässigen Maximalsätzen der Strafen auch nur anzunähern. Sollte aber die Notwendigkeit wirklich den Staat zu systemlosen verbrechenverhütenden Maßregeln nach bestimmten Richtungen zwingen, so würden dieselben auch nur als Sicherungsmittel, nicht aber als Strafen im Sinne des bestehenden Strafrechtes bezeichnet werden dürfen, damit nicht die Versuchung herantritt, die Ausnahme der Regel zu unterschieben. Warum v. Liszt sein Strafensystem nicht auch auf das Sozialistentum anwendet, welches sich doch in offenem Kampfe mit der staatlichen Gemeinschaft befindet, muß unerklärlich erscheinen. Wenn irgendwo, so würde gerade hier die Probe auf dessen Richtigkeit gemacht werden können.

Zu § 267 des Strafgesetzbuchs.

Die gegen meine Abhandlung Gerichtssaal 1884, S. 173ff., 310 ff. gerichtete, an seine frühere Abhandlung in der Zeitschrift für die gesamte Strafrechtswissenschaft 1884, S. 1 ff. anknüpfende Abhandlung von Professor JOHN in dieser Zeitschrift 1886 S. 1 ff. veranlaßt die nachstehende Erwiderung.

Zunächst wird von JOHN wiederholt, daß die Urkunde einen rechtlich bedeutsamen Inhalt haben müsse, und der weitere Urkundenbegriff, nach welchem der Inhalt der Urkunde auch in der Bestätigung einer Thatsache von nicht rechtlicher Bedeutung bestehen kann, dem Strafgesetzbuch fremd sei. Erwägungen, welche nicht bereits in seiner früheren Abhandlung enthalten wären, werden von ihm hierfür nicht vorgebracht, und es kann darum für die entgegengesetzte Meinung lediglich auf die desfallsigen Ausführungen in meiner zitierten Abhandlung Bezug genommen werden. Doch sei hervorgehoben, daß JOHN in die von ihm (17) angeführte und als unverständlich bezeichnete Stelle dieser Abhandlung: „Auch die rechtlich unerheblichen Urkunden können von hoher Bedeutung sein, und es erscheint darum durchaus gerechtfertigt, daß auch für ihre Sicherstellung geeignete Vorsorge getroffen worden ist“ das in ihr nicht enthaltene Wort „rechtlicher“ vor das Wort Bedeutung einschiebt. Entfernt man dasselbe, so hat diese Stelle den guten Sinn, daß auch die Urkunden von rechtlich unerheblicher Bedeutung einen strafrechtlichen Schutz verlangen können, und daß das Gesetz, indem es diesen Schutz verleiht, auch den weiteren Urkundenbegriff zu einem Rechtsbegriff erhebt. Es war in der bezeichneten Richtung in meiner zitierten Abhandlung darauf Bezug genommen worden, daß das einem Dienstboten ausgestellte Zeugnis über treu geleistete

Dienste von einem Konkurrenten um einen neuen Dienst vorübergehend auf die Seite geschafft worden sei (§ 274 St.G.B.). Dem gegenüber meint nun John, das dem Dienstboten „von seinem Dienstherrn“ ausgestellte Zeugnis sei ja eine rechtlich bedeutsame Urkunde. Aber man braucht nur zu unterstellen, es sei dem Dienstboten von einem Freunde des inzwischen verstorbenen Dienstherrn bescheinigt worden, er habe denselben während seiner Krankheit mit Aufopferung verpflegt, und die rechtliche Bedeutsamkeit des Schriftstückes würde zweifellos beseitigt sein, ohne daß hiermit sein hoher Wert für den Dienstboten weggefallen wäre.

Es soll indessen fernerhin nur die Urkunde des § 267 St.G.B. berücksichtigt werden. Daß das Merkmal der Beweiserheblichkeit derselben sich nach rechtlichen Gesichtspunkten nicht feststellen lasse, wird von John ausdrücklich ausgesprochen. Aber daraus folgt keineswegs, daß eine Definition der Privaturkunden, die im Hinblick auf § 267 St.G.B. als Objekte der Urkundenfälschung anzusehen seien, nicht gegeben werden könne (27. 28). Denn das Gesetz nimmt hier, wie auch in vielen anderen Fällen, zur Erklärung des Wortes „Beweiserheblichkeit“ auf das vernünftige Ermessen des Richters Bezug. Sonach ist die Beweiserheblichkeit der Urkunde allerdings von der nämlichen Bedeutung wie ihre Beweisfähigkeit, insofern, wie dies in meiner zitierten Abhandlung geschehen ist, auch die Annahme der letzteren von dem vernünftigen Ermessen des Richters abhängig gemacht wird. Kann nach diesem Ermessen das Geeignetsein der Urkunde zum Beweise nicht bejaht werden, so ist sie weder beweisfähig noch beweiserheblich.

Im übrigen bezeichnet diese Abhandlung im Anschluß an meine Abhandlung Gerichtssaal 1876, S. 25 ff. die Urkunde als ein Objekt, welches einen vergegenständlichten, eine rechtlich bedeutsame Thatsache zum Zwecke des Beweises bestätigenden, Willen enthält. Ist aber hiernach die Urkunde eine Sache, so besitzt sie einen selbständigen durch sie selbst bedingten Wert, welcher insbesondere darin hervortritt, daß sie losgelöst von dem Willen ihres Herstellers zu beurteilen ist. Nur aus ihr selbst kann ihr Wesen erkannt werden, und es erscheint unzulässig, Eigenschaften, die sie nicht an und für sich besitzt, von außen für sie herzuleiten. Giebt darum die Sache nach ihrem Inhalt und ihren konkludenten Formen nicht selbst darüber Aufschluß, daß sie einen vergegenständlichten Willen enthält, daß dieser Wille eine bestimmte Thatsache zum Zwecke des Beweises bestätigt, und daß diese Thatsache nach vernünftigem Ermessen von rechtlicher Bedeutsamkeit ist, so ist sie auch keine Urkunde.

Obgleich nun von John behauptet wird, er könne diesen Ausführungen nicht folgen, so ist doch der von ihm gegebene Urkundenbegriff der nämliche, welchen auch sie enthalten. Denn die Urkunde wird jetzt auch von ihm als die sachliche Fixierung eines rechtswirksamen Willens bezeichnet, welcher hierdurch eine sachliche, von der Person, die ihn zum Ausdruck gebracht habe, unabhängige und somit selbständige Existenz erlange (42). Eine sachliche Fixierung aber habe dann stattgefunden, wenn eine Sache zu dem Zwecke hergestellt sei, damit aus ihr der Wille einer Person erkannt werden könne (49. 50). Hierzu ist zu bemerken, daß der letzte Satz kein Aquivalent in seinem Ausdruck für dasjenige, was gesagt werden mußte, darbietet. Denn da er sich an den vorletzten Satz anzuschließen hat, so war in demselben auszusprechen, „damit aus ihr der ‚rechtswirksame‘ Wille erkannt werden könne“. Und da ferner der rechtswirksame Wille nicht schon dann in einer Sache fixiert erscheint, wenn sie lediglich zu dem Zwecke, ihn erkennbar zu machen, angefertigt worden, und es vielmehr hierzu erforderlich ist, daß die angefertigte Sache auch wirklich diesen Willen zu dem entsprechenden Ausdruck gebracht hat, so hätte überhaupt gesagt werden sollen, „die sachliche Fixierung eines rechtswirksamen Willens liegt vor, wenn derselbe in einer zu diesem Zwecke hergestellten Sache erkennbar enthalten ist.“ Ob man sich aber in dieser Weise ausdrückt, oder ob die Urkunde dahin definiert wird, sie enthalte einen vergegenständlichten Willen, welcher eine rechtlich bedeutsame Thatsache zum Zwecke des Beweises bestätige, wird kaum von rechtlicher Verschiedenheit sein. Denn im Falle das Objekt einen auf den Beweis einer rechtlich bedeutsamen Thatsache gerichteten Willen enthält, muß es zu diesem Zwecke angefertigt worden sein (43), und ein rechtswirksamer Wille kann nur derjenige sein, welchem daran gelegen ist, durch Bestätigung einer rechtlich bedeutsamen Thatsache dem Objekte Beweiskraft zu verleihen. Es wird denn auch von John (N. 10) zugegeben, daß regelmäßig in den bezeichneten Richtungen eine Verschiedenheit nicht zu finden sei.

Stimmt sonach auch die beiderseitige Definition der Urkunde überein, so liegen doch weiterhin die erheblichsten Abweichungen in den Konsequenzen vor, welche aus derselben gezogen worden sind.

Zunächst ist die Unterscheidung der Urkunden in Dispositivurkunden z. B. Kauf- und Mietverträge, welche einen rechtswirksamen Willen fixiert enthalten, ferner in Urkunden, durch welche eine Person die von ihr gemachten rechtswirksamen Wahrnehmungen, und in Urkunden, durch welche dieselbe die von ihr gewonnenen rechtswirksamen Urteile sachlich fixiert hat (43 ff.), für den Urkundenbegriff, insoweit die Anwendung des § 267 St.G.B. in Frage steht, ohne Bedeutung. Denn gerade so wie bei den Dispositivurkunden der in dem Objekt vergegenständlichte Wille eine rechtserhebliche Thatsache zum Zwecke der Herstellung einer Beweiskraft bestätigt, so bestätigt auch der ein Protokoll über die Vernehmung eines Zeugen aufnehmende Richter zu diesem Zwecke die rechtserhebliche Thatsache, daß vor ihm eine betreffende Erklärung abgegeben worden sei. Und gerade so bestätigt auch der Sachverständige in seinem schriftlichen Gutachten die rechtserhebliche Thatsache, daß er durch seine Wahrnehmungen zu dem in demselben niedergelegten Urteil gelangt sei. Kommt es aber zu einem Gebrauchmachen von diesen Urkunden, so handelt es sich hierbei gleichmäßig darum, daß durch dasselbe die in ihnen bestätigte rechtserhebliche Thatsache zur Geltung gebracht werden soll. Die betonte Verschiedenheit, daß durch die Dispositivurkunde ein rechtlich bestehender Zustand abgeändert werde, während derselbe in seiner Existenz von den anderen Urkunden unberührt bleibe, kann nur civilrechtlich beachtet werden.

Sodann wird ausgeführt (50), wenn eine Urkunde entstanden sei, so sei eine Sache entstanden, welche bis dahin nicht existiert habe; und andererseits höre diejenige Sache, welche zu dem Zwecke verwendet werde, um eine Urkunde entstehen zu lassen, nicht nur auf, die Sache zu sein, die sie vorher gewesen, sondern sie verliere überhaupt jedes selbständige sachliche Interesse und werde lediglich sachliches Substrat für die Fixierung des Willens. Wenn jemand bei einem Instrumentenmacher ein Fortepiano gekauft und auf den Resonanzboden desselben seinen Namen zum Beweise seines an ihm erworbenen Eigentumes geschrieben habe, so werde das Fortepiano hierdurch nicht zur Urkunde, sondern es bleibe, was es gewesen sei. Wenn aber auf ein Stück Papier ein Schuldschein geschrieben werde, so sei es zur Urkunde geworden und habe seine sachliche Bedeutung als Papier verloren. Es soll hiernach von der Beschaffenheit des Objektes abhängen, ob es als eine Urkunde betrachtet werden dürfe, oder nicht. Aber eine Regel dafür, wie das Objekt beschaffen sein müsse, um als Urkunde gelten zu können, wird nicht gegeben, und vielmehr nur angeführt, daß Papier, Holz, Pappe und Blech zur Anfertigung von Urkunden verwendet werden könnten. Nun ist aber doch ein Zwanzigmarkstück eine Urkunde, obwohl ihr Substrat sein selbständiges sachliches Interesse durch die Ausprägung nicht verloren hat. Und wenn auf den Resonanzboden eines Fortepianos eine von beiden Interessenten unterzeichnete vollständige Verkaufsurkunde geschrieben worden ist, so darf ebenfalls an der stattgefundenen Herstellung einer Urkunde nicht gezweifelt werden, obwohl ihr Substrat allerdings nicht in die Akten eingeheftet werden kann. Es ist überhaupt nicht einzusehen, warum das zur Herstellung einer Urkunde verwendete Objekt seine seitherige sachliche Existenz verlieren, und es nicht vielmehr genügen soll, wenn nur demselben, indem ein Wille in ihm vergegenständlicht wird, eine seither noch nicht bestandene sachliche Eigenschaft erwächst. Auch ein zur Sicherstellung einer Grenze aufgeworfener Grenzhügel ist eine Urkunde, wenn auch (N. 14) seine Existenz als Grenzmerkmal aufhört, im Falle er von seiner bisherigen Stelle entfernt wird. Denn auf eine fortdauernde Existenz der Urkunde braucht der Wille nicht gerichtet zu sein.

Zuzugeben ist, daß der Inhalt einer Urkunde nicht sofort jedermann verständlich zu sein braucht (52 ff.). Aber wenn der Schlüssel zu seiner Erklärung gegeben wird, dann muß es allgemein aus dem Objekte selbst erkannt werden können, welcher fixierter Wille in demselben enthalten ist. Das ist bei den bekannten, mit der ausgeprägten Ziffer 1 versehenen Blechmarken, welche der Gutsbesitzer gelegentlich der Hopfenernte nach vorausgegangener Verabredung mit seinen Arbeitern denselben zum Zeichen seiner Verbindlichkeit, sie mit je 10 Pfennigen einlösen zu müssen, übergiebt, nicht der Fall, und sie stellen darum keineswegs Dispositivurkunden vor. Es wird dies kaum bezweifelt werden, wenn sich der Arbeiter bei dem Richter auf die mit dem Gutsherrn getroffene Verabredung beruft, dieser aber widerspricht. Der Richter wird dann sagen, er könne in der Blechmarke die von dem Arbeiter behauptete Übereinkunft nicht erblicken. Und wenn dann der Gutsherr seinen Widerspruch fallen läßt und eine mit derjenigen des Arbeiters übereinstimmende Erklärung abgiebt, so wird er doch hierdurch schwerlich in die Lage versetzt werden, nunmehr den der Übereinkunft entsprechenden Willen aus der Blechmarke herauszulesen. Er wird sogar, im Falle die Blechmarke etwa die Ausprägung „gut für 20 Pfennige“ erhalten hatte, die Interessenten aber erklären sollten, nach der zwischen ihnen getroffenen Verabredung habe sie nur den Wert von 10 Pfennigen zu beanspruchen, erwidern, es stehe diese Übereinkunft nicht im Einklange mit ihrem Inhalt, wie er auch gegenüber der übereinstimmenden Erklärung der Interessenten, der schriftlich von ihnen angefertigte Vertrag sei als Kaufvertrag abgeschlossen worden, den Bescheid erteilen wird, der in der Urkunde vergegenständlicht enthaltene Wille widerspreche ihrem Vertragswillen, wenn er findet, daß ihr Inhalt einen Tauschvertrag zum Gegenstand hat. Hätten aber etwa von mehreren gleich beschaffenen

Blechmarken die einen die Bestimmung, als Äquivalent für je zehn Pfennige, die anderen aber die Bestimmung, als Äquivalent für je eine Flasche Wein zu dienen, erhalten, wie könnten sie denn da wieder geschieden werden, im Falle eine Vermischung derselben vorgekommen sein sollte? Sonach erscheint auch nur die Behauptung gerechtfertigt, die Blechmarke sei zwar von dem Willen der Interessenten als ein Zeichen für seine Existenz gesetzt worden, aber es sei derselbe nicht in das Objekt eingedrungen, und es enthalte darum dasselbe auch keinen in ihm zu einem selbständigen Dasein gelangten, von dem Willen der außer ihm stehenden Subjekte losgelösten Willen. Bei den Blechmarken handelt es sich um ein sehr einfaches Übereinkommen. Aber unterstellt man, es sei etwa zwischen Vater und Sohn ein mit einer großen Anzahl von Einzelnbestimmungen ausgerüsteter Gutsübergabsvertrag abgeschlossen worden, und es hätten die beiden Kontrahenten ihre Namen zum Zeichen des abgeschlossenen Vertrages auf ein Stück Papier geschrieben, so würde die Behauptung geradezu unverständlich sein, der Richter könne aus diesen Namenszügen den Vertrag selbst entnehmen, wenn ihm nur vorher mitgeteilt worden sei, um was es sich handle. Man wird vielmehr sagen müssen, der Vertragswille sei in diesem Falle nicht zu einem erkennbaren schriftlichen Ausdruck gebracht worden. John selbst erkennt jetzt an (N. 12), *de lege ferenda* sei es richtiger, in der Fälschung der Blechmarken nur einen Betrug zu finden, allein ich glaube, daß auch nach der *lex lata* die Annahme einer Urkundenfälschung hier ausgeschlossen erscheint.

Wenn zur Unterstützung der für die Blechmarken in Anspruch genommenen Urkundenqualität auf Postwertzeichen, Stempelmarken, Eisenbahnbillette u. s. w. hingewiesen wird, so giebt es ja freilich Objekte, welche als Träger eines bestimmten Willens anerkannt werden, obgleich derselbe in ihnen keine selbständige Existenz gewonnen hat, und vielmehr ihre Bedeutung von einem in ihnen nicht verkörperten Willen abhängt. Allein die Geltung solcher Objekte als Urkunden muß dann dergestalt auf dem Gesetze oder doch auf der Notorietät im Verkehre beruhen, daß ein berechtigter Widerspruch gegen sie nicht zu erheben ist. Die Grenze zwischen solchen Urkunden und den Blechmarken mag ja nicht selten schwierig zu bestimmen sein, aber wenn nicht jeder beliebige Gegenstand eine Urkunde sein soll, für den Fall ein auch nur von zwei Personen getroffenes Übereinkommen vorliegt, daß er als Beweismittel für eine Thatsache zu gelten habe, so dürfen die Blechmarken nicht als Urkunden bezeichnet werden. John meint hier, man müsse unterscheiden (56), je nachdem eine Sache zu dem Zwecke hergestellt worden sei, damit aus ihr, wenn auch nur auf Grund stattgehabter Verabredung innerhalb eines beschränkten Kreises, der Wille erkennbar werde, oder eine bereits vorhanden gewesene Sache als ein Zeichen für den Willen ausersehen worden sei. Es ist ja auch richtig, daß die Urkunde zu ihrer Entstehung die Anfertigung eines Objektes oder auch eine an demselben vorgenommene Veränderung voraussetzt, durch welche der Wille in ihm vergegenständlicht wird. Aber für die Blechmarken ist es, da sie einen vergegenständlichten Willen überhaupt nicht enthalten, gleichgültig, ob sie zu dem Zwecke angefertigt worden sind, als Äquivalent für je 10 Pfennige zu dienen, oder ob solchen Blechmarken, welche etwa noch von der vorjährigen Ernte vorhanden waren, durch erneute Vereinbarung zwischen dem Gutsherrn und seinen Arbeitern diese oder irgend eine andere Bestimmung beigelegt worden ist. Denn in dem einen wie in dem anderen Falle bleibt ihre Bedeutung von der getroffenen Verabredung abhängig. Es ist denn auch bei der Annahme der Urkundenqualität der Blechmarken (54) von John kein Gewicht auf die jetzt hervorgehobene Verschiedenheit gelegt worden. Unterstellt man jedoch auch, die Blechmarken würden dann, aber auch nur dann, zu Urkunden, wenn sie zu dem bezeichneten Zwecke besonders angefertigt worden seien, so würde man immerhin der Konsequenz nicht entgehen, daß dann auch in der Mitte auseinander gebrochene Zündhölzchen Urkunden sein können, im Falle zwei Kartenspieler die Vereinbarung getroffen hatten, die Teile sollten den Gewinn und Verlust bezeichnen. Würde dann einer der Spieler unberechtigt solche Zündhölzchen auseinanderbrechen und die Teile zum Spiele benutzen, so würde er wegen Urkundenfälschung bestraft werden müssen.

Ist es richtig, daß der fixierte Wille eine sachliche, von der Person, die ihn zum Ausdruck gebracht hat, unabhängige und somit selbständige Existenz erlangt (42), so kann auch nur der Inhalt der Urkunde selbst für die rechtliche Beurteilung des in ihr vergegenständlichten Willens maßgebend sein. Ein Widerspruch mit der eigenen Definition des Begriffes der Urkunde wird darum in der Behauptung John's (57 f.) erblickt werden müssen, daß diese Beurteilung davon abhänge, ob ihr Hersteller dispositionsfähig gewesen sei. Nur so viel darf in dieser Richtung zugegeben werden, daß im Falle die Urkunde zur Herbeiführung einer konkreten Rechtswirksamkeit benutzt wird, die ihr an und für sich innewohnende Beweiskraft durch einen Gegenbeweis beseitigt werden kann. Das gilt auch von dem regelrechten Schuldschein — oder auch einem Wechsel — welchen ein Referendar zu seiner Übung in der Formulierung entworfen und mit seinem Namen unterzeichnet hat (meine Abh. Gerichtssaal 1876). Denn das Schriftstück enthält einen erkennbar auf die Bestätigung einer rechtlich bedeutsamen Thatsache zum Zwecke des Beweises gerichteten Willen, und es ist ohne Bedeutung für den Bestand derselben als Urkunde, daß sich sein Hersteller nicht hatte verpflichten wollen. Darum wird auch von einer Urkunde Gebrauch gemacht, wenn ein dritter das in seine Hände geratene Schriftstück zu einer Klage gegen seinen Hersteller benutzt, und es ist sonach auch eine Urkunde verfälscht worden, im Falle er, bevor er dasselbe benutzte, die in ihm eingetragene Schuldsumme von 10 Mark auf 100 Mark erhöht hatte. Wenn John meint (37), um eine Urkundenfälschung zu konstruieren, brauche man den dritten nicht in das Beispiel hereinzuziehen, weil der Verfertiger des Schuldscheines, wenn er von demselben einen ernstlichen Gebrauch mache, nach § 270 St.G.B. hafte, so dürfte hiervon doch nur unter der Voraussetzung die Rede sein, daß er den Schuldschein mit einem fremden Namen unterzeichnet hätte. Auf den dritten aber, welcher den Schuldschein zu einer Klage gegen den Referendar benutzte, dürfte schwerlich der § 270 St.G.B. Anwendung finden, weil derselbe echt war. Freilich behauptet John weiter (N. 15), es sei unrichtig, daß die Echtheit oder Unechtheit der Urkunde nicht von der Wahrheit oder Unwahrheit der in ihr bestätigten Thatsache, sondern lediglich davon abhänge, je nachdem die Urkunde von demjenigen herrühre, welchen sie als ihren Aussteller bezeichne, oder von einer anderen Person. Vielmehr habe auch derjenige, welcher unter seinem eigenen Namen, wie der Kaufmann im Hinblick auf seine Buchführung, eine Urkunde zu Beweiszwecken wissentlich mit falschem Inhalt versehe, eine falsche Urkunde angefertigt, und wenn er von derselben zum Zwecke der Täuschung Gebrauch mache, so sei er nach § 267 St.G.B. strafbar. Aber diese Auffassung ist ersichtlich unzutreffend. Denn § 267 St.G.B. unterscheidet nicht zwischen Urkunden mit wahrem und unwahrem Inhalte, sondern er bestraft denjenigen, welcher eine Urkunde verfälscht oder fälschlich anfertigt. Verfälscht oder fälschlich angefertigt werden kann aber nur ein Objekt, und dies geschieht nicht von demjenigen, welcher nur die Wahrheit durch eine schriftliche Lüge entstellt. Wäre diese Meinung John's in dem Strafgesetzbuch begründet, so würden insbesondere die §§ 269. 271, deren Vorschriften nur darum für geboten gehalten werden konnten, weil hierin die Echtheit der Urkunde außer Frage steht, ganz überflüssig sein. Das gilt auch von der öffentlichen Urkunde des § 348 St.G.B., und es wird wohl gegenüber der Behauptung JOHN's, diese Urkunde sei darum nicht für echt zu halten, weil dann der Nachweis der Fälschung im Sinne des § 274 St.P.O. ausgeschlossen sein würde, darauf hingewiesen werden dürfen, daß dieser Paragraph nicht zur Erläuterung des Strafgesetzbuchs bestimmt ist, wie dies auch von ihm selbst (75) bezüglich des ihm entgegenstehenden § 248 St.P.O. geschieht. Wäre wirklich jede zu Beweiszwecken wissentlich mit falschem Inhalt angefertigte Urkunde eine unechte Urkunde, so würde auch die unter seinem eigenen Namen von dem Denunzianten angefertigte falsche Anzeige nach § 267 St.G.B. beurteilt werden müssen, und JOHN versucht (62 f.) vergeblich, das Gegenteil hiervon nachzuweisen. Inwiefern aber eine anonyme falsche Anzeige eine echte Urkunde sein könnte, ist nicht zu verstehen, wenn die Echtheit der Urkunde davon abhängt, daß sie von demjenigen herrührt, welchen sie als ihren Aussteller bezeichnet.

Würde freilich ein Schriftstück dahin lauten, der unterzeichnete sechsjährige X. verkauft hiermit u. s. w., oder die von dem Gesetz für die urkundliche Bestätigung einer Thatsache vorgeschriebene Form in demselben nicht beobachtet worden, oder auch der bestätigten Thatsache durch das Gesetz die rechtliche Bedeutsamkeit entzogen sein, so würde auch die Herstellung einer Urkunde im Sinne des § 267 St.G.B. nicht stattgefunden haben. Aber dann ergiebt sich auch seine rechtliche Bedeutungslosigkeit aus dem Objekte selbst, und sie wird nicht aus außerhalb desselben gelegenen Thatsachen hergeleitet. Um eine außerhalb der Urkunden gelegene Thatsache handelt es sich auch dann, wenn eine zum Abschluß eines zweiseitigen Vertrages brieflich gemachte Offerte, bevor sie acceptiert wurde, durch ein Telegramm zurückgenommen worden war. Dasselbe entzieht der Offerte keineswegs (59) die ihr sachlich innewohnende Beweiskraft, sondern es kann nur verhüten, daß diese Beweiskraft praktisch verwertet werde.

Die Behauptung, daß die rechtliche Bedeutsamkeit der Urkunde aus ihr selbst erkannt werden müsse, führt zu dem Ergebnis, daß sie nur eine abstrakte sein kann. Die Abstraktion muß sich aber innerhalb vernünftiger Grenzen bewegen, weil es, an und für sich betrachtet, kaum irgend eine urkundlich bestätigte Thatsache geben würde, für welche nicht auf diesem Wege die Eigenschaft rechtlicher Beweiserheblichkeit gewonnen werden könnte. Bringt man die von dem Objekt bestätigte Thatsache in Verbindung mit konkret vorliegenden Verhältnissen, und stellt sich dann der Beweis für ein Recht oder Rechtsverhältnis heraus, so würde allerdings die wirkliche Beweiserheblichkeit derselben auch in dem Falle nicht zu leugnen sein, daß sich in dem Objekte selbst allein und für sich eine Beweiserheblichkeit nicht erkennen ließe. Und civilrechtlich kann man dann auch das Objekt als eine Urkunde bezeichnen. Aber ein Objekt, an welchem eine Urkundenfälschung im Sinne des § 267 St.G.B. begangen werden könnte, ist dann immerhin nicht vorhanden. Denn wären die konkreten, außerhalb des Objektes existierenden Verhältnisse für die Beweiserheblichkeit der bestätigten Thatsache maßgebend, so würde man mit Notwendigkeit zu der Konsequenz gelangen, die durch das Objekt selbst nachgewiesene Beweiserheblichkeit der bestätigten Thatsache könne durch äußere konkrete Verhältnisse auch widerlegt werden, und es könne dann eine an dem Objekte vollzogene Urkundenfälschung nicht stattgefunden haben. Hätte der Gläubiger in der irrigen Meinung, der Schuldner habe den ihm mit inskribierter Quittung zurückgegebenen Schuldschein verloren, denselben nochmals fälschlich angefertigt und in Gebrauch genommen, so würde er sonach nicht als Urkundenfälscher bestraft werden dürfen, wenn gegen Erwarten die Quittung dem gefälschten Schuldschein entgegengetreten wäre. Das kann jedoch unmöglich die Meinung des § 267 St.G.B. sein, und es ergiebt sich hieraus, daß seine Beweiserheblichkeit ohne jeden Hinblick auf außerhalb des Objektes gelegene konkrete Verhältnisse festzustellen und daher eine abstrakte ist. Ist ein schriftliches Bekenntnis dahin ausgestellt worden, daß der Aussteller 100 Mark von A. zurückerhalten habe, so kann aus demselben ohne weiteres nach vernünftigem Ermessen geschlossen werden, daß es auf die Quittierung eines Darlehens oder die Bescheinigung eines zurückerstatteten Depositums hinweise, und seine rechtliche Bedeutsamkeit ist darum nachgewiesen. Liegt dagegen ein ärztliches Attest darüber vor, daß A. gesund sei, so hat man es mit der Bestätigung einer Thatsache zu thun, welcher eine rechtliche Bedeutsamkeit nicht abzugewinnen ist. Allerdings können mittels einer geeigneten Benutzung dieses Attestes rechtliche Wirkungen herbeigeführt werden, allein diese Erwägung gestaltet dasselbe nicht zur Urkunde, weil es selbst auf irgend ein Recht oder Rechtsverhältnis nicht hinweist. Die fälschliche Herstellung eines solchen Attestes würde darum auch keine Urkundenfälschung sein, und vielmehr nur als Betrug bestraft werden dürfen. Dies muß ja wohl auch dem § 277 St.G.B. entsprechen, da er, im Falle die ärztlichen Atteste von ihm als Urkunden angesehen worden wären, eine zu geringe Strafe angedroht haben würde.

Im Gegensatz zu diesen Ausführungen vertritt nun John, wie sich bereits bei seiner Behauptung, es komme für das Wesen der Urkunde darauf an, daß ihr Aussteller dispositionsfähig gewesen sei, gezeigt hat, die Ansicht, daß die außerhalb des Objektes gelegenen konkreten Verhältnisse allerdings bestimmend für seine Bedeutung als Urkunde sein könnten. Von diesem Standpunkt aus ist es auch erklärlich, daß er endlich zu dem Ergebnis gelangt (64 f.), es erscheine nicht ausgeschlossen, daß eine sachlich fixierte Wahrnehmung, welche nach ihrer Herstellung keine Urkunde sei, durch ihre Benutzung zum Beweise sich zu einer Urkunde umgestalte. Es liegt kein Grund vor, warum diese Möglichkeit, wenn sie wirklich besteht, auf die Dispositivurkunden keine Anwendung finden soll, und es hat ja auch JOHN selbst versichert, wenn auch der von dem Referendar hergestellte Schuldschein eine Urkunde nicht sei, so hafte doch derjenige nach § 270 St.G.B., welcher denselben so benutze, wie ein Schuldschein benutzt werden dürfe (37). Durch den von ihm gemachten Gebrauch soll also das nach seiner Herstellung die Qualität einer Urkunde nicht in sich tragende Schriftstück in eine Dispositivurkunde umgewandelt werden. Ebenso soll der Schuldner (36), welcher sich unberechtigt in den Besitz einer von dem Gläubiger in vergeblicher Erwartung der Zahlung bereits ausgestellten Quittung setze und von derselben Gebrauch mache, nach § 270 St.G.B. bestraft werden müssen, denn das Schriftstück habe erst nach Empfang der Zahlung zur Urkunde werden „sollen“, und „wer eine Schrift, von der er weiß, daß sie nicht Urkunde geworden ist, als Urkunde benutzt, benutzt eine falsche Urkunde“. Wie es ermöglicht werden könne, ein Objekt, welches keine Urkunde ist, als Urkunde zu benutzen, wird zwar nicht angegeben, aber auch in diesem Falle würde ein rechtlich bedeutungsloses Objekt durch den Gebrauch in eine Dispositivurkunde umgestaltet worden sein. Ja es soll sogar schon eine geleistete Zahlung diese Folge nach sich ziehen.

Zur näheren Begründung des aufgestellten Satzes wird nun ausgeführt, nicht sachlich fixierte Wahrnehmungen könnten sich erst dann als rechtswirksam erweisen, wenn von ihnen Gebrauch gemacht werde. Richtig wird hierbei (68) in Übereinstimmung mit meiner zitierten Abhandlung, S. 318, behauptet, die als Zeuge vorgeladene und von dem Richter befragte Person, welche zur Sache keine Wahrnehmung gemacht habe, sei in Wirklichkeit kein Zeuge. Richtig ist auch, daß die von einem Zeugen gemachte relevante Wahrnehmung erst dann zu einer konkreten Verwertung gelangt, wenn von dem Zeugen Gebrauch gemacht wird. Aber als unrichtig muß es bezeichnet werden, daß in einem solchen Zeugen keine Beweiskraft enthalten sei, bevor von demselben Gebrauch gemacht werde. Aus dem Gebrauche kann seine Beweiskraft nicht erwachsen, und es muß sie darum der Zeuge schon vor seiner Vernehmung besessen haben. Auch gereicht es zur Beruhigung, einen Zeugen zur Seite zu haben, sollte es demnächst sogar überhaupt nicht zu einer Benutzung desselben kommen. Wie aber hiernach der Zeuge schon vor seiner Benutzung der Träger einer Beweiskraft für seine nicht fixierte Wahrnehmung ist, so ist auch die Urkunde bereits vor ihrer Benutzung Trägerin einer Beweiskraft; und wie erst durch den Gebrauch des Zeugen rechtswirksame Folgen erzeugt werden, so kommt es nach § 267 St.G.B. auch bei den Urkunden nur auf diejenigen rechtswirksamen Folgen an, welche durch die Konkretisierung ihrer abstrakten Beweiserheblichkeit erzielt werden sollen. Von strafrechtlicher Bedeutung kann daher die Behauptung nicht sein, es bestehe eine Verschiedenheit zwischen den nicht fixierten und fixierten Wahrnehmungen darin, daß erstere Rechtswirksamkeit erst durch ihre Benutzung erlangten, letztere hingegen die Rechtswirksamkeit schon vor ihrer Benutzung besitzen und sonach schon vor diesem Zeitpunkt Urkunden sein könnten.

Es sollen nämlich (73, 74) öffentliche Urkunden, ärztliche Atteste, Bescheinigungen eines Konsuls, das Dienstbuch eines Dienstmädchens und solche Schriftstücke, welche nach gesetzlicher Anordnung oder Gewohnheit zum rechtswirksamen Beweise der in ihnen enthaltenen, von dem Aussteller gemachten Wahrnehmungen für dienlich erachtet würden, schon vor ihrer Benutzung zum Beweise Urkunden sein, insofern sie zu dem Zwecke entstanden seien, damit durch sie für die wahrgenommenen Thatsachen Beweis erbracht werde. Und das ist auch unter der Voraussetzung zutreffend, daß das Schriftstück selbst seine rechtliche Bedeutsamkeit erkennen läßt. Aber es erscheint unhaltbar, wenn sodann fortgefahren wird, es gäbe jedoch auch Schriftstücke, welche, obgleich sie nicht zu dem bezeichneten Zwecke angefertigt worden und darum nach ihrer Entstehung noch keine Urkunden seien, doch als Urkunden angesehen werden müßten, im Falle sie zu einer rechtswirksamen Beweisführung benutzt würden. Es wird hier das Beispiel in Bezug genommen, daß jemand in einem an seinen Freund gerichteten Brief gelegentlich erwähne, er habe gestern den Besuch von X. empfangen. In diesem Briefe ist zweifellos eine rechtlich bedeutsame Thatsache nicht enthalten, und es mag zugegeben werden, daß der in ihm vergegenständlichte Wille nicht erkennen läßt, es sei die bestätigte Thatsache zum Zwecke des Beweises bestätigt worden. Der Brief ist also keine Urkunde. Handle es sich dann aber später darum, daß A. eines Verbrechens beschuldigt werde, so soll dieser Brief zur Urkunde sich gestalten, wenn durch ihn dessen Alibi nachgewiesen werde. Dafür jedoch, wie sich diese Umwandlung des anfänglich als Urkunde bedeutungslosen Briefes in eine rechtlich bedeutsame Urkunde erklären lasse, wird nur der Grund geltend gemacht, es sei nicht zu begreifen, daß mit demselben ein Beweis nicht solle erbracht werden dürfen, und anderenfalls könne auch (76) die fälschliche Anfertigung eines Alibi keine Urkundenfälschung nach § 267 St.G.B. darstellen. Aber diese Erwägung muß doch wohl nach der auch von John aufgestellten Definition der Urkunde für unzureichend gehalten werden. Das Objekt besitzt nach dieser Definition die sachliche Eigenschaft der urkundlichen Beweiserheblichkeit, aber ihre Entstehung ist dadurch bedingt, daß sich in ihm der Wille, ihm durch die Bestätigung einer Thatsache Beweiskraft zu verleihen, vergegenständlicht hat, und daß das Objekt selbst die rechtliche Bedeutsamkeit der bestätigten Thatsache erkennen lassen muß. Liegen diese Voraussetzungen nicht vor, so ist auch die Sache keine Urkunde. Ist aber die Urkunde eine Sache, so kann sie unmöglich, ohne eine Veränderung in ihrer Substanz erlitten zu haben, in eine andere Sache umgewandelt, und es kann ihr insbesondere ohne eine Veränderung ihrer Substanz die bezeichnete sachliche Eigenschaft nicht entzogen werden. Der Wechsel, welcher in Erwartung der Zahlung bereits ausgestellt worden war, besitzt seine Beweiskraft als sachliche Eigenschaft, und sie muß ihm daher verbleiben, wenn auch die Zahlung nicht geleistet wird. Eben darum kann aber auch einer Sache, welcher diese sachliche Eigenschaft fehlt, dieselbe ohne eine desfalls an ihr vorgenommenen Substanzveränderung nicht verliehen, und es kann sonach eine Sache, die, weil sie selbst ihre Beweiserheblichkeit nicht zu erkennen giebt, keine Urkunde ist, durch den Gebrauch nicht in eine Urkunde umgewandelt werden, insofern derselbe ihre Substanz unberührt läßt. Das entspricht auch dem § 267 des Strafgesetzbuchs. Denn derselbe sagt mit unverkennbarer Bestimmtheit, der Fälscher müsse eine bereits bestehende Beweiserheblichkeit verfälscht oder eine Beweiserheblichkeit fälschlich angefertigt und dann von derselben Gebrauch gemacht haben, und es erscheint hiermit ausgeschlossen, daß die fälschlich hergestellte oder verfälschte Beweiskraft erst aus dem von dem Objekte gemachten Gebrauch entstehen könnte.

Ob man sich nicht mit dem Erfordernis, daß die rechtliche Beweiserheblichkeit der Urkunde aus ihr selbst hervorgehen müsse, begnügen und sonach auf das weitere Erfordernis, daß sie auch zum Beweise bestimmt worden sein müsse, verzichten könne, mag hier unerörtert bleiben. Jedenfalls müßte aber auch dieses zweite Erfordernis in der Urkunde selbst — sei es in ihrem Inhalte oder in ihrer Form — zum Ausdruck gekommen sein, und es würde nicht genügen, wenn nur durch außerhalb derselben gelegene Thatsachen nachgewiesen würde, ihr Aussteller habe sie zum Beweise bestimmt, oder er sei sich doch bei ihrer Ausstellung bewußt gewesen, daß sie beweiserheblich erscheine. John aber verzichtet bei seiner Behauptung, Gegenstände, welche nach ihrer Herstellung keine Urkunde seien, könnten durch den Gebrauch zu Urkunden umgewandelt werden, auf diese beiden Erfordernisse, so daß diese Umwandlung auch in dem Falle ermöglicht sein soll, wenn die hergestellte Sache sich weder als zum Zwecke des Beweises bestimmt kennzeichnet, noch sich aus ihr selbst die Beweiserheblichkeit der bestätigten Thatsache entnehmen läßt. Hiernach kann dann aber jedes Objekt, wenn es nur die von dem Willen herrührende Bestätigung einer beliebigen Thatsache zu erkennen giebt, mittels seines Gebrauches zum Beweise von Rechten oder Rechtsverhältnissen in eine Urkunde umgewandelt werden, und es ist dann auch der von dem Staatsanwalt zur Beweisführung benutzte Rock, an welchem der Mörder seine blutigen Hände abgewischt hat, nicht allein eine Urkunde im Sinne des § 267 des Strafgesetzbuchs, sondern es würde auch ein Rock als Urkunde fälschlich hergestellt worden sein, im Falle er etwa, um einem unschuldig Angeklagten in Strafe zu bringen, mit Blut befleckt und dem Staatsanwalt als ein Indicium übergeben worden war. — Würde dann schließlich auch noch der vergegenständlichte Wille aus der Definition der Urkunde beseitigt werden, so dürfte man auch die Urkundenqualität des urweltlichen Tieres nicht leugnen, wenn etwa die von demselben bestätigte Thatsache, daß es gelebt habe, von rechtlichem Interesse geworden sein sollte.

Öffentliche Natur der Strafen. — *Ne bis in idem.*

In der vierten Abteilung seines Kommentares zur deutschen Strafprozeßordnung „Die Strafgerichte“ behauptet John unter Hinweisung auf Laband und Heinze, der Staat habe kein Interesse daran, wie die privatrechtlichen Verhältnisse seiner Unterthanen gestaltet würden und daher von sich aus nicht die Aufgabe, dieselben mit den Grundsätzen des objektiven Rechtes in Einklang zu bringen. Er habe vielmehr lediglich die Civilgerichte seinen Unterthanen zur Verfügung zu stellen und ihnen zu überlassen, ob sie deren Hilfe in Anspruch nehmen wollen. Insoweit hingegen die Strafgerichtsbarkeit in Frage stehe, habe der Staat die selbständige Verpflichtung, gegen den Bruch der Rechtsordnung mittels seiner Strafgewalt zu reagieren; er handhabe seine Macht in eigenem Interesse zur Aufrechterhaltung und Wiederherstellung seiner eigenen Rechtsordnung. Die Strafen seien durchweg öffentliche Strafen und überall, wo heute gestraft werde, erscheine das öffentliche Interesse mit beteiligt. So richtig dies alles ist, so wenig wird der weiteren Behauptung zugestimmt werden dürfen, durch Injurien und geringfügige Körperverletzungen werde das Gemeinwesen in keiner Weise berührt, und sie würden darum richtiger den Civilgerichten zu überweisen sein. Dieser von dem Verfasser bereits in seinem dem Juristentag von 1875 erstatteten Gutachten ausgesprochenen Ansicht steht entgegen, daß das Heranwachsen der Schmähsucht und Rauflust dem öffentlichen Interesse unmöglich gleichgültig sein kann, und es sich vielmehr aufgefordert fühlen muß, demselben in den Weg zu treten. Allein daraus erklärt es sich, daß das Gesetz die bezeichneten Delikte — in dem Gutachten war denselben noch der Ehebruch und der Nachdruck hinzugefügt worden —

mit Haft und sogar mit einer ansehnlichen Gefängnisstrafe bedroht hat, und der Verletzte nicht sogar auch noch nach begonnener Strafverbüßung auf deren Fortsetzung verzichten kann. Nur soviel ist hier richtig, daß der Staat bezüglich derjenigen Delikte, welche nur auf Antrag oder erhobene Privatklage hin bestraft werden sollen, davon ausgeht, obgleich durch dieselben das öffentliche Interesse verletzt werde, so geschehe dies doch nicht in solchem Grade, daß er aus eigenem Antriebe auf die Gefahr hin, dem Verletzten einen noch empfindlicheren Schaden zuzufügen, die Bestrafung in die Hand nehmen müsse, da, wenn auch nicht in allen, so doch in vielen Fällen, das Einschreiten desselben mit Bestimmtheit zu erwarten, hierdurch zugleich aber auch die Wahrung des öffentlichen Interesses genügend gesichert sei. Allerdings scheint die bestrittene Auffassung durch die Vorschrift des § 416 St.P.O., daß die öffentliche Klage nur dann erhoben werden solle, wenn dies im öffentlichen Interesse liege, unterstützt zu werden. Denn es könnte hiernach behauptet werden, daß es auch Beleidigungen und Körperverletzungen gebe, welche das öffentliche Interesse nicht berührten. Aber es kann doch nur sein, daß entweder diese Delikte das öffentliche Interesse verletzen, oder daß sie dasselbe nicht verletzen, und es würde hiernach im letzten Falle das Einschreiten des Staatsanwaltes niemals zulässig sein. Darum darf man aber auch diese Vorschrift dahin auslegen, der Staatsanwalt solle auf Antrag einschreiten, wenn das durch diese Delikte stets verletzte öffentliche Interesse in dem konkreten Fall die Bestrafung des Thäters besonders wünschenswert erscheinen lasse.

Es beruht diese Auffassung auf der Rechtsgüterschutztheorie, welche sich in neuerer Zeit zur Geltung zu bringen sucht (Janka, Binding, v. Liszt, Kessler). Gegen dieselbe ist einzuwenden, daß es dem Staate als Schützer des Gemeinwesens lediglich darauf ankommen kann, diejenigen Handlungen, welche mit dem Wohle desselben nicht vereinbar sind, zu verhindern. Darum schreibt er vor, daß sich seine Angehörigen bei Strafe nicht beleidigen, am Körper verletzen, bestehlen u. s. w. sollen, denn das Gemeinwesen würde in seinem Bestande erschüttert werden, wenn diese Handlungen gestattet wären. Um diesem Verbote den gehörigen Nachdruck zu verschaffen, müssen die angedrohten Strafen auch vollzogen werden, und da das Verbot nicht *in abstracto* übertreten, sondern nur durch einzelne Thaten verletzt werden kann, so ergiebt sich die Strafbarkeit der konkreten That. Hieraus geht allerdings mit Notwendigkeit hervor, daß auch die Eigentümer A. und B. in ihrem Eigentum durch die gegen den Diebstahl erlassene Strafvorschrift geschützt werden, allein nicht für den Schutz gerade von A. und B., sondern lediglich für den Schutz des Gemeinwesens ist dieselbe bestimmt. Die Güterschutztheorie hingegen abstrahiert davon, daß die Strafgesetze für den Schutz des Gemeinwesens gegeben sind, und betont ausschließlich den Schutz, welchen dieselben den einzelnen konkreten Inhabern der Rechtsgüter verliehen. Hiermit aber gelangt sie zu unhaltbaren Konsequenzen namentlich in betreff der Ausmessung und Systematisierung der Strafen (s. oben S. 248 f.; Kausalität 1885, S. 143 ff.).

Es ist denn auch nur eine Konsequenz dieser Theorie, daß Kessler in seiner Schrift: Die Einwilligung des Verletzten, ausspricht, der Satz, ein Gesetz sei in öffentlichem Interesse gegeben, entbehre als eine Trivialität aller Bedeutung. Lediglich im Interesse des Hinz und nicht im Interesse des Gemeinwesens werde dem Kunz verboten, jenem die Fenster einzuwerfen. Nur darauf komme es an, ob die betreffende Handlung bei Strafe verboten sei, entweder: 1. zum Schutze des Interesses nur einer Person, oder 2. der Interessen mehrerer Personen, oder 3. eines Staatsinteresses (Hochverrat), oder 4. eines öffentlichen Interesses im eigentlichen Sinn (öffentliche Sicherheit, Sittlichkeit u. dergl.). Zu 1. und 2. schließe die Einwilligung das Verbrechen aus, zu 3. und 4. sei die Einwilligung unmöglich (S. 61, 62, 64, 65). Und zwar schließe die Einwilligung zu 1. und 2. selbst nach bestehendem Rechte die Strafbarkeit sogar der schwersten Körperverletzung aus, und es müsse auch die volle Straflosigkeit der Tötung eines Einwilligenden verlangt werden. Denn lediglich um Privatrechte handle es sich hier, die den Staat nichts angingen. Wie aber derselbe bei dieser Meinung dazu berufen sein könnte, Privatrechten überhaupt einen Strafschutz zu verleihen, wird nicht angegeben. In der Abhandlung Gerichtssaal 1886, Rechtsgut, rechtlich geschütztes Interesse, oder subjektives Recht? wird dann unterschieden zwischen dem Interesse an dem Bestehen eines Gesetzes, welches bei jedem Gesetze vorliege und immer und unvermeidlich ein öffentliches sei, und dem durch das Gesetz geschützten Interesse, welches auch bei Strafgesetzen ein rein privates sein könne. Wer diese Verschiedenheit noch nicht begriffen habe, der tappe unvermeidlich hinsichtlich der ersten strafrechtlichen Grundbegriffe im Dunkeln. Aber bei näherer Prüfung stellt sich denn doch diese Unterscheidung als eine sehr problematische heraus. Das Vorhandensein eines öffentlichen Interesses an dem Bestehen eines jeden Strafgesetzes kann nichts anderes bedeuten als das Interesse daran, daß die Autorität des Gesetzes bestehen bleibe und eventuell wieder hergestellt werde. Verletzt aber wird dieses öffentliche Interesse durch das Verbrechen, denn das Verbrechen verletzt die Autorität des Gesetzes. Sonach ist die Bestrafung des Thäters zur Wiederherstellung der Autorität des Gesetzes nötig, und es muß darum diese Bestrafung von dem öffentlichen Interesse gefordert werden. Was aber sodann das durch das Gesetz geschützte Interesse anbelangt, so kann hiermit nur das Interesse gemeint sein, welches der Inhaber des Rechtsgutes an seiner Unversehrtheit besitze. So lange nun derselbe die Autorität des Gesetzes gleichfalls gewahrt haben will, geht er mit dem öffentlichen Interesse Hand in Hand. Anders verhält es sich aber, wenn er die Bestrafung des Thäters zum Zwecke der Wiederherstellung der Autorität des Gesetzes nicht verlangt und den entsprechenden Willen durch seine vorherige Einwilligung in die Handlung zu erkennen gegeben hat. Dann liegt doch wohl der Widerstreit vor, daß das öffentliche Interesse die Bestrafung des Thäters verlangt, der Inhaber des verletzten Rechtsgutes aber diese Bestrafung ausschließen will, und dieser Widerstreit kann nur zu Gunsten des öffentlichen Interesses geschlichtet werden. Sonach führt der von Kessler selbst zugegebene Satz, daß an dem Bestehen eines jeden Strafgesetzes das öffentliche Interesse beteiligt sei, dahin, daß keinem Strafgesetz gegenüber die Einwilligung des Inhabers des Rechtsgutes irgend welche Bedeutung haben kann. Nur dann könnte höchstens die von Kessler aufgestellte Theorie für begründet gehalten werden, wenn das öffentliche Interesse jedesmal mit Notwendigkeit ausgeschlossen wäre, im Falle das Gesetz zum Schutz des Interesses einer oder mehrerer Personen gereichte, und diese Personen ihre Einwilligung zu dessen Verletzung erteilt hätten. Daß dies aber nicht der Fall ist, lehrt Kessler selbst. Denn obwohl die Einwilligung in die Tötung den Thäter straflos machen soll, und obwohl in dem Duell die gegenseitige eventuelle Einwilligung in die Tötung zu finden sei, so hält er doch die Bestrafung dieses Deliktes für gerechtfertigt, weil es dem öffentlichen Interesse in seinem sittlichen Empfinden zuwiderlaufe. Hierin liegt aber doch wohl eine Konzession an das Strafbedürfnis des öffentlichen Interesses, welche noch deutlicher in der weiteren Bemerkung hervortritt, von der Möglichkeit eines Zweikampfes auf Erwürgen mit bloßen Händen könne in Deutschland abgesehen werden. Geschähe es, so würde es zu billigen sein, die Strafe des Zuchthauses unter die Strafen des Zweikampfes aufzunehmen, natürlich nicht zum Schutze dieser Bestien, sondern des öffentlichen Interesses, welches in seinem sittlichen Empfinden durch eine solche Bestialität anders berührt werden würde, als durch eine im Affekt des Mitleids (Tötung des Einwilligenden, die aber auch aus einem anderen Motiv als demjenigen des Mitleids stattfinden kann) verübte That (Einwilligung

S. 96). Da aber muß es doch einleuchten, daß es ein gleiches oder ähnliches Strafbedürfnis des öffentlichen Interesses war, welchem der Gesetzgeber entsprochen hat, indem er nicht zulassen wollte, daß auf Verlangen jeder Lebensmüde straflos getötet, und derjenige, welchem etwa eine große Belohnung in Aussicht gestellt worden war, straflos an seinem Körper verstümmelt werden dürfe. Sonach gelangt man, wie gesagt, zu der Auffassung, daß im Strafrecht überall die Einwilligung des Verletzten bedeutungslos ist, es sei denn, daß das Gesetz selbst sie als maßgebend betrachtet, indem es das Zuwiderhandeln gegen den Willen des Verletzten als ein Merkmal des Deliktsbegriffes hinstellt, oder ausdrücklich diese Einwilligung als strafmindernd anerkennt, oder auch, indem es ein Delikt zu einem Antragsdelikt qualifiziert, indirekt zu erkennen giebt, daß das immerhin vorhandene öffentliche Interesse demjenigen des Privaten nachstehen soll. Durch die Untersuchung, ob man es mit einem Rechtsgut, einem rechtlich geschützten Interesse oder einem subjektiven Rechte zu thun habe, wird die sogenannte Lehre von der Einwilligung des Verletzten schwerlich gefördert werden.

Mit Berücksichtigung der Rechtsprechung des Reichsgerichts beschäftigt sich § 153 in monographischer Ausführlichkeit mit der Frage, was unter der That der §§ 153, 263 St.P.O. und bezw. was unter einer von dieser That verschiedenen That zu verstehen sei. Es scheint gebilligt zu werden, daß die Beantwortung dieser Frage davon abhänge, je nachdem es sich um das nämliche oder ein von demselben verschiedenes historisches Vorkommnis handle. Aber dieser Begriff ist doch nicht besonders zuverlässig, und es sind auch die Materialien für eine zutreffendere Auffassung in den bezüglichen Erörterungen enthalten. Es wird gesagt, wenn der bei der Ausführung eines Diebstahls auf der Wache stehende Gehilfe den Polizeibeamten, welcher denselben verhindern wolle, tot schlage, so sei eine Realkonkurrenz und somit eine Mehrheit selbständiger historischer Vorkommnisse gegeben. Denn man brauche keins der gesetzlichen Merkmale aus § 214, um aus §§ 242, 49 St.G.B. zu strafen, und ebensowenig brauche man ein gesetzliches Merkmal aus §§ 242, 49, um aus § 214 zu strafen (Bd. II, 1888, S. 254). Auch wird gesagt, wenn zwei Gesetze einen Teil ihrer Merkmale gemeinschaftlich besäßen, die diese gemeinschaftlichen Merkmale enthaltenden Thatsachen seien aber in der Anklageschrift nur einmal vorhanden, so könne auch nur das eine der beiden Gesetze zur Anwendung gebracht werden. Denn indem man das eine zur Anwendung bringe, entziehe man dem anderen diejenigen Thatsachen, die man haben müsse, um auch es zur Anwendung bringen zu können (S. 266). Wenn hiernach der

Bruder seine verheiratete Schwester genotzüchtigt hat, so ist er nur wegen Notzucht zu bestrafen, denn das gesetzliche Merkmal der Geschlechtsvereinigung ist nur einmal vorhanden, und es darf, nachdem es einmal zur Konstruktion der Notzucht verwendet worden ist, nicht nochmals und abermals zur Konstruktion der Blutschande und des Ehebruches verwendet werden (s. oben S. 234 f.; Kausalität 1885). Hieraus ergiebt sich, daß von einer Mehrheit von Thaten nur dann die Rede sein kann, wenn jede von ihnen selbständig und für sich allein alle diejenigen Thatsachen umfaßt, in welchen die gesetzlichen Merkmale des Deliktes zu finden sind, und sonach eine andere That als die in §§ 153, 263 St.P.O. nur dann in Frage stehen kann, wenn keine einzige der Deliktsthatsachen der letzteren zugleich als Deliktsmerkmal der ersteren auftritt, beide Thaten mithin keine Thatsachen gemeinschaftlich umfassen, welche ein beiden Thaten gemeinsam zukommendes Deliktsmerkmal darstellen. Es verhindert hiernach die stattgefundene Bestrafung wegen einer That die Bestrafung wegen eines anderen Vorkommnisses, wenn dasselbe auch nur eine Thatsache als Deliktsmerkmal umfaßt, welche bereits als Deliktsmerkmal der bestraften That fungiert hat, während dieses Prinzip des *ne bis in idem* ausgeschlossen erscheint, im Falle keine einzige der Deliktsthatsachen des bereits bestraften Verbrechens als Deliktsthatsache des anderen Verbrechens auftritt. Von selbst steht hiernach fest, inwieweit das Gericht von der Auffassung, welche die That in der Anklage gefunden hat, abweichen darf, und bezw. inwieweit es verpflichtet ist, seine Ermittelungen auch nach anderen Richtungen auszudehnen, als solche in der Anklage enthalten sind.

Über den Begriff der Gefahr und seine Anwendung auf den Versuch.

Glaubt man annehmen zu müssen, daß unter der Gefahr ein objektiver Zustand zu begreifen sei, welcher mit Wahrscheinlichkeit befürchten lasse, er werde in die Verletzung eines Rechtsgutes umschlagen, so ist die Handlung, welche einen solchen Zustand herbeiführt, eine objektiv gefährliche Handlung, gerade so wie als tödliche Handlung diejenige erscheint, welche die Tötung eines Menschen verursacht. Wie aber eine tödliche Handlung nicht ausgeführt wird, im Falle sie diesen Erfolg nicht nach sich zieht, so kann auch diejenige Handlung, welche nicht wirklich einen Zustand der Gefahr begründet, nicht als eine gefährliche angesehen werden.

An und für sich betrachtet läßt sich keine Handlung als eine gefährliche bezeichnen. Der Handlung des Schießens, Stechens, Werfens kann vielmehr diese Bezeichnung nur dann zukommen, wenn sie mit besonderen außer ihr gelegenen Umständen in Zusammenhang gebracht wird. Es kann aber, so lange unter solchen Umständen noch nicht gehandelt worden ist, diese Gefährlichkeit der Handlung nur eine gedachte sein. Und sie bleibt eine lediglich gedachte, im Falle zwar unter solchen Umständen gehandelt, eine Gefahr aber in Wirklichkeit nicht herbeigeführt wird. Die Erwägung, daß sie eine Gefahr hätte begründen können, vermag der ausgeführten Handlung die Eigenschaft wirklicher Gefährlichkeit nicht zu verleihen. Vielmehr ist eine gefährliche Handlung, welche keine Gefahr begründet, gerade so wenig ausführbar, wie durch eine ungefährliche Handlung eine Gefahr bereitet werden kann.

Wenn hiernach das Strafgesetz eine Handlung als gefährlich mit Strafe bedroht, gleichgültig ob durch ihre Vornahme eine Gefahr werde herbeigeführt werden oder nicht, so wird derselben die Eigenschaft der Gefährlichkeit lediglich vermöge einer Fiktion beigelegt. Das Nämliche geschieht, wenn eine Handlung schon dann als eine gefährliche bestraft werden soll, im Falle sie einen Zustand der Gefahr nur zur Folge hätte haben können.

Natürlich dürfen aber solche Fiktionen nur von dem Gesetze aufgestellt werden, und nur das Gesetz selbst kann für ihr Verständnis maßgebend sein. Es kann aber auch überhaupt nur da von der Bestrafung einer bloßen Gefährdung geredet werden, wo sie das Gesetz ausdrücklich vorschreibt.

Auch für die Gemeingefahr gelten diese Grundsätze. Man pflegt unter ihr diejenige Gefahr zu verstehen, welcher eine unbestimmte Vielheit von Personen oder Sachen ausgesetzt ist. Neuerdings ist dieser Auffassung zum Vorwurf gemacht worden (SIEBENHAAR, Zeitschrift für die gesamte Strafrechtswissenschaft Bd. IV, S. 245 ff.; HÄLSCHNER, Strafrecht II, S. 603), sie führe zum Ausschlusse der Gemeingefahr im Falle nur eine einzige Person gefährdet werde, und es wird darum von HÄLSCHNER das Wesen der Gemeingefahr darin gefunden, daß von ihr eventuell jeder, wer es auch sei, bedroht werde; der Umstand aber, daß sie gleichzeitig oder successive eine Vielheit von Personen bedrohe, könne nur für die Strafzumessung eine Bedeutung beanspruchen. Es soll also eine Gemeingefahr bereits anzunehmen sein, wenn von ihr überhaupt auch nur Eine Person betroffen werden könne, insofern es nur unbestimmt erscheine, welche von einer Vielheit zur Zeit noch unbedrohter Personen die demnächst von der Gefahr bedrohte Person sein werde. Nun ergiebt sich jedoch, daß, sobald die seither unbestimmt gewesene Eine Person, welche überhaupt nur hatte gefährdet werden können, in den Kreis der Gefahr eintritt, sie sofort eine bestimmte Person ist. Darum fragt es sich, ob der Umstand der früheren Unbestimmtheit dieser Einen Person von Einfluß auf den Begriff der Gefahr sein kann. Aber das muß verneint werden, weil von dem Bestehen einer Gefahr nicht eher die Rede sein kann, als bis jemand von derselben wirklich bedroht wird. Es mag ja geschehen, daß, im Falle auch die Gefahr nur für einen von mehreren, aber unbestimmt welchen, in Betracht kommen kann, jeder von den mehreren beunruhigt wird, wenn er sich vorstellt, daß vielleicht gerade er der eine sein werde. Aber eine Beunruhigung ist noch keine Gefährdung, sondern höchstens nach §§ 126, 241 St.G.B. strafbar. Sonach führt die bestrittene Ansicht zu dem Ergebnis, daß eine Gemeingefahr bestehen würde, wenn auch nur eine einzige „bestimmte“ Person bedroht wäre. Ersichtlich wird jedoch hiermit die Gemeingefahr in die einfache Gefahr umgestaltet, von der sie sich dann nur etwa durch die besondere Beschaffenheit der zu ihrer Herbeiführung gewählten Mittel unterscheidet. Aber dieser Verschiedenheit kann keine Bedeutung beigelegt werden, wenn sie keine Verschiedenheit der beiden Gefahren begründet. Darum ist nicht einzusehen, warum die Lebensgefährdung eines einzigen mittels Bereitung einer einfachen Gefahr straflos sein, die gemeingefährliche Lebensgefährdung eines einzigen aber mit Zuchthaus bestraft werden soll. Nach § 312 St.G.B. müßte sogar, im Falle der von der Überschwemmung bedrohte einzige sein Leben verloren hatte, der Thäter für die nicht gewollte Tötung härter bestraft werden, als wenn er ihn vorsätzlich in anderer Weise getötet hätte. Allerdings spricht § 323 St.G.B. von der für das Leben „eines anderen" herbeigeführten Gefahr, allein diese Besonderheit läßt doch nicht verkennen, daß im allgemeinen die Gefährdung nur eines einzigen von dem Gesetze nicht als die Erregung einer Gemeingefahr betrachtet wird (§ 360, Ziff. 10). Im Grunde genommen beruht hiernach die bestrittene Meinung auf einer Anwendung der Lehre vom Dolus. Wer eine Kugel in eine Menge von Menschen hineinschießt, um einen von ihnen, gleichviel welchen, zu töten, der haftet für die Tötung desjenigen, welcher von der Kugel wirklich getroffen worden ist. Und obgleich sich, bevor die Kugel ihr Ziel erreichte, jeder von den mehreren beunruhigt fühlen konnte, so ist doch wohl in diesem Falle die stattgefundene Erregung einer gemeinen Gefahr noch nicht anerkannt worden.

Immerhin muß allerdings die Auffassung, nach welcher für die Gemeingefahr eine unbestimmte Vielheit von Bedrohten gefordert wird, Bedenken erregen. Wirklich bedroht sind von der Gemeingefahr stets nur bestimmte Personen. Man kann sie vielleicht nicht alle ausfindig machen, aber hieraus erwächst der Charakter der Unbestimmtheit nicht. Wäre es aber etwa festgestellt, daß von der Gefahr nur gerade 100 ganz bestimmte Personen und weiter keine bedroht waren, oder würde nachgewiesen, daß die in einem engen Thalkessel verursachte Überschwemmung bis zum Fuße der Berge sämtliche Grundstücke, über diese Grenze hinaus aber kein weiteres bedroht hatte, so würde es doch in hohem Grade mißständig sein, die stattgefundene Verursachung einer gemeinen Gefahr verneinen zu müssen, weil eine Unbestimmtheit nicht vorliege. Sonach paßt das Erfordernis einer unbestimmten Vielheit von Personen oder Sachen nur auf den Fall, daß schon die Ermöglichung einer Gemeingefahr mit Strafe bedroht wird, nicht aber auf den Fall einer wirklich herbeigeführten Gemeingefahr, mag sie in der gleichzeitigen Bedrohung mehrerer oder in der successiven Bedrohung mehrerer einzelner begründet gefunden werden. Auch in dem letzten Falle dürfen für die Frage, ob eine wirkliche Gemeingefahr bestanden habe, nur diejenigen Personen in Betracht kommen, welche den Ort der Gefahr wirklich passiert haben, nicht aber diejenigen Personen, welche nur möglicherweise an demselben hätten vorübergehen können. Und selbst im Hinblick auf eine nur mögliche Gemeingefährdung kann es sich ereignen, daß diese Möglichkeit nur für eine ganz bestimmte Anzahl bestimmter Personen bestand.

Das Erfordernis einer unbestimmten Vielheit bedrohter Personen erinnert unwillkürlich an den Ausspruch der Motive, eine Handlung sei nur dann als eine öffentlich geschehene zu betrachten, wenn sie in einer Art und Weise stattfinde, daß sie unbestimmt von welchen und wie vielen Personen habe wahrgenommen werden können. Unter dieser Voraussetzung würde die Handlung eine öffentliche sein, wenn sie auch von niemandem wahrgenommen worden ist. Aber diese bloße Möglichkeit kann doch nicht zur Folge haben, daß die Handlung wirklich eine öffentlich ausgeführte war. Und wenn dieselbe von 100 objektiv und nach dem Bewußtsein des Thäters ganz bestimmten Personen wahrgenommen worden war, so würde sie keine öffentliche gewesen sein, im Falle zugleich die Möglichkeit ihrer Wahrnehmung durch andere unbestimmte Personen ausgeschlossen erschien.

Für die Gemeingefahr dürfte hiernach als Erfordernis nur zu verlangen sein, daß die Handlung in einem außergewöhnlichen Umfang Menschen oder Eigentum wirklich bedroht haben müsse. Hierin ist freilich nur eine Relativität zu finden, welche zu der bekannten Frage führt, wie viele Gebunde Stroh zu einem Vorrat gehören. Aber die sonach zu überwindende Schwierigkeit ist keine andere, als wie sie auch von § 308 St.G.B. bereitet wird. Überdies muß sich doch auch die Forderung einer unbestimmten Vielheit von Personen, wenn sie nicht mit der bloßen Denkbarkeit zusammenfallen soll, mit der Frage auseinandersetzen, wie sich diese Vielheit näher zu gestalten habe.

In der Schrift von Prof. v. Rohland, Über die Gefahr im Strafrecht, 1886, wird aber auch noch eine generelle Gefahr konstruiert. Die Schrift ist von besonderer Bedeutung, weil sie die Objektivität der Gefahr aus einem scharf ausgesprochenen Prinzip herzuleiten sucht, welches zu den erheblichsten Folgen führen muß. Die Gegner müssen sich darum zu einer näheren Erörterung derselben aufgefordert fühlen, zumal der eingenommene Standpunkt in der Abhandlung von Villnow über Versuch (Goltdammer's Archiv, 1887) in wesentlichen Beziehungen geteilt wird, und auch Hälschner demselben (a. a. O.) nahe steht. Es soll die Gefahr anzunehmen sein, wenn die größere oder geringere Wahrscheinlichkeit eines verletzenden Ereignisses, die mehr oder minder gesteigerte Möglichkeit seines Eintretens vorliege (1). Dann werden die nur regelmäßig gefährlichen Handlungen als Polizeidelikte von den Gefährdungsverbrechen unterschieden. Letztere setzten jedesmal das Vorhandensein einer Gefahr mit Notwendigkeit voraus. Der Gesetzgeber lege bei ihnen den Nachdruck auf die wirkliche Existenz der Gefahr (6). Sofort werden jedoch zu diesen Gefährdungsverbrechen der Zweikampf und die Bedrohung mit einem gemeingefährlichen Verbrechen gerechnet, weil sie geeignet wären, das Leben zu gefährden und die persönliche Freiheit zu beeinträchtigen. Das Geeignetsein zur Erregung einer Gefahr ist aber noch keine Gefährdung, und es setzen auch beide Delikte die Erregung einer wirklichen Gefahr nicht voraus. Liegt sonach hierin schon eine Abschwächung des anfänglich für das Gefährdungsverbrechen verlangten Merkmales einer wirklich verursachten Gefahr, so verschwindet dasselbe vollständig in den weiteren Ausführungen, daß für diese Verbrechen nur eine generelle Gefahr zu verlangen sei. Es wird gesagt (12), wir müßten bei der rechtlichen Wertschätzung einer Handlung den Allgemeinbegriff derselben zum Maßstabe nehmen, also den gemäß ihrer erfahrungsmäßigen Erscheinungsform sich ergebenden generellen Charakter. Diesem gegenüber stelle sich die individuelle Gestaltung der einzelnen unter den Handlungsbegriff fallenden Handlungen als etwas unwesentliches, zufälliges dar. Repräsentiere daher die regelmäßig nahe Möglichkeit eines verletzenden Erfolges den wahren Charakter einer Handlung, so seien die speziellen Merkmale des einzelnen Falles, die nur entfernte Möglichkeit, das Nichtentstehen der Gefahr *in concreto,* ja die Unmöglichkeit ihres Eintrittes — weil als individuelle Merkmale dem Allgemeinbegriff gegenüber nur zufällige — nicht im Stande, die Beurteilung der Handlung als einer gefährlichen zu beeinträchtigen.

Wenn es aber nicht darauf ankommen soll, daß die generell gefährliche Handlung in dem konkreten Falle eine Gefahr verursacht habe, so kann sie doch auch nur *in abstracto* für gefährlich gehalten werden. Eine lediglich in der Idee bestehende Gefahr gefährdet aber in Wirklichkeit das Dasein eines konkreten Rechtsgutes nicht, und es fehlt ihr sonach an der Voraussetzung, unter welcher allein von einer Gefahr geredet werden darf. Vielmehr können nur solche Umstände, welche in dem konkreten Falle wirklich vorliegen, zu einer Verletzung des Rechtsgutes führen und sonach eine Gefahr enthalten. Die generelle Gefahr besteht aber nicht in der gegenwärtigen Wirklichkeit, sondern in dem aus dem Verlaufe früherer

Wirklichkeiten hergeleiteten Begriff der Erfahrungsmäßigkeit, welcher selbst dann die gegenwärtige Wirklichkeit als eine objektiv gefährliche erscheinen lassen soll, wenn ihr realer Verlauf diesem Begriffe widerspricht. Das bedeutet jedoch, daß die Objektivität der Gefahr nicht in der Wirklichkeit, sondern in der Vorstellung eines Begriffes ihre Begründung findet, und das ist nicht möglich. Nach diesem Begriffe der Erfahrungsmäßigkeit wird das Beibringen von Gift als die nahe Möglichkeit einer Verursachung des Todes angesehen werden müssen, und es würde sonach eine objektive Gefahr in dem konkreten Falle auch dann bestanden haben, wenn das einem Menschen beigebrachte Gift bei seiner außergewöhnlichen, erfahrungswidrigen Widerstandsfähigkeit gegen dessen Wirkungen auch nicht entfernt eine Schädigung herbeiführen konnte.

Nun soll freilich (75) die Handlung, durch welche regelmäßig die nahe Möglichkeit einer Verletzung herbeigeführt worden sei, hierdurch bewiesen haben, daß ihr die Fähigkeit zu dieser Herbeiführung als Kausalität inne wohne und sie darum auch in jedem Falle ihrer Wiederholung in Wirklichkeit eine gefährliche Handlung gewesen sei, möge sie auch *in concreto* eine Gefahr nicht verursacht haben. Allein eine dem wahren Wesen der Handlung adäquate, eine regelmäßige, Kausalität, welche ausnahmsweise auch nicht kausal sein könnte, giebt es als objektive Erscheinung nicht, und es war sonach in dem konkreten Falle, auf den es allein ankommen kann, die Handlung entweder kausal, oder sie war nicht kausal. Sie war aber nicht kausal, wenn sie eine Gefahr nicht hatte verursachen können, mochte sie dieselbe auch in noch so vielen früheren Fällen verursacht haben. Könnte die gemeinte Kausalität der nur in der Idee bestehenden generell gefährlichen Handlung das Ergebnis rechtfertigen, daß durch sie in dem konkreten Falle objektiv eine Gefahr verursacht werde, obwohl in Wirklichkeit eine Gefahr in demselben nicht verursacht worden ist, so müßte sogar für die ausgebliebene Vollendung gehaftet werden, wenn man sich nur vorgestellt hatte, die Kausalität dieser Handlung werde den Erfolg verursachen. Und auf der anderen Seite müßte angenommen werden, daß eine Handlung, welche nach ihrer regelmäßigen Erscheinungsform für ungefährlich zu halten war, die Gefahr bezw. die Vollendung nicht verursacht habe, wenn schon in Wirklichkeit diese Verursachung nicht zu leugnen wäre. Darum erscheint jedoch auch für den konkreten Fall die generell gefährliche Handlung, welche eine Gefahr nicht wirklich verursacht hat, als eine lediglich in der Idee gefährliche Handlung, und diese Handlung besitzt, wenn ihr nicht eine strafgesetzliche Bedeutung besonders beigelegt worden ist, rechtlich nicht das geringste Interesse.

Selbst dann muß sich die Theorie der generell gefährlichen Handlung als unhaltbar erweisen, wenn man (s. die nachfolgende Abhandlung über Gefahr und Versuch) der Meinung ist, die Gefahr sei kein objektiv bestehender Zustand und vielmehr nur eine Abstraktion nach der Richtung, wie sich aus einem vorliegenden Zustand der Wirklichkeit die Zukunft gestalten werde. Denn wenn auch von ihr die Erfahrungsmäßigkeit der Entwickelung gegebener Verhältnisse nicht unberücksichtigt gelassen werden darf, so ist es doch ausschließlich die in dem konkreten Falle vorhandene Wirklichkeit, von welcher sie ausgehen muß, nicht aber eine vermeintliche erfahrungsmäßige Wirklichkeit, wie sie der übereinstimmende Verlauf früherer Ereignisse gelehrt hat. Daß man zu verschiedenen Resultaten gelangen kann, je nachdem die Abstraktion in der einen oder der anderen Weise verfährt, hat das bereits hervorgehobene Beispiel ergeben.

Ist aber die generell gefährliche Handlung eine Handlung, mit welcher sich lediglich die Vorstellung ihrer Gefährlichkeit verbindet, und kommt es für das Wesen derselben in keiner Weise darauf an, daß sie sich auch *in concreto* als gefährlich erweisen müßte, so ergiebt sich hieraus, daß die Unterscheidung der nur als Polizeidelikt erscheinenden gefährlichen Handlung von den Gefährdungsverbrechen nicht gerechtfertigt sein kann. Zur Begründung dieser vermeintlichen Verschiedenheit wird (16) behauptet, die Handlung des Gefährdungsverbrechens enthalte regelmäßig die nahe Möglichkeit eines rechtsverletzenden Erfolges, während das Polizeidelikt zwar gleichfalls regelmäßig gefährlich sei, aber teils Handlungen von naher, teils Handlungen von verschwindend kleiner Möglichkeit einer Gefährdung umspanne. Aber hiernach müßten denn doch die Polizeidelikte von naher Gefährlichkeit zu den Gefährdungsverbrechen gerechnet werden, und die übrig bleibenden Polizeidelikte würden überhaupt nicht gefährlich sein. Es mag auch davon abgesehen werden, ob eine solche nur relative Verschiedenheit eine absolute Unterscheidung rechtfertigen kann, und nur wieder darauf hingewiesen werden, daß die polizeilich als gefährlich strafbaren Handlungen lediglich einer Fiktion des Gesetzes ihre Entstehung verdanken. Das Gesetz fragt aber nicht danach, ob die betreffenden Handlungen regelmäßig oder ausnahmsweise mit naher oder entfernter Gefahrbereitung verbunden sind, ob sie eine Gefahr wirklich begründen oder nicht einmal befürchten lassen, und es ist darum nicht zu billigen, daß ihnen als Gegensatz die Handlungen mit regelmäßig naher Gefahrbereitung gegenüber gestellt werden. Noch weniger zutreffend aber muß es erscheinen, die für ganz bestimmte Handlungen vorgesehene gesetzliche Fiktion der Gefährlichkeit auf alle beliebigen Handlungen, welche in der Idee für gefährlich gehalten werden, auszudehnen. Überdies wird die konstruierte generelle Gefahr durch die Hinweisung darauf nicht begründet, daß doch der nur in einem konkreten Falle Handlungsunfähige für andere Fälle seine Handlungsfähigkeit beibehalte. Denn in dem konkreten Falle wird ohne weiteres seine Handlungsunfähigkeit anerkannt, und er demgemäß nicht bestraft, während gerade umgekehrt die Strafe für die Gefährdung auch in dem Falle ausgesprochen werden soll, wenn sich die regelmäßig gefährliche Handlung *in concreto* als wirklich ungefährlich erwiesen hatte. Nach Analogie der generellen Gefährlichkeit müßte sonach der generell Handlungsfähige auch dann gestraft werden, wenn er *in concreto* handlungsunfähig gewesen war.

Nunmehr fragt es sich, von welcher Beschaffenheit der Wille sein muß, wenn ihm der verursachte Zustand der Gefahr aufgerechnet werden soll. Die Verursachung eines gefährdenden Zustandes ist aber gerade so zu beurteilen wie die Verursachung eines jeden anderen Erfolges. Darum muß er ein gewollter gewesen sein, wenn seine Herbeiführung als eine vorsätzliche soll betrachtet werden dürfen, und es kann sonach dem Handelnden der herbeigeführte Zustand der Gefahr nur zur Fahrlässigkeit zugerechnet werden, im Falle er überzeugt war, er werde nicht eintreten, er also insbesondere angenommen hatte, es hänge von seinem Willen ab, der Entwickelung der Folgen seiner an und für sich gefährlichen Handlung zu dem gefahrdrohenden Zustand vorzubeugen. Nach der Theorie der generellen Gefahr muß hingegen die generell gefährliche Handlung selbst dann als eine vorsätzliche bestraft werden, wenn diese Überzeugung durch das Ausbleiben der konkreten Gefahr als zutreffend bestätigt wurde.

Ist nun aber aus dem herbeigeführten Zustand der Gefahr die Verletzung des bedrohten Rechtsgutes erwachsen, so kann die Theorie der generellen Gefahr nicht zur Aufrechnung derselben gelangen, weil sie, wie gesagt, nur die Handlung bestraft, und ihre konkrete Wirksamkeit für sie ohne Bedeutung ist. Demungeachtet sieht sie sich genötigt, die Bestrafung der Verletzung aus dieser konkreten Wirksamkeit der Handlung herzuleiten. Auf derselben beruht denn auch der Satz, wer schuldhaft ein Rechtsgut wirklich gefährde, sei es mit oder ohne Verletzungsabsicht, habe für den zufällig eingetretenen Erfolg einzustehen (65). Möge also auch der Ausgesetzte nur infolge eines unvoraussehbar gewesenen Witterungswechsels sein Leben verloren haben, so habe der Thäter doch auch dieses Ergebnis zu verantworten. Das ist denn auch nach der Vorschrift des

Strafgesetzbuches richtig. Allein der aufgestellte Satz erscheint in seinem inneren Wesen nicht haltbar. Denn die Schuld kann unmöglich weiter reichen, als sie begriffen war oder hatte begriffen werden können, und es wird daher der Thäter, welcher ausserhalb dieses Rahmens bestraft wird, für eine Nichtschuld bestraft. Das erkennt auch das Gesetz dadurch an, daß es die Strafe für den Lebensverlust des Ausgesetzten weder als eine Strafe für den Vorsatz noch für Fahrlässigkeit vorsieht, und sie darum überhaupt nicht aus dem Schuldmoment herleitet. Nur kriminalpolitische Erwägungen, gegen welche sich in neuerer Zeit ein wachsender Widerspruch erhebt, können daher zu derartigen Vorschriften veranlaßt haben.

Warum eigentlich die stattgefundene Herbeiführung einer objektiven Gefahr für das Rechtsgut, welches hatte verletzt werden sollen, als Merkmal des Versuches gefordert werden müsse, ist nicht begründet, und es ist vielmehr nur die Behauptung aufgestellt worden (67), der Versuch teile mit dem Gefährdungsverbrechen die objektive Seite, die Gefährdung. Daher unterscheide er sich nur subjektiv von demselben dadurch, daß bei ihm der Wille nicht wie bei diesem lediglich auf Gefährdung des Rechtsgutes, sondern auf dessen Verletzung gerichtet sei. An und für sich soll also der geäußerte, auf die Verletzung gerichtete Wille nicht strafbar sein, sondern er soll nur dann strafbar werden, wenn er eine Gefahr verursacht habe, und es macht sonach nur die verursachte Gefahr den geäußerten Verletzungswillen strafbar. Wenn aber seine Strafbarkeit aus seiner Ursachlichkeit hergeleitet werden soll, so kann ihn doch dieselbe nicht weiter strafbar machen, als sie reicht, und es kann darum der Wille durch die verursachte Gefährdung nur als Gefährdungswille strafbar werden, nicht aber auch insoweit er als Verletzungswille über den Gefährdungswillen hinausgreift. Insoweit dies geschieht, findet der geäußerte Verletzungswille in der verursachten Gefährdung kein objektives Äquivalent, und er muß daher, wenn er als Verletzungswille gestraft werden soll, schon an und für sich strafbar sein, mag er eine Gefahr verursacht haben oder nicht.

Immerhin ist die Anwendung der generellen, also nur in der Idee bestehenden, Gefahr auf den Versuch nicht ohne Interesse. Es soll Gegenstände geben, welche nach der Metaphysik des täglichen Lebens von vornherein Mittel z. B. zur Tötung darstellten, und ebenso soll es Gegenstände geben, welchen die Eigenschaft als Tötungsmittel nicht zukomme. Als Tötungsmittel könnten nur diejenigen bezeichnet werden, mit welchen sich der vorgesetzte Zweck unter den gewöhnlich sich vorfindenden Bedingungen bei Anwendung derselben in einer bestimmten Art und Weise mit einiger Sicherheit erreichen lasse (s. oben S. 188). Zucker und Sand seien hiernach aus der Reihe der Tötungsmittel zu streichen (80), und es würde darum der Tod ohne Mittel verursacht worden sein, wenn er mittels Zucker oder Sand herbeigeführt worden wäre.

Jedenfalls darf aber in der Vorstellung das wirklich zur Anwendung gebrachte Mittel nicht in ein anderes umgewandelt, und dem Objekte, gegen welches sich dasselbe gerichtet hatte, nicht ein anderes substituiert werden. A., welcher hatte betrogen werden sollen, aber, weil er bereits Kenntnis von der Unwahrheit der ihm vorgespiegelten Thatsache besaß, ein absolut untaugliches Objekt für das gegen ihn geplante Vergehen war, darf nicht durch einen Menschen X. ersetzt werden, von welchem ohne weiteres angenommen wird, daß er die Unwahrheit der betreffenden Thatsache nicht gekannt habe. Die Frage, wer denn eigentlich in solchen Fällen, sei es auch nur generell, gefährdet worden sei, A. oder der gar nicht existierende X., wird nicht untersucht und vielmehr nur behauptet, es sei hier eine Gefahr für die Rechtswelt erzeugt worden. Wie aber derjenige die Rechtswelt gefährden könne, welcher in der Absicht, ein Rechtsgut zu verletzen, eine in Wirklichkeit ungefährliche Handlung ausführt, dürfte denn doch nicht zu verstehen sein, wenn es nicht gerechtfertigt sein soll, die bereitete Gefahr ausschließlich darin begründet zu finden, daß sich der geäußerte Wille den Geboten der Rechtswelt entgegengestellt hat.

Darum erscheinen aber auch die weiteren Erörterungen nicht zutreffend, nach welchen ein wegen Untauglichkeit des Mittels oder Objektes an und für sich strafloser Versuch durch den Zufall zu einem strafbaren Versuch soll umgestaltet werden können. Wer Natron, welchem er eine giftige Eigenschaft beimißt, zu der von ihm beabsichtigten Vergiftung benutzt oder ein vermeintlich geladenes, in Wirklichkeit aber ungeladenes, Gewehr auf seinen Gegner abdrückt, soll keinen strafbaren Versuch begehen, weil derartige Mittel absolut untauglich und sonach vollständig gefahrlos für die Rechtswelt seien (88). Habe sich jedoch der Thäter Arsenik zur Vergiftung angeschafft, dann aber aus Verwechselung Natron verabreicht, oder das geladen gewesene Gewehr abgedrückt, nachdem es vorher von einem anderen ohne sein Wissen und Wollen entladen worden war (91), so soll der Versuch ein gefährlicher gewesen sein. Denn die generelle Möglichkeit, daß der Thäter zu einem tauglichen Mittel habe gelangen können, sei vorhanden gewesen, und es erscheine darum der Nichteintritt der Gefahr als ein zufälliger. Aber die generelle Gefahr soll ja doch nicht bereits bestehen, bevor gehandelt worden ist, sondern sie soll erst mit der Handlung zur Existenz gelangen. Als aber gehandelt wurde, war das Gewehr ungeladen und nicht Arsenik, sondern Natron in der Hand des Thäters. Was vor der Handlung geschehen ist, muß ohne Bedeutung sein, weil sie die nämliche bleibt, die vor ihr gelegenen Zustände mögen beschaffen gewesen sein, wie sie wollen. Sodann ist es auch schwerlich die regelmäßige Erscheinungsform der Handlung, daß derjenige, welcher erschießen oder vergiften will, ein ungeladenes Gewehr oder aus Verwechselung statt des angeschafften Giftes Natron ergreift. Ebensowenig ist ersichtlich, was die generelle Möglichkeit bedeuten soll, da vielmehr eine Verschiedenheit dieser Möglichkeit von der einfachen Möglichkeit hier nicht zu erkennen ist. Endlich war es auch kein Zufall, daß der Thäter ein ungeladenes Gewehr abgedrückt hatte, wenn es von einem anderen, um das Verbrechen zu verhüten, entladen worden war. Ist es ein Zufall, daß der Thäter von zwei vermeintlich geladenen Gewehren aus Irrtum dasjenige ergriff, welches ungeladen war, und daß er dann dieses ungeladene Gewehr auf seinen Gegner abdrückte, so ist es überhaupt ein Zufall, wenn er sich, gleichviel aus welchen Gründen, bezüglich der Wirksamkeit des angewendeten Mittels in einem Irrtum befunden hatte. Freilich würde der Thäter, welcher statt des vor ihm liegenden Arseniks das vor ihm liegende Natron ergriff, dasselbe sofort gegen das Gift umgetauscht haben, im Falle er seinen Irrtum erkannt hätte, aber ebenso würde auch jeder andere Thäter in diesem Falle sich ein taugliches Mittel verschafft haben, welches ja überall zu erlangen ist. Sogar das Hexen kann in der bezeichneten Weise zu einer gefährlichen Handlung umgestaltet werden. Denn beschließt jemand, seinen Gegner mit seinem geladenen Gewehr zu töten, wählt aber dann die gleichfalls in seinem Besitze befindlichen, vermeintlich ebenso wirksamen Mittel zum Hexen, so ist es doch auch nur ein Zufall, daß er sich gerade auf das Hexen verlegte. Für den konkreten Fall bleibt sonach nichts übrig, als daß der Thäter in mörderischer Absicht ein ungeladenes Gewehr abgedrückt hat, welches er für geladen hielt, und wenn hier unerachtet der absoluten Gefahrlosigkeit des Mittels ein strafbarer Versuch angenommen werden soll, so steht man mit dieser Annahme auf dem Boden der subjektiven Theorie.

Ferner soll auch derjenige keinen Versuch begehen, welcher eine ihm selbst gehörige Uhr in der Meinung, sie sei eine fremde, in diebischer Absicht vom Tische wegnimmt, oder auf einen für den Förster gehaltenen Baum schießt, weil diesen Objekten die rechtliche Eigenschaft, gestohlen oder getötet werden zu können, nicht zukomme (84).[1] Habe aber in der Nähe der eigenen Uhr eine fremde Uhr oder eine andere fremde Sache gelegen, oder der Förster sich neben dem Baum befunden, dann sei ein strafbarer Versuch begangen worden. Denn dann habe die generelle Gefahr bestanden, daß die fremde Sache weggenommen, oder der Förster getroffen worden wäre, und es sei nur ein Zufall gewesen, daß dies nicht geschehen sei. Eine an und für sich ganz straflose Handlung soll also durch eine gleichfalls straflose Gefährdung strafbar werden, von welcher der Handelnde nicht einmal etwas zu wissen braucht; der Zufall, daß eine fremde Uhr neben der eigenen lag, oder der Förster neben dem Baume stand, soll die Kraft besitzen, eine straflose Handlung strafbar zu machen. Es ist aber doch auch ersichtlich, daß die fremde Sache in keiner Weise gefährdet war, wenn gerade eine fremde Uhr hatte gestohlen werden sollen, oder der Thäter die aus Irrtum ergriffene eigene Uhr für wertvoller gehalten hatte, als die neben derselben liegende fremde Uhr. Und wenn ein guter Schütze nach einem für den Förster gehaltenen Baum geschossen hatte, so müßte man zu unhaltbaren Unterstellungen greifen, um irgend eine für den in der Nähe des Baumes befindlichen Förster bestehende oder bestandene Gefahr nachweisen zu können.

Ebenso soll ein Versuch nicht vorliegen, wenn jemand in ein schon seit Jahren verlassenes Haus hineinschieße, um den Besitzer zu töten, weil der Nichteintritt einer Gefahr „unter den gegebenen Umständen“ sich als notwendig erweise. Wenn aber jemand in das Zimmer schieße, während der Bewohner gerade in das Nebenzimmer gegangen oder verreist gewesen sei, so soll ein strafbarer Versuch ausgeführt worden sein. Denn es sei generell ebensowohl möglich gewesen, daß sich der Angegriffene in dem Zimmer befunden habe, und es erscheine darum die Unmöglichkeit der Verletzung *in concreto* als ein zufälliges Moment. In Wirklichkeit ist es jedoch generell sowohl wie *in concreto* absolut unmöglich, einen Abwesenden zu erschießen, und es muß darum behauptet werden, daß unter den „ge-

[1] Villnow sagt a. a. O., so sei tötbar, was Leben, also das Vermögen getötet zu werden, in sich habe, wenn es auch zufällig etwas an sich habe, was eine Tötung ausschließe oder durch dieses Mittel ausschließe, z. B. undurchdringliche Panzerung. Solche zufällige Umstände müßten bei der Bestimmung des Begriffes des Anfanges der Ausführung und des Ausführbaren fortgelassen werden. Nun wird man sich ja auch den Begriffsmenschen gegenwärtig nicht gepanzert vorstellen. Aber nackt geht er doch auch nicht herum, und es ist daher nicht für einen Zufall zu halten, daß er im Winter einen Überzieher trägt. Darum darf man sich aber auch den Überzieher nicht wegdenken, wenn ihn der in mörderischer Absicht geführte Messerstich nicht durchdrungen hatte, und es würde sonach in diesem Falle ein Versuch nicht angenommen werden können.

gebenen Umständen“ der Nichteintritt der Gefahr ein notwendiger gewesen ist. Auch ist es nicht richtig, daß der Bewohner des Zimmers zur Zeit des Schusses ebensowohl in demselben hätte anwesend gewesen sein können, er also nur zufällig abwesend gewesen sei, wenn er sich auf seine tägliche Arbeitsstelle, oder, um sich vor der ihm drohenden Gefahr in Sicherheit zu bringen, in das Nebenzimmer begeben hatte. Ist der Schuß in das leere Zimmer ein strafbarer Versuch, wenn der Bewohner sich soeben in das Nebenzimmer begeben hatte, so wirft sich unwillkürlich die Frage auf, warum nicht auch der einem kurz zuvor Verstorbenen beigebrachte Stich einen Versuch enthalten soll. Denn es war doch nur zufällig, daß sich der Thäter mit demselben um einige Augenblicke verspätete. Vielleicht hatte sich ja auch ein lebender Mensch neben der Leiche befunden, welcher möglicherweise hätte verletzt werden können. Wird behauptet, Leiche und Mensch müßten doch juristisch in verschiedene Begriffsreihen eingeordnet werden (84), so ist zu entgegnen, daß es für die juristische Beurteilung für gleichgültig gehalten werden muß, ob der Schuß eine Leiche oder einen für einen Menschen gehaltenen Baum getroffen hatte, oder auch an einem Menschen vorüber geflogen war.

Endlich wird behauptet, wer in diebischer Absicht in eine fremde Tasche greife, begehe einen strafbaren Versuch, möge auch die Tasche leer gewesen sein. Auch hier beeinflusse die individuelle Gestaltung des Einzelfalles und somit die konkrete Unmöglichkeit des Erfolgseintrittes „unsere“ Erwartung nicht und stempele darum im Hinblick auf die generell vorhandene Möglichkeit der Gefahr das Ausbleiben derselben *in concreto* zu einem nur zufälligen Merkmal der Handlung. Dann kann man aber auch sagen, es ist erfahrungsgemäß, daß es schwangere Frauenspersonen giebt, und es war darum nur zufällig, daß diejenige Frauensperson, welcher das Abortivmittel verabreicht wurde, nicht schwanger gewesen ist. Eine bestehende Schwangerschaft mag nicht so gewöhnlich sein, als das Beisichtragen von Geld, aber ein außergewöhnliches Ereignis ist sie doch auch nicht.

In allen diesen Fällen ist es lediglich die bloße Denkbarkeit der Möglichkeit, welche die nach ihrer objektiven Erscheinung straflose Handlung in einen strafbaren Versuch umwandeln soll. Aber diesem Denken steht unerbittlich die Thatsache entgegen, daß der Verlauf der Handlung in Wirklichkeit ein anderer war, als welchen man sich von vornherein gedacht hatte oder nach dem Vollzug der Handlung denken will. Die zwischen der Idee und der ihr widersprechenden Wirklichkeit bestehende Kluft ist nicht zu beseitigen. Es darf auch davon, was andere denken, weder die Strafbarkeit noch die

Straflosigkeit des Thäters abhängig gemacht werden, da er doch nur für das gestraft werden kann, was er selbst gedacht und gethan hat. Und es kann überhaupt nicht durch das Denken, sondern nur durch die Wirklichkeit seine Strafbarkeit bestimmt werden. In Wirklichkeit aber lag in dem Falle der weggenommenen Uhr, des Schießens nach dem Baume, des Schießens in ein leeres Haus, des Hineinlangens in eine fremde leere Tasche die Möglichkeit des Erfolges überhaupt nicht vor, oder sie war doch nur eine sehr entfernte.

Zu solchen Erwägungen mag ja die Unzulänglichkeit der objektiven Versuchstheorie eine dringende Veranlassung geben. Aber sie müssen von dieser Theorie, wenn die Gefahr wirklich ein objektiv bestehender Zustand und als solcher ein Merkmal des Versuches sein soll, zurückgewiesen werden, weil sie nicht objektiver Natur sind und vielmehr mit Notwendigkeit zur subjektiven Versuchstheorie führen.

Binding meint in seinen Erörterungen über die irrtümlich deliktische Handlung (Handbuch, S. 691f.), die subjektive Versuchstheorie müsse das Wahnverbrechen bestrafen, und er macht dieser Theorie noch den weiteren Vorwurf, es sei nach ihr die Vorstellung, welche den Inhalt des Willens bilde, nicht wirklich die einer verbotenen Handlung, sondern sie werde in der vagsten Weise mit der rechtsfeindlichen Gesinnung identifiziert, wie denn auch von dieser Theorie der Versuch nicht als teilweise Selbstverwirklichung des Vorsatzes betrachtet werde. Die erforderlich gewesene Begründung dieser Äußerungen ist jedoch für den zweiten Band des Handbuches aufgehoben worden. Hatte aber der Thäter sein irrtümlich für geladen gehaltenes Gewehr in mörderischer Absicht abgedrückt, so dürfte schwer zu verstehen sein, inwiefern die Vorstellung eine andere hätte gewesen sein können, wenn das Gewehr geladen gewesen wäre, welchen Einfluß also die Thatsache, daß das Gewehr nicht geladen war, auf die Vorstellung der mörderischen Handlung auszuüben vermöchte. Vielmehr ist bei dem tauglichen sowohl wie bei dem absolut untauglichen Versuch der in die äußere Erscheinung tretende feste Wille von ganz der nämlichen Beschaffenheit, von welcher er auch sein würde, im Falle die That zur Vollendung gelangt wäre. Ist aber auch der in dem absolut untauglichen Versuch enthaltene feste Wille gleich dem in der Vollendung zu Tage tretenden Willen, so muß auch er ein verbotener Wille sein. Oder es müßte angenommen werden, daß sich überhaupt jeder Wille erst in der Vollendung verboten erweise, womit dann jedoch auch der taugliche Versuch beseitigt sein würde.

Verfehlt ist auch die Ausführung S. 695, die Unrichtigkeit der subjektiven Versuchstheorie werde ganz evident, wenn der Thäter seine im übrigen richtig erkannte Handlung, die nicht lediglich unverboten, sondern erlaubt oder gar geboten sei, für verboten erachtet habe. Er habe sich in Notwehr befunden und verwunden dürfen, er habe den schleichenden Spion des Feindes aufs Korn nehmen müssen u. s. w. Hier solle der Irrtum des Thäters im stande sein, was der Gesetzgeber gestatte oder fordere, in ein unzulässiges zu verwandeln? Zunächst bleibt es hier immerhin zweifelhaft, ob etwa hatte gesagt werden sollen, wer, um einen für rechtswidrig gehaltenen Angriff abzuwenden, verwundet, einen als feindlichen Spion erkannten Menschen erschossen habe, sei straflos, möge er auch aus Irrtum seine Handlung als strafbar angesehen haben. Wäre dies die Meinung, so würde allerdings die Straflosigkeit selbstverständlich sein. Denn es war dann von dem Handelnden ein lediglich vermeintlicher, nicht aber ein wirklich rechtswidriger Wille geäußert worden, und es können darum nur Wahnverbrechen in Frage stehen. Angenommen aber, es habe gesagt werden sollen, wer einen Menschen, welchem gegenüber er sich in Notwehr befinde, verwunde, oder einen feindlichen Spion erschieße, sei auch dann straflos, wenn er von seinem Notwehrstande nichts gewußt, oder den Erschossenen nicht als feindlichen Spion erkannt gehabt, und er vielmehr dies gethan habe, um etwa einen Raub auszuführen, so liegt es doch am Tage, daß zwar die Handlung ihrer objektiven Beschaffenheit nach eine erlaubte, der geäußerte Wille aber ein wirklich rechtswidriger gewesen ist. Und da ist doch schon von vornherein nicht einzusehen, wie die Rechtswidrigkeit des Willens durch die Erlaubtheit der Kausalität aufgezehrt werden könnte. Daß dies nicht angängig ist, giebt BINDING selbst zu, indem er S. 750 N. 66 feststellt, wenn ein Wilddieb einen anderen, welchem gegenüber der Förster sich in Notwehr befinde, erschieße, ohne von dem Notwehrstande des Försters Kenntnis zu besitzen, oder ohne denselben retten zu wollen, so müsse derselbe sogar einen vollendeten Mord verantworten. Davon, daß nach der subjektiven Versuchstheorie durch den Irrtum des Thäters das von dem Gesetz gestattete oder sogar geforderte in ein unzulässiges verwandelt werde, kann gar keine Rede sein. Denn unerachtet dieses Irrtums bleibt auch nach ihr das Erschießen des Spions und des Wilddiebes eine objektiv erlaubte Handlung, und darum wird auch der Thäter für die durch dieselbe verursachten Erfolge nicht bestraft. Es kann dies um so weniger geschehen, als diese Erfolge nicht die gewollten waren. Gewollt war vielmehr das Erschießen eines nicht spionierenden Menschen, sowie eines nicht im Angriffe auf den Förster begriffenen Wilddiebes, und da diese Erfolge nicht herbeigeführt worden sind, so kann auch nur der Versuch, der geäußerte rechtswidrige Wille, sie herbeizuführen, bestraft werden. Offenbar will BINDING sagen, wenn das Geschehene nach seiner objektiven Beschaffenheit erlaubt sei, so könne auch ein strafbarer Versuch nicht begangen worden sein. Allein er übersieht, daß er auch mit diesem Ausspruche den Versuch überhaupt beseitigt, weil nach ihrer objektiven Beschaffenheit jede Versuchshandlung, wie etwa das Vorbeischießen an einem Menschen, in Ermangelung einer Verletzung eine erlaubte Handlung ist. Um sich hiervon zu überzeugen, braucht man nur zu unterstellen, der Wille sei auf das Vorbeischießen gerichtet gewesen. Nur dann, wenn die vorbeigeflogene Kugel hatte treffen sollen, kann ein strafbarer Versuch angenommen werden. In beiden Fällen aber war das Vorbeifliegen der Kugel objektiv von ganz der nämlichen Beschaffenheit, und es ergiebt sich hieraus, daß allerdings der geäußerte rechtswidrige Wille zu bestrafen ist, mag auch die Handlung nach ihrer objektiven Beschaffenheit rechtlich bedeutungslos sein. Keineswegs aber macht die objektiv straflose Handlung den geäußerten rechtswidrigen Willen straflos. Ist dies jedoch anzunehmen, so kann auch keine rechtliche Verschiedenheit darin gefunden werden, je nachdem die Kugel an einem Menschen oder an einer für einen Menschen gehaltenen Puppe (693) vorbeigeflogen ist. Denn der geäußerte Wille, einen Menschen zu erschießen, war hier wie dort von der gleichen Widerrechtlichkeit, und ebenso ist auch hier in beiden Fällen das Geschehene nach seiner objektiven Beschaffenheit von der nämlichen Bedeutungslosigkeit. Bedeutungsloser wie bedeutungslos kann etwas Geschehenes nicht sein. Wäre die Auffassung BINDING's richtig, so würde, wenn ein Mensch erschossen worden ist, um ihn zu berauben, nicht einmal ein versuchter Raub vorliegen, im Falle der Erschossene wider Erwarten spioniert hatte. Auch läßt sich nicht behaupten, der Versuch, den ausgebliebenen Erfolg herbeizuführen, sei straflos oder strafbar, je nachdem derselbe, wenn er sich ergeben hätte, straflos oder strafbar gewesen sein würde. Denn man steht hier vor der Frage, welcher Erfolg denn ausgeblieben sei. Soll er derjenige sein, welchen der Handelnde hatte herbeiführen wollen, so würde es stets selbstverständlich sein, daß er im Falle seines Eintrittes strafbar gewesen sein würde. Soll aber hierbei von der Vorstellung des Handelnden abstrahiert und lediglich aus der objektiven Beschaffenheit des Geschehenen eine Folgerung gezogen werden, so wird verkannt, daß dieselbe niemals auf einen ausgebliebenen Erfolg hinweist. Auffallen muß es, daß BINDING eine Norm für den Versuch nicht angiebt, sondern sich der subjektiven Versuchstheorie gegenüber auf die Einwendung beschränkt, es sei eine unzulässige Auslegung der Tötungsnorm, wenn gesagt werde, sie verbiete nicht nur die tödliche, sondern auch die irrtümlich von dem Thäter für tödlich gehaltene Handlung. Denn dürfe hiernach derselbe nicht thun, was er irrtümlich für verboten halte, so müsse er auch thun dürfen, was ihm irrtümlich erlaubt scheine. Daß man aber wirklich das irrtümlich für erlaubt gehaltene thun darf, sollte am wenigsten von Binding bestritten werden, da er bekanntlich mit größter Bestimmtheit zur Bestrafung des Thäters seine Kenntnis der verbietenden Norm verlangt. Die schließliche Behauptung, das sei der große Erfolg der subjektiven Versuchstheorie, daß sie den Irrtum des Handelnden über das Gesetz erhebe, wird hiernach einer besonderen Widerlegung nicht bedürfen.

Auch kann aus dem bis jetzt nur erschienenen ersten Bande des Handbuches, sowie aus den übrigen Schriften Binding's nicht entnommen werden, was die teilweise Selbstverwirklichung des Vorsatzes bedeuten soll. Die objektive Versuchstheorie, nach welcher also der Versuch ebenso einen von dem Willen unabhängigen objektiven Thatbestand besitzen soll, wie ihn die Vollendung besitzt, tritt jetzt als Theorie des Teiles, der Gefahr und des Zufalles auf. Aber inwiefern das im Versuche geschehene ein objektiver Teil der in der Vorstellung stecken gebliebenen Vollendung, die Gefahr ein wirklich bestehender Zustand und der in Bezug genommene Zufall etwas anderes sein könnte, als eine subjektive Erwägung, dafür fehlt es noch immer an einem auch nur annähernden Beweise. Angriffen auf die subjektive Theorie begegnet man ja häufig genug, um ihre eigene Begründung kümmert sich jedoch die objektive Theorie nicht. So lange sie aber einen objektiven Thatbestand des Versuches nicht nachweist, so lange können auch diese Angriffe nicht haltbar sein, denn sie müssen dann, ohne sich zu dem subjektiven oder zu dem objektiven Standpunkt bekennen zu dürfen, in möglichster Unbestimmtheit zwischen beiden Standpunkten hin und her schwanken.

In der erwähnten Schrift v. Rohland's wird (72) anerkannt, die subjektive Versuchstheorie zeichne sich durch logische Geschlossenheit und bestechende Einfachheit der Konstruktion aus, und ebenso wird in dem litterarischen Centralblatt 1885, S. 1069 zugegeben, sie besitze vor allen objektiven Theorien den großen Vorzug logischer Einfachheit. Allein sie soll zu einer unzulässigen Erweiterung des Strafgebietes führen. Diese Einwendung kann sich jedoch nur gegen ihre Behauptung wenden, daß dem Versuche ein objektiver Thatbestand mangle. Wäre sie hiernach aber auch nur insoweit richtig, als sie den Willen und seine äußere Vergegenständlichung zur Darstellung bringt, so würde hierin immerhin einiger Gewinn zu erblicken sein, welcher von der objektiven Theorie nicht ohne weiteres preisgegeben werden sollte. Vielmehr sollte sie wenigstens in Betracht ziehen, ob nicht unter Anerkennung des hierin ausgesprochenen Prinzips die für nötig gehaltene Einschränkung desselben etwa durch das Erfordernis herbeigeführt werden könne, daß die gesetzlichen Merkmale der That, wie sie der Thäter sich vorgestellt hatte, wirklich vorhanden gewesen sein müssen. Daß also die für einen Richter gehaltene Person, vor welcher die Ablegung des meineidigen Zeugnisses begonnen wurde, wirklich ein Richter war, daß die Notzucht nicht an einem für eine Frau gehaltenen Manne hatte begangen, und bei der Münzfälschung wirkliches Geld, nicht aber für Geld angesehene Schaumünzen hatten nachgeprägt werden sollen, mithin der Vollendung der beabsichtigten That ein rechtliches Hindernis nicht im Wege gestanden haben würde. Indessen würde diese Einschränkung nur kriminalpolitisch gerechtfertigt werden können, da sie weder auf den Willen noch auf das Geschehende einen Einfluß auszuüben vermöchte. Denn der Gedanke, daß das Geschehende von einer besonderen objektiven Beschaffenheit, namentlich also tauglich sein, und zwischen ihm und der beabsichtigten Vollendung ein objektiver Zusammenhang, sei es in der Gestalt des objektiven Anfanges der Ausführung und sonach eines objektiven Teiles der Vollendung, der Gefahr, des Zufalles oder sonstwie bestehen müsse, würde aufzugeben sein. Freilich würde hiernach das diebische Hineingreifen in eine leere Tasche, oder das in mörderischer Absicht erfolgte Schießen in ein Zimmer, welches der Bewohner verlassen hatte, einen Versuch nicht darstellen, wenn auch für solche Fälle das Vorhandensein des Objektes verlangt würde. Nimmt sie hierzu etwa noch die weitere kriminalpolitische Einschränkung, daß sich die Vorstellung des Thäters nicht außerhalb vernünftiger Bahnen bewegen dürfe, eine abergläubische Vorstellung mithin einen Versuch nicht aufkommen lasse, so würde ja wohl die objektive Theorie die von ihr geltend gemachten praktischen Bedürfnisse für befriedigt halten können, und der Streit zwischen den beiden Theorieen in engere Grenzen zurückgeführt sein. Das Gesetz hat ja bereits aus kriminalpolitischer Erwägung die Tragweite seines Versuchsbegriffes eingeschränkt, indem derselbe nur bei den bestimmt von ihm bezeichneten Vergehen zur Anwendung gebracht werden soll.

Nach der inzwischen erschienenen dritten Auflage des v. Liszt'schen Lehrbuches könnte das in mörderischer Absicht stattgefundene Vorbeischießen der Kugel einen Versuch nicht darstellen, weil sie sich in keinem Augenblick in der Richtung nach dem Erfolge bewegt, sondern von Anfang an eine andere Richtung eingeschlagen hatte. Über diese Schwierigkeit hilft auch die Erörterung S. 100 nicht hinweg. Als Gefährdung eines Rechtsgutes wird hier die Herbeiführung eines Zustandes erklärt, in welchem, und zwar im konkreten Falle, objektiv die nahe Möglichkeit, subjektiv aber bei dem Gefährdeten die gegründete Besorgnis des Eintrittes einer Verletzung des Rechtsgutes gegeben sei. Auch das Wesen des Versuches sei mit dieser Konstruktion gegeben. Da ließe sich denn etwa behaupten, es habe sich mit Leichtigkeit ereignen können, daß das Gewehr in der Schußlinie abgefeuert worden wäre, in welchem Falle dann der Gegner getroffen worden sein würde. Darum sei er auch gefährdet gewesen, und es liege deshalb ein strafbarer Versuch vor. Aber der Versuch soll doch eine teilweise Verwirklichung sein, welche nur dann begründet erscheine, wenn, wie dies bei der vorüberfliegenden Kugel nicht zutrifft, die Kausalität die Richtung nach dem Erfolge eingeschlagen hatte. Die Sachlage wird jedoch für die Theorie des Versuches noch bedenklicher, weil für die Annahme einer Gefährdung des Rechtsgutes die objektiv für dasselbe bereitete Gefahr nicht genügt und vielmehr noch weiter hierzu verlangt wird, daß sich auch der Gefährdete einer gegründeten Besorgnis hingegeben haben müsse. Es bleibt hierbei zweifelhaft, ob sich mit dieser Besorgnis zugleich das Bewußtsein von der verbrecherischen Entstehung der Gefahr verbunden haben müsse, oder ob es ausreiche, wenn dieselbe auch ohne dieses Bewußtsein eingetreten war. Aber auch im letzten Falle ist es schwer begreiflich, daß der Versuch nicht strafbar sein soll, wenn der Bedrohte keine Kenntnis davon besaß, daß auf ihn geschossen werde.

Die Begriffe des Vorsatzes und der Handlung.

In der Theorie tritt in neuerer Zeit die Ansicht auf, daß die mit der Vorstellung ihres wahrscheinlichen oder auch nur möglichen Erfolges vorgenommene Handlung stets die Verantwortlichkeit für vorsätzliche Verursachung desselben nach sich ziehen müsse. Hat man aber den eingetretenen Erfolg nicht gewollt, so darf derselbe auch nicht als vorsätzlich verursacht aufgerechnet werden, und es bedeutet sonach diese Ansicht, daß der als wahrscheinlich oder auch nur als möglich vorgestellt gewesene Erfolg der gewollten Handlung stets ein gewollter Erfolg sei. Nirgends findet sich zwar eine auch nur annähernd zulängliche Begründung derselben, aber sie besitzt, indem sie die *luxuria* mit dem *dolus* identifiziert, den Vorzug einer Vereinfachung der Schuldlehre, und sie hat darum auch in der Praxis eine gewisse Gültigkeit erlangt, wenn schon dieser Vorzug durch die unhaltbaren Konsequenzen, zu welchen sie führt, überwogen wird.

In der dritten Auflage seines Lehrbuches erörtert v. Liszt (§ 27), Wollen sei das durch die Vorstellung des lustversprechenden Zustandes hervorgerufene Begehren, und es ist sonach die Vorstellung etwas anderes als das Wollen. In §§ 37, 38 wird jedoch gesagt, der verursachte Erfolg sei dem Thäter zu der Schuld des Vorsatzes dann zuzurechnen, wenn er vorhergesehen habe, er werde eintreten, so daß nunmehr das Begehren zum Vorsatze nicht erforderlich erscheint. Nur die Absicht soll ein Begehren voraussetzen, während seither wohl nur die Verschiedenheit anerkannt wurde, daß das vorsätzliche Wollen ein beliebiges Begehren sein könne, dem absichtlichen Wollen hingegen das bestimmt von dem Gesetze bezeichnete Motiv zu Grunde liegen müsse.

Sodann fragt sich, was die Vorstellung, der Erfolg werde eintreten, bedeuten soll. Der Ausspruch (166), davon hänge die Aufrechnung des Erfolges zum Vorsatze nicht ab, daß derselbe als ein notwendiger oder möglicher vorgestellt gewesen sei, wird nicht für zutreffend zu halten sein. Denn vorstellen kann man sich einen zukünftigen Erfolg nur als einen notwendigen oder möglichen. Unter der Vorstellung, der Erfolg werde eintreten, kann daher nur die bestimmte Erwartung seines Eintrittes verstanden werden, wenn nicht dieser Ausdruck ein unbestimmter sein soll. Erwägt nun der Handelnde bei der Vornahme seiner Handlung, der Eintritt des Erfolges verhalte sich erfahrungsmäßig zu seinem Nichteintritt wie 1 zu 2, so überwiegt die Vorstellung, daß er nicht eintreten werde, diejenige, daß er eintreten werde, und es erscheint darum die Vorstellung, er werde eintreten, ausgeschlossen. Ein vorsätzlich verursachter Erfolg würde hiernach in diesem Falle von dem Lehrbuche nicht angenommen werden können. Aber es ist doch zweifellos, daß er dem Handelnden zum Vorsatze zugerechnet werden muß, wenn er ihn begehrt hatte, und es kann daher die Haftbarkeit für vorsätzliche Verursachung des Erfolges nicht ausschließlich von der Vorstellung, er werde eintreten, abhängig sein.

Zur Illustrierung der aufgestellten Behauptung werden allerdings nur Beispiele vorgeführt, in welchen der Eintritt des Erfolges als ein notwendiger vorgestellt wurde, und unter dieser Voraussetzung ist er freilich auch dann zum Vorsatz zuzurechnen, wenn er (s. unten) sogar unerwünscht war. Aber nach den anderweiten Erörterungen des Lehrbuches muß angenommen werden, daß unter der Vorstellung, der Erfolg werde eintreten, auch die vorgestellte Möglichkeit seines Eintrittes begriffen, mithin auch der nur als möglich vorgestellte Erfolg stets von dem Vorsatze umfaßt sein soll. Denn die Vorstellung, es werde der Erfolg eintreten, soll eine mehr oder minder bestimmte sein können, wenn sie auch keine ganz unbestimmte sein dürfe (169), und es ist nicht ersichtlich, wie hierbei der Erfolg mit Bestimmtheit erwartet werden könnte. Zu dem nämlichen Ergebnis führen auch die Erörterungen zur Fahrlässigkeit (§ 40). Wäre anzunehmen, daß nur der mit Bestimmtheit erwartete Erfolg vorsätzlich verursacht werden könne, so dürfte die Fahrlässigkeit nicht schon darin gefunden werden, daß sich der Handelnde der Möglichkeit des Erfolges bewußt gewesen sei, oder er sich bei gehöriger Aufmerksamkeit das Bewußtsein dieser Möglichkeit verschafft haben würde. Vielmehr würde sie dann nur unter der Voraussetzung denkbar sein, daß bei gehöriger Aufmerksamkeit das Bewußtsein erlangt worden wäre, der Eintritt des Erfolges sei mit Bestimmtheit zu erwarten. Darin würde jedoch eine unzulässige Einschränkung ihres Gebietes zu erkennen sein, welche nur dann beseitigt erscheint, wenn man das mit dem Bewußtsein der Möglichkeit des Erfolges verbundene Handeln ausnahmslos zum Vorsatze rechnet. In Note 3 wird denn auch unverkennbar ausgesprochen, daß das Bewußtsein der Möglichkeit des Erfolges kein Merkmal der Fahrlässigkeit sein könne, da es den Vorsatz kennzeichne. Die *luxuria* ist sonach vollständig aus dem Strafrecht entfernt worden.

Ist es lediglich die Vorstellung, der Erfolg werde eintreten, welcher seine Zurechnung zum Vorsatze nach sich zieht, so ist freilich auch die Behauptung gerechtfertigt (164), die Schuld des Thäters werde dadurch nicht berührt, daß er bei vorsätzlichem Handeln das Bewußtsein der Rechtswidrigkeit seines Thuns nicht gehabt habe. Denn in betreff des vorgestellten Kausalverlaufes ist dieses Bewußtsein ohne Bedeutung, und es kann vielmehr nur von Einfluß auf die Gestaltung des Willens zu einem schuldhaften sein.

Professor v. Kries in Freiburg, mit welchem sich v. Rohland (s. oben S. 283 f.) in einiger Übereinstimmung befindet, gelangt in einer für die Kausalität lehrreichen Abhandlung über den Begriff der objektiven Möglichkeit (Separatabdruck aus Bd. XII der Vierteljahrsschrift für wissenschaftliche Philosophie, S. 1—138) bezüglich des Begriffs des Vorsatzes etwa zu folgendem Resultate. Es erscheine zwar verkehrt, von einem bestimmten Ereignis zu behaupten, daß seine Verwirklichung sowohl wie seine Nichtverwirklichung objektiv möglich sei, oder von einem thatsächlich schon eingetretenen Ereignis zu sagen, es sei auch sein Ausbleiben objektiv möglich gewesen. Denn jedes Ereignis, welches thatsächlich eintrete, werde durch die Gesamtheit der von jeher bestehenden Verhältnisse mit Notwendigkeit herbeigeführt. Habe man indessen vielfach wahrgenommen, daß im Falle die Handlung a ausgeführt worden sei, der Hinzutritt der Umstände b c d und mit ihnen der Erfolg e sich eingefunden habe, und daß nur in seltenen Fällen bei Vornahme der Handlung a die Umstände anders gelagert gewesen seien, so sei *in abstracto* die Behauptung gerechtfertigt, es bestehe ihrem inneren Wesen nach ein regelmäßiger ursachlicher Zusammenhang zwischen der Handlung a und den Umständen b c d bezw. dem Erfolge e, so daß, im Falle die Kausalität der Handlung a nicht in dieser ihr adäquaten Weise verlaufe, ihr abweichender, zufälliger Verlauf ihrem inneren Wesen widerspreche. Erscheine hiernach der Verlauf der *in concreto* vorgenommenen Handlung nach der abstrakten Vorstellung, welche man sich von ihrem inneren Wesen zu machen habe, als eine adäquate, regelmäßige Verursachung, so habe der

Handelnde für den auf Grund richtiger Vorstellungen und Kenntnisse erwarteten Erfolg einzustehen, während ihm die zufälligen Folgen derselben überall nicht zugerechnet werden dürften (49, 54). Es würde also der Handelnde, im Falle er sich den regelmäßigen Verlauf seiner Handlung vorgestellt hatte, den durch sie herbeigeführten Erfolg als einen erwarteten und sonach vorsätzlich herbeigeführten zu verantworten haben, insofern dieser Verlauf wirklich ein regelmäßiger war. Versuch hingegen würde vorliegen, wenn sich der Handelnde den regelmäßigen Verlauf seiner Handlung vorgestellt hatte, der Erfolg aber nicht eingetreten ist, weil ihn ein zufälliger Umstand verhinderte. Und wenn sich der Handelnde den regelmäßigen Verlauf seiner zu einem strafrechtlichen Erfolg gelangten Handlung nicht vorgestellt hatte, er sich jedoch bei gehöriger Aufmerksamkeit denselben vorgestellt haben würde, so würde eine strafbare Fahrlässigkeit begründet sein. Hiermit scheint denn ein konsequentes Prinzip für die Handlung und die Verantwortlichkeit für dieselbe gewonnen zu sein, dessen Richtigkeit auch, was die Fahrlässigkeit anbelangt, anzuerkennen ist. Im übrigen wird jedoch dasselbe bestritten werden müssen. Daß es auf den Versuch nicht anwendbar sei, und derselbe vielmehr vorliege, wenn überhaupt nur eine Handlung zur Herbeiführung des verletzenden Erfolges vorgenommen werde, wird von dem Verfasser selbst zugegeben. Und betreffend die vorsätzliche Verursachung, so wird doch wohl nicht geleugnet werden können, daß, im Falle sich der Handelnde eine Folge seiner Handlung, welche nach ihrem inneren Wesen als eine zufällige bezeichnet werden müßte, aus Irrtum als eine demselben adäquate vorgestellt; oder er auch, obwohl er sie als eine zufällige erkannte, auf ihren Eintritt gerechnet hatte, er für dieselbe auch verantwortlich ist. Hat der Verletzte den Arzt aufgesucht, und in dessen Hause eine ansteckende Krankheit davon getragen, so soll bei abstrakter Würdigung der verletzenden Handlung hierin eine zufällige und sonach nicht zurechenbare Folge derselben zu erkennen sein. Aber es ist doch nicht einzusehen, warum der Thäter nicht für vollendeten Mord haften sollte, wenn er sich vergegenwärtigt hatte, der von ihm Verletzte werde in das, wie ihm bekannt, infizierte Krankenhaus geschafft werden und dort infolge einer Ansteckung sein Leben verlieren. Daß der Handelnde die Zufälligkeit irrtümlich für eine Regelmäßigkeit angesehen oder auf den Eintritt des als zufällig erkannten Ereignisses gerechnet hatte, kann ihr die objektive Eigenschaft der Regelmäßigkeit nicht verleihen, und es muß darum der Satz, daß nur die regelmäßigen, nicht aber die zufälligen Folgen der Handlung zu verantworten seien, für nicht zutreffend gehalten werden. Vielmehr kann für diese Verantwortlichkeit nur der mit der Vorstellung des Kausalverlaufes der Handlung verbundene Wille maßgebend sein, mag im übrigen der der Vorstellung entsprechend eingetretene Kausalverlauf sich als ein regelmäßiger oder zufälliger darstellen. Und wenn der Handelnde eine regelmäßige Folge seiner Handlung für eine so zufällige angesehen hatte, daß er sie überhaupt nicht wollen könne, so darf sie ihm auch nicht als eine gewollte aufgerechnet werden.

Daß der Verfasser behauptet, die der Abstraktion nach regelmäßigen Folgen der Handlung müßten verantwortet werden, die zufälligen Folgen hingegen nicht, und zugleich zur Verantwortlichkeit des Handelnden fordert, daß er sich die richtige Vorstellung von dem Kausalverlaufe gemacht habe, dürfte wohl einen Widerspruch enthalten. Denn folgerichtig würde diese Behauptung dahin führen, daß sich der Handelnde von dem Kausalverlaufe der Handlung überhaupt keine Vorstellung gemacht zu haben braucht, sondern ohne weiteres für den gewollten Erfolg haftet, wenn nur der Kausalverlauf ein regelmäßiger war.

Hauptsächlich ist aber auf die Unvereinbarkeit der beiden Behauptungen hinzuweisen, der Kausalverlauf einer jeden *in concreto* ausgeführten Handlung sei ein von vornherein bestimmter und notwendiger, und es müßten die Folgen der konkreten Handlung unterschieden werden, je nachdem dieselben dem inneren Wesen der Handlung entsprechend regelmäßige oder aber zufällige seien. Es ist diese Unterscheidung das Ergebnis der auf die Erfahrung gestützten Abstraktion, welche ausschließlich auf die abstrakte Frage Antwort erteilt, ob, wenn man sich vorstelle, die Handlung a werde wieder einmal vorgenommen werden, sie, wie auch in den früheren Fällen, wieder zum Erfolge führen werde. Allein die Tragweite dieser Antwort reicht gerade nur bis zu dem Zeitpunkt, zu welchem die Handlung a wirklich vorgenommen wird. Denn von nun an vollzieht sich ja ihr Kausalverlauf dergestalt mit Notwendigkeit, daß sie, wie dies auch in den früheren Fällen geschah, entweder den Erfolg herbeiführt, oder ihn verfehlt, und es erscheint darum der Begriff der Zufälligkeit bezüglich dieses Kausalverlaufes vollständig ausgeschlossen. Im Falle sich hiernach das Strafrecht mit der Würdigung eines wirklichen Geschehnisses abzufinden hat, darf es dasselbe nur so, wie es wirklich geschehen ist, in Betracht ziehen, darf also nicht zwischen regelmäßigen und zufälligen Folgen der Handlung unterscheiden und von dieser vermeintlichen objektiven Verschiedenheit die Zurechnung des Geschehenen abhängig machen, und darf insbesondere auch nicht zum Zwecke der Unterscheidung zwischen Thäterschaft und Beihilfe einzelnen Kausalitätsfaktoren eine höhere Wirksamkeit beimessen, da sie vielmehr alle als gleich notwendig auch hinsichtlich ihrer Wirksamkeit gleichwertig sind.

Im Gegensatz zu v. Kries, welcher, wie gesagt, die Verantwortlichkeit für vorsätzliche Verursachung von dem objektiv regelmäßigen Verlauf der vorgenommenen Handlung abhängig macht, behauptet Dozent Dr. Baumgarten von Budapest in seinem Buche über Versuch (1888), jeder Erfolg müsse als ein vorsätzlich verursachter aufgerechnet werden, wenn das Bewußtsein auch nur der Möglichkeit dieser Kausalität der Handlung vorgelegen habe. In diesem Bewußtsein bestehe sowohl der Verletzungs- als der Gefährdungsvorsatz (426 f.), und es sollen sonach beide Vorsätze identisch sein. Demgemäß wird ausgeführt (431), unter Versuch seien diejenigen dolosen Handlungen zu verstehen, in welchen der auf die Verletzung eines strafrechtlich geschützten Gutes gerichtete Vorsatz sich in einem dasselbe gefährdenden Angriff verkörpere. Sind jedoch der Gefährdungs- und Verletzungsvorsatz identisch, so würde diese Definition kürzer dahin zu lauten haben: Versuch ist die vorsätzliche Gefährdung eines Rechtsgutes. Es ist aber ersichtlich, daß sich der Begriff der Gefahr vollständig verflüchtigt, wenn man ihn bereits in der bloßen Möglichkeit eines schädigenden Ereignisses erblickt, und es wird auch diese Unbestimmtheit des Begriffes durch die weitere unbestimmte Erörterung (420) nicht beseitigt, man habe unter Gefahr die größere oder geringere Wahrscheinlichkeit eines nach menschlicher Erwartung zu erwartenden schädlichen Ereignisses zu verstehen. Übrigens wird anerkannt (301), daß die logische Folgerichtigkeit der subjektiven Versuchstheorie ihr Gebäude wie mit eisernen Klammern zusammenhalte.

Eine Besprechung meiner Abhandlung über den Begriff der Gefahr und seine Anwendung auf den Versuch in der Revista penale 1888, S. 434, bezeichnet den Versuch als einen objektiven, von dem Willen unabhängigen thatsächlichen Zustand der Gefahr, welcher ihm die Eigenschaft eines objektiven Teiles der „gewollten“ Vollendung gebe. Von einer eingehenden Widerlegung dieser Auffassung kann hier keine Rede sein. Indessen wird doch darauf hingewiesen werden müssen, daß auch nach ihr, um für Versuch einer Verletzung haftbar zu werden, der Vorsatz, zu gefährden, genügt, und daß, im Falle der Zustand der Gefahr fahrlässig herbeigeführt worden wäre, ein fahrlässiger Versuch vorliegen würde. Es kann aber auch für die Thatsächlichkeit im Versuche die ihr an und für sich nicht zukommende Eigenschaft eines objektiven Teiles der Vollendung nicht daraus erwachsen, daß die Vollendung gewollt war. Denn der bloße Wille ist nicht im stande, an der Objektivität etwas zu ändern.

In Zeitschrift VI S. 339, 340 wird von Bünger ausgeführt, Vorsatz sei der verbrecherische Wille, welcher das in der Vorstellung des zu erwartenden Eintrittes des rechtsverletzenden Erfolges liegende Gegenmotiv handelnd überwinde. Dieser innere Kampf, in welchem der verbrecherische Wille Sieger bleibe, finde auch dann statt, wenn der Handelnde sich den Eintritt des Erfolges nicht gerade als notwendig, aber wenigstens als wahrscheinlich vorstelle. Es bedürfe also zur Annahme des vorsätzlichen Handelns nur des Nachweises, daß derselbe als wahrscheinlich vorgestellt gewesen sei. Dagegen falle jener Kampf und somit die Vorsätzlichkeit des Handelns fort, wenn der Eintritt des Erfolges als nicht wahrscheinlich von dem Thäter vorgestellt gewesen sei. Aber es ist nicht zu verstehen, warum ein solcher Kampf stets fehlen soll, wenn der Erfolg nicht als wahrscheinlich erkannt worden war. Hatte etwa nur ein geringfügiger Vorteil erlangt werden sollen, so kann dieser Kampf ein recht lebhafter gewesen sein, im Falle der Handelnde den Tod eines Angehörigen auch nur als die entfernt mögliche Folge seiner Handlung sich vorgestellt hatte. Darum kann jedoch auch die aufgestellte Unterscheidung zwischen Wahrscheinlichkeit und einer fernliegenden Möglichkeit nicht zutreffen, und es muß bezw. das bezüglich der Wahrscheinlichkeit Gesagte auch auf die entfernte Möglichkeit Anwendung finden. Geschieht dies nicht, so ergiebt sich auch hier, daß man nur den als wahrscheinlich erwarteten rechtsverletzenden Erfolg wollen kann, und somit das strafbare Wollen eines Erfolges, bezüglich dessen man erkennt, daß sein Eintritt unwahrscheinlicher ist als sein Ausbleiben, ganz ausgeschlossen sein muß.

Lucas „Die subjektive Verschuldung“ erörtert (15, 16), gewollt sei jeder Erfolg, welchen sich der Thäter unter dem Gesichtspunkte der Kausalität vorgestellt habe. Der Grund hierfür liege in dem Handeln auf die Gefahr des vorgestellten Erfolges hin. Das Entscheidende bilde der gewöhnliche Verlauf der Dinge und die Vorstellung des Handelnden von dem, was nach diesem Verlaufe wohl erwartet werden könne. Hiernach erscheine jedenfalls der als wahrscheinlich gedachte Erfolg von dem Vorsatze umfaßt, der als möglich vorgestellte aber nur insofern, als diese Möglichkeit in der Vorstellung mit dem gewöhnlichen Gange der Ereignisse verbunden worden sei. Nun kann aber unter dem Handeln auf die Gefahr des vorgestellten Erfolges hin nur verstanden werden, daß der Handelnde seine Zustimmung zu dem Eintritt des Erfolges gebe, und daß dies stets dann geschehe, wenn er sich bewußt gewesen sei, daß seine Handlung gefährden werde. Sonach bedürfte es jedoch auch nach dieser Ansicht keines Wollens des Erfolges, sondern nur eines Wollens der Gefahr, um für vorsätzliche Verursachung des eingetretenen Erfolges haftbar zu werden. Der Verletzungswille würde durch den Gefährdungswillen vollständig ersetzt und hiermit gesagt sein, wer die Gefahr als das Ergebnis seiner Handlung sich vorstelle, wolle auch die Verletzung. Aber nicht jede Gefahr schlägt in die Verletzung um, und es kann daher der Eintritt der Verletzung auch nicht gewollt werden. Was sodann den in Bezug genommenen gewöhnlichen Verlauf der Ereignisse anbelangt, so steht demselben ihr außergewöhnlicher Verlauf gegenüber. Daher ist ersichtlich, daß, im Falle sich der Handelnde den gewöhnlichen Verlauf vorgestellt hatte, er zugleich der Meinung war, der Erfolg werde wahrscheinlich eintreten. Sonach würde aber auch hier wieder nur der als wahrscheinlich vorgestellte Erfolg gewollt werden können, nicht jedoch der nur für möglich gehaltene. Der durch einen ungewöhnlichen Verlauf der Ereignisse herbeigeführte Erfolg soll vielmehr (110) stets der *luxuria* anheimfallen, wenn er auch gewollt gewesen sei.

Die Auffassung, daß der eingetretene als wahrscheinlich oder auch nur als möglich vorgestellt gewesene Erfolg der gewollten Handlung stets ein gewollter Erfolg sei, kann nicht für zutreffend gehalten werden (s. bereits meine Abhandlungen Gerichtssaal 1878, Beilage, S. 143 f.). Das verbotene Wollen ist als Wollen nicht verschieden von dem erlaubten Wollen, und es muß darum der gleichen Beurteilung wie dieses unterzogen werden. Gewiß aber kann nicht gesagt werden, daß, wenn ich einen steilen Weg mit der vorgestellten Möglichkeit oder auch Wahrscheinlichkeit einschlage, ich könne hierbei in einen Abgrund stürzen, ich diesen eingetretenen Erfolg vorsätzlich herbeigeführt, mich vorsätzlich von dem Wege heruntergestürzt habe. Es ist ferner schon darauf hingewiesen worden, daß man mit der bestrittenen Ansicht zu dem Ergebnis gelangt, der als möglich erkannt gewesene Erfolg könne dann nicht zum Vorsatze zugerechnet werden, wenn der Handelnde seinen Nichteintritt für wahrscheinlicher gehalten habe als seinen Eintritt. Zweifellos ist jedoch der begehrte Erfolg zum Vorsatz zuzurechnen, mag auch die Möglichkeit seines Eintrittes gegenüber der Möglichkeit seines Nichteintrittes für noch so klein gehalten worden sein, so lange nur nicht sein Eintritt als so unwahrscheinlich erschienen war, daß er überhaupt nicht gewollt werden konnte.

Kann sich aber der Wille mit derjenigen Vorstellung verbinden, nach welcher der Eintritt des strafbaren Erfolges im Vergleiche zu seinem Nichteintritt und bezw. zu dem Eintritt eines erlaubten Erfolges als der weniger mögliche erscheint, so muß er sich auch mit der Vorstellung verbinden können, nach welcher der Nichteintritt des strafbaren und bezw. der Eintritt des erlaubten Erfolges im Vergleiche mit dem Eintritt des strafbaren Erfolges als weniger möglich angesehen wurde. Hieraus ergiebt sich, daß der Schütze, welcher einen Menschen treffen will, diesen Erfolg als einen vorsätzlich herbeigeführten verantworten muß, mag es ihm auch weitaus wahrscheinlicher gewesen sein, er werde den Menschen verfehlen und einen neben demselben stehenden Baum treffen; daß aber auch umgekehrt derselbe das sogar als wahrscheinlich vorausgesehene Treffen des Menschen nicht als vorsätzlich herbeigeführt zu verantworten hat, im Falle er den Baum hatte treffen wollen, und ihm das Treffen desselben auch nur als möglich erschienen war.

Die stets wiederkehrende Behauptung, man habe ohne weiteres eventuell seine Zustimmung zu dem Eintritt des auch nur für möglich gehaltenen, wenn schon nicht gewollten und sogar befürchteten Erfolges seiner Handlung erteilt, muß als unbegründet bezeichnet werden. Allerdings weiß ich in diesem Falle, daß ich den Erfolg durch meine Handlung ermögliche, und unter Umständen die Strafe für fahrlässige Verursachung übernehmen muß, allein ein Zeitpunkt, zu welchem derselbe gewollt gewesen wäre, läßt sich bis zu seinem Eintritt nicht ermitteln, wenn er nicht aus irgend einem Interesse wirklich, sei es auch nur eventuell, gewollt gewesen ist. Hätte hiernach der Jäger, welcher einen Rehbock schießen will, sich die Möglichkeit vorgestellt, er werde statt desselben den Treiber treffen, so würde zwar nicht schon daraus allein, daß er demungeachtet schoß, seine Verantwortlichkeit für vorsätzliches strafbares Handeln hergeleitet werden können, wohl aber würde er für vorsätzliches Treffen des Treibers und bezw. für Versuch zu haften haben, wenn er bei Vornahme seiner Handlung sich nicht entschieden hatte, daß er unter dieser Voraussetzung das Treffen des Wildes nicht verlange, und vielmehr die Begierde, den Rehbock zu erlegen, eine so drängende gewesen wäre, daß dieser Erfolg, auch für den Fall der Treiber getroffen werde, gewollt wurde. Je wahrscheinlicher hier das Treffen des Treibers erschien, desto weniger wird der Vorwurf, daß eventuell auch der Wille hierauf gerichtet gewesen sei, zurückgewiesen werden können.

Wäre die Sachlage die, daß der Jäger nicht zu unterscheiden vermöchte, ob der Gegenstand, auf welchen er schieße, ein Rehbock oder ein Treiber sei, so hatte er sich doch immerhin die Möglichkeit vorgestellt, derselbe sei ein Rehbock, und er konnte darum auch seinen Willen auf das Treffen eines Rehbockes richten, das Treffen des Treibers aber von demselben ausschließen. Jedoch auch hier würde natürlich das Treffen des Treibers ein in der bezeichneten Weise eventuell gewolltes sein können, und es würde dann auch Versuch dieses Treffens anzunehmen sein, wenn der Gegenstand ein Rehbock gewesen wäre. Eine besondere Schwierigkeit bereitet hier der Begriff der Wissentlichkeit. Man meint, auch von demjenigen werde ein Eid wissentlich falsch geschworen, welcher in dem Zweifel, ob die Thatsache wahr oder unwahr sei, eine unwahre Thatsache als wahr beschworen habe. Allein der Zweifel ist doch kein Wissen, und ein eventuelles Wissen wird es schwerlich geben. Darum wird wohl der eventuelle Dolus bei denjenigen Delikten, deren Wesen das Strafgesetzbuch wirklich in einem Wissen begründet findet, ausgeschlossen werden müssen.

Es ist behauptet worden (meine Abhandlungen Gerichtssaal 1878, Beilage, S. 149, Kausalität 1885, S. 29, Hälschner, Deutsches Strafrecht I, 293), der als möglich vorgestellt gewesene Erfolg sei stets dann vorsätzlich verursacht worden, wenn der Handelnde erkannt gehabt habe, er könne ihn nicht abwenden, und es würde hiernach der Jäger, der nicht unterscheiden kann, ob er einen Treiber oder einen Rehbock vor sich habe, im Falle er den Treiber getroffen hätte, ohne weiteres für vorsätzliche Tötung desselben, und im Falle er einen Rehbock getroffen hätte, für Versuch des Treffens des Treibers haftbar sein. Denn den Gegenstand, welchen er treffen wollte, hat er getroffen, und dazu, daß derselbe kein Mensch sei, konnte er nichts beitragen. Allein es unterliegt diese Auffassung, welche eine beschränkte Anerkennung der Behauptung enthält, jeder als wahrscheinlich oder möglich vorgestellt gewesene Erfolg sei vorsätzlich verursacht worden, erheblichen Bedenken. Volle Sicherheit darüber, daß es ihm gelingen werde, den als möglich vorgestellten Eintritt des Erfolges seiner Handlung zu verhindern, wird der Handelnde nur ausnahmsweise besitzen, und besitzt er sie, so wird er seinen Eintritt nicht für möglich halten. Vielmehr wird er sich regelmäßig sagen, daß, im Falle er auch die ihm zur Abwendung des Erfolges zu Gebote stehenden Mittel in Bewegung setze, der Eintritt desselben immerhin möglich bleibe. Diese Möglichkeit bringt sich gleichfalls als eine unabwendbare zum Bewußtsein, und sie ist darum nicht wesentlich verschieden von derjenigen Möglichkeit, zu deren Abwendung der Handelnde überhaupt kein Mittel an der Hand hat. Es kommt nur der Wille, daß der Erfolg nicht eintreten solle, zu einem energischeren Ausdruck in dem Falle, daß er, wenn auch vergeblich, ein Mittel zur Abwendung des Erfolges anwendet, als in dem anderen Falle, wenn er ein solches Mittel nicht besitzt und sonach der Kausalität ihren Lauf lassen muß. Darum wird in beiden Fällen anzunehmen sein, der eingetretene Erfolg sei stets ein gewollter Erfolg, wenn sich der Handelnde auch nur die Möglichkeit seines Eintretens vorgestellt gehabt, oder es sei dieser Erfolg kein gewollter Erfolg, wenn er mit der Vorstellung der Möglichkeit des Erfolges seinen Willen, daß er eintreten solle, nicht in Verbindung gebracht habe.

Nun scheint jedoch der Auffassung, der als möglich vorgestellte Erfolg sei nicht stets, sondern nur dann ein vorsätzlich herbeigeführter Erfolg, wenn er begehrt gewesen sei, die Erwägung zu widersprechen, daß doch ohne Zweifel der als das notwendige Ergebnis der Handlung vorgestellte Erfolg unter allen Umständen zum Vorsatz zugerechnet werden muß. Allein der als notwendig vorgestellte Erfolg ist zugleich ein gewollter Erfolg. Denn er wird, wenn schon er an und für sich unerwünscht sein kann, doch als die unvermeidliche kausale Voraussetzung für die Erreichung des über ihn hinausgreifenden Zweckes verlangt. Und da der geäußerte Wille wirksam werden will, so ist es auch gar nicht möglich, daß er seine als notwendig erkannte Wirkung sollte nicht wollen können. Ein Wollen oder Nichtwollen der Wirkung kann vielmehr nur dann vorkommen, wenn eine oder mehrere Wirkungen nur als mögliche vorausgesehen werden.

Überdies ist es schwerlich gerechtfertigt, die Handlung, die Wirksamkeit derselben und den Erfolg als drei verschiedene Begriffe zu betrachten. Die Handlung steht nicht im Gegensatze zu ihrer Wirksamkeit, weil sie selbst von ihrem ersten Augenblicke an eine von dem Willen geäußerte Wirksamkeit ist, welche unter den Verhältnissen der Außenwelt zur weiteren Entwickelung gelangt. Als Wirksamkeit unterscheidet sie sich auch nicht von dem Geschehnis, dessen Ausgangspunkt nicht auf einen Menschen zurückführt. Hat sich infolge des Regens ein Stein von einem Abhange losgelöst und einen Vorübergehenden erschlagen, so ist dieses Geschehnis nicht anders zu beurteilen, als wenn die schuldlose Einwirkung eines menschlichen Fußes den Stein in Bewegung gesetzt hätte. Und wenn diese Einwirkung eine im Hinblick auf die Tötung des Vorübergehenden gewollte gewesen wäre, so würde auch hierdurch die Entwickelung der ausgeübten Wirksamkeit keine andere, sondern nur die Zurechnung der Wirksamkeit begründet werden. Die Wirksamkeit unterscheidet sich jedoch auch nicht von ihrem Erfolge. Denn derselbe ist diese Wirksamkeit, die nur darum als

Erfolg auftritt, weil sie das Gesetz als solchen bezeichnet. Überschreitet aber die Wirksamkeit die Grenze, bis zu welcher allein sie strafrechtlich interessiert, so bedeutet der Erfolg nur einen Ausschnitt aus derselben. Darum kann der Begriff der Handlung und des Erfolges kein anderer sein, als derjenige einer gewollten Wirksamkeit.

Bünger (Zeitschrift VI, 321) unterscheidet zwischen Handlung und Erfolg, weil der Erfolg des Handelns, abgesehen davon, daß er nicht selbst Handlung, also nicht selbst Wille sei, bekanntlich nicht durch den Handelnden allein, sondern durch unzählige andere außerhalb des Willens liegende äußere Ursachen mitbedingt werde. Aber es kann auch die gewollte Körperbewegung versagen, und es verleiht andererseits die Vereinigung dieser Körperbewegung mit den Kräften der Außenwelt diesen erst die Kausalität, so daß der ganze Kausalverlauf als seine eigene Wirksamkeit auf den Willen zurückzuführen und von demselben auch zu verantworten ist, wenn er diese Vereinigung in Betracht gezogen hatte.

Darum ist auch die Behauptung nicht zu billigen, gewollt werden könne nur das konkrete Handeln, die kausal wirkende Körperbewegung — die doch selbst bereits eine geäußerte Wirksamkeit ist, — nicht der Erfolg des Handelns; jedenfalls aber umfasse das Wollen nur die etwaigen Folgen des vollendeten Teiles des geplanten Handelns, nicht die Folgen des geplanten aber noch nicht vollendeten Handelns (a. a. O. S. 352). Diese Auffassung bedeutet, daß die eigene fernere Thätigkeit, oder auch eine fremde Thätigkeit, welche, während die Kausalität der ursprünglichen Handlung bereits in der Entwickelung begriffen sei, fördernd oder hindernd in dieselbe eingreifen werde, bei Vornahme der ursprünglichen Handlung nicht zum Gegenstande des Wollens gemacht, und vielmehr lediglich diese ursprüngliche Handlung einschließlich ihrer Folgen mit Ausschluß der eigenen oder fremden zukünftigen Wirksamkeit gewollt werden könne. Hiernach aber würden die Delikte, welche eine fortgesetzte menschliche Thätigkeit verlangen, überhaupt nicht begangen werden können. Könnte man nicht von vornherein seinen Willen darauf richten, sämtliche Eidesworte wissentlich falsch auszusprechen und vielmehr stets nur das nächstfolgende Wort aussprechen wollen, so würde ein Meineid nicht geschworen worden sein, weil dann die einzeln ausgesprochenen Eidesworte unverbunden neben einander stünden und darum eine wissentlich falsche Beteuerung der Unwahrheit nicht zum Ausdruck gebracht worden wäre. Auch würde ein qualifizierter Diebstahl nicht vorliegen, wenn nicht bereits bei dem Einbrechen der Wille bestanden haben könnte, demselben die

Wegnahme der Sache nachfolgen zu lassen. Ebenso würde, im Falle ein Mensch mittels mehrerer Schläge, von welchen jeder einzelne nur eine Körperverletzung verursachen sollte und verursachte, getötet worden wäre, eine Haftbarkeit für Tötung nicht begründet sein, wenn ein von vornherein auf Tötung mittels mehrerer Schläge gerichteter Wille für ausgeschlossen gehalten werden müßte. Und noch weniger könnte anderenfalls von einem Versuche des Meineides oder dieser Tötung geredet werden. Drückt endlich jemand seinen Gegner am Halse, um ihn zu erwürgen, es gelingt aber schließlich demselben, sich seinem Griffe zu entziehen, so würde gleichfalls ein auf Tötung gerichteter Versuch nicht angenommen werden können, wenn ein vorheriges Wollen der bis zum Eintritt des Todes fortgesetzten Handlung nicht möglich gewesen wäre.

Betrachtet man aber die Handlung mit Einschluß ihres Erfolges lediglich als eine gewollte Wirksamkeit und kann nicht bestritten werden, daß die gewollte Wirksamkeit, so weit sie reicht und vorgestellt gewesen war, auch verantwortet werden muß, so ist nicht einzusehen, warum man nicht bereits zur Zeit der Vornahme seiner ursprünglichen Handlung die Wirksamkeit einer geplanten ferneren Handlung in der Vorstellung als Glied in den Verlauf der ursprünglichen Wirksamkeit sollte einschieben und hierdurch nicht für den ganzen der Vorstellung entsprechenden Verlauf dieser Wirksamkeit sollte verantwortlich werden können. Allerdings zieht der bei Vornahme der ursprünglichen Handlung gefaßte Entschluß, die Wirksamkeit derselben durch die Wirksamkeit einer demnächstigen weiteren Handlung zu ergänzen, keinen Zwang nach sich. Allein ein notwendiger ist der vorgestellte Kausalverlauf überhaupt nicht, und es beweist vielmehr erst die abgelaufene Wirksamkeit, daß sie eine notwendige war. Darum muß der Handelnde in jedem Falle darauf gefaßt sein, daß die Wirksamkeit eine andere als die vorgestellte sein werde, und das Bewußtsein, man könne vielleicht demnächst seine fernere Thätigkeit, zu welcher man bei Vornahme der ursprünglichen Handlung fest entschlossen ist, unterlassen, ist hiervon nicht verschieden.

Die aus dem bestrittenen Satze, der Erfolg könne nicht gewollt werden, gezogene Folgerung, daß die subjektive Versuchstheorie falsch und auch die objektive Versuchstheorie nicht richtig sei (Zeitschrift VI, 352), darf um so weniger zugegeben werden, als es an dem genügenden Nachweise fehlt, wie denn von dem eigenen Standpunkt aus die Konstruktion des Versuches überhaupt möglich erscheine.

Daß die Handlung eine gewollte Wirksamkeit sei, wird ja wohl auch anerkannt. Ist das aber der Fall, so dürfen auch aus dem Begriffe der Handlung keine anderen Folgen abgeleitet werden, als welche mit dem Willen und seiner Wirksamkeit vereinbar sind. Unvereinbar aber ist hiermit, daß mehrere Wirksamkeiten von dem Willen zu einer Einheit zusammengefaßt werden könnten, wenn sie sich nicht in einer Einheit vereinigen lassen. Und dem Gesetze gegenüber darf diese Einheit nicht eine willkürlich angenommene, sondern sie muß eine von demselben anerkannte sein. Sonach können mehrere gewollte Wirksamkeiten, von welchen jede für sich die Merkmale eines verbrecherischen Thatbestandes aufzeigt, nur dann eine Einheit darstellen, wenn sie das Gesetz selbst als eine Einheit darstellt. Aber es geschieht, daß man auch die Einheitsbildung, welche eine gesetzliche Zustimmung nicht gefunden hat, für zulässig erklärt, oder daß man doch für dieselbe eine Konstruktion *a priori* gewonnen zu haben glaubt. Zu diesem Ende tritt unvermerkt die Verbindung des Willens mit der ursprünglichen Körperbewegung in Gegensatz zu der sich an dieselbe anschließenden weiteren Entwickelung der Kausalität als die eigentliche Handlung auf, und läßt man diese Handlung, ohne die vermeintliche Verschiedenheit zwischen der gewollten Körperbewegung und der sich an dieselbe anschließenden, gleichfalls gewollten, weiteren Entwickelung der Kausalität zu rechtfertigen, Wirkungen herbeiführen, deren Herleitung aus dem anfänglich gebilligten Begriff der Handlung als einer lediglich gewollten Wirksamkeit nicht verständlich ist. In dieser Weise wird freilich allgemein mit dem Begriffe der Handlung verfahren und verfährt auch die neueste Abhandlung über Handeln und Handlungseinheit als Grundbegriffe der Lehre vom Verbrechen und der Strafe von Bünger in Zeitschrift 1888. Ebenso bringt v. Liszt schließlich die Handlung in Gegensatz zu der sich an dieselbe anschließenden Wirksamkeit. Denn im Falle durch die nämliche Körperbewegung mehrere Erfolge herbeigeführt worden sind, so soll doch wegen der bestandenen natürlichen Handlungseinheit nur ein Verbrechen begangen worden sein. Ist aber der Wille lediglich auf die Äußerung einer Wirksamkeit gerichtet, so ist nicht einzusehen, warum er, wenn er sich mehrerer Wirksamkeiten entäußert hat, von welchen jede unabhängig von der anderen einen besonderen Erfolg im Sinne des Gesetzes darstellt, nicht auch für jede Wirksamkeit einstehen soll. Ob diese mehreren Wirksamkeiten sich an mehrere Körperbewegungen angeschlossen haben oder nur an eine einzige, kann nicht von Bedeutung sein. Denn sind auch die mehreren Wirksamkeiten nur auf eine Körperbewegung zurückzuführen, so muß doch dieselbe für jede Wirksamkeit eine Ursache, also mehrere Ursachen und sonach mehrere Wirksamkeiten enthalten haben, von welchen jede einzelne besonders gewollt war. Es ist nicht richtig, wenn v. Liszt (223, Note 1) behauptet, ich nehme im Falle der Idealkonkurrenz eine Mehrheit von Handlungen an, da ich vielmehr (s. oben S. 234 und Kausalität 1885, S. 80, 81) ausgeführt habe, daß unerachtet der einen Handlung eine Realkonkurrenz vorliegen müsse, im Falle durch die mehreren Wirksamkeiten derselben mehrere Erfolge herbeigeführt worden sind. Auch v. Liszt ist nunmehr (Zeitschrift VIII, S. 153) der bereits a. a. O. von mir vertretenen Ansicht, daß eine Wirksamkeit ohne eine durch sie herbeigeführte materielle Veränderung nicht denkbar ist, aber er übersieht, daß hieraus die bezeichnete Behauptung sich mit Notwendigkeit ergiebt. Waren etwa die beiden geladenen Gewehrläufe mit dem nämlichen Fingerdrucke abgefeuert worden, um zwei Menschen zu verletzen, so mag zwar § 73 St.G.B. zur Anwendung gebracht werden müssen. Aber ohne diese gesetzliche Vorschrift würde die Meinung, die Verletzung der beiden Menschen sei nur als ein Verbrechen zu betrachten, schwerlich gerechtfertigt erscheinen.

Hiernach kann aber auch die auf der bezeichneten Grundlage sich bewegende Polemik v. Liszt's gegen den Handlungsbegriff Binding's (Zeitschrift VI, 663f.) nicht zutreffen. Für begründet wird derselbe freilich nicht gehalten werden dürfen, weil, im Falle sich der Wille auch nur einer Wirksamkeit entäußert hatte, durch diese nämliche Wirksamkeit mehrere strafbare Verbrechen begangen werden sollen, wenn sie nur, wie der blutschänderische Ehebruch, mehreren Normen widerspricht. Ebensowenig kann die zweite der beiden gegen Binding von v. Liszt (a. a. O.) erhobenen Einwendungen als richtig zugegeben werden, und sie ist auch mit dem Begriffe des strafbaren Vorsatzes nicht vereinbar. Binding behauptet, das Verbrechen verletze stets ein Rechtsgut (Handbuch 169), betont aber dann (Handbuch 707), derjenige, welchen jedes Delikt wesentlich verletze, sei immer der Staat, und läßt sonach keinen Zweifel, daß das Wesen des Verbrechens nicht etwa in der Verletzung des privaten Rechtsgutes, sondern in der Verletzung des öffentlichen, durch das private Interesse an dem Rechtsgut nicht bedingten, Interesses an der Erhaltung der Rechtsgüter zu finden sei. v. Liszt hingegen meint (Zeitschrift VIII, 152), verletzt werde durch das Verbrechen nicht das Rechtsgut, sondern das rechtlich geschützte Interesse an demselben, es kann aber nach den betreffenden Ausführungen nicht anders angenommen werden, als daß unter diesem berechtigten Interesse, welches strafrechtlich geschützt werde, lediglich das individuelle und sonach, sei es mittels ausdrücklicher oder stillschweigender Einwilligung oder auch mittels nachträglicher Genehmigung (Gerichtssaal 1885, S. 72 f.), verzichtbare Interesse an dem Rechtsgut verstanden werden soll. Dem scheint aber zu widersprechen, daß in dem Lehrbuch (146) ausgeführt wird, die von dem Träger des Rechtsgutes gegebene Einwilligung zu seiner Verletzung schließe die Rechtswidrigkeit derselben nur dann aus, wenn ihm die öffentliche Rechtsordnung diese Verfügungsgewalt über dasselbe eingeräumt habe. Denn es wird hiermit anerkannt, daß durch das Verbrechen das öffentliche Recht verletzt wird, dem es allerdings zusteht, seine Verletzung unverfolgt zu lassen, wenn nicht zugleich ein individuelles Interesse an dem Rechtsgut verletzt worden ist. Inwiefern hiernach der Begriff der Verletzung des Rechtsgutes verschieden sein könnte von dem Begriffe, welcher seither schon mit der Verletzung der Rechtsordnung verbunden wurde, ist weder von Binding noch von v. Liszt nachgewiesen worden. Daß insbesondere das Strafrecht um der Menschen willen da ist, wird ja wohl überhaupt noch nicht bezweifelt worden sein. Nur ist es nicht wegen des Hinz oder Kunz, sondern zur Ermöglichung des Zusammenlebens aller Menschen vorhanden. Es hat denn auch v. Liszt bereits in Bd. VI, S. 672, 673 der Zeitschrift in Frage gestellt, ob der Begriff des Rechtsgutes von grundlegender Bedeutung für das Strafrecht sei, und es ist daher nicht ersichtlich, warum er noch fernerhin an demselben festhält. Man kann ja die Einkleidung des Begriffes der Verletzung der Rechtsordnung in den Begriff der Verletzung des Rechtsgutes für unbedenklich ansehen, wenn nur daran festgehalten wird, daß die Vorstellung des Thäters, er verletze lediglich ein privates Rechtsgut, seine Bestrafung nicht rechtfertigen würde, und daß, im Falle nicht das Gesetz selbst eine andere Bestimmung getroffen hat, seine Anwendung nicht von dem Ermessen des verletzten Individuums abhängen darf. Aber es sind doch bereits aus der Theorie des verletzten Rechtsgutes, oder auch des verletzten rechtlichen Interesses an demselben, unhaltbare Folgerungen gezogen worden. Wenn Binding (Handbuch 689 f.) behauptet, der Versuch sei eine Angriffshandlung, welche sogenannte Bedingungen für die Verletzung eines Rechtsgutes hervorbringe; er setze darum das Vorhandensein eines für den Angriff tauglichen Rechtsgutes voraus, und es sei sonach der Versuch an einem untauglichen Objekte kein Versuch im Sinne des Strafrechts, so hat er es nicht allein an dem Nachweis fehlen lassen, wie sich denn diese sogenannten Bedingungen von den mitwirkenden Ursachen unterscheiden, und im Versuche, der es nicht zur Vollendung zu bringen vermochte, solche Bedingungen überhaupt in Frage stehen könnten, sondern es scheint überdies auch von ihm die öffentlich rechtliche

Bedeutung des Rechtsgutes verkannt zu werden. Der freiwillig vereinbarte Incest kann kein individuell zugehöriges Rechtsgut, sondern nur das öffentliche rechtliche Gut der Sittlichkeit verletzen. So verletzt aber auch, wie schon ausgeführt wurde, der Versuch, mag er tauglich sein oder nicht, stets unmittelbar das öffentlich rechtliche Gut des durch die Rechtsordnung gewährleisteten allgemeinen Rechtsfriedens.

Am entschiedensten hat aber jedenfalls KESSLER den durch die Theorie des verletzten Rechtsgutes allerdings nahe gelegten falschen Weg verfolgt (Die Einwilligung des Verletzten 1884, Gerichtssaal 1886, Heft 2; 1888, S. 580). Denn er sagt ausdrücklich, die Strafandrohung habe nur den Zweck, den Träger des Rechtsgutes — den Hinz oder Kunz — vor der Verletzung desselben zu schützen und spricht darum dem Gesetzgeber die Berechtigung ab, die schwere Körperverletzung und die Tötung des Einwilligenden überhaupt mit Strafe zu bedrohen (s. oben S. 276). Nicht möglich soll nur die Einwilligung in die Verletzung eines Staatsinteresses und eines öffentlichen Interesses in eigentlichem Sinne, wie der Sittlichkeit, sein. Aber wenn der Private als Träger seines Rechtsgutes auf den Schutz des Gesetzes verzichten und hierdurch eine von demselben mit Strafe bedrohte Handlung straflos machen kann, so ist nicht einzusehen, warum dem Staate als dem Träger seiner Rechtsgüter diese Befugnis abgesprochen wird. BINDING behauptet denn auch (Handbuch, S. 707, 708) mit Bestimmtheit, aber schwerlich mit Recht, daß der Staat durch seine Organe in die durch das Gesetz mit Strafe bedrohte Handlung einwilligen und sie hierdurch straflos machen könne.

Von einer Erörterung der Frage, inwieweit der wirkliche Kausalverlauf von der Vorstellung, die man sich von ihm gemacht hatte, abweichen dürfe, ohne daß hierdurch die Verantwortlichkeit beseitigt werde, ist hier abzusehen. Entscheidend für dieselbe wird sein, ob die Kräfte, durch welche der Erfolg verursacht worden ist, von dem Willen umfaßt gewesen waren (Kausalität 1885, S. 23f.; oben S. 71). v. LISZT leitet jedoch die Beantwortung der Frage von dem objektiven Standpunkte her, indem er behauptet, nur die wesentliche Abweichung des wirklichen von dem vorgestellten Kausalzusammenhang schließe die Zurechnung des Erfolges zum Vorsatze aus (170). Welche Abweichung eine wesentliche sei, und ob man es insbesondere im Falle der Aberration und der Verwechselung mit einer wesentlichen oder außerwesentlichen Abweichung zu thun habe, wird jedoch hiermit nicht erklärt.

Was aber den Vorsatz bei der Unterlassung betrifft, so ist die neueste beachtenswerte Schrift über diesen Gegenstand von Professor v. ROHLAND (1887) zu berücksichtigen. Gegenüber der damaligen Auffassung, nach welcher man unter Kausalität nur eine äußere Kausalität verstanden hatte, wurde in meiner Abhandlung Gerichtssaal 1869, S. 189f. und oben S. 209f. darauf hingewiesen, daß die Kausalität des Unterlassers eine innere sei, indem er seinen auf die Abwendung des Erfolges gerichteten Willen und bezw. das Pflichtbewußtsein, aus welchem sich dieser Wille ergeben haben würde, hiermit aber eine dem Erfolge entgegenstehende abhaltende Bedingung in sich selbst unterdrücke. Es hat sich denn auch inzwischen die Theorie der Unterlassung (ORTMANN, BINDING, SIGWART, ZITTELMANN, HÄLSCHNER, JANKA, v. LISZT, BERGER, HAUPT und zuletzt BÜNGER, Zeitschrift VI, 329; VIII, 540) vorwiegend mit dieser inneren Kausalität beschäftigt, ohne indessen zu einer unbestrittenen Lösung des Problems gelangt zu sein. v. ROHLAND erhebt nun gegen dieselbe die Einwendung, sie sei keine Kausalität, sondern sie sei lediglich die Schuld (83). Wäre sie Kausalität, so müsse auch bereits der Entschluß, einen rechtswidrigen Erfolg herbeizuführen, eine hinwirkende Bedingung darstellen und somit straffähig sein (93). Es werde aber auch durch die Unterdrückung des Pflichtbewußtseins keine bereits vorhandene abhaltende Bedingung unterdrückt, wie im Falle der zur Rettung Heraneilende festgehalten werde. Unterdrückt werde vielmehr nur der Abhaltungswille (87) und sonach nur eine mögliche abhaltende Bedingung (93).

Die Bedeutung der ersten Einwendung ist nicht zu verkennen, für begründet wird sie jedoch nicht gehalten werden können. Denn wie sich der Entschluß, pflichtwidrig zu handeln, darin bethätigt, daß die infolge des Pflichtbewußtseins widerstrebenden Kräfte zum Handeln angetrieben werden, so bethätigt sich auch der Entschluß, pflichtwidrig zu unterlassen, darin, daß die durch das Pflichtbewußtsein zum Handeln angetriebenen Kräfte festgehalten werden. In beiden Fällen aber erweist sich gleichmäßig die Kausalität für den Erfolg darin, daß die Unterdrückung des Pflichtbewußtseins denselben nach sich zieht. Auch SIGWART, auf den sich v. ROHLAND (119) beruft, erkennt in dem Unterlassen ein Handeln, das heißt eine auf die Glieder gerichtete Willensthätigkeit, durch welche das ruhige Verhalten und somit der Erfolg verursacht werde. Aber diese Wirksamkeit ist doch nur in der Weise denkbar, daß die infolge des Pflichtbewußtseins zur Handlung drängenden Kräfte überwunden werden. Denn auf Kräfte, die sich nicht zur Geltung bringen wollen, kann keine Wirksamkeit dahin geäußert werden, daß sie sich ruhig verhalten. Sonach kann es aber auch nicht zur Verursachung genügen, daß das an und für sich bereits vorhandene ruhige Verhalten der Kräfte den Zwecken des Unterlassers entspricht, dasselbe also einfach von demselben gebilligt wird, und es ist darum auch keineswegs aus dem Zwecke, welcher begehrt wird, die Verursachung herzuleiten. Der Zweck kann vielmehr in diesem Falle nur veranlassen, daß die ruhenden Kräfte nicht zum Handeln angetrieben werden. Hierin aber würde lediglich eine Passivität zu erkennen sein, die keine Wirksamkeit sein kann. Darum kann die Theorie der Unterlassung, wenn in derselben überhaupt eine Verursachung gefunden werden soll, nicht auf das Moment verzichten, daß die infolge des Pflichtbewußtseins zum Handeln drängenden Kräfte durch die Unterdrückung des Pflichtmotives zur Ruhe gebracht werden.

Sodann ist auch die bezeichnete Verschiedenheit zwischen dem wirklichen Vorhandensein und der bloßen Möglichkeit einer abhaltenden Bedingung nicht zutreffend. Denn es kann zur vollendeten Verursachung durch Unterlassung nicht genügen, daß der zur Rettung Herbeieilende festgepackt wird, sondern es ist hierzu noch der Nachweis erforderlich, es würde demselben andernfalls die Rettung gelungen sein. Dieser Nachweis unterscheidet sich aber nicht von demjenigen, daß der Erfolg abgewendet worden sein würde, wenn der Abhaltungswille nicht unterdrückt worden wäre.

Jedenfalls kann die eigene Ansicht v. Rohland's zur Begründung der Ursachlichkeit der Unterlassung nicht für genügend gehalten werden. Sie soll nach derselben eine selbständige Kausalität umfassen, weil sie ohne weiteres den Erfolg verursache, wenn der Unterlasser die Möglichkeit und die Pflicht zu dessen Verhinderung besessen habe (121). Denn zwischen dem Verhalten desselben und der Vereitelung der Rechtszwecke bestehe ein Zusammenhang, und deshalb betrachte das Recht die Unterlassung als kausal. Sonach müsse neben der mechanischen Kausalität eine Rechtskausalität angenommen werden, die nur als eine besonders gestaltete Art jener erscheine. Begreift man aber unter dem Kausalverlaufe eine Reihenfolge von Ereignissen, deren Existenz durch die Existenz eines jeden einzelnen Ereignisses bedingt ist, so kann die Unterlassung selbst nicht kausal sein. Denn sie steht nicht in der Reihenfolge der Ereignisse, und sie vernichtet auch nicht etwa eine abhaltende Kraft, durch welche dieselbe unterbrochen worden sein würde. Darum kann aber auch die Unterlassung als Rechtskausalität keine besonders gestaltete Art der mechanischen Kausalität sein, und es besteht vielmehr der gemeinte Zusammenhang zwischen ihr und der eingetretenen Verletzung lediglich darin, daß, wie gesagt, der Unterlasser den Lauf der Ereignisse sich vollziehen läßt, weil er den

Eintritt der Verletzung wünscht. Hierin ist aber nur eine subjektive Beziehung zwischen ihm und der Verletzung zu finden, keineswegs jedoch eine objektive, wie dieselbe für jede Kausalität gefordert werden muß. Nur eine ungenaue Ausdrucksweise ist es, daß die Unterlassung einen Rechtszweck vereitele, weil die Vereitelung eine positive Thätigkeit verlangt. Hiernach würde aber die Rechtskausalität eine lediglich fingierte Kausalität sein. Daß jedoch diese fingierte Kausalität dem Strafgesetzbuch nicht entspricht, ergiebt sich aus seinem § 139. Denn es wird hier nicht fingiert, daß die Unterlassung den Erfolg verursacht habe, sondern es wird umgekehrt angenommen, es sei dies nicht geschehen und gerade darum auch nicht die Verursachung des Erfolges durch die Unterlassung, sondern nur die Unterlassung selbst bestraft. Nur insoweit läßt sich denn auch behaupten, daß sich das Strafgesetz bezüglich der Unterlassung auf eine Beurteilung deren rechtlichen Wertes beschränke.

Für die praktische Verwendbarkeit des Begriffes der Unterlassung mag es im allgemeinen freilich von keiner großen Bedeutung sein, ob man ihre Ursachlichkeit in ihr selbst oder in einem hinter ihr gelegenen, in dem Innern des Menschen auftretenden, Ereignis finden will. Immerhin hat sich v. Liszt (123) mit Recht gegen diese Rechtskausalität ausgesprochen. Aber auch er behauptet, die pflichtwidrige Unterlassung enthalte ohne weiteres die Kausalität in sich selbst. Wie es jedoch möglich sein sollte, daß zwischen der Pflicht, deren Verletzung nur Schuld begründet, und der Unterlassung ein Kausalzusammenhang bestehen könnte, ist unerachtet der ansprechenden Art und Weise, in welcher dieser Gedanke vorgetragen wird, nicht verständlich. Die Pflicht verursacht doch nicht die pflichtwidrige Unterlassung. Auch ergiebt sich, daß nur die Verletzung der rechtlichen Pflicht zum Handeln kausal sei, und es erweist sich darum auch hier die Unterlassung lediglich als eine von dem Rechte fingierte Kausalität. Will man sich hiermit begnügen, so wird freilich das Problem der Unterlassung erheblich vereinfacht.

Besondere Bedenken muß aber die Auffassung, daß derjenige, welcher mit der Vorstellung des möglichen Erfolges seiner Handlung durch sie diesen Erfolg herbeigeführt habe, stets der vorsätzlichen Verursachung desselben schuldig sei, im Hinblick auf den Versuch erregen. Denn Versuch würde hiernach ohne weiteres vorliegen, im Falle der nicht gewollte und vielmehr befürchtet gewesene Erfolg der vorgenommenen Handlung auch nicht eingetreten ist. Dies auch in dem Falle, wenn der Handelnde von vornherein zur Abwendung des Erfolges entschlossen und ihm dieselbe auch gelungen war — namentlich wenn man mit Bünger der Meinung ist, man könne seine zukünftige Thätigkeit nicht wollen. Oder es würde ihn doch nach § 46 St.G.B. wenigstens die erst nach stattgefundener Entdeckung seiner Handlung erfolgte Abwendung ihres Erfolges nicht von der Strafe des Versuches befreien. Selbst dann müßte dieses Ergebnis für unerträglich gehalten werden, wenn auch der Versuch nur im Falle seiner Gefährlichkeit strafbar sein soll. Die *luxuria* würde stets der Versuch und strafbar sein, wenn auch kein Erfolg eintritt. Aber schon sprachlich ergiebt sich, daß der auf die Herbeiführung des Erfolges gerichtete Wille ein notwendiges Erfordernis für den Versuch ist.

Wird hiernach nicht in Abrede gezogen werden können, daß die Ansicht, der als möglich vorgestellt gewesene Erfolg sei stets gewollt, das Gebiet des Vorsatzes in dasjenige der Fahrlässigkeit erstreckt, so läßt sich andererseits freilich nicht leugnen, daß die *luxuria* einem ausgesprochenen Dolus recht nahe stehen kann, und daß sonach Fälle denkbar sind, in welchen die von dem Strafgesetzbuche für die Fahrlässigkeit vorgesehenen Strafen nicht als ausreichende anzusehen sind, oder sogar überhaupt eine Strafe nicht eintreten kann, obwohl sie eintreten sollte. Warum z. B. die Bestrafung der Fahrlässigkeit im Hinblick auf den großen Schaden, welcher durch sie angerichtet werden kann, nicht auf manche Fälle des Hoch- und Landesverrates ausgedehnt worden ist (Gerichtssaal 1871, S. 127), ist nicht zu erkennen. Gerade hierin dürfte vorwiegend das Bestreben begründet sein, die *luxuria* als zum Dolus gehörig zu bezeichnen. Aber es darf doch auch nicht übersehen werden, daß diese Ansicht zu einer unzulässigen Verschärfung der Schuld führen muß. Überdies wird die Behauptung, der Satz, daß nur der begehrte, niemals aber der nicht begehrt gewesene Erfolg zum Vorsatz zugerechnet werden dürfe, gereiche zu einer ungebührlichen Begünstigung des Thäters, wesentlich abgeschwächt, wenn man erwägt, daß der als notwendig vorgestellte Erfolg stets ein gewollter Erfolg und die vorgestellte Notwendigkeit nicht in dem Sinne des absoluten Müssens, sondern in dem Sinne eines nach menschlichem Ermessen bestimmten Bevorstehens zu begreifen ist. Darum wird dieselbe nicht schon durch jeden leisen Zweifel, ob der wirkliche Kausalverlauf mit dem vorgestellten übereinstimmen werde, beseitigt. Vielmehr geht sie nicht an einer scharf fixierbaren Grenze, sondern in kaum bemerkbarer Abstufung in den Begriff der Ungewißheit über. In gleicher Weise zeigt sich diese an dem Begriff der Notwendigkeit haftende Relativität bei dem Begriffe der Unmöglichkeit in seinem Verhältnisse zu demjenigen der Möglichkeit. Nicht nur das für geradezu unmöglich Gehaltene kann nicht gewollt werden, sondern es ist das Wollen eines Kausalverlaufes auch dann noch ausgeschlossen, wenn man sich ihn nur als einen im höchsten Grade unwahrscheinlichen hatte vorstellen können (Kausalität 1885, S. 23). Wie aber hiernach ein gewisses Maß von Möglichkeit in der Vorstellung gegeben sein muß, wenn sich der Wunsch zu einem Wollen soll gestalten können, so kann auch nur ein gewisses Maß von Ungewißheit die Vorstellung eines mit Notwendigkeit bevorstehenden Erfolges ausschließen.

Bemerkungen zu dem Lehrbuch des Strafrechtes von Prof. Merkel in Straßburg, insbesondere zur Teilnahme.

Nach § 28 soll das Kausalgesetz auch im Bereiche des menschlichen Handelns (Wollens) Geltung haben, weil die deterministische Auffassung richtig und nach ihr die Willensfreiheit nichts anderes als die Macht einer Individualität sei, ihrer Eigentümlichkeit gemäß wirksam zu werden. Aber nach deterministischer Auffassung ereignete sich doch das Geschehene dergestalt, daß die durch irgend welchen äußeren Anstoß verursachte Vorstellung einen, mit Unrecht als Willen bezeichneten, Anreiz zum Handeln verursachte, weil sie der Individualität angemessen war und sie hierdurch zum Handeln nötigte. Wäre also die Vorstellung der Individualität nicht angemessen gewesen, so würde, gleichfalls mit Notwendigkeit, die Entstehung eines Anreizes zum Handeln ausgeschlossen gewesen sein, und es ist darum nicht ersichtlich, wie überhaupt von einer „Macht der Individualität" geredet werden kann. Es bedeutet diese Macht lediglich die Macht des Anreizes ursachlich zu werden. Auch geschah das Geschehene nicht darum, weil es bezweckt und beabsichtigt gewesen war (§ 29), sondern weil es geschehen mußte. Ein erzwungenes Handeln aber kann kein gewolltes sein und sonach auch keinen Vorsatz begründen.

Die Gefahr soll in konkreter objektiver Gestalt vorhanden gewesen sein, wenn der Eintritt des Übels durch Vorgänge oder Verhältnisse abgewendet worden sei, welche sich menschlicher Berechnung und Voraussicht schlechthin entzogen hätten. Der Richter habe hier bei der Prüfung der Frage alle nach der allgemeinen Erfahrung feststellbaren, im Momente der schuldhaften Handlung vorgelegenen Umstände zu berücksichtigen, gleichviel, ob sie dem

Handelnden bekannt gewesen seien und bezw. hätten bekannt gewesen sein können oder nicht, und die Gefährlichkeit zu verneinen, wenn sie das Ganze dieser Umstände nicht repräsentiert habe (43, s. oben S. 284).

Auf den Versuch erscheint dieser Begriff der Gefahr ersichtlich unanwendbar, und er wird daher hier der Modifikation unterzogen (44), daß für die Beantwortung der Frage, ob die Versuchshandlung gefährlich gewesen sei, nur die dem Handelnden im Momente der That bekannten Umstände in Betracht kommen sollen. Die Frage sei zu bejahen, wenn diese Umstände für richtiges Denken eine Wahrscheinlichkeit des Erfolges begründeten, möchten auch andere nachträglich festgestellte Umstände vorgelegen haben, welche, wenn gekannt, von vornherein die Gewißheit dargeboten haben würden, daß der Erfolg nicht eintreten werde. Es wird aber nicht nachgewiesen, wie denn für die Gefahr zwei absolut voneinander verschiedene Begriffe maßgebend sein könnten. Denn wenn auch die dem Handelnden bekannten Umstände nach richtigem Denken auf ihre Gefährlichkeit geprüft werden sollen, so werden doch dieser Prüfung diejenigen Umstände entzogen, welche neben den ihm bekannten Umständen nach der allgemeinen Erfahrung nicht erst nachträglich, sondern sofort bei der Vornahme der Handlung feststellbar gewesen waren. Hiernach kann es aber sein, daß die dem Handelnden bekannten Umstände scheinbar eine Gefahr begründen, während dieselbe bei Verbindung dieser Umstände mit den nach der allgemeinen Erfahrung noch weiter feststellbaren Umständen ausgeschlossen erscheint. Und dennoch soll auch nach dem zweiten Gefahrbegriffe die Gefahr eine objektiv bestehende konkrete Gestaltung sein. Hieraus ergiebt sich weiter, daß es lediglich die subjektive Beschaffenheit des Handelnden — seine Bekanntschaft und bezw. Unbekanntschaft mit Umständen — ist, welche den nach allgemeiner Erfahrung objektiv nicht bestehenden Zustand der Gefahr in eine objektive Gefahr umgestalten soll, und das ist gerade so wenig möglich, als man mit Erfolg befehlen kann, ein Viereck solle ein Dreieck sein. Vielmehr hat man es hier lediglich mit der irrigen Annahme des Handelnden zu thun, ein in Wirklichkeit nicht bestehender Zustand der Gefahr sei gefährlich, und hiermit gelangt man zu der von Merkel verworfenen subjektiven Versuchstheorie. Daß aber der zweite Begriff der Gefahr auch darum auf den Versuch nicht anwendbar ist, weil von demselben eine Wahrscheinlichkeit des Erfolges verlangt, und hiermit der Versuch, einen Erfolg herbeizuführen, dessen Eintritt unwahrscheinlicher ist als sein Ausbleiben, beseitigt wird, braucht nur nebenbei erwähnt zu werden (s. oben S. 305).

Wenn sodann weiterhin (118) für den Versuch eine Bethätigung des Willens durch eine Handlung, welche einen Anfang der Ausführung des Deliktes enthalte, verlangt, und unter dieser Handlung verstanden wird a. daß sie darauf gerichtet sei, sich zu der dem betreffenden Deliktsbegriffe entsprechenden Haupthandlung oder einem Teile derselben zu gestalten, und daß sie b. mit Rücksicht auf ihre generellen Merkmale und die dem Handelnden bekannten Umstände des einzelnen Falles für richtiges Denken — nach allgemeiner Erfahrung — hierzu als geeignet erscheinen könne, damit aber eine Gefahr in Bezug auf die Deliktsmerkmale begründe — so ergiebt sich zunächst aus dem bereits Gesagten (s. oben S. 284) die Unhaltbarkeit der Erörterung unter b. Die Erörterung unter a. aber ist nicht verständlich, weil man nicht erfährt, ob das Wort „gerichtet" in seiner subjektiven oder objektiven Bedeutung gebraucht wird. Im ersten Falle ist ersichtlich, daß auch das Abdrücken eines ungeladenen Gewehres auf den Gegner sich zur Haupthandlung gestalten soll, und im zweiten Falle kann auch von der fehlgegangenen Kugel nicht behauptet werden, daß sie die Richtung gegen denselben eingeschlagen gehabt habe.

Aber auch im übrigen müssen die Erörterungen MERKEL's zum Versuche vielfachen Widerspruch hervorrufen. Warum ein fahrlässiger Versuch nicht anzunehmen sein soll, da doch die Gefahr fahrlässig verursacht werden kann, ist nicht begründet worden. — Auch geschieht im Versuche nicht weniger, als gewollt war, und es ist vielmehr von demjenigen, was gewollt war, auch nicht der kleinste Teil geschehen. Das wird sogar bezüglich der Erfolgsdelikte zugegeben, während dort, wo zum Delikt ein durch bestimmte Merkmale selbständig charakterisiertes und in verschiedene Akte zerfallendes thätiges Verhalten gehöre, wie z. B. bei dem Meineide, das Geschehene als ein Teil des Ganzen anzusehen sei. Jedoch auch hier ist der Teil ohne alle objektive Bedeutung, der nicht vollständig ausgeschworene Meineid nicht etwa eine halbe Bestätigung der Unwahrheit. — Unzutreffend ist auch die objektive Unterscheidung zwischen den Vorbereitungs- und den Versuchshandlungen. Denn die Vorbereitungshandlungen werden hierbei nicht in Beziehung gebracht zu ihrem Effekte, welcher, im Falle der Erfolg eintritt, von der nämlichen Bedeutung ist wie jede andere Mitwirksamkeit, und, im Falle er ausbleibt, objektiv von der nämlichen Bedeutungslosigkeit erscheint wie auch das Vorbeifliegen der Kugel — sondern mit dem Charakter des abstrakten Deliktsbegriffes, dem sie nicht angemessen seien. Wie hiernach das Verbrechen der Brandstiftung dadurch begangen werden könnte, daß jemand das Scheuerthor öffnet, um dem infolge eines Blitzstrahles im Entstehen begriffenen Feuer die erforderliche Zugluft zuzuführen, ist nicht ersichtlich. — Die Unterscheidung zwischen tauglichen und untauglichen Versuchshandlungen wird lediglich aus dem erörterten zweiten Gefahrbegriffe hergeleitet. Der taugliche Versuch aber soll darum bestraft werden, weil er das Sicherheitsgefühl der Staatsangehörigen verletze und eine feindliche Mißachtung fremden Rechtes zum Ausdruck bringe, wobei es indessen an dem Nachweis fehlt, daß die gleiche Erwägung nicht auch auf den untauglichen Versuch angewendet werden könne. (s. oben S. 199).

Bezüglich der Kausalität wird gesagt (98), vor allem sei es unrichtig, wenn man nur denjenigen für einen Erfolg verantwortlich machen wolle, dem ein besonders großer Anteil an dem Eintritt desselben, oder eine besonders energische Kraftäußerung, oder eine besonders in das Gewicht fallende mechanische Leistung zu seinen Gunsten nachgewiesen werden könne. Es komme vielmehr auf die Größe oder Kleinheit dieser Leistung an sich, wenigstens bezüglich der Zurechenbarkeit des Erfolges, nichts an. Hieraus ergiebt sich wohl, daß die kausale Bedeutung sämtlicher Mitwirksamkeiten für den Erfolg die nämliche ist. MERKEL behauptet jedoch, die Mitwirksamkeiten seien quantitativ und qualitativ kausal nicht gleichwertig. Wären sie jedoch kausal ungleichwertig, so dürfte man sie doch auch nicht als kausal gleichwertig behandeln, indem man selbst der kleinsten Mitwirksamkeit den ganzen Erfolg als von ihr verursacht zur Last setzt, und sonach den Erfolg als eine unzerlegbare Einheit in Betracht zieht, die nicht nach Teilen verursacht werde. Vielmehr würde man dann jeder Mitwirksamkeit nach ihrer Proportion einen entsprechenden Anteil am Erfolge zuzumessen haben und sonach zu der Teilbarkeit desselben gelangen.

Sind aber die Mitwirksamkeiten für kausal gleichwertig zu halten, so ist ersichtlich, daß eine Verschiedenheit derselben nur von einer Verschiedenheit des verschuldeten Willens (s. unten) hergeleitet werden kann, welcher in ihnen zum Ausdruck gelangt ist. Nun behauptet aber MERKEL (28, 71) im Interesse seines Prinzipes der Unfreiheit des Willens, Schuld und Kausalität seien nicht schlechthin auseinander zu haltende Dinge, sondern es bestehe die Schuld in der Einheit des an den geltenden Werturteilen zu messenden und demnach in Anrechnung zu bringenden kausalen Verhaltens selbst. Das bedeutet, daß die Schuld ihren Maßstab lediglich in der Kausalität finde. Aber es kann doch ein anderes Ergebnis verursacht werden, als welches gewollt gewesen war, mithin ein Widerspruch zwischen Schuld und Kausalität bestehen; es kann die gewollte Verursachung ganz mißlingen, und ohne jede Verschuldung verursacht werden. Nur der Determinismus vermag eine Einheit von Schuld und Ursachlichkeit zu konstruieren, weil er den Willen lediglich als einen Kausalitätsfaktor betrachtet und sonach die Schuld durch die bloße Verursachung begründet werden läßt.

Die Erörterungen, in welchen Merkel von seinem Standpunkt der Einheit von Schuld und Ursachlichkeit aus eine Verschiedenheit in der rechtlichen Beurteilung der Mitwirksamkeiten nachzuzeigen sucht, können nicht für zulänglich gehalten werden. Das gilt zunächst von der Behauptung, das Strafrecht berücksichtige nur solche Bedingungsverhältnisse, welchen die Erfahrung eine allgemeine Bedeutung zuerkenne, und es begründeten daher völlig singuläre Verbindungen von Handlungen und Handlungsfolgen keine strafrechtliche Verantwortlichkeit (99). Aber es kann doch nicht bestritten werden, daß auch die Singularitäten durch ihre Mitwirksamkeit den Erfolg verursachen, und daß auch den Handelnden die Verantwortlichkeit für diese Verursachung trifft, im Falle er, gleichviel aus welchen Gründen, dieselben für Regelmäßigkeiten gehalten, oder er sie auch als solche erkannt, aber auf sie gerechnet hatte. Singularitäten bleiben hier dieselben gleichwohl für die allgemeine Erfahrung; sie können dadurch, daß sie von dem Subjekte vorausgesehen wurden, unmöglich in Regelmäßigkeiten umgewandelt werden, weil sonst die behauptete objektive Qualität der Regelmäßigkeiten und Unregelmäßigkeiten keinen Bestand haben würde (s. oben S. 301). Als richtig könnte hiernach die Ansicht Merkel's nur dann zugegeben werden, wenn die Singularitäten auch in dem Falle nicht verantwortet zu werden brauchten, daß sie vorausgesehen und in Berechnung genommen worden waren. Dafür, daß der Grund für die Unzurechenbarkeit der Singularitäten nicht in ihrer Unvoraussehbarkeit, sondern lediglich in ihrer objektiven Eigenschaft begründet sei, beruft sich Merkel nur auf die Vorschrift des Strafgesetzbuchs über die Körperverletzung, nach welcher der Thäter nur für die regelmäßige Entwickelung des Kausalverlaufes, nicht aber für Singularitäten einzustehen habe. Ob dieses Verständnis des Strafgesetzbuchs richtig ist, kann dahin gestellt bleiben, weil dasselbe keinesfalls ausspricht, daß auch die vorausgesehenen Singularitäten nicht verantwortet zu werden brauchten.

Die fernere Behauptung, daß in Fällen, wo mehrere Personen an der Herbeiführung von Verbrechensfolgen vorsätzlich oder fahrlässig beteiligt seien, unter Umständen einige mit Rücksicht auf die geringe generelle Bedeutung ihres „kausalen Anteiles" an dem Erfolge straflos erschienen, wird für die allgemeine Beurteilung durch die Hinweisung auf die Vorschriften des Strafgesetzbuchs über die fahrlässig geleistete Beihilfe u. s. w. nicht gerechtfertigt. Denn wer immer durch seine schuldvolle Mitwirksamkeit einen Erfolg verursacht hat, muß denselben auch verantworten, und es können daher nur kriminalpolitische Erwägungen sein, wenn dies nicht geschehen soll. Ebenso würde es lediglich kriminalpolitisch sein, wenn das Strafgesetzbuch durch den Gebrauch des Wortes „verursacht“ den Verursacher in einen Gegensatz zu den übrigen Beteiligten hätte bringen wollen, deren Mitwirksamkeiten nicht verursacht hätten. Denn verursacht hat jede Mitwirksamkeit. Aber es muß auch bestritten werden, daß das Strafgesetzbuch das Wort „verursacht“ in einem besonderen objektiv technischen Sinn verstanden haben will.

Weiterhin ist die Behauptung zu bestreiten, daß die Überwindung verschieden großer und verschieden gearteter Hindernisse, welche sich dem Erfolge entgegenstellten, nicht kausal gleichwertig sein könne. Sie steht in entschiedenem Widerspruche mit dem Hauptsatze, daß auch die kleinste Mitwirksamkeit den ganzen Erfolg verursacht habe, und muß, wie gesagt, unbedingt zu dem Ergebnis führen, daß der Erfolg in selbständigen Teilen von verschiedener objektiver Größe herbeigeführt werde. Richtig ist natürlich, daß, je bedeutender jene Hindernisse erscheinen, desto größer auch das Maß der Energie des auf ihre Überwindung gerichteten Willens sein muß. Allein hiermit wird die volle Kausalität einer jeden beliebigen Mitwirksamkeit nicht beseitigt, und vielmehr nur eine verschiedene Strafzumessung bedingt.

Auch sollen sich unter den Faktoren eines Ereignisses diejenigen, von welchen seine spezifischen Eigenschaften abhingen, welche für seine rechtliche, ethische, soziale, ästhetische Bedeutung entscheidend seien, von denjenigen Faktoren unterscheiden lassen, die nur an dem Zustandekommen eines so beschaffenen Ereignisses zu einer gegebenen Zeit und an einem gegebenen Orte als beteiligt erschienen, und daher minderwertig seien. Diese Auffassung ist jedoch nicht gerechtfertigt. Denn die spezifische Eigenschaft eines Verbrechens kann nur in der Gesamtheit seiner Thatbestandsmerkmale, also in einer Einheit, erblickt werden, so daß derjenige, welcher durch seine beliebige Mitwirksamkeit diese Einheit verursacht, zugleich die spezifische Eigenschaft des Verbrechens herbeigeführt hat. Dies gilt insbesondere auch von den Faktoren, von welchen lediglich die Verursachung des Verbrechens zu einer bestimmten Zeit und an einem bestimmten Orte abhängig sein soll, weil es derartige Faktoren, welche nicht zugleich dazu mitgewirkt haben, daß der verbrecherische Erfolg in seinen Thatbestandsmerkmalen zur Existenz gelangte, schwerlich geben wird.

Nicht verständlich ist darum auch die Behauptung, die strafrechtliche Bedeutung der Handlungen, von welchen ein bestimmter Erfolg abhänge, messe sich nicht ausschließlich an dem, was sie zu dem Zustandekommen dieses Erfolges beitrügen. Handlungen, welche in dieser bestimmten Richtung als gleichwertig erschienen, könnten in anderer einen sehr verschiedenen für das Strafrecht in Betracht kommenden Wert repräsentieren, wie diejenige des Thäters im Verhältnis zu derjenigen der Gehilfen. Denn der Maßstab für die Handlung ist eben lediglich die schuldvolle Verursachung des Verbrechens. Das Verbrechen aber besteht nur aus Wille und Wirksamkeit (s. oben S. 309), und es ist nicht ersichtlich, wie zwei gleich beschaffenen Wirksamkeiten durch den Willen ein verschiedener kausaler Wert beigelegt werden könnte. Daher kann die Verschiedenheit zwischen dem Thäter und dem Gehilfen lediglich in der Verschiedenheit ihres Willens gefunden werden, die keineswegs einen verschiedenen kausalen Wert ihrer Wirksamkeiten voraussetzt.

Endlich muß der Meinung widersprochen werden, daß unter den verschiedenen Faktoren des Erfolges als entscheidender kausaler Faktor derjenige zu bezeichnen sei, ohne welchen das betreffende Verbrechen nicht hätte begangen werden können. Denn auch ohne eine jede der übrigen Mitwirksamkeiten hätte das Verbrechen so, wie es begangen worden ist, nicht begangen werden können, und es setzt mithin die Haupthandlung die übrigen Faktoren als notwendige voraus. Mehr wie notwendig kann aber auch sie nicht sein. Indem Merkel der Haupthandlung die vorzüglichste kausale Bedeutung zumißt, bringt er sich geradezu in Übereinstimmung mit den von ihm bekämpften Theorieen von Binding, Meyer, Birkmeyer und v. Bar.

Was nun aber das nach diesen Erörterungen geringere kausale Verhalten für eine rechtliche Bedeutung besitze, ob etwa seine Mitwirksamkeit nicht den ganzen Erfolg verursachen soll, ob es der Beihilfe zu überweisen, oder nur relativ geringer strafbar sei, ist nicht näher ausgeführt worden.

Bezüglich der Kausalität der durch Unterlassung begangenen Kommissivdelikte geht Merkel von der Erörterung aus (111), zahlreiche Handlungen vertrügen sich mit dem Rechte und den von ihm geschützten Interessen nur unter der Voraussetzung, daß ihnen gewisse andere Handlungen zur Seite gingen, nachfolgten oder vorangingen. So sei die Vornahme einer chirurgischen Operation nur unter der Voraussetzung ein mit den Rechtsvorschriften verträgliches Unternehmen, daß diejenigen Maßregeln beobachtet würden, von welchen es erfahrungsmäßig abhänge, daß nicht statt der Rettung die Vernichtung eines Menschenlebens bewirkt werde. In diesen anderweiten Handlungen des Chirurgen lägen die ergänzenden Bestandteile der Rechtmäßigkeit seines Verhaltens. Wende er (94) nach einer Operation kraft eines erst jetzt entstandenen Tötungsvorsatzes keine antiseptischen Mittel an, so sei er, wenn die vorausgesehene Folge eintrete, des Mordes oder des Totschlages schuldig. Und zwar liege dann die Ursache des Todes nicht „an sich" in der bezeichneten Unterlassung, sondern in dem vorausgegangenen thätigen Verhalten mit Einschluß der an ihm nachträglich hervortretenden Eigenschaften. Denn ein Nichthandeln könne keine Wirkungen erzeugen (114). Nun vertragen sich jedoch zunächst nicht allein zahlreiche, sondern sämtliche Handlungen nur unter der Voraussetzung mit dem Rechte, daß ihnen der Handelnde eine auf Abwendung des Schadens gerichtete Handlung nachfolgen läßt, im Falle er nach ihrer Vornahme denselben als deren bevorstehende Folge erkennt. Daher gilt von ihnen allen, was bezüglich der chirurgischen Operation erörtert worden ist. Ersichtlich ist aber, daß im Falle das Operieren selbst nicht einmal ein fahrlässiges war, und es die ausschließliche Ursache des herbeigeführten Erfolges sein soll, eine verschuldete Ursachlichkeit überhaupt nicht vorliegt, bezw. daß zur Begründung der Strafbarkeit des Chirurgen seine erst nachträglich entstandene Schuld auf das vor derselben liegende Operieren zurückgezogen werden muß. Daß jedoch dieser, auch von Krug und Glaser angenommene, *dolus subsequens* unberechtigt erscheint, ist bereits in meiner Abhandlung, Gerichtssaal 1869, S. 189 f., näher begründet worden. Insbesondere wird eine in dem Operieren selbst enthaltene Verschuldung auch dadurch nicht nachgewiesen, daß weiterhin ausgesprochen wird (115), bei der Frage nach Art und Umfang der durch die Unternehmung des Chirurgen begründeten Pflicht zur Abwendung des drohenden Erfolges komme nur die Beschaffenheit und Tragweite dieser Unternehmung, wie sie zur Zeit derselben erkennbar gewesen sei, in Betracht, nicht irgend eine nachträglich auf Grund einer zufälligen Verkettung von Umständen drohende Gefahr. Denn hätte der Chirurg die Notwendigkeit der von ihm später unterlassenen Handlung zur Abwendung des Erfolges sogar mit Bestimmtheit bei der Operation vorausgesehen, so würde gleichwohl die Schuld für den eingetretenen Erfolg nicht in dem Operieren selbst gefunden werden dürfen, im Falle es *lege artis* vollzogen, und der Chirurg bei der Ausführung desselben sich zur Vornahme der zur Abwendung des Erfolges erforderlichen Handlung fest entschlossen hatte (s. oben S. 214). Noch weniger würde durch die fehlerlose Operation die Schuld der Fahrlässigkeit begründet werden, wenn die Notwendigkeit dieser Handlung zwar nicht vorausgesehen worden, aber doch eine voraussehbare gewesen war. Und wenn, im Falle diese fahrlässig nicht schon bei der Operation vorausgesehene, erst nach erfolgter Operation als notwendig zum Bewußtsein gelangte Handlung vorsätzlich unterlassen wird, die Schuld des Vorsatzes begründet werden soll, so würde man vorerst die Möglichkeit der kausalitätslosen Umwandlung einer bereits begründeten Schuld der Fahrlässigkeit in eine dolose Verschuldung erklären müssen. Sodann würde aber auch der Chirurg die naheliegendste Handlung zur Abwendung des tödlichen Erfolges seiner vollzogenen Operation mit Bewußtsein unterlassen dürfen, im Falle ihm deren Notwendigkeit bei der Operation selbst nicht voraussehbar war. Ersichtlich beruht die bestrittene Ansicht darauf, daß die Schuld der Verursachung in einem Ereignisse (der Unterlassung) gefunden wird, welches nicht ursachlich sein soll. Nur verdeckt wird diese Unmöglichkeit dadurch, daß die schuldvolle Unterlassung und die schuldlose Thätigkeit in den Erörterungen MERKEL's als eine Einheit auftreten.

Geht man davon aus, daß der Erfolg von jedem, welcher für seine Herbeiführung in beliebiger Weise mitgewirkt hat, voll und ganz verursacht wird, so ist es selbstverständlich, daß eine absolute Verschiedenheit der Verantwortlichkeit nur durch eine absolute Verschiedenheit der Verschuldung begründet werden kann, und es bedarf darum für die Lehre von der Teilnahme nur des Nachweises, worin diese Verschiedenheit der Verschuldung bestehe. Die subjektive Teilnahmetheorie findet sie in dem herrschenden Willen des Thäters, von dessen Entschließung es abhänge, ob das Verbrechen zur Existenz gelangen solle, und dem sich derselben unterordnenden Willen des Gehilfen begründet. Für diese Unterordnung hält sie aber für erforderlich, daß der Gehilfe kein eigenes selbständiges Interesse an dem Erfolge besitzen dürfe, weil anderenfalls sein Wille darauf gerichtet sei, daß ihn der Thäter herbeiführen solle, dergestalt, daß es seinem Willen widersprechen würde, wenn er ihn nicht herbeiführte. Dann müsse aber auch der Gehilfe erwarten, daß seiner Handlung eine verbrecherische Handlung des Thäters nachfolgen werde, weil anderenfalls demselben die Entscheidung, ob der Erfolg herbeigeführt werden solle, nicht überlassen, sondern von ihm selbst getroffen würde. Nach MERKEL (137 ff.) soll hingegen Thäter derjenige sein, welcher die Ausführungshandlung vornehme, das heiße diejenige Handlung, durch welche die Merkmale des

Deliktes unmittelbar zur Erscheinung gebracht würden. Es ist dies jedoch nur darum richtig, weil es bei der Vornahme dieser Handlung lediglich von dem Willen des Handelnden abhing, ob das Verbrechen überhaupt zu stande kommen solle, sein Wille also der entscheidende war. Meint man aber, es sei die Ausführungshandlung von absolut größerer Wirksamkeit wie die ihr vorausgegangenen Handlungen, so muß man zu dem Ergebnis gelangen, daß Thäter „nur" derjenige sein kann, welcher sie vorgenommen hat. Hieran hat Merkel nicht festgehalten. Denn wer sich zur Erreichung seines Zweckes (Interesses) eine, sei es von ihm hervorgerufene, sei es berechnete Wirksamkeit dritter nutzbar mache, soll Thäter sein, auch wenn er die Ausführungshandlung nicht begangen habe. Es wird hierbei auf denjenigen hingewiesen, welcher sich eines Unzurechnungsfähigen oder Gutgläubigen als eines Werkzeuges bediene. Aber offenbar benutzt stets derjenige die Wirksamkeit eines dritten — oder einer Naturkraft —, welcher dieselbe zur Erreichung seines Interesses in Berechnung nimmt, mag dieselbe auch eine verbrecherische sein. Inwiefern der Gutsherr einer verschiedenen rechtlichen Beurteilung unterzogen werden müßte, je nachdem er sich seines unzurechnungsfähigen Knechtes zum Anzünden seiner Scheuer als eines Werkzeuges bedient, oder er dieselbe mit Stroh angefüllt hatte, weil ihm zufällig mitgeteilt worden war, sein zurechnungsfähiger Knecht beabsichtige, sie ihm aus Rache anzuzünden, und er dieses Vorhaben, als in seinem Interesse gelegen, erleichtern wollte, ist von der Werkzeugstheorie noch nicht nachgewiesen worden. Jedenfalls ergiebt sich aber aus dieser Erörterung Merkel's, daß auch nach ihm nicht die objektiv vorzüglichere Wirksamkeit der Ausführungshandlung, sondern das Interesse, welches verwirklicht werden soll, die Thäterschaft begründet, und daß keineswegs diese Thäterschaft dadurch ausgeschlossen wird, daß ihr eine andere nachfolgt. Es erscheint dies um so unzweifelhafter, als (143) in dem Falle, wo sich jemand eines dritten als eines Werkzeuges bediene, bei jenem vorsätzliche, bei diesem fahrlässige Thäterschaft in Bezug auf den gleichen Erfolg gegeben sein könne. Denn ist ein fahrlässiges Werkzeug denkbar, so muß auch ein doloses Werkzeug gedacht werden können, wie denn auch Merkel in seiner Encyklopädie den angestifteten Thäter ausdrücklich als das geistige Werkzeug des Anstifters bezeichnet.

Weiter wird gesagt (143, 4), es könnten parallel laufende Wirkungen verschiedener Handlungen unabhängig von einem gegenseitigen Einverständnis derart in der Verwirklichung der Deliktsmerkmale zusammentreffen, daß keine dieser Handlungen ein näheres kausales Verhältnis zu diesem Erfolge habe, kraft dessen sie sich als Ausführungshandlung in einen Gegensatz zu den anderen bringen lasse. Man setze, daß ein Eisenbahnunglück und im Zusammenhang damit mehrfache Körperverletzungen und Tötungen durch mehrere, von einander unabhängige, fahrlässige — also auch wohl dolose — Handlungen verschiedener Beamten herbeigeführt worden seien, und daß diese Handlungen entweder gleichzeitig begangen oder in ihren Wirkungen derart mit einander verknüpft seien, daß sich keine als die den nächsten und relativ zureichenden Erklärungsgrund für jenen Erfolg enthaltende Ausführungshandlung den anderen gegenüber stellen lasse. Also auch hier wieder braucht man, um Thäter zu werden, die Ausführungshandlung nicht begangen zu haben, und es liegt daher abermals der Beweis vor, daß es nicht die besondere objektive Wirksamkeit ist, welche zum Thäter qualifiziert. Aber sollen denn nun in dem bezeichneten Falle alle Mitwirkenden zu Thätern werden, oder ist es nicht denkbar, daß der eine oder der andere von ihnen auch nur Gehilfe sein kann? Und wenn dies sicher nicht zu leugnen ist, so tritt der Mißstand hervor, daß Merkel hier kein Merkmal für die Unterscheidung der Gehilfen von den Thätern angegeben hat. Qualifiziert aber das Interesse zum Thäter, so ist ersichtlich, daß die Eigenschaft des Gehilfen (s. unten) in dem Mangel eines Interesses gefunden werden muß.

Es ergiebt sich aber auch aus den Erörterungen zur Mitthäterschaft (142), daß die Begehung der Ausführungshandlung zur Annahme der Thäterschaft nicht gefordert werden kann. Hiernach muß das Zusammenwirken die Ausführung des Deliktes betreffen. Wenn in gegenseitigem Einverständnis ein Beteiligter nur eine Vorbereitungshandlung vornehme, oder während der Ausführung des Verbrechens nur Beistand leiste, der andere dagegen die Ausführung allein besorge, so könne offenbar nicht von einem gemeinschaftlichen Ausführen die Rede sein. Zweifellos kann jedoch zwischen demjenigen, welcher den zu Ermordenden festhält und demjenigen, welcher ihm den tötenden Stich beibringt, das Verhältnis der Mitthäterschaft bestehen, und es wirft sich darum die Frage auf, worin es begründet sein soll, daß der lediglich festhaltende Teilnehmer, welcher ohne dieses Verhältnis, weil er die Ausführungshandlung nicht begeht, nur Gehilfe sein würde, in einen Thäter umgewandelt wird. Zur Antwort erhält man, weil das Zusammenwirken in gegenseitigem Einverständnis erfolge, und man gelangt hiermit zu dem Ergebnis, daß, im Falle ein Einverständnis zwischen dem Thäter und dem Gehilfen hergestellt worden ist, der Gehilfe Thäter werden muß. Denn Merkel betont mit Recht (147), der Gehilfe müsse

Einfluß auf das Zustandekommen der That des Thäters geübt — also zu derselben mitgewirkt haben; eine Beihilfe, welche nicht geholfen habe, enthalte denselben Widerspruch wie eine Anstiftung, welche nicht angestiftet habe. Dieses Ergebnis kann jedoch unmöglich gebilligt werden, und es ist hieraus zu entnehmen, daß das gegenseitige Einverständnis für die Mitthäterschaft ohne Bedeutung erscheint, da sie vielmehr auch ohne ein solches Einverständnis bestehen kann. Überdies ist schon wiederholt darauf hingewiesen worden, daß die gemeinte Ausführungshandlung, wie der beigebrachte Stich, der abgefeuerte Schuß, das Einschieben der brennenden Lunte u. s. w. regelmäßig eine Mitwirksamkeit gar nicht zuläßt, und sonach der Begriff der Mitthäterschaft kaum eine praktische Bedeutung haben würde, wenn für sie die gemeinschaftliche Begehung der Ausführungshandlung durch sämtliche Beteiligte verlangt werden müßte. Wo aber auch eine Mitwirksamkeit mehrerer bei der Begehung der Ausführungshandlung stattfinden könnte, da hätte doch immerhin keiner der mehreren für sich allein diese Handlung vorgenommen, und es ist nicht zu verstehen, wie denn eine getroffene Verabredung, also ein lediglich subjektives Moment, die objektive Wirkung einer Zurückführung aller einzelnen Teile der ausgeführten Handlung auf jeden einzelnen erzeugen könnte. Bezüglich der Fahrlässigkeit wird zugegeben, jeder einzelne, welcher mitgewirkt habe, sei so zu behandeln, als habe er die That allein ausgeführt. Es soll also hier der einzelne lediglich vermöge seines eigenen fehlerhaften Willens und seiner eigenen Mitwirksamkeit für das Ganze haften, und es liegt kein Grund vor, warum das Gleiche nicht auch von der dolosen Mitwirksamkeit gelten soll. Denn als Wirksamkeit ist sie von der fahrlässigen nicht verschieden.

Es tritt ferner die Unrichtigkeit der Behauptung, daß zur Thäterschaft die Begehung der Ausführungshandlung verlangt werden müsse, deutlich in der Erörterung (146) hervor, fehle demjenigen, welchem Hilfe geleistet, oder welcher zu einer That angestiftet werde, irgend ein Merkmal der Thäterschaft, sei er etwa ein Unzurechnungsfähiger, oder habe er in entschuldbarer Unkenntnis wesentlicher Thatumstände gehandelt, so könne der vermeintliche Gehilfe oder Anstifter möglicherweise als Thäter des Deliktes, niemals aber im Sinne des Gesetzes als Gehilfe oder Anstifter zur Bestrafung gezogen werden. Denn es fällt ihm nun einmal die alle übrigen Handlungen an objektiver Wirksamkeit überragende Haupthandlung nicht zur Last, er hat keinen thäterischen Beitrag zur Verursachung des Verbrechens geliefert, und er kann darum nicht Thäter sein.

Endlich muß auch darauf stets wieder hingewiesen werden, daß, im Falle die Haupthandlung auch in ihrer Wirkung absolut von den Wirkungen der ihr vorausgegangenen vorsätzlichen Handlungen verschieden wäre, die letzteren in die Stelle kausal minderwertiger Wirkungen zurückgedrängt werden würden. Die Folge hiervon würde aber sein, daß sie nicht verantwortlich wären, wenn die Haupthandlung von einem Fahrlässigen oder einem Unzurechnungsfähigen, bezw. einer Naturkraft ausgeführt worden wäre, mochte auch auf den Eintritt dieser Ereignisse gerechnet worden sein.

Auch im übrigen bieten die Ausführungen Merkel's zur Teilnahme Anlaß zur Erhebung von Einwendungen; es soll jedoch hier nur noch seine Auffassung der Anstiftung erörtert werden. Ist man der Meinung, das Wollen sei lediglich ein kausaler Vorgang, so muß man sich überzeugen, daß der Anstifter den Angestifteten zu dem von ihm ausgeführten Verbrechen geradezu gezwungen hat. Das muß jedoch bedenklich erscheinen, und es pflegt daher das Verhältnis des Anstifters zu dem Angestifteten von den Deterministen nicht mit entschiedener Bestimmtheit unter diesem Gesichtspunkt beurteilt zu werden. So sagt Merkel (150), der Anstifter müsse dem Angestifteten entscheidende Beweggründe für die Fassung seines verbrecherischen Entschlusses gegeben haben, womit nicht gerade auf einen von demselben ausgeübten absoluten Zwang hingewiesen wird. Ganz unverständlich aber ist, daß unerachtet dieses von dem Anstifter ausgeübten Zwanges von deterministischer Seite daran festgehalten wird, der Anstifter sei nur ein Accessorium des Angestifteten. Zu dieser Annahme kann sich nur die Theorie veranlaßt finden, nach welcher ein Kausalzusammenhang zwischen dem Anstifter und der von dem Angestifteten ausgeführten That nicht bestehen soll. Es tritt eben auch hier wieder die Erscheinung hervor, daß sich der Determinismus bei den strafrechtlichen Ergebnissen der Willensfreiheit beruhigt, während er doch zu ganz anderen Konsequenzen führen muß. Wird z. B. der *agent provocateur,* dessen Begriff gegenwärtig noch ein schwankender ist, nicht als ein Accessorium angesehen, so haftet er auch nicht für den Versuch der von ihm zur That angereizten Person. Denn er will nicht, daß das Verbrechen vollendet werde — andernfalls würde er von dem Anstifter nicht zu unterscheiden sein —, der Versuch aber setzt den auf die Vollendung des Verbrechens gerichteten Willen voraus. Sonach kann es aber auch von dem deterministischen Standpunkt Merkel's aus nicht gerechtfertigt erscheinen, daß auch er den Anstifter als ein Accessorium des Angestifteten behandelt und hierbei insbesondere davon ausgeht, das Auftreten des Anstifters sei im Vergleich mit demjenigen des Thäters nur ein *(in abstracto?)* zufälliges. Hiermit stimmt dann aber wieder die Behauptung (134) nicht überein, durch den freiwilligen Rücktritt des Thäters vom Versuche würden die anderen Beteiligten nicht frei. Daß hingegen der Rücktritt des Thäters diesen Effekt habe, wird in der mit gründlicher Vertiefung in das Material geschriebenen Schrift von R. HERZOG über den Rücktritt vom Versuche und der Teilnahme 1889, S. 267 ausgesprochen. Ob es angemessen war, die betreffende Frage losgelöst von der Lehre vom Versuche und der Teilnahme monographisch zu behandeln, kann indessen bezweifelt werden. Denn ihre Bejahung oder Verneinung hängt lediglich davon ab, je nachdem man der Meinung ist, die Bestrafung der Teilnehmer könne nur aus ihrem accessorischen Verhältnis zu der Thäterschaft hergeleitet werden, oder man für richtig hält, daß auch sie das Verbrechen verursachen wollen und durch ihre Mitwirksamkeit verursachen. Im ersten Falle wird selbstverständlich durch den Rücktritt des Thäters auch die Straflosigkeit der Teilnehmer begründet, während im zweiten Falle ebenso selbstverständlich ihre Strafbarkeit bestehen bleibt. Hängt aber die Beantwortung der Frage von dem noch nicht entschiedenen Streite ab, welche dieser beiden Ansichten der anderen vorzuziehen ist, so hätte auch der gegen das Reichsgericht mit besonderer Betonung vorgebrachte Tadel unterbleiben dürfen, daß es den Rücktritt des Thäters für die Strafbarkeit der Teilnehmer als bedeutungslos ansehe.

Es hat sich bereits ergeben, daß das Interesse auch nach MERKEL von wesentlicher Bedeutung für die Frage ist, ob man es mit einem Thäter oder einem Gehilfen zu thun habe. Auch wird von dem Gehilfen noch gesagt, er handle unter der Voraussetzung der Ausführungshandlung des Thäters. Immerhin soll jedoch die subjektive Teilnahmetheorie nicht richtig sein. Nach ihr könne der Bandit (145) nicht Thäter sein, da er kein selbständiges, sondern nur ein abgeleitetes Interesse an der Begehung des Verbrechens besitze. Verstehe man aber unter dem selbständigen Interesse nur ein eigenes Interesse des Handelnden, so übersehe man, daß ein solches Interesse stets bei allen vorsätzlich zum Verbrechen Mitwirkenden, da sie sonst nicht mitwirken würden, gegeben sei, und daher nicht als Unterscheidungsmerkmal fungieren könne. Diese Einwendungen sind jedoch unbegründet. Im allgemeinen ist es ja allerdings gleichgültig, aus welchem Interesse ein Verbrechen begangen wird. Aber es kommt auch für die subjektive Theorie der Teilnahme lediglich darauf an, daß mit der Unterwerfung des Gehilfen unter die Entschließung des Thäters ein selbständiges Interesse desselben nicht vereinbar ist. Darum kann, wie gesagt, der Eigentümer, welcher zufällig erfahren hat, daß ihm sein Knecht aus Rache die Scheuer anzünden wolle, und, weil dieses Vorhaben seinem Interesse entspricht, zur Erleichterung der Brandstiftung Stroh in dieselbe schaffen läßt, nicht Gehilfe, sondern er muß Thäter sein. Es ist aber auch der gedungene Bandit Thäter. Denn während der Gehilfe die Verursachung des Verbrechens nicht von seinem Willen, sondern von demjenigen des Thäters abhängig machen will, und gerade darum nur solche Handlungen vornimmt, welche nach seiner Überzeugung den Erfolg nicht herbeiführen können, wenn nicht die verbrecherische Wirksamkeit des Thäters zu der seinigen hinzutrete, erkennt der Bandit auf dem Gebiete der Verursachung einen Willen, dem die Herbeiführung des Erfolges überlassen werden solle, nicht an, da vielmehr er selbst denselben voll und ganz verursachen, und ihn sonach ursachlich von seinem alleinigen Willen abhängig machen will. Mag es immerhin sein, daß er ohne das für ihn aus dem fremden Interesse hergeleitete Motiv überhaupt nicht handeln würde, so kann es doch nur darauf ankommen, daß er wirklich gehandelt und sich hierbei sein Wille als der die Ursachlichkeit des Erfolges beherrschende erwiesen hat. — Weiterhin ist es ja selbstverständlich, daß niemand, und sonach auch nicht der Gehilfe, ohne Interesse handeln kann. Aber es wurde schon oft genug darauf hingewiesen, und es ist bis jetzt nicht widerlegt worden, daß das Interesse des Gehilfen im Vergleiche mit demjenigen des Thäters ein unselbständiges ist, indem es mit seinem Willen zum Wegfall kommt, wenn der Thäter das bei ihm vorausgesetzte Interesse nicht besitzen oder es wieder aufgeben, und sonach seine verbrecherische Wirksamkeit unterlassen sollte. Besteht sonach das Interesse des Gehilfen darin, daß der Thäter sein Interesse erreichen solle, wenn er dies wolle, so ist ersichtlich, daß mit diesem Interesse das eventuelle Interesse des Thäters nicht verwechselt werden darf, und derselbe keineswegs zum Gehilfen wird, wenn er etwa zunächst einen erlaubten Erfolg, und nur für den Fall, daß derselbe nicht eintreten sollte, einen strafbaren Erfolg verursachen will. Denn er macht sein eventuelles Interesse nicht von dem Willen eines anderen, sondern lediglich von dem Kausalverlauf seiner Handlung abhängig, die nicht etwa nur eventuell, sondern mit aller Bestimmtheit eines seiner Interessen befriedigen soll, sei es das eine oder das andere.

Auch beweist die Haftbarkeit für den von mehreren fahrlässig herbeigeführten Erfolg keineswegs die Unrichtigkeit der lediglich subjektiven Unterscheidung zwischen Thätern und Gehilfen, sondern sie bestätigt umgekehrt deren Richtigkeit. Denn die fahrlässig Mitwirkenden haften nur darum gleichmäßig für den Erfolg, weil jeder von ihnen durch seine Mitwirksamkeit, mag sie in der Vornahme der Ausführungshandlung oder irgend einer anderen Handlung bestehen, denselben in seinem vollen Umfange verursacht hat, und selbstverständlich bei ihnen von einer Verschiedenheit eines zur Herbeiführung des Erfolges bethätigten, herrschenden und abhängigen Willens nicht die Rede sein kann. Mit der Annahme, es bestehe eine objektive Verschiedenheit zwischen den mehreren Mitwirksamkeiten, durch welche ein Erfolg verursacht worden ist, gelangt man mit Notwendigkeit zu dem fahrlässigen Gehilfen im Gegensatze zu dem fahrlässigen Thäter, weil die vermeintliche kausale Wertungleichheit verschiedener Mitwirksamkeiten selbstverständlich von der Vorsätzlichkeit dieser Mitwirksamkeiten nicht abhängig sein kann und darum auch nicht beseitigt wird, im Falle diese Mitwirksamkeiten fahrlässige sind.

Endlich hat die subjektive Theorie der Teilnahme keine Veranlassung zu dem Bedenken gegeben, ob sie nicht das materielle Interesse an der Herbeiführung des Erfolges mit dem Interesse daran verwechsle, daß der Verlauf der Kausalität ein der Vorstellung von demselben angemessener sein möge. Vielmehr hat sie stets betont, daß es das materielle, der That zu Grunde liegende Interesse ist, von welchem die Unterscheidung von Thätern und Gehilfen bedingt wird. Übrigens bringt sich die Verschiedenheit des materiellen Interesses auch bezüglich des Interesses an dem Kausalverlaufe zur Geltung, weil eben der Wille des Gehilfen wegen der Unselbständigkeit seines materiellen Interesses auch bezüglich des Kausalverlaufes darauf gerichtet ist, daß er nur für den Fall zum Ziele führen solle, wenn dies dem Willen des Thäters angemessen erscheine.

Daß man indessen für die fremden, zu der eigenen Kraft hinzutretenden Kräfte überall nur insoweit haftbar wird, als sie von dem eigenen Willen umfaßt waren, und bezw., was die Fahrlässigkeit anbelangt, hätten vorausgesehen werden können, soll hier nicht wieder erörtert werden.

Es dürfte nicht ohne Interesse sein, bei der vorliegenden Gelegenheit auch die neuerdings über Kausalität und Teilnahme veröffentlichte Theorie von LÖNING zu berücksichtigen.

Er verlangt in seiner Schrift über die strafrechtliche Haftung des verantwortlichen Redakteurs 1889 in § 16 für den Begriff des Thäters bei den schlichten Verursachungsdelikten (Tötung, Brandstiftung u. s. w.) lediglich die vorsätzliche Verursachung des Erfolges.

Und zwar genügt zu seiner Ursachlichkeit jede Art von Kausalität, dergestalt, daß sie auch dann nicht ausgeschlossen wird, wenn zu seiner Wirksamkeit andere für den Erfolg kausale Kräfte hinzutreten. Mithin ist zur Thäterschaft nur eine beliebige vorsätzliche Mitwirksamkeit erforderlich. Wenn jedoch zwischen der vorsätzlichen kausalen Thätigkeit einer Person und dem Erfolge die vorsätzliche kausale Thätigkeit einer anderen Person als Mittelglied in der Kausalreihe stehe, so sei nach unserem geltenden Rechte (?) ausschließlich diese letztere Person Thäter, weil sie den Erfolg in direkter Weise herbeigeführt habe. Hierdurch gestalte sich die Wirksamkeit der anderen Person zu einer indirekten, und sie könne darum nur Anstifter oder Gehilfe sein. Die indirekte Kausalität der ersten Person sei von der direkten der zweiten abhängig, während diese zwar mit aus der Thätigkeit der ersten entspringe, in ihrer Wirksamkeit für den Erfolg jedoch durch dieselbe nicht beeinflußt werde. Hieraus aber ergiebt sich, daß sich in Wirklichkeit auch nur die zweite Person für den Erfolg als kausal erweist, und es erscheint darum zunächst nicht zutreffend, daß sowohl für die Beihilfe als auch für die Anstiftung eine Kausalität für den Erfolg erforderlich sein soll. Daß ferner die erste Person auf die zweite und deren den Erfolg herbeiführende Thätigkeit anregend und fördernd einwirke, steht im Widerspruch mit der Behauptung, die zweite Person werde in ihrer Wirksamkeit für den Erfolg durch die Kausalität der ersten nicht beeinflußt. Es ist aber überhaupt die Unterscheidung zwischen direkter und indirekter Kausalität nicht haltbar. Handelt die zweite Person nicht vorsätzlich oder tritt zu der ersten Wirksamkeit eine Naturkraft hinzu, so soll durch deren Kausalität die direkte Kausalität der ersten nicht beseitigt werden, und sonach lediglich der Vorsatz der zweiten Person die direkte Kausalität der ersten in eine Kausalität von anderer objektiver Beschaffenheit umwandeln. Wie das möglich sei, hätte wohl einer näheren Darlegung bedurft. Und wenn durch die vorsätzliche Schuld der zweiten Person diese Umwandlung bewirkt wird, warum soll denn dann nicht auch schon eine bloße Fahrlässigkeit derselben hierzu genügen? Der Fahrlässige ist doch auch ein Thäter, welcher in direkter Weise für den Erfolg kausal wird. Dann aber würde man die Anstiftung und Beihilfe zur Fahrlässigkeit konstruiert haben. Hätte jedoch die erste Person nicht entfernt daran gedacht, es werde zu ihrer Wirksamkeit die vorsätzliche Wirksamkeit einer anderen Person hinzutreten, so würde sie straflos gelassen werden müssen, weil sie alsdann weder Anstifter noch Gehilfe sein könnte. Nicht einmal wegen Fahrlässigkeit würde sie gestraft werden können, im Falle ihr der Hinzutritt der vorsätzlichen Wirksamkeit der zweiten Person sogar voraussehbar gewesen wäre. Denn ihre Kausalität würde ja durch die vorsätzliche direkte Wirksamkeit der zweiten Person ausgeschlossen worden sein. Jedenfalls würde es nicht angehen, denjenigen nur wegen fahrlässiger Herbeiführung eines Erfolges zu bestrafen, welcher denselben vorsätzlich herbeiführen wollte, und zu diesem Ende auf die zu der seinigen hinzugetretene dolose Wirksamkeit gerechnet hatte, wenn dieselbe von ihm irrtümlich für eine Naturkraft gehalten worden war. Schließlich wird dann ausgesprochen, daß zwischen direkter und indirekter Kausalität nicht eine absolute, sondern nur eine relative Verschiedenheit bestehe, hiermit jedoch zugleich anerkannt, daß aus dieser relativen Verschiedenheit die absolute Verschiedenheit zwischen Thätern und Gehilfen nicht hergeleitet werden könne. Offenbar beruht die betreffende Erörterung LÖNING's auf einer Vermengung des Schuldbegriffes mit dem Kausalitätsbegriff. Dem Schuldbegriff kann zwar, wie dies auch von der subjektiven Theorie geschieht, die Unterscheidung zwischen direkter und indirekter Kausalität insofern zu Grunde gelegt werden, als sie den abhängigen und herrschenden Willen kennzeichnet. Für das Wesen der Kausalität aber ist diese Unterscheidung ohne Bedeutung. Auf dieser Verkennung des Wesens der Kausalität beruht denn auch die Bemerkung, lägen zwischen einer menschlichen Thätigkeit und dem dadurch herbeigeführten Erfolge als kausale Mittelglieder noch weitere, die Thäterschaftsrequisite aufweisende Thätigkeiten der nämlichen Person, so beginne die Thäterschaft, die eigentliche Begehung oder Ausführung des Deliktes erst mit dem letzten dieser Thätigkeitsakte; die früheren Akte seien dann bloße Vorbereitungshandlungen. Vorbereitungshandlungen seien nicht solche, durch welche der Erfolg vorbereitet werde, sondern solche, durch welche jemand sich selbst vorbereite zu weiteren verursachenden Akten, zur Ausführung. Hat nach dieser Erörterung jemand seinen Gegner in der Absicht, ihm die Kehle durchzuschneiden, zu Boden geworfen und ihm bereits das Messer an den Hals gesetzt, so hat die Ausführung doch erst dann begonnen, wenn mit dem Schneiden angefangen worden ist. Und da das Schneiden selbst in mehreren Akten vollzogen werden kann, so würde erst mit dem letzten Schnitte die Vorbereitung beendigt sein. Versuch würde hiernach kaum angenommen werden können, weil sich der Thäter darauf berufen dürfte, er habe sich nur zu dem entscheidenden Schnitte vorbereiten wollen, mag er auch von vornherein zur sofortigen Tötung entschlossen gewesen sein. Inwiefern der Verfasser auf dem von ihm für ausschließlich zulässig erklärten (Zeitschrift, Bd. III, S. 219f.)

Wege historischer Entwickelung zu diesen Ergebnissen gelangt sein könnte, hat er nicht nachgewiesen.

Was noch die Unterlassung anbelangt, so wird derselben (135 ff.) jede Kausalität abgesprochen. Die rechtswidrige Thäterschaft des Unterlassers liege vielmehr in seinem dem Recht widerstreitenden Nichteingreifen in einen anderweit hervorgerufenen Kausalverlauf. Aber es fehlt an dem Nachweis, wie denn durch die bloße Verletzung einer Rechtspflicht ein Erfolg verursacht werden könne. Gewiß verletzt die Mutter ihre Rechtspflicht, wenn sie ihrem Kinde keine Nahrung reicht. Aber ihre Pflichtverletzung, welche eben in ihrer Unterlassung besteht, verursacht den Tod des Kindes nicht, wenn diese Unterlassung keine Kausalität besitzt, und für Tötung darf sie dann auch nicht bestraft werden.

Um hiernach wieder zu dem MERKEL'schen Lehrbuch zurückzukehren, so soll die Begünstigung (153 ff.) darauf gerichtet sein, den durch das Delikt begründeten, dem Rechte widerstreitenden Zustand zu Gunsten des Schuldigen durch eine Verhinderung der dem Rechte entsprechenden Ausgleichung des Geschehenen aufrecht zu erhalten (s. oben S. 33. 34). Dies geschehe aber, wenn dem Thäter oder Teilnehmer an dem Vordelikte nachträglich Beistand geleistet werde, und zwar entweder in Bezug auf die Vermeidung der Strafe oder in Bezug auf die Sicherung der Vorteile aus dem Delikte. Die Verursachung verletze das Interesse daran, daß ein verbrecherischer Zustand nicht herbeigeführt werde, die Begünstigung das Interesse daran, daß der entstandene wieder einem dem Rechte gemäßen Zustande weiche. Im Grunde berühre aber die Aufrechterhaltung eines schädlichen Zustandes die gleichen Interessen, wie die Begründung desselben. Wer dem Diebe nach Vollendung eines Diebstahls behilflich sei, das gestohlene Gut in Sicherheit zu bringen, der verletze das Interesse des Eigentümers ebenso wie derjenige, welcher dem Diebe bei der Ausführung des Deliktes behilflich gewesen sei. Wäre dies rechtlich zutreffend, so würde die Begünstigung zur Teilnahme gehören und kein Grund für ihre Ausscheidung aus dieser Materie ersichtlich sein. Diese gleichmäßige Verletzung des nämlichen Interesses ist aber für MERKEL schon darum nicht haltbar, weil die Verursachung eine wirkliche Verletzung voraussetzt, während es nicht erforderlich sein soll (326), daß der Begünstiger seine Absicht, den Thäter vor Strafe zu schützen, oder ihm die Vorteile der That zu sichern, erreiche. Mithin würde die Begünstigung nur eine versuchte Verletzung der bezeichneten Interessen, oder, wenn man lieber will, eine lediglich formale Handlung sein, die nicht eine wirkliche Aufrechterhaltung des verursachten schädlichen Zustandes bedeuten könnte. Ein hierin enthaltener Widerspruch mit der Behauptung, eine Beihilfe, die nicht wirksam werde, sei gerade so undenkbar wie eine Anstiftung, die nicht anstifte, ist nicht zu verkennen. Weiterhin ist es aber auch nicht richtig, daß die Begünstigung in ihren beiden Formen das nämliche Interesse verletze. Denn die Sicherstellung des Verbrechers vor der Strafe verletzt lediglich den Strafanspruch des Staates durch ihr unbefugtes Eingreifen in seine Justizpflege, trägt jedoch zur Beseitigung des durch das Verbrechen verursachten verletzenden Zustandes nichts bei, da derselbe vielmehr unerachtet einer stattgefundenen Bestrafung des Thäters bestehen bleibt, wenn ihm nicht anderweit abgeholfen wird. Daher muß es, wie schon wiederholt entgegnet worden ist, unzulässig erscheinen, die beiden bezeichneten Formen der Begünstigung unter dem nämlichen rechtlichen Gesichtspunkt zu beurteilen, und es muß aus diesem Grunde die eine von ihnen aus derselben ausgeschieden werden. Daß diese Ausscheidung bezüglich der Sicherstellung des Thäters vor der Strafe zu erfolgen hat, kann nicht zweifelhaft sein, und es bleibt sodann für die Begünstigung nur die Handlung übrig, welche die Sicherstellung der Vorteile der That für den Thäter bezweckt.

Unter der Hehlerei, Partirerei (§ 259 St.G.B.) aber versteht Merkel (327) das Ansichbringen, Verhehlen oder Mitwirken zum Vertriebe von Sachen, welche mittels einer strafbaren Handlung erlangt worden seien. Daß die hehlerische Handlung die Aufrechterhaltung des durch das Delikt verursachten schädlichen Zustandes nach sich ziehen müsse, wird nicht betont, sonach aber auch der Grund nicht ersichtlich gemacht, aus welchem überhaupt die Strafbarkeit des Hehlers gerechtfertigt werden kann.

Da nun aber doch wohl der Begünstiger und Hehler wegen vollendeter Begünstigung und Hehlerei nur dann bestraft werden sollten, wenn die von ihnen zur Aufrechterhaltung des durch das Verbrechen verursachten rechtswidrigen Zustandes ausgeführte Handlung diesen Erfolg auch wirklich gehabt hat, so besteht zwischen Begünstigung und Hehlerei nur die Verschiedenheit, daß sich der Begünstiger für diese Aufrechterhaltung dadurch mitwirksam erweist, daß er dem Thäter ermöglicht, in dem rechtswidrigen Zustand zu verharren, während der Hehler selbst in diesen Zustand eintritt und ihn hierdurch aufrecht erhält. Das bedeutet, daß der Begünstiger als der Gehilfe des Verursachers in der Aufrechterhaltung des von ihm geschaffenen rechtswidrigen Zustandes, der Hehler aber als ein nachfolgender Thäter dieser Aufrechterhaltung anzusehen ist. Denn zunächst fällt die Fortdauer des rechtswidrigen Zustandes seinem Verursacher zu, da er durch seine Verursachung zugleich seine Fortdauer über die Zeit der Vollendung des Deliktes hinaus begründet, wofür er auch seine Strafe mit der Bestrafung für die Verursachung erhält. Nicht sind also, wie MERKEL meint, Begünstigung und Hehlerei verschiedene Delikte, sondern nur verschiedene Formen der Beteiligung an dem nämlichen Delikte der Aufrechterhaltung des durch das Verbrechen herbeigeführten rechtswidrigen Zustandes.

Die Darstellung der Lehre von der Konkurrenz (269 ff.) ist eine vorzugsweise gelungene. Namentlich betont MERKEL, daß der von dem Strafgesetzbuch aufgestellte Gegensatz zwischen idealer und realer Konkurrenz einer zureichenden Begründung entbehre. Die Annahme sei unrichtig, daß durch eine Handlung stets nur ein Delikt begangen werde, weil eine Handlung stets auch nur eine Schuld repräsentiere. Wer behaupte, es sei, im Falle der nämliche Schuß einen Menschen vorsätzlich getötet und einen zweiten Menschen vorsätzlich verwundet habe, nur ein Delikt begangen worden (v. LISZT) — welchen Namen dasselbe führen solle, werde nicht leicht anzugeben sein —, finde das Wesen der Sache in dem Schießen, das heiße dem angewendeten Mittel, und nicht, wie es richtig sei, in der kausalen Bedeutung dieses Schießens für rechtlich geschützte Interessen (s. oben S. 234 f.). Daß hier nur eine Strafschuld begründet sein könne, sei gerade so unhaltbar, als es die Annahme sein würde, daß aus einer Thätigkeit nicht eine Mehrzahl von Entschädigungspflichten oder überhaupt von rechtlichen Pflichten hervorgehen könne. Richtig ist auch, daß, im Falle sich der gesetzliche Thatbestand der zusammentreffenden Delikte nur teilweise decke, derart, daß mit der Verwirklichung der besonderen Merkmale des einen Deliktes stets zugleich gewisse besondere Merkmale eines anderen Deliktes gegeben seien, wie in dem Zusammentreffen einer unter § 268 St.G.B. fallenden Urkundenfälschung mit Betrug, die Anwendung des strengeren Gesetzes, unter Berücksichtigung der allgemeinen Grundsätze über Strafzumessung, den ganzen Vorfall zur allseitigen Würdigung bringe. Was hingegen das fortgesetzte Verbrechen anbelangt, so wird zugegeben, daß Beziehungen bloß subjektiver Natur zwischen verschiedenen Rechtsverletzungen ihre Einheit nicht begründen könnten (264). So nicht der Umstand, daß der Verbrecher selbst sie als zusammengehörig betrachte, oder daß sie dem nämlichen, außerhalb der gesetzlichen Deliktsmerkmale liegenden Zwecke dienten, oder daß der Entschluß zu der einen Rechtsverletzung gleichzeitig mit dem zu der anderen gefaßt werde u. s. w. Denn was sich für den Verbrecher als eine Einheit darstelle, müsse nicht auch eine Einheit im Sinne des Gesetzes sein. Das sind unbezweifelbar richtige Sätze (meine Abhandlung 1862), die aber die berechtigte Existenz des fortgesetzten Verbrechens da ausschließen, wo es von dem Gesetze selbst nicht besonders angenommen worden ist (daselbst und oben S. 144 f.). Demungeachtet soll dasselbe allgemein dann vorliegen (263), wenn die Zahl der Handlungen an sich als gleichgültig erscheine in Bezug auf Art, Schwere und Tragweite der den geschützten Interessen zugefügten Verletzung, und wenn bei gesonderter Behandlung der einzelnen Akte die einheitliche Bedeutung des Vorganges zu keiner richtigen Würdigung gelangen würde. Daß diese Erwägung eine gesetzlich gebilligte sei, läßt sich nicht erkennen. Auch macht sie die Annahme des fortgesetzten Verbrechens zu einer willkürlichen. Es ist jedoch auch überhaupt nicht denkbar, daß die subjektive und objektive Bedeutung eines jeden einzelnen Aktes des fortgesetzten Verbrechens infolge seines Zusammentreffens mit anderen Akten vollständig verschwinden könnte. Wäre dies aber der Fall, so würde derselbe, auch ohne die Annahme eines fortgesetzten Verbrechens, ohne weiteres rechtlich bedeutungslos sein. Und wenn bei gesonderter Behandlung der einzelnen Akte die einheitliche Bedeutung des Vorganges zu keiner richtigen Würdigung gelangen könnte — was aber nicht zutrifft, weil § 74 St.G.B. gestattet, bei der Bestrafung der minder schweren Akte bis zum Nullpunkt der Strafbarkeit herunter zu gehen — so würde immerhin dieser Mißstand die Einheitsbildung aus einer Mehrheit von Akten, von welchen jeder gesetzlich ein selbständiges Verbrechen darstellt, nicht rechtfertigen. Denn eine objektive Verbindung würde hiermit zwischen den einzelnen, gesetzlich in sich abgeschlossenen Thatbeständen nicht hergestellt werden, und ein etwaiger subjektiver Zusammenhang zwischen denselben soll ja nicht berücksichtigt werden dürfen. Bleibt aber hiernach die gesetzliche Selbständigkeit der einzelnen Akte des fortgesetzten Verbrechens unberührt, so muß auch dasselbe eine reale Konkurrenz im Sinne des § 74 St.G.B. darstellen, und es erscheint darum nicht verständlich, wie MERKEL gerade nach diesem Paragraphen die Einheitsbildung des fortgesetzten Verbrechens als berechtigt erklären kann.

Die Vorzüge des Lehrbuchs bestehen hauptsächlich, insoweit sie nicht bereits hervorgehoben wurden, in der Übersichtlichkeit seiner systematischen Anordnung, sowie insbesondere in dem Nachweise, daß das Recht selbst, als eine Organisation sozialer Kräfte, dem schädigenden Einfluß ihm feindlicher Kräfte zugänglich und darum darauf angewiesen sei, ihnen gegenüber das Feld zu behaupten; in der Widerlegung der Normentheorie und der Theorie des Rechtsgutes (meine Abhandlungen Gerichtssaal 1878 und oben S. 250 f.); überhaupt in der Schilderung des Gegenstandes der strafbaren Handlungen und ihres Wesens; in der Begründung, daß der Vorsatz nicht lediglich in der Vorstellung zu suchen sei, und vielmehr neben der Vorstellung der Möglichkeit des Erfolges derselbe auch ein besonders gewollter sein (s. oben S. 299 f.) müsse — was indessen mit dem Determinismus schwerlich zu vereinbaren sein wird; in der Erörterung, daß im Falle der Kollision von Interessen in der Regel davon auszugehen sei, daß wir eine Gefährdung unserer Interessen nicht auf Kosten anderer von uns abwenden dürften, immerhin jedoch die Gefährdung eines eigenen Interesses von solcher Bedeutung erscheinen könne, daß die Zumutung, es ungeschützt zu lassen, nicht gerechtfertigt erscheine (s. oben S. 115 f.). Wenn jedoch hierbei bezüglich der Notwehr behauptet wird, es sei nicht erforderlich, daß der Angriff in der Person des Angreifers ein schuldhafter sei, und zugleich ihre Verschiedenheit von dem Notstand darin gefunden wird, daß sie einen verschuldeten Angriff voraussetze, so dürfte diese Unterscheidung wohl auf einem Widerspruche beruhen. Auch ist nicht einzusehen, inwiefern, wenn die Notwehr einen verschuldeten Angreifer nicht voraussetzt, eine Unterscheidung gerechtfertigt sein könnte, je nachdem der Angriff von Menschen oder von Tieren, oder auch von Naturgewalten ausgehe.[1] Richtig ist aber wieder, daß zwischen den §§ 52 und 54 St.G.B. ein haltbarer Unterschied nicht besteht (s. oben S. 132). Endlich bieten die Erörterungen in der Lehre von den Strafen und bezüglich des Herrschaftsgebietes der Gesetze nach vielen Richtungen eine willkommene Belehrung dar. — Der besondere Teil des Strafrechtes ist von dem Lehrbuche leider nur sehr kurz in Betracht gezogen worden.

[1] Wenn Binding in seinem Handbuch die Verschiedenheit zwischen Notstand und Notwehr lediglich darin begründet findet, daß Naturgewalten keinen Angriff machen könnten, so wird übersehen, daß es auch bei der Notwehr nur auf das Übel ankommen kann, welches der Angriff in Aussicht stellt. Läßt man einmal das Erfordernis, daß der zur Notwehr berechtigende Angriff ein schuldvoller sein müsse, fallen, so beseitigt man hiermit zugleich die absolute Verschiedenheit derselben von dem Notstande (s. oben S. 142).

Vorstellung und Wille.

Unter diesem Titel wird von Dr. Reinhard Frank (jetzt Professor in Gießen) in der Zeitschrift für die gesamte Strafrechtswissenschaft 1890, S. 169 f. erörtert, der Dolusbegriff wurzele nicht in dem Wollen des Erfolges, sondern in der Vorstellung desselben. Der Erfolg werde als ein vorsätzlicher zugerechnet, nicht weil er gewollt gewesen, sondern weil gehandelt worden sei, obgleich der Thäter sich den Kausalverlauf vorgestellt gehabt habe. Es sei indessen noch keinem Vertreter der Vorstellungstheorie eingefallen, daß er den Begriff des Willens aus dem Strafrecht hätte entfernen wollen. Allein gewollt werden könne nur die Körperbewegung, die Handlung, und nicht die vorgestellte Wirkung derselben. So viel sich erkennen läßt, wird hierbei die Vorstellung im Sinne der bloßen Voraussicht des Kausalverlaufes aufgefaßt. Nun erfolgt aber das Handeln überhaupt nur, weil das in der Vorstellung fixierte Bild in seinem vollen Umfange in die Wirklichkeit übertragen werden soll, und es führt darum schwerlich zu einer rechtlichen Verschiedenheit, je nachdem man sagt, das Geschehene werde zum Dolus zugerechnet, weil die dasselbe verursachende Handlung gewollt und deren Wirkung vorausgesehen gewesen sei, oder behauptet wird, es sei die Handlung und ihre vorausgesehene Wirkung gewollt gewesen.

Daß auch die vorausgesehene Wirkung der Handlung gewollt werden kann, läßt sich um so mehr erkennen, wenn erwogen wird, daß die Wirkung sich nicht erst an die Handlung anschließt, sondern die Handlung selbst bereits eine Wirkung darstellt, die gewollte Handlung also eine gewollte Wirkung ist. Mag dann auch diese von dem Willen geäußerte Kraft in Verbindung mit anderen Kräften treten, so ist doch immerhin der durch diese Vereinigung bedingte

Kausalverlauf als die eigene Wirkung anzusehen, weil sie diese Vereinigung verursacht hat. Und es ist darum auch der Erfolg dieser eigenen Wirkung ein gewollter, wenn diese Vereinigung der eigenen Kraft mit den fremden Kräften eine gewollte war. Denn unter dem Erfolg ist nur die innerhalb des Rahmens der gesetzlichen Definition sich vollziehende Wirkung des Willens zu verstehen (s. oben S. 309 f.).

Wäre hingegen das Wollen nur menschliche Thätigkeit, mit deren Aufhören auch es sein Ende erreichte, könnte man also nur wollen, was man gerade thut, nicht aber das, was erst noch geschehen soll, so würde ein fortgesetztes Handeln als ein Verbrechen nicht möglich sein, und sonach auch kein Meineid geschworen werden können (s. oben S. 310). Denn das Aussprechen eines jeden einzelnen Wortes verlangt einen besonderen Willen, und ein Generalwille, durch welchen die einzelnen Worte zu einem die Unwahrheit der Versicherung ausdrückenden Ganzen verbunden würden, existierte dann nicht. Dem gegenüber meint zwar die citierte Abhandlung, nichts stehe im Wege, mehrere Willensakte zu einer Einheit der Handlung zu verbinden, allein diese Verbindung könnte man doch nur durch das gegenwärtige Wollen seines zukünftigen Wollens herbeiführen, und dieses gegenwärtige Wollen würde keine andere Bedeutung haben, als daß zukünftig etwas geschehen soll. Erscheint daher das zukünftige Wollen dem gegenwärtigen Wollen desselben lediglich als eine vorgestellte Thatsache, welche dem Verbrechen zur Vollendung verhelfen soll, so ist nicht einzusehen, warum gegenwärtig nicht auch jede andere vorgestellte Thatsache, die fördernd in den Kausalverlauf eintreten würde, sollte gewollt werden können.

Gerade hier, bei den Verbrechen, welche durch ein fortgesetztes Handeln begangen werden, wie Meineid, Diebstahl mittels Einsteigens u. s. w., zeigt sich die Unzulänglichkeit der Theorie, nach welcher nur die Handlung, nicht aber die vorgestellte Wirkung derselben gewollt werden kann. Sie unterscheidet die Vorstellung und den Willen nach der angeblich begriffsmäßigen Verschiedenheit ihrer Natur und meint, daß der Wille nur wollen, sich aber nichts vorstellen und namentlich an Künftiges nicht denken könne. Vielmehr sei das ausschließlich die Funktion der Vorstellung, und es könne daher der Wille nur als gegenwärtige Thätigkeit auftreten. Was aus dieser weiter entstehe, sei Sache des vom Gesetze der Notwendigkeit beherrschten Naturlaufes, werde verwirklicht, gleichviel ob gewollt oder nicht gewollt, so daß es keinen Sinn habe, zu sagen, die Wirkung sei gewollt. Denn daß die weitere menschliche Thätigkeit, welche zur Vollendung des Verbrechens zu der bereits geäußerten hinzuzutreten hat, von dem Gesetze des notwendigen

Naturlaufes beherrscht werde, kann nur der Theorie der Willensunfreiheit (s. unten) angemessen sein, als deren Ausfluß die betreffende Meinung anzusehen ist.

Nun kann ja allerdings behauptet werden, die Voraussicht des Erfolges als des notwendigen, oder, wenn man lieber will, als des gewissen Ergebnisses der Handlung ziehe die Haftbarkeit für Dolus nach sich — weil eben ein solcher Erfolg stets zugleich ein gewollter Erfolg sein muß (s. oben S. 309). Aber es bereitet, wie schon die von der citierten Abhandlung übersichtlich erörterten früheren Lehrmeinungen erkennen lassen, gerade die Hauptfrage, ob Dolus oder Culpa anzunehmen sei, im Falle der Erfolg nicht als ein gewisser oder notwendiger, sondern nur als ein möglicher vorausgesehen worden war, eine unübersteigliche Schwierigkeit, wenn man mit derselben den Begriff des Dolus lediglich daraus herleitet, daß unerachtet der Voraussicht des Kausalverlaufes gehandelt werde. Denn es ergiebt sich dann, daß diese Frage nur ein für allemal bejaht oder verneint werden kann. Soll hiernach angenommen werden, das Bewußtsein der Möglichkeit des Erfolges bedinge Dolus, so würde derjenige, welcher im Bette raucht und hierbei daran denkt, es könne hierdurch ein Brand verursacht werden, der vorsätzlichen Brandstiftung, und wenn der Brand nicht entsteht, der versuchten Brandstiftung schuldig sein. Soll aber die Vorstellung der Möglichkeit des Erfolges nur eine fahrlässige Verursachung nach sich ziehen, so würde der Mörder nur wegen Fahrlässigkeit haftbar sein, im Falle er im Zweifel gestanden hatte, ob seine Kugel treffen werde. Und wenn er sein Ziel verfehlt hätte, so würde er auch nicht wegen Versuches strafbar erscheinen.

Die citierte Abhandlung meint aber, der verursachte als möglich vorausgesehene Erfolg sei dolos herbeigeführt, wenn der Thäter, hätte er den Erfolg als sicher vorausgesehen, trotzdem gehandelt, bezw. also, er sei culpos herbeigeführt, wenn er in diesem Falle seine Handlung unterlassen haben würde. Allein der Thäter hatte ja zur Zeit der Handlung den Eintritt des Erfolges nicht mit Sicherheit vorausgesehen, weil er in seiner Voraussicht nur zur Annahme des möglichen Erfolges gelangen konnte, und es darf doch die Voraussicht nur so, wie sie wirklich beschaffen war, zur Konstruktion des Dolus und der Culpa verwendet werden. Darum muß es unzulässig erscheinen, aus einer Voraussicht, welche der Handelnde nicht besessen hatte und nicht hatte besitzen können, einen wirklich vorhanden gewesenen Dolus herzuleiten.

Nur die Willenstheorie ist zu einer befriedigenden Beantwortung der aufgeworfenen Frage imstande, weil sie die Annahme eines bedingten, eventuellen Wollens ermöglicht. Daß man den nur als möglich vorausgesehenen Erfolg stets nur eventuell für den Fall seines Eintrittes, wollen könne, wird wohl als unbegründet bezeichnet werden müssen. Denn wenn man auch in diesem Falle weiß, daß man denselben nicht unter allen Umständen erreichen werde, so wird doch durch diese Unsicherheit des vorausgesehenen Kausalverlaufes der bestimmte Wille, er solle unbedingt zum Ziele führen, nicht ausgeschlossen. Vielmehr liegt ein bedingtes Wollen nur dann vor, wenn die Bedingung eine von dem Willen gesetzte ist. Das trifft aber zu, wenn der syphilitische Mann den Beischlaf vollzog, gleichgültig ob eine Ansteckung erfolgen werde oder nicht. Denn er wollte ihn dann unter allen Umständen und sonach auch für den Fall der Ansteckung vollziehen. Darum hat er jedoch auch dieselbe eventuell verursachen wollen (s. oben S. 307 f.), und es erscheint sonach keineswegs richtig, daß sie ihm nach der Willenstheorie nur zur Fahrlässigkeit aufgerechnet werden könne. Dieselbe läßt auch nicht im Stiche, wenn nicht die kausalen Beziehungen, sondern lediglich die relevanten Eigenschaften des Objektes oder andere Thatbestandsmerkmale zweifelhaft waren. Zweifelt jemand daran, ob das Kind, an welchem er eine unzüchtige Handlung vornehmen will, bereits 14 Jahre alt sei, so würde ihm diese Handlung dann zum Dolus zugerechnet werden können, wenn er seine Wollust auch für den Fall befriedigen wollte, daß das Kind noch nicht 14 Jahre alt sei. Greifbarer würde man sich ja hier mit der citierten Abhandlung dahin ausdrücken können, der Angeklagte würde seine Handlung auch dann ausgeführt haben, wenn er sich als gewiß vorgestellt hätte, das Kind sei noch nicht 14 Jahre alt. Allein es würde dies unrichtig sein, wenn nicht wirklich der Wille zur Zeit der That von der betreffenden Beschaffenheit war, und es ist darum auch hier der Dolus in dem Willen enthalten.

Warum der auf die Befriedigung der vorgestellten Lust gerichtete Wille den Dolus nicht sollte begründen können, ist nicht einzusehen. Ersichtlich steht aber auch die citierte Abhandlung mit ihrer bezeichneten Formulierung auf dem Boden der Willenstheorie. Sie sagt zwar, überall müsse es ganz außer Betracht bleiben, wie sich der Handelnde zu dem Erfolge verhalte, ob er ihm gleichgültig oder interessiert gegenüber gestanden habe. Allein es wird doch kaum ermessen werden können, ob er, auch im Falle er den Erfolg als sicher bevorstehend unterstellt hätte, dennoch die Handlung ausgeführt, oder sie unterlassen haben würde, wenn nicht hierbei gerade das größere oder geringere Interesse, welches er befriedigen wollte, berücksichtigt wird.

Von der Willenstheorie aber hat sich die citierte Abhandlung abgewendet, weil der Begriff des Wollens in der Psychologie höchst bestritten sei, und man darum entschieden vermeiden müsse, von einem gewollten Erfolge zu sprechen. Diese psychologische Unbestimmtheit des Begriffes mag ja auch zugegeben werden. Allein das Strafrecht kann sich unbedenklich mit dem vulgären Begriff des Wollens begnügen. Ob jemand den von ihm verursachten Erfolg hatte haben wollen, oder er denselben als seinem Interesse widersprechend von seinem Willen abgelehnt hatte, ist ja doch wohl im allgemeinen verständlich, wenn auch in dem einzelnen Falle die Entscheidung eine schwierige sein kann. Es steht nichts im Wege, dieses Habenwollen mit Begehren, Zustimmen, Billigen auszudrücken, denn man begehrt und billigt einen als eigene Kausalität bevorstehenden Erfolg nicht, und man giebt auch seine Zustimmung zu demselben nicht, wenn man ihn nicht haben will. Dagegen wird das bloße Zulassen des Erfolges nicht als ein Wollen desselben anzusehen sein, weil behauptet werden kann, daß derjenige, welcher eine Handlung mit dem Bewußtsein ihres möglichen Erfolges vornehme, die Möglichkeit für den Eintritt desselben eröffne, und ihn sonach doch zulasse, wenn er ihn auch nicht haben wolle.

Aber diese Abwendung von der Willenstheorie erübrigt auch nicht einmal, daß man sich mit dem Begriffe des Wollens abzufinden habe. Denn es wird ja für den Begriff des Dolus nicht etwa nur ein bloßes Thun, sondern immerhin das Gewollthaben der Handlung vorausgesetzt. Nun ist aber, wie gesagt, der auf die Begehung der Handlung gerichtete Wille kein anderer als der auf die Verursachung des Erfolges gerichtete Wille, weil Handlung und Erfolg gerade die Wirkung des Willens bedeuten, welche bereits mit der Erregung der motorischen Nerven beginnt. Daher befindet sich die Handlung dem Willen gerade so gut als Kausalität gegenüber, wie auch die sich an dieselbe anschließende weitere Entfaltung ihrer Wirkung. Eine Verschiedenheit würde hier nur dann ersichtlich sein, wenn dem Willen die unbedingte Herrschaft über die Körperbewegung zustünde (s. oben S. 310), wenn also, im Falle gewollt wird, die Glieder des Körpers unweigerlich Folge leisten müßten. Das ist jedoch nicht der Fall, und es kann vielmehr auch eine gewollte Körperbewegung versagen. Ein Rekonvalescent kann sich wieder genügend gekräftigt fühlen, um in das nächste Zimmer zu gehen, und darum diese Handlung auch ausführen wollen. Allein sie kann unerachtet ernstlichster Bemühungen nicht gelingen. Gelingt sie aber, so wird behauptet werden dürfen, es sei ein günstiger Erfolg erreicht worden.

Ist hiernach die Handlung als Körperbewegung eine Wirkung des Willens und als solche bereits ein Erfolg, so ist auch nicht einzusehen, warum sie von ihrer Wirkung und ihrem Erfolge soll unterschieden werden müssen. Ausführbar würde diese Unterscheidung überhaupt nur in dem Falle sein, daß die Wirkung der Körperbewegung nach dem Aufhören derselben fortdauert, nicht aber auch dann, wenn sie mit dem Aufhören der Körperbewegung beendet ist, und es dürfte sich schon hieraus ergeben, daß diese Unterscheidung überhaupt keine prinzipielle Bedeutung haben kann. Würgt jemand seinen Gegner am Halse, bis dessen Tod eintritt, so ist nicht ersichtlich, wie die Körperbewegung von ihrer Wirkung getrennt werden könnte. Auch nicht in dem Falle, wenn er denselben bis zum Eintritt seines Todes unter das Wasser drückt, oder die Mutter ihr neugeborenes uneheliches Kind einem Schweine so lange vorhält, bis es aufgefressen ist. Ebensowenig wenn jemand einen anderen so lange festgepackt hält, bis ihn ein Mitthäter tot geschlagen hat. Zweifellos aber ist in diesen Fällen der Erfolg gewollt, wenn schon er nur in Verbindung der eigenen Wirkung mit fremden Kräften herbeigeführt wird, und darum nicht verständlich, warum er nicht soll gewollt, sondern nur vorausgesehen gewesen sein können, wenn ihn die an die beendigte Körperbewegung sich anschließende weitere Wirkung, die doch auch eine eigene ist, in Verbindung mit fremden Kräften verursacht hat, der Gegner also in einen Brunnen gestoßen worden war, in welchem er ertrank, das Kind dem Schweine vorgeworfen, der Reisende gebunden worden war, so daß sich der nachfolgende Teilnehmer seiner Sachen bemächtigen konnte. Insbesondere ist aber auch das Verhältnis des Willens zu der Handlung kein anderes als dasjenige zu der sich an dieselbe anschließenden weiteren Wirkung, im Falle letztere nur als eine mögliche angesehen wird. Soll etwa ein Stein aufgehoben werden, so kann man der Meinung sein, es werde dies sicher gelingen; man kann jedoch auch der Meinung sein, es sei nur möglich, daß es gelinge. Gerade so kann es sich aber auch verhalten, wenn ein Mensch erschossen werden soll, und es ist darum nicht einzusehen, warum zwar die erste Wirkung in ihrem vollen Verlaufe eine gewollte, die zweite hingegen von dem Abschießen des Gewehres an nur eine vorausgesehene soll sein können. — Daß die Handlung überhaupt keine Wirkung sei, wird man ja wohl nicht annehmen wollen, weil dann nicht zu begreifen wäre, wie von ihr außer ihr gelegene Kräfte in Bewegung gesetzt werden könnten.

Es ist erörtert worden (Schneidler, Der Ort der Handlung 1886, S. 14), die Handlung dauere bis zu dem Punkte, bezw. der Zeit, von wo der Handelnde seine nach Beendigung der persönlichen Thätigkeit noch bestehende willkürliche Herrschaft über die von ihm gesetzten Erfolgsbedingungen endgültig verliere, bezw. er diese Herrschaft nur durch ein für die Bedeutung der Handlung und der subjektiven, wie objektiven Verhältnisse unverhältnismäßig großes Kraftaufgebot wieder erlangen könne. Sonach würde sich die nach dem Aufhören der Körperbewegung an dieselbe sich anschließende weitere Entwickelung der Wirkung von der in der Körperbewegung selbst hervorgetretenen Wirkung nicht unterscheiden, so lange sie sich noch nicht der Herrschaft des Willens entzogen hatte. Allein wie sich der Wille zu dem Verlaufe der Kausalität verhält, ist zwar für seine Verantwortlichkeit für denselben von Bedeutung, für die Beschaffenheit der Kausalität selbst jedoch ohne Bedeutung, und es kann sich darum die Kausalität auch nicht zu einer verschiedenen gestalten, je nachdem sie sich der Herrschaft des Willens bereits entzogen hat oder noch nicht. Daß man doch in jedem Augenblick imstande sei, seine Körperbewegung zu sistieren, ist nicht einmal richtig. Einen mit einem schweren Prügel gegen einen anderen geführten Schlag wird man nicht in jedem Augenblicke aufhalten können. Wäre dies aber auch richtig, so kann doch auch der an die Handlung sich anschließende Kausalverlauf so beschaffen sein, daß er die Möglichkeit darbietet, in jedem Augenblicke gehemmt zu werden. Überdies ist der von der Kausalität bereits gebundene Wille nicht weniger ein Wille wie der von ihr noch nicht gebundene Wille, im Falle er sich freiwillig hatte binden lassen. Steige ich in die Eisenbahn, um zur nächsten Station zu fahren, so ist meine Handlung mit dem Einsteigen vollendet und die Wirkung derselben, während ich fahre, meiner Herrschaft entzogen. Dennoch wird, wenn ich zur Station gelangt bin, behauptet werden müssen, ich habe dorthin gelangen wollen, mochte ich auch unterwegs anderen Sinnes geworden sein.

Kann sonach weder objektiv noch subjektiv eine rechtliche Verschiedenheit zwischen der in der Körperbewegung selbst hervortretenden Wirkung und der sich an dieselbe anschließenden weiteren Wirkung begründet werden, so ist dieselbe auch nicht zu beachten. Aber es hat die Gegenüberstellung von Handlung und Wirkung dahin geführt, daß die Handlung nicht lediglich als eine gewollte Wirkung in Betracht gezogen, und ihr vielmehr eine ganz besondere strafrechtliche Bedeutung beigelegt wird, die jedoch nicht erklärlich ist (s. oben S. 312). Ohne die Handlung in dieser besonderen Bedeutung kann hiernach eine Strafthat überhaupt nicht begangen werden, und es kommt darum wesentlich auch darauf an, wann und wo gerade sie stattgefunden hat. Die Zeit der Handlung soll den Beginn der Verjährungszeit des Deliktes bestimmen, während man doch wohl richtiger die Verjährung erst mit der Beendigung ihrer Wirkung, so weit sie das Strafrecht interessiert, beginnen lassen sollte. Von dem Orte der begangenen Handlung aber wird die Zuständigkeit zu deren Aburteilung abhängig gemacht. Wenn der Schuß im Auslande abgefeuert und der Mensch im Inlande getötet worden ist, so würde hiernach im Inlande nicht gestraft werden können, weil es bezüglich der die Strafbarkeit der That bedingenden Handlung keine Zuständigkeit besitzt. Es würde aber auch die Zuständigkeit des Inlandes nicht begründet sein, wenn aus demselben ein im Auslande befindlicher Mensch erschossen worden wäre. Denn, wie die Handlung, so soll ja auch der Erfolg eine ganz besondere strafrechtliche, ihn von der Handlung und ihrer Wirkung unterscheidende, Bedeutung besitzen, welche für das Inland nicht zutreffen würde. Ebensowenig würde in diesem Falle das Ausland strafen können, weil in ihm die Handlung nicht begangen worden wäre. Demungeachtet wird kein Bedenken getragen, die im Auslande begangene Handlung im Inlande zu bestrafen, wenn sie ihre, das Gesetz interessierende, Wirkung in dasselbe erstreckt hatte. Die Versendung verbotener sozialistischer Zeitschriften von der Schweiz oder von London aus wird in Deutschland bestraft, obwohl doch die betreffende Handlung an ihrem Begehungsorte sogar erlaubt ist. Hierher gehört insbesondere auch die von Hamburg aus bewerkstelligte Versendung dortiger Lose nach Preußen, sowie die Versendung beleidigender Briefe. Nicht aus der Werkzeugstheorie, sondern nur daraus aber kann der rechtfertigende Grund für die in solchen Fällen stattfindende Bestrafung hergeleitet werden, daß Handlung und Erfolg keine besondere strafrechtliche Bedeutung besitzen, und sie vielmehr nichts weiter sind als die beginnende und fortschreitende Wirkung des Willens; daß jedoch auch jede Mitwirkung, als welche auch der Teil einer Wirkung anzusehen ist, den ganzen Erfolg verursacht hat, und sonach der von dem Inlande aus in dem Auslande verursachte Erfolg auch in dem Inlande verursacht worden ist. Das Nämliche gilt aber auch, wenn die in dem Auslande vorgenommene Handlung ihre Wirkung in das Inland erstreckt. Denn diese im Inlande sich vollziehende Mitwirkung ist eine auch im Inlande gewollte Mitwirkung, so daß die inländische Bestrafung weder einen ausländischen Willen noch eine ausländische Wirkung trifft (Gerichtssaal Bd. XXVIII, S. 166).

Da die Handlung eine Wirkung des Willens und selbst wirksam ist, der Erfolg der Handlung aber nur die das Gesetz interessierende Wirkung der Handlung bedeuten kann, so wird wohl die, im allgemeinen zwar verwendbare, Unterscheidung der Delikte in Handlungs- und Erfolgsdelikte prinzipiell zu beanstanden sein, und vielmehr in dem einzelnen Falle festgestellt werden müssen, von welchem Zeitpunkt an und inwieweit die von dem Willen geäußerte Wirkung von dem Gesetze in Betracht gezogen wird. Das Aussprechen eines beleidigenden Wortes, das Anreizen, Auffordern, die Drohung u. s. w. müssen wahrgenommen worden sein, bevor sie eine Strafe begründen können. Daß sie aber wahrgenommen werden, ist eine an die Handlungen selbst sich anschließende Wirkung derselben, und es könnte darum hier von Erfolgsdelikten geredet werden. Aber es wird wohl als selbstverständlich anzunehmen sein, daß im Sinne des Gesetzes diese unmittelbarste Wirkung der Handlungen nicht als deren Erfolg, sondern als zu ihnen selbst gehörig angesehen werden soll. Es kann dies jedoch auch zweifelhaft werden, wie folgender, kürzlich praktisch gewordener, Fall gezeigt hat. In Elsaß-Lothringen besteht das Gesetz über *cris séditieux*, öffentlich ausgestoßene aufrührerische Rufe, welche geeignet sind, eine politische Aufregung und andererseits eine Beunruhigung herbeizuführen. Dieses Geeignetsein bedeutet nicht die Begründung einer konkreten Gefahr, sondern es sollen diese Rufe, weil sie für generell gefährlich gehalten werden, auch dann als Vergehen strafbar sein, wenn *in concreto* jede Gefahr ausgeschlossen war. Nun hatte der von einem Polizeidiener verfolgte Angeklagte, als er soeben einen Schritt über die französische Grenze hinausgelangt war, sich umgedreht und demselben zugeschrieen „vive la France". In Elsaß-Lothringen ist dieser Ruf als ein aufrührerischer strafbar, in Frankreich natürlich nicht. Hier steht man also vor der Frage, ob man es mit einem straflosen Handlungsdelikt oder, weil der Ruf in Elsaß-Lothringen gehört wurde, mit einem strafbaren Erfolgsdelikte zu thun habe. Im ersten Falle würde es Deutschen gestattet sein, von Frankreich aus aufrührerische Rufe in Deutschland ertönen zu lassen, im zweiten Falle aber auch ein Franzose strafbar sein, wenn er der Rufende war. Dieselbe Erscheinung zeigt sich, wenn im Auslande eine lediglich in Deutschland zu Gehör gekommene Handlung vorgenommen wurde, welche, wenn sie in Deutschland stattgefunden hätte, als eine ruhestörende bestraft werden müßte. Die Entscheidung der Frage wird aber wohl von der Erwägung abhängig zu machen sein, ob nach dem Willen des Gesetzes ein in Deutschland begangenes Handlungsdelikt sich unter der bezeichneten ausnahmsweisen Komplikation zu einem Erfolgsdelikt umgestalten, die Wahrnehmung der Handlung mithin in diesem Falle nicht als zur Handlung selbst gehörig und vielmehr als deren Erfolg angesehen werden soll.

Die citierte Abhandlung hatte jedoch auch keine zwingende Veranlassung, den Dolus in der Vorstellung begründet zu finden, da sie ihn aus der von ihr, wie es scheint, anerkannten Freiheit der Willensentschließung herleiten durfte. Diese Freiheit der Willensentschließung ist allerdings gerade in der neuesten Zeit wieder im Strafrecht von verschiedenen Seiten bestritten worden. Denn sie führe zu dem undenkbaren *liberum arbitrium indifferentiae*, und ein ununterbrochener Kausalverlauf erscheine mit derselben nicht vereinbar.

Nun wird ja wohl im allgemeinen von der Theorie der Willensfreiheit angenommen, daß der vernünftige Mensch sich der Verantwortlichkeit für seine als pflichtwidrig erkannte Handlung bewußt ist, und die Kraft besitzt, unerachtet aller Anfechtungen durch die Motive pflichtgemäß zu handeln. Ohne weiteres kausal kann jedoch diese geistige Kraft nicht sein, weil sonst nur ein der erkannten Pflicht entsprechendes Handeln möglich wäre. Ohne weiteres kausal kann jedoch auch die Kraft nicht sein, der erkannten Pflicht zuwider zu handeln, und es muß daher von der Entschließung abhängen, ob in der einen oder der anderen Weise gehandelt werden soll. Daß diese Entschließung nicht ohne Grund erfolge, wird von der Theorie der Willensfreiheit zugegeben. Sie meint jedoch, daß dieser Grund kein den Willen bezwingender sei, und die Handlung daher auch unterbleiben könne. Ob der hierin anscheinend hervortretende Widerspruch zu beseitigen ist, muß besserer Beurteilung anheimgestellt werden. Sollte jedoch auch ein unumstößlicher Beweis für die Willensfreiheit nicht zu erbringen sein, so ist doch auch die behauptete Willensunfreiheit nicht unumstößlich gewiß (s. unten), und man wird darum mit dem nämlichen Rechte, welches sie für ihre Richtigkeit in Anspruch nimmt, noch fernerhin die Ansicht beibehalten dürfen, daß die in die Vorstellung eintretende Erscheinung vorerst von dem Willen in ein Motiv umgesetzt werden müsse, bevor sie sich in der Handlung bethätigen könne. Dann aber würde selbstverständlich das Handeln kein Ergebnis des zwingenden Motives sein. Der notwendige Kausalverlauf beginnt dann auch allerdings erst mit der Wirkung des Willens. Allein das genügt auch, um ihm denselben als seine eigene Wirkung zuzurechnen. War es aber der Fall, daß ein Erfolg aus den zusammengetroffenen Wirkungen mehrerer Personen entstanden ist, so beginnt für jede der ununterbrochene Kausalverlauf mit der Vornahme ihrer Handlung, und es ist zur Aufrechnung des Erfolges nicht erforderlich, daß auch die vor der stattgefundenen Vereinigung der mehreren Wirkungen liegenden Einzelnwirkungen im Kausalzusammenhange stehen müßten. Nur unter dieser Voraussetzung kann auch behauptet werden, der Wille habe verursacht.

Wird hingegen die freie Entschließung, gleichviel in welcher Gestalt sie etwa auftreten möchte, ohne jeden Vorbehalt entschieden verworfen, so erscheint für die Theorie der Willensunfreiheit alles, was geschieht, als ein anfangsloser notwendiger Kausalverlauf, welcher im Falle eines menschlichen Geschehnisses das Innere des Menschen durchzieht und sich jenseits desselben bis in die Unendlichkeit erstreckt. Innerhalb dieses Kausalverlaufes muß dann freilich auch die Vorstellung mit dem Willen als ein Stück desselben stehen, und gerade darum die Willensfreiheit ausgeschlossen sein (meine Abhandlung Zeitschrift 1882, S. 233 f.). Außerhalb des Kausalverlaufes giebt es sonach kein Vorstellen und Wollen, und man darf vielmehr bei seiner Beurteilung nur kausale Erscheinungen in Betracht ziehen. Auch kann es nicht von Bedeutung sein, daß dieser Kausalverlauf sich aus mechanischen und psychischen Faktoren zusammensetzt, weil beide von der gleichen Notwendigkeit für das Geschehen sind.

In welcher Weise die kausale Verbindung zwischen Vorstellen, Wollen und Handeln sich vollzieht, wird wohl mit Gewißheit nicht behauptet werden können. Für lediglich rezeptiv darf aber die Vorstellung von der Theorie der Willensunfreiheit nicht gehalten werden, weil sonst ein ununterbrochener Kausalverlauf nicht vorliegen würde. Darum wird angenommen werden müssen, daß von ihr ein die motorischen Nerven in Bewegung setzender Impuls ausgehe, von welchem sie sich vorstelle, er werde sie in die äußere Erscheinung übertragen. Will man nun auch diesen Impuls als den in der Handlung hervortretenden unfreien Willen bezeichnen, so ergiebt sich doch, daß derselbe, da er nur innerhalb des Kausalverlaufes als ein Stück desselben fungiert, lediglich dasjenige wollen kann, was wirklich gegenwärtig geschieht, nicht aber auch dasjenige, was demnächst noch geschehen möchte — sonach aber auch nicht die Herbeiführung des Erfolges. Während der freie Wille, weil er von der Kausalität unabhängig ist, die Herbeiführung des Erfolges wollen, und gerade darum auch sich für denselben verantwortlich machen kann, muß daher allerdings die Theorie der Willensunfreiheit die Verantwortlichkeit für die Verursachung ausschließlich in der Vorstellung begründet finden. Sie bestraft den Thäter, nicht weil er den Erfolg gewollt, sondern weil er die Vorstellung von demselben besessen hatte, deren kausale Folge die ohne ein Wollen des Erfolges sich vollziehende Nervenbewegung gewesen war.

Aus der bloßen Vorstellung des Erfolges kann aber doch die Verantwortlichkeit für denselben nicht hergeleitet werden, weil nach anerkanntem Grundsatze nicht das Denken, sondern die Bethätigung desselben, das Wollen, die subjektive Seite der strafbaren Handlung bildet. Nun wird zwar behauptet (BÜNGER, Zeitschrift 1886, S. 337), die Vorstellung des Erfolges gehe in den auf die Handlung gerichteten Willen ein, wenn sie zu den die Motive des Wollens bildenden Vorstellungen gehöre und vermöge dessen entweder in der Richtung des Willens, oder in dem Stärkegrade, oder in sonstigen Eigenschaften desselben zum Ausdrucke komme. Allein es würde in diesem Falle die Vorstellung des Erfolges als Motiv ein ununterscheidbarer Bestandteil des Willens geworden sein, und es müßte darum doch wohl auch angenommen werden, daß derselbe auf die Herbeiführung des Erfolges gerichtet sei, was aber ausgeschlossen erscheint, wenn er nur das gegenwärtig Geschehende wollen kann. Die Theorie der Unfreiheit des Willens würde sich darum zu der Auffassung bekennen müssen, obgleich die Vorstellung des Erfolges in den Willen eingetreten sei, so werde doch der Erfolg nicht gewollt und vielmehr nur als notwendig oder möglich vorgestellt, in welchem Falle dann aber wieder die Verantwortlichkeit für denselben lediglich in die Vorstellung verlegt würde. Es bleibt daher für diese Theorie nur übrig, die Verantwortlichkeit für den Erfolg in der Eigenschaft der Vorstellung als eines innerhalb des Kausalverlaufes stehenden Stückes desselben und sonach als des zureichenden Grundes für die Herbeiführung des Erfolges zu suchen. Allein sie war, wenn ein Reisender beraubt worden ist, mit Notwendigkeit durch dessen Habe hervorgerufen worden, und es ist darum der zureichende Grund für diese Verursachung schon vor ihrer Entstehung vorhanden gewesen. Sonach erscheint aber auch nicht verständlich, warum gerade die Vorstellung die Verantwortlichkeit für die Verursachung enthalten soll. Dem Reisenden kann sie freilich nicht aufgebürdet werden. Aber das kann nicht zur Folge haben, daß sie in der Vorstellung gesucht werden müsse, sondern man kann nur zu dem Ergebnis gelangen, daß sie innerhalb des Kausalverlaufes überhaupt nicht aufzufinden ist.

Soll nun aber auch die Verantwortlichkeit für den verursachten Erfolg in der Vorstellung begründet sein, so setzt doch dieselbe immerhin voraus, daß der Kausalverlauf ein der Vorstellung entsprechender war. Darum fragt es sich, wie es sich verhalte, wenn derselbe mit ihr nicht übereinstimmt, welcher Beurteilung also insbesondere der in der Gestalt des Versuches und der Fahrlässigkeit hervortretende Irrtum zu unterziehen sei.

Bezüglich des Versuches wird man mit der Auffassung, nach welcher der unfreie Wille den Erfolg nicht wollen kann, wohl nur zu einer in der Verursachung enthaltenen Gefahr und bezw., da gerade nach dieser Theorie die Gefahr als ein objektiv bestehender Zustand nicht haltbar ist, zu einer durch dieselbe hervorgerufenen Beunruhigung gelangen, welche als Versuch der Herbeiführung des befürchteten Erfolges zu bestrafen wäre. In Ansehung der Fahrlässigkeit aber befindet man sich hier vor der Alternative, entweder das Geschehene zum Dolus zuzurechnen, weil immerhin die irrige Vorstellung die Ursachlichkeit für dasselbe enthält, oder von jeder Bestrafung abzusehen, weil es nicht vorgestellt gewesen war. Eine Unterscheidung, je nachdem der in der Vorstellung aufgetretene Irrtum ein verzeihlicher oder ein unverzeihlicher war, kann aus dem Kausalverlaufe nicht hergeleitet werden. Wäre der Thäter aufmerksamer gewesen, so würde derselbe vielleicht eine andere Gestalt angenommen haben. Allein diese Möglichkeit war für seine Entstehung ohne kausalen Einfluß, und sie darf darum auch bei seiner Beurteilung nicht berücksichtigt werden. Die Theorie der Willensfreiheit kann die Verschuldung des Fahrlässigen darin erblicken, daß er seine Handlung nicht unterlassen hatte, oder er doch anders hätte handeln sollen, als von ihm gehandelt worden ist. Die Theorie der Willensunfreiheit aber darf ihm diesen Vorwurf nicht machen, da er ja nach ihrer Auffassung gerade so handeln mußte, wie er gehandelt hat. Die der Fahrlässigkeit adäquate Verschuldung wird daher von derselben außerhalb des Kausalverlaufes gesucht werden müssen.

Diese Schwierigkeiten, welche die Theorie des unfreien Willens im Gefolge hat, werden durch die Berufung auf den Charakter nicht beseitigt. Es wird behauptet, die Verantwortlichkeit des Menschen für seine Verursachung sei in seinem Charakter begründet; er werde für dieselbe bestraft, weil er seinem Charakter nach dem Kausalverlaufe überhaupt zugänglich gewesen sei. Unter einem guten Charakter wird man die Widerstandsfähigkeit gegen die Zumutungen der Sinnlichkeit, pflichtwidrig zu handeln, und unter einem schlechten Charakter die Mangelhaftigkeit dieser Widerstandsfähigkeit zu begreifen haben. Daß der Charakter angeboren und unveränderlich sei, wird wohl bestritten werden müssen, wenn man erwägt, daß dann ein sich widersprechendes Handeln — bald ein pflichtgemäßes, bald ein pflichtwidriges — ausgeschlossen sein würde. Muß aber der Charakter erworben werden, so fragt es sich, ob man die ursprüngliche, von dem Kausalverlaufe unabhängige, Kraft besitzt, sich selbst seinen Charakter zu bilden, indem dieselbe die zufällig und regellos, ohne das eigene Zuthun, empfangenen Eindrücke ordnet, ausgleicht, ausscheidet und hierdurch zu einer inneren Einheit zusammenfaßt — oder ob der Charakter lediglich als die Summe dieser disparaten Eindrücke anzusehen ist. Im ersten Falle kann man durch die Ausübung der Herrschaft über die kausal empfangenen Eindrücke zur Beständigkeit des Charakters gelangen, und es besteht die Verantwortlichkeit für die Verursachung darin, daß man von dieser zur Verfügung gestandenen Herrschaft keinen Gebrauch gemacht hat. In dem zweiten Falle aber kommt man nicht darüber hinaus, daß der Charakter lediglich ein Erzeugnis der Kausalität ist, daß man es also in jedem konkreten Falle ausschließlich mit einem Kausalverlaufe zu thun hat, und man daher nicht begründen kann, warum man für seinen Charakter verantwortlich sein soll. Allein es wird wohl angenommen werden dürfen, daß die Theorie des unfreien Willens, indem sie die Verantwortlichkeit für die Verursachung in den Charakter verlegt, im Widerspruche mit sich selbst die bezeichnete, nicht necessitierte, Kraft stillschweigend voraussetzt. Andernfalls kann man selbst die absolute Ohnmacht seines Charakters gegenüber einer Kausalität, welche mit den Ergebnissen bereits früher in ihm zur Geltung gekommener Kausalitäten harmoniert, nicht bezweifeln. Denn wenn man auch den Ausgang des inneren Kausalverlaufes vorerst nicht kennt, so weiß man dann doch, daß derselbe unvermeidlich ist, und man daher, man mag thun, was man will, stets gezwungen so handelt, wie es von Anfang an bestimmt war. Man weiß, daß im Falle die objektiven, von dem Willen unabhängigen, kausalen Voraussetzungen für ein pflichtgemäßes Handeln in dem Charakter gegeben sind, dieses, und im Falle die Voraussetzungen für ein pflichtwidriges Handeln in demselben vorliegen, dieses pflichtwidrige Handeln erfolgen werde, ohne daß man vermöge eigener Kraft dem Kausalverlaufe eine andere Wendung geben könne. Darum kann man sich auch nicht einmal einbilden, daß man eine Wahlentscheidung besitze. Wollte man sich aber auch in dem irrigen Glauben an die Möglichkeit einer freien Wahl zu einer Handlung bestimmen, so würde doch dieser Irrtum keinen kausalen Einfluß auf das Geschehene äußern — und darum auch überhaupt nicht beachtet werden dürfen — weil es in Wirklichkeit die Notwendigkeit war, durch welche diese Bestimmung verursacht wurde. Einen subjektiv zureichenden Grund hat man daher auch nicht für sein Handeln. Denn fragt man sich, warum man handle, so kann man von diesem Standpunkt aus nur die Antwort erhalten, weil dies unwiderstehlich von der Kausalität verlangt werde, und es ist daher das Wollen, wenn hierbei überhaupt noch von demselben die Rede sein soll, jedenfalls nur ein gemußtes Wollen — also ein Müssen. Kann man aber nur zu der Einsicht gelangen, daß man sich das Geschehende gefallen lassen müsse, so kann man sogar bedauern, daß man von dem Kausalverlaufe gezwungen werde, und man hat auch keine Veranlassung, seine That zu bereuen.

Von Janka, einem hervorragenden Vertreter der Willensunfreiheit, wird allerdings in der neuesten strafrechtlichen Abhandlung, die sich mit dieser Materie beschäftigt (Zeitschrift 1889, S. 499 f.), erörtert, es erscheine schwer begreiflich, wie behauptet werden könne, der unfreie Wille sei, da ihm die Fähigkeit des Nichtwollens fehle, kein Wille, sondern ein Müssen. Der Wille sei ein spezifisches, auf in ganz spezifischer Weise hervortretende Wirkungen sich beziehendes psychisches Vermögen, das Wollen aber der entsprechende, diese Wirkungen hervorbringende, eigentümliche und von allen übrigen unterschiedene seelische Vorgang. Das Wort „wollen“ drücke etwas aus, was als ein Geschehen in mir mit Bewußtsein aufgefaßt und von andersartigem Geschehen unterschieden werde. Das kann man aber alles zugeben, ohne daß jedoch hiermit der Gesichtspunkt, es handle sich für den Determinismus um einen mit Notwendigkeit sich vollziehenden Kausalverlauf, dem auch der Wille unterworfen sei, beseitigt würde.

Nun wird freilich auf den Gegensatz zwischen dem intelligibelen, mit der Freiheit des Willens begabten, Charakter und dem empirischen Charakter, welchem diese Freiheit versagt sei, hingewiesen. Allein die Verbindung dieses intelligibelen mit dem empirischen Charakter soll unerklärbar sein, und es enthält darum die Behauptung, was für unser Erkennen aus Notwendigkeit geschehe, geschehe in Wirklichkeit aus Freiheit, ein Rätsel von nicht geringerer Unlösbarkeit, als welches die Behauptung darbietet, der Mensch besitze eine unbedingte empirische Freiheit des Willens, welche durch die, anderenfalls ganz bedeutungslose, Thatsache dokumentiert werde, daß er sich seiner Verantwortlichkeit bewußt sei. Es wird denn auch in strafrechtlichen Erörterungen über den unfreien Willen dessen Verantwortlichkeit nicht aus dem intelligibelen, sondern aus dem empirischen Charakter hergeleitet, hiermit aber, wie gesagt, lediglich behauptet, daß man ohne weiteres für seine vorgestellte Kausalität zu haften habe.

Besteht die Verschiedenheit zwischen dem Zurechnungsfähigen und dem Unzurechnungsfähigen nicht in der vorhandenen und mangelnden Willensfreiheit, und soll der unfreie Wille des Zurechnungsfähigen haftbar sein, so ist nicht einzusehen, warum nicht auch der Unzurechnungsfähige für seine Verursachung soll haftbar gemacht werden können (s. oben S. 252). Man kann nicht einwenden, er sei nicht imstande gewesen, zu bedenken, was ihn von der That hätte abhalten sollen; sein Intellekt sei nicht fähig gewesen, die Gegenmotive dem Willen vorzuhalten. Denn jedes stattgefundene Verbrechen war ja ein von vornherein unvermeidlicher Kausalverlauf. Daraus ergiebt sich aber, daß das Aufbieten der Motive der erkannten Rechtswidrigkeit und Strafbarkeit, des Pflichtbewußtseins, des Gewissens lediglich ein absolut untauglicher Versuch, der zwingenden Kraft der Kausalität entgegenzutreten, gewesen, und mithin für die That nicht kausal geworden, sondern außerhalb des Kausalverlaufes stehen geblieben war. Darum ist es gleichgültig, ob die bezeichneten Motive auch nur vorhanden waren oder nicht, und es kann daher auch kein rechtlicher Unterschied darin begründet sein, je nachdem der Verursacher ein Zurechnungsfähiger oder ein Unzurechnungsfähiger gewesen ist. War er unzurechnungsfähig, so fehlte ihm das Vermögen der Unterscheidung, oder doch die Kraft, das für richtig Erkannte zu thun. War er aber zurechnungsfähig, so war das richtige Erkennen kein Grund für das unrichtige Handeln, und auch ihm fehlte die Kraft, der zwingenden Kausalität gegenüber seine bessere Einsicht zu bethätigen. Auch wird bestritten werden müssen, daß die Handlung des Zurechnungsfähigen stets seinen wahren Charakter offenbare, während dies bei dem Unzurechnungsfähigen nicht zutreffe. Hat sich ein Zurechnungsfähiger von jeher als einen sanftmütigen, nachgiebigen Menschen erwiesen, so wird schwerlich, wenn er einmal im Ärger einem anderen eine Ohrfeige versetzt hat, mit Recht behauptet werden dürfen, er besitze in Wahrheit einen jähzornigen Charakter. Weit näher würde hier die Behauptung liegen, er habe infolge des zwingenden Einflusses der Kausalität im Widerspruche mit seinem Charakter gehandelt, da man nicht im schnellsten Wechsel aus einem friedfertigen ein streitsüchtiger, und dann wieder ein friedfertiger Mensch werden könne. Straflosigkeit würde in solchen Fällen die Folge sein, wenn die Bestrafung die Übereinstimmung zwischen der Handlung und dem Charakter voraussetzte. Es ist jedoch auch schon darum nicht richtig, daß sich der wahre Charakter des Zurechnungsfähigen in jeder einzelnen seiner Thaten offenbaren müsse, weil es, wie bemerkt, für die Beurteilung einer Kausalität ausschließlich auf das ankommen kann, was wirklich kausal geworden ist, und sonach, im Falle der Thäter etwa jemanden geschlagen hat, nur der

Umstand von Bedeutung erscheint, daß er gerade zu dieser Zeit leidenschaftlich erregt war. Ob er seinem Charakter nach zum Zorne geneigt ist, ob er noch andere schlimme oder gute Eigenschaften besitzt, darf hingegen auf die Beurteilung dieser That keinen Einfluß ausüben, weil diese Umstände in den Kausalverlauf nicht eingetreten sind. Kann aber der Charakter nur insoweit in Betracht gezogen werden, als er kausal geworden ist (s. oben S. 251), so ergiebt sich zunächst auch hier wieder, daß die Theorie der Willensunfreiheit, indem sie die Verantwortlichkeit in den Gesamtcharakter verlegt, dieselbe außerhalb des Kausalverlaufes begründet findet, während doch ausschließlich er für sie maßgebend sein dürfte. Dann aber ist hiernach weiter ersichtlich, daß auch der Charakter des Unzurechnungsfähigen gerade nur insoweit zur Beurteilung des Kausalverlaufes herangezogen werden kann, als er durch seine Kausalität in denselben eingetreten ist. Daß er überhaupt keinen Charakter besitze, er also äußeren Eindrücken, welche sich demnächst kausal bethätigen könnten, nicht zugänglich und hierin seine Verschiedenheit von dem Zurechnungsfähigen enthalten sei, wird ja wohl nicht angenommen werden dürfen. Mit dem nämlichen Rechte könnte gesagt werden, daß es auch charakterlose, völlig haltlose, zurechnungsfähige Menschen gebe. Wenn dann aber letztere wegen dieser Charakterlosigkeit nicht gerade so wie die Unzurechnungsfähigen behandelt und vielmehr demungeachtet für ihre Verursachung haftbar gemacht werden sollen, so könnte der Grund für diese Verschiedenheit eben nur in der vorhandenen und mangelnden Fähigkeit, sich unabhängig von der Kausalität einen Charakter zu verschaffen, gefunden werden. Denn auch die Vorstellung des Unzurechnungsfähigen muß nicht notwendig eine andere sein wie diejenige des Zurechnungsfähigen. Schlägt derselbe aus Rache für eine erlittene Mißhandlung einen Menschen tot, so kann er sich nicht allein ein zutreffendes Bild von dem bevorstehenden Kausalverlaufe entworfen haben, sondern er handelt auch gerade so folgerichtig, wie der Zurechnungsfähige, welcher dies thut. — Es sind aber auch seine guten und schlimmen Handlungen von dem nämlichen Wert und Unwert wie diejenigen des Zurechnungsfähigen, wenn man mit Merkel als richtig annimmt, daß der Wert und Unwert der Handlung von der Willens- und Wahlfreiheit des Handelnden unabhängig und vielmehr lediglich durch die äußere Erscheinung der Handlung bedingt ist (dagegen meine Abhandlung, Zeitschrift 1882, S. 236). Ob ein Mensch mit eigener Gefahr gerettet oder aus Rache totgeschlagen worden ist, bietet der äußeren Erscheinung nach keine Verschiedenheit dar, je nachdem dies von einem Zurechnungsfähigen oder Unzurechnungsfähigen geschehen ist, und es verursacht auch insbesondere in dem letzten Falle der Unzurechnungsfähige den nämlichen Schaden wie der Zurechnungsfähige. — Die einzige Verschiedenheit aber, welche hiernach zwischen dem Zurechnungsfähigen und dem Unzurechnungsfähigen besteht, kann nicht beachtet werden, wenn auch die geistige Gesundheit mit Notwendigkeit der Kausalität unterworfen ist. In diesem Falle muß aber auch gerade der Wille des Unzurechnungsfähigen als der prägnante Ausdruck des determinierten Willens bezeichnet werden, weil es bezüglich desselben nicht einmal zweifelhaft sein kann, daß er durch freie Selbstbestimmung nicht beeinflußt wird. Soll der Unzurechnungsfähige nicht bestraft werden, so kann dies hiernach nur auf einem Satze des positiven Rechtes beruhen.

Bünger findet (Zeitschrift 1887, S. 101, 102) den Unterschied zwischen dem unfreien Willen des Zurechnungsfähigen und dem unfreien Willen des Unzurechnungsfähigen darin enthalten, daß der letztere infolge seines geistigen Defektes zwischen Recht und Unrecht nicht zu unterscheiden vermöge, so daß ihm die Fähigkeit mangle, in eine vernünftige Abwägung der sich durchkreuzenden Reize und Dispositionen einzutreten, und er sonach dem Einflusse derjenigen sittlichen Motive entrückt sei, die bei normalem geistigen Zustande zur Geltung hätten gelangen können. Aber die Fähigkeit des Zurechnungsfähigen, zwischen Recht und Unrecht zu unterscheiden, besaß doch, wie gesagt, nicht den geringsten kausalen Wert, wenn er das erkannte Recht, unerachtet sogar der Strafvorschrift, gegenüber der zwingenden Kraft der Kausalität nicht hatte aufrecht erhalten können. Und im übrigen kann die Erwägung, daß unter anderen, als den vorgelegenen, Umständen — im Falle also der Unzurechnungsfähige zurechnungsfähig gewesen wäre — sich vielleicht ein anderer Kausalverlauf eingestellt haben würde, keine Bedeutung bezüglich der Verantwortlichkeit beanspruchen, wenn dieselbe das Ergebnis der notwendig verlaufenden Kausalität sein muß. Eine hauptsächliche Einwendung gegen die Rechtfertigung der Theorie der Willensfreiheit wird gerade darin erblickt, daß die Thatsache des Gewollthabens bestehen bleibe, wenn auch der Handelnde die Möglichkeit, etwas anderes zu wollen, nicht besessen habe. So bleibt aber auch der stattgefundene Kausalverlauf von der Möglichkeit, daß er sich auch anders hätte gestalten können, vollständig unberührt, und er darf vielmehr nur so, wie er sich wirklich gestaltet hat, der Beurteilung unterbreitet werden.

Ein weiteres Eindringen in ihr eigenes Wesen kann ja nun füglich der Theorie der Unfreiheit des Willens selbst überlassen bleiben, aber es mag doch endlich noch auf ihren Widerspruch mit den §§ 52, 54 St.G.B. hingewiesen werden. Es soll nach diesen Paragraphen eine strafbare Handlung nicht begangen worden sein, wenn dem drohenden Übel gegenüber die Bethätigung des, immerhin vorhandenen, freien Willens ein außergewöhnliches Maß von sittlicher Kraftanstrengung erfordert haben würde. Nach der Theorie des unfreien Willens gab es aber eine solche Kraft des Widerstandes überhaupt nicht, wenn das Verbrechen begangen worden ist, und sie müßte darum um so mehr die verbrecherische Handlung überall straflos lassen.

Daß die strafrechtlichen Ergebnisse der Willensunfreiheit von denjenigen der Willensfreiheit nicht verschieden seien (Janka, Zeitschrift 1889, S. 499 f., Bünger, daselbst 1887, S. 80 f.) — in welchem Falle der Streit zwischen den beiden Theorieen das Strafrecht in keiner Weise interessieren könnte, wird nach diesen Ausführungen nicht anzunehmen sein. Es ist bei dieser Behauptung nicht genügend berücksichtigt worden, daß bei der Beurteilung eines bloßen Kausalverlaufes, als welcher das menschliche Geschehnis mit Einschluß des Willens nach der Theorie der Willensunfreiheit auftritt, unbedingt von allem abgesehen werden muß, was nicht kausal geworden ist.

Lediglich darin findet Bünger (a. a. O.) die praktische Verschiedenheit der Theorie der Willensfreiheit von derjenigen der Willensunfreiheit begründet, daß der Indeterminist, weil er von der Grundlosigkeit des Wollens ausgehe, geneigt sei, eine Strafthat um so milder zu beurteilen, je mehr die Motive derselben an das Licht träten, je weniger grundlos also gehandelt worden sei. Allein diese Auffassung ist doch wohl schon darum nicht zutreffend, weil die Motive auch zur Verschärfung der Strafe führen können. Nur darauf kann es vielmehr ankommen, ob es mehr oder weniger verzeihlich ist, daß der Handelnde seine ihm zur Verfügung gestandene abhaltende Kraft nicht aufgeboten hatte, seine Pflichtverletzung also eine größere oder geringere war. Der Determinist hingegen wird, da er den Willen lediglich als ein Stück Kausalität betrachtet, die Strafzumessungsgründe nur aus dem ursachlich gewordenen Motive herleiten und sonach der Entschuldigung, daß die Anspannung der sittlichen Kraft unter den gegeben gewesenen Verhältnissen besonders erschwert gewesen sei, kein Gewicht beilegen können.

Es ist schon wiederholt darauf hingewiesen worden, daß es der Theorie der Willensunfreiheit nicht gelingen will, die Freiheit der Selbstbestimmung vollständig über Bord zu werfen, und sie sich vielmehr dem Gefühle nicht entziehen kann, daß denn doch das menschliche Leben nicht lediglich eine trostlose Kausalität sei. Das beweist schon, daß sie daran festhält, das, was nach ihr lediglich Kausalität ist, als Willen zu bezeichnen. Besonders bei Janka zeigt sich, daß die Willensfreiheit im Hintergrunde der von ihm behaupteten Willensunfreiheit steht. In seinen Grundlagen der Strafschuld, Wien 1885, hatte er von Gegenmotoren gegen die Vorstellung, von einem Aufeinander- und Gegeneinanderwirken von Kräften, in welchen der Entschluß geboren werde, von einem dem Intellekte vorgehaltenen Spiegel, welcher die Anforderungen der Moral und des Rechtsgesetzes erkennen lasse, von einem aktuellen Konflikt des Willens mit dem Rechtswillen, einer Verachtung desselben, einer Versündigung des Verbrechers an der Gesellschaft gesprochen, — und er entgegnet nunmehr in der citierten Abhandlung auf die Einwendung, daß ohne Annahme der Willensfreiheit hiervon überall keine Rede sein könne, da in diesem Falle nur ein passiver unweigerlicher Gehorsam in Frage stehe (meine Kausalität 1885, S. 31f.), — ein Aufeinander- und Gegeneinanderwirken von Kräften, sowie die Überwindung der einen durch die anderen komme, auch in der unbelebten Natur, stets vor, wo kausale Vorgänge in die Erscheinung träten. Und im übrigen seien lediglich Thatsachen von ihm behauptet worden, welche durch die Freiheit des Willens nicht bedingt erschienen. Aber das siegende Motiv soll ja ein von Anfang an feststehendes sein, und von einem Kampfe kann nur in uneigentlichem Sinne geredet werden, wenn jedes Widerstreben für ein aussichtsloses gehalten werden muß. Darum spricht das Gegenmotiv des Pflichtbewußtseins, welches sich der Versuchung entgegenstellt, für die Überzeugung, daß dieselbe keine kausale Kraft besitze. Jedenfalls aber ist nicht zu erklären, wie von dem Motive und dem Gegenmotive, welche sich bis zur Vernichtung des einen bekämpfen, eine gemeinsame Leistung erzeugt werden, das unterlegene Pflichtmotiv mithin sich wirksam für die Entstehung des verbrecherischen Entschlusses erwiesen haben könnte. Auch kann Verachtung, Versündigung, Ungehorsam, welche in dem Geschehen hervorgetreten seien, dem Thäter nur dann vorgeworfen werden, wenn es ihm möglich gewesen wäre, anders zu handeln, als er gehandelt hat. Daß man dem Willen die freie Entschließung aberkennt, ihm jedoch im übrigen die Attribute beilegt, welche nur für die Willensfreiheit von Bedeutung sein können, wird als unzulässig bezeichnet werden müssen.

Hauptsächlich aber steht mit der behaupteten Willensunfreiheit der von Janka (a. a. O.) gegebene Begriff der Handlung nicht in Übereinstimmung. Mit Recht wird — wenn man davon absieht, daß die Handlung selbst bereits eine von dem Willen ausgehende

Wirkung ist — von demselben bestritten, daß die Folgen der Handlung in den Begriff der Handlung gehörten. Die Handlung bestehe vielmehr nur so lange, als der Mensch persönlich in den von ihm als Mittel benutzten Kausalmechanismus eingreife. Das Verbrechen liege in dem der Anforderung des Rechtes zuwiderlaufenden strafbaren Verhalten des Individuums, welches von dem Erfolge unabhängig sei. Die äußerlich abgeschlossene Handlung reiche jedoch innerlich durch das in ihr liegende Wollen in dessen Beziehungen zu den beabsichtigten, bezw. vorgestellten, in der Außenwelt zu gewärtigenden Veränderungen über den äußeren Abschluß hinaus, und gerade diese Willensbeziehungen seien für die verbrecherische Qualität der Handlung wesentlich bestimmend. Sei aber die Handlung das Verbrechen, so ergebe sich, daß prinzipiell das Verbrechen durch den in ihm nicht gelegenen thatsächlichen Erfolg nicht bestimmt sein könne. Prinzipiell sei daher die Frage, welcher Erfolg sich aus der verbrecherischen Handlung ergeben habe, und mithin der aus der Handlung sich entwickelnde Kausalverlauf für die Beurteilung des Verbrechens gleichgültig. Ob die in der Absicht, zu töten, unternommene Handlung den beabsichtigten oder einen anderen, gleichviel welchen, Erfolg herbeigeführt habe, ändere das Wesen der Handlung und somit das Verbrechen nicht. Hiernach wird nicht anders angenommen werden können, als daß der in der Handlung — mag dieselbe auch ohne allen Erfolg geblieben sein — offenbarte, über sie hinausreichende Wille das vollendete Verbrechen sein soll. Wie jedoch diese reine, von dem Objekte vollständig losgelöste Willenstheorie mit der Theorie der Willensunfreiheit, nach welcher alles, was geschieht, mit sammt dem Willen ein unvermeidlicher Kausalverlauf sein muß, zu vereinbaren wäre, ist nicht einzusehen. Denn ist der Wille ausschließlich Kausalität, und daher nur insoweit Wille, als er thätig ist, so kann er nicht über die Handlung hinausreichen. Es wäre das ein Hinausreichen über sich selbst, ein Existieren außerhalb des Kausalverlaufes, welches ausschließlich dem freien Willen zukommen kann. Daß der Wille eine kausale Entstehung innerhalb des Kausalverlaufes haben, der geäußerte Wille aber dann ein aus dem Kausalverlaufe heraustretender, von demselben nicht gebundener sein, seine Bethätigung also eine lediglich subjektive Verbindung zwischen sich und einer nur in der Vorstellung aufgetretenen Erscheinung herbeiführen soll, enthält einen Widerspruch, weil er als bloße Kausalität keine andere Bedeutung besitzt als diejenige eines Gliedes des Kausalverlaufes, welches die Verbindung zwischen dem ihm vorausgehenden und dem ihm nachfolgenden Gliede herstellt, zu einer anderen Funktion, als zu dieser, aber unmöglich berufen, und insbesondere keine Tragweite bezüglich der zur Zeit seines Eintrittes in den Kausalverlauf von demselben noch nicht ergriffenen Zukunft beanspruchen kann. Vielmehr muß der Wille, insoweit er sich auf die Zukunft erstreckt, außerhalb des Kausalverlaufes stehen bleiben, da sie nur als Möglichkeit, nicht aber als Wirklichkeit, in Betracht gezogen werden kann. Wollte man aber auch annehmen, es könne der unfreie Wille auch den bevorstehenden Kausalverlauf wollen, weil derselbe ein von vornherein notwendiger sei, so könnte doch von demselben wenigstens ein Kausalverlauf, und sonach die Herbeiführung eines Erfolges nicht gewollt werden, welcher nicht wirklich eintritt. Nur der freie, von der Kausalität nicht gebundene, Wille kann darauf gerichtet sein, dieselbe nach seinem Belieben zu gestalten. Daher muß es auch unausführbar erscheinen, den unfreien Willen in einen entschiedenen Gegensatz zur Kausalität zu bringen, dieses Stück Kausalität aus dem Kausalverlaufe herauszuschneiden und ihm in der Gestalt der Handlung einen ganz besonderen, den verbleibenden Rest der Kausalität bei weitem überwiegenden, rechtlichen Wert beizumessen. Eine Handlung, welche noch etwas anderes sein soll als reine Kausalität, ist mit dem Wesen der deterministischen Willenstheorie völlig unvereinbar, und es kann vielmehr nach ihr nur der Kausalverlauf sein, welcher den Charakter des Verbrechens bestimmt.

Gefahr und Versuch in der zweiten Auflage des ersten Bandes der Normen.

In dieser zweiten Auflage erscheint eine Anzahl neuer Paragraphen und eine Anzahl anderer Paragraphen ist in derselben von Binding umgestaltet worden. Unter ihnen ist der von der Gefahr und dem Versuche handelnde § 53 der wichtigste. Die Ausführungen zur Kausalität sind hingegen die nämlichen geblieben. Es wird nur noch in der Note 3 zu § 17 angekündigt, daß in dem bevorstehenden zweiten Bande des Handbuches der Kampf gegen die Kausalitätstheorie v. Buri's und der Strafsenate des Reichsgerichts aufgenommen werden solle, und in Note 10 zu § 48 denselben der Vorwurf gemacht, ihr Kausalitätsbegriff sei ein rein mechanischer, für die Geisteswissenschaften ganz unbrauchbarer. Nun ist aber doch diese Theorie bereits vielfach als zutreffend anerkannt (Glaser, Hälschner, Janka, Liszt, Berger, Haupt, Bünger, Kries, Lammasch), diejenige Binding's hingegen beinahe allseitig abgelehnt worden, wie beides wieder in neuester Zeit mit größter Entschiedenheit in dem Buche von Prof. Landsberg über die Kommissivdelikte durch Unterlassung, S. 15, 41 f. geschieht. Sodann würde ja wohl der Gegensatz der mechanischen Kausalität die Rechtskausalität sein. Aber Binding sagt selbst (S. 340), das Recht könne keinen Kausalzusammenhang da hervorzaubern, wo keiner sei, und ebensowenig kann es einen vorhandenen Kausalzusammenhang wegzaubern. Darum ist der Kausalzusammenhang dem Recht überhaupt unzugänglich, und es kann ihm gegenüber nur zu der Bestimmung berufen sein, unter welchen Voraussetzungen und inwieweit es demselben rechtliche Bedeutung beilege, unter welchen Voraussetzungen und inwieweit also insbesondere der Verursacher eines Kausalverlaufes strafrechtlich für denselben haften solle. Eine Verschmelzung dieser beiden streng geschiedenen Gesichtspunkte — Kausalität und Verantwortlichkeit für dieselbe — in den einen der Rechtskausalität wird demnächst schwerlich gelingen.

Nur im allgemeinen sei hier bemerkt, daß BINDING die Verursachung des Erfolges als einen Kampf der zu ihm hinführenden und der von ihm abhaltenden Kräfte betrachtet. So lange sich diese Kräfte das Gleichgewicht halten, kann der Erfolg unmöglich eintreten. Sobald aber die Kräfte des *pro* auch nur das leiseste Übergewicht über diejenigen des *contra* erlangen, muß er sofort mit Notwendigkeit eintreten. Daher soll die Kraft, welche dieses Übergewicht verliehen hat, die Ursache, — die Kräfte aber, welche lediglich das Gleichgewicht hergestellt haben, sollen die Bedingungen für diese Ursache sein. Diese Theorie, welche offenbar auf der rein mechanischen Kausalität beruht, bedeutet aber, daß nur die letzte, dem Eintritt des entstandenen Erfolges unmittelbar vorausgegangene Wirksamkeit die ursachliche ist. In welchem Verhältnis sich die bedingenden Wirksamkeiten zu den ursachlichen befinden, wird auch jetzt nicht zum klaren Verständnis gebracht, es wird jedoch angenommen werden müssen, daß zwischen ihnen eine kausale Verschiedenheit bestehen, die Wirkung der bedingenden Kräfte also eine absolut geringere sein soll wie diejenige der ursachlichen Kraft. Diese kausale Verschiedenheit der Wirkungen muß selbstverständlich von dem Gesetze anerkannt werden. Es kann der geringeren Wirkung nicht die gleiche rechtliche Bedeutung beilegen wie der absolut von ihr verschiedenen ursachlichen Wirkung, und so gelangt man, wenn es sich um eine strafrechtliche Teilnahme handelt, zu der Folgerung: die letzte Wirkung muß stets diejenige des Thäters, die ihr vorausgegangenen Wirkungen können nur diejenigen der Gehilfen sein. Nun ist die Haltbarkeit dieses Satzes schon oft genug widerlegt worden. Er läßt insbesondere im Stich, wenn sich mehrere Kräfte gleichzeitig als letzte zur Geltung gebracht haben, und schließt die Reihenfolge von Mitthätern aus. Hauptsächlich aber entzieht derselbe die Möglichkeit einer Entscheidung, wenn die letzte Wirkung als eine fahrlässige auf vorausgegangene dolose Wirkungen folgt, oder sie diejenige eines Unzurechnungsfähigen, eines Tieres oder einer Naturkraft war. Denn ihrer Wirkung nach bleibt die letzte, ursachliche, Kraft die nämliche, mag sie eine verschuldete oder nicht verschuldete sein, und man hat darum, sollte sie auch von einer vorausgegangenen schuldhaften Kraft in Aussicht genommen gewesen sein, in diesen Fällen keinen Thäter; sonach aber auch keinen Gehilfen, weil er nur ein Accessorium des Thäters sein soll. Wie BINDING diese Schwierigkeiten, welche seine Kausalitätstheorie der Teilnahme bereitet, in dem zweiten Teile seines Handbuches überwinden will, hat er in dem vorliegenden Werke nicht angedeutet, und ebensowenig ist in seinen früheren Werken ein genügender Aufschluß hierüber enthalten (Kausalität 1885, S. 58 f.; Gerichtssaal 1878, Beilageheft, S. 93 f.).

Es mußte aber hier auf seine Kausalitätstheorie hingewiesen werden, weil sie ergiebt, daß sein jetzt eingehend erörterter Gefahrbegriff, welcher die Gefahr als einen gegenwärtigen objektiven Zustand in Betracht zieht, nicht für zutreffend gehalten werden darf. Denn kann, solange sich die Kräfte im Gleichgewicht befinden, der Erfolg unmöglich eintreten, und muß er sofort mit Notwendigkeit eintreten, sobald die zu ihm hinwirkenden Kräfte das Übergewicht über die von ihm abhaltenden erlangt haben, so ist auch keine Zeit und kein Raum vorhanden, innerhalb deren das Geschehene als ein objektiver Zustand der Gefahr existieren könnte.

Gesagt wird nur, der Gesetzgeber betrachte die Gefährdung nicht als teilweise Verletzung, sondern als eine eigentümliche Beeinträchtigung des gefährdeten Gutes in der Ungestörtheit seines Daseins. Gefährdung sei immer die Zufügung des materiellen Schadens der Erschütterung der Daseinsgewißheit, der Sicherheit des Rechtsbestandes, und zwar sei dieser materielle Schaden darin enthalten, daß der gefährdende Angriff auf das Rechtsgut dessen fraglose Fähigkeit, unverletzt weiter zu bestehen, in Frage stelle. Erreicht sei der Höhepunkt der Gefahr, wenn ein Spannungsverhältnis zwischen den hinführenden und abhaltenden Kräften dergestalt sich ergeben habe, daß kraft Erfahrung unser Verstand das alsbaldige Hinauswachsen jener über den Widerstand dieser besorgen müsse. Daß eine Befürchtung erregt worden sei, erscheine für die Gefährdung nicht als wesentlich.

Zutreffend ist in dieser Erörterung, daß die Erregung von Angst und Besorgnis nicht als ein wesentliches Merkmal der Gefahr betrachtet werden kann. Denn es sind dies Zustände des Subjektes, die auf das Bestehen oder Nichtbestehen der Gefahr keinen Einfluß zu äußern vermögen, wenn sie ein gegenwärtiger, objektiver Zustand ist. Wesentlich für die Verursachung einer Gefahr würde daher nur sein, daß der herbeigeführte Zustand des Objektes bezw. die Lage desselben, in welcher es sich innerhalb herbeigeführter gegebener Verhältnisse befindet, das auf die Erfahrung gestützte bestimmte oder weniger bestimmte Urteil rechtfertigt, es werde zukünftig eine Verletzung erleiden, welche es andernfalls im natürlichen Verlaufe der Dinge nicht erleiden würde. Nun kann aber selbstverständlich durch dieses Urteil der gegenwärtige objektive Zustand der Gefahr nicht herbeigeführt werden, und es kann dasselbe vielmehr nur bestätigen, daß er unabhängig von ihm bestehe. Darum müßte dieser Zustand ausschließlich in dem Objekte enthalten sein. Das ist jedoch nicht der Fall; denn die gegenwärtige schlechte Beschaffenheit des Objektes kann den gegenwärtigen Zustand der Gefahr noch nicht enthalten, da sich dieselbe stets noch weiter verschlechtern muß, bevor die Verletzung eintreten kann, so daß schließlich Gefahr und Verletzung zusammenfallen. Ist es aber nicht der gegenwärtige, sondern der zukünftige Zustand des Objektes, welcher den Eintritt der Verletzung ermöglicht, und kann aus der Zukunft des Objektes ein gegenwärtiger Zustand desselben nicht hergeleitet werden, so kann auch die Gefahr kein gegenwärtiger objektiver Zustand sein. Daraus ergiebt sich jedoch, daß sie lediglich als eine subjektive Schlußfolgerung betrachtet werden darf (s. oben S. 286).

Auch wird dem gefährdeten Objekte durch die Gefahr kein gegenwärtiger materieller Schaden zugefügt. Das brennende Haus ist nur insoweit geschädigt, als es brennt, und das vom Feuer noch nicht ergriffene Nachbarhaus gegenwärtig noch unversehrt. Seine Daseinsgewißheit erscheint darum in der Gegenwart keineswegs erschüttert. Die Infragestellung seiner Fähigkeit aber, unversehrt weiter zu existieren, beruht auf einer Beurteilung der Zukunft, welche allerdings zu einer gegenwärtigen Wertverminderung desselben führen kann. Allein dieselbe wird nicht aus dem gegenwärtigen Zustand des bedrohten Rechtsgutes hergeleitet, der, wenn er so bliebe, wie er ist, ein Gefahrurteil überhaupt nicht aufkommen lassen würde. Was von der Befürchtung gilt, wird ja wohl auch von der Hoffnung zu gelten haben, es wird jedoch nicht behauptet werden, daß die Erwartung eines vorteilhaften Zuwachses zu dem Rechtsgut, etwa der Anlegung einer Eisenbahn, ein gegenwärtiger Zustand desselben sei, wenn schon dessen Wert hierdurch erhöht werden kann.

Endlich ist es natürlich richtig, daß die Gesetzgebung den Gefahrbegriff anerkennt, aber es erhebt auch die Theorie des subjektiven Gefahrbegriffes dagegen keinen Widerspruch, sondern sie stellt nur in Abrede, daß durch diese Anerkennung die Gefahr in einen gegenwärtigen objektiven Zustand umgewandelt werde. Es ist jedoch auch die Frage, ob der Gesetzgeber die Gefahr als einen solchen Zustand ansehen, oder ob er nicht vielmehr lediglich das Sicherheitsbewußtsein schützen wollte, welches die Objektivität der Gefahr nicht zur Voraussetzung hat. Wie die betreffenden gesetzlichen Vorschriften liegen, mag es ja sein, daß die Strafe für die

Herbeiführung einer Gefahr selbst dann eintreten muß, wenn dieselbe bereits vorübergegangen war, bevor sie wahrgenommen wurde, und die betreffende, als gefährlich angesehene Handlung sogar einen günstigen Erfolg herbeigeführt hatte. Daß aber die Bestrafung in diesen Fällen, namentlich auch wegen Fahrlässigkeit, der bewußten Intention des Gesetzgebers entspreche, dürfte nicht durchaus zweifellos sein.

Jedenfalls darf von der Theorie der objektiven Gefahr nicht übersehen werden, daß, wenn dieselbe ein objektiver Zustand sein soll, die richtige Beantwortung der Frage, ob sie bestehe oder bestanden habe, mit Notwendigkeit durch eine vollständig zutreffende Erkenntnis der Gegenwart — und bezw. der Vergangenheit, in welcher sie bestanden haben soll — bedingt sein muß. Denn die unzureichende Erkenntnis der Gegenwart kann zwar eine Besorgnis, aber keinen objektiven Zustand der Gefahr begründen, mag auch die richtige Erkenntnis eine schwierige oder sogar eine unmögliche gewesen sein. Und daß die Gegenwart nicht richtig erkannt worden ist, kann die Zukunft lehren. Wird der Abbruch eines nach allgemeiner Erfahrung baufälligen Hauses obrigkeitlich angeordnet, es ergiebt sich aber bei dem Abbrechen desselben, daß es aus bestem Eichenholz konstruiert ist, so daß sein Einsturz in absehbarer Zeit nicht befürchtet zu werden braucht, und wird hierauf die obrigkeitliche Anordnung aufgehoben, so muß es doch wohl als eine ganz unmögliche Zumutung bezeichnet werden, daß man demungeachtet das Haus seiner objektiven Beschaffenheit nach für gefährdet gewesen halten solle. Darum kann von der Herbeiführung eines objektiven Zustandes der Gefahr niemals geredet werden im Falle der Ermittelung von Thatsachen, welche zu der Zeit, zu der die Gefahr verursacht worden sein soll, bereits existierten und, wenn sie bekannt gewesen wären, das Gefahrurteil ausgeschlossen haben würden. Wollte man bestreiten, daß der Feststellung einer objektiven Gefahr eine durchaus zutreffende Würdigung der gegenwärtigen Verhältnisse vorauszugehen habe, so würde man zu einer nur fingierten Gefahr gelangen.

Wäre diese Erörterung als richtig anzuerkennen, so ist ersichtlich, daß der Begriff der objektiven Gefahr gegenüber seiner bisherigen Behandlung eine wesentliche Einschränkung dahin zu erleiden hat, daß, im Falle auch unser auf die Erfahrung gestützter Verstand ihre Existenz bestätigt, dieselbe dennoch als ein bestehender oder bestandener objektiver Zustand nicht anerkannt werden darf, wenn die gegebenen Verhältnisse nicht vollständig und richtig gewürdigt worden waren. Nur durch eine unzutreffende Inbetrachtnahme zukünftiger Ereignisse würde darum der objektive Zustand der Gefahr nicht ausgeschlossen werden — wenn es eben als zutreffend anerkannt werden müßte, daß derjenige objektive Zustand ein gegenwärtiger objektiver Zustand der Gefahr sei, welcher die subjektive Besorgnis vor einer zukünftigen Verletzung hervorrufe. FINGER erörtert zwar in seiner bemerkenswerten Abhandlung über den Begriff der Gefahr 1889, S. 60, die zur Zeit der Handlung unbekannt gewesenen Umstände dürften, wenn sie auch zu dieser Zeit bereits existiert hätten, bei der Feststellung der Gefahr nicht in Erwägung gezogen werden, weil man sonst zu einer Beurteilung des Kausalverlaufes *ex post*, hiermit aber zu der Einsicht gelangen müsse, daß der Gefahrbegriff überhaupt unhaltbar sei. Allein als berechtigt wird dieses Verbot nicht anzuerkennen sein, und es erscheint auch für die objektive Natur der Gefahr bedeutungslos, ob der Handelnde die richtige Erkenntnis der gegebenen Verhältnisse besessen hatte oder nicht. War nach vollständiger Prüfung der Gegenwart eine objektive Gefahr in Wirklichkeit nicht herbeigeführt worden, so würde er höchstens des Versuches schuldig sein und unter keinen Umständen für Fahrlässigkeit haften.

Mit welchem Grade von Bestimmtheit das Gefahrurteil die Verletzung in Aussicht stellen müsse, darüber ist unerachtet lebhaften Streites noch keine Einigung erzielt worden. Die Wahrscheinlichkeit soll einen zu großen Anspruch an die Gefahr machen, die Möglichkeit und Denkbarkeit aber sollen zu geringe Erfordernisse für dieselbe sein. Wie sich die nahe Möglichkeit zur Wahrscheinlichkeit verhalte, was die Ausdrücke: einige Wahrscheinlichkeit, erheblich, beträchtlich bedeuten sollen, läßt sich mit Zuverlässigkeit nicht ermitteln, und die Feststellung der Gefahr nach einem Prozentverhältnis ist ganz undurchführbar. Was endlich BINDING anbelangt, so meint derselbe nur, daß die Größe der Gefahr nicht bei allen Gefährdungsdelikten die nämliche zu sein brauche. Aber wenn die Gefahr eine verschiedene sein soll, je nachdem der zu befürchtende Schaden größer oder geringer erscheine, sie also nicht eine überall sich gleich bleibende, genau angebbare Gestalt besitzt, so kann sie doch auch kein objektiver Zustand sein. Vielmehr lehrt die Unmöglichkeit, einen ein für allemal zutreffenden Beginn der Gefahr festzustellen, daß ihre Annahme lediglich auf subjektiver Anschauung beruht.

Eine konkrete Gefahr kann jedenfalls nur dann bestehen, wenn die vollständig in Betracht gezogenen konkreten Umstände des einzelnen Falles den Schluß auf das Bevorstehen einer konkreten Verletzung rechtfertigen. Eine abstrakte oder auch, was kaum verschieden ist, generelle Gefahr, die lediglich aus dem Allgemeinbegriff der betreffenden Handlung hergeleitet werden soll (v. Kries, v. Rohland), ohne daß sie in dem konkreten Falle zu bestehen brauchte, kann kein objektiver Zustand sein (s. oben S. 301; Finger a. a. O.). Auch Binding spricht sich entschieden gegen diese Theorie der generellen Gefahr aus, und es kann nur nicht anerkannt werden, daß sie sich auf der Theorie aufbaue, welche die Gefahr als einen objektiven Zustand überhaupt in Abrede stelle. Denn ihre objektive Natur bestreitet dieselbe nicht. Soll hiernach eine abstrakte Gefahr, welche *in concreto* einen objektiven Zustand der Gefahr nicht begründet, angenommen werden, so kann diese Annahme nur eine Fiktion sein, die lediglich dem Gesetzgeber zusteht. Derselbe hat von dieser abstrakten Gefahr reichlichen Gebrauch gemacht, sowohl bei den Übertretungen als bei den Vergehen und Verbrechen. Zu diesem Ende verbietet er eine bestimmte Handlung, bezüglich deren er annimmt, ihre Vornahme lasse in zahlreichen oder weniger zahlreichen Fällen die Herbeiführung einer Gefahr befürchten, oder weil er sie auch nur als unzuträglich mit dem gesunden Leben der Allgemeinheit ansieht. Bestraft aber wird die Vornahme der Handlung jedesmal, mag sie auch in dem konkreten Falle eine Gefahr nicht herbeigeführt haben. Eine Abweichung von dieser abstrakten Gefahr bieten die zahlreichen Paragraphen des Strafgesetzbuchs dar, in welchen zwar die Handlung wegen ihres abstrakten Geeignetseins zur Erregung einer Gefahr bestraft, aber die Frage, ob sie *in abstracto* geeignet sei, nicht von dem Gesetze selbst durch das ausnahmslose Verbot der Handlung beantwortet, und vielmehr ihre Beantwortung dem Richter zugeschoben wird. Wer mittels eines gefährlichen Werkzeuges eine Körperverletzung zufügt, soll nach § 223a St.G.B. bestraft werden, mochte er auch durch sorgfältige Anwendung desselben jede konkrete Gefahr einer erheblicheren als der zugefügten leichten Körperverletzung ausgeschlossen haben. Aber nach welchem Maßstab soll denn nun der Richter die abstrakte Gefährlichkeit des Werkzeuges ermessen, soll er hierbei von der Wahrscheinlichkeit, der Möglichkeit oder der Denkbarkeit ausgehen, daß unter anderen als den vorgelegenen Umständen eine erhebliche Verletzung hätte herbeigeführt werden können? Das Gesetz giebt ihm keine Verhaltungsmaßregel und setzt ihn hierdurch in die größte Verlegenheit (s. oben S. 223 f.). Diese Schwierigkeiten werden dem Richter von dem Strafgesetzbuche in den verschiedensten Gestaltungen bereitet. Von besonderem Interesse ist hier auch der Zweikampf geworden. Daß für die Bestrafung desselben eine *in concreto* hervorgerufene Gefahr für Leib und Leben erforderlich sei, wird bestritten werden müssen. Vielmehr verlangt hier der Gesetzgeber zweifellos, wie ich glaube, daß das Gericht, allerdings unter Zugrundelegung der Beschaffenheit der *in concreto* benutzten Waffe, sowie der *in concreto* für den Zweikampf festgesetzten Regeln, im übrigen aber unter vollständiger Entbindung von allen anderen konkreten Umständen, namentlich von der Art und Weise, in welcher der Zweikampf ausgefochten wurde, der Persönlichkeit und Geschicklichkeit der Gegner u. s. w., *in abstracto* würdigen soll, ob in dem vollzogenen Zweikampf habe verletzt oder getötet werden können (s. oben S. 229 f.).

Binding meint nun bezüglich dieser Fälle des Geeignetseins, der Gesetzgeber verbiete hier Handlungen, sofern sie zur konkreten Gefährdung geeignet seien, das heiße er stelle die Norm auf eine Handlungsform, die prinzipiell diejenige des beendigten Versuches sei, und bestrafe diesen Versuch als Vollendung. In Wirklichkeit giebt jedoch der Gesetzgeber da, wo er von gefährlichen Werkzeugen, tödlichen Waffen u. s. w. spricht, nicht entfernt zu erkennen, daß sie auch *in concreto* gefährlich gewesen sein müßten, und es liegt auch nicht mit Notwendigkeit der behauptete Versuch vor. Denn das Geeignetsein zur Gefährdung kann nur bedeuten, es sei die Herbeiführung einer Gefahr möglich, es könne aber auch die Gefahr ausbleiben, so daß der Wille auch auf Nichtgefährdung sich richten kann.

Daß der Gesetzgeber nirgends die Gefahr fingiere und vielmehr überall eine wirkliche Gefahr verlange, sucht Binding weiter daraus herzuleiten, daß alle Gefährdungsverbrechen zu den Delikten mit gesetzlich geschlossenen Mitteln gehörten, und die vollendete Anwendung des Mittels gegen das geschützte Objekt stets, weil es taugliches Gefährdungsmittel sei, die Bewirkung der Gefahr bedeute, deren Eintritt daher keineswegs vermutet werde. Weil die Handlung gefährde, sei sie verboten: die vollendete Übertretung der Norm müsse Gefährdung sein. Die unvollständige Anwendung des Mittels zum Zwecke der Gefährdung könne sich nicht anders denn nur als Versuch darstellen. Allein es ist doch ersichtlich, daß die vollendete Anwendung eines *in abstracto* tauglichen Mittels, mag dasselbe auch von dem Gesetze selbst als tauglich bezeichnet worden sein, in dem konkreten Falle nicht mit Notwendigkeit eine Gefahr herbeiführen muß, und vielmehr auch so ungeschickt angewendet werden kann, daß jede Gefahr ausgeschlossen erscheint. Wer in mörderischer Absicht seinem Gegner Arsenik in einer Quantität, welche bei richtiger Verwendung denselben getötet haben würde, in die Haare streut, hat unerachtet der vollendeten Anwendung des Mittels das Leben desselben nicht gefährdet. Daher könnte die Meinung Binding's nur richtig sein, wenn er unter der vollendeten Anwendung des Mittels eine derartige Anwendung versteht, daß durch dieselbe die Gefahr wirklich herbeigeführt wird. Dann aber bedürfte es keiner Hinweisung auf die Tauglichkeit des vom Gesetze bezeichneten zur Anwendung gebrachten Mittels, und es würde lediglich gesagt sein, das Gesetz verlange die Herbeiführung einer wirklichen Gefahr. Wäre das aber der Fall, so würde nicht einzusehen sein, warum denn das Gesetz bestimmte Mittel bezeichnet hätte, da es doch offenbar bedeutungslos sein müßte, durch welche beliebigen Mittel die Gefahr verursacht wird. Darum beweist gerade die Bezeichnung bestimmter Mittel, deren Anwendung das Gesetz verbietet, daß dasselbe die Herbeiführung einer konkreten Gefahr zur Bestrafung wegen Gefährdung nicht verlangt. Der Schluß, weil die Handlung gefährde, sei sie verboten, und es müsse daher die vollendete Übertretung der Norm Gefährdung sein, ist nicht zutreffend. Denn er geht von der Fiktion aus, daß die Handlung in jedem konkreten Falle gefährde und darum von dem Gesetze verboten sei, während das Gesetz sie verbietet, weil es sie im allgemeinen für gefährdend hält, ohne sich der Einsicht zu verschließen, daß sie sich in dem einzelnen Falle auch gefahrlos vollziehen könne. Sollte aber sogar das Gesetz der Meinung gewesen sein, die von ihm verbotene Handlung sei ausnahmslos auch in dem konkreten Falle gefährdend, so würde immerhin, wenn sie gefahrlos verlauft und sie dennoch bestraft werden soll, eine fingierte Gefahr bestraft werden. Denn das Gesetz kann eine Gefahr als einen objektiven Zustand da nicht schaffen, wo keine ist. Die vollendete Übertretung der Norm muß daher keineswegs eine wirkliche Gefährdung und daher auch die unvollständige Anwendung des Mittels nicht mit Notwendigkeit der Versuch wirklicher Gefährdung sein, deren Herbeiführung vielmehr von dem Willen des Handelnden vollständig ausgeschlossen gewesen sein kann. Hiernach aber bedeutet die vollendete Anwendung des Mittels die Vollendung des Gefährdungsverbrechens, mag eine Gefahr herbeigeführt worden sein oder nicht, und die unvollendete Anwendung des Mittels ist der Versuch dieses, von der Herbeiführung konkreter Gefahr unabhängigen, Verbrechens.

Diese Erörterungen erweisen sich an dem § 322 St.G.B. Denn wenn hier vorgeschrieben wird: Wer vorsätzlich ein zur Sicherung der Schifffahrt bestimmtes Feuerzeichen oder ein anderes zu diesem Zwecke aufgestelltes Zeichen zerstöre, wegschaffe oder unbrauchbar mache, oder ein solches Feuerzeichen auslösche oder seiner Dienstpflicht zuwider nicht aufstelle, solle mit Zuchthaus bis zu zehn Jahren bestraft werden, so beweist die Höhe dieser ohne Zulassung mildernder Umstände angedrohten Strafe, daß sie im Hinblick auf die Möglichkeit einer durch die Handlung herbeigeführten konkreten

Gefahr angeordnet worden ist. Aber mag auch derjenige, welcher ein fragliches Zeichen etwa vorsätzlich zerstört, weder eine auf die Herbeiführung einer konkreten Gefahr gerichtete Absicht gehabt, noch das Bewußtsein besessen haben, daß seine Handlung *in concreto* gefährde, und mag auch eine konkrete Gefahr nicht verursacht worden sein, so muß immerhin die angedrohte Strafe ausgesprochen werden, wenn der Handelnde bei der Zerstörung des Zeichens dasselbe als ein zur Sicherung der Schiffahrt bestimmtes erkannt hatte.

Glücklicherweise sind nicht alle Gefährdungsverbrechen nach dem Muster des § 322 konstruiert, und das gilt namentlich auch von dem § 315 St.G.B. Daß zu seiner Anwendung eine nach den konkreten Umständen der Handlung zu ermessende Gefahr zu verlangen sei, ist unbestritten, und es besteht die Verschiedenheit der Ansichten nur darin, welches Objekt gefährdet werden müsse, ob der Transport oder ein Transport. Unter dem Transport wird der Bahntransport als Begriff, unter einem Transport hingegen der einzelne Bahnzug verstanden. Nun kann aber ein Begriff nicht unmittelbar, sondern nur in den einzelnen, von ihm umfaßten Objekten verletzt und daher auch nur in diesen Objekten gefährdet werden. Und hieraus ergiebt sich, daß im Falle nicht ein einzelnes solches Objekt gefährdet worden war, der § 315 nicht zur Anwendung kommen darf. Sieht man hiervon ab, und setzt man die betreffende Handlung in unmittelbare Beziehung zu dem Bahntransport als Begriff, so gelangt man nicht zu einer *in concreto* bestehenden, sondern nur zu einer in der Idee begründeten Gefahr, deren Annahme vorzugsweise durch die Willkür bedingt wird und insbesondere die Bestrafung der Fahrlässigkeit zu einer ungerechtfertigten gestaltet. Daß das Gesetz durch die Verschiedenheit seiner bezeichneten Ausdrücke nicht eine Verschiedenheit der Beurteilung herbeiführen wollte, wird anerkannt, und man ist darum keineswegs genötigt, den wirklichen Willen desselben in dem Transporte zu finden, da man ihn vielmehr auch in dem einen Transport finden, hiermit aber der Ansicht den Vorzug geben darf, welche mit der Rechtslage harmoniert.

Es dürfte aber wohl anzunehmen sein, daß der Gesetzgeber, unbeschadet des von ihm zu gewährenden Schutzes gegen Gefährdung, auf die nach dem Ermessen des Richters *in abstracto* zur Gefährdung geeignete Handlung verzichten könnte, zumal ja auch der Versuch bestraft werden kann, und da, wo der Versuch nicht strafbar sein soll, auch eine Bestrafung der nur *in abstracto* zur Gefährdung geeigneten Handlung nicht gerechtfertigt erscheint. Es würde dann lediglich die konkrete, das heißt die ausschließlich nach den konkreten Umständen des einzelnen Falles zu bemessende Gefahr, die man, wenn schon die Gefahr kein objektiver Zustand ist, als die wirkliche bezeichnen mag, der von dem Gesetze ein für allemal fingierten Gefahr gegenüberstehen, welche eine abstrakte ist, weil eben für ihre Annahme die konkreten Umstände der That ohne Bedeutung sein sollen. Wenigstens würde sich gewiß eine sparsamere Anwendung der nach dem Ermessen des Richters *in abstracto* gefährlichen Handlung empfehlen, wenn sich dieselbe auch vielleicht bei den Delikten gegen die Allgemeinheit, wie bei dem Lebensmittelgesetz, nicht durchaus vermeiden lassen sollte. Jedenfalls ist die gegenwärtige Behandlung der Gefahr in dem Strafgesetzbuch eine inkonsequente und widerspruchsvolle, da insbesondere, wie sich z. B. aus einer Vergleichung der Gefährdung der Eisenbahn mit der Gefährdung der Schifffahrt ergiebt, häufig genug der Grund nicht ersichtlich ist, warum für ein Delikt die konkrete, für ein anderes in dieser Richtung gleich zu beurteilendes Delikt aber die abstrakte Gefahr verlangt wird, und man sogar nicht selten nicht einmal mit Bestimmtheit zu erkennen vermag, ob die gesetzliche Anordnung auf die konkrete oder abstrakte Gefahr abzielt.

Bezüglich des Begriffes der Gemeingefahr endlich, deren Definition bis jetzt noch nicht gelungen ist (s. oben S. 281), hebt Binding zunächst hervor, dieselbe könne unmöglich von dem Maße der Aufklärung des Thäterbewußtseins über den künftigen Zustand abhängen, und das ist denn auch natürlich richtig, wenn die Gefahr ein objektiver Zustand sein soll. Damit wird jedoch keineswegs beseitigt, daß die Verantwortlichkeit des Thäters für die verursachte Gemeingefahr nicht größer sein kann, als seine Vorstellung von derselben reicht (Kausalität 1873, S. 49 f.). Weiter wird dann erörtert, der Gegensatz von Gemein- und Spezialgefahr könne mit dem von Gefahr in bestimmter und in unbestimmter Größe nicht zusammenfallen. Gemeingefahr sei nicht die unbestimmt große, sondern die allgemeine bestimmt oder unbestimmt große Gefahr; sie sei die Gefahr allgemeiner Verletzung — nichts weiter. Es scheine, als wolle man sich mittels jener Unbestimmtheit über die allerdings nie angenehme Notwendigkeit wegheben, zwischen dem einzelnen und der Allgemeinheit die Grenze zu ziehen. Aber Binding selbst giebt keine Merkmale dafür an, nach welcher Richtung diese Grenze gezogen werden könnte, so daß seine betreffende Unterscheidung unbegründet gelassen worden ist. Für die Beurteilung der Gemeingefahr soll in das Gewicht fallen, daß die Gefahr nicht nur einen Spielraum zum Wachsen, sondern auch zum Wandeln ihrer Wirkungen besitze. Die Gefahr könne zur Flucht, sowie zur

Meidung ihres Ortes und Wirkungskreises zwingen. Der Eintritt der Verletzung werde dann der gemeingefährlichen Handlung zum Trotze durch die Vorsicht derer, denen sie zugedacht gewesen sei, vereitelt wie im Falle des § 366, 2 St.G.B., wenn der Tummelplatz von Pferd und Reiter aus Angst vor ihnen leer geblieben sei. Sei aber vielleicht der Thatbestand der gemeingefährlichen Verbrechen auf die bedingte Gefährlichkeit gestellt, dann liege er auch dann vollendet vor, falls noch kein Gut in deren Bannkreis gekommen sei, oder ihn sorgsam gemieden habe, wenn nur die Gefahr ihre Pforten für eine Allgemeinheit der Rechtsgüter geöffnet habe, also ergreifen wolle, jedes das ihr nahe komme, während eine Allgemeinheit ihr nahe kommen könne.

Nun glaube ich aber, daß, im Falle diese Ausführungen als richtig anerkannt werden müßten, es ganz bestimmt nicht richtig sein könnte, daß die Gefahr ein gegenwärtiger objektiver Zustand sei, welcher die Daseinsgewißheit eines gegenwärtigen Rechtsgutes erschüttere. Denn gegenwärtig muß doch wohl das Rechtsgut sein, dessen Dasein erschüttert wird. Daraus geht hervor, daß eine zukünftige, oder auch erst in der Entstehung begriffene Gefahr keine Gefahr ist, weil nur durch eine bereits entstandene gegenwärtige Gefahr die Daseinsgewißheit eines Rechtsgutes erschüttert werden kann. Und es geht weiter hieraus hervor, daß vorhandene Umstände, welche die Daseinsgewißheit eines Rechtsgutes erschüttern würden, im Falle es in ihren Wirkungskreis einträte, noch keine Gefahr sein können, weil eben eine gegenwärtige Erschütterung der Daseinsgewißheit hier ausgeschlossen ist. Eine bedingte Gefahr ist darum so wenig denkbar wie eine bedingte Verletzung; denn beide sind — von der Gefahr wird dies wenigstens behauptet — Wirklichkeiten, die nur entweder bestehen oder nicht bestehen, und im übrigen nur einen Versuch zulassen können. Darum ist die Meinung für unhaltbar anzusehen, daß derjenige, welcher die Gefahr vermeide — ob ihm die Verletzung zugedacht war oder nicht, muß bei der objektiven Natur der Gefahr als bedeutungslos angesehen werden —, gefährdet gewesen sein könne. Halten sich die Leute von dem öffentlichen Platze, auf welchem Pferde zugeritten werden, fern, so mag zwar eine Strafe für die unbefugte Benutzung des Platzes gerechtfertigt sein, aber gefährdet waren sie so wenig wie diejenigen, welche am Lande bleiben, während Haifische das Wasser unsicher machen. Dasselbe hat zu gelten, im Falle die Flucht bewerkstelligt wurde, solange die Gefahr erst noch in der Entstehung begriffen war. Daß die Gemeingefahr aber sogar vollendet sein soll, wenn eine sorgsame Vermeidung derselben stattgefunden habe, mag ja von dem Gesetze vorgeschrieben werden können, das aber dann in Wirklichkeit nicht die Verursachung der Gefahr, sondern die Handlung zur Bestrafung zieht, die Gefahr also lediglich fingiert. Ob indessen diese Auffassung der Gemeingefahr dem Gesetze mit Recht zugeschoben werden kann, dürfte doch sehr zu bezweifeln sein.

Was sodann den Versuch anbelangt, so ist die subjektive Versuchstheorie der Meinung, derselbe besitze keinen objektiven Thatbestand und sei vielmehr lediglich verkörperter Wille. Die objektive Versuchstheorie legt hingegen auch dem Versuche einen objektiven Thatbestand bei, und sie findet denselben in neuerer Zeit vielfach darin gegeben, daß er eine Gefahr für das angegriffene Rechtsgut enthalte. Hiermit war die objektive Natur der Gefahr behauptet, und infolgedessen die subjektive Versuchstheorie zu einer eingehenden Prüfung des Gefahrbegriffes veranlaßt worden, zu welcher es ohne diese Veranlassung vielleicht überhaupt nicht gekommen sein würde.

Nun hätte ja das Gesetz allerdings anordnen können, der Versuch liege dann vor, wenn in der Absicht, zu verletzen, eine Gefahr herbeigeführt worden sei. Allein es hat diese Anordnung nicht getroffen, und es kann sich darum auch die Theorie der im Versuche objektivierten Gefahr auf das Gesetz nicht berufen. Sie ist aber auch überhaupt nicht richtig. Das ergiebt sich daraus, daß sie, obwohl der Gefahrbegriff von ihr geradezu verflüchtigt werden muß, um nur das Gebiet des strafbaren Versuches nicht allzusehr einzuschränken, auch den mit an und für sich tauglichen, aber infolge fehlerhafter Anwendung den Eintritt des Erfolges ausschließenden Mitteln unternommenen Versuch nicht bestrafen kann. Denn es wurde bereits erörtert, daß der Schluß auf die Zukunft nur dann für gerechtfertigt gehalten werden darf, wenn ihm eine vollständig zutreffende Beurteilung der Gegenwart zu Grunde liegt, und daß ein derartiger anscheinend gerechtfertigter Schluß diese Eigenschaft verlieren muß, wenn sich auch erst hintendrein herausstellt, daß die Gegenwart nicht richtig gewürdigt, der Schluß, es sei eine objektive Gefahr verursacht worden, also falsch war. Der Gegner kann erst in dem Augenblicke gefährdet sein, in welchem das Gewehr auf ihn abgefeuert wird, und er ist nicht gefährdet, das heißt es lag für ihn eine konkrete objektive Gefahr in Wirklichkeit nicht vor, wenn dem Gewehre bei dem Abfeuern eine Richtung gegeben worden war, daß die Kugel über seinem Kopfe in einen Baum einschlagen mußte. Die Behauptung, man müsse unterstellen, das Gewehr habe ja auch richtig in Anschlag gebracht werden können, in welchem Falle dann die Verletzung möglicherweise herbeigeführt worden sein würde, ist eine rein willkürliche, da sie nur zur Annahme einer bedingten Gefahr führen kann, die keine objektiv gegenwärtige ist. Dasselbe gilt, wenn der Dolchstoß von einem Panzer abgeglitten war, und es ist eine unberechtigte Anforderung, daß man sich bei der Beurteilung, ob objektiv Gefahr vorgelegen habe, den Panzer wegdenken soll. Hätte man die betreffenden Umstände zur Zeit dieses Gefahrurteiles gekannt, so würde es zu demselben nicht gekommen sein, und hierin liegt der Beweis dafür, daß die angenommene objektive Gefahr in Wirklichkeit nicht bestand. Denn ob Thatsachen bekannt oder unbekannt waren, muß, wie gesagt, ohne Bedeutung erscheinen, wenn die Gefahr ein objektiver Zustand sein soll.

Wollte man nun entgegnen, es genüge zur Annahme des Versuches, wenn nur die zur Zeit der That bekannten Umstände das Gefahrurteil rechtfertigten, möge sich dann dasselbe auch nachträglich als ein irriges erweisen, so würde hierdurch die Verursachung objektiver Gefahr in die Verursachung einer lediglich subjektiven Annahme der Gefahr umgewandelt werden und die Bestrafung wegen Versuches nicht zu verstehen sein, wenn eine Besorgnis nicht hervorgerufen worden war, der Bedrohte also etwa nichts davon bemerkt hatte, daß auf ihn geschossen werde. Denn wenn die nicht objektiv, sondern nur in der Einbildung bestehende Gefahr eine Besorgnis nicht hervorruft, so ist sie weder objektiv noch subjektiv von Bedeutung. Eine Besorgnis kann aber auch der absolut untaugliche Versuch herbeiführen. Macht man die Wahrnehmung, daß jemand sein nur mit Pulver geladenes Gewehr auf einen Menschen abdrückt, so weiß man zwar, daß derselbe nur dann gefährdet sein kann, wenn sich auch eine Kugel in dem Laufe befindet. Allein man hat keine Veranlassung zu der Annahme, es sei dies nicht der Fall, und darum wird sich auch eine Besorgnis, namentlich bei dem Bedrohten selbst, zur Geltung bringen. Soll dagegen die stattgefundene Verursachung einer Besorgnis für den Versuch bedeutungslos erscheinen, so würde es nur die objektive Gefahr sein, die er enthalten könnte, und es müßte dann, wie gesagt, der relativ taugliche Versuch straflos gelassen werden, wenn inzwischen die Thatsache der ungeschickten Anwendung des tauglichen Mittels bekannt geworden wäre. Anderenfalls besteht in Wirklichkeit die bestrittene Versuchstheorie wesentlich darin, daß sie die Handlung nicht nach ihrem konkreten Vorkommen, sondern nach ihrem abstrakten Geeignetsein zur Verursachung einer Verletzung beurteilt und sonach die angenommene Gefahr fingiert, was nur von dem Gesetzgeber geschehen darf.

Des Versuches ist nach dieser Theorie derjenige schuldig, welcher in der Absicht, zu verletzen, eine Gefahr verursacht. Aber die Verursachung einer bloßen Gefahr kann doch den Willen nur als Gefährdungswillen, nicht aber als Verletzungswillen strafbar machen, wenn er nur insoweit strafbar wird, als er verursacht, und es geht hieraus hervor, daß die Behauptung, der Verletzungswille werde nicht schon durch seine bloße äußere Bethätigung, sondern nur durch seine Verursachung strafbar, nicht zutrifft (s. oben S. 288). Oder man müßte sich mit der Ansicht einverstanden erklären, daß der Gefährdungswille mit dem Verletzungswillen identisch sei, da beide gleichmäßig in dem Handeln mit dem Bewußtsein der Möglichkeit des Erfolges hervorträten (s. oben S. 299 f.).

Während hiernach die subjektive Theorie dem Versuche wie der Gefahr den objektiven Thatbestand abspricht und hiermit zu dem einfachen Ergebnis gelangt, daß der Handelnde für Versuch oder Gefährdung zu bestrafen ist, je nachdem seine Absicht auf Verletzung oder bloße Gefährdung gerichtet war, die Verschiedenheit zwischen Versuch und Gefährdung nach ihr also lediglich in dieser Willensverschiedenheit beruht, die seitherige objektive Versuchstheorie aber dem Versuche die verursachte Gefahr als objektiven Thatbestand zumißt und, wenn sie konsequent sein will, den Gefährdungs- und Versuchswillen als identisch ansehen muß, wird dieser Theorie gegenüber jetzt auch von Binding (S. 375) zunächst zutreffend darauf hingewiesen, auch der Versuch der Gefährdungsverbrechen sei strafbar, und es ergebe sich hieraus, daß die Gefährdung für den Versuch nicht wesentlich sein könne (s. oben S. 200). Sodann wird aber weiter erörtert, das Setzen der Ursache zur Verletzung sei für die strafgesetzgeberische Betrachtung etwas wesentlich anderes, als das Setzen der Ursache zur Gefahr. Jenes bedeute Rechtsgütervernichtung, dieses nur Infragestellen ihres Daseins. Dieser Unterschied erstrecke sich auch auf die Anfangsstadien beider Handlungen. Endlich sei zwar kein Versuch denkbar, der sich nicht als Setzen einer Bedingung zur Ursache sei's der Verletzung, sei's der Gefährdung darstelle. Aber befinde sich denn, wer verletzen wolle, stets sofort in der für ihn glücklichen Lage, ein Spannungsverhältnis zwischen positiven und negativen Bedingungen vorzufinden, woran er nur leise zu rühren brauche, um die Gefahr des Unterliegens der negativen Bedingungen zu bewirken? Wie vieler Verbrecher Kraft erlahme im Versuchsstadium, bevor sie eine gefährliche Sachlage geschaffen hätten! So ergebe sich: vergleiche man rein objektiv das Ergebnis des Versuches, auch nur des Verletzungsversuches, mit dem der vollendeten Gefährdung, so bleibe jenes unendlich oft hinter diesem zurück. Aber auch dann, wenn beide, wie leicht möglich, in ihren Wirkungen auf den Stand der Bedingungen gleich seien — für den Juristen sei stets Verletzungsversuch etwas anderes als vollendete Gefährdung, und für ihn ergreife der Gegensatz von Versuch und Vollendung auch das ganze Gebiet der Gefährdungsverbrechen.

Aus dieser Erörterung ist zwar mit Bestimmtheit zu entnehmen, daß der Verletzungswille von dem Gefährdungswillen absolut verschieden sei. Ob jedoch auch zwischen dem objektiven Thatbestand von Versuch und Gefahr diese absolute Verschiedenheit bestehe, ist im Unklaren geblieben. Die Bezugnahme auf die gesetzgeberische Betrachtung und den Juristen fördert in dieser Richtung nicht. Wollte man aber diese absolute Verschiedenheit annehmen, so müßte für den Beginn der Gefahr eine objektive Grenze festgestellt werden, was nicht ausführbar ist, und es würde auch aus diesem objektiven Grunde derjenige, welcher in der Absicht, ein Rechtsgut zu verletzen, eine Gefahr für dasselbe verursacht, der versuchten Verletzung nicht schuldig sein. Das kann jedoch nicht für richtig gehalten werden, und es wird darum als das Ergebnis der Erörterung Binding's festzustellen sein, daß diese absolute Verschiedenheit der objektiven Thatbestände nicht bestehe, sonach aber sowohl derjenige, welcher, in der Absicht zu verletzen, eine Gefahr bereitet, als auch derjenige, welcher in dieser Absicht thätig wird, ohne eine Gefahr zu bereiten, des Versuches sich schuldig mache. Darum kann jedoch auch die Unterscheidung zwischen gefährlichem und ungefährlichem Versuche nur von relativer Bedeutung sein.

Aber welche Bewandtnis soll es denn nun mit der objektiven Beschaffenheit des Versuches haben? Die Gefährdung soll, wie gesagt, keine teilweise Verletzung sein, und es kann darum auch der gefährliche Versuch keinen Teil der Verletzung enthalten. Denn ist die Gefahr ihrer Substanz nach kein objektiver Teil der Verletzung, so kann sie auch durch den bloßen auf die Herbeiführung der Vollendung gerichteten Versuchswillen nicht zu einem solchen Teile gestaltet werden. Enthält aber der gefährliche Versuch keinen Teil der Verletzung, so kann dies offenbar von dem ungefährlichen Versuche noch weniger behauptet werden. Dennoch wird jeder Versuch (S. 368, Abs. 2), als angefangene Verletzung, und sonach als ein objektiver Teil derselben, zu den Verletzungsdelikten gerechnet; es wird sogar (S. 376, Note 11) ausdrücklich darauf hingewiesen, daß jeder Versuch eine teilweise Setzung des verbrecherischen Thatbestandes sei. Offensichtlich sind aber hierin Widersprüche enthalten, und es fragt sich daher, ob nicht vielleicht anderweite zutreffende Aufschlüsse über die objektive Natur des Versuches gegeben worden sind. Gesagt wird nur, es sei kein Versuch denkbar, der sich nicht als Setzen einer Bedingung zur Ursache, sei's der Verletzung, sei's der Gefährdung, darstelle; darin, daß sie einen Angriff auf den Rechtsgüterbestand enthielten, stimmten Verletzungsversuch und vollendete Gefährdung überein; zu beiden geselle sich auch der Versuch der Gefährdung. Denn Versuch und Vollendung unterschieden sich überhaupt nur durch das verschiedene Maß der Entwickelung des Angriffes. Aber mit diesen Behauptungen wird auch nicht entfernt die objektive Natur des Versuches dargethan. Soll der Versuch einen subjektiven und objektiven Thatbestand besitzen, so darf man sich doch nicht länger der Einsicht verschließen, daß, wie ein subjektiver Zusammenhang zwischen dem Versuchswillen und dem in der Vollendung enthaltenen Willen — die sogar identisch sind (s. oben S. 293) — bestehen, so auch ein objektiver Zusammenhang zwischen dem in dem Versuche Geschehenen und der Vollendung gerade so vorhanden sein muß, wie auch in der Vollendung der subjektive und objektive Thatbestand zu unterscheiden sind. Statt jedoch den Nachweis dieses objektiven Zusammenhanges zu erbringen, werden stets wieder von der objektiven Versuchstheorie der Wille und das in dem Versuch Geschehene durch Worte von zweifelhafter Bedeutung in einander geschoben, so daß man sie vorerst mühsam auf ihren wahren Gehalt prüfen muß, um sich schließlich zu überzeugen, man habe es lediglich mit Äußerungen subjektiver Natur zu thun. Dieses Vermeiden einer scharfen Unterscheidung zwischen dem objektiven und subjektiven Standpunkt ist das Kennzeichen einer jeden der bis jetzt bekannt gewordenen objektiven Versuchstheorien. So sind auch die bezeichneten Äußerungen Binding's, welche den Nachweis der objektiven Natur des Versuches erbringen sollen, lediglich subjektiver Natur. Das Setzen einer Bedingung zur Ursache kann nur bedeuten, daß nach dem Willen des Handelnden das Geschehene zur Ursache werden soll. Denn daß das vergeblich Geschehene die von dem Willen unabhängige objektive Bedeutung einer Bedingung für den ausgebliebenen Erfolg besitze, hat Binding nicht nachgewiesen — und es ist das auch nicht nachzuweisen, weil ein objektiver Zusammenhang zwischen einer Wirklichkeit und einer lediglich in der Idee stecken gebliebenen Zukunft nicht möglich ist. Darum bedeutet ferner der ohne Erfolg gebliebene Angriff auf den Rechtsgüterbestand nur den auf die Verletzung desselben gerichteten Willen.

Und das Gleiche gilt von der gemeinten bis zur Vollendung fortschreitenden Entwickelung des Angriffes, da auch sie lediglich in der Vorstellung des Handelnden enthalten, aber keine Wirklichkeit ist, weil sie sich auf die ausgebliebene Zukunft bezieht.

Unbegründet ist dann insbesondere auch die aus der Norm, also etwa aus dem Verbote: „Du sollst nicht töten", für die objektive Natur des Versuches gezogene Konsequenz. Sei alles genau und vollständig geschehen, was sie untersage, so liege das vollendete Delikt vor. Allein strafbar sei ja auch die versuchte Übertretung des Verletzungsverbotes. Und doch bewiesen die Gesetze, daß sie einen wesentlichen Unterschied zwischen dem Deliktsmoment der vollendeten und dem der versuchten Übertretung des Verletzungsverbotes nicht fänden. Das französische Recht stelle, wenn auch mit Unrecht, Versuch und Vollendung unter gleiche Strafe, und nach deutschem Reichsrecht liege der Höchstbetrag der Strafe für den Versuch nur um ein Kleines unter dem der Vollendungsstrafe. Daraus erhelle: maßgebend für die Auffassung des Gesetzes vom Deliktsmoment in der Übertretung der Übertretungsverbote sei nicht sowohl, daß sich in der Schale des Ungehorsams die Verletzung selbst berge, sondern daß der Ungehorsam sich als ein objektiv begonnener verbotener Angriff auf das geschützte Rechtsgut — und sonach als ein objektiver Teil desselben — darstelle. Ob der Angriff Erfolg gehabt habe, werde erst an zweiter Stelle bedeutsam. Verletzungsdelikte seien deshalb sowohl die angefangenen, wie die vollendeten Übertretungen der Verletzungsverbote (S. 367).

Wenn aber der Versuch nach französischem Rechte gleich der Vollendung bestraft werden soll, so ergiebt sich, daß es sich nicht um die versuchte Übertretung eines Verletzungsverbotes, sondern um die vollendete Übertretung desselben handelt. Das deutsche Reichsrecht erkennt hingegen eine wesentliche Verschiedenheit zwischen Versuch und Vollendung an, und es ist der geringe Zwischenraum zwischen der Versuchsstrafe und der Strafe für die Vollendung lediglich ein Fehler, der in der früheren Vorherrschaft des französischen Rechtes in dieser Materie seine Erklärung findet. Sonach bleibt aber aus der vorstehenden Erörterung nur übrig, daß der Versuch die versuchte Übertretung des Verletzungsverbotes sei, und dieser Ungehorsam sich als ein objektiv begonnener verbotener Angriff auf das geschützte Rechtsgut darstelle. Allein es ist für die Frage, ob ein Versuch gegeben sei, ohne jede Bedeutung, ob ein Verletzungsverbot besteht oder nicht. Der Versuch ist kein anderer, je nachdem die zum Morde oder die zur berechtigten Notwehr bestimmte Kugel an dem Gegner vorübergeflogen ist, und es läßt sich sonach auch nicht behaupten, der Versuch sei die objektiv begonnene Übertretung des Verletzungsverbotes. Darum hätte nachgewiesen werden müssen, inwiefern ganz abgesehen von einem Verletzungsverbote der Versuch eine objektive Natur besitze. Es lautet aber die bezeichnete Erörterung, als wenn die das Rechtsgut schützende Norm und nicht das Rechtsgut selbst das Objekt wäre, welches verletzt wird. Bei dieser Identifizierung der Norm mit dem Rechtsgut kann freilich behauptet werden, die begonnene Übertretung der Norm sei die angefangene Verletzung des Rechtsgutes, die fortschreitende Übertretung der Norm die fortschreitende Verletzung des Rechtsgutes und die beendigte Übertretung der Norm die beendigte Verletzung des Rechtsgutes. Wollte man jedoch auch diese Indentifizierung der schützenden Norm mit dem geschützten Rechtsgut, bezw. deren Objektivierung als zutreffend anerkennen, so würde doch hierdurch der Beweis des objektiven Thatbestandes des Versuches nicht im geringsten gefördert werden. Denn dann wirft sich die Frage, ob, im Falle es nicht zu einer vollendeten Übertretung des Verbotes gekommen ist, der demselben entgegengetretene Ungehorsam, also die Bethätigung des Willens, es zu übertreten, seine teilweise objektive Verletzung enthalte, oder nicht vielmehr nur als der verkörperte Verletzungswille angesehen werden könne, dem Verbote gegenüber ganz in der nämlichen Weise auf, wie sie bisher dem Rechtsgute gegenübergetreten ist. Der Ungehorsam setzt aber nicht voraus, daß das verbotene Ziel ganz oder auch nur teilweise wirklich erreicht worden sei, sondern er liegt, mag es erreicht oder, gleichgültig aus welchen Gründen, nach allen Richtungen verfehlt worden sein, in vollem Umfange vor, sobald seine Offenbarung sich in der Außenwelt zu einer erkennbaren Darstellung gebracht hat, und man hat es darum auch hier wieder mit einem lediglich subjektiven Merkmal zu thun, welches unberechtigt verlangt, für ein objektives gehalten zu werden.

Da hiernach der Versuch eine objektive Verletzung auch nicht einmal zum Teil enthält, und eine Gefährdung nicht zu enthalten braucht, der Rechtsgüterbestand aber nur durch Verletzung oder Gefährdung soll angegriffen werden können (368), so würde seine Strafbarkeit überhaupt nicht zu begründen sein. Demungeachtet muß er natürlich bestraft werden, und es ergiebt sich auch der Grund für diese Bestrafung aus Binding's eigenen Erörterungen. Die Rechtsgüterschutztheorie hatte seither auf Abwege geführt, insoweit sie der Meinung war, der Rechtsschutz werde den einzelnen Gütern um ihrer selbst willen verliehen. Die Konsequenz hiervon war die Straflosigkeit des absolut untauglichen Versuches, da ein

Schutzbedürfnis gegen eine unmögliche Verletzung nicht bestehe (s. oben S. 314). Nunmehr hat jedoch Binding zutreffend ausgesprochen (S. 353), Rechtsgut sei alles, was in den Augen des Gesetzgebers als Bedingung gesunden Lebens der Rechtsgemeinschaft für diese von Wert sei. Das vornehmste Rechtsgut ist jedoch dieses gesunde Leben selbst, und es kann nicht zweifelhaft sein, daß in einem geordneten Staate die Rechtsgemeinschaft sich dieses Gutes in einem höheren Maße erfreut, als unter Verhältnissen allgemeiner Unsicherheit. Für unvereinbar mit dem gesunden Leben der Rechtsgemeinschaft aber muß es gehalten werden, wenn der auf eine Verletzung gerichtete Wille sich straflos bethätigen dürfte, mag die betreffende Bethätigung eine gefährdende sein oder nicht und sich mit tauglichen Mitteln gegen ein taugliches Objekt oder auch mit absolut untauglichen Mitteln gegen ein absolut untaugliches Objekt wenden (s. oben S. 202.)

Daß sich das Verbrechen nicht gegen das Rechtsgut, sondern gegen den Rechtsfrieden richte, darf freilich von der Theorie des Rechtsgüterschutzes nicht anerkannt werden, und es verlangt darum auch Binding für den Versuch ein taugliches Mittel und ein taugliches Objekt, weil nur unter dieser Voraussetzung ein Rechtsgut verletzt werden könne. Da aber die Herbeiführung einer Gefahr nicht als ein wesentliches Merkmal des Versuches von ihm angesehen wird, so ist doch auch nicht zu begreifen, warum das Mittel zur Verletzung tauglich, und das Objekt innerhalb des Wirkungskreises desselben dergestalt anwesend sein soll, daß es verletzt werden kann. Vielmehr erfährt die Tauglichkeit des Mittels und Objektes mit der Preisgebung des Merkmales der objektiven Gefahr eine Umwandlung in lediglich formale Erfordernisse, die keine Berechtigung besitzen können.

Gegen die subjektive Theorie hat denn auch Binding nur die Bemerkung vorgebracht (S. 376), es werde durch sie das Deliktsmoment aus dem Versuche kühn ausgerottet, womit wohl gesagt werden soll, die Norm: „Du darfst deinen Willen, eine Verletzung herbeizuführen, nicht äußerlich bethätigen“, sei falsch, und sie müsse vielmehr auch für den Versuch lauten: „Du darfst keine Verletzung verursachen“. Aber man hat es hier lediglich mit einer willkürlichen Behauptung zu thun, da ihre Richtigkeit aus dem Gesetze, welches seine Normen bilden kann, wie es will, nicht nachweisbar ist. Dieser Bemerkung wird dann in Note 11 noch hinzugefügt, „für den Versuch formuliere sich diese subjektive Theorie dahin, daß es eine teilweise Setzung des verbrecherischen Thatbestandes, und sonach eine teilweise Setzung der Ursache eines Erfolges überhaupt nicht gebe, daß also bei dem Versuche die rechtswidrige Handlung ganz fehle, daß er nur „die subjektive Seite der Vollendung", daß mithin rechtswidriger Vorsatz und Versuch identisch seien. Diese sogenannte subjektive Versuchstheorie, die das Gegenteil einer Versuchstheorie darstelle, da sie auch den Versuch zum Produkte unserer Einbildung mache, solle hier auf sich beruhen." Mit einer Widerlegung dieses Vorwurfes braucht sich indessen die subjektive Versuchstheorie nicht zu befassen, weil er von BINDING selbst zutreffend als unbegründet nachgewiesen worden ist.

Das geht aus seinen Erörterungen bezüglich des bedingten Versuches hervor. Allerdings ist derselbe seither nicht besonders berücksichtigt worden. Allein für die subjektive Versuchstheorie ist seine Annahme selbstverständlich, weil auch der bedingte Wille ein wirklicher Wille ist, und es für sie nur darauf ankommt, daß sich derselbe äußerlich bethätigt hat. Für die objektive Versuchstheorie aber ist es ebenso selbstverständlich, daß sie den bedingten Versuch nicht annehmen kann. Denn sie verlangt die objektive, also *in concreto* wirklich vorhandene Fähigkeit des Objektes, verletzt zu werden, und ein außerhalb des Wirkungskreises des Mittels sich befindendes Objekt besitzt diese Fähigkeit nicht (Abhandlungen 1862, S. 61). BINDING erwägt indessen, der Strandräuber, welcher ein Strandfeuer lösche, wolle für den Fall, daß an jener Küste in der Thatnacht Schiffe erschienen, der Schädiger des Eisenbahndammes für den Fall, daß auf ihm Züge verkehrten, dieselben gefährden. Daß diese bedingten Gefährdungen, bei welchen Eintritt oder Ausbleiben der Bedingung ganz auf den Zufall gestellt sein könne, im Interesse der Fernhaltung der Verletzung gerade so verboten sein müßten, wie die unbedingten, dürfe der Gesetzgeber keinen Augenblick bezweifeln. Die Handlung sei ja wie vom Standpunkt des Thäters, so auch von dem des Gesetzgebers *ex ante* betrachtet, „genau die gleiche Verwirklichung des auf bedingte Gefährdung gerichteten Vorsatzes", möge das Schiff nachher an der Küste erscheinen oder ausbleiben. Die Norm müsse sie überhaupt, nicht nur für den letzten Fall, untersagen (S. 390). Hierin ist aber die vollständige Widerlegung der vorstehend mit ihrem Inhalte angeführten Note 11 enthalten. Daß es der Strandräuber nur auf Gefährdung und nicht auf Verletzung abgesehen haben sollte, wird kaum anzunehmen sein, und jedenfalls muß das, was von dem Versuche der Gefährdung gelten soll, auch von dem Versuche der Verletzung gelten. Auch ist die Bezugnahme auf den Zufall für die Beurteilung der Thätigkeit des Strandräubers ohne Bedeutung. Denn dieselbe würde keine andere werden, wenn das Schiff nicht aus Zufall, sondern etwa gerade darum die Küste vermieden hatte, weil ihm dessen Pläne bekannt geworden waren. Sonach kommt nur in Betracht, daß der Strandräuber seinen Vorsatz, ein Schiff zu beschädigen, äußerlich bethätigt hat. Allein das Schiff ist nicht erschienen und darum lediglich ein Gegenstand der Einbildung des Strandräubers geblieben, so daß seine Thätigkeit nur gegen ein eingebildetes Objekt gerichtet war. Allerdings wollte er das Schiff nur für den Fall beschädigen, daß es infolge seines Erscheinens an der Küste anwesend sein würde und sonach beschädigt werden könne; er handelte also für den von ihm angenommenen Fall, daß sich seine Thätigkeit gegen ein taugliches Objekt richten werde. Aber es wird hiermit die Thatsache, daß in Wirklichkeit die geäußerte Thätigkeit sich lediglich gegen ein Objekt der Einbildung, und sonach nicht gegen ein vorhandenes taugliches Objekt gerichtet hatte, nicht beseitigt. Wirklich vorhanden war nur der geäußerte Wille, ein taugliches Objekt zu beschädigen — für den Fall es beschädigt werden könne. Diese Eventualität liegt jedoch in jedem Versuche vor; es wird stets nur unter der Voraussetzung gehandelt, daß das Objekt der Einbildung in Wirklichkeit bestehe und verletzt werden könne. Man schießt auf den Gegner nur unter der Voraussetzung, daß er sich innerhalb der Tragweite des Gewehres befinde, und er nicht etwa ein Baumstamm sei. War ein Zweifel in diesen Richtungen vorhanden, so erscheint diese Eventualität noch deutlicher. Eine Täuschung über die Entfernung und Beschaffenheit des Objektes lag in dem Falle des Strandräubers freilich nicht vor. Allein sein Irrtum, es werde ein Schiff in den Wirkungskreis seines Mittels eintreten, sein Irrtum also darin, wie sich die Zukunft gestalten werde, ist von der gleichen rechtlichen Bedeutung mit einer irrtümlichen Beurteilung der Beschaffenheit der Gegenwart, und es kann auch die rechtliche Beurteilung keine verschiedene sein, je nachdem das lediglich als vorhanden eingebildete taugliche Objekt für die geäußerte Thätigkeit in Wirklichkeit nicht vorhanden, oder ein vorhandenes untaugliches Objekt für das eingebildete taugliche Objekt gehalten worden war. Unterstellt man, der Strandräuber habe sich statt in dem Irrtum, das Schiff werde erscheinen, in dem Irrtum befunden, ein auf dem Wasser treibender Baumstamm sei das Schiff, und nimmt man in dem ersten Falle einen Versuch an, so muß dies daher auch in dem zweiten Falle geschehen. Nun wird aber weiter behauptet werden müssen, daß, im Falle Versuch anzunehmen ist, wenn sich die geäußerte Thätigkeit auch nur gegen ein lediglich in der Einbildung bestehendes, in Wirklichkeit aber nicht vorhandenes oder untaugliches Objekt richtet, auch die irrtümlich eingebildete Tauglichkeit des Mittels den Versuch nicht ausschließt. Darum steht aber BINDING mit seiner Erörterung über den bedingten Versuch vollständig auf dem Grund und Boden der subjektiven Theorie, und es wendet sich daher der in Note 11 derselben gemachte Vorwurf gegen ihn selbst.

Bemerkungen zu dem Buche von Prof. Dr. Birkmeyer in München: Die Lehre von der Teilnahme und die Rechtsprechung des deutschen Reichsgerichts.

Das vorliegende Buch ist im wesentlichen ein Abdruck der seit dem Jahre 1889 in der Mecklenburger Zeitschrift in mehreren Fortsetzungen erschienenen Abhandlung des Verfassers über die Teilnahme. Es wird anerkannt, daß die Kausalitätstheorie als maßgebend für die Theorie der Teilnahme erscheine, so daß, im Falle man Bedingungen und Ursache nach dem verschiedenen Grade ihrer Wirksamkeit unterscheide, den Erfolg also in Teilen entstehen lasse, die Unterscheidung zwischen Thäterschaft und Beihilfe sich zu einer objektiven gestalten müsse, während der Unterschied zwischen beiden nur ein subjektiver — in dem herrschenden Willen des Thäters und dem sich demselben unterordnenden Willen des Gehilfen bestehender — sein könne, wenn man annehme, jede beliebige Mitwirksamkeit für einen Erfolg verursache denselben wegen seiner Unteilbarkeit in vollem Umfange und mache für das Wollen desselben auch verantwortlich. Daß die zweite Kausalitätstheorie unrichtig, die erste aber die richtige sei, hat der Verfasser in seinem Rostocker Rektoratsprogramm 1885 zu begründen versucht, und es soll nunmehr unter Zugrundelegung desselben als die eigene theoretische Ansicht sowohl wie als diejenige des Strafgesetzbuchs dargethan werden, die Ursache kennzeichne den Thäter, die Bedingung hingegen den Gehilfen. Die Unhaltbarkeit des Rostocker Rektoratsprogrammes ist aber bereits in meiner Kausalität von 1885, S. 2 f. erörtert worden, und es haben sich auch inzwischen Janka in der Zeitschrift für die gesamte Strafrechtswissenschaft 1889, S. 499 f., Merkel, Lehrbuch 1889, S. 103, 104, Landsberg, Kommissivdelikte 1890, S. 41, 42 und bezw. Kohler,

Studien aus dem Strafrecht 1890, S. 93 f. gegen dasselbe ausgesprochen. Diese Entgegnungen hat der Verfasser, obwohl sie ihm bekannt waren, nicht berücksichtigt; er hat auch seine Kausalitätstheorie, wie sie in dem Rostocker Rektoratsprogramm vorgeführt wird, nicht weiter begründet, so daß sie die nämliche geblieben ist, und ich daher in dieser Richtung auf das Programm selbst, sowie auf meine citierte Erwiderung auf dasselbe verweisen muß. Das Wesen seiner Kausalitätstheorie besteht aber darin, daß diejenige unter den Bedingungen des Erfolges, welche mehr als die übrigen zu demselben beigetragen habe, die Ursache desselben sei. Denn der wirksameren Bedingung müsse ein größerer Teil des Erfolges zugemessen werden als der minder wirksamen. Meist sei es zwar für die schwachen menschlichen Kräfte ganz unmöglich, mit absoluter Bestimmtheit das verschiedene Maß der Wirksamkeit der einzelnen Bedingungen für den Erfolg zu erkennen — aber der gesunde Verstand und der praktische Takt des begabten Richters würden schon das Richtige herausfinden. Eine übermenschliche Kraft glauben jedoch Merkel und Landsberg von dem Richter nicht beanspruchen zu dürfen, und sie erklären darum a. a. O. diese Unterscheidung für unausführbar. Schließlich wird sie auch von dem Verfasser selbst durch die Behauptung in der Note 90 wieder beseitigt, im Falle mehrere Bedingungen gleich wirksam seien, und im Falle sogar die Bedingungen a und b zwar in verschiedenem Maße zu dem Erfolg beitrügen, aber jede von ihnen mehr als die übrigen Bedingungen, so sei jede von ihnen Ursache. Denn wird unerachtet der überwiegenden Wirksamkeit von A auch B zur Ursache, wenn seine Wirksamkeit diejenige des C überwiegt, so muß auch C, im Falle seine Wirksamkeit größer ist wie diejenige des D, zur Ursache werden, und so fort, bis man bei der kleinsten Bedingung angelangt ist, so daß sich ersichtlich der Satz, nur die überwiegende Bedingung ist Ursache, in den Satz verwandelt hat, alle Bedingungen sind Ursache mit Ausnahme der kleinsten (Kausalität 1885, S. 7, 8).

Jedenfalls besteht aber doch hiernach keine absolute Verschiedenheit zwischen Bedingung und Ursache, sondern es werden dieselben nur durch ein relatives Mehr und Weniger von Wirksamkeit gekennzeichnet, und es ist darum schon von vornherein nicht ersichtlich, inwiefern aus der Kausalitätstheorie des Verfassers eine absolute Verschiedenheit zwischen Thäterschaft und Beihilfe hergeleitet werden könnte. Vielmehr muß dieselbe mit Notwendigkeit zur Beseitigung dieser absoluten Verschiedenheit führen, wie denn auch Kohler a. a. O. nur eine zwischen Thäterschaft und Beihilfe bestehende relative Verschiedenheit anerkennt. Es muß aber hiernach auch überhaupt die Bezeichnung der minderwertigen Wirksamkeit als Bedingung im Gegensatz zur Ursache abgelehnt werden, weil durch diese Gegenüberstellung immerhin der Anschein erregt werden könnte, es solle sich die Bedingung nicht allein durch ihre relativ geringere Wirksamkeit, sondern auch noch durch irgend eine andere, von dem Verfasser nicht zum verständlichen Ausdruck gebrachte, Eigenschaft von der Ursache qualitativ unterscheiden. Die einzige Verschiedenheit zwischen Thäterschaft und Beihilfe besteht also bis jetzt darin, daß der Thäter einen relativ größeren Beitrag zum Erfolge leistet, einen relativ größeren Teil desselben verwirklicht, wie der Gehilfe.

Nun hat aber der Verfasser übersehen, daß doch, wenn denn auch von den mehreren Personen, aus deren Wirkungen der Erfolg erwachsen ist, jede nur einen Teil desselben verursacht, die einzelnen Teile nicht unverbunden neben einander stehen können, daß sie sich vielmehr zu dem Ganzen des Erfolges zusammenschließen müssen, und daß dieser Zusammenschluß nicht etwa durch den bloßen Willen des Subjektes, sondern nur durch die gegenseitige kausale Beeinflussung der Wirkungen geschehen kann. Die Vereinigung der sämtlichen für den Erfolg wirksam gewordenen Kräfte ist der Erfolg selbst. Erst in dem Augenblick dieser Vereinigung wird er voll und ganz verursacht, und es ist nicht der Fall, daß schon vor dieser Vereinigung einzelne Teile desselben durch die Einzelwirkungen verursacht worden sein könnten. Denn von realen Teilen eines Ganzen kann vor dessen Entstehung nicht geredet werden. Daher darf die Beurteilung, ob die mehreren Einzelwirkungen von verschiedenem kausalen Werte für den Erfolg seien, nicht den Zeitpunkt in Betracht ziehen, zu welchem sie noch nicht verbunden waren, sondern es muß geprüft werden, welche Funktion sie innerhalb ihrer Vereinigung ausüben. Diese Prüfung ergiebt aber, daß jede Einzelwirkung gerade so gut wie jede andere den Bestand der Vereinigung dergestalt aufrecht erhält, daß das Ausscheiden einer derselben, gleichviel welcher, das Zusammenfallen des konkreten Erfolges nach sich ziehen muß. Hierin besteht die kausale Gleichwertigkeit sämtlicher Einzelwirkungen, deren Vereinigung den Erfolg herbeigeführt hat, und es müßte sonach einer jeden derselben der gleiche Anteil am Erfolge zugemessen werden, wenn die Zerlegung desselben in Teile überhaupt möglich wäre. Sie ist jedoch nicht möglich, weil hiermit das Ganze, von welchem allein die Teile ihre strafrechtliche Bedeutung herleiten könnten, in seinem Vorhandensein wieder aufgehoben würde. Wie sollte auch etwa der verursachte Tod eines Menschen in Teile zerlegt werden können.

Dem Verfasser ist (Kausalität 1885, S. 2) das von ihm auch jetzt wieder in seinem Wesen nicht erkannte Beispiel vorgehalten worden: zuerst läßt A $^4/_5$ des zum Umschwingen eines Mühlrades erforderlichen Wassers aus einem oberhalb der Mühle gelegenen Sammelteich, und dann B $^1/_5$ dieses Wassers aus einem anderen Sammelteiche auf dasselbe abfließen. Es kann dann nicht behauptet werden, A habe zu $^4/_5$, B aber nur zu $^1/_5$ den Umschwung des Rades verursacht. Denn die $^4/_5$ des A haben es nicht aus seiner Ruhe gebracht, und auch das $^1/_5$ des B würde erfolglos geblieben sein, wenn nicht bereits die $^4/_5$ des A zugeflossen gewesen wären. Auch bewegt sich das Rad nicht nach Fünfteilen, und es ist darum seine Bewegung weder ganz noch zum Teile das Ergebnis der einen oder der anderen der beiden Wassermassen. Vielmehr erscheint diese Bewegung nur als das Ergebnis ihrer Gesamtwirksamkeit. Erst durch die Verbindung der einen Wassermasse mit der anderen, durch die Wechselwirkung, in welche beide mit einander getreten sind, haben sie ihre Wirksamkeit für das Ergebnis erlangt, hiermit jedoch zugleich ihren Charakter als einzelner Wirksamkeiten verloren. Auch können sie, ohne sofort wieder ihrer Wirksamkeit entkleidet zu werden, nicht wieder als Einzelkräfte in Betracht kommen, und man mißt darum mit der Behauptung, A habe das Umschwingen des Mühlrades zu $^4/_5$ verursacht, seiner Einzelthätigkeit unberechtigt die Eigenschaft einer Kausalität zu, die sie nur als Bestandteil der in Teile nicht zerlegbaren, weil dann in ihrer Wirkung wieder aufgehobenen, Gesamtwirksamkeit besitzt. Es macht aber auch jede Einzelkraft die andere, indem sie sich mit ihr zu der Gesamtwirksamkeit verbindet, für den Erfolg erst kausal, und es ist darum derselbe in seinem ganzen Umfange auf die Kausalität jeder Einzelkraft zurückzuführen (s. oben S. 71).

Hieraus leitet die von dem Verfasser bestrittene Kausalitätstheorie nach dem auch von ihm anerkannten Grundsatze *causa causae est causa causati* die Folge her, daß jede Mitwirksamkeit das Ganze verursacht, und sie ermöglicht sich hierdurch die Annahme, daß man das Ganze auch wollen kann, obwohl man nur mitwirksam für dasselbe wird. Der Verfasser aber läßt, wie gesagt, die von den Mitwirksamkeiten vermeintlich nur verursachten einzelnen Teile des Erfolges unverbunden neben einander stehen, und er muß darum auch zu dem Ergebnis gelangen, daß man nicht den ganzen Erfolg, sondern nur den Teil desselben wollen kann, welchen man durch seine Mitwirksamkeit verursacht, so daß auch die Strafe nicht nach dem ganzen Erfolg, sondern nur nach dem verursachten, strafrechtlich bedeutungslosen, Teile desselben bemessen werden dürfte. Denn man kann nicht in einem größeren Umfange haftbar gemacht werden, als in welchem man verursacht hat.

Näher wird nun von dem Verfasser zur Teilnahme erörtert, Thäter sei derjenige, welcher die „Ausführungshandlung“ allein verübt habe, und es soll Mitthäterschaft vorliegen, wenn diese Handlung von mehreren verübt worden sei. Die Handlung aber sei die Ausführungshandlung, welche als die Ursache des gesetzlich verpönten Erfolges angesehen werden müsse (95), und diese Handlung sei keine andere als die gesetzliche Thatbestandshandlung des konkreten Verbrechens (96). Im Einklang mit einer von jeher weit verbreiteten Lehre sei die Ausführungshandlung die von dem Gesetze im Thatbestande dieses Verbrechens als strafbar bezeichnete Handlung (97). Aber die Thatbestandshandlung sei die verursachende Handlung nicht lediglich wegen ihrer formellen, sondern wegen ihrer gleichzeitig gegebenen materiellen Verschiedenheit von anderen Handlungen, wegen ihrer hervorragenden Wirksamkeit: „weil sie die den verbrecherischen Erfolg verursachende sei“ (98). Die Ausführungshandlung sei die Handlung, welche den konkreten verbrecherischen Erfolg herbeiführe (99), die wirksamste Bedingung desselben setze (Note 153), den verpönten Erfolg verursache. Man könnte nun aus dieser Anhäufung von Worten entnehmen, unter der Ausführungshandlung sei eine in dem Gesetze ein für allemal als solche besonders bezeichnete Handlung zu verstehen, dergestalt, daß nur ihre Verübung — mit Ausschluß der übrigen Mitwirksamkeiten — den konkreten Erfolg verursache. Allein diese Auffassung wird (Note 153 a. E.) zurückgewiesen, und es führen darum die Erörterungen des Verfassers, wie er selbst zugiebt, nur zu dem Ergebnis, daß jede Handlung eine Ausführungshandlung ist, welche in ihrem natürlichen Kausalverlauf das Verbrechen verursacht, die Frage aber, ob verursacht worden ist, nur insoweit durch das Gesetz bedingt erscheint, als selbstverständlich das Verursachte dem von ihm aufgestellten Verbrechensthatbestand entsprechen muß. Darum ist aber auch nicht zu begreifen, warum sich der Verfasser überhaupt mit der Ausführungshandlung, der Thatbestandshandlung, mit dem Beweis, daß das Gesetz stets die von ihm benannten Thatbestandshandlungen als die den verpönten Erfolg verursachenden betrachte, u. s. w. beschäftigt. Es dient das nur zur Verwirrung der Sachlage und bringt keinen Gewinn, da man doch schließlich wieder vor den nackten Sätzen steht: der Thäter verursacht das Verbrechen allein, die Mitthäter verursachen es in den dem kausalen Wert ihrer Wirksamkeiten entsprechenden Teilen — die Gehilfen aber verursachen es überhaupt nicht, sondern sie bedingen es nur, ohne daß man erfahren hat, worin denn die absolute Verschiedenheit zwischen Ursache und Bedingungen begründet sein soll, und ohne daß insbesondere auch die Heranziehung des Gesetzes einen Aufschluß hierüber erteilt hat. Man befindet sich vielmehr unerachtet dieser Bezugnahme auf die Ausführungshandlung noch vollständig auf dem Standpunkt der Kausalitätstheorie des Verfassers, nach welchem die überwiegende Bedingung den Thäter, die minderwertige den Gehilfen charakterisiert, und eine absolute Verschiedenheit unter den Bedingungen nicht nachweisbar ist.

Sofort ist nun ersichtlich, daß auch der Thäter das Verbrechen nicht allein in seinem vollen Umfang verursacht, da er es vielmehr ohne die Mitwirkung von Naturkräften überhaupt nicht verursachen kann. Und im Falle er etwa den Gefesselten unter eine überhängende Sandwand gelegt hat, damit er durch sie erschlagen werde, so wird niemand bezweifeln, daß er der Thäter des eingetretenen Erfolges sei, obwohl in dem von ihm nur verursachten Teile desselben schwerlich die wirksamste Bedingung für dessen Eintritt gefunden werden kann. Ob aber der Thäter unter der Mitwirkung natürlicher, oder, sei es auch verbrecherischer, menschlicher Kräfte den Erfolg verursacht hat, das muß doch für die Beurteilung des Kausalverlaufes gleichgültig sein. Es besteht daher eine kausale Verschiedenheit zwischen der Thäterschaft und Mitthäterschaft nicht, da vielmehr in beiden Fällen nur Teile des Erfolges verursacht werden. Sie wird namentlich auch dadurch nicht begründet, daß die Mitthäter gemeinschaftlich ausführen. Denn unter der gemeinschaftlichen Ausführung soll nur die Ausführung je zum Teile zu verstehen sein, und ein Verursachen je zum Teile liegt, wie gezeigt, auch im Falle des Alleinthäters vor. Auch er würde daher ein Mitthäter sein.

Das Zusammenwirken der Mitthäter soll durch die Gleichung veranschaulicht werden: denke man sich den verpönten Erfolg gleich 12, seine Bedingungen aber gleich $7 + 3 + 2$, so sei die 7 die überwiegende, die wirksamste Bedingung, also die volle Ursache des Erfolges, die Ausführungs- und Thatbestandshandlung desselben. Hiermit wird nun aber keine absolute Verschiedenheit der 7 einerseits, sowie der $3 + 2$ andererseits nachgewiesen, und es beruht darum auch die weitere Behauptung lediglich auf Willkür, auf dem Gebiete der 7 bewege sich die Mitthäterschaft dergestalt, daß, im Falle sich dieselbe auf noch so viele Personen verteile, immerhin jede von ihnen Mitthäter sei (103 und Note 157, 160). Denn verteilt sich die Zahl 7 auf sieben Personen, so fällt, wenn es nicht sogar Brüche giebt, auf jede einzelne Person nur die Zahl 1, und es rückt darum die Zahl 3 als die wirksamste Bedingung, sonach aber als die Ursache an deren Stelle. Verteilt man dann aber auch die Zahl 3 unter drei Personen, so würde die Zahl 2 an die Stelle der Ursache treten. Das Verhältnis der Bedingungen zu der Zahl 12 könnte indessen auch sein wie 5 + 4 + 3. Dann wäre 5 als die wirksamste Bedingung die Ursache. Rechnete man aber die 4 und 3 zusammen, was ja nicht verwehrt sein könnte, so würde sie als Ursache wieder beseitigt werden.

Glaubt man nun aber auch das Verhältnis zweier Bedingungen zu dem Erfolge wie 7 und 5 zu 12 gefunden zu haben, so ist es doch auch wieder eine willkürliche Annahme, daß die $^7/_{12}$ mit Ausschluß der $^5/_{12}$ die volle Ursache des Erfolges, die $^5/_{12}$ hingegen nur die Bedingung für die Ursache enthielten. Denn wird wirklich der Erfolg nur in einzelnen Teilen herbeigeführt, so kann die zu 7 angeschlagene Bedingung unmöglich mehr als sieben Teile verursacht haben, und es müssen darum diese sieben Teile durch die minderwertige Bedingung zu dem Ganzen vervollständigt werden. Daß auch die minderwertige Bedingung für den Erfolg mitwirkt, wird von dem Verfasser ausdrücklich bestätigt. Auch sie tritt also in den Kausalverlauf ein, und da es der innerhalb der gesetzlichen Definition sich vollziehende Kausalverlauf ist, welcher den Erfolg verursacht, so muß auch sie als ein Teil dieser Verursachung angesehen werden. Darum kann man, wenn man das überhaupt für richtig halten will, auch hier nur sagen, die wirksamste Bedingung verursache einen größeren, die minderwertige Bedingung einen kleineren Teil des Erfolges; man kann aber nicht mit dem Verfasser sagen, die wirksamste Bedingung allein sei die Ursache, und alle übrigen Bedingungen enthielten eben nur Bedingungen für diese Ursache. Diese Verschiedenheit bedeutet weiter nichts als eine des inneren Grundes entbehrende bloße Wortverschiedenheit, durch welche der absolute Unterschied zwischen Thäterschaft und Beihilfe nicht nachgewiesen werden kann. In Note 61 des Rostocker Rektoratsprogrammes wird denn auch behauptet, Ursache des Erfolges sei lediglich die Gesamtheit seiner Bedingungen, und es kann darum die wirksamste Bedingung nicht die alleinige Ursache sein. Allerdings wird dann aber daselbst in Note 96 wieder erörtert, zwischen der allein verursachenden wirksamsten Bedingung und den minderwertigen nur bedingenden Bedingungen müsse ein wesentlicher Quantitätsunterschied bestehen, ein Begriff dieser Wesentlichkeit aber nicht gegeben und sonach auch hiermit ein absolut kausaler Unterschied zwischen der Ursache und den Bedingungen nicht hergestellt. Es haben denn auch bereits Köstlin, Berner und

Hälschner überzeugend nachgewiesen, daß derselbe überhaupt für unmöglich zu halten sei, weil alle für den Erfolg wirksam gewordenen Kräfte als gleich wesentlich für denselben angesehen werden müßten.

Endlich ist von dem Verfasser weder früher noch jetzt dargelegt worden, wie es sich denn bezüglich der Ursachlichkeit doloser Kräfte verhalte, wenn die wirksamste Bedingung durch einen Fahrlässigen, einen Unzurechnungsfähigen, oder eine Naturkraft gesetzt worden sei. Es ist aber ersichtlich, daß, wenn die wirksamste Bedingung die alleinige Ursache enthält, die dolosen Kräfte in diesen Fällen nicht verursacht haben und daher auch für die Verursachung nicht bestraft werden können, mag auch von ihnen auf die wirksamste Bedingung gerechnet worden sein.

Eine objektive absolute Verschiedenheit zwischen Thäterschaft und Beihilfe würde hiernach nur unter der Voraussetzung denkbar sein, daß die Thätigkeit des Gehilfen überhaupt nicht in den Kausalverlauf einträte und daher zu dem Erfolge nicht mitwirkte. Das ist jedoch, wie gesagt, nicht die Meinung des Verfassers (112). Vielmehr enthalte die Thätigkeit des Gehilfen insofern eine Mitwirkung für den eingetretenen Erfolg, als sie die Ausführungshandlung, welche „im Sinne des Gesetzes" (100) allein ursachlich werde, unterstütze, ermögliche, befördere; der Gehilfe überlasse die Verursachung dem Thäter, er setze nur eine Bedingung des Erfolges, er unterscheide sich von dem Thäter darin, daß er an der Thatbestandshandlung selbst nicht beteiligt sei, sondern nur außerhalb des Thatbestandes liegende, wenn auch für dessen Herstellung mittelbar dienende, Handlungen vornehme. Nun ist jedoch nicht zu bestreiten, daß in dieser Erörterung, welche das kausale Wesen der beihelfenden Bedingung aufklären soll, sich jedoch lediglich im Kreise um den Satz dreht, daß diese Bedingung eben eine Bedingung sei, subjektive Momente auftreten, im übrigen aber die Ausführungs- und Thatbestandshandlung in einer ihr vermeintlich von dem Gesetze verliehenen besonderen kausalen Bedeutung vorgeführt wird, obgleich doch zur Thäterschaft ausdrücklich versichert wurde, die Handlung der Ausführung sei lediglich die natürliche Verursachung, sei mit derselben identisch. Daher liegt ein vollkommener Widerspruch vor, wenn nunmehr angenommen wird, jeder gesetzliche Thatbestand bezeichne *in abstracto* eine Handlung, welche, — im Falle ihrer Begehung — der Kausalverlauf möge beschaffen sein, wie er wolle, stets die ausschließliche Verursachung des Verbrechens im Gegensatz zu den anderen Mitwirksamkeiten enthalte, da dieselben „im Sinne des Gesetzes" nicht verursachten. Durch diese Berufung auf das Gesetz würde dann freilich der Verfasser eine absolute Verschiedenheit zwischen Thäterschaft und Beihilfe begründet haben. Allein das Gesetz bezeichnet eine derartige Ausführungshandlung nirgends (Gerichtssaal Bd. XLII, S. 267; KOHLER a. a. O. S. 93 f.), sondern es geht seine Meinung lediglich dahin, daß derjenige nach dem Thatbestand des Verbrechens bestraft werden soll, welcher ihn, gleichviel durch welche Handlung, verursacht hat, wobei es sich wohl bewußt ist, daß es auf die Gestaltung des Kausalverlaufes keine Einwirkung ausüben kann. Daß es bestimmen könnte, es solle eine kausale absolute Verschiedenheit zwischen Thäterschaft und Beihilfe bestehen, wenn sie in Wirklichkeit nicht besteht, erscheint doch wohl ausgeschlossen. Daher ist es aber auch ganz unausführbar, daß der Verfasser diese von ihm behauptete Verschiedenheit aus dem Gesetze herleiten will, und er mußte vielmehr nachweisen, daß sie in der Kausalität selbst begründet sei. Noch unverständlicher aber ist es, wie er sich zu diesem Behufe auf die Ausführungshandlung berufen konnte, ohne auch nur entfernt den Schleier gelüftet zu haben, in welchen von jeher der Begriff derselben eingehüllt war. Alle seitherigen Bemühungen, das Wesen der Ausführungshandlung, Haupthandlung, Thatbestandshandlung — oder wie man sich sonst ausdrücken mag — von einer in ihr enthaltenen, alle übrigen lediglich bedingenden Mitwirksamkeiten absolut überragenden konkreten und daher verursachenden Wirksamkeit herzuleiten, müssen als gescheitert betrachtet werden (meine Abhandlungen Gerichtssaal 1873, S. 244 gegen HÄLSCHNER; 1880, S. 1 f. gegen COHN's potentielle Kausalität; 1885, Beilage, S. 45, 52 gegen GEYER; 1889, S. 247 gegen MERKEL). Wäre jedoch auch die Konstruktion einer derartigen Wirksamkeit ausführbar, so würde weiterhin das Verhältnis des Willens zu derselben zu prüfen sein. Aber auch in dieser subjektiven Richtung konnte der Verfasser, wie sich noch ergeben wird, zu einer absoluten Verschiedenheit der Ausführungshandlung von den übrigen Handlungen nicht gelangen, und man steht darum auch jetzt noch bei ihm auf dem nämlichen relativen Standpunkt, auf welchem man von Anfang an stand.

Ausdrücklich beschäftigt er sich gar nicht einmal mit dem Nachweise, daß die betreffende Verschiedenheit eine absolute sei, sondern er sagt nur gelegentlich seiner Erörterungen zur Beihilfe, wenn die in dem Erfolge enthaltene Kausalität der Zahl 12 entspreche und hiervon 8 auf eine Person, je 2 aber auf 2 andere Personen entfielen, dann seien die beiden letzteren die Gehilfen der ersten Person. Nun könnte es ja aber auch sein, daß sich das kausale Verhältnis zweier Personen zu dem Gesamterfolge gestaltete wie $6^1/_{10}$ und $5^9/_{10}$ zu 12, und dann müßte diese geringe Verschiedenheit der Wirksamkeiten die absolute Verschiedenheit des Thäters von dem Gehilfen, sonach aber auch die Verhängung der von dem Gesetze angedrohten absolut verschiedenen Strafen nach sich ziehen. Es hätte sich jedoch auch der Verfasser nicht mit der Konstruktion begnügen dürfen, „wenn“ das kausale Verhältnis mehrerer Personen zu dem Gesamterfolge das von ihm beliebig in einer erheblichen Verschiedenheit angenommene sei, so gestalte sich die minderwertige Bedingung zur Beihilfe, und er hätte vielmehr zur Erläuterung seiner Lehre an vorgeführten praktischen Beispielen erörtern müssen, welches Prozentverhältnis der Kausalitäten in denselben bestehe. Es hätte insbesondere die Anwendung dieses Verfahrens auf das auch ihm bekannte Stübel'sche Beispiel, daß die erste Person den Reisenden wehrlos macht, die zweite ihn zu Boden wirft, die dritte ihm die Hände hält, die vierte ihn knebelt und die fünfte ihm den tötenden Stich versetzt, nahe gelegen. Hätte er aber dann gefunden, daß die Wirksamkeit der fünften Person die überwiegende und sie allein also Thäter sei, so würde sich die notwendige Folge ergeben haben, daß darum auch eine Mitthäterschaft unter diesen fünf Personen, sei es auch unter der Voraussetzung einer gemeinschaftlich von ihnen bezweckten Beraubung des Reisenden, nicht möglich und dieselbe überhaupt kaum von Bedeutung erscheine, weil an der Handlung des Stechens, Schießens, Feueranlegens u. s. w. eine Beteiligung mehrerer nahezu ausgeschlossen sei. Nur zur Mitthäterschaft hat der Verfasser vorsichtig von ihm ausgewählte Beispiele erörtert. Denn sie beschränken sich auf die Fälle, daß mehrere gemeinschaftlich einen feuerfesten Geldschrank oder ein Pianino wegtragen, oder von mehreren jeder einem anderen eine Dosis Gift verabreicht, oder einen Schlag versetzt, und dieser an den vereinigten Wirkungen dieser Handlungen gestorben ist, bezw. eine schwere Körperverletzung erlitten hat. Aber sollte denn in dem ersten Falle derjenige, welcher keine Absicht der Aneignung besitzt, nicht Gehilfe sein können, und in den beiden anderen Fällen auch derjenige, welcher die erste Dosis Gift verabreicht oder den ersten Schlag versetzt, mit Notwendigkeit Mitthäter werden müssen, wenn schon er überzeugt ist, daß Tod und schwere Krankheit hierdurch nicht würden herbeigeführt werden, diese Erfolge sich vielmehr erst dann ergeben würden, wenn von einem anderen vorher noch die erforderliche weitere Wirksamkeit ausgegangen sei?

Indem der Verfasser mit seiner wirksamsten Bedingung die Ausführungs- und Thatbestandshandlung in Verbindung bringt, verleiht er derselben, wie gesagt, einen strafgesetzlichen Anstrich, welcher ihre Kausalität nicht unverfälscht hervortreten läßt. Aber er wird nicht in Abrede stellen, daß die Kausalität keine verschiedene ist, je nachdem sie innerhalb des Strafgesetzes verlauft oder zu einem straflosen Ergebnis führt, oder je nachdem sie überhaupt von Menschen oder Naturkräften herrührt. Unterstellt man daher in einem konkreten Falle, in welchen die Wirkungen menschlicher Handlungen eingegriffen haben, dieselben seien Naturkräften entsprungen, oder es sei der Erfolg so, wie er sich ereignet hat, durch eine Maschine herbeigeführt worden, und ergiebt sich dann eine qualitative Verschiedenheit der Wirkungen nicht, so besteht sie überhaupt nicht. Ohne Bedeutung muß es darum auch sein, ob die Wirkungen mehrerer Handlungen von der nämlichen oder von verschiedenen Personen herrührten, und es kann sonach auch eine qualitative Verschiedenheit zwischen den Kausalitäten nicht festgestellt werden, wenn ein Gewehr geladen und auf einen Menschen abgeschossen worden ist, weil dasselbe von der einen Person geladen und zu diesem Zweck der anderen Person behändigt worden sei. Denn sieht man von den handelnden Menschen ab, so wird nicht behauptet werden können, für die Thatsache, daß infolge der Selbstentladung eines Gewehres der Schuß gefallen sei, erscheine die Thatsache, daß das Aufschlagen des Hahnes desselben die Explosion verursacht habe, von hervorragenderer Wirksamkeit als die Thatsache, daß es geladen gewesen sei. Hat ein armer Mensch nach vielen vergeblichen Anfragen endlich die zur Stillung seines Hungers erforderliche Speise erhalten, so hat ihn zwar das Verzehren derselben gesättigt, die Ursache davon, daß er gesättigt wurde, liegt jedoch mindestens gerade so sehr in der ihm bewiesenen Mildthätigkeit. Haben zwei Metzgerburschen einen Ochsen mit vieler Mühe zu Boden geworfen und geknebelt, so daß ihm jetzt von einem dritten mit Leichtigkeit der tötende Schlag versetzt werden konnte, so wird die Behauptung nicht gerechtfertigt sein, in der Zufügung dieses Schlages sei die überwiegende Bedingung für die Abschlachtung zu suchen. Ebensowenig bin ich selbst die überwiegende Bedingung dafür, daß ich meinen Rock anziehen konnte, wenn derselbe in einem Schranke hing, zu dessen Öffnung ich notwendig eines Schlossers bedurfte. Auch ist das Anzünden eines Feuers in meinem Ofen als Bedingung dafür, daß es in meinem Zimmer warm wird, nicht überwiegend über den Hinzutritt der Luft, infolge dessen es überhaupt brennen kann. Und wenn ein leerer Raum mit Wasser angefüllt werden muß, so würde die Behauptung nicht zutreffen, das zugegossene letzte Viertel des hierzu erforderlichen Quantums enthalte hierfür eine überwiegendere Bedingung als die bereits zugegossenen drei Viertel. Anders kann aber auch, kausal betrachtet, die Sache sich nicht verhalten, wenn es sich in den bezeichneten Fällen um die Tötung eines Menschen, einen Diebstahl, eine Brandstiftung oder die Verursachung einer Überschwemmung handelte. Nun prüfe man aber, in welchem mit Zahlen auszudrückenden Verhältnis die Kausalitäten in denselben stehen, und man wird, wenn man sich nicht von der vollständigen Unausführbarkeit dieser Manipulation überzeugt, wenigstens zu dem Ergebnis gelangen müssen, daß es das gleiche sei.

Wie unhaltbar die Herleitung der absoluten Unterscheidung der Thäterschaft und Beihilfe von der vermeintlichen absoluten kausalen Verschiedenheit der Ursache und Bedingung ist, ergiebt sich auch aus der Bemerkung des Verfassers (114), auch im Versuche handle es sich um Ursache und Bedingung eines zwar nicht eingetretenen, aber als möglich vorgestellten Erfolges. Es wäre das eine Ursache ohne Verursachung, eine Bedingung ohne ein Bedingen. Aber es bedarf kaum der Ausführung, daß diese Ursache und Bedingung gerade so wie der nicht eingetretene Erfolg selbst lediglich in der Vorstellung bestehen und daher nicht kausal sein können. Gerade im Versuche erweist sich, daß die objektive Unterscheidung zwischen Ursache und Bedingung als Kennzeichen für Thäterschaft und Beihilfe nicht richtig sein kann, weil alle in ihm vorgenommenen Handlungen im Hinblick auf den Erfolg von gleicher Bedeutungslosigkeit erscheinen. Haben zwei Menschen einen dritten durch vereinte Anstrengung niedergeworfen, sind aber nunmehr durch hinzugekommene Personen vertrieben worden, so war von ihnen objektiv das nämliche geschehen, und man muß darum mit Notwendigkeit nach subjektiven Merkmalen suchen, um entscheiden zu können, welcher von ihnen der Thäter der versuchten Tötung, und welcher nur Gehilfe war.

Angenommen nun auch, es entfielen wirklich auf den Thäter $^{8}/_{12}$, auf die beiden Gehilfen aber je $^{2}/_{12}$ des herbeigeführten Erfolges, und es sei hierin die absolute Verschiedenheit derselben begründet, so erkennt doch der Verfasser selbst an (126), daß auch der Gehilfe, obwohl er nur einen Teil des Erfolges verursache, doch wegen des ganzen durch das Zusammenwirken verursachten Erfolges zu bestrafen sei. Daher fragt es sich, in welcher Weise denn die $^{4}/_{12}$ der Gehilfen auf die Rechnung des Thäters und dessen $^{8}/_{12}$ auf die Rechnung der Gehilfen gebracht werden können. Nur mit der zweiten Frage beschäftigt sich der Verfasser, während er es für selbstverständlich zu halten scheint, daß der Thäter ohne weiteres auch für die Anteile der Gehilfen einzustehen habe.

Es soll aber — und das sei auch die Auffassung des Strafgesetzbuches — der Gehilfe für den ganzen Erfolg haften, weil er durch seine Verschuldung hinsichtlich des Gesamterfolges ergänze, was ihm an Verursachung desselben abgehe. Die $^8/_{12}$ würden ihm zugerechnet, weil er dolos handle (127), indem er den verbrecherischen Erfolg vorausgesehen und gewollt, er gewußt und gewollt habe, daß er durch seine Thätigkeit zu demselben etwas beitrage, ihn mit herbeiführe, er gewußt und gewollt habe, daß ein anderer zur Herbeiführung desselben mit ihm zusammenwirke, daß dieser andere neben ihm verursachen werde. Diese Aneignung der Verursachung des anderen sei es vor allem, welche die teilweise Kausalität des Gehilfen zwar nicht zur vollen Kausalität, aber doch zur Strafbarkeit für die volle Kausalität ergänze (128, 129).

Hier kommt es nun zunächst darauf an, ob der Gehilfe sein Wollen auf den lediglich von ihm verursachten Teil des Erfolges beschränken kann, oder ob er stets zugleich den ganzen Erfolg wollen muß. Es ist nicht einzusehen, warum er dies nicht zu thun vermöchte, und er würde dann straflos sein, weil seine Handlung nur eine Vorbereitungshandlung sein soll, die zur Verursachung nicht das mindeste beitrage (144). Ohne Angabe von Gründen setzt jedoch der Verfasser stillschweigend das letztere voraus. Sehr richtig wird indessen dann gesagt (132), man könne nicht den bloßen bösen Willen, sondern nur denjenigen bösen Willen ahnden, welcher eine Verwirklichung gefunden habe. Der Wille aber vermag sich nur durch seine Wirksamkeit zu verwirklichen, und da der Wille des Gehilfen innerhalb der $^8/_{12}$ des Thäters nicht wirksam werden kann — weil er eben nur den seiner eigenen Wirksamkeit zukommenden Anteil vom Erfolge verursacht — so ist er auch bezüglich derselben nicht verwirklicht worden. Er kann sogar diese $^8/_{12}$ überhaupt nicht wollen, weil man nur das wollen kann, was man herbeiführen zu können glaubt, und er mit dem Wissen und Wollen handelt, daß er durch seine Handlung den Erfolg nicht verursache (144). Wollen kann daher der Gehilfe stets nur die von ihm gesetzte Bedingung, und er ist aus diesem Grunde, wie gesagt, stets straflos. Hiernach erscheint jedoch auch der Weg verlegt, auf welchem der Verfasser dazu gelangen will, den Gehilfen für den ganzen Erfolg haftbar zu machen. Es würde aber auch, im Falle man durch den bloßen Willen die Verantwortlichkeit für eine fremde Verursachung übernehmen könnte, nicht einzusehen sein, warum es für dieses Wollen die unerläßliche Voraussetzung sein soll, daß man sich einer nicht verursachenden Bedingung für dieselbe entäußern müsse. Vielmehr würde dieselbe als eine durchaus überflüssige wegzufallen, der Gehilfe also, auch ohne eine Bedingung für den Erfolg gesetzt zu haben, die Verantwortlichkeit für denselben übernehmen können.

Wollte man jedoch auch zugeben, der Gehilfe könne sich die Verursachung des Thäters aneignen, so würde doch diese Aneignung nur mit dem Willen geschehen können, selbst zu verursachen, und es würde auch der Gehilfe durch diese Aneignung wirklich selbst verursachen, mithin nicht Gehilfe, sondern Mitthäter sein. Oder wenn denn der Verfasser der Meinung sein sollte, diese Aneignung des Gehilfen vollziehe sich ohne eigenes Verursachen, so würde immerhin eine relevante Verschiedenheit zwischen ihm und dem Thäter nicht bestehen. Denn wenn der Gehilfe für den ganzen Erfolg verantwortlich wird, obgleich er ihn nicht verursacht hat, so muß es auch gleichgültig erscheinen, daß ihn der Thäter verursacht und der Gehilfe nur eine Bedingung für denselben gesetzt hat.

Wie man sich die behauptete Aneignung der Verursachung des Thäters durch den Gehilfen zu erklären habe, wird nicht entfernt erörtert. Wäre dies geschehen, so würde sich der Verfasser vielleicht überzeugt haben, daß dieselbe nicht durch den bloßen Willen des Gehilfen, sondern durch dessen Kausalität bewerkstelligt wird, weil sie eben nicht lediglich ihren Anteil an dem Erfolge, sondern den ganzen Erfolg verursacht. So aber ist es unverständlich, daß die mangelnde Kausalität des Gehilfen durch seine Schuld ersetzt werde. Es hat diese ganze These des Verfassers lediglich die Bedeutung, daß der Gehilfe für die Verursachung des Erfolges bestraft werden müsse, obgleich er denselben weder habe verursachen wollen, noch verursacht habe. Daß man aber nicht in weiterem Umfang haften kann, als in welchem man wirksam geworden ist, sollte doch nicht bezweifelt werden.

Da man nicht erfährt, was die Aneignung der Verursachung durch den Gehilfen bedeuten, in dieser Aneignung aber gerade das zwischen dem Gehilfen und dem Thäter bestehende Teilnahmeverhältnis begründet sein soll, so ist auch nicht ersichtlich, was man überhaupt unter der Teilnahme zu verstehen habe. Die von dem Verfasser hierüber gegebene Auskunft (146), die Teilnahmehandlungen — des Gehilfen sowohl wie diejenigen des Anstifters und Mitthäters s. unten — seien nur aus dem „Verbrechen" eines anderen heraus strafbar, an welchem die Teilnehmer teilgenommen hätten, ist von der nämlichen Bedeutung wie die Definition des § 49 St.G.B.: Gehilfe ist, wer Hilfe leistet.

Es ist diese Behauptung, daß die Teilnahmehandlung des Gehilfen nur aus dem „Verbrechen" eines anderen, des Thäters, heraus strafbar werde, womöglich noch rätselhafter wie die Behauptung, daß sich der Gehilfe die Verursachung des Thäters aneigne. Das Verbrechen des Thäters besteht doch aus seiner Schuld und seiner Wirksamkeit, und es ist sonach nicht allein nicht die eigene Wirksamkeit, sondern auch nicht einmal die eigene Schuld, welche den Gehilfen haftbar macht. Allein wie man sich eine fremde Schuld aneignen, oder die Schuld des Thäters sich auf den Gehilfen ablagern könne, das hätte nicht mit Stillschweigen übergangen werden dürfen. Jedenfalls entsteht aber doch die Schuld des Thäters erst mit der von ihm geäußerten Thätigkeit, und es ist darum, wenn der Gehilfe vor ihm handelt, gar keine Schuld desselben vorhanden, die er sich aneignen könnte. Die Schuld des Gehilfen könnte dann also erst, nachdem er seine Thätigkeit vollzogen hatte, zur Entstehung gelangen, und der Verfasser hätte doch wohl den allgemein anerkannten Satz des Strafrechtes nicht vergessen sollen, daß die Verschuldung mit der Handlung selbst verbunden werden muß, der *dolus subsequens* also ausgeschlossen erscheint. Der betonte Vorwurf a. E. der Note 319a, nach der subjektiven Theorie wechsele die Strafbarkeit des Gehilfen im Laufe der Zeit: sobald er seine Teilnahmehandlung vorgenommen habe, sei er bereits wegen des Versuches des Verbrechens strafbar. Aber nur interimistisch. Denn sobald der Thäter das Verbrechen vollendet habe, werde er nun *ex post* wegen Vollendung gestraft — trifft dieselbe nicht, da es sich hier lediglich um die mit der Kausalität des Thäters zur Vollendung fortschreitende Kausalität des Gehilfen handelt, welche sonach auch ihn — als Gehilfen, für die Vollendung haftbar macht. Es liegt hier keine andere Erscheinung vor, als sie auch bei dem Thäter wahrnehmbar ist, der nach und nach zur Vollendung gelangt. Wohl aber hat sich der Verfasser vorzuwerfen, daß es nach seiner Theorie eine interimistische Schuldlosigkeit geben soll.

Es steht aber auch die Behauptung, daß die Schuld des Thäters auf den Gehilfen übergehe, im Widerspruch mit der bereits erörterten Behauptung, dadurch, daß der Gehilfe den verbrecherischen Erfolg gewollt habe, eigne er sich die Verursachung des Thäters an. Denn er muß hiernach einen eigenen *dolus* besessen haben, der nicht derjenige des Thäters sein kann. Hieraus ergiebt sich aber: hat der Gehilfe diesen eigenen *dolus*, so umfaßt seine Aneignung der Verursachung des Thäters dieselbe lediglich als Kausalität, und es ist ohne Bedeutung für ihn, ob den Thäter eine Schuld trifft, da vielmehr seine eigene und diese angeeignete Kausalität lediglich nach seiner eigenen Verschuldung beurteilt werden kann. Oder der Gehilfe hat keinen eigenen *dolus*, dann kann er sich auch die Verursachung des Thäters nicht aneignen, und er ist dann, wie gezeigt, straflos. Ersichtlich hat der Verfasser zwei verschiedene Prinzipien konfundiert. Einmal will er den Gehilfen vermöge seiner eigenen Schuld und seiner eigenen, durch diese Schuld ergänzten, Kausalität haften lassen, und es folgt hieraus für ihn, daß die Strafe für den Thäter und den Gehilfen eine verschiedene sein könne. Denn die Teilnahme reiche nur so weit, als des Thäters Schuld von der „Schuld“ des Gehilfen mit umfaßt sei, aus welchem Grunde auch der Gehilfe für den Exzeß des Thäters nicht einzustehen habe. Dann aber soll der Gehilfe lediglich ein Accessorium des Thäters sein, was unbedingt voraussetzen würde, daß er weder eine eigene Schuld besitzt, noch zum Erfolge durch seine Thätigkeit irgend wie mitwirkt, und daß seine Haftbarkeit nicht allein für sämtliche persönliche Eigenschaften des Thäters — mögen sie sich auch nicht objektivieren — sondern auch für dessen Exzeß eintreten müßte. Gehilfen und Thäter würden sonach gleich strafbar sein. Wie jedoch eine solche accessorische Qualität auch nur denkbar sei, hat der Verfasser nicht klar gestellt und vielmehr nur die Konsequenzen gezogen, welche für ihn und das Strafgesetzbuch hieraus folgten.

Demgemäß soll der Gehilfe für die von ihm gesetzte Bedingung nicht strafbar sein, wenn der Thäter wegen Geisteskrankheit, jugendlichen Alters u. s. w. straffrei bleiben müsse (158). Daß hiernach derjenige, welcher etwa einem Unzurechnungsfähigen den Dolch zu der von demselben ausgeführten Tötung behändigt hatte, nicht gestraft werden könne, soll durch die Hinweisung darauf widerlegt werden, daß hier Selbstthäterschaft vorliegen könne (163). Das werde dann der Fall sein, wenn der scheinbare (?) Gehilfe in der Lage gewesen sei, den scheinbaren (?) Thäter, ohne *in concreto* mit dessen Fähigkeit freier Willensbestimmung rechnen zu müssen, als Mittel und Werkzeug zur Verwirklichung seiner eigenen verbrecherischen Absicht zu benutzen. Hiermit ist aber die Teilnahmetheorie des Verfassers unvereinbar. Denn es soll ja doch für die Verschiedenheit zwischen Thäterschaft und Beihilfe die absolute kausale Verschiedenheit maßgebend sein, daß der Gehilfe nur eine nicht verursachende Bedingung für den Erfolg setze, während der Thäter allein denselben durch die Vornahme der Ausführungshandlung verursache. In dem bezeichneten Falle aber ist die Hingabe des Dolches die Bedingung und das Erstechen des Menschen die Ausführungshandlung, mag nun der Thäter zurechnungsfähig oder unzurechnungsfähig sein. Es erleidet dieses kausale Verhältnis infolge der Unzurechnungsfähigkeit des Thäters keine Verschiebung; die Gleichung von $^{8}/_{12}$ für den Thäter und von $^{4}/_{12}$ für die gesetzte Bedingung bleibt bestehen, und es kann darum auch der Gehilfe wegen der Unzurechnungsfähigkeit des Thäters nicht selbst zum Thäter werden. Daß sich die kausal nur bedingende Handlung des Gehilfen infolge der Unzurechnungsfähigkeit des Thäters in eine andere, absolut von ihr verschiedene, Kausalität umwandeln könnte, ist geradezu unmöglich. Von besonderer Bedeutung ist aber in dieser Richtung die Bemerkung, der Gehilfe benutze den Unzurechnungsfähigen als Mittel und Werkzeug zur Verwirklichung seiner eigenen verbrecherischen Absicht. Denn es ergiebt sich hieraus, daß die thäterische Absicht auch mit einer lediglich beihelfenden Bedingung verbunden werden kann, und in diesem Falle der Gehilfe, obgleich er sich nur einer minderwertigen Kausalität entäußert, den Erfolg als Thäter verursacht. Ist das aber der Fall, so kann auch die Wirksamkeit des Gehilfen keine absolut verschiedene von derjenigen des Thäters sein, und hieraus geht in Anbetracht, daß von einer Aneignung der Schuld des Unzurechnungsfähigen, sonach aber auch von einer accessorischen Qualität des Gehilfen, keine Rede sein kann, derselbe aber dennoch für den ganzen Erfolg bestraft werden soll, weiter hervor, daß er denselben durch seine Mitwirksamkeit in der nämlichen Weise wie der Thäter in vollem Umfange verursacht haben muß. Darum kann jedoch auch seine absolute Verschiedenheit von dem Thäter nur eine subjektive sein, und so führt die Werkzeugstheorie zu der subjektiven Theorie der Teilnahme. Denn es ist nicht einzusehen, warum diese kausalen Verhältnisse anders liegen sollen, wenn der Dolch nicht einem Unzurechnungsfähigen sondern einem Zurechnungsfähigen gereicht worden war.

Besteht eine absolute kausale Verschiedenheit zwischen Bedingung und Ursache, so muß natürlich auch der Wille ein absolut verschiedener sein, je nachdem er in einer Bedingung oder in einer verursachenden Handlung in die Erscheinung tritt. Ergiebt sich aber dann ein Widerstreit zwischen Wille und Wirksamkeit, war also etwa derjenige, welcher nur eine Bedingung setzen wollte, aus Irrtum für die Verursachung wirksam geworden, so ist die objektive Teilnahmetheorie zu einer zutreffenden Entscheidung nicht im stande. Verfasser meint (132), es sei hier Beihilfe anzunehmen. Aber er hätte doch wohl erkennen sollen, daß er sich auch mit dieser Auffassung in den vollsten Widerspruch mit seiner Kausalitätstheorie setze, nach welcher eben wegen ihrer absoluten kausalen Verschiedenheit von der bedingenden Handlung die verursachende Handlung keine bedingende sein kann. Nur ein beihelfender Wille ist in dem bezeichneten Falle in der ursachlichen Kausalität enthalten, und wenn er zur Folge haben soll, daß dieselbe lediglich als eine beihelfende in Betracht zu kommen habe, sie also in eine beihelfende umgewandelt werden soll, so liegt auch hierin der Beweis, daß die vermeintliche absolute kausale Verschiedenheit zwischen Bedingung und Ursache keine Bedeutung beanspruchen kann. Denn der bloße Wille kann, wie gesagt, an der Kausalität nichts ändern. Es muß aber auffallen, daß der Verfasser vorliegend eine Beihilfe gegeben findet, da sich doch nach seiner Theorie der Gehilfe Schuld und Kausalität des Thäters aneignet, er selbst daher zum Thäter werden muß, und es sonach nicht darauf ankommen kann, daß er nur Gehilfe werden wollte.

Es ist, wie bereits erwähnt, von dem Verfasser behauptet worden, die beihelfende Handlung sei für sich betrachtet keine strafbare Handlung. Sie stelle nach ihrer objektiven Seite nur das Setzen einer untergeordneten Bedingung eines verbrecherischen Erfolges gleich einer Vorbereitungshandlung dar; und auch subjektiv werde sie gleich einer Vorbereitungshandlung mit dem Wissen und Willen verübt, daß man durch sie den Erfolg nicht verursache (144). Allein die Beihilfe wird hierdurch nicht entfernt charakterisiert. Denn im Falle eine allein handelnde Person in Frage steht, welche eine Bedingung setzt, so kann doch dieselbe, obgleich das Gesagte auch hier objektiv und subjektiv vollständig zutrifft, nicht von einem Gehilfen gesetzt worden sein. Fügte aber dann diese allein handelnde Person der von ihr gesetzten Bedingung die verursachende Ausführungshandlung hinzu, so müßte sie, im Falle das Setzen einer Bedingung mit Notwendigkeit den Gehilfen kennzeichnet, ihr eigener Gehilfe sein. Es kann sich ja aber auch zutragen, daß sich an die gesetzte Bedingung ohne Vermittelung einer verbrecherischen Kraft der Erfolg anschließt. Bindet jemand seinen Gegner an einen Baum, damit er erfrieren oder von wilden Tieren zerrissen werden solle, oder erteilt er einem Menschen den Rat, in einer bestimmten Richtung weiter zu gehen, mit dem Bewußtsein, daß er hierbei durch den Sturz in einen Abgrund sein Leben verlieren werde, so wird niemand daran zweifeln, daß er der Thäter der eingetretenen Erfolge sei, obgleich der Getötete an dem Festbinden und Raterteilen nicht gestorben ist, und obgleich in diesen Handlungen gewiß keine in Gemeinschaft mit anderen verübten Ausführungshandlungen, keine wirksamsten Bedingungen zu finden sind. Es tritt das sofort klar hervor, wenn der Festgebundene durch seinen ihm nachfolgenden Feind hatte getötet werden sollen. Dann würde nur Beihilfe anzunehmen sein, und es liegt darum auch hierin wieder der Beweis für die Unhaltbarkeit der vermeintlichen absoluten kausalen Verschiedenheit von Bedingung und Ursache, weil eben deren Richtigkeit mit Notwendigkeit voraussetzt, daß die beliebige Willensbeschaffenheit der Handelnden nicht den geringsten Einfluß auf sie äußern kann.

Auch die Mitthäterschaft ist nach dem Verfasser lediglich eine Teilnahme, gerade so wie auch die Beihilfe. Die Mitthäter teilten sich in die Verursachung des Erfolges so, daß zwar ihre gemeinsame Thätigkeit als die Ursache, das aber, was jeder für sich betrachtet thue, nur als eine Bedingung des Erfolges sich darstelle (125). Wenn aber kein Mitthäter für sich allein den Erfolg verursache, sondern jeder nur einen Teil, und wenn doch jeder als Thäter des Ganzen bestraft werden solle, dann müsse jeder mit dem Bewußtsein und Willen gehandelt haben, daß seine eigene Thätigkeit durch die Thätigkeit der anderen zur Ursache des Erfolges ergänzt werde (136). Die Mitthäterschaft setze darum ein gegenseitig bewußtes Zusammenwirken, ein gegenseitiges Einverständnis, eine wechselseitige „Aneignung" des verbrecherischen Willens seitens der Mitthäter voraus. Mit Fahrlässigkeit des einen oder anderen Mitthäters sei diese Willensbeschaffenheit unvereinbar (137). Zwar enthalte die Thätigkeit der Mitthäter einen Anfang der Ausführung der That, während diejenige der Gehilfen, an und für sich betrachtet, nur als eine straflose Vorbereitungshandlung anzusehen sei, aber der Mitthäter besitze nicht den Entschluß, das betreffende Verbrechen zu verüben. Der Wille, das Verbrechen selbst zu vollenden, wie ihn jeder Versuch verlange, fehle jedem Mitthäter, da derselbe stets ein Stück der Vollendung einem andern überlassen wolle (146). Auch die Teilnahme der Mitthäterschaft setze strafrechtliche Unselbständigkeit, Abhängigkeit von der Thäterschaft, accessorisches Verhältnis zu derselben voraus. Der Mitthäter begehe das Verbrechen nicht selbständig, sondern beteilige sich nur an der Ausführung desselben. Seine Handlung werde daher erst strafbar, wenn andere Mitthäter die fehlenden Teile hinzufügten (148). Sobald also das, was die mehreren gemeinschaftlich ausführten, für den einen von ihnen eine strafbare Handlung nicht sei, könne auch der andere daran nicht als an einer strafbaren Handlung beteiligt sein (154). — Aber wenn keiner der Mitthäter Thäter werden will, und keiner Thäter wird, weil jeder nur einen Teil des Erfolges verursacht, so ist doch ersichtlich, daß ein Thäter überhaupt nicht vorhanden ist, als dessen unselbständige Accessorien die Mitthäter erscheinen, von dessen That sie ihre Strafbarkeit herleiten könnten. Ihre eigenen Accessorien aber können sie doch nicht sein. Keiner von ihnen soll den Willen besitzen, das betreffende Verbrechen zu verüben, und es ist darum auch nicht erklärlich, wie eine wechselseitige Aneignung ihres verbrecherischen Willens stattfinden könnte. Vielmehr würde von Schuld und Strafbarkeit derselben erst dann geredet werden können, wenn sich der Erfolg aus der Vereinigung ihrer sämtlichen Thatanteile bereits ergeben hätte, Schuld und Strafbarkeit sonach auch hier wieder *ex post* entstehen. Die behauptete accessorische Qualität der Mitthäterschaft wird daher schwerlich begründet sein.

Sodann müssen aber auch aus den vorstehenden Sätzen die Bezeichnungen „Bedingung, teilnehmen, sich teilen, verüben, selbst vollenden, ausführen" ausgeschieden werden, weil deren Begriff nicht erklärt worden ist, und es bleibt hiernach, zunächst lediglich kausal betrachtet, nur übrig, daß die Thätigkeit des Mitthäters durch die Thätigkeit anderer zum Erfolge ergänzt werde. Nun erscheint es aber doch, wie gesagt, für die Kausalität entschieden gleichgültig, ob die ergänzenden Kräfte menschliche oder natürliche sind. Auch im letzten Falle wird der Erfolg verursacht, und gerade so verursacht, als wenn die natürlichen Kräfte menschliche Kräfte wären. Nur darum werden die menschlichen Kräfte für den Verfasser von Bedeutung, weil er eben der Meinung ist, der Mitthäter verursache nur einen Teil des Erfolges und hafte daher auch nur für diesen Teil, wenn er nicht eine subjektive Verbindung zwischen sich und den übrigen Kräften herstelle. Aber hier steht man wieder vor der Einwendung, daß diese subjektive Verbindung auf die Kausalität keinen Einfluß äußern kann, und der Mitthäter sonach, mag sie herbeigeführt worden sein oder nicht, doch nur seinen Teil an dem Erfolge verursacht haben würde. Mit der Widerlegung dieser Einwendung hat sich der Verfasser nicht beschäftigt, und sie würde ihm auch schwerlich gelungen sein. Ist aber die Herstellung dieser subjektiven Verbindung, wenn man mit ihm von ihrer möglichen intellektuellen Einwirkung absieht, ohne reale Bedeutung, dann muß es auch zur Begründung der Haftbarkeit des Mitthäters für den ganzen Erfolg genügen, daß er lediglich auf die fremden, menschlichen oder natürlichen, Kräfte gerechnet hatte. Und da auch dieses Rechnen subjektiver Natur ist, so ergiebt sich eben, daß, wenn in diesem Falle die Haftbarkeit für den ganzen Erfolg begründet sein soll, der Mitthäter durch seine bloße Mitwirksamkeit den ganzen Erfolg auch verursacht haben muß. Denn andernfalls würde er nur für den von ihm verursachten Teil desselben einzustehen haben. Hieraus geht aber weiter hervor, daß die Mitthäterschaft überhaupt nicht von strafrechtlicher, sondern nur von thatsächlicher Bedeutung sein kann. Jeder Mitthäter ist vielmehr gerade so gut ein Alleinthäter wie derjenige Alleinthäter, welcher den Erfolg unter Mitwirkung von Naturkräften oder Kräften eines Unzurechnungsfähigen herbeiführt. Offenbar ist es aber auch keine richtige Schlußfolgerung, die Mitthäterschaft setze darum ein gegenseitig bewußtes Zusammenwirken, eine wechselseitige Aneignung des verbrecherischen Willens voraus, weil jeder Mitthäter mit dem Bewußtsein und Willen handeln müsse, daß seine Thätigkeit durch die Thätigkeit der anderen zur Ursache des Erfolges ergänzt werde. Denn ein einseitiges Bewußtsein würde hierzu vollständig genügen, wie sich ja auch der Gehilfe als Teilnehmer ohne Vorwissen des Thäters dessen Schuld und Verursachung soll aneignen können.

Aber dieses Erfordernis des gegenseitigen Bewußtseins für die Mitthäterschaft zugegeben und angenommen, es hätten die Mitthäter $^9/_{10}$ des Erfolges verursacht, so würden sie straflos sein, wenn der weitere Beitrag von $^1/_{10}$ zum Erfolge von einer Naturkraft, einem Kinde oder einem Fahrlässigen herrührte, sollten auch alle Mitthäter denselben in Berechnung gezogen und sogar, um sich Straflosigkeit zu sichern, ihre Teile so eingerichtet haben, daß dieser Beitrag hinzutreten mußte. Denn nicht einmal wegen Versuches würden dieselben dann strafbar sein, weil keiner von ihnen den Entschluß, das Verbrechen zu verüben, zu vollenden besessen hätte. Es scheint fast, als solle von einem Versuche des Mitthäters erst dann geredet werden können, wenn sämtliche — auch die zeitlich aufeinanderfolgenden — Mitthäter thätig geworden seien, und es würde sich sonach auch hier wieder ergeben, daß die Schuld der Mitthäter nur *ex post* zur Entstehung gelangt. Auch kann nicht richtig sein, daß die Thätigkeit eines jeden Mitthäters objektiv einen Anfang der Ausführung der That enthalten soll, da, wenn ein Mitthäter objektiv einmal die That angefangen hat, der nachfolgende sie nicht nochmals anfangen, sondern sie nur nach der Vollendung weiter führen kann. Und das alles soll aus § 47 St.G.B. hergeleitet werden, obgleich doch der Verfasser selbst zugiebt, daß derselbe keine Auskunft darüber erteile, was unter der gemeinschaftlichen Ausführung zu verstehen sei. Endlich irrt der Verfasser, wenn er die Behauptung bestreitet (139), seine Auslegung dieses Paragraphen bedeute eine Wiederbelebung der, auch von ihm verworfenen, Komplotttheorie. Denn auch das Komplott kann durch stillschweigende Vereinbarung geschaffen werden, oder es liegt doch wenigstens keine wesentliche Verschiedenheit darin, je nachdem dieselbe ausdrücklich oder durch konkludente Handlungen erzielt worden ist, und die Mitthäterschaft des Verfassers ist recht eigentlich eine besondere Schuldform, weil der einzelne Thäter seine Schuld nicht selbst erzeugt, da sie vielmehr die Schuld der Mitthäter zur Voraussetzung hat (meine Abhandlungen 1862, S. 115 f.; Zeitschrift Bd. II, S. 276 f.).

Auch die Anstiftung soll nur eine aus dem Verbrechen des Thäters heraus strafbare Teilnahme sein, und es gilt darum im allgemeinen auch von ihr das bereits in dieser Richtung zur Beihilfe Erörterte. Was aber insbesondere die Meinung anbelangt, der Teilnehmer, also auch der Anstifter, eigne sich die verbrecherische Verursachung des Thäters an, so dürfte doch wohl die Behauptung eher gerechtfertigt sein, der angestiftete Thäter habe sich den auf ihn einwirkenden verbrecherischen Willen des Anstifters, daß das Verbrechen begangen werden solle, angeeignet. Dem gegenüber kann der Erörterung keine Bedeutung beigemessen werden, daß das Wissen und Wollen des Anstifters den verbrecherischen Erfolg, die eigene Mitwirksamkeit für denselben und die Mitwirksamkeit des Thäters umfassen müsse (136). Es tritt eben auch hier wieder der Widerspruch hervor, daß unerachtet der eigenen Mitwirksamkeit des Anstifters für den Erfolg und trotz seiner eigenen Verschuldung dennoch Schuld und Wirksamkeit des Angestifteten für ihn maßgebend sein soll. Eine Mitwirksamkeit des Anstifters für den Erfolg ist übrigens nur dann denkbar, wenn von demselben ein bis zum Erfolge sich erstreckender Kausalverlauf ausgeht, auch er also mit verursacht, und das ist nicht, wie Verfasser behauptet, die Meinung des Strafgesetzbuchs, da vielmehr nach ihm dieser Kausalverlauf in der stattgefundenen Bestimmung des Angestifteten sein Ende erreicht. Daß auch das Setzen einer Bedingung für den Entschluß des Angestifteten, die sogar so mächtig sein könne, daß sie ihn dem Anstifter dienstbar mache (Rostocker Rektoratsprogramm), mit seinem, von dem Verfasser behaupteten, freien Willen nicht vereinbar sei, habe ich schon mehrfach erörtert (Kausalität 1885, S. 61 f.; Gerichtssaal Bd. XLII, S. 269). Sollte der Wille eines bereits Entschlossenen durch kausale Beeinflussung aber auch nur bestärkt werden können, so würde immerhin derselbe kein freier Wille sein, und es ist unhaltbar, daß hierbei die Freiheit seines Willens ganz unberührt bleibe (152).

In Wirklichkeit war aber der Angestiftete vollständig frei in seinem Entschlusse, ob er das ihm angesonnene Verbrechen begehen wolle oder nicht, und der Anstifter haftet nur darum für das Verbrechen, weil er denselben durch seine Einwirkung auf dessen Sinnlichkeit genötigt hatte, überhaupt einen Entschluß zu fassen. Wäre dies nicht geschehen, so würde es zu dem verbrecherischen, wenn schon vollständig freien, Entschlusse des Angestifteten nicht gekommen sein, und es erweist sich darum die Anstiftung als eine mitwirkende Ursache für das Verbrechen, welche ihre Haftbarkeit für dasselbe in vollem Umfange nach sich zieht (Kausalität 1885, S. 11; Gerichtssaal 1870, S. 90; Zeitschrift II, S. 272). Die Einwendung BÜNGER's (Zeitschrift VII, S. 104), in dieser Mitwirksamkeit des Anstifters könne nur eine Bedingung gefunden werden, setzt den von ihm nicht einmal angetretenen Nachweis, daß zwischen Bedingung und Ursache eine Verschiedenheit bestehe, zu ihrer Richtigkeit voraus.

Die absolute kausale Verschiedenheit der Anstiftung von der intellektuellen Beihilfe soll aber darin bestehen, daß erstere vor, letztere nach der Entschließung des anderen stattfinde (122). Im Falle jedoch jemand in der Absicht, intellektuelle Beihilfe zu leisten, in Wahrheit angestiftet habe, dann sei er doch nur intellektueller Gehilfe, weil die Schuld, einen noch nicht Entschlossenen zum Verbrechen bestimmen zu wollen, durch die irrige Annahme, einen schon Entschlossenen vor sich zu haben, ausgeschlossen werde (133). Daß mit dieser, an und für sich ja richtigen, Behauptung eine absolute kausale Verschiedenheit zwischen dem vor und nach unverträglich sei, weil der Wille das kausale vor nicht in ein kausales nach umwandeln kann, ist auch hier von dem Verfasser nicht eingesehen worden. Man kommt eben nicht darüber hinweg, daß von der Anwendung der objektiven Teilnahmetheorie überhaupt nur dann geredet werden könnte, wenn sich Wille und Wirksamkeit decken, sie aber im Stiche lassen muß, im Falle ein Widerstreit zwischen beiden besteht, insbesondere also der Handelnde sich einer wirksamsten Bedingung in der Meinung, sie sei eine minder wirksame, entäußert hatte. Denn dann muß man entweder die absolute kausale Verschiedenheit zwischen Thäterschaft und Beihilfe festhalten, demgemäß aber den in der Verursachung nur enthaltenen beihelfenden Willen unberücksichtigt lassen und vielmehr wegen Thäterschaft bestrafen; oder man muß diese absolute kausale Verschiedenheit fallen lassen, wenn für die Beurteilung des Geschehenen der in ihm enthaltene beihelfende Wille maßgebend sein soll. Hiermit würde man jedoch zur subjektiven Theorie der Teilnahme gelangen.

Wenn sich aber die Schuld des Anstifters aus der Schuld des Angestifteten herleitet, und der Angestiftete unzurechnungsfähig ist, so müßte doch der mit dieser Unzurechnungsfähigkeit bekannte Anstifter straflos bleiben. Hier läßt jedoch der Verfasser wieder die, dem Strafgesetzbuch unbekannte, mittelbare Thäterschaft, die Werkzeugstheorie, hervortreten, welche in diesem Falle den Anstifter zum Thäter qualifiziere. Aber der Anstifter hat doch auch hier nur einen Teil, und der Unzurechnungsfähige hat einen anderen Teil des Erfolges verursacht, und wenn demungeachtet der Anstifter für beide Teile haften soll, obwohl er sich Schuld und Verursachung des Unzurechnungsfähigen nicht aneignen kann, so liegt eben wieder das Anerkenntnis vor, daß seine Mitwirksamkeit nicht allein ihren Teil, sondern alle Teile des Erfolges verursacht. Lediglich hierin ist das Wesen der Werkzeugstheorie enthalten, und es beruht die Behauptung des Verfassers, er habe ihre Vereinbarkeit mit seiner objektiven Teilnahmetheorie nachgewiesen (Note 315), auf einer offenbaren Selbsttäuschung. Zugleich ist ersichtlich, daß in dem gegebenen Falle der Anstifter nach der subjektiven Theorie den Erfolg nicht als Gehilfe verursachen kann, sondern ihn als Thäter verursachen muß, weil er seinen verbrecherischen Willen von demjenigen des Unzurechnungsfähigen nicht in Abhängigkeit bringen kann.

Hatte aber der Anstifter geglaubt, der von ihm Angestiftete sei zurechnungsfähig, während er unzurechnungsfähig war, so weiß die objektive Teilnahmetheorie auch wieder nicht, was sie machen soll. Denn zwischen der Anstiftung eines Znrechnungsfähigen und der mittelbaren Thäterschaft soll doch gleichfalls eine absolute kausale Verschiedenheit bestehen, die durch einen Irrtum des Subjektes nicht beseitigt werden kann. Konsequent könnte der Anstifter unter der gedachten Voraussetzung nur wegen Versuches der Verursachung bestraft werden, was jedoch nicht möglich sein würde, weil er als ein Accessorium des Thäters überhaupt nur dann strafbar erscheine, wenn diesem Vollendung oder Versuch zur Last falle. Aber es ist doch nicht zu verkennen, daß die mittelbare Thäterschaft und die Anstiftung zu der gleichen Verantwortlichkeit führen, und darum nicht verständlich, warum nicht auch der Anstifter eines Zurechnungsfähigen ein mittelbarer Thäter sein soll. Auch hier ist es lediglich die Meinung des Verfassers, daß der Erfolg in Teilen verursacht werde, und die Vereinigung der Teile auf den einzelnen nur im Wege der Verschuldung bewerkstelligt werden könne, welche ihn zu dieser Unterscheidung veranlaßt, obwohl in beiden Fällen die Kausalität sowohl des mittelbaren Thäters als diejenige des Anstifters den Erfolg verursacht, und eine Verschiedenheit zwischen diesen beiden Kausalitäten nicht besteht, je nachdem der Angestiftete zurechnungsfähig oder unzurechnungsfähig war.

Mit dem Satze, daß die Schuld des Thäters maßgebend für die Schuld des Anstifters und Gehilfen sei, ist es endlich auch nicht vereinbar, daß es Anstiftung und Beihilfe zur fahrlässigen Thäterschaft geben soll (140, 141). Das Strafgesetzbuch kennt eine solche Anstiftung und Beihilfe keineswegs. Die objektive Theorie muß aber in diesen Fällen zu der Annahme gelangen, daß die fahrlässige Schuld des Thäters auf den Anstifter und Gehilfen übergehe, deren eigene vorsätzliche Schuld verdränge, und sie hierdurch in fahrlässige Anstifter und Gehilfen umwandle. Dies thut sie aber nicht, sondern es sollen dieselben hier offenbar so beurteilt werden, als ob sie sich an einem vorsätzlichen Verbrechen beteiligt hätten, womit indessen ihre accessorische Qualität in Wegfall kommt. Ersichtlich hat man es auch hier wieder mit einem Verlegenheitsmittel der objektiven Teilnahmetheorie zu thun, die mit Notwendigkeit aus ihren engen Schranken heraus zu der subjektiven Theorie gedrängt wird. Denn wenn Anstifter und Gehilfen nicht in Abhängigkeit von Schuld und Wirksamkeit des Thäters, sondern vermöge ihrer eigenen Verschuldung und Wirksamkeit bestraft werden sollen, so ist das ein Ergebnis, zu welchem nur sie hinführen kann.

Um nicht frühere Erörterungen wiederholen zu müssen, sehe ich davon ab, dem Verfasser noch weiter auf den von ihm eingeschlagenen Irrwegen zu folgen. Denn er reproduziert im Grunde genommen lediglich die vor etwa 30 Jahren herrschend gewesene, von mir bereits seit dieser Zeit in zahlreichen Abhandlungen bekämpfte, objektive Teilnahmetheorie, welcher die Notwendigkeit einer Unterscheidung zwischen der Kausalität und der Verantwortlichkeit für dieselbe noch unbekannt war. Er versucht nur hierbei die von derselben unbefangen als wahr angenommenen unrichtigen Sätze auch als richtige zu beweisen, allein diese Beweisführung muß als verfehlt angesehen werden. Insbesondere hat sich ergeben, daß zwischen Bedingung und Verursachung eine absolute kausale Verschiedenheit, auf welcher die absolute Verschiedenheit zwischen dem Thäter und den Gehilfen beruhen könnte, nicht besteht, und daß, insoweit der Verfasser zur Herstellung dieser absoluten Verschiedenheit die Ausführungshandlung mit seiner Kausalitätstheorie in Verbindung bringt, dies in einer durchaus ungenügenden und unsicher umhertastenden Weise geschieht. Gelänge es, mit scharfen Worten und praktischer Brauchbarkeit das Wesen der Ausführungshandlung zu bestimmen, so würde freilich bezüglich der Teilnahme kaum noch Streit entstehen können. Aber schon Stübel ist hieran gescheitert, und auch jeder nach ihm noch in dieser Richtung gemachte Versuch mußte unbefriedigend verlaufen. Jedenfalls aber sollte die objektive Teilnahmetheorie bei ihrem Bestreben, eine absolute kausale Verschiedenheit zwischen dem Thäter und den Gehilfen zu begründen, die Herbeiführung des Erfolges nur als eine „Verursachung" bezeichnen, weil mit dem Gebrauche der Worte ausführen, begehen, verüben, überlassen, befördern, unterstützen, ermöglichen (100) u. s. w. eine unberechtigte subjektive Beimischung in den

Kausalverlauf hineingetragen wird, wie dieselbe namentlich auch in den Erörterungen des Verfassers fortwährend an den Tag tritt.

Der Verfasser ist nun aber von der Richtigkeit seiner Theorie so sehr überzeugt, daß er sie zur Abfassung eines ganzen Buches gegen die auf dem Gebiete der Teilnahme ergangene Rechtsprechung des Reichsgerichts benutzt hat. Dasselbe ist zwar in der denkbar schärfsten Tonart geschrieben, allein die Unzulänglichkeit der eigenen Meinung steht mit ihr in einem argen Mißverhältnisse. Der Angriff ist sogar in die Tagespresse übertragen (Münchener Neueste Nachrichten 1890, N. 495, 499) und hier an den Diebstahl angeknüpft worden. In seinem Buche sagt der Verfasser in dieser Richtung (142), wenn der A mit dem B zusammen die Ausführungshandlung, also die Wegnahme, verübe, so sei er Mitthäter, auch wenn er für sich die rechtswidrige Zueignung nicht beabsichtige, sobald er nur gewußt und gewollt habe, daß B beabsichtige, sich die Sache rechtswidrig zuzueignen. Derjenige aber, welcher nur die Handlung eines Gehilfen vorgenommen habe, könne dadurch nicht zum Thäter werden, daß er dieselbe in der Absicht, sich die Sache anzueignen, vorgenommen habe. Hierin liegt nun zunächst der Widerspruch, daß doch nach den Ausführungen zur Mitthäterschaft, die Mitthäter sich wechselseitig ihren verbrecherischen Willen aneignen, und es würde sonach, da B auch nicht Alleinthäter sein kann, in dem angeführten Falle ein strafbarer Diebstahl überhaupt nicht begangen worden sein. Aber auch im Hinblick auf die beihelfende Handlung ergiebt sich wieder, daß sich die Theorie des Verfassers stets verflüchtigt, wenn sie zur konkreten Anwendung gebracht werden soll. Denn angenommen, der gefüllte Geldbeutel, dessen sich A bemächtigen will, liege auf einem so hohen Schranke, daß er nicht hinauflangen kann, und er hebe darum den zurechnungsfähigen B in die Höhe, welcher ihn ohne eigene Aneignungsabsicht wegnehme, worauf er denselben, nachdem er vorher von ihm in Sicherheit gebracht gewesen wäre, dem A aushändigte — so würde weder A wegen Diebstahles bestraft werden können, weil er sich an der Ausführung nicht als Mitthäter beteiligt, noch auch B, weil er eine eigene Aneignungsabsicht nicht besessen hätte. Allein ich glaube denn doch, daß in diesem Falle auch die von der Rechtsprechung des Reichsgerichts nicht beeinflußte Praxis kein Bedenken tragen würde, sowohl den A als den B wegen Diebstahles zu bestrafen. Den A ganz bestimmt als den Thäter, den B vielleicht nur als Gehilfen. Es ist aber nicht zu leugnen, daß die Definition des § 242 St.G.B. die Schwierigkeit bereitet, daß es allerdings scheint, als ob der Akt der Wegnahme selbst mit der Absicht eigener Aneignung vollzogen werden müsse, und daß es der Umgehung dieser Schwierigkeit durch die Unterstellung, der für einen anderen Wegnehmende müsse zunächst sich selbst die Sache aneignen wollen, an der nötigen Präcision gebricht. Lautete hingegen der § 242 St.G.B. dahin, Diebstahl sei die rechtswidrige Aneignung einer fremden beweglichen Sache durch Wegnahme, so würde die Entscheidung des bezeichneten Falles der subjektiven Teilnahmetheorie keine Schwierigkeit bereiten. Denn A hätte seine diebische Absicht in dem Kausalverlaufe objektiviert, und B denselben mittels einer über dessen Thätigkeit hinausgreifenden Thätigkeit zur Vollendung fortgeführt mit dem Willen, daß hierdurch das Vergehen des Diebstahles verursacht werden solle. Beide hätten also den Diebstahl durch ihre Mitwirksamkeiten verursacht und wären Thäter desselben. Daß der angeführte Fall nicht straflos bleiben kann, wird ja der Verfasser einsehen. Wollte er ihn aber nach seiner Theorie beurteilen, so würde er wohl sagen müssen, das Hinaufheben gehöre zur Ausführungshandlung und begründe daher Mitthäterschaft. Aber dann würde auch die Zustellung des Schlüssels zum Schranke, in welchem der Geldbeutel etwa aufbewahrt gewesen wäre, und überhaupt jede Beihilfe zur Ausführungshandlung zu rechnen sein. Denjenigen aber, welcher den Geldbeutel ohne die Absicht eigener Aneignung wegnahm, würde er überhaupt nicht bestrafen können. Denn wenn das Strafgesetzbuch wirklich vorschreibt, der Akt der Wegnahme müsse in der Absicht, sich selbst die Sache rechtswidrig zuzueignen, vollzogen werden, so muß der ganze Akt der Wegnahme in dieser Absicht erfolgen, und es muß daher auch, wenn mehrere die Wegnahme bewerkstelligen, ein jeder derselben in dieser Absicht handeln, weil andernfalls nur ein Teil des Aktes der Wegnahme mit diebischer Absicht erfüllt sein würde. Daß von mehreren Mitthätern nur einer diese Absicht zu besitzen brauche, wäre darum mit dem Strafgesetzbuche nicht vereinbar.

Der Hauptvorwurf, welcher von dem Verfasser gegen die Rechtsprechung des Reichsgerichts erhoben wird, besteht aber darin, daß sie das Gesetz verletze, indem sie nicht der objektiven, sondern der subjektiven Teilnahmetheorie folge. Hiervon ist so viel richtig, daß, im Falle man die zur Zeit der Entstehung des Strafgesetzbuchs vorherrschend gewesene Theorie zur Auslegung seiner §§ 47, 48, 49 anwendet, die subjektive Teilnahmetheorie keinen genügenden Ausdruck in demselben gefunden hat, und vielmehr allerdings anzunehmen ist, es beruhe auf dem Prinzip der Teilbarkeit des Erfolges in Verbindung mit dem Prinzip, daß durch bloße Verschuldung die Anhäufung sämtlicher Teile desselben auf jeden einzelnen herbeigeführt werde. Unter Anwendung dieser Theorie habe ich aber (Kausalität 1885, S. 38 f.) den Nachweis versucht, daß es an der Hand derselben zu ganz unmöglichen Ergebnissen gelangen müsse. Verfasser meint zwar, es sei hierbei ein Zerrbild desselben geliefert worden (82), ich glaube jedoch, mich nicht geirrt zu haben. Allein es fragt sich, ob denn diese zur Zeit seiner Entstehung vorherrschend gewesene Theorie mit Notwendigkeit für dessen Auslegung herangezogen werden muß, und diese Frage muß verneint werden, wenn auch sie nicht zu einem unzweifelhaften Ausdruck in demselben gelangt ist. Daß dies aber nicht geschehen sei, muß um so mehr angenommen werden, als damals immerhin bereits von hervorragenden Rechtslehrern der Weg nach der subjektiven Theorie beschritten worden war (s. die geschichtliche Erörterung Teilnahme 1860, S. 1 f.; Abhandlungen 1862, S. 134 f.), und man nicht feststellen kann, daß es sich dem Einflusse derselben vollständig entzogen habe. Seine Motive sprechen für das Gegenteil. Allerdings wird von dem Verfasser mit Recht darauf hingewiesen, daß sie keine gesetzliche Kraft besitzen; jedoch auch die Theorie besitzt eine solche Kraft nicht. Entbindet man sich aber von den Lehrsätzen sowohl der objektiven wie der subjektiven Teilnahmetheorie, so können die §§ 47—49 überhaupt nicht ausgelegt werden, weil man eben von ihnen nicht erfährt, was das gemeinschaftliche Ausführen, das Bestimmen, das Hilfeleisten bedeuten solle. Erst wenn die Theorie mit diesen Paragraphen in Verbindung gebracht wird, lassen sie eine Erklärung zu. Zur Aufnahme der subjektiven Teilnahmetheorie sind sie aber nicht weniger geeignet wie zur Aufnahme der objektiven, und man darf darum diejenige Theorie vorziehen, welche zu vernünftigeren Ergebnissen führt. Hätte § 47 betont, der Alleinthäter verursache sämtliche Teile des Erfolges, so würde anzunehmen sein, der Mitthäter verursache nur einen Teil desselben, und er sei darum nur wegen seiner gemeinschaftlichen Ausführung mit anderen für den ganzen Erfolg haftbar. Das ist jedoch nicht geschehen, und es muß darum auch in diesem Paragraphen das Prinzip nicht mit Notwendigkeit erkannt werden, der Erfolg werde nur in einzelnen Teilen herbeigeführt, die Verschiedenheit zwischen Thäterschaft und Beihilfe aber bestimme sich nach der absoluten kausalen Wertverschiedenheit dieser Teile. Es legt auch nicht entfernt dieser Paragraph der Ausführungshandlung eine besondere technische Bedeutung bei, und es weiß auch das Strafgesetzbuch so wenig etwas von einer accessorischen Qualität der Mitthäter, Anstifter und Gehilfen, wie von der Werkzeugstheorie. Es sind das vielmehr lediglich Lehrsätze der objektiven Teilnahmetheorie, mit welchen dieselbe steht und fällt. Mögen auch immerhin Vorschriften in dem Strafgesetzbuch vorkommen, welche mehr mit dieser wie mit der subjektiven Theorie vereinbar sind, so ist doch auch das Umgekehrte der Fall.

Darüber, daß die Entscheidungen von 30, in 4 Senate eingeteilten, Richtern in einer so schwierigen Materie wie der Teilnahme nicht stets in voller Übereinstimmung stehen, würde sich der Verfasser vielleicht weniger gewundert haben, wenn er daran gedacht hätte, daß für jede der von ihm gerügten 168 Entscheidungen des Reichsgerichts wenigstens einer von den Lehrern des Strafrechtes als Autorität angeführt werden kann. Daß aber dasselbe der Theorie in der Lehre von der Teilnahme den richtigen Weg zeigen solle, wird er ja wohl nicht verlangen. Sagt er doch in dem Vorworte seines Buches, es sei die Pflicht der Vertreter der theoretischen Jurisprudenz, welchen die Erforschung und Verteidigung wissenschaftlicher Wahrheit Lebensberuf sei, den Irrtum des Reichsgerichts aufzudecken und die von ihm in diesen Irrtum mit hineingerissene Praxis auf den richtigen Weg zurückzuführen. Aber er versuche einmal, in Übereinstimmung mit einigen Kollegen irgend ein Lehrbuch, eine Abhandlung oder eine Monographie der Praxis für die Teilnahme als maßgebend vorzuschlagen, ohne sie hiermit vollständiger Verschwommenheit im Hinblick auf die qualitative Unterscheidung zwischen Thäterschaft und Beihilfe zu überliefern, und er wird sich überzeugen müssen, daß die Theorie zu einer festen Leitung derselben auf diesem Gebiete gegenwärtig gar nicht imstande ist. In der Note 20 giebt er dies sogar selbst zu. Daher hätte er aber auch seine Vorwürfe nicht über den höchsten Gerichtshof, sondern er hätte sie über die Theorie ausschütten sollen, welche sie reichlich verdient hat (Kausalität 1885, S. 51 f.).

Übersieht man die Vergangenheit und Gegenwart der objektiven Theorie der Teilnahme, so wird man sich nicht verhehlen dürfen, daß sie zu einem befriedigenden Ergebnis überhaupt nicht führen kann, und aus dieser Überzeugung ist die subjektive Theorie erwachsen. Sie erscheint wohl als der letzte Versuch, die absolute Verschiedenheit zwischen Thäterschaft und Beihilfe aufrecht zu erhalten, die sich mit Notwendigkeit zu einer nur relativen gestalten muß, wenn er mißlungen sein sollte.

Was nun die von dem Verfasser gegen die subjektive Teilnahmetheorie vorgebrachten Einwendungen anbelangt, so hat ihm dieselbe dafür zu danken, daß er sich so eingehend mit ihrer Beurteilung beschäftigt, wie dies seither noch nicht geschehen ist. Es können jedoch diese, bereits in den Bemerkungen zu dem Lehrbuche

MERKEL's im wesentlichen widerlegten, Einwendungen (s. oben S. 329 f.) aus dem schon angeführten Grunde hier nicht näher berücksichtigt werden. Hervorzuheben wäre etwa nur, daß der Verfasser meint, die subjektive Theorie der Teilnahme bekenne ihre Undurchführbarkeit selbst, indem sie anerkenne, daß nur der Thäter, niemals aber der Gehilfe, die sogenannte Haupthandlung vornehmen dürfe. Man müsse annehmen, daß, wenn wirklich die Haupthandlung eine wesentliche Verschiedenheit gegenüber den übrigen Mitwirksamkeiten zum Erfolge nicht besitze, dann auch der Wille, die Haupthandlung zu begehen, von dem Willen, eine sonstige Mitwirksamkeit zu verüben, nicht so wesentlich und absolut verschieden sein könne, daß er die Verschiedenheit zwischen Thäterschaft und Beihilfe zu begründen vermöge. Solle eine absolute Verschiedenheit zwischen den beiden Willen bestehen, so müsse sie hiernach aus einer absoluten Verschiedenheit der beiden „Handlungen“ folgen. Allein es tritt in dieser Erörterung wieder die Vermischung der Kausalität mit der Subjektivität hervor, weil beide in dem Begriffe der „Handlung“ vereinigt sind. Werden sie von einander getrennt, so ergiebt sich die Unhaltbarkeit auch dieser Einwendung. Ein früheres, von dem Verfasser nicht beachtetes, Beispiel war hier davon ausgegangen, daß drei Personen mit je einem Steine ein Dreieck auf dem Tische zusammensetzen wollen, und zwei von ihnen ihre Steine bereits auf demselben niedergelegt haben. Nun ist der Wille der dritten Person ausschließlich dafür entscheidend, ob die Figur entstehen soll oder nicht und mithin absolut verschieden von dem Willen der beiden anderen Personen, da sie die Entstehung derselben von dieser Person abhängig gemacht haben. Aber wenn nun auch sie ihren Stein hinzufügt, so hat sie keinen größeren Beitrag zu der Entstehung der Figur geliefert wie die beiden übrigen, und sie ist daher auch nur in ihrem Willen von denselben verschieden.

Ferner wird gesagt, wer ein Interesse an der Verübung eines Verbrechens habe, so zwar, daß er sich entschließe, zur Verübung desselben mitzuwirken, der werde dasselbe stets auch selbständig wollen und seinen Willen nicht mehr demjenigen eines anderen unterordnen. Der Gehilfe der subjektiven Theorie wolle überhaupt den Erfolg nicht; er habe sich zur Zeit zu dem Verbrechen noch nicht entschlossen; er wisse zur Zeit absolut noch nicht, was er wolle. Warum es aber mit dem unselbständigen Interesse des Gehilfen nicht vereinbar sein sollte, daß er den Erfolg im Interesse des Thäters wollen könne, ist nicht einzusehen. Der Verfasser selbst sogar befindet sich mit seiner objektiven Theorie bezüglich des Willens des Gehilfen auf subjektivem Standpunkte, wie sich dies aus den beiden Sätzen ergiebt, daß der Gehilfe den Gesamterfolg wolle (§ 61 sub a), und daß er dem Thäter die Verursachung überlasse (Note 112). Denn dieses Überlassen bedeutet doch wohl, daß er die Verursachung des Verbrechens „dem Willen" des Thäters anheimgiebt, er also seinen auf die Herbeiführung des Erfolges gerichteten Willen dem Willen desselben dergestalt unterordnet, daß er sich zum voraus mit dessen Entschließung, sie möge fallen, wie sie wolle, einverstanden erklärt, und dies kann eben nur dann geschehen, wenn er kein eigenes selbständiges Interesse hierbei verfolgt (s. oben S. 335). Wollte man aber auch annehmen, es sei dieses Überlassen auch in dem Falle eines selbständigen Interesses des Gehilfen nicht ausgeschlossen, so kann es doch jedenfalls sein, daß der Gehilfe überläßt, ohne ein selbständiges Interesse an der Herbeiführung des Erfolges zu besitzen, und er würde dann den Erfolg nicht wollen, also als Gehilfe nicht in Betracht kommen können, wenn die Behauptung richtig wäre, daß ein Wollen des Erfolges mit der Unselbständigkeit des Interesses unverträglich sei. Daß auch der Gehilfe der objektiven Theorie nur aus eigenem Interesse handeln, und dieses Interesse sowohl ein selbständiges als aber auch ein unselbständiges sein kann, der Gehilfe dieser Theorie sich also von dem Gehilfen der subjektiven Theorie im Willen nur dadurch unterscheidet, daß letztere den Gehilfen, welcher ein eigenes selbständiges Interesse verfolgt, als einen Thäter ansieht, hat der Verfasser nicht beachtet.

Wenn derselbe endlich betont (287), die subjektive Teilnahmetheorie müsse notwendig zu ungerechten Verurteilungen führen, weil sie den Unterschied der Teilnahmehandlungen von der Thäterschaft und unter einander, und damit die empfindliche Verschiedenheit der in dem Gesetze angedrohten Strafen statt in äußerlich „leicht" erkennbare objektive Momente, in die innersten Seelenvorgänge der Handelnden verlege, so mag ja allerdings ihre Begründung der subjektiven absoluten Verschiedenheit zwischen Thäterschaft und Beihilfe der Beurteilung einzelner Fälle Schwierigkeiten bereiten. Aber sie ist doch, auch *in concreto*, jedenfalls eher durchführbar wie die objektive Teilnahmetheorie des Verfassers. Denn die Zerlegung einer Kausalität in einzelne Teile, zwischen welchen noch obendrein ein absoluter kausaler Unterschied bestehen soll, ist eben überhaupt nicht möglich.

Bemerkungen zu dem Buche von Prof. Dr. Landsberg in Bonn: Die sogenannten Kommissivdelikte durch Unterlassung.

Es wird erörtert, der Erfolg trete ein, weil die für seine Herbeiführung erforderlichen Kräfte vorhanden gewesen seien; er trete aber auch ein, weil diejenigen Kräfte gefehlt hätten, welche, wenn sie vorhanden gewesen wären, ihn verhindert haben würden, und es setze sich sonach die Verursachung zusammen aus den vorhandenen und diesen fehlenden Kräften. Die fehlenden Kräfte sollen jedoch nur dann ursachlich sein, wenn sie gefehlt hätten, obwohl sie hätten vorhanden gewesen sein können, und dies lasse sich nur von menschlichen Kräften behaupten. Hiernach aber würde jeder Mensch ursachlich sein, welcher den Erfolg hätte verhindern können, ihn aber nicht verhindert hat. Nun wird aber doch der Erfolg nicht darum verursacht, weil er hätte verhindert werden können, sondern man kann höchstens sagen, seine Verursachung beruhe darauf, daß er nicht verhindert worden sei. Das „können" gehört daher als bloße Möglichkeit nicht zur Verursachung, sondern zu der Verschuldung in dem Sinne, daß der Mensch zwar ohne weiteres verursacht, wenn er nicht verhindert, daß aber diese Verursachung nicht strafbar ist, wenn er nicht hatte verhindern können. Hiermit würde das unbedingte Gebot der Nächstenhilfe ausgesprochen sein. Allerdings wird seine Tragweite dahin eingeschränkt, daß die Erfolgsherbeiführung durch Unterlassung nach dem Rechte nur dann strafbar sei, wenn sie gegen eine gesetzlich oder vertragsmäßig begründete Thätigkeitspflicht verstoße. Da jedoch auch derjenige, welcher, ohne in dieser Weise verpflichtet zu sein, den von ihm nicht verhinderten Tod seines Nächsten verursachen würde, so scheint nicht ersichtlich zu sein, warum nicht auch diese Tötung bestraft werden sollte.

Ist es richtig, daß derjenige ohne weiteres mit Notwendigkeit den Erfolg verursacht, welcher ihn nicht verhindert, so kann die Begründung seiner Verschuldung keine Schwierigkeit bereiten, da sie dann sofort gegeben sein würde, wenn der Unterlasser sich der Möglichkeit dieser Verhinderung bewußt war. Es wird aber in betreff des Willensmomentes bei der Unterlassung von dem Verfasser ausgeführt, sie sei freilich stets die Besiegung der Thätigkeitstriebe, das Wollen derselben setze jedoch die Besiegung „besonderer“ Thätigkeitstriebe nicht voraus, und es sei darum zum Nachweise des Willens zur Unterlassung der Nachweis eines besonderen Triebes zu der unterlassenen Thätigkeit nicht erforderlich. Vielmehr sei jede nicht erzwungene Unterlassung eines bei vollem Bewußtsein befindlichen Menschen eine gewollte, weil sie einen gewollten Sieg der Unthätigkeitstriebe über gleichfalls vorhandene Thätigkeitstriebe bedeute, gleichviel von welcher Beschaffenheit letztere seien. Der Mensch könne keinen Augenblick im Genusse seines Bewußtseins und seiner Freiheit existieren, ohne fortwährend durch seinen Willen eine Entscheidung zwischen allen ihm möglichen Arten seines Verhaltens zu treffen. Allein einen allgemeinen, nach allen möglichen Richtungen sich erstreckenden, Thätigkeitstrieb wird es wohl nicht geben und darum auch nicht behauptet werden können, die Besiegung dieses Thätigkeitstriebes bedeute das Wollen aller möglichen Unterlassungen. Vielmehr bringt sich der Thätigkeitstrieb stets nur nach einer bestimmten Richtung zur Geltung, so daß die Besiegung desselben auch nur das Wollen der Unterlassung nach dieser bestimmten Richtung sein kann. Empfindet der bequem Hingelagerte nur den Trieb, aufzustehen, um zu arbeiten, er besiegt aber diesen Trieb und bleibt liegen, so hat er zwar seinen Willen bethätigt, nicht zu arbeiten, nicht aber hat er auch seinen Willen bethätigt, den, ihm etwa willkommenen, Vollzug eines Verbrechens nicht zu verhindern, wenn schon er sich der Möglichkeit dieser Verhinderung bewußt war. Denn einen auf die Verhinderung des Verbrechens gerichteten Trieb hat er dann nicht besiegt. Oder es müßte gemeint sein, daß das Bewußtsein, einen Erfolg verhindern zu können, den Trieb zu seiner Verhinderung hervorrufe, welcher vorerst besiegt werden müsse, bevor es zur Unterlassung kommen könne. Hiermit aber würde man zu der von dem Verfasser bekämpften Interferenztheorie gelangen, nur daß derselbe die auch nach ihm zur Bestrafung wegen Unterlassung erforderliche Besiegung des auf Thätigkeit gerichteten Triebes nur zur Willensverschuldung rechnet, während die Interferenztheorie in ihr zugleich gerade die Verursachung des Erfolges durch Unterlassung dann erblickt, im Falle der Trieb, wenn er nicht unterdrückt worden wäre, zu dessen Verhinderung geführt haben würde. Abweichend von dem Verfasser findet daher die Interferenztheorie die Ursachlichkeit der Unterlassung nicht schon in der bloßen Thatsache der Nichtverhinderung des Erfolges begründet, sondern sie verlangt, daß der Mensch, welcher für Verursachung durch Unterlassung bestraft werden soll, verursacht haben muß, daß der Erfolg durch (fremde oder) eigene Kräfte nicht verhindert worden ist. Dieses Erfordernis kann aber nicht schon in der bewußten Möglichkeit der Verhinderung des Erfolges enthalten sein.

Die stattgefundene Unterdrückung des auf die Verhinderung des Erfolges gerichteten Thätigkeitstriebes in sich selbst, und sonach die Verursachung desselben durch Unterlassung, wurde von der Interferenztheorie ursprünglich darin gefunden, daß der mit der Vornahme einer schuldlosen Handlung stets verbundene Entschluß, den etwa dennoch infolge derselben drohenden schädlichen Erfolg abzuwenden, demnächst nicht ausgeführt und vielmehr durch den neuen Entschluß, nicht zu verhindern, ersetzt werde. Allein es mußte erkannt werden, daß ein solcher Entschluß bei der Vornahme der schuldlosen Handlung nicht notwendig vorzuliegen brauche, und er, im Falle er wirklich gefaßt worden, doch nur aus dem freien Willen entsprungen sei, der sich Entschließende also die willkürliche Disposition über ihn bis zu seiner äußeren Bethätigung beibehalten habe, so daß, im Falle er nicht ausgeführt werde, nur etwas geschehe, was bereits von vornherein als möglich in Aussicht genommen gewesen sei (s. oben S. 212). Ein so geeigenschafteter Entschluß aber ist zur Erzeugung eines auf unbedingte Verhinderung des Erfolges gerichteten Triebes, welcher unterdrückt werden müßte, bevor es zu einer Unterlassung kommen kann, nicht geeignet. Nur derjenige Trieb bedarf vielmehr einer Unterdrückung, welcher sich nicht an die freie Willensentscheidung wendet, sondern als ein Zwang zur Entäußerung einer abwendenden Thätigkeit empfunden wird, und es trat darum an die Stelle des aus der freien Willensentschließung entspringenden Triebes der Pflichttrieb — ohne daß indessen hiermit, wie dies wiederholt eingewendet worden ist, ein Wechsel im Prinzipe herbeigeführt worden wäre. Denn daß die Unterdrückung des Thätigkeitstriebes das ursachliche Moment in der Unterlassung sei, wurde durch die neue Auffassung nur schärfer hervorgehoben, als dies früher geschehen war.

Pflichten werden aber nicht allein durch das Gesetz — aus welchem auch die Pflicht zur Abwendung des drohenden Erfolges der selbst schuldlosen Handlung herzuleiten ist — sondern auch durch Vertrag und die Moral begründet, und es würde sonach auch die Interferenztheorie zu dem Gebote einer praktisch unmöglichen Nächstenhilfe in ausgedehntestem Umfange führen, wenn ihr eine Einschränkung desselben nicht gelingen sollte. Sie meint aber, der lediglich aus der Moral entspringende Pflichttrieb werde dadurch paralysiert, daß das Gesetz ihm eine rechtlich bindende Kraft nicht beimißt, und der Vertrag könne zur Abwendung eines drohenden strafrechtlichen Erfolges nur dann verpflichten, wenn im Falle seines Eintrittes in dem Vertragsabschlusse selbst eine Mitwirkung für denselben enthalten sein würde (a. a. O.). Jedenfalls dürfte für die Lösung dieses Problems die Interferenztheorie mehr Aussicht darbieten wie die Theorie des Verfassers.

Die seither gegen die Interferenztheorie vorgebrachten Einwendungen hat der Verfasser zutreffend widerlegt. Er meint zwar, es sei nicht notwendig, daß der Pflichttrieb als Zwang empfunden werde, und man gelange mit diesem Erfordernis zu dem Ergebnisse, daß verhärtete Menschen da nicht gestraft werden könnten, wo andere dem Pflichttrieb zugängliche Menschen bestraft werden müßten. Aber auch er nimmt andererseits an, der Mensch sei kein Stein oder Klotz, sondern ein so fein auf alle Reize reagierendes Wesen, daß schon jeder unter seinen Augen sich abspielender Vorgang ihm einen gewissen psychischen Anstoß gebe, zu untersuchen, wie er sich ihm gegenüber verhalten wolle. Ist das aber der Fall, so wird auch zu behaupten sein, daß gerade auch der Imperativ des Gesetzes nicht spurlos an ihm vorübergehen könne. Nur daran soll die Interferenztheorie scheitern, daß sogar noch in dem Stadium, in welchem der Entschluß, den Erfolg zu verhindern, gefaßt worden sei, die Ausführung desselben ohne das Aufgebot einer den Verhinderungstrieb vernichtenden Kraft unterbleiben könne, da derselbe von selbst im Sande verlaufe, wenn er nicht durch die Hinzufügung einer neuen Kraft zu dem ausführenden Willen erhoben werde. Die unterlassene Hinzuführung dieser neuen Kraft aber sei eine bloße Passivität, in welcher die Vernichtung einer auf die Verhinderung des Erfolges gerichteten Kraft nicht enthalten sein könne. Erst dann sei eine solche Kraft vernichtet worden, wenn der Wille bereits den motorischen Nerven den Befehl gegeben habe, den Erfolg zu verhindern, und nunmehr denselben ein Gegenbefehl erteilt werde. Dieser Fall aber könne nicht als der regelmäßige angesehen werden, da regelmäßig die Unterlassung bereits stattgefunden habe, bevor ein Entschluß, den Erfolg zu verhindern, gefaßt worden sei. Allein so liegt die Sache doch wohl nicht, sondern es ist der Druck des Pflichttriebes, welcher, wenn er nicht fortdauernd niedergehalten wird, sowohl zu dem Entschlusse, den Erfolg zu verhindern, als auch zu dieser Verhinderung selbst führt, und es ist darum gerade seine fortdauernde Niederhaltung, welche verursacht, daß eine den Erfolg abhaltende Kraft nicht zur Entstehung gelangt.

Sollte nun aber auch diese Konstruktion als zutreffend anerkannt werden, so befindet sich doch die Interferenztheorie sofort vor der zweiten, noch nicht definitiv gelösten, Frage, ob denn wirklich die Verhinderung der Entfaltung einer Kraft, welche anderenfalls den Erfolg verhindert haben würde, als eine Verursachung desselben angesehen werden kann, und gerade in dieser Richtung sind die Erörterungen des Verfassers von hervorragender Bedeutung. Näher können dieselben hier nicht verfolgt werden.

Determinismus und bedingte Verurteilung.

Das gegenwärtige Strafrecht steht doch wohl vor der Alternative: entweder der Thäter hat eine Strafe verdient, oder er hat keine Strafe verdient. Im ersten Falle muß die verdiente Strafe auch vollzogen werden, weil eine auferlegte Strafe, welche nicht vollzogen werden soll, eine Strafe überhaupt nicht ist. Im zweiten Falle aber muß Freisprechung erfolgen. Die bedingte Verurteilung ist sonach weder in dem einen noch in dem anderen Falle begründet. Denn soll die auferlegte Strafe auch nur bedingungsweise nicht vollzogen werden, so erscheint die Behauptung nicht gerechtfertigt, sie sei verdient gewesen, und sie hätte darum auch nicht auferlegt werden dürfen. Da sie aber demungeachtet auferlegt wird, und sie auch vollzogen werden soll, wenn demnächst eine zweite That begangen wird, so beruht die bedingte Verurteilung mit Notwendigkeit auf dem Gedanken: die begangene That enthalte zwar gegenwärtig keine Schuld von solcher Bedeutung, daß sie die Vollziehung der auferlegten Strafe verlange, aber es vergrößere sich diese Schuld im Falle der demnächstigen Begehung einer zweiten That dergestalt, daß nunmehr die Verbüßung der bedingt auferlegten Strafe geboten erscheine. Sonach soll die in der bereits begangenen ersten That enthaltene Schuld durch die Begehung der zweiten That ergänzt werden und mithin erst nach der Begehung der ersten That zur vollen Entstehung kommen. Das widerspricht aber einem der ersten Strafrechtssätze, daß die Schuld nur durch die That begründet werden kann und darum nicht rückwärts in dieselbe hineingetragen werden darf, der *dolus subsequens* also keine Daseinsberechtigung besitzt. Soll die Begehung der zweiten That die bezeichnete Wirkung herbeiführen, so kann dies daher nur in der Weise geschehen, daß, wie dies bei der Gewohnheitsmäßigkeit des § 180 St.G.B. und der Gewerbsmäßigkeit des § 284 der gesetzlichen Vorschrift angemessen erscheint, der ersten That eine strafrechtliche Bedeutung für sich betrachtet überhaupt nicht beigelegt, und sie daher auch nicht einmal einer bedingten Verurteilung — für den Fall ihr eine zweite That hinzugefügt werden würde — unterworfen wird. Nicht verständlich aber ist, wie die bereits mit Schuld erfüllte erste That zum Vollzuge der von ihr verdienten Strafe die Begehung einer zweiten That voraussetzen könnte.

Daß die bedingte Verurteilung mit dem gegenwärtigen Strafrecht nicht vereinbar ist, scheint nun auch nach und nach eingesehen zu werden. In seiner Abhandlung in der Zeitschrift für die gesamte Strafrechtswissenschaft 1892, Bd. XII, S. 1 f., giebt Dr. H. Appelius zu, daß sie in dieses auf der Willensfreiheit beruhende Strafrecht nicht eingeführt werden dürfe, und vielmehr erst in dem demnächstigen, auf den Determinismus sich stützenden Strafrecht Platz finden könne. Die Abhandlung beginnt mit einer Untersuchung, ob nicht v. Liszt früher die sofortige Einführung der bedingten Verurteilung in das Strafgesetz gefordert habe, was meines Erachtens nicht bezweifelt werden kann. Sodann meint der Verfasser, weder die gegenwärtige Strafgesetzgebung, noch der Juristenstand, noch überhaupt die Menschheit im allgemeinen wisse etwas von dem Verbrecher, sondern es sei ihnen nur das Verbrechen bekannt. Er will daher erörtern, wie der Mensch zum Verbrecher werde und schildert hierbei den Determinismus, ohne in dieser Richtung im wesentlichen neue Gedanken vorzubringen. Insbesondere ist seine Behauptung nicht näher begründet worden, die Entschließung müsse so erfolgen, wie es der Natur des Menschen im gegebenen Augenblicke entspreche; er werde zu derselben gezwungen, ohne daß es ihm möglich wäre, diesem Zwange durch eine freie Entschließung zu widerstehen. Nur so viel ist hier jedoch zuzugeben, daß in dem nämlichen Augenblick, in welchem ich etwas will, ich das Gegenteil hiervon nicht wollen kann, das gleichzeitige Wollen und Nichtwollen des Nämlichen mithin nicht möglich ist. Die Willensunfreiheit wird indessen hierdurch nicht nachgewiesen. Einen auffallenden Widerspruch enthält aber die weitere Behauptung, das bezeichnete Ergebnis dürfe mit Sicherheit als feststehend angenommen werden, da doch zugleich ausdrücklich anerkannt wird, die Entwickelung der Lehre vom freien Willen sei noch der Zukunft vorbehalten, sie sei noch weit entfernt, unbestritten zu sein (12, 13). Übrigens entgeht dem Verfasser nicht, daß Schuld und Verantwortlichkeit mit dem Determinismus nicht zu vereinigen sind, daß daher nach ihm von einer Bestrafung der begangenen That als einer Vergeltung für dieselbe keine Rede sein kann, und sie vielmehr lediglich einen auf Abschreckung oder Besserung abzielenden Eingriff in die Person des Thäters rechtfertigt, damit die Rechtsordnung nicht nochmals durch ihn gestört werde. Das ist aber (s. oben S. 353 f.; KLIPPEL, Zeitschrift 1890, S. 534 f.) ein festzuhaltender Gewinn gegenüber denjenigen Strafrechtslehrern (MERKEL, JANKA, BÜNGER, FERRI), welche Schuld und Verantwortlichkeit für den Determinismus zu retten suchen. Denn gerade hieraus ist der Hauptgrund für die Haltlosigkeit desselben herzuleiten, und es nimmt daher der Kritiker (v. HIPPEL, Zeitschrift 1891, S. 733) seine Aufgabe sehr leicht, wenn er betreffende Erörterungen nicht mit Aufmerksamkeit berücksichtigt, mag er sie als richtig oder unrichtig betrachten.

Das gegenwärtige Strafrecht hat die schuldhafte That zur Grundlage, und es müßte darum doch vor allen Dingen von denjenigen, welche es durch das deterministische Strafrecht ersetzen wollen, dieses Strafrecht in seinem vollen Wesen dargestellt werden. Aber nirgends findet sich eine solche zusammenhängende Darstellung, und auch der Verfasser der citierten Abhandlung beschäftigt sich nur mit der Widerlegung einiger gegen den Determinismus erhobener Einwendungen. Zunächst tritt hier der schon von MERKEL geäußerte, bereits widerlegte (meine Abhandlung Zeitschrift 1882, Bd. II, S. 232 f., KLIPPEL a. a. O.) Gedanke hervor, daß es auch bei Annahme der Willensunfreiheit, im Falle also das menschliche Geschehnis mit Einschluß des Willens nichts ist als ein Kausalverlauf, sowohl verabscheuungswürdige als auch verdienstvolle Thaten geben könne. Sodann folgt die Warnung, man dürfe nicht das Irdische mit dem Himmlischen verwechseln, da wir lediglich unsere irdischen Angelegenheiten zu regeln hätten. Endlich wird Bezug genommen auf Paulus, Augustinus und Luther, wobei es jedoch an dem Nachweise fehlt, daß nach der Ansicht dieser Religionslehrer auch die schlechteste Handlung von dem Menschen ohne alle irdische Verschuldung begangen werde. Ein weiteres Eindringen in die Materie hat nicht stattgefunden.

Befriedigen kann aber auch die Erörterung nicht, in welcher Weise denn das deterministische Strafrecht zu einem Systeme der Strafen gelange und dasselbe zur Anwendung bringe, obgleich doch gerade auf diese Frage von der Abhandlung eine eingehende Antwort erteilt werden mußte. Das gegenwärtige Strafrecht hat für die einzelnen Verbrechen Strafrahmen vorgesehen, welche der Verschiedenheit ihrer Bedeutung für die Rechtsordnung entsprechen. Innerhalb des einzelnen Strafrahmens aber hat der Richter nach der relativ höheren oder geringeren objektiven Bedeutung der konkreten That für die Rechtsordnung sowohl wie nach dem Grade der Verschuldung des Thäters — je nachdem er mit größerer oder geringerer Leichtigkeit seine ihm zu Gebote gestandene, von dem Verbrechen abhaltende Kraft hätte aufbieten können — die konkrete Strafe festzustellen. Aufgabe für diese Strafzumessung ist allerdings lediglich die Ermittelung des entsprechenden Äquivalentes für die schuldvolle That des Thäters, ohne daß den Zwecken der Abschreckung oder Besserung ein maßgebender Einfluß auf dieselbe gestattet werden darf. Wohl aber steht nichts im Wege, die lediglich nach dem Prinzipe der Vergeltung zu normierende Strafe in einer diesen Zwecken entsprechenden Weise zu vollziehen. Darauf, ob dieselben auch verwirklicht werden, oder die betreffenden Bestrebungen fehlschlagen, legt jedoch das vergeltende Strafrecht kein Gewicht, weil es diese Verwirklichung als Endziel der Strafverbüßung für unerreichbar hält. Andere Resultate ergeben sich hingegen nach dem deterministischen Strafrecht. Für dieses Strafrecht ist oberstes Prinzip, daß die, in ihrer strafrechtlichen Bedeutung identischen, Zwecke der Abschreckung oder Besserung auch wirklich erreicht werden, und dieses Prinzip gilt gleichmäßig für schwere und leichte Verbrechen, so daß diese Verschiedenheit unter den Verbrechen zum Wegfall kommt. Daraus geht zunächst hervor, daß schon von vornherein jeder Strafvollzug unterbleiben muß, wenn alsbald die Unmöglichkeit feststeht, daß der Thäter seine That wiederholen könne, der Thäter eines Sittlichkeitsverbrechens also inzwischen der Geschlechtslust unzugänglich geworden sein sollte, oder im Falle man überzeugt ist, der Thäter werde sich schon von selbst wieder zurechtfinden, seine Bestrafung aber seine Besserung erschweren; daß ferner, mag es sich auch um das schwerste Verbrechen handeln, die Strafverbüßung sofort sistiert werden muß, sobald die Überzeugung gewonnen worden ist, der Thäter werde ein neues Verbrechen nicht begehen; und daß andererseits die Strafverbüßung, mag auch nur ein leichtes Verbrechen in Frage stehen, eine lebenslängliche zu sein hat, wenn bis zu dem Tode des Thäters diese Überzeugung nicht hatte gewonnen werden können. Will man dies bestreiten, so bestraft man den Thäter bezw. — denn eine Bestrafung ist ja im Grunde genommen von dem deterministischen Strafrecht ausgeschlossen — man ergreift Sicherheitsmittel gegen denselben nicht zu dem Zwecke der Verhinderung einer Wiederholung seiner That, sondern man bestraft ihn, weil er die That begangen hat, und bekennt sich hiermit mit Notwendigkeit zur Vergeltungsstrafe. Daß die Etablierung verschiedener Strafrahmen je nach der größeren oder geringeren Bedeutung der Verbrechen für die Rechtsordnung dem deterministischen Strafrecht widersprechen würde, kann hiernach nicht als zweifelhaft betrachtet werden. Ja es dürfte sogar das Gesetz einem bestimmten Verbrechen nicht einmal eine bestimmte Strafart, der Notzucht etwa Zuchthaus, androhen, weil, im Falle man sich demnächst überzeugt, der Strafzweck werde durch Gefängnisstrafe erreicht werden und man dennoch Zuchthaus verhängen müßte, man wieder zur Vergeltungsstrafe gelangen würde. Sonach würde aber das Gesetz lediglich dazu berufen sein, die Thaten zu normieren, welche es gestraft haben will, sowie ein Verzeichnis der zulässigen Strafarten aufzustellen, aus welchen die passende nach freiem Ermessen in dem konkreten Falle auszuwählen wäre. Einer jeden Einflußnahme auf Art und Umfang der konkreten Strafe müßte es sich hingegen enthalten.

Wie soll denn da aber nun nach deterministischem Strafrecht der Maßstab für die konkrete Strafe gewonnen werden? In der begangenen That kann er nicht enthalten sein (meine Abhandlung Gerichtssaal 1891, Bd. XLIV, S. 347 f.), weil sie keinen Aufschluß darüber zu geben vermag, ob sie demnächst nochmals werde begangen, oder wie groß die Gefahr ist, daß sie nochmals werde begangen werden. Vielmehr wird die Lösung dieser Frage nur aus dem Gesamtcharakter des Thäters hergeleitet werden können. Man hat zu untersuchen, ob derselbe nach dem vollen Umfange seines physisch-psychischen Zustandes Bürgschaft dafür gewähre, daß er die That nicht nochmals ausführe und ihn bejahenden Falles mit Strafe zu verschonen; im Falle er hingegen diese Bürgschaft nicht darbietet, in ihm durch eine nach der größeren oder geringeren Möglichkeit dieser Wiederholung zu bemessenden Strafe ein Gegengewicht gegen die Neigung zu derselben hervorzurufen. Diese Strafzumessung könnte jedoch nur eine vorläufige sein, weil die Strafe, im Falle sich auch noch während ihrer Erstehung ergiebt, daß sie eine ungenügende ist, bis zur Beschaffung der bezeichneten Bürgschaft ausgedehnt werden muß. Und ebenso kann darum auch die infolge dieser dargebotenen Bürgschaft stattgefundene Befreiung von Strafe bis zum Ablaufe der Verjährung nur eine vorläufige sein, wenn diese zur Zeit des Urteiles bestandene Bürgschaft späterhin in Wegfall kommen sollte. Hiernach gelangt man aber allerdings zu dem Satze, daß es nicht die That, sondern der verdächtige (a. a. O.) Mensch ist, welcher bestraft wird, und man hat sogar in diesem Satze eine ganz unschätzbare Errungenschaft des neueren Strafrechtes erkannt (s. oben S. 251). Nun ist es jedoch schon recht schwierig, den Grad der Verschuldung des Thäters, welche in der von ihm bereits begangenen That zum Ausdruck gekommen ist, zu bestimmen; es erscheint sogar ganz ausgeschlossen, die Willensverschuldung bis in ihren tiefsten Grund zu verfolgen, und man muß sich daher bei ihrer Feststellung mit den greifbaren Anhaltspunkten begnügen, wie sie das praktische Leben darbietet. Weit größer aber ist die Anforderung, welche das deterministische Strafrecht erhebt. Denn es verlangt nicht allein eine Beurteilung, wie der Thäter zum Verbrecher geworden ist, sondern es soll auch noch ermittelt werden, ob er sich nicht demnächst zu einem Verbrecher gestalten werde. Für diesen Blick in die Zukunft wird aber eine gewisse Gottähnlichkeit nötig sein, um ein auch nur einigermaßen zuverlässiges Ergebnis zu erzielen.

Derartige Einwendungen sind dem deterministischen Strafprinzip schon oft genug vorgehalten worden. Allein es läßt sich hierdurch in seiner Zuversicht nicht stören. Nur etwa v. Liszt hat den Versuch gemacht, ein geschlossenes Strafensystem auf deterministischer Grundlage zu errichten, welches jedoch als verfehlt bezeichnet werden muß (s. oben S. 245 f.). Auch die Abhandlung von Appelius bewegt sich lediglich in allgemeinen Bemerkungen. Sie meint, es müsse in Zukunft der Richter ermächtigt werden, einen Angeklagten zum Zwecke der Besserung auf unbestimmte Zeit, oder auf eine nur nach Minimum und Maximum bestimmte Zeit der Strafanstalt zu überweisen, oder auch durchaus unsoziale Elemente „vielleicht“ auf Lebenszeit unschädlich zu machen, und es müßten die Strafminima hinaufgerückt sowie die kurzen Freiheitsstrafen im Vollzuge geschärft werden (26, 27). Die That müsse geahndet werden, wie es der Individualität des Thäters entspreche, aber der Schutz der Allgemeinheit dürfe über dieser Forderung rationeller Behandlung des Individuums nicht „vergessen“ werden (32, 33). Allein, wenn dem Richter die bezeichnete Ermächtigung erteilt, die Dauer der Strafe also in das Ermessen der Vollzugsbehörde gestellt wird, — was sogar nach deterministischer Auffassung unbedingt geschehen muß, ohne daß dieses Ermessen auch nur durch ein urteilsmäßiges Maximum und Minimum beschränkt werden dürfte — so ist doch nicht einzusehen, warum die Strafen erhöht werden sollen. Die Bemerkung S. 33 aber enthält einen Widerspruch, weil die Strafe nicht stets der Individualität des Thäters angepaßt werden kann, wenn für dieselbe die Bedürfnisse der Allgemeinheit maßgebend sein sollen. Das gegenwärtige Strafrecht erledigt diese Frage einfach dadurch, daß die Strafrahmen die Bedürfnisse der Allgemeinheit zum Ausdruck bringen, die Schuld des Thäters aber innerhalb dieser Strafrahmen auszumessen ist. Das deterministische Strafrecht darf hingegen das

Bedürfnis der Allgemeinheit ausschließlich darin begründet finden, daß der Thäter das Verbrechen nicht nochmals begehe, da im Falle es noch ein weiteres Bedürfnis derselben anerkennen wollte, die Zwecke der Abschreckung und Besserung in Konflikt mit ihm geraten könnten. Dieses weitere Schutzbedürfnis der Allgemeinheit würde aber auch nur das sein können, daß die Bestrafung des Thäters nicht lediglich zu dem Ergebnis führe, daß er selbst die That nicht wieder thue, sondern daß sie diese nämliche Wirkung zugleich auch auf andere ausübe. Allein daß diese Abschreckung anderer auch thatsächlich herbeigeführt worden sei, läßt sich niemals feststellen, und es darf daher auch hierin von dem deterministischen Strafprinzip der Strafzweck nicht erblickt werden. Vielmehr kann diese weitere Wirkung von ihm nur als eine mögliche in Aussicht genommen werden, und das geschieht auch von dem gegenwärtigen Strafrecht. Es richtet, wie gesagt, seinen Strafvollzug so ein, daß er die Besserung und Abschreckung des Thäters sowohl wie der Allgemeinheit zum Ergebnis haben kann, ohne darauf zu reflektieren, daß es auch wirklich werde herbeigeführt werden, während das deterministische Strafrecht sich nur dann beruhigen, nur dann seinen Strafvollzug als erledigt ansehen kann, wenn die Überzeugung gewonnen worden ist, daß dieses Ergebnis auch wirklich durch denselben herbeigeführt worden sei. Hierin liegt ausschließlich die absolute Verschiedenheit des Strafvollzuges der beiden Strafrechte. Nun könnte man ja am Ende sagen, auf die Herstellung dieser absoluten Verschiedenheit komme es gar nicht an, und es solle vielmehr im Sinne des deterministischen Strafrechtes nur ein relativ größeres Gewicht auf die zu erreichenden Zwecke der Besserung oder Abschreckung gelegt werden, als dies in dem gegenwärtigen Strafrecht geschehe. Aber wenn man nicht mit diesem Strafrecht die feste Schranke für das Streben nach Besserung oder Abschreckung des Thäters innerhalb des nach der Vergeltung zu normierenden Strafmaßes gegeben findet, und vielmehr für dieses Streben keinerlei Schranken anerkennt, dann wird man mit Notwendigkeit nach dem Ziele gedrängt, daß nur in der wirklich herbeigeführten Besserung oder Abschreckung des Thäters die Aufgabe des Strafvollzuges erblickt werden darf. Anderenfalls würde derselbe überhaupt ein festes Endziel nicht besitzen. Darum wird sich jedoch auch das deterministische Strafrecht mit dem Verweise und der Geldstrafe nicht befreunden können. Denn der Vollzug dieser Strafen läßt die Überzeugung nicht aufkommen, daß der Strafzweck wirklich erreicht worden sei. Hiernach konzentriert sich aber auch das deterministische Strafrecht in dem Satze: wer eine beliebige strafbare That begangen hat, wird so lange eingesperrt, bis man sich darauf verlassen kann, er werde sie — oder auch eine andere That — nicht wiederholen. Binnen kürzester Zeit müßte sich die vollständige Unhaltbarkeit eines derartigen Prinzips des Strafvollzuges herausstellen.

Jedenfalls aber sollte man denn doch, bevor man sich mit eingehenden Erörterungen über die Ausgestaltung der bedingten Verurteilung beschäftigt, die Berechtigung ihrer vermeintlich unerläßlichen Voraussetzung nachweisen, und gerade hieran haben es, wie dies mit vollstem Rechte in der citierten Abhandlung scharf hervorgehoben wird, seither ihre Vertreter fehlen lassen. Man scheint geradezu der Meinung zu sein, das gegenwärtige Strafrecht müsse schon aus dem alleinigen Grunde durch das deterministische ersetzt werden, weil mit ihm die bedingte Verurteilung nicht in Verbindung gebracht werden könne, ohne zu erkennen, daß sie hiermit allzu teuer bezahlt werden würde. Ist dem aber so, so muß es doch schon von vornherein als ein mißliches Unterfangen bezeichnet werden, jetzt schon die Behauptung rechtfertigen zu wollen, das deterministische Strafrecht verlange aus Gründen der Zweckmäßigkeit die Einführung der bedingten Verurteilung, bevor man noch Erfahrungen mit demselben gemacht hat. Anerkannt wird zudem (32), daß in absehbarer Zeit dieses Strafrecht nicht zu erreichen ist, und es liegt darum noch weniger ein Bedürfnis vor, bereits gegenwärtig die bedingte Verurteilung in Betracht zu ziehen, zumal sie für dasselbe doch nur die Bedeutung einer Nebenfrage beanspruchen kann.

So ist denn auch die Begründung dieser Behauptung in der citierten Abhandlung keine zulängliche. Die betreffenden Erörterungen beweisen in ihrer Allgemeinheit keineswegs die Vorzüge des deterministischen Strafvollzuges, da das in dieser Richtung Gesagte auch auf das gegenwärtige Strafrecht angewendet werden kann. Erst von S. 24 der Abhandlung an treten die charakteristischen Eigenschaften des deterministischen Strafvollzuges in seinem Verhältnis zur bedingten Verurteilung hervor. Es wird ausgeführt, die mit derselben verbundene mögliche Straflosigkeit des Rechtsbrechers widerspreche dem Gedanken der Vergeltung, der auch in dem Volksbewusstsein lebe, und es stimme mit demselben ebensowenig überein, wenn erst bei einer zweiten Strafthat, also vielleicht erst nach Jahren, die Strafverbüßung wegen der früheren mit erfolge. Lasse man jedoch den Vergeltungsgedanken fallen, so falle sowohl die Notwendigkeit einer jedesmaligen sofortigen Bestrafung als auch der Grund, welcher aus dem späten Strafvollzuge genommen werden könne. Denn dieser sei jetzt nicht mehr späte Vergeltung der ersten That, und es diene vielmehr jetzt die Doppelstrafe dem Zwecke der verschärften Abschreckung, oder der notwendig gewordenen energischen Besserung — damit die Rechtsordnung nicht wieder durch den Verbrecher gestört werde. Dann werde man auch einsehen lernen, daß eine in Aussicht gestellte Verzeihung mit drohendem Strafübel für den Rückfall besser sein könne als sofortige Strafe (24, 25). Die Einwilligung des Verletzten zur Anwendung der bedingten Verurteilung sei erforderlich, und mit den „ganz" kurzen Freiheitsstrafen müsse gebrochen werden (26). Dann könne auch in die Hand des Richters die Ermächtigung gelegt werden, da, wo es ihm nach der Persönlichkeit des Angeklagten gut scheine, einen zum erstenmal straffällig Gewordenen von Strafe frei zu lassen, oder es einstweilen der Zukunft zu überlassen, ob derselbe durch Rückfall zeige, daß er wirklich die Bahn des Verbrechens betreten habe, oder ob die eine Strafthat nur eine Episode in seinem Leben gewesen sei (27). Man solle nicht vergessen, daß nur da gestraft werden dürfe, wo dies zum Schutze der Rechtsordnung erforderlich sei, daß also die unmittelbare Strafvollstreckung entfallen könne, wo eine Warnung, eine ernstliche Mahnung ohne Schädigung anderer Interessen einstweilen genüge (27).

Nun besteht aber doch nach deterministischem Strafrecht, wie gesagt, das Interesse der Rechtsordnung an der Bestrafung des Thäters lediglich darin, daß die That nicht wieder begangen werde, und es liegt sonach dieses Interesse nicht vor, wenn eine Wiederholung derselben nicht zu befürchten ist. Daher fragt es sich, ob, im Falle eine strafbare That begangen worden ist, die Bestrafung von dem Beweise abhängig sein soll, daß sie der Thäter wiederholen werde, wenn seine Bestrafung nicht erfolge, oder ob dann die Präsumtion gelten soll, daß er sie wiederholen werde, wenn ihn keine Strafe treffe, und wie es sich verhalte, wenn ein in dieser Richtung bestehender Zweifel nicht beseitigt werden kann. Offenbar stützt sich aber die Rechtfertigung der Bestrafung nach deterministischem Strafrecht auf die erwähnte Präsumtion, da, im Falle der bezeichnete besondere Beweis erbracht werden müßte, jede Bestrafung nahezu ausgeschlossen sein würde. Der Zweifel aber würde dieser Präsumtion gegenüber keine Bedeutung beanspruchen, und dieselbe vielmehr nur durch den vollen Beweis des Gegenteiles beseitigt werden können. So wird man also von dieser Präsumtion zu dem Satze geführt, daß die begangene That jedesmal bestraft werden muß, wenn nicht anzunehmen ist, der Thäter werde sie, auch ohne bestraft zu werden, nicht wiederholen. Nur in diesem Falle würde er freigesprochen werden dürfen und müssen.

Ob die fragliche Präsumtion berechtigt ist, mag dahin gestellt bleiben und nur darauf hingewiesen werden, daß es auch dann noch weiter nichts ist als eine Präsumtion, wenn, nachdem der Thäter seiner ersten That eine zweite hinzugefügt hat, ohne weiteres angenommen werden soll, nunmehr sei es gewiß, daß man sich von demselben, im Falle er nicht gestraft werde, weiterer Thaten zu gewärtigen habe. Die Erklärung aber dafür, wie denn der Determinismus überhaupt zu dieser Präsumtion — die er geradezu als selbstverständlich ansieht und daher nirgends begründet — gelange, ist nur darin zu erblicken, daß er sich hierbei von dem Vergeltungsgedanken nicht losmachen kann, obschon er ihn entschieden verwirft. Es wird nur von demselben das natürliche Ergebnis des Vergeltungsprinzips, daß jede strafbare That bestraft werden muß, durch die bezeichnete Präsumtion ersetzt.

Ist aber das Wesen des deterministischen Strafprinzips darin begründet, daß der Thäter sofort für seine That bestraft werden muß, wenn sein Gesamtcharakter keine Bürgschaft dafür darbietet, daß er sie nicht wieder thun werde, so fragt sich, in welchem Verhältnis denn die bedingte Verurteilung zu demselben steht. Daß die That nicht wieder geschehen werde, wenn der Thäter keine Strafe erhalte, ist in ihrem Falle die Meinung des Gerichtes nicht, und es müßte daher demselben alsbald definitiv eine Strafe auferlegen. Anderenfalls würde er überhaupt nicht zur Strafe verurteilt werden dürfen, und es erscheint daher in beiden Richtungen die bedingte Verurteilung unanwendbar. Maßgebend für sie kann sonach nur der Gedanke sein, daß es keiner Bestrafung bedürfe, wenn ein anderes Mittel die Verhinderung einer Wiederholung der That in Aussicht stelle. Als dieses Mittel würde nun allerdings vorzugsweise die bedingte Verurteilung zu betrachten sein, allein es ist nicht einzusehen, warum es das einzige sein soll. Sie dient lediglich dazu, die Wiederholung der That zu verhindern, ohne im übrigen die Strafzumessung beeinflussen zu wollen, ohne insbesondere zur Verhängung einer Rückfallsstrafe führen zu können, wenn demungeachtet eine zweite That der ersten hinzugefügt wird. Denn die Rückfallsstrafe setzt nach heutiger Auffassung die stattgefundene Verbüßung einer früheren Strafe voraus. Wenn daher ein fragliches Mittel schon in dem Erlasse des Eröffnungsbeschlusses, der doch gleichfalls bereits als das Schwert des Damokles bezeichnet werden darf, oder auch nur in einem gerichtlich abgelegten, den Beweis der That enthaltenden, Geständnis, oder in einer Versicherung auf Ehrenwort, oder einem eidlichen Angelöbnis, daß man die That nicht wiederholen werde, oder auch in einer Bürgschaftsleistung gefunden werden kann, so würde eine nach stattgefundener öffentlicher Verhandlung der Sache urteilsmäßig ergehende bedingte Verurteilung überflüssig sein. Die für die Zukunft berechnete prozessualische Erleichterung der im Falle einer Wiederholung der That gebotenen Feststellung zum Zwecke der Bestrafung der ersten That kann die mit besonderen Nachteilen für den Thäter verbundene öffentliche Verhandlung nicht als eine mit Notwendigkeit gebotene rechtfertigen, und es würde jedenfalls der urteilsmäßige Ausspruch nicht auf die Anwendung der bedingten Verurteilung beschränkt sein. Man kann aber auch nicht einwenden, daß nur der erkennende Richter dazu berufen sei, die Zulässigkeit eines Ersatzmittels für die definitive Strafe zu würdigen. Denn es wird ja behauptet, derselbe sei in Ermangelung der Gelegenheit, den physisch-psychischen Zustand des Thäters genügend kennen zu lernen, zur definitiven Feststellung eines zutreffenden Strafmaßes nicht imstande, und hiermit würde das Verlangen im Widerspruch stehen, daß er demungeachtet diesen physisch-psychischen Zustand dahin prüfen und beurteilen soll, ob derselbe das gewünschte Ergebnis der in der bedingten Verurteilung enthaltenen Warnung erwarten lasse.

Sodann ist überhaupt nicht einzusehen, warum der Strafvollzug an die Vergeblichkeit dieser Warnung gebunden sein soll, weil der Thäter bereits vor der Begehung seiner That durch das Gesetz gewarnt war. Die in der bedingten Verurteilung enthaltene Warnung sagt auch dem Thäter nichts Neues. Denn das weiß er von vornherein, daß, im Falle er seiner ersten That eine zweite nachfolgen läßt, er für diese beiden Thaten bestraft wird. Neu ist in dieser Warnung höchstens, daß sich der Thäter jetzt einer bereits festgestellten Strafe gegenüber befindet, während er vor der Begehung der That vielleicht darauf gerechnet hatte, sie werde nicht entdeckt werden. Aber der hierdurch in ihm hervorgerufene, von der Wiederholung der That abhaltende, Eindruck wird wieder durch das Vertrauen aufgewogen, daß diese zweite That verborgen bleiben werde. Auch ist noch nicht widerlegt worden, daß sich die eventuell zugesicherte Straflosigkeit der ersten That als eine Anreizung zur Begehung derselben erweisen, die steigende Kriminalität mithin sogar befördern kann. Hat ferner der Thäter vor der Begehung der ersten That die Warnung des Gesetzes nicht beachtet, und war es ihm sogar nach der Meinung des deterministischen Strafrechtes gemäß seines physisch-psychischen Zustandes gar nicht möglich, dieselbe zu beachten, so kann doch auch die Zuversicht, es werde schon allein durch den urteilsmäßigen Ausspruch, er solle für die beiden Thaten bestraft werden, wenn er seine That wiederhole, eine entsprechende Umwandlung dieses Zustandes herbeigeführt werden, keine allzu große sein. Unterbleibt aber wirklich die zweite That, so darf dies nicht sofort als ein Ergebnis der bedingten Verurteilung angesehen werden, da sie vielleicht auch dann unterblieben sein würde, im Falle es zu dieser Verurteilung überhaupt nicht gekommen wäre. Vermeintlich günstige Ergebnisse der Statistik sind nicht selten trügerisch und können jedenfalls nur eine allgemeine Bedeutung beanspruchen, auf einen bestimmten Angeklagten aber nicht zur Anwendung gebracht werden. Sonach enthält jedoch die bedingte Verurteilung unter allen Umständen eine sehr bedenkliche Verminderung des Ernstes der Bestrafung; sie läßt nur die Annahme der Möglichkeit zu, daß es nicht zu einer Wiederholung der That kommen werde, während, wie gesagt, nach dem deterministischen Strafprinzip die Überzeugung gewonnen werden soll, der Thäter sei wirklich gebessert oder abgeschreckt worden, und man könne sich darum mit Sicherheit darauf verlassen, er werde die That nicht wieder thun. Die Aufrechterhaltung des Ernstes der Bestrafung ist aber auch nicht etwa lediglich für das gegenwärtige Strafrecht zweckmäßig, sondern es muß das Gleiche auch für das deterministische Strafrecht behauptet werden; auch für dieses Strafrecht muß der Satz gelten, daß der Strafvollzug der That möglichst auf dem Fuße nachfolgen soll, und es kann auch für dieses Strafrecht die Verschiebung desselben in eine ungewisse Zukunft keineswegs für zweckmäßig gehalten werden. Um so weniger wird man hierzu geneigt sein, im Falle erwogen wird, daß ja die bedingte Verurteilung erst dann eingeführt werden soll (19), wenn sich die Volksmeinung dahin umgewandelt hat, daß sie in dem Thäter nicht einen selbstverschuldeten, sondern nur einen ohne sein Verschulden unglücklich organisierten Menschen erkennt, der für seine That keine Mißbilligung, sondern nur Mitleid, daher aber auch keine Strafe verdient und vielmehr nur geheilt werden muß. Denn hiermit würde dann gerade der hervorragendste Grund für die Einführung der bedingten Verurteilung in das Strafrecht weggefallen sein, daß nicht schon der erste Fehltritt des Thäters seine moralische Vernichtung in den Augen der bürgerlichen Gesellschaft nach sich ziehen dürfe.

Nur nebenbei mag noch bemerkt werden, daß im Falle wirklich in der bedingten Verurteilung ein notwendiges strafrechtliches Prinzip erkannt werden müßte, doch ganz unmöglich ihre Anwendung von dem Belieben des Verletzten abhängig gemacht werden dürfte. Und was die kurzzeitigen Freiheitsstrafen anbelangt, zu deren Beseitigung die bedingte Verurteilung führen soll, so enthalten auch sie keine durchschlagende Rechtfertigung derselben. Denn ihre über Gebühr hervorgehobenen Nachteile lassen sich, wie dies erst kürzlich wieder in einem öffentlichen Vortrage des Reichsgerichtsrats STELLMACHER überzeugend nachgewiesen worden ist, durch eine zweckmäßige Einrichtung des gegenwärtigen Strafvollzuges im wesentlichen beseitigen. Auch wird das demnächstige deterministische Strafrecht diese kurzzeitigen Freiheitsstrafen gleichfalls nicht entbehren können, und selbst bei einer bedingten Verurteilung kann es sich ereignen, daß die zu vollstreckende Doppelstrafe nur eine kurzzeitige ist. Endlich wird der Hauptsatz des Systems der bedingten Verurteilung, sie dürfe nur in geringfügigen Sachen angewendet werden, in der Erwägung nicht gebilligt werden können, daß Voraussetzung für dieselbe lediglich die Erwartung ist, sie werde eine Wiederholung der That verhindern. Denn zu dieser Erwartung kann man — insofern man sie überhaupt als erreichbar betrachten will — unter Umständen sogar mit größerer Berechtigung auch im Falle der stattgefundenen Ausführung einer schweren That gelangen. Die bezeichnete Einschränkung des Anwendungsgebietes der bedingten Verurteilung beruht daher auch wieder auf dem Prinzip der Vergeltung, daß jede strafbare That sofort definitiv bestraft werden muß, welches Prinzip man zwar in geringfügigen Sachen beseitigen zu können glaubt, dessen Anwendung sich aber in bedeutenderen Angelegenheiten mit Notwendigkeit aufdrängt.

Kann aber die bedingte Verurteilung in ein prinzipielles Verhältnis weder zu dem gegenwärtigen noch zu dem deterministischen Strafrecht gebracht werden, so bleibt für die Rechtfertigung derselben ausschließlich die Berufung auf ihre vermeintliche Zweckmäßigkeit übrig. In Wirklichkeit wird jedoch von ihr schwerlich auch nur eine der zur Zeit mit der Strafzumessung und dem Strafvollzuge verbundenen Schwierigkeiten beseitigt und vielmehr nur eine willkürliche, darum aber als Ersatz für das geltende Recht nicht empfehlenswerte, Einrichtung in Aussicht genommen. Die neue Lehre meint, den Streit des auf der Willensfreiheit und des auf der Willensunfreiheit beruhenden Strafrechtes unentschieden lassen zu können, und es hat sich hieraus eine unhaltbare Vermischung der beiden Strafrechte, insbesondere aber der Vergeltungsstrafe mit der deterministischen Strafe ergeben. Gerade dieses Schwanken zwischen den beiden Strafrechten und die hierdurch ermöglichte Schrankenlosigkeit der Kombinationen haben denn wohl auch die der bedingten Verurteilung günstige Litteratur hervorgerufen, welche mit überraschender Schnelligkeit bereits nahezu unerschöpflich geworden ist.

Immerhin bringt sich sowohl für das gegenwärtige als bezw. auch für das deterministische Strafrecht der Mißstand zur Gel-

Geltung, daß in jeder That der verbrecherische Ob- und Subjektivgehalt nur in so abgeschwächtem Maße enthalten sein kann, daß er das Maß der Verletzung und Verschuldung nicht mehr erreicht, welches von dem Gesetze für seine Anwendung vorausgesetzt werden mußte, und daß es dann demungeachtet zur Anwendung zu kommen hat, im Falle nur seine Definition zutrifft. Seine Anwendung ist aber dann lediglich eine formale, durch die Materie der That nicht gerechtfertigte Notwendigkeit. Die Tötung des Einwilligenden z. B. kann mit vollständigster Überlegung vollzogen worden sein, und sie müßte darum in Gemäßheit der für den Mord gegebenen Definition von der Todesstrafe getroffen werden, wenn nicht gegenwärtig dieser Fall von dem Gesetze besonders berücksichtigt worden wäre. Aber es kann auch für das natürliche Gefühl die Strafbarkeit einer konkreten That sogar bis zum Nullpunkte gesunken sein. In neuester Zeit ist der Fall vorgekommen, daß jemand, um einem Bedürfnisse abzuhelfen, ein beinahe wertloses Zeitungsblatt aus einer Restauration weggenommen hatte, und er ist für diese That wegen Diebstahles bestraft worden. Allerdings nur mit einem Tage Gefängnis. Allein dieses geringe Strafmaß ändert nichts daran, daß ihn das Strafurteil zum Diebe gestempelt hat, und daß, im Falle er diese That nach Jahren wiederholt ausführen sollte, er sogar mit der Rückfallsstrafe belegt werden muß. Solche Erscheinungen können unmöglich der Gerechtigkeit entsprechen, weil die Kluft zwischen dem Unbestraftsein und dem Bestraftwerden zu breit ist, als daß sie mit jeder leisen Irregularität des Verhaltens überbrückt werden dürfte. Aber welches Minimalmaß von Verletzung und Schuld denn die Anwendung der gesetzlichen Definition verlangen muß, wo also die Grenze herzieht, welche die Straflosigkeit von der Strafbarkeit innerhalb der in ihrer Dehnbarkeit kaum übersehbaren Definition scheidet, läßt sich, da es sich hier um eine Relativität handelt, zum voraus mit festen Worten nicht zum Ausdruck bringen und sich vielmehr nur von Fall zu Fall beurteilen. Es ist der Satz: *minima non curat praetor*, welcher für das Strafrecht verwertet werden muß, und gerade in der Personifizierung dieses Prätors liegt die Schwierigkeit. Die bedingte Verurteilung kann hier nicht zum Ziele führen, weil solche geringfügige Thaten in Frage stehen, welche etwa durch gewohnheitsmäßige Verübung strafbar werden, einzeln betrachtet jedoch überhaupt nicht bestraft werden sollten, und daher auch nicht einmal einer bedingten Verurteilung unterzogen werden dürfen. Nun würde es ja wohl als mißständig anzusehen sein, wenn man den Staatsanwalt an die Stelle des Prätors setzen und demgemäß seinem Ermessen anheimgeben wollte, ob ein Strafantrag bei Gericht eingebracht werden solle. Allein es würde in Erwägung genommen werden können, ob nicht diese Befugnis der zum Erlasse des Eröffnungsbeschlusses berufenen Strafkammer übertragen werden möge, die dann insbesondere auch zu einer zutreffenden Beurteilung jugendlicher Verbrecher in der Lage sein würde. Selbstverständlich bedürfen indessen Vorschläge in dieser Richtung der reifsten Prüfung.

Bemerkungen zu der Schrift von Prof. Dr. Meyer in Tübingen: Der Anfang der Ausführung.

Es wird die Definition gegeben: „Vorbereitungshandlungen sind diejenigen Handlungen, durch welche der strafbare Erfolg nur in seiner konkreten Erscheinung bedingt wird; Ausführungshandlungen dagegen sind diejenigen Handlungen, durch welche — dieselben in ihrer allgemeinen (strafrechtlich wesentlichen) Bedeutung genommen — der Erfolg in seiner allgemeinen (strafrechtlich wesentlichen) Bedeutung bedingt wird (25)“: Wenn also ein Mensch mit einem Revolver erschossen worden ist, so war die Anschaffung und das Laden der Waffe, sowie das sich Hinbegeben an Ort und Stelle lediglich eine für die konkrete That erforderlich gewesene Vorbereitung, weil man eine Tötung auch ohne diese Handlungen ausführen könne, im Falle man sich bereits im Besitze eines geladenen Revolvers am Platze befinde. Bleibt man aber auf dem Gebiete der „allgemeinen strafrechtlich wesentlichen Bedeutung des Erfolges“, unter welcher doch wohl schwerlich etwas anderes verstanden werden kann als die strafgesetzliche Abstraktion im Gegensatze zu der konkreten Verursachung, so war auch das Schießen nur eine Vorbereitung. Denn dasselbe gehört nicht zu den abstrakten Merkmalen der Tötung, da man auch ohne Schießen töten kann, wenn man sich des Giftes bedient. Durch das Schießen wurde darum „nur der strafbare Erfolg in seiner konkreten Erscheinung bedingt“. Das wird jedoch schwerlich die Meinung des Verfassers sein, und es kann darum seine Definition nur dahin verstanden werden, daß unter den mehreren konkreten Handlungen diejenige die Ausführungshandlung ist, in welcher das Wesen des betreffenden Verbrechens, ein wirklicher Teil des von dem Gesetze unter Strafe gestellten Thatbestandes, eine zum gesetzlichen Thatbestande selbst gehörige Handlung, oder wie sie sonst bezeichnet werden mag, hervortritt. In dieser Gestalt ist aber der ausgesprochene Gedanke keineswegs neu, und er ist außerdem verfehlt (s. oben S. 397). Nur darauf mag hingewiesen werden, daß, im Falle denn auch eine Ausführungshandlung im Sinne des Verfassers festgestellt werden könnte, doch gefragt werden müßte, warum sie sich denn absolut von der Vorbereitungshandlung unterscheide. Der Grund hiervon könnte aber unmöglich darin enthalten sein, daß sie in der Abstraktion dem Wesen des betreffenden Verbrechens entspreche. Denn diese Abstraktion ist ohne alle Bedeutung für die Verursachung der konkreten That, auf welche allein es ankommen kann, wenn nicht zugleich eine Verschiedenheit der Kausalitäten der Vorbereitung und Ausführung, wenn nicht nachgewiesen wird, daß, im Falle der Erfolg eingetreten ist, die Kausalität der Vorbereitung im Vergleiche mit derjenigen der Ausführung eine absolut minderwertige war. Daß aber eine solche kausale Verschiedenheit nicht angenommen werden kann, scheint sogar die Meinung des Verfassers zu sein (22), wenn schon er freilich von wesentlichen und außerwesentlichen Bedingungen (20), sowie von der „wahren“ Ursache (23) redet, ohne sich indessen mit der Begründung dieser vermeintlichen Verschiedenheiten zu beschäftigen. Überhaupt leiden seine Erörterungen an einer ungenügenden Unterscheidung zwischen der Kausalität und der Subjektivität, wie dies sofort die Behauptung erweist (27), die gegebene Definition werde auch in dem Falle nicht beeinträchtigt, daß die Benutzung eines willenlosen Werkzeuges, eines Geisteskranken, stattgefunden habe. Es sei hier, ohne daß eine Verschiebung des Kausalitätsverhältnisses in Frage komme, eine Einwirkung als Ausführungshandlung anzusehen, welche im Falle der Benutzung eines zurechnungsfähigen Menschen nur als Vorbereitungshandlung aufgefaßt werden dürfe, weil die Thätigkeit des Geisteskranken nur äußerlich derjenigen eines Verbrechers gleiche, derselbe also eine Ausführungshandlung nicht begehen könne, und sonach die Einwirkung auf ihn als die Ausführungshandlung angesehen werden müsse. Allein der Geisteskranke unterscheidet sich doch nur im Willen von dem Geistesgesunden, während die Thätigkeit beider in ihrer Kausalität vollständig die nämliche ist (s. oben S. 404). Darum ist die Hingabe des Dolches zu dem dann ausgeführten Mord kausal keine verschiedene, sie mag an einen Zurechnungsfähigen oder einen Unzurechnungsfähigen erfolgen, und hieraus geht hervor, daß es nur die Verschiedenheit des Willens ist, welche in dem einen Falle die Bestrafung für Thäterschaft nach sich ziehen muß, während in dem anderen Falle eine Bestrafung wegen bloßer Beihilfe eintreten kann. Sind aber auch Vorbereitung und Ausführung in ihrer Kausalität für den herbeigeführten Erfolg nicht verschieden, so kann auch ihre Verschiedenheit nur von einer Verschiedenheit des in ihnen enthaltenen Willens hergeleitet werden. Diese Verschiedenheit ist jedoch nicht etwa darin begründet, daß sie eine notwendige wäre, je nachdem die eine oder die andere Handlung vorgenommen wird, nicht also darin, daß die objektive Beschaffenheit der Handlung den Willen bestimmen könnte, und es erscheint vielmehr für sie allein maßgebend, daß die auf die Ausführung des Verbrechens gerichtete Vorbereitung einen bereits in sich befestigten, ein mögliches Aufgeben des geplanten Vorhabens entschieden von sich abweisenden Willen nicht erkennen läßt. Nur unter ganz besonderen Umständen wird die bloße Zubereitung der erforderlichen Mittel u. s. w. in ihrer äußeren, durch ein Geständnis nicht zu ersetzenden, Erscheinung einen solchen Willen aufzeigen (s. oben S. 185). Gegen diese subjektive Unterscheidung wird von dem Verfasser nur eingewendet (16), daß der Entschluß zur Begehung eines Deliktes deutlich auch schon aus einer Vorbereitungshandlung hervorgehen könne, wogegen sich manche Ausführungshandlungen äußerlich als harmlose Veranstaltungen kennzeichneten. Ist das aber der Fall, so ist auch die Vorbereitungshandlung ein Versuch und die vermeintliche Ausführungshandlung ohne Bedeutung. Voraussetzung für diese Einwendung ist überdies die objektive kausale Verschiedenheit der Vorbereitung und Ausführung, welche der Verfasser selbst nicht mit Bestimmtheit behauptet. Es sind jedoch auch die praktischen Ergebnisse der von ihm aufgestellten Definition höchst bedenklich. So wird z. B. auf S. 31 angenommen, in dem Anlegen des Gewehres auf den zu Tötenden und dem Zielen nach demselben sei eine Ausführungshandlung und sonach ein Versuch zu finden, da diese Handlungen ihrer allgemein wesentlichen Bedeutung nach schon einen Angriff enthielten — während auf S. 45 gesagt wird, die Fesselung oder das Festhalten der Hände und Füße des zu Tötenden seien nicht als Ausführungshandlungen, sondern als Beihilfe zu betrachten, obgleich hierin ein Teil des verübten Angriffes enthalten sei. Denn es komme nicht auf einen Angriff im allgemeinen, sondern auf den für die Tötung wesentlichen Angriff an. Daß aber in dem Fesseln und Festhalten kein für die unter dieser Mitwirkung dann vollzogene Tötung wesentlicher Angriff, sonach jedoch auch unter keinen Umständen eine Mitthäterschaft gefunden werden dürfe, wird schwerlich irgend jemand dem Verfasser zugeben. Nach seiner Auffassung ist die Angriffshandlung offenbar identisch mit der Ausführungshandlung, und man sieht sich darum in betreff des

Versuches darauf hingewiesen, objektiv den Anfang der Ausführungshandlung festzustellen. Aber wenn der Blitz in eine Scheuer eingeschlagen und jemand das Scheuerthor geöffnet hat, um dem in der Entstehung begriffenen Feuer die erforderliche Zugluft zuzuführen, oder eine vergiftete Speise durch die Post zum Genusse übersendet worden ist, so wird hierin nach der vom Verfasser gegebenen Definition der Ausführungshandlung schwerlich ein objektiver Anfang der Brandstiftungs- und Vergiftungshandlung, sonach auch kein Versuch und daher, im Falle die Erfolge eingetreten sind, auch keine Vollendung erblickt werden dürfen.

Darum wird man wohl die subjektive Theorie der objektiven vorziehen müssen. Hierüber können die üblichen abstrakten Redewendungen, aus welchen die vermeintliche Eigentümlichkeit der Ausführungshandlung sich ergeben soll, nicht wegtäuschen. In der Schrift des Verfassers aber treten dieselben nur in einer bedeutungslosen Variation auf, und es muß daher seine, auf die oben S. 413 enthaltene Bemerkung hinweisende, Versicherung, er habe das Wesen der Ausführungshandlung nachgewiesen (45), als unzutreffend angesehen werden.

Es ist jedoch weiterhin auch die Anwendung der von ihm gegebenen Definition auf die Teilnahme (44) nicht zutreffend. Gesagt wird, daß nur die objektive Unterscheidung zwischen Mitthäterschaft und Beihilfe richtig sein könne. Denn wäre die Unterscheidung nur eine subjektive, so müsse Mitthäterschaft auch dann vorliegen können, wenn A dem B „längere Zeit vor der That“ ein Werkzeug zur Verübung derselben behändigt habe, und es müsse andererseits derjenige nur als Gehilfe, und nicht als Thäter oder Mitthäter, bestraft werden, der in der Absicht, nur zu helfen, die Haupthandlung selber vollzogen habe. Aber wenn denn wirklich die Verabreichung eines Werkzeuges nach ihrer objektiven Beschaffenheit nur Beihilfe sein kann, so erscheint es doch ganz undenkbar, daß sie diese objektive Beschaffenheit einbüßen und sie in die Kausalität einer Ausführungshandlung umwandeln könnte, wenn sie „bei der Ausführung der That“ stattfindet. Und daß es bei der absoluten Verschiedenheit zwischen Beihilfe und Thäterschaft möglich sein könnte, denjenigen als Thäter zu bestrafen, welcher die Haupthandlung — ohne sie als solche zu erkennen, ausgeführt hat, ist denn doch bis jetzt noch von niemandem behauptet worden. Sollte aber gemeint sein, nach der subjektiven Theorie könne der Gehilfe als solcher die Haupthandlung mit dem Bewußtsein, daß sie es sei, ausführen, so ist schon so oft die Unrichtigkeit dieser Behauptung nachgewiesen worden, daß sie nicht ohne Begründung hätte gelassen werden sollen.

Unhaltbar ist endlich auch die Anwendung der gegebenen Definition auf den absolut untauglichen Versuch. Derselbe soll strafbar sein (43), weil es nicht auf die von dem Thäter gesetzten Bedingungen in ihrer konkreten Erscheinung, sondern in ihrer abstrakten Bedeutung ankomme, so daß z. B. das Giftbeibringen und das Schießen nicht als solche, sondern als Angriffe auf das menschliche Leben zu beurteilen seien. In dieser allein wesentlichen abstrakten Bedeutung erscheine auch der untaugliche Versuch als ein Angriff und damit im Sinne des Gesetzes (?) als das Setzen einer wesentlichen Bedingung des Erfolges (s. oben S. 284, 301). Hier tritt denn aber wieder die unzulängliche Unterscheidung zwischen konkret und abstrakt hervor. Kommt es nur auf die abstrakte Bedeutung des Mittels und Objektes an, so kann auch unter dem Erfolge nur der gedachte Erfolg und sonach unter dem Bedingtwerden desselben durch Mittel und Objekt unmöglich das konkrete, sondern gleichfalls nur das gedachte verstanden werden. Und so würde es eine sich lediglich in der Vorstellung bewegende Konstruktion sein, von welcher die sehr reale Bestrafung des Thäters abhängig wäre. Aber warum soll er denn dann unter allen Umständen nur des Versuches schuldig sein? Hat er in der Absicht, zu töten, einem eben verstorbenen Menschen einen Stich in das Herz versetzt, so ist die Vorstellung nicht zu verwerfen, dieser Stich habe mit Notwendigkeit den abstrakt gedachten Menschen getötet, dem Thäter falle also ein vollendeter Mord desselben zur Last, und er müsse daher hingerichtet werden — freilich nur in der Abstraktion.

Daß man, wenn man einmal das Gebiet der Abstraktion beschritten hat, nicht mehr auf den Boden der Wirklichkeit zurückkehren, darum aber, im Falle Vorbereitung und Versuch für den Erfolg nicht kausal geworden sind, nur die wirkliche Beschaffenheit des in ihnen enthaltenen Willens für ihre Beurteilung maßgebend sein, und daß bei der gleichen Kausalität sämtlicher in dem herbeigeführten Erfolg enthaltener Mitwirksamkeiten gleichfalls nur diese wirkliche Beschaffenheit des Willens für die Unterscheidung der Thäterschaft und Beihilfe in Betracht kommen kann, ist von dem Verfasser als unrichtig nicht nachgewiesen worden.

Determinismus und die internationale kriminalistische Vereinigung.

Es kann nicht bestritten werden, daß die Strafandrohung und der eventuelle Strafvollzug für den Bestand der Rechtsordnung erforderlich sind. Dieselben sollen verhindern, daß sie durch Verbrechen verletzt werde und bezw., daß der Thäter, im Falle er sie verletzt habe, sie nochmals verletze. Allein der Gesetzgeber muß sich überzeugen, daß ihm kein Mittel zu Gebote stehe, dieses Ziel mit absoluter Gewißheit zu erreichen, wenn es nicht die Androhung und der Vollzug der vollständigen Vernichtung des Thäters sein solle, dieses Mittel aber nicht gleichmäßig sowohl der schwersten als der geringsten Verletzung der Rechtsordnung gegenüber zur Anwendung kommen dürfe. Daher sieht er sich genötigt, sich bezüglich derjenigen Verbrechen, deren Bestrafung die Vernichtung des Thäters als unberechtigt erscheinen lassen würde, mit Verzichtleistung auf diese Gewißheit einer Beschränkung in der Strafandrohung und dem Strafvollzuge zu unterziehen, für welche der erforderliche Maßstab nur aus einer Vergleichung der größeren oder geringeren Bedeutung derselben für die Rechtsordnung mit den Leiden, die den Menschen überhaupt nur zugefügt werden können, zu gewinnen ist. Hiermit gelangt er aber zu einem Systeme der Strafen, welches vorwiegend relative Strafrahmen umfassen muß, weil das nämliche Verbrechen je nach seiner konkreten Gestaltung die Rechtsordnung mehr oder weniger verletzen kann, und nur einzelne Verbrechen in jeder beliebigen Form ihrer Erscheinung eine sich stets gleichbleibende Strafe ertragen.

Aus der Notwendigkeit der Selbstbeschränkung in der Sicherstellung der Zukunft vor der Begehung und Wiederholung von

Verbrechen folgt aber für den Gesetzgeber wiederum mit Notwendigkeit, daß er mit der Strafe nicht in erster Linie diese Sicherstellung bezwecken, und er vielmehr in ihr nur das Äquivalent für die verursachte Verletzung der Rechtsordnung erblicken kann. Er bestraft also die That, weil sie eine Verletzung der Rechtsordnung verursacht hat, indem er sich der Erwartung hingiebt, die hiernach zu bemessende Strafe werde zur Sicherstellung der Zukunft genügen. Daß er sich in dieser Erwartung täuschen kann, ist ihm natürlich bekannt, allein es ist ihm unmöglich, derselben ein ausgiebigeres Mittel zu gewähren, als es in der angemessenen Bestrafung der der Vergangenheit angehörigen That enthalten ist.

Diese Bestrafung der der Vergangenheit angehörigen That setzt jedoch unbedingt voraus, daß sie eine schuldvolle und sonach eine wahlfreie war, weil eine unverschuldete That unmöglich bestraft werden, noch überhaupt irgend einen Nachteil als von dem Thäter verdient zur Folge haben kann. Die Verschuldung aber kann nicht ohne Einfluß auf die Bestrafung bleiben. Bezüglich derjenigen Verbrechen, welche überall die gleiche Bedeutung für die Rechtsordnung beibehalten, ist zwar die Behauptung gerechtfertigt, daß die Größe der Schuld durch die Größe der verursachten Verletzung bedingt werde. Handelt es sich jedoch um relative Strafrahmen, so ist der höhere oder geringere Grad der Schuld zu berücksichtigen, und es ergiebt sich hieraus, daß innerhalb des Strafrahmens für den nämlichen Umfang der Verletzung eine erheblichere oder weniger erhebliche Strafe angemessen sein, die Größe der Verletzung daher nicht unter allen Umständen die Größe der Schuld und Strafe bestimmen kann.

Zu ganz anderen Resultaten muß die Theorie des unfreien Willens gelangen. Es mag ihr ja angemessen sein, daß der Gesetzgeber die Thaten, in deren Begehung er eine Verletzung der Rechtsordnung erblickt, bezeichne und verbiete. Denn es kann sich immerhin auch im Falle der Willensunfreiheit ereignen, daß sich schon allein sein Verbot als verhindernd erweist. Bestrafen kann er jedoch die der Vergangenheit angehörige schuldlose That nicht, und es würde sonach nutzlos sein, wenn er Strafen und Strafrahmen für sie vorsehen wollte. Daher können für ihn nur anderweite Maßregeln in Betracht kommen, durch welche er die Zukunft davor sichern will, daß die begangene That nochmals begangen werde. Aber es fragt sich, von welcher Eigenschaft diese Maßregeln sein könnten. Wird erwogen, daß es für den Determinismus nicht der freie Wille ist, welcher das Verbrechen verursacht, da er diese Verursachung nur den den Willen zwingenden Motiven zuschreiben kann, diese

Motive aber einen ihnen nach seiner ganzen physisch-psychischen Beschaffenheit homogenen Menschen voraussetzten, so ist ohne weiteres ersichtlich, daß die erwähnten Maßregeln eine Umgestaltung dieser Beschaffenheit durch seine Besserung oder Abschreckung bezwecken müssen. Und zwar muß diese Umgestaltung auch wirklich herbeigeführt worden sein, wenn von einer stattgefundenen Sicherstellung der Zukunft soll geredet werden können, so daß sich die Notwendigkeit ergiebt, die fraglichen Maßregeln so lange andauern zu lassen, bis die feste Überzeugung gewonnen worden ist, der Thäter werde die That nicht wiederholen. Andererseits muß jedoch auch dieses Verfahren in dem nämlichen Augenblicke sein Ende erreichen, in welchem eine Wiederholung der That nicht mehr zu erwarten, und im Falle dieselbe von vornherein, sei es auch nur infolge eines inzwischen eingetretenen physischen Hindernisses, nicht zu befürchten ist, würde es zu einer Maßregelung des Thäters überhaupt nicht kommen können (Gerichtssaal Bd. XLVII, 1892).

Besteht aber hierin der von dem Determinismus verfolgte Zweck, so ist zugleich weiter ersichtlich, daß hiermit jede Wertverschiedenheit der Verbrechen unter einander sowie innerhalb ihres eigenen Begriffes beseitigt wird. Denn die fraglichen Maßregeln müssen gleichmäßig zur Anwendung gebracht und zu Ende geführt werden, mag es sich um Totschlag oder Sachbeschädigung, um Vorbedacht oder Affekt, Vorsatz oder Fahrlässigkeit, Thäterschaft oder Beihilfe, Vollendung oder Versuch, um einen Willen von größerer oder geringerer Intensität handeln. Natürlich kann der Determinist auch nicht verlangen, daß der Thäter das von ihm verletzte Verbot gekannt haben müsse, weil die von ihm kundgegebenen zwingenden Motive die Zukunft in gleicher Weise gefährden, mag er diese Kenntnis besessen haben oder nicht.[1]

Hiermit ist jedoch immer noch kein Einblick in die Beschaffenheit der zur Besserung oder Abschreckung des Thäters anzuwendenden Maßregeln gewonnen, und sie können auch unmöglich von dem Gesetzgeber von vornherein festgestellt werden. Denn sie sind im vollsten Umfange von der Individualität des Thäters abhängig, so daß erst, wenn die That begangen worden ist, eine Entscheidung in dieser Richtung erteilt werden kann. Der eine Thäter bedarf überhaupt keiner Besserung oder Abschreckung, durch welche ja lediglich der nämliche Effekt erzielt werden soll, daß die That nicht wieder

[1] Den Vertretern dieser Meinung — zuletzt Heinemann, Zeitschrift Bd. XIII, S. 371 f. — fehlt freilich durchgängig die Erkenntnis, daß sie lediglich eine Konsequenz des Determinismus, mit dem Prinzip der Wahlfreiheit aber nicht zu vereinbaren ist (Kausalität 1885, S. 35).

verübt werde, der andere erweist sich sein ganzes Leben hindurch jeder derartigen Einwirkung unzugänglich; bei dem einen genügt eine freundliche Behandlung, bei dem anderen kann nur die Peitsche helfen. Und wenn etwa die Besserung oder Abschreckung sich in der Erziehung zur Arbeit verkörpern soll (GAUTIER, Zeitschrift für Schweizer Strafrecht Bd. VI, S. 23), so würden diejenigen, welche von jeher an strenge Arbeit gewöhnt waren, jedes Verbrechen straflos ausführen können.

Vermag aber der Gesetzgeber zum voraus die gegen den Thäter zu ergreifenden Maßregeln nicht festzustellen, so erscheint schon hierdurch völlig ausgeschlossen, daß der Richter in seinem Urteile hierzu berufen sein könnte, und es muß sich darum dasselbe auf den Nachweis der Thäterschaft des Angeklagten beschränken. Dann aber muß derselbe einer besonderen Besserungs- und Abschreckungsbehörde zu einer von ihrem Gutdünken abhängigen Behandlung übergeben werden, durch welche ihm die Zugänglichkeit für die Motive ausgetrieben werden soll, welche ihn nicht allein zur Wiederholung seiner That, sondern auch zur Begehung beliebiger anderer Thaten führen könnten. Denn es wird ja behauptet, Gegenstand der Bestrafung sei nicht die That des Menschen, sondern der Mensch selbst, vor welchem die Allgemeinheit gesichert werden müsse.

Die vollständige Unbrauchbarkeit dieses Systemes ergiebt sich jedoch sofort, wenn es praktisch verwertet werden soll. Angenommen, ein sonst durchaus vortrefflicher Mann besitze einen Gegner, den er nun einmal nicht leiden könne und daher fortgesetzt beleidige. Endlich gelange eine solche Beleidigung vor Gericht, und er werde von demselben der bezeichneten Behörde zur Besserung oder Abschreckung übergeben. Dieselbe finde, daß hierzu eine Freiheitsentziehung erforderlich sei, überzeuge sich aber nach 14 Tagen, daß sie bis jetzt noch kein Ergebnis erzielt habe, da zu erwarten stehe, der Gefangene werde seinen Gegner sofort wiederum beleidigen, wenn man ihn in Freiheit setze. In dieser Weise kann sich dann die Entziehung derselben auf eine zum voraus unberechenbare Zeit erstrecken, bis etwa der Gegner gestorben ist und sonach nicht mehr von ihm beleidigt werden kann. Unter diesen Verhältnissen wäre es daher ratsamer gewesen, wenn er denselben, statt ihn zu beleidigen, totgeschlagen hätte. Denn noch einmal hätte er ihn nicht totschlagen können, und da die Behörde aus seinem ganzen Vorleben sich überzeugt haben würde, daß er nunmehr sich niemals wieder an einem Menschen thätlich vergreifen werde, seine Besserung oder Abschreckung mithin von vornherein für unnötig hätte gehalten werden müssen, so wäre er überhaupt nicht zu behelligen gewesen.

Daß das auf der Willensfreiheit beruhende und das deterministische Strafrecht so absolut von einander verschieden sind wie der freie und unfreie Wille, Schuld und Nichtschuld, Vergangenheit und Zukunft wird nicht bezweifelt werden können, und es folgt hieraus, daß zwischen den beiden Strafrechten unmöglich eine Vereinbarung getroffen werden kann. Das Ineinanderschieben derselben ist es aber gerade, auf welchem die Bestrebungen der internationalen kriminalistischen Vereinigung beruhen, und daher rührt ihre Unklarheit und Verschwommenheit.

Das beweist denn auch die kürzlich erschienene Abhandlung von Prof. v. Liszt in Bd. XIII, S. 325 f., 1893, der Zeitschrift für die gesamte Strafrechtswissenschaft. Er erklärt sich in derselben für einen Deterministen, und seine Ausführungen verdienen eine besondere Berücksichtigung, weil er als der Führer der I.K.V. zu betrachten, sonach aber anzunehmen ist, seine Widerlegung werde zugleich die Grundlagen dieser Vereinigung als unhaltbar erscheinen lassen. Die Abhandlung hat er gegen die deterministischen Gegner seiner auf den Determinismus gestützten Zweckstrafe, insbesondere gegen Merkel und Mittelstädt gerichtet, und er ist vollkommen in seinem Rechte, wenn er ihnen die Folgerichtigkeit darin abspricht, daß sie an Schuld und Vergeltung festhielten. Übrigens sind beide in Wirklichkeit keine Deterministen. Von Mittelstädt behauptet dies der Verfasser selbst (16), und es erscheint darum nicht verständlich, wie er dessen Erklärung, sein Determinismus habe ihn niemals in einen Konflikt mit seinen Amtspflichten gebracht, als eine bedeutsame allen denjenigen zur Beachtung empfehlen kann, die von dem Siege der deterministischen Anschauung den Untergang der Strafrechtspflege befürchteten (15). Dagegen ist die von ihm eingeräumte Unvereinbarkeit der Schuld und Vergeltung mit dem deterministischen Strafrecht ein höchst wertvolles Zugeständnis, weil zu erwarten steht, daß der gegenwärtig zur Modesache gewordene Determinismus in seiner ganzen strafrechtlichen Unhaltbarkeit erkannt werde, wenn einmal die Richtigkeit dieser Ansicht sich in der allgemeinen Überzeugung befestigt hat.

Seinen Determinismus begründet der Verfasser folgendermaßen: das Gesetz der Kausalität sei nicht mehr, aber auch nicht weniger, als eine Form unseres Erkennens. Eine Veränderung in der Außenwelt ohne Ursache, ohne Wirkung: das wäre ein Widerspruch mit den Gesetzen unseres Denkens, der diesem selbst und damit aller Erkenntnis, aller Erfahrung, aller Wissenschaft ein Ende machen würde. Mithin müsse auch für unser Erkennen jede menschliche Handlung ihre Ursache in irgend einem sinnfälligen Ereignis haben, das seinerseits als Wirkung verursacht sei (13). Daher sei der vor uns stehende Angeklagte für uns Menschen unbedingt und uneingeschränkt unfrei, sein Verbrechen die notwendige unvermeidliche Wirkung der gegebenen Bedingungen. Für das Strafrecht gebe es keine andere Grundlage als den Determinismus (13, 14). Wenn jedoch die Lösung des Problemes, ob Willensfreiheit oder Willensunfreiheit, eine so einfache wäre, so müßte es geradezu unbegreiflich erscheinen, wie die größten Denker aller Zeiten hierin verschiedener Ansicht sein konnten. Daß sie aber in Wirklichkeit nicht so einfach erscheint, das folgt ja doch wohl schon aus der Erwägung, daß das Gesetz der Kausalität unmittelbar durch die Sinne nicht wahrnehmbar ist, das Denken jedoch zu verschiedenen Ergebnissen führen muß, je nachdem seine Voraussetzungen verschiedene sind. Zieht man hiernach die von jeher gegen den Determinismus vorgebrachten Einwendungen, und namentlich die Thatsache in Betracht, daß sich jeder Mensch seiner Schuld und der Verantwortlichkeit für dieselbe bewußt ist, so muß das Denken, welches hier einsetzt, zur Wahlfreiheit gelangen. Ob aber die einen oder die anderen dieser Voraussetzungen richtig oder falsch sind, ob also insbesondere auch der menschliche Wille der Kausalität unterworfen erscheint, das wird wohl schwerlich mit absoluter Gewißheit nachweisbar sein und darum die Wahl zwischen den beiden Prinzipien von ihren Konsequenzen abhängig gemacht werden müssen, ohne daß das hiernach festzustellende Resultat als eine unzulässige Fiktion (Note 9) bezeichnet werden dürfte. Jedenfalls würde die Annahme des Determinismus nicht weniger auf einer Fiktion beruhen, wie diejenige der Willensfreiheit.

Mit der Anerkennung des Determinismus würde aber das Strafrecht allerdings vollständig beseitigt werden.[2] Denn war das Verbrechen ein notwendiges Ergebnis der Motive und mußten die Motive ihre Entstehung von Thatsachen herleiten, welche sich außerhalb des Menschen zutrugen, hatten aber auch diese Thatsachen andere Thatsachen zur Voraussetzung, so kann sich das Verbrechen mit Einschluß der Äußerungen des Willens — insoweit hierbei überhaupt noch von einem Willen zu reden ist — nur als ein reiner Kausalverlauf vollzogen haben, welcher weder eine Bestrafung noch überhaupt eine rechtliche Beurteilung zuläßt. Daß derselbe ein absolut verschiedener gewesen sei, je nachdem er sich innerhalb

[2] Meine Abhandlungen: Zeitschrift für die gesamte Strafrechtswissenschaft Bd. II, 1882, S. 232—248; IV, 1884, S. 169—184; Gerichtssaal Bd. XLI, 1889, S. 410—412; XLII, S. 241, 242; XLIII, S. 255—271; XLIV, S. 347—353; XLVI, S. 321—337; XLVII, S. 241—254; Kausalität 1885, S. 30—38.

oder außerhalb des Menschen ereignet, mithin eine absolut verschiedene Beurteilung einzutreten habe, je nachdem die Scheuer durch den Blitz oder einen Menschen angezündet worden war, ist von dem Verfasser nicht behauptet worden und konnte auch nicht behauptet werden, weil er nicht etwa nur bezüglich des Naturkausalismus das Gesetz der Notwendigkeit des Verhältnisses zwischen Ursache und Wirkung zur Geltung bringt.

Hätte sich der Verfasser die Eigenschaft der deterministisch ausgeführten That als eines bloßen Kausalverlaufes vergegenwärtigt, so würde ihm nicht der Widerspruch zur Last fallen, daß er die willensunfreie That zwar für straflos hält, dennoch aber den Thäter mit einer Strafe für sie belegt, und er würde dann wohl auch Erörterungen vermieden haben, welche auf die Willensfreiheit hinweisen, ihn also als einen Eklektiker erscheinen lassen, der in naher Verwandtschaft mit dem von ihm bekämpften „aufgeklärten“ Determinismus Mittelstädt's steht (meine Abhandlung Gerichtssaal Bd. XLVII, S. 241 f.). Hierher gehört zunächst die Behauptung, das feste Kennzeichen der strafrechtlichen Verantwortlichkeit des determiniert gewesenen Thäters für die verursachte That bestehe in seiner normalen Bestimmbarkeit durch Motive. Wer in anormaler Weise, das heiße anders als der normale Durchschnittsmensch auf Motive reagiere, der sei nicht zurechnungsfähig und könne daher nicht gestraft werden. Es soll hiermit lediglich der Gegensatz zwischen dem Geisteskranken und Geistesgesunden bezeichnet werden, wie er auch in dem norddeutschen Entwurfe zu dem Strafgesetzbuch begründet worden sei. Diese Begründung ist denn auch natürlich im Hinblick auf die Willensfreiheit, auf welcher der Entwurf, wie auch das Strafgesetzbuch selbst (Gerichtssaal a. a. O. S. 244 f.), beruht, vollständig zutreffend, ihre Bezugnahme für den Determinismus hingegen ganz unangebracht. Denn einen zurechnungsfähigen, geistesgesunden oder geisteskranken Kausalverlauf kann es doch nicht geben, und er bleibt sonach der nämliche, mag er sich in einem geistesgesunden oder geisteskranken Menschen vollzogen haben. Es ist aber auch gar nicht einmal richtig, daß der Geisteskranke in anormaler, der sicheren Berechnung spottender Weise auf Motive reagieren müsse (18). Schlägt er aus Ärger über eine erlittene Mißhandlung seinen Wärter tot, so ist seine Handlung eine gerade so normal motivierte, als wenn dies von einem geistesgesunden Gefangenen geschieht, und im Falle der letztere ein sonst gutmütiger Mensch ist, so kann die Berechnung, daß es bei ihm zu dieser Reagierung kommen werde, eine sogar weniger sichere sein als bei dem Geisteskranken. Es ist weiter aber auch nicht richtig (18, 19), daß man dem Geisteskranken keine motivierenden Vorstellungen einpflanzen, seine Vorstellungen nicht ausrotten, stärken oder schwächen, ihn nicht pädagogisch behandeln und ihn durch Einpflanzung oder Kräftigung altruistischer Vorstellungen nicht heilen könne. Denn es ist zweifellos, daß man den strafrechtlich unverantwortlichen Geisteskranken heilen kann, daß seine Heilung, wie erst kürzlich wieder die Verhandlung eines bekannt gewordenen Straffalles ergeben hat, durch psychische Beeinflussung herbeigeführt werden soll, und sobald sie gelungen ist, ihm auch vorher nicht vorhanden gewesene altruistische Motive eingepflanzt worden sind. Wäre jedoch auch die Heilung eines Geisteskranken nicht ausführbar, so kann doch immerhin auch durch andere Mittel als die Pädagogik eine Wiederholung seiner That, sei es auch nur durch Abschreckung mittels drastischer Einwirkung, verhindert werden, und hiermit würde dann der deterministische Strafzweck vollständig erreicht sein. In Wirklichkeit ist nur die strafrechtliche Verschiedenheit zwischen dem Geisteskranken und Geistesgesunden anzuerkennen, daß der Geistesgesunde die dem ersteren fehlende Widerstandsfähigkeit gegen die Motive besitzt, welche die Wahlfreiheit zur notwendigen Voraussetzung hat und darum von dem Determinismus nicht begründet werden kann (s. oben S. 356 f.).

Daß der Geisteskranke ganz der nämlichen deterministischen Bestrafung unterzogen werden müsse, wie der Geistesgesunde,[3] kann hiernach der Verfasser nicht bestreiten und darum auch Lombroso (9—12) nicht von sich abschütteln. Denn nur den überhaupt nicht zu erbringenden Beweis der Berechtigung des Determinismus hat derselbe nicht geliefert, der Determinismus selbst aber muß für ihn sowohl wie für den Verfasser der nämliche, und es muß darum für letzteren ohne alle Bedeutung sein, ob es einen geborenen Verbrecher giebt oder nicht. Für das deterministische Strafrecht steht er dem Geistesgesunden völlig gleich, so daß es insbesondere auch ohne Interesse für dasselbe erscheint, ob der Thäter anthropologisch oder soziologisch determiniert gewesen war. Übrigens vermag nicht allein die Verschiedenheit zwischen dem Geistesgesunden und dem Geisteskranken für die deterministische Bestrafung nicht nachge-

[3] In seiner Abhandlung über die Grenzen des strafbaren Versuches, Zeitschrift 1893, S. 464 behauptet Eisenmann, der Unzurechnungsfähige habe keinen Begriff von der Kausalität, aber das kann doch etwa nur auf die tiefste Stufe der Geisteskranken zutreffen. Im übrigen glaubt der Verfasser, er habe das Prinzip ermittelt, daß als Versuch nur der in der Außenwelt verkörperte Wille in Betracht kommen könne, und es scheint ihm hiernach nicht bekannt gewesen zu sein, daß diese subjektive Theorie nicht allein längst besteht, sondern auch bereits von dem Reichsgericht als maßgebend anerkannt worden ist.

wiesen zu werden, sondern es unterliegt derselben auch die infolge einer Bedrohung ausgeführte That. Denn die zwingende Gewalt des durch sie hervorgerufenen Motives der Furcht war ganz die nämliche, wie die jedes anderen Motives, welches zur Verursachung der That genötigt hat.

Daß die deterministische Strafe lediglich die That, nicht aber die derselben vorausgegangene Lebensführung, mag auch die That deren Folge gewesen sein, zum Gegenstande haben kann, wird von dem Verfasser zugegeben (16), und es besteht sonach insoweit kein Unterschied zwischen ihr und der Vergeltungsstrafe. Während aber letztere die nur mit der Wahlfreiheit zu vereinbarende Schuld zur Voraussetzung hat, stützt er, wie Merkel (meine Abhandlung, Zeitschrift Bd. II, S. 236) die deterministische Strafe des in normaler Weise auf die Motive reagierenden Thäters auf das Werturteil, welchem die Strafe zu unterziehen sei. Bemerkt wird hierzu (20), im staatlichen wie in dem gesellschaftlichen Leben fällten und bethätigten wir täglich Werturteile, die nicht auf Verdienst und Schuld sich gründeten, und genau die gleiche Stellung habe der Determinist dem Verbrecher gegenüber einzunehmen. Lediglich die äußere Erscheinung der That, der kausale Eindruck, welchen sie in anderen hervorruft, bedingt also ihre Strafwürdigkeit. Hiermit steht aber der gegen die klassische Schule des Strafrechtes erhobene Vorwurf im Widerspruch, nach ihr werde lediglich der Erfolg der That bestraft (29), während die deterministische Strafe die Gesinnung des Thäters treffe. Denn es giebt auch keinen gesinnungsvollen Kausalverlauf, und es ist sonach gerade umgekehrt das deterministische Strafrecht, nach welchem ausschließlich der Erfolg bestraft werden kann. Aber es ist nun einmal nicht möglich, daß der bloße Kausalverlauf die Verantwortlichkeit für ihn in sich tragen und darum „Schuld das an den geltenden Werturteilen gemessene kausale Verhalten selbst sein könnte“. In seinem Lehrbuche Note 1 zu § 28 hat der Verfasser meine Ansicht, daß zwischen dem Kausalverlaufe, welcher sich nur als die Verknüpfung von Thatsachen darstelle, und der nur von dem Willen herleitbaren Verantwortlichkeit für denselben unterschieden werden müsse (Goltdammer's Archiv 1866, S. 612 und später vielfach), als richtig anerkannt. Hiermit ist aber sein Determinismus unvereinbar, weil nach ihm der Wille nur als ein Bestandteil des Kausalverlaufes auftreten, darum jedoch auch von demselben nicht unterschieden werden kann.[4]

---

[4] Mit meinen oft genug wiederholten Erörterungen über die Kausalität und die Unterlassung stimmen die Ausführungen in dem „Schuldbegriff“ von

Daher vermag aber auch der Verfasser von seinem Standpunkt aus keinen Grund für die Bestrafung der der Vergangenheit angehörigen That zu ermitteln. Er sagt nur, mit dem Begriffe der Schuld falle auch der Begriff der Vergeltung. Die Vergeltung setze voraus, daß der Thäter auch anders habe handeln können. Ohne Wahlfreiheit keine Schuld noch Vergeltung. Das unverschuldete Unglück vergelten wollen, sei grausam und abgeschmackt. Für den folgerichtigen Determinismus bleibe daher einzig und allein die Zweckstrafe übrig (22); für ihn könne es nur eine Rechtfertigung der Strafe geben: ihre Notwendigkeit für die Aufrechterhaltung der Rechtsordnung. Ihm könne und dürfe die Strafe nichts anderes sein, als ein Schutzmittel für die Gesellschaft. Aber es ist auch die Vergeltungsstrafe, wenn man nicht, wie dies bei dem Verfasser der Fall zu sein scheint, ganz absonderliche Vorstellungen mit derselben verbindet, eine Zweckstrafe. Denn ohne ihren Vollzug würde die abhaltende Kraft der gesetzlichen Strafandrohung in Frage gestellt werden, und es soll daher derselbe dieses Schutzmittel für die Gesellschaft in seinem Bestande sichern (Zeitschrift IV, 1884, S. 170; Kausalität 1885, S. 144, 149). Auch geschieht dem Thäter durch den Vollzug der Vergeltungsstrafe kein Unrecht; er wird hiermit keineswegs als Mittel für die Erreichung ihm fremder Zwecke benutzt, da er selbst an dem Schutze der Rechtsordnung beteiligt ist und verschuldet hat, daß ihre Aufrechterhaltung an ihm sich als geboten erweist. Umgekehrt müßte jedoch auch die deterministische Zweckstrafe zugleich eine Vergeltungsstrafe sein, wenn sie überhaupt eine Strafe wäre. Darum würde sie nur dann als berechtigt erscheinen, wenn mit ihr der Schutz der Rechtsordnung in einer angemesseneren Weise und wirksamer aufrecht erhalten werden könnte, als mit der Vergeltungsstrafe. Das ist aber, wie gezeigt wurde, nicht zutreffend, weil sie lediglich als ein höchst unvollkommenes Mittel zur Sicherstellung der Zukunft fungieren kann.

Nun behauptet der Verfasser freilich, er habe bereits vor Jahren ausgesprochen, daß Vergeltungsidee und Zweckgedanke — das *quia peccatum est* und *ne peccetur* — keine unversöhnlichen Gegensätze

Kuhlenbeck vollständig überein. Er scheint jedoch dieselben als eigene Gedanken vortragen zu wollen, und es würde dann in dieser beiderseitigen Selbständigkeit einige Gewähr für deren Richtigkeit zu erblicken sein. — Die Art und Weise, in welcher Pfenninger in seiner Festschrift für Ihering 1892, S. 78 f. die Behauptung, die Handlung des Menschen sei zwar determiniert, immerhin besitze jedoch derselbe Wahlfreiheit, durch eine engere Begrenzung des Kausalitätsgesetzes zu begründen sucht, wird schwerlich gebilligt werden dürfen, und sie wird auch durch die von ihm Note 41 erklärte Zustimmung zu dem Ursachenbegriff Birkmeyer's nicht verständlicher.

seien (27), und er kann hiermit nur auf seine Abhandlung in Bd. III, S. 1 ff. der Zeitschrift hingewiesen haben. Aber es muß der Inhalt dieser Grundlage der I.K.V. als verfehlt betrachtet werden (s. oben S. 245 f.), mögen immerhin auch Merkel und Mittelstädt die Unterscheidung zwischen dem *quia* und *ne* für ein unfruchtbares Schulgezänke erklären. Denn eine etwas weniger vorübergehende Beschäftigung mit dieser Materie lehrt unwiderleglich, daß in dem *quia* der Ausdruck der willensfreien, also strafbaren, That gefunden werden muß, während das *ne* nur den Determinismus und sonach nur die willensunfreie, straflose That repräsentieren kann, welche lediglich zur Rechtfertigung der Verhinderung ihrer Wiederholung mittels der Anwendung von Sicherheitsmitteln geeignet ist. Daher erscheint vollständig ausgeschlossen, daß *quia* und *ne* zu einer Einheit zusammengefaßt werden könnten, für deren Gestaltung sowohl das eine wie das andere mit gleicher Berechtigung maßgebend sein solle, und man muß vielmehr das eine oder das andere als Prinzip der Strafe ausschließen. Im Falle der Preisgebung des *ne* mag man ja immerhin die Vergeltungsstrafe in einer Art und Weise vollziehen, daß durch den Effekt derselben zugleich die Zukunft — soweit dies überhaupt ausführbar erscheint — sichergestellt werde. Allein die betreffenden Bestrebungen dürfen als Strafvollzug nicht über die Grenze der Vergeltungsstrafe hinaus bethätigt werden, während die Maßregeln zur Sicherstellung der Zukunft — das *ne* — eine zum voraus festgestellte Grenze überhaupt nicht anzuerkennen vermögen. Für das *quia* erscheint darum das *ne* lediglich als eine unselbständige Nebenfolge. Auf die nach ihm zu bemessende Strafe darf es aber nicht den geringsten Einfluß ausüben, weil anderenfalls dieselbe keine äquivalente Vergeltungsstrafe für die der Vergangenheit angehörige schuldhafte That sein könnte. Wird diese absolute Verschiedenheit der Vergeltungsstrafe und der deterministischen Sicherungsmaßregel nicht aufrecht erhalten, so fallen beide ineinander, und es folgen hieraus die unhaltbaren Zustände, in welchen sich gegenwärtig die I.K.V. befindet.[6] Das läßt die Erörterung des Verfassers (30) erkennen, nach welcher für Art und Maß der Strafe die durch die That bewiesene Gesinnung des Thäters, seine Stellung zur Rechtsordnung, seine ganze Ver-

[6] Es hat denn auch v. Liszt inzwischen in seinem Gutachten für die Hauptversammlung der I.K.V. in Paris, S. 136, zugegeben, die eklektischen Versuche, Schutzstrafe und Vergeltungsstrafe (*quia* und *ne*) mit einander zu versöhnen, möchten wissenschaftlich gescheitert sein, hierbei jedoch schwerlich bedacht, daß er mit diesem Zugeständnis die einzige Grundlage beseitige, durch welche die I.K.V. scheinbar gerechtfertigt werden kann.

gangenheit, und was sie für die Zukunft erwarten lasse, bestimmend sein soll. Ob der Angeklagte das erstemal vor Gericht stehe, oder ob er zu den getreuen ortskundigen Stammgästen unserer Anstalten gehöre, müsse entscheiden. Hierin liegt nun zunächst ein Widerspruch mit der früheren Behauptung (16), daß man die der That vorangegangene Lebensführung nicht bestrafen dürfe, sowie der weitere Widerspruch, daß die durch die That offenbarte Gesinnung des Thäters den Ausschlag geben, dennoch aber auch das, was er für die Zukunft erwarten lasse, für Art und Maß der Strafe bestimmend sein soll. Denn wenn der Thäter für die in der That zum Ausdruck gebrachte Gesinnung bestraft werden soll, so wird er für die der Vergangenheit angehörige That bestraft, weil er sie begangen hat — also *quia*. Und wenn er zugleich für das bestraft werden soll, was er für die Zukunft erwarten lasse, so wird doch von dem Verfasser ganz besonders betont, daß seine Strafe eine Zweckstrafe sei, und man muß sonach fragen, warum dies zu geschehen habe. Zur Antwort kann man aber nur erhalten, damit die That nicht wiederholt werde — *ne*. Wenn jedoch *quia* und *ne* in Widerstreit mit einander geraten, die Befürchtung für die Zukunft also eine minimale oder sogar ganz ausgeschlossen ist, während der Thäter eine höchst verwerfliche Gesinnung in der That kund gegeben hat, so wird man wohl den Maßstab der Strafe in dieser Gesinnung, also in dem *quia*, suchen, von dem *ne* mithin absehen müssen. Aber die bethätigte Gesinnung ist doch nach deterministischer Auffassung, wie gesagt, nur ein Bestandteil des Kausalverlaufes und als solcher straflos (Gerichtssaal Bd. XLIII, S. 254 f.). Mithin würde man auf das *ne* angewiesen sein. Allein auch für das, was man in der Zukunft erwarten läßt, kann man nicht jetzt schon bestraft werden. Nimmt man dann umgekehrt an, die durch die That — etwa eine Beleidigung — bewiesene Gesinnung sei nur eine in geringem Grade verwerfliche, der Thäter errege aber für die Zukunft eine erhebliche Befürchtung, so gelangt man wiederum zu einem Resultate, nach welchem die Haltlosigkeit des von dem Verfasser aufgestellten deterministischen Strafprinzips nicht zweifelhaft erscheint. Darum können aber auch von dem Determinismus, wie bereits erörtert, nur ihrer Beschaffenheit und Dauer nach zum voraus nicht bestimmbare, sondern nur von Fall zu Fall auszuwählende auf Abschreckung und Besserung abzielende Sicherheitsmittel zur beliebigen Anwendung gebracht werden, um den Thäter an der nochmaligen Verübung der straflos begangenen That zu verhindern. Das aber ist es gerade, was der Verfasser nicht erkennt, indem er von der irrigen Meinung festgehalten wird, man könne die schuldlos begangene That mit einer wirklichen, die Zukunft zweifellos sichernden, Strafe belegen — wenn man dieselbe nur eine Zweckstrafe nenne. Aber er selbst sagt doch, es sei grausam und abgeschmackt, dem determinirt gewesenen Thäter ein Übel als Vergeltung zufügen zu wollen, und es bedingt schwerlich eine Verschiedenheit in dem Grade seines Leidens, je nachdem ihm das nämliche Übel unter dem Titel der Vergeltung oder unter demjenigen der Zweckstrafe zugefügt wird. Ohne jede entscheidende Bedeutung ist hierbei, ob man es mit einem erstmaligen Verbrecher oder einem ortskundigen Stammgaste zu thun hat, weil die ganze Vergangenheit des ersteren schlimmere Befürchtungen für die Zukunft erregen kann, als die des letzteren. Demungeachtet glaubt der Verfasser zu dem Vorwurfe berechtigt zu sein (28), das Prinzip der Vergeltungsstrafe lasse vollständig im Stiche, wenn es sich darum handle, Art und Maß der Strafe im Gesetze oder im Richterspruche zu bestimmen.

Auch hat er sich nur mit einer der wiederholt gegen die deterministische Zweckstrafe vorgebrachten Einwendungen[6] beschäftigt, in einer Weise jedoch, welche als unzulänglich betrachtet werden muß. Wenn nämlich der deterministische Strafzweck nur darin zu finden ist, daß die durch die That bewiesene gefährliche Gesinnung eine Sicherstellung der Zukunft vor dem Thäter erheische, so ist nicht einzusehen, warum hiermit bis zur ausgeführten That gewartet werden soll, da doch diese gefährliche Gesinnung auch schon vor derselben genügend erwiesen sein kann (s. oben S. 247; Gerichtssaal Bd. XLIV, S. 347—353). Der Verfasser giebt zu (31—35), daß das Strafrecht mit dem Grundsatze, jeder gemeingefährliche Mensch sei im Interesse der Gesamtheit unschädlich zu machen, unmöglich bestehen könne. Gleichwohl will er denselben nicht eben für absurd halten. Denn schon bevor eine Strafthat von ihnen begangen worden sei, müsse die verwahrloste Jugend der Zwangserziehung unter-

[6] Merkel hat in seiner Festschrift für Ihering 1892 die nämlichen Einwendungen gegen die soziologische Zweckstrafe vorgebracht, welche in meinen citierten Abhandlungen, insbesondere Gerichtssaal Bd. XLVI, S. 321 f. enthalten sind. Aber er übersieht, daß sie sich zugleich gegen seinen Determinismus richten, von welchem hiernach nur die Bezeichnung übrig bleibt. — In seiner Abhandlung für Schweizer Strafrecht 1894, S. 3 f. behauptet er, es sei nicht richtig, daß sich die I.K.V. ausschließlich auf das *ne* stütze, es sei jedoch auch die absolute Unterscheidung zwischen *quia* und *ne* eine imaginäre, auf sumpfigen Wiesen erwachsene. Welche gesunde Früchte aber der hiernach eingenommene mittlere Standpunkt hervorbringen könnte, ist mit Stillschweigen übergangen worden. Es stehen vielmehr lediglich Gedanken in Frage, welche zur Vereinbarung des Determinismus mit dem willensfreien Strafrecht nicht führen können. Auch nach anderen Richtungen hat die unentschiedene Stellung des Verfassers zwischen absolut sich widersprechenden Prinzipien unhaltbare Ergebnisse nach sich gezogen (s. oben S. 321, 324, 329).

worfen, der Gewohnheitssäufer in einem Trinkerasyle untergebracht, der gefährliche Geisteskranke in ein Irrenhaus eingesperrt werden, und es sei darum nicht einzusehen, warum den gemeingefährlichen Geistesgesunden gegenüber nicht gerade so verfahren werden solle. Im Vollbesitze ihrer körperlichen und geistigen Fähigkeiten seien sie um so gefährlicher und unsere Berechtigung zu einem vorbeugenden Eingreifen daher um so größer. Klarer und deutlicher kann die Unhaltbarkeit des deterministischen Strafrechtes nicht vorgeführt werden. Es ist ja ganz folgerichtig: weil dieses Strafrecht den Thäter für die begangene That nicht strafen, sondern nur die Ergreifung von Sicherheitsmitteln gegen ihn rechtfertigen kann, dieselben aber ihrem Wesen nach nicht verschieden sind von den gegen Jugendliche, Säufer und Geisteskranke anwendbaren Sicherheitsmitteln, und sie gegen diese Personen schon vor einer begangenen That angewendet werden — so ist ihre Anwendung auch gegen den geistesgesunden Thäter nur davon abhängig, daß er eine gefährliche Gesinnung offenbart habe. Wie es sich aber hierbei mit der persönlichen Freiheit geistesgesunder Personen verhalten würde, bedarf nicht einmal der Hinweisung darauf, daß bis jetzt der Begriff der Gefahr ein unbestimmter geblieben ist.[7]

Ein rechtes Vertrauen besitzt indessen der Verfasser nicht zu dieser Bestrafung ohne vorausgegangene That. Denn er sucht die bezeichnete Einwendung noch durch die weitere Bemerkung zu widerlegen,[8] nach der Überlieferung des Zeitalters der Aufklärung, an welcher festgehalten werden müsse, sei Strafrecht die rechtlich im Interesse der individuellen Freiheit begrenzte Strafgewalt. *Nullum crimen sine lege, nulla poena sine lege* verbrieften dem Staatsbürger das Recht, nur unter den gesetzlichen Voraussetzungen und nur innerhalb der gesetzlichen Grenzen bestraft zu werden (33). Nach

[7] Wie der Verfasser in seinem citierten Gutachten behaupten kann, das ganze Strafgesetzbuch sei durch den einzigen Paragraphen zu ersetzen: jeder gemeingefährliche Mensch ist im Interesse der Gesamtheit so lange als nötig unschädlich zu machen (S. 130), ist doch schwer begreiflich. Aber in Wirklichkeit ist das freilich das Endergebnis der I.K.V., wie ich ihr dasselbe bereits oben S. 431 f. vorgehalten habe.

[8] Das Kriterium der „rechtlichen" Gefahr, welche erst durch die stattgefundene Ausführung der That begründet werde (Herold, über das Rechtsprinzip der Zweckstrafe, Zeitschrift 1892, S. 573 f.), erscheint zweifellos verfehlt, weil die Frage, ob eine Gefahr vorliege oder nicht, nicht rechtlicher, sondern thatsächlicher Natur ist. Der Verfasser bringt, statt sich von der Unhaltbarkeit des *ne* zu überzeugen, ohne jedes Bedenken das *quia* zur Anwendung, wenn er erkennt, daß das erstere zu unsinnigen Resultaten führen muß, und es lassen ihn sonach beide Prinzipien hinsichtlich des Maßstabes für die Zumessung der Strafe im Stiche.

wie vor würden wir Art und Maß der Strafe im Gesetze und im Richterspruche bestimmen (34). Allein das ist denn doch lediglich eine Umgehung der betreffenden, dem deterministischen Strafrecht entgegenstehenden Schwierigkeit und bedeutet einen Abfall von demselben zu dem Prinzipe des *quia*. Denn die deterministische Zweckstrafe läßt sich ja weder der Art noch dem Maße nach in einen Strafrahmen einzwängen, und sie schließt ebenso sehr ihre definitive Feststellung im Urteile aus, so daß hiernach eine Unmöglichkeit von dem Gesetzgeber und Richter verlangt wird. Darum giebt es hier nur ein entweder — oder. Entweder wird die Strafe innerhalb eines der Schwere der verschuldeten That angemessenen Strafrahmens festgestellt, und sie erreicht ihr Ende, gleichviel ob die Sicherung der Zukunft wirklich gelungen ist oder nicht — *quia;* oder die Dauer der Strafe hängt einzig und allein von der Erwägung ab, ob sie diesen Zweck zweifellos erfüllt hat. Keinesfalls aber kann man sagen, die innerhalb eines angemessenen Strafrahmens festgestellte Strafe sei die deterministische Zweckstrafe, weil in Wirklichkeit das Prinzip des *quia* zur Anwendung kommt, wenn der Thäter nach verbüßter Strafe entlassen werden muß, obgleich er noch nicht gebessert oder abgeschreckt worden war. In seiner citierten Abhandlung hatte der Verfasser denn auch betont, die Strafen für die Unverbesserlichen und Besserungsbedürftigen seien in dem Urteile nicht auszuwerfen, jetzt aber scheint er der Meinung zu sein, die der Verschuldung angemessene Vergeltungsstrafe enthalte zugleich die angemessene Strafe für die deterministische Sicherstellung der Zukunft, ohne zu erwägen, daß die Strafe für eine begangene That nicht in Vergleich mit derjenigen gebracht werden kann, welche die Möglichkeit, daß sie begangen werde, beseitigen soll (Gerichtssaal Bd. XLIV, S. 347—353).

Weiterhin untersucht der Verfasser (35—46) das Verhältnis des Strafrechtes zur Kriminalpolitik, unter welcher nach seinen Erörterungen nur die Art und Weise der Verwirklichung des deterministischen Strafzweckes verstanden werden kann. Obgleich vorher (33) gesagt worden war, *nullum crimen sine lege, nulla poena sine lege* verbrieften dem Verbrecher das Recht, nur unter den gesetzlichen Voraussetzungen und innerhalb der gesetzlichen Grenzen bestraft zu werden, wird nunmehr nur an dem ersten Satze (41), mit welchem die Fortdauer des Strafrechtes zweifellos gesichert erscheine, unbedingt festgehalten. Die zweite der beiden Rechtsregeln soll hingegen zwar nicht grundsätzlich angefochten, aber es müsse im Einzelfalle Art und Dauer der Strafe durch den zu erreichenden deterministischen Strafzweck bestimmt werden, womit denn doch offenbar die vollständige Preisgebung derselben ausgesprochen wird. Dann wird aber wieder eingelenkt mit der Bemerkung (42), die Verfolgung des Zweckgedankens in der Strafe fordere, daß die richterliche Zumessung derselben „wenigstens in gewissen Fällen“ keine endgültige sei. Und zwar sind (43) unter diesen gewissen Fällen die Thaten der jugendlichen und unverbesserlichen Verbrecher zu verstehen, bezüglich welcher also die erwähnte Rechtsregel beseitigt, während sie bezüglich der übrigen Verbrechen aufrecht erhalten wird. Aber der Verfasser selbst bezeichnet (43) diese Aufteilung des Strafrechtes als für die Wissenschaft unannehmbar, und sie darf darum von ihm auch nicht als ein legislatorisches Kompromiß empfohlen werden. Übrigens will er sich nur vorläufig mit diesem von der Gesetzgebung verlangten Zugeständnisse begnügen, und er reflektiert mithin auf eine demnächstige allen Verbrechern gegenüber konsequente Durchführung des deterministischen Strafvollzuges, in welchem Falle dessen Einheit wieder hergestellt sein würde. Hiermit wird denn auch nur die dann wieder als Regel ohne Ausnahme vorgebrachte Behauptung (42) verständlich, sobald der Strafvollzug einsetze, sei die Funktion des Strafrechtes zu Ende und trete die Kriminalpolitik, also die Verfolgung des deterministischen Strafzweckes durch schrankenlose Besserung und Abschreckung, in ihr volles Recht, worin aber ein Widerspruch mit der gegen Pfenninger gerichteten Bemerkung (40) enthalten ist, daß auch bereits die zu verhängende Strafe unter ihrem Einfluß stehe.

Dieses Hin- und Herschwanken des Verfassers muß jeden sicheren Einblick in das Wesen seiner deterministischen Zweckstrafe sowie in die Art und Weise ihrer Zumessung und ihres Vollzuges verschließen.

Es ist ja begreiflich, daß die Soziologie ein hohes Interesse für das Strafrecht darbietet. Aber wenn es unausführbar sein sollte, dasselbe mit fester Umgrenzung aus ihr auszuscheiden, und diese Umgrenzung nicht auf den Grundsatz gestützt werden könnte, daß die Größe der Strafe der Größe der Schuld zu entsprechen habe, dann würde es in vollstem Umfange der deterministischen Zweckmäßigkeit anheimfallen, hiermit jedoch aufhören, ein Recht zu sein. Bedürfnisse der Soziologie, welche das Strafrecht hiernach nicht befriedigen kann, müssen daher mit anderen Mitteln als mit demjenigen der Strafe zur Erledigung gebracht werden. Der Verfasser erklärt es (44) für einen lächerlichen Widerspruch, daß Dirnen, Bettler und Landstreicher nur mit einer geringen Freiheitsstrafe belegt, aber Jahre hindurch in einem Arbeitshause untergebracht werden könnten. Er übersieht jedoch hierbei, daß diese Unterbringung nicht als eine Strafe, d. h.

nicht als ein durch eine bestimmte That selbst verschuldetes Leiden empfunden werden soll, und eine Strafe schon darum nicht sein kann, weil sie nach deterministischer Auffassung bereits am ersten Tage aufzuhören hat, wenn schon zu dieser Zeit ihr Zweck erreicht wäre, während sie eine lebenslängliche sein muß, im Falle derselbe früher nicht hatte erreicht werden können. Lediglich von dem Belieben des Thäters würde darum die Dauer dieser Maßregel abhängig sein.

Hiernach kann endlich aber auch der gegen die klassische Richtung des deutschen Strafrechtes dahin erhobene Vorwurf (36) nicht für begründet gehalten werden, daß ihr jedes Verständnis für die gegenwärtigen soziologischen Bestrebungen abgehe. Denn sie hat weiter nichts zu thun, als denselben, insoweit sie nicht etwa eine bessere Ausgestaltung des Verhältnisses der verschuldeten That zu der Strafe zur Folge haben würden, ihre Thüre zu verschließen, damit sie auf den Kreis der I.K.V. beschränkt bleiben. Der Verfasser giebt zu (44), dieselbe habe sich niemals über das Verhältnis der Kriminalpolitik zum Strafrecht mit genügender Bestimmtheit ausgesprochen, und dieses Zugeständnis bedeutet, daß sie sich bis jetzt noch keine Rechenschaft darüber gegeben habe, ob denn ihre soziologischen Bestrebungen mit dem Strafrecht überhaupt vereinbar seien. Es ist sogar von ihr noch niemals in Erwägung gezogen worden, ob sie für dieselben die Willensfreiheit oder den Determinismus als maßgebend betrachte. Erst jetzt hat der Verfasser den Determinismus in ein ausgesprochenes, aber unbefriedigendes Verhältnis zu diesen Bestrebungen gebracht. Immerhin ist man ihm Dank hierfür schuldig, weil man erwarten kann, die I.K.V. werde sich nunmehr etwas eingehender mit ihrem inneren Wesen beschäftigen und zu der Erkenntnis gelangen, daß sie entweder das Strafrecht vollständig in die Soziologie aufgehen lassen oder zu dem gegenwärtigen, auf der Willensfreiheit beruhenden, Strafrecht zurückkehren müsse. Im ersten Falle muß sie voll und ganz auf den Standpunkt der hierin konsequenteren italienischen Kriminalisten übertreten, welche indessen nach den interessanten Mitteilungen Rosenfeld's sich gegenwärtig in der Rekonvalescenz zu befinden scheinen — womit dann freilich ihre Wissenschaft im Begriffe stehen würde, den ihr vor der deutschen hier sowohl wie namentlich in seiner Kritik des Entwurfes zum italienischen Strafgesetzbuch von dem Verfasser eingeräumten Vorzug nach jeder Richtung einzubüßen. Im zweiten Falle aber muß sie sich ebenso voll und ganz dem gegenwärtigen Strafrecht anbequemen. Unter keinen Umständen darf sie jedoch zur Befriedigung gewisser Liebhabereien Maßregeln in der bisherigen Weise von dem Gesetzgeber verlangen, durch welche die Soziologie in das Strafrecht übertragen, und hiermit die Grenze zwischen diesen beiden Gebieten verwischt würde. Das würde aber insbesondere dann geschehen, wenn für die Gewohnheitsverbrecher, Dirnen, Landstreicher, Bettler und ähnliche Personen eine so hohe Strafe, daß sie das zwischen den Verbrechen bestehende Wertverhältnis der vollständigsten Verwirrung überliefern müßte, bewilligt und die definitive Rechtskraft der richterlich nach der Größe der Verschuldung zugemessenen Strafe, oder sogar überhaupt die Feststellung der Art und des Maßes derselben in dem Urteile beseitigt werden sollte.

Sehr bemerkenswert ist die Erörterung des Verfassers (33), das heranwachsende sozialistische Geschlecht, das die gemeinsamen Interessen schärfer betone als seine Vorgänger, für dessen Ohren das Wort Freiheit einen archaistischen Klang gewonnen habe, rüttele an den Grundlagen des bestehenden Staates. Und wenn auch die Stürmer und Dränger nicht ahnten, was sie begönnen; wenn sie auch nicht begreifen wollten, daß das zusammenstürzende Gebäude auch sie unter seinen Trümmern begraben werde — was von ihnen geschehe, das liege im Zuge der Zeit. Aber diese Erörterung paßt vollständig auch auf die I.K.V. Denn auch sie hat seither an den Grundlagen des bestehenden Strafrechtes gerüttelt, ohne sich auch nur entfernt vorzustellen, welches neue System an dessen Stelle treten solle, und sie befindet sich daher ganz in der Lage der Sozialdemokratie, die gleichfalls über die zukünftige Gestaltung ihres Staates keine Auskunft zu erteilen vermag, aber der Meinung ist, wenn sie nur bruchstückweise ihre Ansprüche durchsetze, werde sich schließlich deren Einheit von selbst ergeben. Der Verfasser sagt geradezu, abschließende Ergebnisse, ausgearbeitete Vorschläge könne die I.K.V. nicht bieten (7), eine abschließende Antwort werde erst dann gegeben werden können, wenn eine Reihe von einzelnen Problemen (Jugendliche, Rückfällige u. s. w.) gründlich durchberaten worden seien. Und wenn er eine eigene Antwort gebe, so weit er sie heute geben könne, so müsse er sich die Erlaubnis zu späteren Berichtigungen ausdrücklich vorbehalten (37). Das ist aber denn doch eine trostlose Auskunft, welche der Führer der I.K.V. bezüglich des von ihr erstrebten Endzieles erteilt, und sehr zu befürchten, daß wenn erst einmal die vermeintlichen Lösungen der einzelnen Probleme vorliegen, sie so geartet und disparat sein werden, daß sie sich zu einem Systeme nicht zusammenfassen lassen. Nach einem bestimmten Plane müßte denn doch gearbeitet werden, und für diesen Plan kann nur die Beantwortung der Frage entscheidend sein, ob die Willensfreiheit oder der Determinismus für das Strafrecht als maßgebend betrachtet werden soll. So lange aber die I.K.V. die Vergeltungsstrafe — also das *quia* — verwirft, muß sie notwendig den Determinismus — das *ne* — mit allen seinen Konsequenzen anerkennen. Das ist ihr freilich bis jetzt noch verborgen geblieben.

Durch ihr unbedachtes Andrängen gegen das willensfreie Strafrecht würde die I.K.V. bereits einen erheblichen Schaden verursacht haben, wenn es nicht so kerngesund wäre. Ihr Verdienst besteht indessen darin, daß dasselbe infolge der von ihr erlittenen Angriffe sich nur noch mehr befestigt hat. Was dagegen die von ihr erzielten positiven Erfolge anbelangt, so rechtfertigen sie schwerlich die denselben von dem Verfasser erteilten Lobsprüche. Unter ihren Bestrebungen treten besonders die Bestrafung des Gewohnheitsverbrechers, die Geldstrafe, das Verfahren gegen die verwahrloste Jugend, sowie die bedingte Verurteilung hervor. Aber es haben doch die Verhandlungen in Bern und Kristiania zu sehr problematischen Ergebnissen geführt. Ein Rechtsbegriff des Gewohnheitsverbrechers konnte unerachtet der erheblichsten Anstrengungen nicht nachgewiesen werden, und die Frage ist nicht geprüft worden, ob denn die Geldstrafe überhaupt dem Determinismus angemessen sein könne, da doch, wenn auch der Thäter seine Strafe bezahlt hat, noch nicht die geringste Sicherheit dafür gewonnen worden ist, daß er seine That nicht nochmals ausführen werde. Es leidet ferner das in Aussicht genommene Verfahren gegen die verwahrloste Jugend an dem Grundübel der I.K.V., daß sie den Strafrichter mit Aufgaben belastet, zu welchen er nicht berufen ist, und die er auch nicht erfüllen kann. Der von Appelius erstattete Bericht ist darin zutreffend, daß er die Vorschrift des § 56 St.G.B. beanstandet. Insoweit er jedoch im übrigen von der Soziologie beherrscht wird, kann er keine Billigung beanspruchen. Endlich hat die bedingte Verurteilung die ihr anfänglich beigelegte hohe Bedeutung selbst innerhalb der I.K.V. nahezu eingebüßt. Sie ist nicht wie die Begnadigung und vielleicht die bedingte Entlassung[9] ein notwendiges Bedürfnis der Soziologie,

[9] Die bedingte Entlassung pflegt als ein Zugeständnis bezeichnet zu werden, welches das gegenwärtige Strafrecht der deterministischen Zweckstrafe eingeräumt habe, und es ist auch nicht zu leugnen, daß sie nicht als Konsequenz aus dem Prinzip der Vergeltungsstrafe hergeleitet werden kann. Immerhin ist in ihrem Falle die ausgesprochene Strafe nicht die deterministische Zweckstrafe, sondern die Vergeltungsstrafe, weil sie innerhalb des für die verschuldete That vorgesehenen Strafrahmens zugemessen wird und unbedingt bis zu drei Vierteilen ihrer Dauer vollzogen werden muß, mag auch schon früher die Befürchtung, die That könne wiederholt werden, in Wegfall gekommen sein; sie aber auch andererseits selbst dann die urteilsmäßige Zeit nicht überschreiten darf, wenn nach deren Ablauf diese Befürchtung noch keineswegs beseitigt erscheint.

welches auf Kosten des strengen Rechtssatzes, daß die stets definitiv auszusprechende Strafe auch zu vollziehen sei, befriedigt werden müßte. Denn wird erwogen, daß das Legalitätsprinzip der Anklage nicht aufrecht erhalten werden (s. oben S. 437 f.), und überzeugt man sich zugleich, daß unter Umständen der Verweis auch erwachsenen Personen gegenüber eine angemessene Strafe sein kann, so ist eine genügende Vorsorge getroffen, daß der sofortige Vollzug der auferlegten Strafe nicht als eine ungerechtfertigte Härte angesehen werden darf. Hiermit würde dann aber der Zweck der bedingten Verurteilung erreicht und ihr Einbruch in das Strafrecht vermieden sein. Als exzentrisch (Note 3) wird sonach die Behauptung, es sei die I.K.V. nicht mehr im Aufstiege begriffen, nicht bezeichnet werden können. Das ernste Streben derselben nach einer Vertiefung der Strafen in ihrer Einwirkung auf den Verbrecher muß gewiß anerkannt, ihr aber zum Vorwurfe gemacht werden, daß sie hierbei das Prinzip der innerhalb eines zutreffenden Strafensystems nach dem Grade der Verschuldung mit bindender Kraft festzustellenden Strafe, und somit das Strafrecht selbst beseitige.

Der seither versäumte Nachweis, inwiefern denn die soziologischen Bestrebungen der I.K.V. überhaupt mit einem Strafrechte zu vereinbaren seien, hat inzwischen auf der Pariser Hauptversammlung derselben (1893) nachgeholt werden sollen. Allein auch diese Hauptversammlung ist ergebnislos geblieben, und was die für sie erstatteten Gutachten von Gauckler, Tarde, Alimena und Garofalo anbelangt, so enthalten sie auch nicht den geringsten Beitrag zur Lösung der betreffenden Frage. Die I.K.V. beruht ja doch, indem sie das *ne* vor das *quia* in die erste Linie rückt und hiermit zu einem selbständigen Zwecke erhebt, auf der leitenden Idee, daß jede begangene That, möge sie ein Totschlag oder Raub sein, oder es sich um Landstreicher und ähnliche Personen handeln, gleichmäßig eine derartige Einwirkung auf den Thäter verlange, daß man sich darauf verlassen könne, er werde die That nicht wiederholen. Um diese Idee als solche drehen sich bis jetzt alle ihre Erörterungen. Aber den Beweis, wie sich denn dieselbe zu einem praktischen Strafrecht gestalten lasse, hat sie noch nicht einmal angetreten, obwohl sie gerade mit ihm ihren Feldzug gegen die alte Schule des Strafrechtes hätte eröffnen sollen. Und sie wird auch nicht imstande sein, diesen Beweis zu erbringen. Denn auch sie sieht sich genötigt, diejenigen Thaten zu bezeichnen, welche eine strafrechtliche Behandlung des Thäters fordern, und sie muß sich hierbei mit Notwendigkeit überzeugen, daß, wie es schwere und leichte

Thaten giebt, so auch schwere und leichte Strafen zum Vollzuge gebracht werden müssen, der Strafvollzug also nicht der nämliche für alle möglichen Delikte sein kann. Darüber kann die mit Ignorierung der ihr im Wege stehenden Bedenken in allen ihren litterarischen Erzeugnissen zu erkennen gegebene große Zuversicht nicht hinweg helfen. Nur dann aber würde die I.K.V. sich im Rechte befinden, wenn bezüglich eines jeden Deliktes zum voraus eine bestimmte Zeit als erforderlich feststellbar wäre, um die Überzeugung zu gewinnen, der beliebige Thäter werde dasselbe nicht wiederholen, und diese Zeiten in dem nämlichen Verhältnisse zu einander stünden, wie die Delikte selbst hinsichtlich ihrer verschiedenen Bedeutung für das Gemeinwohl. Das ist jedoch nicht der Fall.

Bemerkungen zu der Schrift von Amtsrichter Huther in Hagenow: Der Kausalzusammenhang.

Der Verfasser bespricht, und widerlegt vermeintlich, die vor ihm bestandenen Kausalitätstheorieen, ohne die Urheber derselben zu bezeichnen. Man kann sie zwar, wenn man mit der Materie vertraut ist, erkennen, aber die spezielle Bezugnahme auf ihre Arbeiten hätte nicht unterbleiben sollen, weil hierdurch die Nachprüfung jedenfalls erschwert worden ist. Bezüglich meiner Auffassung der Kausalität (s. oben S. 69 f.; 389 f.) wird gesagt (8), es liege ein Widerspruch in der Behauptung, der Erfolg sei das kausale Ergebnis sämtlicher Mitwirksamkeiten, dennoch sei er aber jeder einzelnen Mitwirksamkeit als ganz von ihr verursacht zuzumessen. Der Verfasser selbst gelangt jedoch zu dem nämlichen Ergebnis, wenn er dasselbe auch nicht zu einem unzweifelhaften Ausdruck bringt. Denn er erörtert (66), in der Gesamtwirkung — der stattgefundenen Vereinigung — der mehreren Mitwirksamkeiten ließen sich ihre gelieferten Quoten nicht unterscheiden, sie seien zu einer Einheit, „in welcher der kleinste Teil alle Mitwirksamkeiten repräsentiere,“ verschmolzen. Das heißt aber denn doch nichts anderes, als daß der ganze Erfolg auch von der kleinsten Mitwirksamkeit verursacht werde. Freilich wird weiter gesagt, jede Mitwirksamkeit habe einen „ideellen“ Anteil an der Gesamtwirkung verursacht, welcher sich berechnen lasse, wenn man ihre Größe zur Zeit der Verschmelzung bestimmen könne. Aber es wird doch zugleich mit aller Entschiedenheit betont, die Kausalität sei die Wirklichkeit, und es durfte darum nicht von ideellen Anteilen, sondern nur von realen Anteilen geredet werden. Wie aber etwa ein solcher realer Anteil — oder auch nur ein ideeller Anteil — an dem durch mehrere Mitwirksamkeiten verursachten Tode konstruiert werden könnte, ist doch wohl schwer begreiflich. Diese Anteilberechnung an den zu einer Gesamtwirkung — dem Erfolge — zusammengeschmolzenen mehreren Mitwirksamkeiten erscheint aber auch darum ganz ausgeschlossen, weil sie notwendig die Zurückführung dieser Einheit auf die vor ihrer Entstehung vorhanden gewesenen Mitwirksamkeiten und mithin die Wiederauflösung derselben voraussetzt, so daß, wenn dann die Anteilberechnung vorgenommen werden soll, eine Einheit gar nicht mehr vorhanden ist, von welcher Teile berechnet werden könnten (s. oben S. 392; Gerichtssal 1870, S. 2). Jedenfalls ist ersichtlich, daß der Verfasser die Mitwirksamkeit in doppelter Eigenschaft, sowohl in derjenigen, welche sie vor der Verschmelzung mit anderen Mitwirksamkeiten, sodann aber auch in der Eigenschaft, welche sie innerhalb der stattgefundenen Verschmelzung besitzt, in Betracht zieht, und es würde ihm sonach der nämliche Widerspruch zur Last fallen, welchen er meiner Auffassung der Kausalität vorwirft — wenn hierin überhaupt ein Widerspruch enthalten wäre.

Ein Kausalverlauf liegt für ihn nur dann vor, wenn eine Wirkung unmittelbar aus der anderen entspringe (28, 70), und im Falle sich derselbe bis zum Erfolge erstrecke, habe ihn die ursprüngliche Wirkung als die *causa causae* verursacht. Zwischen mehreren unabhängig von einander entsprungenen und nur im Erfolge zusammentreffenden Mitwirksamkeiten bestehe kein Kausalverlauf. Er ist aber auch der ganz richtigen Meinung, daß der Naturkausalismus und der menschliche Kausalismus von der gleichen rechtlichen Bedeutung seien. Wenn daher Feuer angelegt und dasselbe durch einen plötzlich entstandenen Sturm angefacht wurde, so hat die Brandlegung den Brand des Hauses nicht verursacht, weil der Sturm nicht aus ihr entstanden ist. Dieselbe würde darum außer Verantwortung sein, wenn die Mitwirksamkeit nicht den ganzen Erfolg verursachte. Wäre aber der angelegte Brandstoff durch einen zufällig vorüberkommenden Menschen angefacht worden, so würde ausschließlich er den Brand verursacht haben. Hiermit würde man dann zu der Theorie ORTMANN's gelangen, nach welcher als Ursache einer konkreten Erscheinung das letzte derjenigen Ereignisse, durch deren successive Mitwirksamkeit das Zustandekommen derselben bedingt war, zu betrachten ist, dergestalt, daß es den ganzen Erfolg verursacht, während die ihm vorausgegangenen Mitwirksamkeiten, mochten sie auch auf die letzte gerechnet haben, ihn nicht verursachen (meine Abhandlung, GOLTDAMMER's Archiv 1876, S. 89; s. oben S. 367). Gegen diese Theorie weiß der Verfasser nur vorzubringen (16), es könnten ja auch die mehreren Ereignisse gleichzeitig die letzten sein, und dann fehle es an einer Ursache des Erfolges. Im übrigen will er jedoch dieselbe nicht beanstanden, und er würde sonach, im Falle das letzte Ereignis eine Naturgewalt gewesen wäre, die vorausgegangene menschliche Thätigkeit in Ermangelung ihrer Kausalität nicht strafen können.

Die aus ihrer Quelle hervorgehende und in unmittelbarer Fortentwickelung bis zum Erfolge führende Wirkung bezeichnet der Verfasser als die Ursache, welche den Thäter und die Mitthäter charakterisiere. Im Gegensatz zu ihr bilden die Wirkungen, welche vor dem Beginn derselben liegen, die Veranlassung, sowie die Wirkungen, welche ihren Verlauf lediglich fördern, und sich sonach nicht unmittelbar bis zum Erfolge erstrecken — die Veranlassung soll mit dem Eintritte ihres Wirkens vollständig abgeschlossen sein (75) — das Gebiet der Beihilfe. Aber es fragt sich, ob sie nicht wenigstens mittelbar von der unmittelbaren Wirkung in den Erfolg übertragen, oder ob sie überhaupt nicht zu einem Bestandteil desselben werden. Im zweiten Falle würde nicht ersichtlich sein, woher ihre Verantwortlichkeit stammen soll. Die accessorische Strafbarkeit konnte noch niemals begründet werden (s. oben S. 402 f.). Im ersteren Falle hingegen würde entschieden werden müssen, ob denn die Veranlassung und Förderung als Bestandteil des Erfolges einen absolut geringeren objektiven Wert für die Entstehung und die Existenz desselben besitze als die als ursachliche bezeichnete Wirkung, was verneint werden muß. Daß aber auch die lediglich veranlassende oder fördernde Wirkung in den Erfolg übertragen wird, das dürfte doch wohl kaum zu bezweifeln sein, wenn für den gesamten Verlauf der ursachlichen Wirkung der erteilt gewesene Rat maßgebend geblieben, oder der Totschlag mit der zu derselben behändigten Axt ausgeführt worden war. Eine zweifelsfreie Auskunft hat der Verfasser in diesen Richtungen nicht erteilt, und wäre es zur Begründung seiner Ansicht wünschenswert gewesen, wenn etwa erörtert worden wäre, wie es sich verhalte, im Falle ein Zurechnungsfähiger einem bereits zur Tötung entschlossenen Unzurechnungsfähigen das dann von demselben hierzu benutzte Mittel zugestellt hatte. Gewiß würde hier die ursachliche Wirkung dem Unzurechnungsfähigen, die fördernde aber dem Zurechnungsfähigen zur Last fallen, und wenn demungeachtet dieser die That als Thäter verantworten müßte, so würde hierin der Beweis zu erkennnen sein, daß eine objektive Verschiedenheit zwischen der fördernden und verursachenden Wirkung nicht bestehe, da vielmehr auch die erstere eine ursachliche sei. Sonach glaube ich nicht, daß meine Auffassung, die bloße, gleichviel wie beschaffene Mitwirksamkeit verursache den ganzen Erfolg, und es hänge darum lediglich von der Beschaffenheit des Willens ab, ob man denselben überhaupt, sei es als Thäter oder Gehilfe, zu verantworten habe, durch den Verfasser als unrichtig nachgewiesen worden sei. Neuerdings stützt sich denn auch Prof. FOINITZKY (Die strafrechtliche Doktrin der Teilnahme, Bd. XII, 1892 der Zeitschrift für die gesamte Strafrechtswissenschaft) — anscheinend auch Prof. SERGEJEWSKY — vollständig auf diese Auffassung, wenn schon er seinen Ausführungen ein unnötiges soziologisches Gewand verleiht und gelegentlich, wie z. B. bei der Kausalität der Begünstigung, von dem richtigen Wege abirrt. Unbekannt war ihm gewesen, daß diese Auffassung ganz in seinem Sinne in der deutschen Strafrechtstheorie bereits zu dem Ergebnis geführt hat, es sei jeder zu dem Erfolge Mitwirkende, auch der Anstifter, lediglich nach seiner eigenen Verschuldung und Wirksamkeit zu beurteilen, und es besitze darum die Teilnahme keine besonderen rechtlichen Eigentümlichkeiten (meine Teilnahme und Begünstigung 1860; Abhandlungen 1862 u. s. w.).

Was sodann das Verhältnis des Willens zur Kausalität anbelangt, so erkennt zwar der Verfasser in gewissen Grenzen die Freiheit desselben an; seine betreffenden Erörterungen sind jedoch ausweichend und führen in Wirklichkeit zu dem Determinismus. Bezüglich der Modalitäten des Willens hebt er hervor, daß man auch das als notwendig erkannte Ergebnis seiner Handlung von demselben ablehnen könne (51). Bezüglich der Schuld aber sagt er in dem Vorwort, sie sei weiter nichts als die der Handlung vorangehende innere Kausalität (s. oben S. 209 f., 316). Er bringt jedoch diese innere Kausalität, als deren kausale Folge das Fehlen der verhindernden Thatsache anzusehen ist, bei der Beurteilung der Verursachung durch Unterlassung mit derselben nicht in Verbindung und befindet sich sonach auf dem Standpunkt von Prof. LANDSBERG (s. oben S. 420). Immerhin sind seine Ausführungen über die negative Kausalität bemerkenswert gegenüber der Meinung, daß die Unterlassung überhaupt nicht verursache, und darum nur dann strafbar erscheine, wenn sie ausdrücklich im Gesetze mit Strafe bedroht werde. Zugegeben wird hierbei von derselben, daß sie von dem Gesetze als Verursachung bestraft werden könne, und das darf doch nur dann als gerechtfertigt angesehen werden, wenn sie auch wirklich verursacht.

Endlich meint der Verfasser, eine objektive Gefahr liege vor, wenn die mögliche und ermöglichte Wirkung als übele Einwirkung auf etwas gegeben erscheine. Erkennbar werde, daß sie bestanden habe, wenn die übele Wirkung eingetreten sei. Werde jedoch etwas als gefährlich angesehen, was nicht gefährlich sei, so habe man es lediglich mit einem Urteile, nicht aber mit einer objektiven Gefahr zu thun (106, 107; s. oben S. 368 f.). Soll hiermit nur gesagt werden, im Falle der übele Erfolg eingetreten sei, müsse vorher eine Gefahr objektiv bestanden haben, so muß man das natürlich als richtig anerkennen. Der Versuch kann dann aber keine objektive Gefahr enthalten, und es kann darum auch nicht richtig sein, daß er nur dann gegeben erscheine, wenn der übele Erfolg als eine nahe (objektive) Möglichkeit zu befürchten gewesen sei. Denn es beruht dann die Annahme dieser Möglichkeit stets auf einem Urteile, welches sich auf einen thatsächlichen Irrtum stützt. Im Falle ein leerer Kassenschrank in diebischer Absicht aufgebrochen worden war, hätte zu keiner Zeit die objektive Gefahr einer Wegnahme vorgelegen. Dennoch bezweifelt niemand, daß hier ein versuchter Diebstahl zu bestrafen sei, und hierin ist der Beweis dafür enthalten, daß das Wesen des Versuches ein lediglich subjektives ist.

Werden hiernach auch die von der vorliegenden Schrift festgestellten Resultate nach manchen Richtungen beanstandet werden müssen, so bietet dieselbe doch in ihren näheren Erörterungen und insbesondere in der Herleitung derselben aus dem Sprachgebrauche ein nicht unerhebliches Interesse dar.

Bemerkungen zu der Schrift von Privatdozent Dr. Fr. Wachenfeld in Marburg: Theorie der Verbrechenskonkurrenz.

Gesagt wird: Die Handlung besteht aus der gewollten Körperbewegung mit ihrer Wirkung bis zu dem Erfolge einschließlich; sie ist das Verbrechen abgesehen von der Schuld (26). Der Begriff der Handlung enthält kein subjektives Moment und bedeutet vielmehr nur die objektiv von dem Gesetze geforderte Thätigkeit. Wenn daher in strafloser Absicht in der ersten Nacht die Durchstechung des Dammes begonnen, dann aber in der zweiten Nacht diese Durchstechung schuldvoll vollendet wurde, so hat die an sich strafbare Handlung bereits in der ersten Nacht ihren Anfang genommen (28). Bei einer Handlung ist immer nur ein Kausalverlauf vorhanden, und es kann darum durch eine Handlung niemals eine Mehrheit von Verbrechen und zwar selbst dann nicht begangen werden (60), wenn im Verlauf der Kausalität erst das eine und dann das andere Objekt verletzt, oder die Verletzung der mehreren Objekte dadurch herbeigeführt worden ist, daß eine Spaltung der Kausalität stattgefunden, die geworfene Bombe also infolge ihrer Zersplitterung mehrere Menschen getötet hat. Denn die Thätigkeit war eine einheitliche (35). Aber der Erfolg ist eine Rechtswirkung, und es liegen darum in dem Falle des incestuosen Ehebruches zwei Erfolge vor (32). Hat jemand ein fremdes Haus verbrecherisch angezündet, der Eigentümer verliert Hab und Gut, kommt in Not und entleibt sich aus Gram über den erlittenen Verlust, so haben die Wirkungen der Brandstiftung mit dem Niederbrennen des Hauses aufgehört, und was sich noch weiter ereignete, ist wohl eine Folge, aber keine Wirkung derselben gewesen (18). Das werden ja wohl im wesentlichen die Gesichtspunkte sein, welche brauchbare Resultate in der Lehre von der Konkurrenz erzielen sollen.

Die Handlung hat aber doch nur die Bedeutung einer Wirkung des Willens (s. oben S. 309 f.), und es ist nicht einzusehen, warum nicht eine Wirkung mehrere Ursachen sollte enthalten können. Ist die geworfene Bombe in Stücke zersprungen und hat so den Tod mehrerer Menschen herbeigeführt, so lag für jede Tötung die ihr entsprechende Ursache bereits in dem Werfen derselben. Dieses Werfen enthielt also mehrere Ursachen, und einer jeden derselben entsprach ein auf dieselbe gerichteter Entschluß, einen Menschen zu töten. Daher war das Werfen keine einheitliche kausale Thätigkeit, welche die subjektive und objektive Mehrheit der Erfolge zu einer Einheit verbinden konnte. Zu diesem Ergebnisse muß auch der von dem Verfasser aufgestellte Begriff der Handlung führen. Denn umfaßt sie kein subjektives Moment, und bedeutet sie vielmehr lediglich objektive Thätigkeit, ist aber die objektive Thätigkeit weiter nichts als eine Wirkung des Wilens, so kann auch die Handlung nur eine Wirkung des Willens sein. Daß dann demungeachtet weiter behauptet wird, bei einer Handlung sei immer nur ein Kausalverlauf vorhanden, bedeutet einen Rückfall in den Handlungsbegriff, welcher in dem Handeln eine unfaßbare Einheit des Willens und seiner Wirkung gegeben findet. — Es würde ferner der Schlosser, welcher ohne diebische Absicht im Auftrage des Eigentümers den Schrank geöffnet, dann aber ein Kleidungsstück aus demselben entwendet hatte, nach der Analogie des Dammgräbers, eines Diebstahles mittels falscher Schlüssel schuldig sein. Für die Ursachlichkeit des Dammgräbers aber erscheint es ganz gleichgültig, daß er bereits in der ersten Nacht mit dem Durchbruch begonnen hat, weil er für den vollen Erfolg auch dann haften würde, wenn diese Beschädigung des Dammes einer Naturkraft zugeschrieben werden müßte. Was unter einer schuldlosen bereits an sich strafbaren Handlung verstanden werden soll, ist nicht näher erörtert worden. Sodann hat der strafbare Erfolg selbstverständlich eine rechtliche Bedeutung, aber es kann doch von der Verletzung eines Gesetzes nicht eher geredet werden, als bis derselbe in seinem Thatbestande vorliegt. In dem Falle des incestuosen Ehebruches liegt jedoch keine kausale Verletzung, sondern nur ein einmaliger Beischlaf vor (s. oben S. 234 f.), der nur entweder zur Konstruktion des Thatbestandes des Incestes oder desjenigen des Ehebruches benutzt, nicht aber zweimal zur kumulativen Konstruktion der beiden Thatbestände verwertet werden kann. Es soll ja aber auch nach der Meinung des Verfassers selbst eine einheitliche Thätigkeit nur einen Erfolg haben können, und diese einheitliche Thätigkeit wird von der einmaligen Geschlechtsvereinigung dargestellt. Endlich überzeugt man sich sofort davon, daß zwischen Wirkung und Folge keine ursachliche Verschiedenheit besteht, im Falle der Thäter nicht allein die Brandstiftung, sondern auch die Tötung des Eigentümers beabsichtigt hatte. Die Haftbarkeit würde dann auch für die Tötung begründet sein, wenn der Kausalverlauf vorgestellt und in Berechnung gezogen gewesen wäre.

Eine Idealkonkurrenz als verbrecherische Mehrheit kann es selbstverständlich nach diesen Voraussetzungen nicht geben. Es sei aber (80) gar nichts dagegen einzuwenden, wenn es in der Urteilsformel heiße, der Angeklagte werde wegen fahrlässiger Tötung und vorsätzlicher Sachbeschädigung in einer Handlung nach § 230 St.G.B. mit einer Strafe von so und so viel bestraft. Wie jedoch eine Strafe für vorsätzliche Sachbeschädigung aus § 230 St.G.B. entnommen werden könnte, ist nicht erfindlich (Kausalität 1885, S. 110). Der Verfasser meint (61), es sei ein großer Unterschied, je nachdem zwei Menschen mit einem Schusse — etwa durch das gleichzeitige Abdrücken der beiden Gewehrläufe — oder mittels zweier auf einander folgender Schüsse getötet würden. Allein im ersten Falle war die Verschuldung eine größere als in jedem der beiden letzteren, und es wird darum die rechtliche Verschiedenheit derselben schwerlich eine so wesentliche sein, daß sie als Kriterium für die Einheit oder Mehrheit der Erfolge verwendet werden dürfte. Zum fortgesetzten Verbrechen (103, 104) wird das auch von dem Verfasser anerkannt. Seine Erörterungen über die gesetzliche Einheit und die Realkonkurrenz enthalten einzelne zutreffende Bemerkungen, zu einem neugewonnenen Prinzipe scheinen dieselben jedoch nicht geführt zu haben. Was aber das fortgesetzte Verbrechen anbelangt, so wird dasselbe in dem durch die an und für sich selbständigen Delikte verursachten Gesamtschaden gefunden, welcher sie zu einer Einheit verbinde. In jeder einzelnen Handlung habe der Thäter zwar das nämliche konkrete Rechtsgut verletzt, und das nämliche Strafgesetz übertreten, ein qualitativer Unterschied bestehe jedoch zwischen den einzelnen Delikten nicht. Alle zusammen bewirkten nur einen einzigen Erfolg. Aber der Erfolg muß ja doch eine strafgesetzliche Bedeutung besitzen, und zu dieser Bedeutung ist der Gesamtschaden nicht überall erhoben worden. Auch müßte, im Falle dieser Gesamtschaden das Merkmal des fortgesetzten Verbrechens wäre, die Einheit des Entschlusses, sowie die Nämlichkeit des verletzten Gesetzes und Objektes gleichgültig erscheinen. Die sämtlichen Bäume einer Allee mögen zwar als eine begriffliche Einheit betrachtet werden können, eine sachliche Einheit, deren ursachliche Verletzung möglich wäre, stellen sie aber nicht dar (s. oben S. 144).

Wenn dann noch der Verfasser die bewegende Kraft als Ursache zu den Bedingungen in Gegensatz bringt, so hätte es zur Begründung noch des weiteren Nachweises bedurft, daß dieselben zu dem Erfolge nicht mitwirkten, oder wie sich denn ihre Mitwirkung von der ursachlichen unterscheide. Ob zwischen dem Versuche und dem ausgebliebenen Erfolge ein Kausalzusammenhang bestehe oder nicht, ist von dem Verfasser nicht zum klaren Ausdruck gebracht worden (39). Daß aber derselbe nicht an sich, sondern nur durch seine Richtung auf den vorgestellten Erfolg strafbar erscheine, spricht für die subjektive Versuchstheorie und gegen die Meinung des Verfassers, man könne den Versuch auch mit solchen Akten beginnen lassen, welche sich der Thäter nicht als mitverursachend vorgestellt habe, wenn nur ihre objektive Zugehörigkeit zur Thätigkeit feststehe (40; s. oben). Diese bloße objektive Zugehörigkeit kann jedoch keinerlei rechtliche Bedeutung beanspruchen, weder sofort noch hintendrein, und ob überhaupt im Versuche eine solche objektive Zugehörigkeit zur Vollendung enthalten ist, das ist gerade die Frage, welche verneint werden muß. Endlich findet der Verfasser in der Unterlassung eine ursachliche Mitwirkung zum Erfolge (42), wenn ein vorhandener Kausalverlauf benutzt oder die Herrschaft über denselben übernommen werde. Das ist ja nun auch bezw. richtig, aber diese Benutzung und Übernahme soll schon dann gegeben sein, wenn nur die Möglichkeit hierzu vorgelegen habe, während sie doch unbedingt einen kausalen Eingriff in den Kausalverlauf verlangen. Die Interferenztheorie wird durch die betreffenden Ausführungen nicht entfernt widerlegt. Daß die Kausalität und die Verantwortlichkeit für dieselbe unterschieden werden müssen, ist noch nicht so allgemein anerkannt, wie der Verfasser meint (43), und darf sogar von den Deterministen nicht zugegeben werden (s. oben S. 453). Jedenfalls rührt aber diese Unterscheidung nicht von den für dieselbe citierten Autoren her.

Auch die Kritik des Gesetzes und der bereits in betreff der Konkurrenz vorhandenen Litteratur kann nicht überall als richtig anerkannt werden. Namentlich sind die vielfachen Einwendungen gegen meine Schrift: Einheit und Mehrheit der Verbrechen 1879, verfehlt. Daß eine gesetzliche Einheit im Falle eines Diebstahles mit Einsteigen anzunehmen ist, erscheint selbstverständlich, weil hier an und für sich betrachtet die Vergehen des Hausfriedensbruches und des Diebstahles zusammen treffen. Kommt dann noch ein Einbruch hinzu, so ergiebt sich natürlich nicht ein doppelter Diebstahl, wohl aber würde derselbe als Sachbeschädigung mit dem bereits qualifizierten Diebstahl real konkurrieren, wenn ihr nicht durch ihre gesetzliche Verbindung mit dem Diebstahl die Selbständigkeit entzogen worden wäre. Die Erörterung S. 85, Anm. 1 ist darum ganz unangebracht. Eingehendere Widerlegungen würden indessen hier zu weit führen. Der Verfasser bezeichnet in seinem Vorwort die citierte Schrift als einen Wendepunkt, und das trifft in dem Sinne zu, daß sie sich bemüht, an Stelle des Begriffes der Handlung denjenigen der Kausalität als Kriterium für die Konkurrenz einzuführen. Allein sie setzt voraus, daß derselbe auch richtig verwendet werde. Wäre dies geschehen, so würden die im übrigen wertvollen Erörterungen des Verfassers zur größeren Geltung gebracht worden sein.

Auch die „Idealkonkurrenz" von Dr. HEINEMANN beruht auf der Ansicht, daß durch eine natürliche Handlung nur ein einziges Verbrechen begangen werden könne. Sie findet es daher unbestreitbar, daß, im Falle mittels des nämlichen Fingerdruckes die beiden geladenen Gewehrläufe abgefeuert und infolge hiervon zwei Menschen getötet worden seien, doch nur eine Tötung in Frage stehe. Ihre Polemik gegen die unzulässige Fiktion, daß hier die eine Handlung zwei Handlungen enthalte, ist vollständig zutreffend. Wenn aber der Verfasser auch mir diese Fiktion zuschiebt (54), so hätte dieser Irrtum vermieden werden sollen. Denn nicht allein aus meiner Einheit und Mehrheit der Verbrechen, welche in Bezug genommen wird, sondern auch aus meiner Kausalität 1885, S. 82, ebenso aus meiner Abhandlung zur Konkurrenzfrage (s. oben S. 234, 238) ist zu ersehen, daß ich dieselbe bestreite und gerade darum die Kausalität als Prinzip für die Konkurrenz annehme. Auch habe ich mich bereits (s. oben S. 313) gegen die gleiche Unterstellung v. LISZT's verwahrt. Wenn der Verfasser betont, die Handlung sei eine Vermittelung des Willens mit den durch sie herbeigeführten Wirkungen, so ist doch auch die Vermittelung nichts anderes als eine Handlung, und sie kann darum zur Erklärung des Wesens derselben nicht benutzt werden. Vielmehr ergiebt die Unterscheidung zwischen dem Willen und seiner Wirkung, daß auch sie, wie die Handlung, lediglich eine Wirkung des Willens und von den sich an sie anschließenden weiteren Wirkungen desselben rechtlich nicht verschieden ist. Wären nicht auch diese weiteren Wirkungen solche des Willens, so würde eine Verantwortlichkeit für sie nicht zu begründen sein.

Übersicht der sämtlichen Abhandlungen.

---

1. Über das Wesen des Komplottes. Archiv für praktische Rechtswissenschaft. Bd. VI. 1859. S. 33—62.

2. Irrtum in Hinsicht auf Notwehr. Daselbst Bd. VIII. 1860. S. 441 bis 474.

   Begründung der putativen Notwehr gegenüber der Theorie, daß die Bestrafung für Vorsatz auch nicht durch den verzeihlichen Irrtum, man befinde sich in Notwehr, ausgeschlossen werde. Konsequenzen des unverzeihlichen Irrtumes.

3. Zur Lehre von der Teilnahme an dem Verbrechen und der Begünstigung. Gießen 1860. Ferber. 105 S.

   Einführung des Kausalitätsbegriffes in dem Sinne, daß sowohl die physische als die geistige bloße Mitwirksamkeit den ganzen Erfolg verursacht, sowie der hieraus folgenden subjektiven Theorie der Teilnahme, nach welcher die absolute Verschiedenheit zwischen Anstiftern, Thätern und Gehilfen ausschließlich durch die Verschiedenheit ihres bethätigten, auf die Verübung des Verbrechens gerichteten Willens — je nachdem derselbe der herrschende oder der sich demselben unterordnende ist — bedingt wird.

   Einführung der gegenwärtigen Theorie der Begünstigung und Hehlerei als der kausalen Beförderung der Fortdauer der strafbar verursachten Rechtsverletzung.

   Köstlin, Berner, Hälschner und die Litteratur der Begünstigung.

4. Abhandlungen aus dem Strafrecht. 1. Zur Lehre von dem Angriff auf die Ehre, mit näherer Berücksichtigung der Lehre von dem Versuche, der Konkurrenz und dem fortgesetzten Verbrechen. 2. Das Komplott ist keine besondere Schuldform. Gießen 1862. Ferber. 160 S.

   Einführung des Begriffes, nach welchem unter der Ehre das Vorhandensein des erforderlichen inneren Wertes und unter der Ehrenkränkung das unbefugte Absprechen desselben zu verstehen ist. Die Person des Angegriffenen. Verläumdung und Ehrenkränkung als wesentlich gleichbedeutend. Dolus und Culpa; es giebt keinen besonderen *animus injuriandi*, welcher die an und für sich bedeutungslose Äußerung zu einer Beleidigung gestalten könnte. *Exceptio veritatis;* Retorsion; *nominatio auctoris;* bedingte Injurien.

   Einführung der subjektiven Theorie des Versuches, welche denselben in Ermangelung der Kausalität zwischen der Handlung und dem vorgestellten Erfolge einen objektiven Thatbestand abspricht und sein Wesen lediglich in dem in der Außenwelt verkörperten verbrecherischen Willen begründet findet.

Mehrere Rechtsverletzungen können nur real konkurrieren, wenn sie nicht von dem Gesetze zu einer Einheit zusammengefaßt worden sind. Unhaltbarkeit sowohl der Idealkonkurrenz als des fortgesetzten Verbrechens und Ersetzung derselben, wie sie jetzt in § 74 St.G.B. angeordnet wird.

Weitere Begründung der Kausalitätstheorie, sowie der subjektiven Theorie der Teilnahme, für welche das Komplott ohne Bedeutung erscheint. — Litteratur.

5. Über die Vergiftung. GOLTDAMMER's Archiv für Preußisches Strafrecht. Bd. X. 1862. S. 745—748.

Unhaltbarkeit derselben als eines Deliktes von besonderer Eigentümlichkeit, da es vielmehr lediglich dem früheren unzulänglichen Einblick in das Wesen der Verschuldung seine Entstehung verdankt.

6. Zur Lehre von der Tötung. Daselbst Bd. XI. 1863. S. 753—765. 797—806. Bd. XII. 1864. S. 3—10.

Unhaltbarkeit des *dolus generalis* als einer besonderen Schuldform, sowie der Körperverletzung mit tödlichem Erfolg als eines einheitlichen Deliktes. *Act. lib. in causa* bieten keine Eigentümlichkeiten dar. Raufhandel und Komplott sind nicht von rechtlicher Verschiedenheit. Unzulänglichkeit der Behandlung der Kausalität in den Strafgesetzbüchern. Ob die Zwischenursachen aus der verbrecherischen Wirksamkeit erwachsen oder von außen zu derselben hinzugetreten sind, erscheint ohne Bedeutung. — Auch in den bezeichneten Richtungen war die Beurteilung der Kausalität, sowie des Schuldmomentes eine unzutreffende. KRUG, HÄBERLIN.

7. Der sogenannte mittlere Standpunkt für Urheberschaft und Beihilfe. Daselbst Bd. XII. 1864. S. 505—514.

Unhaltbarkeit desselben, da nur der objektive oder der subjektive maßgebend sein kann. — BERNER.

8. Über Kausalzusammenhang und dessen Zurechnung. Daselbst Bd. XIV. 1866. S. 608—616. 717—728.

Widerlegung der Ansicht GEYER's, daß die Annahme von Urheberschaft oder Beihilfe, sowie von Versuch oder Vollendung von der bloßen Beschaffenheit des Kausalverlaufes abhängig sei. Nur der eigene Wille und die eigene Thätigkeit bedingen die Haftbarkeit für den Erfolg. *Dolus generalis* und *act. lib. in causa* unterliegen der nämlichen rechtlichen Beurteilung.

Einführung der gebotenen Unterscheidung zwischen der Kausalität und der Verantwortlichkeit für dieselbe. Der Kausalverlauf ist ausschließlich eine Verknüpfung von Thatsachen, während die Verantwortlichkeit für denselben ebenso ausschließlich durch den Willen bedingt wird.

9. Zur Lehre vom Versuche. Gerichtssaal. Bd. XIX. 1867. S. 60—80.

Widerlegung von HÄBERLIN, RUBO, BERNER, GEYER.

10. Urheberschaft und Beihilfe. Daselbst S. 278—293.

Widerlegung von GLASER.

11. Versuch des Verbrechens mit untauglichen Mitteln und an einem untauglichen Objekte. Daselbst Bd. XX. 1868. S. 325—335.

Widerlegung von HÄLSCHNER, GOLTDAMMER, JOHN.

12. Urheberschaft und Beihilfe. GOLTDAMMER's Archiv. Bd. XVII. 1869. S. 233—241. 305—314.

Unhaltbarkeit der objektiven Natur der Haupthandlung als Merkmal der objektiven Theorie der Teilnahme. — Die Benutzung einer Naturkraft ist der nämlichen Beurteilung zu unterziehen wie diejenige einer fremden verbrecherischen Kraft. — GEYER, JOHN.

13. Über die Begehung der Verbrechen durch Unterlassung. Gerichtssaal. Bd. XXI. 1869. S. 189—218.

Einführung der inneren Kausalität als der Ursachlichkeit der Unterlassung. Interferenztheorie. — Widerlegung der Ansichten von LUDEN, KRUG, GLASER, MERKEL, welche die aus der Unterlassung entstandene Schuld mit der ihr vorausgegangenen, den Erfolg verursachenden schuldlosen Handlung in Verbindung bringen und sonach auf dem *dolus subsequens* beruhen.

14. Über Teilnahme am Verbrechen, mit Beurteilung von Prof. SCHÜTZE: die notwendige Teilnahme am Verbrechen. Daselbst Bd. XXII. 1870. S. 1—53. 81—123. 221—244. 275—288.

15. Über das Strafensystem des Strafgesetzbuchs für den Norddeutschen Bund. Daselbst Bd. XXIII. 1871. S. 99—135.

Dasselbe ist mangelhaft, und insbesondere die, nicht einmal konsequent durchgeführte, Dreiteilung in Verbrechen, Vergehen und Übertretungen zu beanstanden. Mildernde Umstände.

16. Zu § 2 des Norddeutschen Strafgesetzbuchs. Daselbst S. 161—168.

Schwierigkeit der Ermittelung der Strafe für die unter dem alten Strafgesetz begangene That, welche nach dem neuen bestraft werden soll.

17. Über Kausalität und deren Verantwortung. Leipzig 1873. J. M. GEBHARDT's Verlag (LEOPOLD GEBHARDT). 154 S.

Notwendigkeit dieser Unterscheidung. Verhältnis des Willens zum Erfolge. Alternatives und eventuelles Wollen. Zwischen der Aberration und der Verwechselung des Objektes besteht keine Verschiedenheit, da die Konstruktion für beide die nämliche ist. Bedeutungslosigkeit der gemeingefährlichen Verbrechen. Teilnahme. Unterlassung. Begünstigung. Notwehr. Die §§ 52 und 54 St.G.B. unterscheiden sich nicht wesentlich. Einen schuldvollen Angriff setzt die Notwehr nicht voraus. Inwiefern man sich für die demnächstige Abwehr einer erwarteten Gefahr vorbereiten darf. Fußangeln. Selbstschüsse u. s. w. — v. BAR.

18. Die Mitthäterschaft im Sinne des Strafgesetzbuchs. Gerichtssaal. Bd. XXV. 1873. S. 237—255.

Weder durch das Strafgesetzbuch noch durch die Motive wird eine erkennbare Grenze zwischen Mitthäterschaft und Beihilfe festgestellt. — Widerlegung von HÄLSCHNER.

19. Zu § 193 St.G.B. Daselbst Bd. XXVI. 1874. S. 561—576.

Verhältnis desselben zum Begriffe der Ehre und zu der Notwehr.

20. Über Begehung von Verbrechen durch Unterlassung. Daselbst Bd. XXVII. 1875. S. 25—33.

Widerlegung von ORTMANN.

21. Bemerkungen zu HERTZ: der Versuch mit untauglichen Mitteln, sowie zu GROSS: die Ehrenfolgen. Daselbst S. 153—160.

31. Zur Lehre von der Teilnahme an dem Verbrechen. GOLTDAMMER's Archiv. Bd. XXIV. 1876. S. 89—92.

Widerlegung von ORTMANN.

32. Zu den Verhandlungen des XII. deutschen Juristentages. Münchener kritische Vierteljahrsschrift. Bd. XVIII. 1876. S. 363—392. Bd. XIX. 1877. S. 86—105.

Polemik gegen dieselben. — Bezüglich der Verantwortlichkeit für Preßvergehen sind besondere Vorschriften nicht erforderlich. — Privatanklage. — Antragsdelikte. THOMSEN, JOHN.

33. Begünstigung und Hehlerei. Gerichtssaal. Bd. XXIX. 1877. S. 14—63.

Theorie und Auslegung des Gesetzes. VILLNOW.

34. Über das Wesen des Versuches. GOLTDAMMER's Archiv. Bd. XXV. 1877. S. 265—317.

Subjektiver und objektiver Standpunkt. Die Gutachten für den Juristentag von BERNER, LAMM und LEUTHOLD. Beendigter Versuch; Rücktritt von demselben. Beurteilung des Gesetzes. § 46 desselben ist inkonsequent und unhaltbar.

35. Zur Kausalitätsfrage. Gerichtssaal. Bd. XXIX. 1877. S. 269—296.

Gegen v. BAR. Inwiefern die fremden Kräfte, welche zum Erfolge mitgewirkt haben, verantwortet werden müssen.

36. Bemerkungen zu KELLER: die Aufgaben einer Militärstrafprozeßordnung. Daselbst S. 395—397.

37. Abhandlungen aus dem Strafrecht. 1. Raub und Erpressung, 2. Verursachung und unterlassene Verhinderung, 3. Vorsatz und Fahrlässigkeit. Stuttgart. ENKE. 1878. (Beilage zum Gerichtssaal.) 222 S.

Charakteristik von Gewalt und Drohung, aus welcher sich ergiebt, daß die Erpressung nur eine relative Erweiterung der Vorschriften über den Raub ist. Mittelbare und unmittelbare Gewalt. Auslegung des Gesetzes. Charakteristik der Erpressung. Erpressung und Wucher. Vergleichung mit §§ 234 f., insbesondere mit §§ 240, 241 und § 126 St.G.B. Versuch und Vollendung von Raub und Erpressung. Konkurrenz der beiden Delikte. — Widerlegung der Theorie des Gleichgewichtes als Grundlage des Kausalitätsbegriffes BINDING's. Auch dessen Theorie der Verursachung durch Unterlassung ist unhaltbar. Diese Verursachung ist aus der Pflichtverletzung herzuleiten. Einschränkung ihrer Tragweite nach §§ 52—54 St.G.B. — Theorie des Willens, welcher nicht angenommen werden kann, wenn das Geschehene nicht von der Vorstellung umfaßt gewesen war. Inwiefern die nicht besonders vorgestellten fremden Kräfte, welche zu dem Erfolge mitgewirkt haben, gewollt gewesen sein können. *Luxuria* und *culpa*. Inwieweit dem Thäter der ihm drohende gesetzliche Nachteil bekannt gewesen sein muß. Beurteilung der Normen BINDING's.

38. Zur Natur der Vermögensstrafen. Gerichtssaal. Bd. XXX. 1878. S. 241—270.

Auch die Vermögensstrafen sollen, wie jede andere Strafe, das Leiden als ein selbstverschuldetes Übel zum Bewußtsein bringen, und sie können darum gegen Unzurechnungsfähige, sowie in den Nachlaß eines Verstorbenen nicht vollzogen werden. Das fiskalische Interesse ist ohne jede Bedeutung für dieselben. Inwiefern die Bezahlung der Geldstrafe für einen anderen eine Begünstigung enthält. Polizeiliche und strafgerichtliche Konfiskation; letztere ist lediglich Vermögensstrafe. Buße. Auslegung des Gesetzes. — STOOSS.

39. Notstand und Notwehr. Daselbst S. 434—476.

Die Notwehr setzt einen schuldvollen Angriff nicht voraus, und es besteht sonach keine prinzipielle Verschiedenheit zwischen ihr und Notstand. Für beide ist vielmehr nur die Erwägung maßgebend, inwiefern man eigene Rechtsgüter durch Vernichtung fremder Rechtsgüter schützen darf. — Stammler, Janka.

40. Einheit und Mehrheit der Verbrechen. Stuttgart 1879. Enke. (Beilageheft zum Gerichtssaal.) S. 121.

Einführung der Kausalität als Prinzip für die Konkurrenz an Stelle der unhaltbaren Einheit und Mehrheit der Handlungen. Gewerbsmäßigkeit, Gewohnheitsmäßigkeit und Rückfall. Gesetzliche Einheit. Fortgesetztes Verbrechen. Ideal- und Realkonkurrenz.

41. Versuch und Kausalität. Gerichtssaal. Bd. XXXII. 1880. S. 321—389.

Unhaltbarkeit der Cohn'schen potentiellen (abstrakten) Kausalität. Die Gefahr ist kein objektiv bestehender Zustand, und nur insofern eine Voraussetzung für den Versuch, als die Autorität des Gesetzes geschädigt werden müßte, im Falle die, sei es auch mit Notwendigkeit ohne Erfolg gebliebene, Bethätigung seiner Feindschaft gegen dasselbe straflos wäre.

42. Über die sogenannten untauglichen Versuchshandlungen. Zeitschrift für die gesamte Strafrechtswissenschaft. Bd. I. 1881. S. 185—210.

Widerlegung der Polemik Geyer's gegen die auf der subjektiven Versuchstheorie beruhende Plenarentscheidung des Reichsgerichts vom 24. Mai 1880. Von der stattgefundenen Anwendung eines Mittels kann nicht eher geredet werden, als bis dasselbe zu dem beabsichtigten Ergebnis geführt hat. Im Versuche ist die Absicht auch nicht teilweise verwirklicht. Warum derselbe die Möglichkeit des Erfolges enthalten müsse, konnte noch niemals nachgewiesen werden.

43. Über die Kausalität der Unterlassung. Daselbst S. 400—413.

Widerlegung der Theorieen Hälschner's, Ortmann's, Binding's. Das im Willen selbst gesetzte Hindernis gegen den Eintritt des Erfolges ist in Wirklichkeit kein Hindernis, wenn nicht das pflichtgemäße Müssen hinter ihm steht.

44. Zu §§ 240, 242, 193 St.G.B. Gerichtssaal. Bd. XXXIII. 1881. S. 409—429.

Der Begriff der widerrechtlichen Nötigung in § 240 St.G.B. Die Drohung ist nicht überall da widerrechtlich, wo ihr Vollzug strafbar sein würde. *Vis absoluta* und *compulsiva*. — Eine Verminderung des Vermögens des Bestohlenen ist keine Voraussetzung des § 242. — Erklärung der Formen und Umstände des unhaltbaren § 193. Die nicht wissentlich falsche, aber falsche Anschuldigung des § 164 ist unabhängig von § 193 straflos. — Widerlegung von John.

45. Über Kausalität (Merkel) und Teilnahme (Hälschner). Zeitschrift für die gesamte Strafrechtswissenschaft. Bd. II. 1882. S. 232—298.

Widerlegung der Theorie, nach welcher die strafrechtlichen Ergebnisse der Willensfreiheit und des Determinismus die nämlichen sein sollen, da vielmehr die deterministisch ausgeführte That einschließlich der Äußerung des Willens ein notwendiger Kausalverlauf war und darum jede strafrechtliche Beurteilung beseitigt. Die Meinung, Wille und Kausalität seien eine Einheit, kann nur deterministisch gerechtfertigt werden. — Hälschner bringt meine, von ihm als zutreffend anerkannte, Kausalitätstheorie unrichtig auf die Teilnahme zur Anwendung.

46. Zu den §§ 223a, 201 ff. St.G.B. Gerichtssaal. Bd. XXXIV. 1883. S. 343—359.

Die Mängel des Gesetzes, welchem der Entwurf vorzuziehen war. Es beruht auf dem unhaltbaren Prinzip der fingierten Gefährlichkeit. Nur auf die größere Erheblichkeit der verursachten Verletzung hätte die Einschiebung einer mittleren Kategorie zwischen die §§ 223, 224 St.G.B. gestützt werden dürfen. — Subjektivität der Gefahr.

47. Über die Bestrafung des Schlägerduells. Daselbst Bd. XXXV. S. 328—331.

Für die Feststellung des Begriffes der Tödlichkeit der Waffe kann nur die Erwägung maßgebend sein, ob nach der objektiven Beschaffenheit der benutzten Waffe in Verbindung mit den konkreten für das Duell vereinbarten oder hergebrachten Regeln (§ 207 St.G.B.) die abstrakte Möglichkeit einer Tötung vorgelegen hatte.

48. Zur Konkurrenzfrage. Daselbst S. 517—528.

Weitere Erörterung der Kausalität als Prinzip der Konkurrenz, mit Widerlegung von Schütze, Hälschner, Hiller.

49. Der Zweckgedanke im Strafrecht. Zeitschrift für die gesamte Strafrechtswissenschaft. Bd. IV. 1884. S. 169—184.

Unhaltbarkeit der Theorie v. Liszt's. Daselbst Bd. III. S. 1 f. Einführung der absoluten Unterscheidung zwischen dem *quia peccatum est* und dem *ne peccetur*. Es repräsentieren das *quia* die Vergeltungsstrafe für die willensfreie That, das *ne* aber das deterministische Sicherheitsmittel, damit die That nicht nochmals ausgeführt werden solle Bedeutungslosigkeit der Theorie des Rechtsgutes.

50. Zum Begriffe der Urkundenfälschung. Gerichtssaal. Bd. XXXVI. 1884. S. 173—201.

Widerlegung des Angriffes von John auf die Rechtsprechung des Reichsgerichts.

51. Nachtrag zu dieser Abhandlung. Daselbst S. 310—318.

Fälschung zweiseitiger Urkunden. — Mommsen.

52. Bemerkungen zu Kessler: die Einwilligung des Verletzten. Daselbst Bd. XXXVII. 1885. S. 72—76.

Sie kann nur dann berücksichtigt werden, wenn ihre Berechtigung aus dem Gesetze herzuleiten ist. Die Antragsdelikte, insbesondere die leichte Körperverletzung des § 223 St.G.B., werden hiernach durch Einwilligung straflos. Die Auffassung, die Strafe habe nur den Zweck, den Träger des Rechtsgutes in seinen privaten Interessen zu schützen, und es sei das öffentliche Interesse hieran unbeteiligt, ist unhaltbar.

53. Bemerkungen zu John: die Strafprozeßordnung für das Deutsche Reich. Gruchot, Beiträge. Bd. XXIX. 1885. S. 146—152.

Der Ort der begangenen That. Urkunden und Augenscheinsobjekte.

54. Die Kausalität und ihre strafrechtlichen Beziehungen. Stuttgart 1885. Enke. (Beilage zum Gerichtssaal.) 155 S.

Kausalität, Unterlassung, Wille, Teilnahme, Begünstigung, Konkurrenz und fortgesetztes Verbrechen, Versuch, Strafgrund. Eingehende Erörterung des Standpunktes, welchen die Theorie in diesen Richtungen einnimmt, mit Beurteilung der Meinungen von Birkmeyer, Janka, Binding, Geyer, v. Liszt und Merkel. — Verantwortlichkeit für die fremden mitwirkenden Kräfte. Inwieweit dem Thäter der ihm drohende gesetzliche Nachteil bekannt gewesen sein muß.

55. Zu § 267 St.G.B. Gerichtssaal. Bd. XXXIX. 1887. S. 36—53.

Erst wenn das Verständnis der Urkunde aus ihr selbst gewonnen worden ist, kann nach vernünftigem Ermessen erwogen werden, ob derselben ein rechtlicher Wert *in abstracto* zukomme. Bietet sie ein solches Verständnis nicht dar, so erscheint es ohne Bedeutung, daß in dem konkreten Falle das Objekt beweiserheblich ist. In dem Gebrauchmachen von der Urkunde ist die konkrete Verwendung ihrer abstrakten Beweiserheblichkeit zu erblicken.

56. Bemerkungen zu JOHN: Strafprozeßordnung für das Deutsche Reich. GRUCHOT, Beiträge. Bd. XXXI. 1887. S. 471—477.

Öffentliche Natur der Strafen, welche von der Rechtsgüterschutztheorie verkannt wird. Widerlegung der Auffassung von KESSLER. — Identität der That, *ne* bis *in idem*.

57. Über den Begriff der Gefahr und seine Anwendung auf den Versuch. Gerichtssaal. Bd. XL. 1888. S. 503—540.

Die Gefahr ist kein objektiver Zustand und daher ohne Bedeutung für den Versuch. Sogenannte generelle Gefahr. v. ROHLAND, BINDING, v. LISZT.

58. Über den Begriff des Vorsatzes und der Handlung. Gerichtssaal. Bd. XLI. 1889. S. 408—444.

Unhaltbarkeit der Identifizierung der Luxuria mit dem Dolus, sowie der Theorie, daß nur die Handlung, nicht aber der Erfolg gewollt werden könne.

Einführung der Unterscheidung zwischen dem Willen und der Handlung in dem Sinne, daß die Handlung zwar die unmittelbare Wirkung des Willens, rechtlich aber nicht anders zu beurteilen ist, wie die sich an dieselbe anschließende Wirkung. Das Verbrechen besteht hiernach lediglich aus dem Willen und seiner Wirkung. Eventueller Dolus. Neuere Litteratur.

59. Bemerkungen zu dem Lehrbuch des deutschen Strafrechtes, von Professor Dr. MERKEL (1889). Daselbst Bd. XLII. 1889. S. 241—276.

Gefahr, Versuch, Kausalität, Teilnahme, Begünstigung und Hehlerei, Konkurrenz.

60. Beurteilung des Sozialistengesetzes als Warnung vor dessen Aufhebung. Kölnische Zeitung vom 25. Oktober 1889.

Dasselbe ist nur prozessualisch ein Ausnahmegesetz, weil das Gericht an den Ausspruch der Verwaltung, der Verein sei ein sozialistischer, gebunden ist. Dagegen müssen materiell die betreffenden Vereinsbildungen als Vorbereitung zum Hochverrat angesehen werden.

61. Vorstellung und Wille. Gerichtssaal. Bd. XLIII. 1890. S. 241—271.

Weitere Erörterungen in der Richtung von Nr. 45 und 58. Der Dolusbegriff wurzelt nicht in der Vorstellung, sondern in dem Wollen des Erfolges. Willensfreiheit. Unhaltbarkeit der Konsequenzen des Determinismus. FRANK, BÜNGER, JANKA.

62. Gefahr und Versuch in der zweiten Auflage des ersten Bandes der Normen (1890). Daselbst Bd. XLIV. 1891. S. 321—356.

Weitere Erörterungen in der Richtung von Nr. 57. — BINDING, KLIPPEL, KOHLER.

63. Bemerkungen zu dem Buche von Professor Dr. BIRKMEYER in München: die Lehre von der Teilnahme und die Rechtsprechung des deutschen Reichsgerichts (1890). Daselbst Bd. XLV. 1891. S. 1—39.

Druck von Metzger & Wittig in Leipzig.

Kolibri 360 GmbH
Ferdinand-Jühlke-Straße 7
99095 Erfurt, Deutschland
produktsicherheit@kolibri360.de